BUSINESS INSIDE
비즈니스 인사이드

BUSINESS INSIDE

비즈니스 인사이드

초판 1쇄 인쇄 | 2019년 7월 05일
초판 1쇄 발행 | 2019년 7월 12일

지은이 | 이재훈
펴낸이 | 박영욱
펴낸곳 | 북오션

편 집 | 이상모
마케팅 | 최석진
디자인 | 서정희·민영선

주 소 | 서울시 마포구 월드컵로 14길 62
이메일 | bookocean@naver.com
네이버포스트 | m.post.naver.com('북오션' 검색)
전 화 | 편집문의: 02-325-9172   영업문의: 02-322-6709
팩 스 | 02-3143-3964

출판신고번호 | 제313-2007-000197호

ISBN 978-89-6799-480-8 (03320)

유니콘, 데카콘, 실리콘밸리는 어떻게 일하는가

BUSINESS INSIDE

이재훈 지음

비즈니스 인사이드

불확실성 속에서
최상의 비즈니스를 이뤄내는 방법

북오션
콘텐츠그룹

머리말

　4차 산업혁명은 이제 일상이 되었고, 실리콘밸리의 혁신 기업들은 새로운 비즈니스 모델과 고객 경험을 제시하며 기업 경영의 전통적 개념을 송두리째 흔들어 버리고 있다. 전통적 글로벌 기업들도 실리콘밸리 스타트업의 업무 방식과 문화를 접목하려 노력하고 있으며, 디지털 트랜스포메이션 기조에 따라 기업의 업에 대한 개념도 근본적으로 변모하고 있는 실정이다. 급격한 성장을 경험한 실리콘밸리의 유니콘, 데카콘 기업들은 조직 관리, 리더십, 기업 문화 및 성과 창출, 평가, 조직 문화 구축 등을 총체적으로 재점검하며 뼈아픈 성장통의 시기를 거쳐 새로운 도약을 추진해왔다. 하지만, 국내 기업들은 이러한 기조와는 다르게 역행하고 있다. 대학이 정규 과목으로 기업 활동, 기업가 정신, 기술 창업과 비즈니스를 체계적으로 강의하지 못하고, 실무를 경험할 만한 환경을 제공하지 못하고 있는 상황임에도 사회는 젊은이에게 취업과 창업을 강요하고 있다.

　어렵사리 좁은 취업 문을 뚫고 들어온 신입사원이 1년 내에 회사를 그만두는 비율이 27퍼센트를 넘고 있으며, 주된 이유가 조직 및 직무 적응 실패라고 한다. 이들을 조직 및 직무 적응 실패자라고 치부하기 전에, 사회와 대학, 기업은 이들에게 일하는 이유를 생각하게 하고 비즈니스 시스템에 대한 교육을 이행해야 한다. 취업 준비 동안의 학습과 취업 후의 OJT와 현업 기반의 학습만으로 이들이 기업이 원하는 인재상을 갖춰 향후 기업의 핵심 인력으로 성장하기를 기대하기에는 무리가 있다. 4차 산업혁명 이후 새로운 기술과 비즈니스 모델이 노동 시장과 사회적 관계, 그리고 정치 시스템까지 파괴할 수 있다는 경험적 증거를 전 세계가 목격하고 있는 상황에서, 미래 인재에게 요구되는 기계와 차별화된 인간 고유의 문제 인식 역량, 대안 도출 역량, 기계와 협력하고 소통할 수 있는 역량을 갖추며 개인적인 경력 개발까지 자발적으로 달성하라는 요구는 지나친 과욕이다. 다양한 미디어와 언론, 교육 매체는 매일같이 실리콘밸리 기업의 화려한 성공 신화를 따르라 하지만, 정작 그들의 성공을 이끈 비즈니스의 내부 요인을 정확하게 파악하지 못하고 성공 후 유니콘이 된 모습만을 추구한다면 스타트업 기업, 전통적 글로벌 기업, 패기로 무장한 예비 창업자일지라도 또다시 실패의 쓰라린 잔을 들 수밖에 없다. 전통적인 글로벌 기업에서 일을 시작한다 하더라도 기업의 비즈니스 시스템과 추구하는 인재상, 업의 본질과 핵심 프로세스, 기업의 비즈니스 운영 기본 요소를 모른다면 결코 핵심 인재로 성장할 수 없다. 하지만 글로벌 기업조차 기업 경영의 핵심 요소를 모든 임직원에게 교육할 만한 자본과 시간이 없다는 것이 현실이다.

글로벌 선진 기업은 4차 산업혁명 이전에도 이미 연구개발 분야에서 비즈니스를 위해 R&BD(Research & Business Development)로의 전환을 도모했으며, 이제는 모든 것을 연결하는 R&CBD(Research & Connect, Business Development)를 추구하고 있다. 기업의 전통적 B2B 비즈니스 역시 B2C 비즈니스의 특장점과 4차 산업혁명 이후의 메가 트렌드인 초연결, 협업, 플랫폼, 공유 경제를 바탕으로 하는 새로운 비즈니스 모델 기반의 컨설팅 비즈니스로 급격하게 변모하고 있으며 동시 다발적인 멀티 프로젝트를 진행하는 추세다. 사업 전략을 수립하고 결과물을 확인하는 기업의 전통적인 방식도 린 스타트업 형태로 이양되고 있다. 이에 따라 기업의 인력 개발, 인재 육성 방식 역시 변모하며 진화하는 실정이다.

영국의 역사학자 토인비는 인류의 역사를 도전과 응전의 과정으로 정의했다. 외부의 도전에 효과적으로 응전한 민족과 문명은 번성하지만, 그렇지 않은 문명은 소멸됐다. 도전 없는 민족이나 문명도 결국은 사멸했다. 이는 기업 활동에서도 유효하다. 4차 산업혁명 이후의 기업 활동, 창업, 비즈니스를 수행하는 것은 거대한 도전에 대한 응전이며 생존과 성공 여부는 전적으로 전략적 민첩성과 유연성, 학습 능력에 달려 있다. 실리콘밸리에 매년 3000개의 스타트업이 생긴다고 가정하면 이 중 20개의 스타트업이 투자 유치에 성공하고 그중 실제로 성공하는 기업은 5개에 불과하다. 실패한 스타트업의 공통점은 이들에게는 메가 트렌드를 읽고 관련 기술을 구현할 기술 지능은 있을지언정 비즈니스의 원리와 생리를 철두철미하게 관통하고 조망하는 시야를 갖추지 못했다는 점이다.

비즈니스를 모르는 엔지니어와 연구개발 본부장, 공학을 모르는 상품 기획자와 마케팅 담당자, R&CBD를 모르는 사업 본부장, B2B 비즈니스를 모르는 비즈니스 매니저와 프로젝트 매니저가 전통적 기업에서는 구성원의 대다수를 차지하고 있다. 유니콘과 데카콘이 되지 못한 실리콘밸리의 스타트업은 구성원의 5퍼센트만이 기업의 비전과 미션을 알고 비즈니스를 수행한다는 조사가 발표됐다. 결국 기업과 조직 구성원 개개인의 노력 여하는 썩은 사과(Bad Apples)가 될 것인가 핵심 인력으로 탈바꿈할 것인가의 문제를 넘어 기업, 개인의 생존이 걸린 문제가 된 것이다. 이제 비즈니스를 큰 틀에서 바라보는 거시 관점과 디테일을 보는 미세 관점을 갖추어야 하며 최근의 메가 트렌드와 이를 수행하는 글로벌 기업과 실리콘 밸리의 유니콘, 데카콘 기업의 움직임을 통합적 관점에서 분석하고 적용해 전통적인 글로벌 기업의 성공, 실패부터 유니콘 기업의 핵심을 찾아 이를 비즈니스에 투영해야 한다.

필자는 삼성에서 R&D 전문 연구요원으로 첫 업무를 시작해, LG전자 사업추진실, 이후 다수 기업들의 사업본부장, 전략기획실장, 연구실장을 역임하는 동안 기업 연구소의 연구원, 상품 기획, 전략 기획, 사업 개발, 사업 추진, 마케팅 및 사업 총괄 경험을 쌓아왔으며 25년 이상 현업에서 비즈니스를 수행하고 있다. 이 과정에서 필자는 여러 가지 실제 사례를 겪었다. IMF 발발로 대기업 계열사의 퇴출, 비즈니스 축소 및 중단, 신사업 개발, 삼성과 LG B2B 비즈니스 추진, 글로벌 기업과의 비즈니스 협업, 국제 표준화 활동, 멀티 프로젝트 진행, 부서장의 잘못된 사업 판단으로 인한 혁신 실패, 월드 베스트에 선정된 제품과 솔루션을 개발한 혁신 추진 등이 그것이다. 또한 최근의 4차 산업혁명, 디지털 트랜스포메이션, 메가 트렌드에 이르기까지의 다양한 경험을 기반으로 실전 사례와 생생한 자료를 독자들에게 소개하고자 한다. 딱딱하고 원론적인 경영 이론은 철저하게 탈피하고, 현업과 실무에서 즉시 적용할 수 있는 사례와 분석 자료를 제시해 활용할 수 있도록 했다. 또한 다양한 사업 분야의 과거에서 현재까지의 흐름과 변화, 이에 따른 기업의 대응 사례와 비즈니스 핵심 원리 등을 스토리텔링 형식으로 전달함으로써 친근한 선배나 멘토가 이야기를 들려주듯이 독자에게 다가가려 한다.

이 책은 총 6개의 비즈니스 모듈로 구성돼 있다.

첫 번째 비즈니스 모듈인 Inspire Entrepreneurship & Growth Mindset은 4차 산업혁명 이후 중요성이 증대되고 있는 기업가 정신과 성장형 마인드셋에 관한 내용이다. 4차 산업혁명과 초연결의 시대에서 일하는 이유를 관점, 동기, 자기 실현, 주체적인 삶을 주제로 제시했으며, 산업과 기술이 초연결, 융복합하는 상황에서도 기업이 업의 본질을 찾아 최고의 효율을 창출하는 이유와 원리를 국내외 글로벌 기업들의 사례로 소개했다. 또한, 구조적인 장기 경제 침체와 불확실성이 새로운 표준(New Normal)으로 자리잡았다는 사실을 말하고, 실리콘밸리가 이제껏 경험하지 못한 블랙 스완(Black Swan)과 변화의 흐름은 파악하고 있지만 어떻게 대처해야 할지를 모르는 그레이 스완(Gray Swan)에 어떻게 대처하는지, 기업가 정신과 성장형 마인드셋 차원에서 독자에게 비즈니스 인사이트를 제시한다.

두 번째 비즈니스 모듈인 Notable Core Values는 실리콘밸리가 추구하는 핵심 가치와 핵심 인재에 관한 내용이다. 4차 산업혁명이라는 불확실성의 파고를 헤쳐 나갈 수 있는 답은 '연결'에 있다. 기업이 임직원과 연결되고, 임직원이 기업의 비즈니스 시스템과 연결되는 내부 연결, 외부 연결을 통해 전략적 민첩성, 전략적 감수성으로 초연결을 수행하는 방법을 소개한다. 이를 위해 직무 분석, 기업 경쟁력의 핵심 요소, 실리콘밸리 기업이 추구하는 핵심 가치, 국내외 글로벌 기업이 추구하는 인재상과 평가, 육성 방법, 실리콘밸리의 OKR(Objectives and Key Result), 동료 효과를 기반으로 하는 동표 평가 방법을 규명했다. 특히 국내 기업과 실리콘밸리 유니콘, 데카콘 기업의 인재상과 평가 방법을 비교해 4차 산업 혁명 시대의 새로운 인재상과 기업이 요구하는 역량을 제시하고자 했다.

세 번째 비즈니스 모듈인 Starring Startup Culture는 실리콘밸리의 일하는 방법이다. 실리콘밸리 유니콘, 데카콘 기업의 비즈니스 모델과 실리콘밸리에서 주목할 만한 기업의 비즈니스 확장과 일하는 방법, 문제 해결법, 스타트업 문화와 실리콘밸리 스타일, 인공지능과 로봇에 관해 다루고 있다. 전통적 산업혁명 시기에 비즈니스 모델을 발굴해 성공한 벤더빌트, 카네기 그리고 클라우드 슈밥이 전해온 4차 산업혁명, 세계 20대 유니콘, 데카콘 기업의 비즈니스 접근 방식을 규명하고, 독자에게 친근한 기업을 사례로 들어 비즈니스 모델 구축, 기업 설립 과정, 아이디어를 현실로 바꾸는 방법 및 비즈니스 모델 작성을 위한 비즈니스 모델 캔버스, 린 캔버스 작성에 관한 모든 것을 다룬다. 전통적 경영 방식의 제품, 솔루션 개발 방식과 린스타트업 기업의 제품, 솔루션 개발 방법 및 프로세스를 비교 분석해, 최근 국내 주요 기업들이 사내 벤처나 스타트업을 도입하는 이유와 근거를 밝히고자 했다.

또한 공유 경제의 총아 에어비앤비(Airbnb)의 비즈니스 모델과 문제 해결을 위한 디자인 씽킹(Design Thinking) 그리고 전뇌적 사고방식(Whole brain thinking)을 소개하고 인공지능 빅데이터, 다크데이터 분석의 선두 주자인 팔란티어(Palantir)의 비즈니스 모델과 기업 설립 내역을 설명한다. 페이팔 마피아, 고객의 문제를 분석하고 사업 아이디어를 현실화하는 과정, 제2의 아마존이 되고자 독점하고 실험하고 확장하는 우버의 비즈니스 모델 및 항공 물류를 꿈꾸는 업의 개념 진화 시례, 새롭게 추구되는 실리콘밸리 스타일과 리더의 조건, 실리콘밸리의 스타트업 문화, 인공지능 기술개발로 야기된 특이점(Singularity)과 나노봇(Nanobot), 커넥톰과 전뇌화, 브레인 임플란트(Brain implant), 로봇 기술개발의 역사와 미국을 대표하는 매사추세츠 로보틱스 클러스터, 실리콘밸리 로보틱스 분석 등 독자들에게 새로운 비즈니스 인사이트를 제공하는 이야기들을 할 것이다.

네 번째 비즈니스 모듈인 Investigate Insight & Strategy는 실리콘밸리가 기획하는 방법이다. 시장, 소비자, 경쟁사 및 각종 선진 기술을 분석해 차별화된 전략을 세우고 제품 로드맵을 수립하는 과정을 설명하고 제품, 솔루션, 기술 포트폴리오를 출시부터 단종까지 관리하는 전 과정에 대한 내용으로 구성되어 있다. 국내 및 해외에서도 상품, 솔루션 기획 업무를 체계적으로 소개하고 실제 사용하는 데까지 이끄는 자료가 부족한 실정이다. 이번 비즈니스 모듈을 통해 상품, 솔루션 기획의 모든 과정을 체계적으로 파악하고, 글로벌 기업들의 다양한 제품, 솔루션이 어떻게 기획되고, 준비되어 시장에 출시되는지를 알 수 있을 것이다.

삼성 갤럭시 S9, LG 전자 트롬 스타일러 상품 기획 과정과 알려지지 않은 이야기들, 인류 최초의 컴퓨터 애니악과 콜로서스, 애플의 애플I 컴퓨터를 시작으로 최근의 아이폰 출시까지, 풍부한 사례와 관련 자료를 통해 상품 기획 및 마케팅의 다양한 원리를 이해할 수 있도록 의도했다. 특히 이번 모듈에서는 애플의 혁신 vs 비혁신, 성공 vs 실패, 아이폰 출시 이전의 각 업계의 움직임을 통한 트렌드 분석, 핵심 기술이 제품이나 솔루션에 적용돼 시장을 선도한 원인을 살펴보는 계기가 될 것이다. 애플을 도운 핵심 조력자인 테크니컬 마케팅의 선구자 레지스 매키나, 에반젤리즘을 대표하는 가이 가와사키의 사례와 빅뱅 파괴 일화에서는 상품 기획, 솔루션 전략, 마케팅 인사이트를 얻을 수 있을 것이다. 또한 기획을 위한 컨셉 플래닝, 메가 트렌드, 이머징 이슈, 기술 지능의 연결, 오픈 커뮤니티와 비즈니스 생태계, 랜드스케이프(Landscape)를 소개하였으며, 기획에서의 전략적 민첩성, 유연성이 필요한 이유와 원리를 제시했다.

후반부에서는 글로벌 기업들이 실제로 운영하고 적용하는 상품 기획, 솔루션 기획 과정을 빠짐없이 소개한다. 삼성전자, LG전자의 실제 상품 기획 과정과 결과물 작성 방법, 각 단계별 적용 사례를 소개하고, 갤럭시 액티브 기획 과정, 쥐덫의 오류, 경영 전략과 연동되는 상품기획, 애플의 상품 전략, 상품 기획 측면에서 폴더블 스마트폰에 접근하는 방법, 가격 정책 및 시장 분석, 제품 및 기술 핵심 트렌드 분석, 마켓 인사이트 발굴하기, 시장 세분화와 채널 분석 과정, 상품 기획과 연구개발 및 다양한 유관 부서와의 협업 등으로 내용을 구성했다.

다섯 번째 비즈니스 모듈인 Develop the Connet는 R&D에 관한 부분이다. 전통적 R&D의 개념부터 R&BD, R&CBD까지의 흐름과 정의, 적용 사례를 소개하고, 이를 통한 혁신과 비혁신이 어떻게 기업과 비즈니스에 영향을 미치는지를 살펴보았다. 팔리지 않는 제품을 연구하던 제록스의 파크(PARC), 이를 사업화에 적용한 스티브 잡스의 사례, 사업화를 모르는 연구개발, 패러럴 무브 전략, 근원적 혁신, 파괴적 기술혁신, 팀쿡이 제안하는 애플의 혁신 방법, 사업 모델의 혁신, 신속 개발(Rapid Development)과 프로토타입(Prototype) 사례, 마케팅을 하는 연구개발, 애플의 제품개발 프로세스인 ANPP와 체크리스트, 애플의 디자인 프로세스와 관련 프로그램, EPM, GSM 마피아, 페이스북의 10년 로드맵과 R&D 전략, 리벨리움의 사물인터넷 비즈니스 확장 전략, 초연결을 위한 실리콘밸리의 R&CBD 전략 수행 내용을 담았다. 나비 라드 주 교수의 C&D(Connect & Development), 테슬라의 기술 공개 사례, 구글의 집단지성 프로그램인 솔브포X(Solve for X), 글로벌 기업의 인수합병, 애플의 특허 사냥, 린 스타트업 방식과 전통적 글로벌 기업의 R&D 비교 분석, 솔루션 인테그레이션, 비즈니스 플랫폼 구축과 협업, 비즈니스 생태계 구축과 컨설팅 기반의 토털 솔루션 프러바이더(Total Solution Provider)로의 전환, 아마존 고(Go) 등의 사례 연구는 현직의 엔지니어 및 스타트업을 준비하는 예비 창업가 모두에게 새로운 인사이트를 제시할 것이다.

여섯 번째 비즈니스 모듈인 Enterprising Business는 기업의 경영전략과 함께 B2B 비즈니스를 수행하는 데 필요한 모든 내용을 담고 있다. GE, 파나소닉, 타이토(Tyco), IBM, 지멘스 등 글로벌 기업이 B2B 비즈니스에 접근하는 도구인 프로세스 기반 접근방법(Process Driven Approach)과 각 단계별 역할 수행 내용, 산출물의 종류를 상세하게 분석했으며, 가이 가와사키가 제안하는 테크 에반젤리스트의 역할, 스뮤징 방법, 애플의 인사이트에서 찾는 B2B 비즈니스 핵심 요소 발굴, 고객 구매 센터 및 성향 파악 방법, B2B 비즈니스를 위한 고객 분석 및 고객 분석표 작성, 기브앤테이크(Give & Take) 전략, 컨설팅 기반의 B2B 비즈니스, 전쟁터(Battle Ground)를 찾는 방법, 산업 구조 분석의 이론과 실전 사례, 애플의 B2B 비즈니스 전략 및 사례, 타깃 마켓 및 고객 선정, 마켓 센싱 방법, 경쟁사 제품 및 솔루션 분석, 메가 트렌드 분석 및 인사이트 도출, B2B 비즈니스의 작전 계획서인 플레이북(Playbook)의 실전 작성 방법, B2B 비즈니스를 시뮬레이션하는 데 필요한 비즈니스 0단계의 개념과 삼성, 아마존의 실전 적용 사례, B2B 비즈니스 전략 수립 실전 과정 등을 다룬다. 또한 시크릿 노트에서 다루는 각 주제에 관련한 경영 이론을 덧붙여 B2B 비즈니스에 접근하는 독자의 진입장벽을 낮추려 노력했다. 후반부는 멀티 프로젝트 진행에 관한 내용이다. 기업 환경에 따라 다양한 프로젝트를 동시 다발적으로 진행해야 하는 상황이 발생한다. 이에 맞게 적절한 도구(Tool)를 선정하고, 프로젝트의 리더십과 PMO의 구성 조건, 멀티 프로젝트를 구성하는 기본 요소 및 프로젝트 발의서, PMS에 등재하고 진행하는 실질적인 사례와 방법을 소개했다.

6개의 비즈니스 모듈은 각각 10여 개의 하부 주제로 구성돼 있으며, 주제별로 글로벌 기업들과 실리콘밸리 유니콘, 데카콘 기업의 생생한 실전 정보와 자료, 템플릿, 사례 및 분석 내용을 제공하고 있다. 또한 각 모듈의 머리 글자만 모으면 이 책의 제목인 인사이드(I.N.S.I.D.E)와 연결된다. 이 책은 현업 직장인에게는 실무 정보와 비즈니스 인사이트를 제공하고, 스타트업을 준비하거나 취업을 준비하는 분에게는 비즈니스의 큰 그림을 조망하고, 동시에 디테일을 살펴보는 계기가 될 것이다. 이 순간에도 비즈니스는 진화하고 있다. 비즈니스의 세계에 정답이 존재하지 않는다고 한다. 하지만 전통적 글로벌 기업부터 실리콘밸리 기업까지 일관되게 흐르는 경향은 결국 '연결'을 통한 가치 창출이다. 본 도서를 접한 모든 독자가 성공 기업과 실패 기업의 표면보다 그 속에 감추어진 본질을 살펴봄으로써 변화를 준비하고 대응하는 인사이트와 혜안을 얻는 계기가 되기를 바란다.

차례

Business Module 1
Inspire Entrepreneurship & Growth Mindset
기업가 정신과 성장형 마인드셋

Business Module 2
Notable Core Values
실리콘밸리의 핵심 가치와 핵심 인재

Business Module 4
Investigate Insight & Strategy
실리콘밸리가 기획하는 방법

Business Module 5
Develop the Connect
실리콘밸리는 R&CBD로 성장한다

Business Module 6

Enterprising Business
실리콘밸리의 B2B 비즈니스

Inspire Entrepreneurship & Growth Mindset

기업가 정신과 성장형 마인드셋

일하는 이유를 찾아라

혁신의 아이콘 스티브 잡스

창조와 혁신의 아이콘 스티브 잡스가 타계한 후 〈뉴스위크〉는 헌정판을 출간해 그를 추모했다. 애플의 CEO 팀 쿡은 스티브 잡스가 어떤 사람이었는지를 기억하고, 또 그가 사랑하던 일을 계속함으로써 잡스에게 경의를 표하겠다고 트위터에 메시지를 남겼다. 에릭 슈미트 구글 회장은 잡스는 애플을 특별한 회사로 만든 예술가적 기질과 엔지니어적 비전을 결합한 인물이라고 평가하며, 세계 IT 산업에 비전과 영감을 제시하고 혁신을 이끈 천재적 기업가였으며, 그의 창조적 정신과 뛰어난 업적은 영원히 잊혀지지 않을 것이라고 애도했다. 스티브 잡스는 타계한 후에도 그는 여전히 창의와 혁신의 아이콘으로 사람들의 삶을 바꾸어 놓고 있다. 청바지와 터틀넥을 입고 인류의 삶을 혁신할 신제품을 소개하는 모습은 아직도 많은 사람들에게 회자되고 있다. 스티브 잡스의 성취는 불우한 어린 시절, 대학 중퇴, 방황의 시기와 좌절, 암 투병 등 고통으로 점철된 인생을 이겨낸 것이기에 더욱 값지다. 잡스의 성과가 부와 명성에 대한 욕망이 아니라 일에 대한 순수한 열정에서 나온 것이기 때문이다.

스티브 잡스처럼 자신이 하는 일의 의미를 아는 사람은 최고의 성과를 만들어 낸다. 하지만 자신이 하는 일의 의미를 모르는 사람은 성과가 떨어지고, 일 때문에 더 많은 스트레스를 받는다. 커리어 사춘기를 경험한 많은 직장인이 "나는 왜 일을 하는가?" "내가 하고 있는 일에 어떤 의미를 부여할 수 있는가?" "나는 어떻게 일하고 있는가?" 같은 질문에 명쾌하게 답할 수 없었다. 직장 생활도 마찬가지다. 이런 질문에 답할 수 있다면 직장 생활의 첫 단추를 잘 꿰고 있는 셈이다.

일하는 이유

관점

스티브 잡스는 1981년 애플의 IPO(Initial Public Offering)를 시작했다. 당시 상장 가격은 주당 3.59달러였다. 스티브 잡스는 최초의 개인용 컴퓨터 애플I 발매와 IPO를 통해 25세에 이미 1억 달러라는 엄청난 재산을 소유할 수 있었다. 직장인은 흔히 이런 질문을 한다. 먹고살 만큼 충분한 돈이 있다면 일을 계속하겠는가? 예상하는 은퇴 자금이 준비된다면 오늘이라도 직장을 그만 둘 것인가? 이러한 질문에 거침없이 "Yes!"라고 말한다. 하지만, "No!"라고 말하는 사람도 있다. 로또에 당첨돼 일확천금을 얻는다 하더라도 다음 날 여전히 자신의 일터로 출근할 것이라고 말이다. 스티브 잡스나 고액의 연봉을 받는 기업인, 억대 연봉을 받는 직장인이 왜 누구보다 더 의욕적으로 일터로 향하는가? 핵심은 일을 하는 관점을 어디에 두느냐 하는 것이다.

'왜 일하는가?'라고 물으면 돈 때문이라고 답한다. 생계 유지와 좀 더 나은 생활을 꿈꾸기 때문이다. 보통 일의 목적을 돈이라고 생각하기 쉽다. 그런데 '돈은 왜 필요한가?'라고 물으면 또 '행복하기 위해서'라고 답한다. 행복하기 위한 수단이 돈이다. 결국 행복하려면 돈을 벌어야 하고, 돈을 벌려고 일한다는 것이다. 그래서 직장 생활을 하면서 높은 연봉을 제공하는 기업을 선호하는 것은 당연하다. 하지만 정작 문제는 연봉이 높아도 행복하지 않은 경우가 많다는 것이고, 돈이 행복을 보장해주는 것도 아니라는 점이다. 일을 하는 1차적인 목적이 돈이라면 일은 재미없고 따분하기 짝이 없는 것이 된다. 그래서 이런 사람들은 돈이 있다면 일을 하지 않는다. 기업의 존재 가치는 이윤 추구다. 하지만 스티브 잡스는 인터뷰에서 이런 이야기를 했다. "애플의 2차적 설립 목적은 이윤 창출이고 1차적 목적은 좋은 제품을 만드는 것이다." 특히 스티브 잡스는 애플에서 퇴출된 후 다시 복귀했을 때, 가장 먼저 이윤이 아닌 최고의 제품 중심의 사고 방식을 전파했다. 돈은 제품이 좋으면 자연스럽게 따라온다는 생각이었고 제품과 일 자체에 1차적 가치를 둔 것이다.

동기

그럼 동기(Motivation)는 무엇일까? 동기는 일을 하는 이유를 설명하고, 일을 하거나 활동을 하게 만드는 원인이다. 스티브 잡스는 애플의 주요 목표는 "훌륭한 제품을 만드는 것이나. 또한 세계 최고의 PC를 만드는 것이다. 세계 최고의 기업이 되는 것도 가장 부유한 회사가 되는 것도 아니다"라고 말했다. 세계 최고의 PC를 만들어 세상을 놀라게 하는 것, 바로 그것이 훌륭한 동기였다. 동기를 어떻게 설정하는가에 따라 회사, 직장 생활도 달라지는 법이다.

애플의 비전은 최고의 퍼스널 컴퓨팅 경험을 모든 이들에게 전달하는 것이었다. 애플의 미션에는 더욱 명확한 설명이 담겨 있다. 맥(Mac)을 만들고 아이팟을 통해 디지털 음악의 혁명을 이끌고, 아이폰과 앱스토어를 재창조한다는 것이다. 이러한 비전과 미션을 접하면 일하고 싶다는 마음이 가슴 속 깊은 곳에서 떠오른다. 이러한 비전을 함께 나누고 미션을 같이 수행해 보고 싶은 생각이 들어 애플에 합류하고 싶어지는 것이다. 삼성전자는 비전2020(Vision 2020)을 '전 세계 커뮤니티에 영감을 주어 보다 풍부한 디지털 경험으로 가득한, 더 나은 세상을 만들고자 하는 삼성의 열망과 그 열망이 수반되는 기술, 제품 그리고 솔루션 혁신을 선도하고자 하는 결연한 의지의 표명'이라고 설명하고 있다. 또한 '모든 사람이 흥미를 느끼고 기대하는 미래를 만든다'고 한다. 결국 회사의 비전이 근무하는 직원의 마음에 다가와야 한다. 그리고 가슴이 뛰어야 한다. 회사의 비전이 생각한 것과 다를 때 회사 생활은 힘들어지고, 왜 일하는지 모르게 되는 것이다. 일하는 이유가 다르기 때문이다.

데이비드 메클레랜드가 발표한 동기 이론은 직장인들의 근무 의욕을 효과적으로 설명한다. 사람은 중요한 동기(Motivation) 때문에 일하며, 그 동기는 성취 욕구, 친교 욕구, 권력 욕구로 구성돼 있다고 한다. 성취 욕구는 개인이 살아가면서 무엇인가를 이루고 싶은 욕구다. 개인에 따라 만족 정도의 차이가 다를 수 있지만, 대부분은 자신의 일을 잘하고자 하는 기본 욕구가 있다. 친교 욕구는 조직, 집단 내에서 타인과 잘 지내고 교류하고 싶은 욕구다. 권력 욕구는 집단, 조직 내에서 주도적 지위와 역할을 차지하여 권력으로써 타인에게 영향력을 미치고자 하는 욕구다. 직장에서의 성공, 승진에 대한 욕구 등으로 표현될 수 있고 직장 생활을 하는 주요 동기로 작용하기도 한다. 이러한 욕구를 바탕으로 한 동기는 주로 경험을 통해 학습되고 자극을 받는다. 그래서 후천적으로 어떠한 동기를 갖느냐가 중요하게 인식된다는 이론이다.

사람마다 욕구에 차이가 있다. 직장 동료나 평가하는 직장 상사도 욕구가 있다. 자신의 욕구와 같을 수도 있고 다를 수도 있다. 동일한 성취 욕구가 있다 하더라도 정도의 차이가 있을 수 있는 것이다. 성취 욕구가 강한 사람은 7가지 특성을 보인다고 한다. '높은 과업 지향성, 높은 모험성, 자신감, 열정적 활동, 미래 지향, 책임감, 결과에 대한 지식'이 그것이다. 2018년 잡코리아가 발표한 대기업 인재상의 공통 키워드는 '높은 과업 지향성, 높은 모험성, 자신감, 열정적 활동, 미래 지향, 책임감, 결과에 대한 지식'의 순인 것으로 파악됐다. 높은 과업 지향성은 일을 제대로 해내려고 도전하고 새로운 것을 시도하려는 경향이다. 높은 모험성은 높은 수준의 목표에 관심을 보이고 한계를 넘어서려고 도전하는 마음가짐과 행동 양식이며, 자신감은 자신이 할 수 있고 잘될 것이라고 믿는 마음이다. 열정적 활동은 변화에 대응하며 끊임없이 해 보려는 의지의 표명이고, 미래 지향은 과거에 얽매이지 않고 집중하며 미래를 대비하는 정신이다. 책임감은 자신이 한 일과 조직의 상황에 책임을 지려는 모습으로 나타난다. 결과에 대한 지식은 자신이 한 행동이 어떠한 결과를 가져왔는지 인과관계를 파악하는 노력과 모습으로 설명될 수 있다.

성취 동기가 뛰어난 직장인은 업무에서도 강한 추진력과 집중력으로 높은 성과를 만들어낸다. 이는 직장 생활을 할 때도 상사와 임원이 가장 중요하게 판단하는 부분이다. 회사에서 임직원의 역량을 평가할 때도 성취 동기를 파악한다. 성취 동기는 직장에서 일에 대한 열정, 의욕, 몰입 등 다양한 형태로 나타난다. "저는 성취 동기가 없습니다. 다른 동료보다 책임감도 부족하고 과업 지향적이지도 않습니다. 자신감도 많이 떨어집니다." 많은 직장인이 이렇게 이야기한다. 성취 동기는 타고나는 것이 아니라 경험으로 학습하는 것이다. 즉, 훈련으로 성취 동기를 향상시킬 수 있는 후천적 요소다. 직장 생활, 조직 생활의 성공은 본인의 성취 동기를 파악하고 훈련을 통해 강화하고 다른 성취 동기와 어떻게 조화를 이룰 것인가를 생각해야 한다.

시지프스는 신들에게 시기를 받고 질투의 대상이 돼 형벌을 받는다. 큰 바위를 굴려 산 꼭대기에 다다르면 아래로 굴러 떨어지고, 다시 굴려서 정상으로 올라가면 굴러 떨어지는 일이 무한 반복된다. 이 형벌은 아무리 노력해도 소용이 없어서 소모적이고 고통스럽고 무의미하지만 하지 않을 자유가 없다. 반드시 해야만 하는 고통스럽고 무의미한 노동이 시지프의 형벌이다. 직장인들이 자신의 일을 시지프의 형벌에 비유하며 탈출구가 없다고도 한다. 하지만 해결책이 있다. 목적을 찾는 것이다. 자기가 하는 일에 대한 목적, 즉 이유를 아는 것이다. 성취 욕구, 친교 욕구, 권력 욕구 모두 후천적인 특성으로서 경험과 학습을 통해 강화될 수 있다고 했다. 결국 자신의 일에 대한 목적을 갖는 것이 시지프의 형벌에서 벗어나는 유일한 방법이다.

일을 통한 자기 실현

일을 하는 또 다른 이유는 자기실현(Self-realization)이다. 스티브 잡스가 애플에 복귀하면서 연봉을 1달러만 받겠다고 제시한 일화는 여러 가지 상징적 의미도 있지만, 가장 중요한 것은 결국 일 그 자체가 1차적인 동기라는 의미다. 자신을 가장 잘 증명할 수 있는 방법, 즉 자기를 실현하는 방법으로 일을 선택한 것이다. 일과 자기실현을 동일시한 것이다. 인생의 대부분을 일과 수면이 차지한다. 수면을 제외한다면 인생은 대부분 일이 그 중심에 있다. 그렇다면 이러한 일을 시지프의 형벌이 아니라 진정한 기쁨으로 만드는 방법은 무엇일까? 스티브 잡스는 스스로 위대한 일을 하고 있다고 자부하는 것이라고 했다. 일하는 절대적 시간만을 말하는 것이 아니다. 많은 직장인이 퇴근 후에도 업무를 걱정한다. 일하지 않고 있는 사람도 일해야 한다는 생각으로 많은 에너지를 쏟고 있다. 정년 퇴직이나 은퇴 후에도 일을 찾아 도전하려 한다. 결국 일이 점차 자신이 되어가고 있는 것이다.

가장 중요한 것은 일에 대한 자부심이다. 지위, 연봉에 상관없이 그 일이 곧 자신이고, 스스로 위대한 일을 하고 있다는 자부심을 갖는 것이다. 회사의 업무, 직장 생활도 같은 개념이다. 직장 생활을 하면서 업무를 수행하고 역량을 개발하는 것을 자기실현과 동일시하면 개인은 일을 통해 자기실현을 하고, 조직은 개인을 통해 성과를 창출하는 결과로 이어진다. 직장인들이 업무를 수행하면서 자신은 소질이 없으며, 어느 분야를 잘하는지 모르겠다고 이야기한다. 회사의 여러 업무 중에서도 어떤 것을 잘하고 좋아하는지 모른다고 한다. 점차 회사 업무에 흥미가 떨어지고, 커리어 사춘기를 겪다가 결국 퇴사한다. 칙센트 미하이는 저서 『몰입』에서 다음과 같이 말했다. "어떤 영역에서 소질을 발휘할 수 있는지 미리 알 수 있는 사람은 별로 없다." 따라서 가능한 여러 영역을 시도해보는 것이 중요하다. 이미 관심을 갖고 있는 일부터 시작해 그에 관련된 영역으로 움직여 가자. 새로운 영역을 배우는 것은 언제나 어려운 일이며, 어느 정도의 인내심이 필요하다. 스티브 잡스는 직원을 채용하는 면접에서 애플과 사랑에 빠지려 하는지를 평가한다. 애플과 사랑에 빠지려 하지 않는다면 힘들고 어려운 과업을 오랫동안 해낼 수 없다는 것을 잘 알고 있기 때문이다. 일과 사랑에 빠지는 것, 자신이 하는 일을 사랑하고 자신의 직장에 자부심과 긍지를 갖고 있는지를 물어보는 것이다.

인생의 주인이라는 믿음

창의력과 도전 정신이 최근 기업이 원하는 인재의 핵심 키워드로 떠오르면서 현대그룹 정주영 회장의 기업가 정신이 회자되고 있다. "이봐 해봤어? 해보지도 않고 얼마나 많은 것들을 불가능하다고 생각하는건가?" 정주영 회장은 평소 목표에 대한 신념이 투철하고 이에 상응한 노력만 쏟아부으면 누구라도 무슨 일이든 할 수 있다고 강조했다. 이러한 언급은 저돌적인 뚝심으로 일단 도전한다는 '현대맨'의 이미지를 형성해 왔다. 하지만 정주영 회장은 자서전에서 이렇게 강조했다. "나는 어떤 일에도 결코 무턱대고 도전한 적이 없다. 교육은 못 받았지만, 더 열심히 생각하는 머리를 가졌고, 남보다 더 치밀하게 계산하고, 더 적극적인 모험심과 신념이 있다. 일을 시작하기 전에 얼마나 치열하게 분석하고 계획하는지를 모르는 사람들에게 내가 하는 모든 일이 전부 무계획적이고 무모한 것으로 보이겠지만, 무계획과 무모함으로 어떻게 현대그룹이 존재할 수 있단 말인가. 고정관념에 노예가 되어 있으면 매 순간 적응력이 우둔해질 수밖에 없다. 교과서적인 사고 방식이 곧 고정관념이며, 그것이 우리를 바보로 만드는 함정이다." 유조선 공법, 정주영 공법으로 회자되는 서산만 방조제 공사를 성공리에 수행한 후 정주영 회장은 고정관념의 폐해를 말하며 사고의 전환을 요구했다. 물살이 센 서산만에 방조제를 짓는 것은 무모한 도전이라는 고정관념에 모두 사로잡혀 있을 당시, 낡아서 폐기 예정이던 고철 유조선으로 급격한 물살의 흐름을 막고 방파제를 구축하여 공사비를 절감하고 공기를 성공적으로 단축한 것이다.

지금은 사라진 500원 지폐는 현대그룹 울산 조선소 건립의 일등 공신이었다. 1960년대 말 현대는 조선업 진출을 계획했지만 과도한 시설 자금이 필요해 외국 자본을 유치해야 하는 상황이었다. 하지만 조선업 경험이 없던 현대그룹에 섣불리 투자할 해외 투자은행은 어디에도 없었다. 당시 정 회장은 롱바텀 회장을 찾아가 500원 지폐를 보여주며 이렇게 이야기했다. "우리는 이미 500년 전에 철갑선을 만들었다. 영국보다 300년이나 앞선 기술이다. 단지 산업화가 늦어져서 아이디어가 녹슬었을 뿐이다. 한번 시작하면 잠재력이 분출될 것이다." 결국 투자 유치에 성공하여 1972년 역사적인 울산 조선소의 첫 삽을 뜨게 되었다. 정주영 회장이 일하는 이유는 바로 자신이 자기 인생의 주인이라는 믿음이었다. 그는 자서전에서 자신의 믿음을 이렇게 이야기했다. "막노동에서 풍전 엿공장으로 고정된 직장을 얻게 된 것이 한 걸음 나아간 발전이었고, 엿 공장에서 쌀 가게로 직장을 옮긴 것이 또 한걸음 발전이었다. 엿 공장에 취직이 되었을 때도 기뻤지만, 쌀가게에 들어 갔을 때 정말 행복했다. 전차 삯 5전을 아끼느라 구두에 징을 박아 신고 출퇴근 하면서도 신이 났고, 생활이 조금 나아져 5전짜리 음식 대신 10전짜리 음식을 먹을 수 있게 되었을 때의 흐뭇함을 아직도 기억한다." 어떤 환경에서 태어나 어떤 위치에서 무슨 일을 하고 있든지, 최선을 다해 자기한테 맡겨진 일을 전심전력으로 이루어 내며 현재를 충실히 살 줄 아는 사람은 행복한 사람이다. 현재에 충실하면서 자신의 조금 더 나은 미래를 꿈꾸기 때문에 언제나 일하는 것이 즐겁고, 작은 일에도 행복하게 생각할 줄 아는 사람은 누구든 나름대로 성공을 거둘 것이다. 그런 사람이 인생을 잘 사는 사람이다. 우리는 성장하면서 사회를 알고 배우고 체득해 가면서 자기 형성을 하는데, 사물을 보는 관점이나 사고의 방향, 마음 자세에 따라 일생이 크게 달라진다.

업의 본질로 최고 효율을 추구한다

업의 개념과 본질

4차 산업혁명과 과학기술의 발달로 산업 간의 경계가 허물어지고, 다양한 융복합 비즈니스가 매일같이 등장하고 있지만, 기업 경영은 또다시 업의 본질이 무엇인지를 질문한다. 업의 본질을 묻는 화두로서 삼성 이건희 회장의 반복된 질문법이 다시 회자되고 있다. 호텔 사업의 본질을 묻는 이 회장의 질문에 서비스업이라고 답변한 임원은 그것이 본질이 아님을 깨닫고, 해외의 유명한 선두 호텔의 경영 방식을 연구해 호텔 사업의 본질은 장치산업과 부동산업이라고 보고했다. 호텔이 들어서는 입지의 중요성과 고객을 유인하기 위한 다양한 편의 시설이 필요하다는 본질을 찾은 것이다. 삼성에서 항상 경영진에게 강조하는 것이 업의 개념을 명확히 규정하라는 것이다. 이제는 많은 기업들이 유사한 개념으로 업의 개념을 강조하고 있다. 업의 개념은 지금 하는 일을 정확하게 정의하고 파악하여 그에 맞는 사업 방향과 전략을 수립하는 것이다. 조직 구성원 각자는 자신이 맡고 있는 직책과 업무 내용에 따라 업의 개념을 이해하고 이에 맞게 일하는 것이다. 이건희 회장은 업의 개념을 '입체적이고 시스템적인 사고를 통해 자기 자신을 이해하고, 기업이 영위하는 사업의 본질과 특성을 이해해 직급에 따른 직무를 수행하는 것'이라고 정의했다.

삼성은 석유산업에 관한 업의 개념을 인력 훈련으로 규정했다. 일반적으로 차별화와 원가절감을 통한 이익 극대화 및 다양한 포지셔닝으로 시장점유율 확대를 생각하는 기존의 통념을 지적한 것이다. 당시 석유산업은 기술 리더십의 부재로 고급 인력이 부족했으며, 단순 하청 생산의 굴레를 벗어나지 못하고 있었고, 고품질 석유화학 정제 및 고부가가치 산업으로의 확대를 고려하지 못했다. 이후 경영진은 기술 리더십을 확보하고자 인력 양성과 고부가가치 제품 및 솔루션을 검토했으며 공정과 시설 안전이 중요한 석유산업의 특성을 고려하여 안전 경영을 위해 전 직원을 훈련하고 생산 공정의 무결점화를 추진하였다.

업의 개념을 정립하기 위한 노력은 삼성의 전 계열사로 확대됐다. 보험업은 사람을 모집하는 일이 중요하며, 증권업은 고객 상담을 핵심으로 규정했다. 시계를 패션 산업으로 규정하고, 백화점은 부동산업이며, 호텔은 장치산업으로, 가전은 조립 양산업, 출동경비 서비스를 수행하는 에스원의 업의 본질은 단결력이며 반도체산업의 업의 본질은 양심과 시간으로 규정했다.

스마트폰이 일상화된 현대에도 시계산업은 여전히 견고한 생명력을 유지하고 있다. 전통적인 아날로그 시계부터 디지털 시계를 넘어 이제는 스마트 웨어러블 디바이스로 새로운 가치와 경험을 제공한다. 당시 이 회장은 직접 수많은 시계를 분해하고 조립하는 과정을 거쳐 시계산업을 패션산업으로 규정했다. 업계를 선도하는 기업의 고가 시계에 탑재된 무브먼트와 상대적으로 저렴한 전자 시계의 전자식 무브먼트 간 차이를 인지했고, 결국 고객은 시계를 구동하는 무브먼트에 가치를 지불하는 것이 아니라 브랜드와 패션 가치를 구매한다는 점을 파악하고 이를 전 임직원에게 화두로 던져 시계산업에 대한 비전과 비즈니스 전략의 구심을 만든 것이다. 반도체산업에 관한 업의 개념은 양심산업과 시간산업으로 규정했다. 이는 전 임직원의 책임 의식을 강조하려는 의도였다. 현재도 반도체산업은 대규모 투자와 미세 관리가 요구되는 장치산업의 특성을 지니고 있다. 수많은 임직원이 다양하고 복잡한 반도체 설계, 제조, 생산, 고객 전달 과정에서 양심을 버리고 책임을 떠넘기면 이는 결국 초대형 불량과 손실로 귀결된다. 양심을 지킨다는 것은 전 임직원이 자신의 책임과 의무를 다하는 것이며, 이런 의식이 기반이 돼야 반도체 시장에서 기술적, 시간적으로 초격차를 만들어 업계를 선도할 수 있다.

업의 본질에 반복된 질문을 던지는 삼성의 경영에는 각 사업이 추구하는 근본적 가치를 확인하고 이를 바탕으로 잘할 수 있는, 혹은 잘해야 하는 부분에 역량을 집중하고자 하는 의도가 녹아 있다. 자기 본업에 충실한 가치를 만들어 내고 사회에 기여하는 것이 핵심이며, 여기에 걸림돌이 되는 불필요한 형식, 과거로부터 이어온 타성이나 선입견은 과감히 버리겠다는 의지다. 불요불급한 사업과 자산을 미련 없이 털어버리는 것도 같은 맥락이다.

업의 본질 찾아가기

일을 잘하는 핵심은 업의 본질을 이해하는 것이다. 본질은 사물이나 사건 또는 진실의 변하지 않는 원래의 모습이며 현상을 만든 근본 원인이라고 표현할 수 있다. 업종은 사업의 종류를 말하고, 업태는 사업의 형태를 의미한다. 업의 본질은 업종과 업태, 기업의 내외부 환경과 전후방 산업 및 이종 산업의 흐름을 통합하는, 입체적이고 시스템적인 사고 방식을 통해 획득할 수 있다. 업의 본질을 찾는 삼성의 화두 경영과 반복된 질문법처럼 업의 본질을 찾는 첫 걸음은 질문에서 시작한다.

우선 질문으로 고객의 본성을 파악해야 한다. 영업, 마케팅, 마케팅 커뮤니케이션, 상품 기획 등 기업 내부에 누적된 시장 분석, 고객 분석, 버티컬 분석 등의 자료와 기업 외부의 메가 트렌드와 이머징 이슈, 기술 지능, 비즈니스 모델과 플랫폼, 생태계 등을 분석해 고객을 규명하는 것이다. 두 번째는 '끊임없이 질문하기'다. 기업과 회사는 왜 이런 사업을 진행하고, 어떤 제품군과 고객을 가지고 있고, 어떤 시장에 진입하고, 어떤 경쟁사와 경쟁하는지, 시장 전망은 어떤지 등 다방면으로 질문하는 것이다. 이러한 질문에 가장 바른 답을 줄 수 있는 부서가 각 회사의 기획 부서다. 피터 드러커는 질문의 중요성을 역설했다. 심각한 오류는 잘못된 답 때문에 생기는 것이 아니라 잘못된 질문 때문에 생긴다. 사업이 혼란에 빠졌다면, 조직이 방향을 잃고 헤매고 있다면, 가장 급선무로 바로잡아야 할 것은 질문이다. 지금 제대로 된 질문을 가슴속에 품고 있는가? 한치 앞을 모르는 비즈니스 상황 속에서 일과 사업, 조직을 위한 올바른 질문을 던지고 있는가? 업의 본질을 꿰뚫는 통찰력도 결국 질문에서 획득할 수 있다. 피터 드러커는 가장 중요한 5가지 질문을 아래와 같이 선정했다.

- 미션 – 왜, 그리고 무엇을 위해 존재하는가?
- 고객 – 반드시 만족시켜야 할 대상은 누구인가?
- 고객가치 – 그들은 무엇을 가치 있게 생각하는가?
- 결과 – 어떤 결과가 필요하며, 그것은 무엇을 의미하는가?
- 계획 – 앞으로 무엇을 어떻게 할 것인가?

세 번째는 '운영 원리 파악하기'다. 기업, 회사, 조직 내에는 다양한 비즈니스 프로세스(Business Process)가 존재하며, 이는 일종의 업무 규정이다. 조직 내의 경영 전략 수립, 커뮤니케이션, 의사 결정, 회의체 등 모든 활동은 프로세스에 의해 움직인다. 이러한 프로세스가 유기적으로 운영되는 운영 원리를 파악하는 것이 업의 본질을 파악하는 방법의 일환이다. 흔히 이러한 프로세스에 문제점이 발생하거나 개선이 필요할 때 비즈니스 프로세스 혁신(BPR, Business Process Reengineering)을 수행한다. BPR의 창시자인 마이클 해머와 제임스 챔피는 기업의 BPR을 비용, 품질, 서비스, 속도 같은 핵심적 성과에서 극적인 향상을 이루고자, 기업 업무 프로세스를 기본부터 다시 생각하고 근본적으로 재설계하는 것이라고 정의했다.

BPR을 진행할 때는 기업이 무엇을 해야 할지, 기본적이고 원칙적인 이유를 파악해야 하며, 이후에는 어떻게 수행할지 결정해야 한다. BPR은 어떠한 것도 당연한 것으로 여기시 않는다. BPR은 지금 있는 것은 무시하고 폐기하며, 반드시 있어야 할 것에 집중한다. '근본적인 재설계'는 현존하는 모든 구조와 절차를 버리고 완전히 새로운 업무 처리 방법을 만들어 내는 것이다. BPR은 업무를 개선하거나 향상하거나 또는 변경하는 것이 아니라 기본부터 다시 만들어 내는 것을 말한다. BPR은 오직 확실한 혁신이 필요할 때만 수행해야 한다. 점진적인 개선은 미세 조정을 필요로 하지만, 극적인 향상은 낡은 것을 날려 버리고 새로운 것으로 대체해야만 이룰 수 있기 때문이다. BPR의 주요 대상인 업무 프로세스는 '하나 이상의 입력을 받아들여 고객에게 가치 있는 결과를 산출하는 행동의 집합'이다.

근무하는 회사의 제품과 솔루션을 완벽하게 파악하고, 모든 임직원들이 가상의 고객이 되어야 한다. 고객의 입장에서 제품을 사용해 보고, 왜 이 제품을 고객이 사용하는지? 왜 UI/UX는 이렇게 구성이 되는지? 왜 이러한 기능이 들어가 있는지? 왜 가격은 이렇게 구성되는지? 등 다양하게 질문해야 한다. 기업에는 제품기획서, 상품기획서, 제품매뉴얼 등 다양한 설명 자료가 있다. 관련 자료와 제품을 꼼꼼하게 연구하고 직접 사용해 보면서 가상의 고객이 되어 체험하는 모든 것을 피드백으로 전달하는 과정에서 업의 본질을 파악할 수 있다.

본질을 찾아내는 질문의 기술

일을 잘하기 위한 조건은 본질을 이해하는 것이다. 일의 본질을 찾으려면 질문해야 한다. 중요한 것은 어떤 질문을 하느냐에 따라 전혀 다른 답이 도출된다는 것이다. 마릴리 애덤스는 자신의 저서 『삶을 변환시키는 질문의 기술』에서 어떤 질문이 문제를 해결하는 효과적인 질문인지 알려준다. 그리고 문제를 푸는 최선의 방법은 더욱 훌륭한 질문을 찾아내는 것이라고 정의했다. 생각은 질문으로 이루어지기 때문에, 문제를 해결하는 좋은 생각을 하려면 좋은 질문을 해야 하므로 더 훌륭한 질문을 찾아내야 한다는 의미다. 해결책을 생각하기 이전에 먼저 훌륭한 질문을 찾아야 한다. 자칫 해결책부터 생각하다가 엉뚱한 답이 나올 수 있기 때문이다. 따라서 우선적으로 해야 할 질문은 '자신에게 진정으로 필요한 질문은 무엇인가?'라는 질문이다.

- 어떤 질문이 문제를 해결할 수 있는가
- 문제를 푸는 최선의 방법은 보다 훌륭한 질문을 찾아내는 것이다
- 좋은 생각을 하려면 좋은 질문을 해야 한다
- 훌륭한 질문을 찾아내는 것이 문제를 푸는 최선의 방법이다
- 해결책을 찾기보다 먼저 훌륭한 질문을 찾아야 한다

마릴리 애덤스는 모든 사람은 자신의 입장을 가지고 있기 때문에 질문을 할 때에도 세 가지 입장에서 말해야 한다고 하며, '심판자의 입장', '학습자의 입장', '관찰자의 입장'으로 구분해 살펴볼 수 있다고 했다. 심판자의 입장은 대부분의 사람이 취할 수 있는 입장으로 여기에 해당하는 사람은 무슨 일이든 심판하려 하며, 무의식적으로 문제에 반발하고, 비난에 초점을 맞추려는 경향이 있다. 심판자의 입장을 가진 사람은 자신을 방어하려는 무의식적인 경향을 소유하고 있다. 심판자

의 입장은 특히 많은 직장인이 일반적으로 취하는 자세다. 회사 생활을 하면서 어떤 일이라도 심판하고, 누군가를 탓하려 한다. 이에 따라 무의식적, 무조건적으로 문제 상황에 반발을 하고 비난하는 것에 열을 올리게 되어 직장에서 싸움꾼으로 통칭되기도 한다. 이러한 입장은 문제를 해결하기보다 오히려 상황을 더욱 악화시킨다.

학습자의 입장이란 중요한 시점에 무엇인가를 배우려 하는 태도다. 학습자의 입장에서 보면 가려져 있는 본질이 눈에 들어오고 나서 비로소 문제를 해결할 실마리가 보인다. 이 입장에 서면 사려 깊은 생각이 가능해지고 다양한 답을 찾아내 선택할 수 있다. 학습자의 입장은 문제를 해결하려는 질문에 능숙하다.

관찰자의 입장은 자기가 자기를 관찰할 수 있는 상태다. 어떤 말이나 행동을 하다가 자신이 그런 행동을 하고 있다는 사실을 발견하는 순간이라고 말할 수 있다. 직장 동료와 갈등이 생겨 다투고 있다가도 다투고 있는 자신의 모습을 발견하는 것이 바로 관찰자의 입장이다. 하지만 관찰자의 입장은 훈련이 필요하며, 늘 의식적으로 자신의 모습을 관찰하는 입장에 서려고 노력해야 한다. 답이 없는 상황이라도 질문을 바꾸면 답이 보인다. 심판자의 입장에서의 질문을 학습자 입장에서의 질문으로 바꾸어 하는 것이다. 이를 통해 상대방의 입장을 볼 수 있고, 나 자신의 인식을 바꿀 수 있다.

이제 일의 본질을 찾는 질문이 무엇인지 다시 생각해 봐야 한다. 일은 어떤 식으로든 고객과 연관돼 있다. 고객을 알지 못하면 성공할 수 없다는 사실을 인지하고, 고객 입장에서 그리고 고객 중심으로 생각하는 질문법을 훈련하는 것이다.

- 이 일의 본질은 무엇인가?
- 핵심 역량은 무엇인가?
- 고객은 누구인가?
- 고객은 어떠한 선택을 하는가?
- 고객의 기호는 무엇이고 그것은 어떻게 변할 것인가?

본질에 집중해 최고의 효율을 만든다

실리콘밸리의 스타트업 기업들은 극한의 효율성을 도출하고자 기업과 조직, 팀을 구성하고 운영해왔다. 기업을 위한 효율성이 아닌, 직원을 위한 효율을 창출하고 비효율적인 요소를 최대한 제거하며 본질에 집중하는 것이다. 직원이 마음껏 일할 수 있는 환경을 구축한다고 할 수 있다. 에릭 슈미트전 구글 회장은 좋은 경영자란 직원이 가장 빠른 속도로 달릴수 있도록 길 위의 장애물을 제거하는 사람이라고 정의하고, 엄격하고 높은 선발 기준으로 채용한 직원이 마음껏 일에 집중할 수 있도록 지원해야 한다고 말한다. 기업이 성장하면서 수반되는 관료주의 문화와 조직 내의 사일로 이펙트는 실리콘밸리 기업을 끊임 없이 괴롭혀 왔다. 이에 구글은 관료주의 버스터(Bureaucracy Busters) 프로그램을 운영하여 임직원이 현장에서 인식하는 모든 요인에 대한 피드백을 받았다. 구글의 전 임직원들을 대상으로 사내 커뮤니티인 모마(Moma)와 투표 시스템인 도리(Dory)로 5만5000번의 투표를 받아 업무 몰입을 방해하는 관료주의적 적폐를 선정했다. 그리고 특정 앱의 사소한 기능 부재, 회의 예약의 불편함, 실험 예산 비용, 늘어나는 보고 단계와 예산 검토 기간 등 업무에 불편을 주는 570여 개의 항목에 관한 프로세스와 시스템을 모두 개선했다. 관료주의 버스터는 상시 가동되고 있으며, 누구라도 모마와 도리를 이용해 추가 제안하고 개선을 요청할 수 있으며, 임직원이 본질에 집중하도록 구글은 지금도 학습과 성장을 이어나가고 있다. 테슬라는 기업 내에 존재하던 모든 약어의 사용을 금지하는 원칙을 표명했다. 약어는 조직 이질감을 유발하며 소통에 장애물이 된다는 이유로 폐기 대상이 됐다.

실리콘밸리 기업이 본질에 집중하는 데 필요하다고 제시하는 사고방식은 단순함이다. 냉정하고, 단순하게, 최소한을 생각하고 항상 움직임을 생각하라고 요구하고 있다. 기업이 성장할수록 더욱 드림팀과 레드팀에 집착하고, 불필요한 프로세스와 위계에 따른 보고 체계를 파괴하며, 작은 조직을 구성하는 임직원이 동료 효과를 통해 스스로 효율적으로 성장하도록, 더욱 단순하고 쉽게 이용 가능한 업무 환경과 시스템을 추구하고 있다. 실리콘밸리가 자랑하는 업무 보고 체계는 DRI(Directly Responsible Individual)라고 불리는 '직접 책임자 제도'다. 조직 구성원의 전체 업무를 파악하고, 조직 내부 및 외부의 연결을 주도하며, 조직 구성원의 업무에 대한 최종 책임을 갖는 리더로서, 불필요한 보고 체계를 지양하고 직접적인 협의, 조력을 수행한다. 개개인이 수행하는 모든 프로젝트에는 DRI가 명시되어 있어 어느 때라도 직접 커뮤니케이션이 가능하다.

기업가 정신,
성장형 마인드셋을 준비하라

기업가 정신

11차 G20 정상회의에서는 창업을 지원하고 기업가 정신(Entrepre neurship)을 촉진하고자 '기업가 정신 행동 계획'을 수립했다. 이러한 협의의 근간에는 글로벌 추세인 저성장과 일자리 창출에 대한 고민이 있다. 이후 기업가 정신에 대한 화두가 이어졌다. 구조적인 장기 경제침체(Secular Stagnation)가 새로운 표준으로 자리 잡은 상황을 타파하고 경제를 지속 발전시키는 동인으로서 기업가 정신을 교육해야 한다는 요구가 늘어난 것이다.

블랙 스완은 이제껏 경험하지 못한 상황으로 정의되며 그레이 스완은 변화의 흐름을 파악하면서도 어떻게 대처해야 할지를 모르는 상황을 의미한다. 실리콘밸리를 일구어낸 미국은 이미 오래 전에 기업가 정신을 정규 교과로 채택했고, 그 결과 블랙 스완과 그레이 스완의 상황을 이겨내며 경제 성장을 주도하고 있다. 기업의 비즈니스 전략과 전술을 이끄는 주체는 결국 기업가이고, 기업가의 비즈니스 통찰력, 기저에 흐르는 마인드(Mind)와 사고방식은 비즈니스를 수행하는 원동력이다. 혁신과 몰입에 기반한 기업가 정신은 비즈니스 성과를 창출하며 사회적 영향력과 공동의 선에 기여해 비즈니스 환경 트렌드를 만든다. 이러한 트렌드가 메가트렌드로 확대된다.

기업가(Entrepreneur)란 말의 유래는 '수행하다, 시작하다, 위험을 감수하다'라는 프랑스어 Entreprendre이며, 기업가란 새로운 일을 수행하는 사람으로 정의한다. 기업가 정신은 불확실성의 시대에서 전략적 민첩성과 감수성으로 위험을 감수하고, 기회를 감지하며, 도전과 실패를 통한 학습과 성장을 추구하는 자세로 혁신과 가치를 만들어내는 실천적 역량이다. 기업가 정신을 경제학적 관점에서 주목한 조지프 슘페터는 새로운 사업에서 생길 수 있는 위험을 감수하고 어려운 환경을 헤치며 기업을 키우려는 뚜렷한 의지라고 정의했다. 기업가 정신으로 무장한 끊임없는 혁신은 경기 순환과 성장의 동인이 된다. 신제품 발명, 개발, 새로운 생산 방법 도입과 신기술 개발, 신시장 개척, 새로운 원료나 부품의 신규 공급, 새로운 조직의 형성 등이 기업가 정신에 기반한 혁신이다. 미쉐린의 혁신적인 고속주행 타이어 래디얼은 굿이어를 포함한 종래 타이어 업계의 질서를 뒤흔들었고, 도요타의 린 생산 방식은 미국 디트로이트 자동차 전성시대를 무너뜨렸다.

피터 드러커는 『혁신과 기업가 정신』에서 기업가 정신의 정의를 '위험을 감수하고 새로운 기회를 감지하여 사업화하려는 모험 정신과 도전 정신'이라고 규정했다. 제프리 티몬스는 기업가 정신을 '비가치적 상황, 상태에서 가치를 만들어내는 창의적, 창조적 행동과 기회 추구, 위험을 감수하는 행동 상태'라고 정의하기도 했다. 기업가 정신의 본고장 미국은 이미 수많은 대학에서 기업가 정신에 관한 정규 수업과 학위 과정을 운영하고 있으며, 기업가 정신으로 무장한 창업가가 모여 있는 실리콘밸리는 인텔, 애플, 구글, 페이스북, 트위터 등 세계인의 삶에 큰 변화를 일으킨 유니콘, 데카콘 기업과 스타트업의 요람이다. 실용적 학문을 강조한 스탠퍼드 대학과 프레드릭 터먼 공대학장은 휴렛 팩커드와 실리콘밸리가 탄생할 수 있도록 산파 역할을 했으며, 이후 스탠퍼드 대학은 산학연 협력을 통해 생태계 구축의 구심점 역할을 수행해왔다. 구글의 래리 페이지는 스탠퍼드의 초기 자금과 기술 지원이 없었더라면 현재의 구글은 탄생하지 못했을 것이리고 이야기하기도 했다. 필립 코틀러를 위시해 세계적 경영석학이 현재 및 미래에 대한 불확실성을 돌파하는 실천적 해결책으로 기업가 정신을 강조하고 있다. 미래의 불확실성 속에서도 새로운 가치를 창출하는 실천적 역량이 바로 기업가 정신이다. 기업가 정신은 기업, 조직, 집단 및 사회, 공공 분야 및 개인의 개별 역량에 이르기까지 그 범위가 확대되고 있다.

피터 드러커는 성공한 모든 기업가에게 존재하는 공통 요소로 체계적인 혁신 실행을 손꼽으며, 혁신을 기업의 잠재된 경제적, 사회적 능력에 집중해 의도적으로 창조하는 노력이라고 설명했다. 3M의 포스트잇은 강력한 접착제를 개발하는 과정에서 산출된 실패작이지만, 아프 프라이가 끊임없이 고민하고 문제를 해결하고자 지속적으로 탐구했기에 폐기된 실패작에서 영감을 얻고, 우연이 아닌 아이디어를 도출한 것이다. 애플의 아이팟, 아이패드와 아이폰, 구글의 애드센스, 에이비엔비의 숙박공유 서비스, 우버의 차량공유 서비스 역시 의식적이고 의도적인 혁신 과정에서 아이디어를 창출하고 구체화한 것이다.

최근 많은 대학과 기관, 상업 단체가 기업가를 위한 스타트업 문화, 기업가 정신 교육 프로그램 및 부트캠프를 운영하고 있으며, 『MIT 스타트업 바이블』의 저자 빌 올렛 교수의 MIT

기업가 정신센터, 버클리 기업가 부트캠프 등 해외의 부트캠
프를 국내에 소개하는 다양한 커리큘럼이 있다. 하지만 이러
한 커리큘럼은 주로 창업을 위한 속성 엑셀레이팅과 인큐베
이팅에 초점을 맞추고 있으며, 기업가 정신을 창업을 위한 도
구나 수단, 비즈니스적인 스킬(Skill)로 왜곡하고, 또 다른 비
즈니스 수단이나 사교육의 또 다른 영역으로 간주하고 있다.
기업가 정신은 단기 체험 강좌, 비즈니스 스킬 요약문 등을
통해 습득되는 영역이 아니다. 경영, 경제, 기술, 마케팅, 사
업 개발 등 학문적 배경 지식에 정통하다 하더라도 혁신과 가
치를 만들어내는 실천적 역량을 갖추려면 개인의 전략적 학
습 능력과 마인드셋(Mindset)을 수립할 수 있는 체계적 교육과
경험이 수반돼야 한다. 기업가 정신은 불확실성에 대한 도전
이며 문제점을 발견하고, 개선하고, 새로움에 연결하고, 혁신
을 추구하는 학습 능력이며, 실패와 경험, 협업과 소통을 추
구하며 성장하는 마인드 영역이다.

귀납적 학습법, 성장형 마인드셋

실리콘밸리와 미국식 기업가 정신에서 최근 주목을 받는
학습 방식이 '귀납적 학습법'이다. 문제에 정답이 없으며, 정
답을 찾아가는 과정도 정해진 방법이 없다. 문제를 문제로 인
식하고 정의하는 과정 역시 경험과 지식, 역량으로 결정된다.
뉴 노멀 시대에는 시대를 초월한 경영 원칙과 비즈니스 기법
은 존재하지 않으며, 최고의 컨설턴트와 멘토라도 모든 것을
대신할 수 없다. 성공과 실패의 결과물과 과정에서 스스로 원
인과 이유를 찾고 검증해야 한다. 검증된 고객이 기업의 비즈

니스 활동을 기다리는 꿈같은 시기는 이미 소멸됐다. 끊임없이 고객을 탐구하고 검증해야 한다. 이 과정에서 스스로 문제를 정의하고 원인과 이유, 과정과 결론, 대안을 찾아내야 한다. 이러한 모든 과정이 귀납적 학습법의 일환이며 학습과 경험에서 인사이트를 얻고 성장하는 것이다.

기업가 정신의 근간은 마인드셋이며 이는 마음가짐, 관념, 태도, 시각(View), 생각하는 사고 방식 등으로 바꾸어 말할 수 있다. 캐롤 드웩은 마인드에 두 가지의 속성이 있다고 이야기 한다. 긍정적 사고방식과 부정적 사고방식이다. 긍정적 사고방식은 밝은 면과 어두운 면을 모두 인정하지만, 부정적인 면에 가려진 좋은 면까지 발견해 그것을 자신의 자원으로 활용해 성장 가능성을 높이는 사고방식이다. 부정적 사고방식은 부정적인 감정과 분노, 적대감을 표출해 주로 좌절과 남 탓하기를 하는 사고방식이다. 누구나 긍정적 사고방식을 선택할 것이다. 하지만 실 생활에서는 언제나 긍정적 사고방식이 작용하지는 않는다. 동일한 현상을 봐도 서로 다른 사고방식이 작용한다. 물이 아직도 반이나 남았다고 할 때에는 자신감, 여유, 행복이 작용하지만, 물이 겨우 반밖에 없다고 할 때에는 소극적 태도, 걱정, 불평과 불안을 나타내는 것이다.

어떠한 마인드를 갖든 그것은 자신이 결정할 문제지만, 마인드는 다른 사람, 조직, 관계, 사회에 영향을 준다. 어떤 마인드를 갖느냐에 따라 얼굴 표정, 행동, 말투가 바뀌며 그 사람을 평가하는 잣대로 사용된다("저 사람은 부정적인 사람이야"). 부정적 사고방식은 고착형 마인드셋(Fixed Mindset)이라고도 말한다. 사과 한 상자에 썩은 사과 하나가 있으면 며칠 후 주변의 사과가 함께 썩어 가고, 얼마 후에는 상자 안의 모든 사과가 썩어 들어간다. 이를 썩은 사과 효과(Bad Apple Effect)라고 한다. 부정적 사고방식이 주변에 부정적 영향, 부정적 바이러스를 전파하는 것이다. 긍정적 사고방식은 다른 표현으로 성장형 마인드셋(Growth Mindset)이라고 한다. 긍정적 사고방식으로 자신과 주변에 행복 바이러스를 전달한다. 이들에게는 무엇인가를 하고자 하며 이루려고 하는 긍정적인 동기와 성취 욕구가 있다. 그래서 높은 과업을 지향하고, 고도의 모험성을 가지며, 자신감, 열정적 활동, 미래 지향, 책임감, 강한 추진력, 실패에 대한 용기, 집중과 몰입의 특성이 나타나고 지속적으로 긍정적인 성장을 한다.

마인드셋은 삶에 대한 태도이며 사고방식이다. 마인드셋 교육은 빌 게이츠와 애플의 에반젤리스트 가이 가와사키가 적극적으로 추천했으며, 마이크로소프트사의 인력개발 교육 프로그램에도 적용됐다. 성장형 마인드셋은 고착형 마인드셋을 벗어나 자신의 능력이 개발될 수 있다고 자기 자신을 믿고 행동하는 것이다. 경직된 사고방식과 집착을 탈피하는 것이며 결과가 아닌 과정에 주목한다. 반대로 고착형 마인드셋을 가진 사람은 뇌 활동이 꺼져 있다고 할 수 있다. 열린 사고를 하지 않는 것이다.

'아직'의 힘

성장형 마인드셋의 '아직(Not Yet)의 힘'은 실리콘밸리가 성장하는 핵심 동력이 되어왔다. 실리콘밸리의 기업 사이에는 마음껏 실패할 수 있는 문화가 자리잡고 있다. 다양한 아이디어를 이용해 빠르게 프로토타입을 만들어 사업을 타진하고 고객을 검증하다가 사업 방향이 잘못됐다면 빠른 실패를 통해 비용을 최소화할 수 있기 때문이다. 실리콘밸리의 스타트업 중에서 기업가치 10억 달러의 유니콘으로 성장하는 기업은 전체의 0.1퍼센트 미만이다. 하지만 실리콘밸리 기업의 재창업률은 1.8회다. 2번 정도는 재창업해서 도전한다는 뜻이다. 실패는 낙오가 아니며, 과정임을 강조한다. 벤처 투자가, 엔셀 부사가 역시 CEO의 창업 횟수, 실패에서 얻은 교훈 능을 투자의 중요한 기준으로 삼는다. 또한 실패 사례 연구를 공유하는 실패 간담회(Fail Conference)를 개최해 정보를 교류하고 과정을 재점검한다. 이들에게 실패는 '아직'을 의미하기 때문이다.

구글은 실패한 모든 프로젝트를 면밀하게 재점검하고 이것이 의미 있는 실패라고 판단되면 해당 팀원에게 오히려 인센티브를 지급한다. 실시간 커뮤니케이션 플랫폼인 구글 웨이브가 대표 사례다. 구글은 '1년 안에 실패하기' 프로그램을 운영 중이다. 자유롭게 주제를 정하여 1년간 도전하다가 성공 기회가 낮다면 빠르게 포기하는 과정에서 값싼 실패를 통해 신속하게 학습할 수 있도록 유도하는 것이다. 시스코의 이노베이션 캐털리스트 프로그램도 주목할 만하다. 자유롭게 아이디어를 개진한 다음 과제 진행을 승인받으면 파일럿 테스트 후 제품이나 서비스로 추진됐는지 여부에 상관없이 관련 임직원에게 인센티브를 제공한다. 아이디어의 성공 여부를 배제하고 자유로운 시도 자체를 중요시한다는 메시지를 전달하는 것이다. 우버는 워케이션 제도를 운영하여 선정된 프로젝트 팀에게 원하는 장소에서 일주일간 프로젝트를 수행할 기회를 제공한다. 드롭박스는 어떤 아이디어라도 자유롭게 연구하고 실행 가능한 핵위크 제도를 운영한다. 오토데스크 CEO 캘 배스는 "인간에게는 기본적인 창의, 창조 욕구가 있으며, 회사가 기본적인 인프라만 제공해준다면 이를 극대화할 수 있다"고 이야기하며 피어나인 프로그램을 통해 자유로운 실험과 서비스를 상상하도록 유도하고 있다.

스톡데일 패러독스

기업가 정신은 성장형 마인드셋을 요구하는 동시에 합리적 낙관주의를 강조한다. 스톡데일 패러독스(Stockdale Paradox)는 성공하리라는 믿음을 잃지 않으면서도 현실의 냉혹한 사실을 직시해야 하는 이중성을 의미한다. 현실을 냉정하게 인지하여 분석, 판단하고 한편으로는 흔들림 없는 믿음으로 현실의 어려움을 극복하려는 정신이다. 스톡데일 패러독스는 베트남 전쟁에 참여한 미군 장교 짐 스톡데일의 이야기에서 유래했고, 짐 콜린스는 스톡데일이 수용소 생활의 어려움을 극복한 원동력을 찾아 이를 합리적인 낙관주의라고 규정했다.

나는 믿음을 잃어버린 적이 없다. 8년간의 수용소 생활 동안 여기서 벗어나겠다는 희망을 의심하지 않았다. 오히려 성공하여 이 경험을 내 인생의 전기로 전환시키고 말겠다고 굳게 다짐했다. 수용소 생활을 견뎌내지 못한 사람은 현실을 벗어난 낙관주의자들이다. 이들은 매년 크리스마스와 부활절에 근거 없는 막연한 희망을 가졌고, 결국 이루지 못함에 대한 상심으로 죽고 말았다. 나는 희망을 잃지 않았지만 막연한 기대가 아닌 현재의 비참한 상황을 냉정하게 받아들였다.

실리콘밸리 기업은 기업가 정신을 교육하고 전파하는 과정에서 성장형 마인드셋과 현실의 불확실성과 냉혹함을 냉철하게 직시하면서도 흔들림 없는 미래, 기업의 비전과 미션을 만들어가는 합리적 낙관주의를 갖추는 이중성을 요구하고 있나. 현실과 희망 사이에서 균형 감삭을 키우고 인내하며 끝까지 도전하는 것이다. 기업가 정신은 현재 모습과 수준을 파악해 어려움과 문제점을 받아들이고, 비전을 가지고 개선하면서 나아가야 한다는 것을 의미한다. 현실을 파악하는 지혜와 미래를 설계하는 전략을 가지고 변화에 민첩하게 대응하는 것이다.

성장형 마인드셋

신뢰를 통한 커뮤니케이션

미국의 기업가 정신 교육 프로그램은 다양한 비즈니스 주제와 성공, 실패 기업의 사례연구(Case Study), 창업 및 인큐베이팅, 투자 유치, 고객 검증 등 기법을 전수하고 있지만, 더욱 많은 시간을 할애하는 과정은 정신적, 내재적 측면에서 기업가 정신을 만드는 성장형 마인드셋 함양 부분이다. 기업가 정신을 위한 성장형 마인드셋에서 가장 중요한 요소는 '신뢰를 동반한 커뮤니케이션'이다. 불확실성은 개인, 조직, 기업 내부 및 기업 외부의 다양한 환경을 연결하라고 요구한다. 이러한 연결의 기본은 신뢰를 바탕으로 한 커뮤니케이션이며 이

것이 곧 협업으로 확대되기 때문이다. 기업 내부의 신뢰 형성 수준이 낮으면 조직 간 알력과 보이지 않는 장벽(Invisible Barriers)을 형성하고, 썩은 사과를 만들어 깨진 유리창보다도 더욱 위험한 커뮤니케이션 단절과 협업 절단이라는 위기를 초래한다.

삼성은 2017년 미래전략실을 해체하면서 그룹 소통과 삼성 임직원의 메신저 역할을 수행하던 삼성그룹 사내방송(SBC)을 포함하여 커뮤니케이션 창구를 폐쇄했다. SBC는 매주 2회씩 삼성전자를 포함한 그룹의 계열사 소식과 다양한 뉴스, 화제를 소개하며 인기를 끌어왔다. 특히 1993년 불량 세탁기 뚜껑을 조각도로 깎아내는 장면이 현장 고발되면서, 삼성의 신경영 선언에 단초를 제공하기도 했다. SBC 종방 직전에 상영된 '삼성 소프트웨어 경쟁백서'는 삼성의 소프트웨어 역량을 구글과 비교하며 처절하게 지적하고 소프트웨어 강화와 일하는 방식, 조직 문화를 재점검해야 한다고 주문하기도 했다.

기업과 조직에서 일하고 싶도록 임직원의 동기를 유발하는 근본 조건은 커뮤니케이션이며, 이는 연결 전략의 근간이다. 기업의 모든 임직원이 회사의 비전과 미션, 이념과 지향, 해야 할 일, 과제, 산적한 현안 등을 공유할 수 있다면 이것은 기업과 조직이 비즈니스 성과를 창출하는 결정적인 힘이 된다. 하지만 국내의 대기업과 일부 기업의 현장에는 CEO의 메시지는 중간 관리자를 거치면서 자의적으로 해석되거나 왜곡되고, 주요 경영진의 행동은 공개되지 않으며, 회사의 주요 정책 방향은 보안이라는 이유로 사내 직원 어느 누구에게도 전달되지 않는 현실이 존재한다. 반면, 실리콘밸리 회사는 커뮤니케이션 방식에서 근본적인 차이를 만들고 있다. 대표적인 사례가 구글의 TGIF 미팅이다. 매주 금요일 오후 래리 페이지, 세르게이 브린 등 창업자와 최고 경영진이 찰리카페에서 무엇이든 질문하고 대답하는 TGIF 미팅을 진행한다. 사내 문제부터 검색, 지메일, 구글 플러스 등 제품과 안드로이드의 향후 방향, 구글의 로드맵 등 기업 경영 전략에 이르기까지 구글 지원이면 누구나 최고 경영진의 실명을 가감 없이 늘을 수 있다.

구글 임직원은 구글의 TGIF 미팅이 구글을 대표하는 핵심 문화라고 자부한다. TGIF 미팅에는 도리(Dory)라는 사내 질의 응답 시스템을 활용한다. 임직원 누구나 직접 질문을 올리면 직원 투표(Thumb up or down)로 순위를 정하여 TGIF 안건으로 상정되며 경영진이 투명하게 모든 질문에 답변하는 프로세스다. 심지어 신규로 채용된 임원 연봉이 왜 그렇게 높은지를 설명해 달라는 질문에도 답변한다. 이와 같은 수평적 오픈 커뮤니케이션 시스템은 직원들에게 주인 의식을 고양시키는 강력한 도구다. 기업의 보안을 고려해야 하지만, 구글러(구글 임직원을 대표하는 표현)는 이미 높은 보안 의식을 갖췄다. 구글의 TGIF 제도는 페이스북을 포함한 다수의 실리콘밸리 기업에게 전파되었고, 직원과 직접 대화하며 신뢰 바탕의 커뮤니케이션을 수행하고 있다. 신뢰의 커뮤니케이션은 기업 및 조직 구성원에게 비전과 미션을 수행할 강력한 동인을 제공한다. 신입 직원과 CEO가 사소한 이야기를 나누고 점심 식사를 같이했다고 소통이 원활한 기업이 아니다. 자기의 성과와 회사의 목표에 대해 가감 없이 이야기하는 문화가 신뢰 바탕의 커뮤니케이션 전략의 기본이며 핵심이다.

구글의 분기별 경영전략 수립 및 공유 과정도 국내 기업이 벤치마킹할 필요가 있다. 국내 대기업, 중견기업의 경영계획 수립, 발표 과정과 달리 구글은 이사회에 보고된 경영계획 내용을 가감 없이 직원에게 공개한다. CEO의 경영계획 발표 및 부문별 수석 부사장의 부가 설명에 이어 관리자급 디렉터, 매니저, 일반 직원까지 의견을 공유하는 과정을 거친다. 이 과정은 모든 구글러에게 동일하게 적용되며 통상 2~3주의 시간이 소모되지만, 모든 구글러는 자신의 일을 구글의 비전과 미션에 연결시키며 목표 설정과 평가 방식을 투명하게 인지한다.

감정 민첩성

수전 데이비드는 저서 『감정의 무기』에서 감정의 핵심 가치를 약하게 만드는 것은 부정적인 마음이며 부정적인 감정 패턴 발견하기, 부정적 감정에 이름 붙이기, 자아수용 실천하기, 장기적이고 인생의 가장 큰 목표에 효과적으로 다가서기 등으로 감정 민첩성을 강화해 이를 다스리라고 조언하고 있다. 현대인 누구나 감정의 응어리를 가지고 있다. 부정적인 감정, 유쾌하지 못한 공상, 과거의 트라우마나 대인 관계 때문에 충만한 삶의 가치를 발견하지 못하는 것이다. 이러면 감정에 압도당하거나 휘둘려 자신의 가치와 자존감을 상실한다. 감정 민첩성은 신속한 감정 변화를 요구하는 것이 아니라 감정을 인지하고 다스리는 능력이다. 이를 위해 수전 데비이드는 다음과 같은 방법을 제시했다.

- 자신의 감정을 있는 그대로 마주하기
- 감정에서 한 걸음 비켜나기

- 작고 사소한 변화를 통해 성장하기
- 균형을 통해 나아가기

현대를 살아가며 수많은 내적, 외적 요인 때문에 자극받는다. 이에 평정심, 항상심을 상실하고 불안, 초조, 혼란 등 다양한 부정의 감정과 상호작용해 자기 통제력을 잃는 것이다. 정신줄을 놓았다거나, 멘탈이 붕괴되있다(멘붕)거나, 감정의 소용돌이에 빠졌다는 말은 모두 같은 맥락이다. 감정을 단번에 바꾸는 마법 같은 것은 없다. 하지만 감정을 인지하고 받아들이며 다스리는 주체 역시 자기 자신이며, 개인마다 필요한 시간이 있고 고통 수용 및 다스림까지 가는 시간 차이가 있음을 인정해야 한다. 사람마다 마음을 받아들이는 그릇의 크기가 모두 다르다. 이를 감정 용량이라고 한다. 너무 많은 부정적 감정들이 몰려오면 감정 용량이 넘치고, 결국 감정의 과부하에 걸린다. 우선해야 할 일은 마음과 두뇌의 휴식이다. 감정의 쉼터, 마음의 쉼터를 찾는 것이다. 감정 과부하에 걸린 원인과 환경에서 잠시 벗어나 평소에 좋아하던 일, 행동, 장소에서 안정이 될 때까지 쉬면서 감정 용량을 회복해야 하는 것이다.

'감정에서 한 걸음 비켜나기' 방법은 불교 명상법인 '마음 알아채기'와 같다. 복잡하고 어려운 감정이 몰려올 때, 감정의 파도에 휩싸여 그 감정과 자신을 동일시하는 것이 아니라, 감정으로부터 한 발짝 떨어져 있는 그대로의 자신의 마음 상태를 인지하는 것이다. 그 순간, 감정을 바라보는 또 하나의 나를 만날 수 있다. 2013년 개봉된 영화 〈그녀(Her)〉에서 주

인공 시어도어 트윔블리는 맞춤형 인공지능 비서인 사만다와 감정적인 교감을 나누며 소통한다. 아마존의 인공지능 스피커 음성인식 비서 알렉사(Alexa)는 매년 100만 명이 넘는 사람들로부터 구애와 청혼을 받고 있다고 한다. 아직까지 알렉사는 "우리는 꽤 다른 곳에서 서로의 삶을 영위하고 있어요", "당신은 지구에 있는데 저는 클라우드에 있어요"라는 답변을 할 뿐이다. 자신의 감정을 공유하고 고민을 들어줌으로써 과부하에 걸린 감정 용량을 함께 나눌 지인이나 친구, 동료나 커뮤니티가 있다면 적극적으로 도움을 청하는 것도 좋은 방법이다. 현대인은 불확실성의 시대를 살며 감정의 자극을 피할 수 없다. 그때마다 자신을 잃지 않고, 그 경험으로부터 자신을 치유하고 회복하며, 복원하는 과정이 필요하다. 감정 민첩성이 불확실성이 높아가는 4차 산업시대에 기업가 및 현대인이 갖추어야 할 또다른 역량으로 떠오르는 이유다.

회복 탄력성

기업가 정신을 위한 성장형 마인드셋의 또 다른 요소는 회복 탄력성(Resilience)이다. 란제이 굴라티 교수는 회복 탄력성을 갖춘 기업 및 기업가는 외부 환경이 어렵게 변하더라도 지속 성장을 할 수 있음을 강조했다. 회복 탄력성의 의미는 충격이 가해져 물체가 변형됐다가 원래 상태로 돌아가려는 복원력, 회복력이다. 이미 기업 경영에서 회복 탄력성의 중요성을 강조하고 있다. 회복 탄력성은 기업, 조직을 넘어 이제 개인에게까지 그 중요성을 인정받고 있다. 미래학자 자메스 카시오는 변화는 피할 수 없는 것이기 때문에 이를 받아들이고 예기치 못한 상황을 견딜 수 있는 힘에 집중해야 한다고 했다. 전략적 민첩성, 전략적 감수성, 학습 민첩성, 감정 민첩성과 함께 유연하고 기민하게 행동하게 도와주는 힘이 바로 회복 탄력성이다.

회복 탄력성은 예상치 못한 변화와 상황에 대처해 다시 회복하는 역량이다. 또한 회복을 넘어 새로운 역량을 개발하고 성장의 기회로 만드는 확장을 의미한다. 회복 탄력성이 부족한 기업가는 자신의 역량을 탓하고, 자존감을 상실하거나 외부 환경, 조직, 운으로 원인을 돌린다. 보잉 747 비행기는 그 크기나 무게가 대단하다. 그렇기 때문에 비행기가 활주로를 달려 이륙 5분 이내에 1만 미터 상공까지 올라가야 한다. 그러지 못한다면 추락하거나 공중 폭발을 한다. 회복 탄력성도 최근에는 단순한 회복력, 복원력을 넘어 전진을 위한 복원력, 즉 긍정적이고 효과적이며 민첩한 도약의 단계로서 요구되고 있다. 회복 탄력성 역량을 갖추는 데 필요한 구체적인 요소로는 환경을 이해하는 능력, 전략 수립 능력, 목표 추진 능력이 있다.

알리바바의 CEO 마윈은 너무나 많은 실패를 했기 때문에 이를 알려주고자 『알리바바의 1001가지 실수』라는 책을 출간했다. "많은 사람들이 성공에서 무언가를 배우려고 한다. 일단 성공하면 그 원인으로 수없이 많은 요인들이 거론되지만 실패의 원인은 명료하다. 우리는 다른 사람들이 왜 실패하는지 배워야 한다. 성공이 아니라 실패를 배워야 더 강해지고 더 현실적으로 변화할 수 있다. 다른 사람이 중요하다고 생각하는 것은 믿지 마라. 스스로 진심 어린 열정을 갖고 있는 것을 믿어라. 단순해져라. 그리고 우직하게 밀어 붙여라." 마윈은 인생을 살아오면서 희망을 잃지 않았지만 막연히 기대만 하는 게 아니라 현재의 비참한 상황을 냉정하게 받아들였다. 희망과 현실의 균형 감각을 갖고 끝까지 인내하며 꿈을 잃어버리지 않은 것이다.

실패 인정과 시스템 구축

누구나 실패할 수 있다. 실패 경험을 통해 자신이 얼마나 위기를 잘 극복할 수 있는지 평가해보아야 한다. 불확실성이 지배하는 경제 환경에서 실패에서 배우고 성장하는 회복 탄성력은 기업가 정신을 위한 성장형 마인드셋의 근간이다. 실리콘밸리는 실패를 인정하는 문화와 실패를 딛고 일어서는 회복 탄성력을 갖춘 기업가 정신이 몸속에서 DNA로 활동하고 있기 때문에 혁신할 수 있었다. 실리콘밸리의 기업 환경 인프라는 재도전이 가능한 환경을 제공해주지만, 실패를 스스로 인정하고 이를 통해 학습하지 못하는 기업가는 결코 성공할 수 없다. 벤처캐피털리스트는 실패를 선호하는 것이 아니라, 실패를 세상을 변화시키기 위한 준비운동이자 부산물로 간주하는 것이다. 이들이 투자하는 이유는 비즈니스 모델과 플랫폼 때문이 아니라 기업가가 가지고 있는 실패 경험과 마인드셋 때문이다. 국내 기업은 실패는 바람직하지 못하다고 생각한다. 이에 따라 실패가 발생하면 관련자가 책임져야 하며 관련 조직이 공중분해되기도 한다. 이러한 기업 행태는 실패를 조직 내에서 의도적으로 은폐하는 요인으로 작용하기도 한다.

토마스 왓슨 IBM 회장은 실패 속도를 두 배로 올림으로써 성공에 가장 빠르게 도달할 수 있다고 주장했다. 실패의 학습 효과와 회복 탄력성의 의미를 강조한 것이다. 반면 국내 일부 기업은 실패를 용인하지 못하며, 조직적으로 은폐함으로써 실패의 자산이 축적되지 못하고 실패를 반복하는 악순환을 겪고 있다. 이를 극복하고자 실리콘밸리를 위시한 다수의 기업들은 L&L(Lesson & Learn)을 통해 실패를 복기하고 교훈을 만들어내 새로운 학습을 진행한다. 실패를 대하는 방법과 절차에 따라 완전히 다른 결과를 창출한다. L&L의 결과가 데이터베이스로 축적돼 기업의 지식체계(Knowledge System)로 자산화되어야 하며, 기업의 임직원 모두가 빠르고 쉽게 검색하고 점검할 수 있어야 한다. 철두철미한 체크리스트를 만들어 새로 진행하는 모든 일에 점검 요인으로 사용돼야 한다. 하지만 현실에서는 L&L 과정조차 최고 의사결정자에게 보여주는 보고서 용도로 전락하여 보고 후 용도 폐기되는 사례가 비일비재하다.

실리콘밸리의 실패를 통한 학습 문화는 페일콘(FailCon)을 탄생시켰다. 실리콘밸리는 1퍼센트의 성공을 위하여 99퍼센트의 실패 자산을 모아 경험을 공유하는 행사를 개최하는데 이제는 실패학이라는 학문으로 발전하고 진화하고 있다. 하타무라 요타로 교수는 실패학의 대가로 인정받고 있으며, 그는 실패의 원인과 과정을 철저히 분석해야 실패가 가치를 생성하는 시발점이 된다고 강조하고 있다. 마이페이스의 크리스 드월프, 에어비앤비의 조 게비아도 페일콘에서 자신의 실패 사례를 공유하고 타인의 실패 사례를 학습했다. 애플은 창의와 혁신으로 세상을 바꾼 기업으로 알려져 있지만,

이들은 실패학의 추종자들이다. 자신의 실패와 다른 기업들의 실패 경험을 학습하고 개선해 새로운 경험과 가치를 만들어 성공 방정식을 수립한 것이다. 애플은 애플I의 실패를 거쳐 애플II 컴퓨터를 가장 인기 있는 개인용 컴퓨터로 부상시켰고, 애플III 컴퓨터의 실패로 매킨토시를 출시했다. 애플의 PDA 뉴턴의 실패는 아이폰을 탄생시켰으며, 팜(Palm), 파워 PC(PowerPC) 생태계를 학습하여 아이튠즈 음악 생태계를 만들었다. 애플은 실패 경험을 재창조함으로써 혁신을 수행한 것이다. 기업의 시스템은 실패 경험을 저장할 뿐 아니라, 즉각 인출할 수 있도록 구축해야 한다. 필요한 시기에 실패 경험이 활용돼야 그것이 새로운 성공으로 안내한다.

자원 인식

빌 올렛 교수는 성공하는 기업의 드림팀에는 3H가 존재한다고 주장하며 해커(Hacker), 힙스터(Hipster), 허슬러(Hustler)를 지목했다. 천재적인 해커 성향의 리더가 진두지휘하던 실리콘밸리의 판세가 변하고 있으며, 전략을 기획하고 추진하는 허슬러와 디자인적 사고방식을 소유한 힙스터가 합세해 견제와 균형으로 성장을 추구하고 있다. 이미 실리콘밸리는 성공 방정식으로서 개발, 경영, 조직 관리의 삼각 편대를 구축해 왔다. 애플은 스티브 잡스와 워즈니악, 마이크 마큘라가 각각 세 개의 축을 형성해 분권과 협업으로 시너지를 창출했으며, 인텔은 로버트 노이스, 고든 무어, 앤디 그로브가 이 역할을 수행해 신화를 만들었다. 구글도 래리 페이지와 세르게이 브린 이후에 에릭 슈미트가 합류함으로써 3H를 구성해 성공가도를 달린 것이다.

이러한 성공 방정식은 기업의 임직원들에게도 전파됐다. 기업이 똑똑한 괴짜들을 묶는 비결은 해커톤이다. 해커톤이란 즐거움을 추구하는 프로그래밍 작업과 마라톤의 합성어로서 자바를 개발한 썬마이크로시스템즈가 사내 프로그래밍 콘테스트를 '해커톤'이라고 명명하면서 실리콘밸리에 전파됐다. 해커톤은 제한 시간 동안 기획자, 프로그래머, 디자이너, 고객 담당자 등이 한 팀을 구성돼 고개의 문제점 발굴부터 시제품 제작까지 토론과 협업을 거쳐 목표물을 만들어내는 과정이다. 이 과정에서 똑똑한 괴짜는 소통과 협업, 공동의 목표를 인식하고 자원의 중요성을 학습한다. 해커톤은 개방과 협업, 소통과 집단 창의력을 창출하는 도구이며, 자원에 대한 인식을 극대화하는 도구이기도 한다. 페이스북은 지속적이고 정기적인 해커톤으로 채팅, 타임라인, 좋아요 버튼, 하이퍼랩스, 세이프티 체크 등을 상용화하는 성과를 거두었다. 빅데이터와 클라우드 솔루션 서비스를 제공하는 에퀴녹스는 스파커톤(Sparkathon)으로 집단 지성의 힘을 극대화하고 있다. 이들은 해커톤을 함께 퍼즐을 풀어나가는 문화라고 설명한다. VM웨어(VMware)와 보라톤, 드롭박스의 핵위크는 문호를 개방해 외부 고객과 일반 개발자, 심지어 타사의 엔지니어까지 참여할 수 있는 오픈 협업을 추구하고 있다.

기업의 리소스는 언제나 유한하다. 빅데이터, 인공지능을 도입하거나 신규 사업을 추진하는 경우, 기업이 디지털 트랜스포메이션을 수행하는 경우, 심지어 아주 작은 아이디어를 현실 세계로 구체화하려 해도 늘 새로운 인력이 필요하다. 하지만 스타트업이 풍족한 자원을 가지고 시작하는 경우는 손에 꼽을 정도다.

일부 능력이 출중한 예비 기업가는 혼자 모든 것을 다 하려 한다. 일부 중견기업은 이러한 상황에서 임직원을 더욱 몰아 세운다. 그리고 임직원들의 성과가 나오지 않는다며 리소스의 수준(Quality)이 만족스럽지 않다고 불평한다. 이런 기업가나 임원은 귀납적 학습 방법이 결여된 상태다. 리소스 관리 능력이 현격히 수준 이하인 것이다. 권한 위임과 육성, 업무 분담과 적절한 관리를 제대로 수행하지 못하는 것이다. 또한 일부 중견기업은 심지어 육성과 교육이 쓸데없는 낭비라며 교육의 본질마저 왜곡하고 있는 실정이기도 하다. 자원에 대한 인식을 제대로 학습하지 못한 기업가나 임직원의 확증 편향이 오히려 기업 발전을 저해하는 역할을 하기도 한다. 실리콘밸리의 기업은 70:20:10 관점의 인재 육성 전략을 수행하고 있다. 기업 조직 내부의 사일로 이펙트를 제거하고 유한한 자원을 극대화하는 70:20:10의 법칙은 전략적 인재 육성 방법에도 활용될 수 있다.

믿음

성장형 마인드셋을 만드는 또 다른 요소는 믿음이다. 기업가 정신에 요구되는 믿음은 자신감, 정신력, 신념 등으로 표현되며, 사업 운영, 투자 유치, 네트워크 형성에 이르기까지 가장 중요한 요소 중 하나다. 기업가 부트캠프와 실리콘밸리 페일콘에서는 믿음과 자신감을 기업가 정신을 유지하는 건전한 성장형 마인드셋으로 평가한다. 믿음과 자신감은 비전과 미션으로 연결되어 일의 본질을 찾고 목표를 달성하는 동인으로 작용하기 때문이다. 중국을 대표하는 ICT 기업 바이두의 창업자 리엔훙은 믿음의 화신이었다. 리엔훙은 반드시 성공할 수 있다는 믿음으로 실리콘밸리로 입성해 유니콘, 데카콘 기업과 글로벌 ICT 기업을 관찰, 분석하고, 실패 원인을 조사해 『실리콘밸리 비즈니스 전쟁』이라는 책을 완성했다. 그의 믿음은 저술에 그치지 않고 행동으로 옮겨졌다. 목표를 정했으면 바로 실행하고, 시류에 흔들리거나 동요하지 않았다. 리엔훙은 그의 믿음을 '직선 원칙'이라고 설명했다. 벤치마킹 대상으로 구글을 선정했고, 사업 초기부터 중국의 구글, 짝퉁 구글이라는 평가를 받아왔지만, 그는 현실적인 목표를 설정해 정진했고, 목표를 완수한 이후에는 다음 목표를 향해 나아가는 직선 원칙을 고수했다. 사업을 준비한 기간부터 업의 본질과 초심을 유지하며, 작고 단순하게 생각하지만 꾸준히 움직이며 다음 단계를 생각한 것이다.

젊은 억만장자의 새로운 투자, 윌로우 거라지

기업가 정신을 이야기할 때 항상 언급되는 인물이 로봇 산업의 생태계를 만든 스콧 하산이다. 스콧 하산은 스탠퍼드 대학에서 박사과정을 밟으며 통합 디지털 라이브러리를 구축하는 프로젝트를 진행했다. 래리 페이지, 세르게이 브린과 함께 구글의 검색엔진 개발에 참여한 그는 실제로 구글 검색엔진 대부분을 설계했다. 래리 페이지와 세르게이 브린이 1988년 회사를 설립한 며칠 후에, 하산은 자신의 돈 800달러를 이 회사에 투자했다. 그리고 웹 기반의 그룹 이메일 메시징 서비스를 제공하는 이그룹(eGroup)을 설립하고, 2000년에는 이를 야후에 4억 달러에 매각했다. 이 서비스가 야후의 야후 그룹

(Yahoo Groups)이다. 사업 매각과 구글에 초기 투자한 특혜로 막대한 자금을 모았고, 이때 윌로우 거리(Willow Road)에 사무실 공간을 매입한다.

하산이 워싱턴 대학교에서 인턴을 할 수 있도록 고용해 준 스티브 쿠진을 회사의 CEO로 영입하면서 자신의 일은 자율 기술(autonomous technology)에 관해 흥미 있는 일을 할 흥미 있는 사람들로 사무실을 채우는 것이라고 정의했다. 하산은 매년 60명의 사람이 일하는 데 충분한 자금을 지원하겠다는 계획을 세웠으며, 최고 수준의 로봇 기술자와 연구원들을 고용하기 시작했다. 설립 초기 이 인력들은 디지털 개인비서, 무인 보트, 자율주행 자동차 등을 연구했지만, 이후에는 프로그래밍이 가능한 로봇을 연구하는 일에 집중한다. 2006년, 청소용 로봇인 룸바(Roomba)가 실생활에서 찾아볼 수 있는 거의 유일한 로봇이었음에도 불구하고, 하산은 범용 목적의 자율 로봇이 가정에서 사람의 일상을 돕는 상상을 해온 것이다.

그는 당장 세상에 로봇을 선보이고 싶었지만, 현실적으로는 여전히 많은 기초 연구가 이루어져야 함을 인지했다. 하산은 오픈 소스(open source)의 중요성을 알아 왔기에 로봇 기술자들이 시간을 낭비하지 않도록 함께 사용할 수 있는 공통 운영체제에 집중하기 시작했다. 하산은 공유가 중요한 것이며, 세상의 어떠한 로봇에서도 작동할 수 있는 무엇인가를 만들고자 했다고 회상했다.

영향을 먼저 끼치자

회사는 로봇 운영체제인 ROS(Robotics Operating System)와 함께 ROS에서 구동되는 로봇을 제작하고 있었다. PR-2를 만들면서 연구팀은 로봇 조작, 인간과 로봇의 상호작용, 인식, 로봇 행동 계획 면에서 지대한 발전을 이루었다. 이 회사 역시 다른 실리콘밸리의 스타트업처럼 신속한 움직임을 보였지만, 먼저 영향을 미치고 수익은 그 다음에 생각하자는 신조를 갖고 있었다. 이후 4년을 PR-2 개발에 매달렸고, 선정한 연구 단체에 무상으로 임대해주었다. ROS의 개발 및 공개로 윌로우 거라지는 이제 로봇 산업이 주류로 진입하게 됐나. 윌로우 거라지는 ROS를 전 세계를 대상으로 공유하고, 로봇 단체와 교류하고 협업하며 인턴십 프로그램을 운영했다. 그 덕분에 수많은 학생과 연구원이 윌로우 거라지를 거쳐갔다. 이들은 윌로우 거라지에서의 인턴십을 명예로운 경험으로 여겼고, 이곳 출신으로 구성된 윌로우 마피아가 형성되기도 했다.

기업가 정신을 가르친 기업가

2011년 ROS가 로봇 개발자 커뮤니티에 지대한 영향을 미치고, 초기 PR-2가 배포되자 하산은 다른 프로젝트와 스핀오프에 집중한다. 자율주행 로봇에 대한 시장 기회를 발굴하고, 팀원들에게는 기업가 정신을 교육했다. 윌로우 거라지의 제2막으로 불리는 이 과정 중에 PR-2를 상업적으로 판매하기 시작했고, 8개의 회사를 스핀오프 했으며 이 중 3개의 회사는 구글로 편입됐다. 그중 하나의 아이디어가 하산을 매혹시켰다. 개발팀이 아이패드 온 휠즈(Ipad-on-wheels)를 해킹해 원격시의 식원이 사무실 주변을 확대해 볼 수 있도록 한 것이다. 나중에 이를 빔(Beam)이라 불렀다. 하산은 텔레프레젠스(Telepresence, 로봇에 탑재된 원격 화상회의 시스템)의 가능성을 직감하고 슈터블 테크놀로지(Suitable Technology)를 설립했다.

이 시점부터 하산은 윌로우와 슈터블 테크놀로지 두 개의 회사에 자금을 지원했다. 하지만 윌로우 거라지에만 1년에 2000만 달러를 후원하고 있었고, 자율형 개인 로봇이 가정에 적용되기까지는 아직도 많은 시간이 필요하다는 것을 알았다. 물론 ROS가 많은 기능을 수행하지만, 옷 한 벌을 집어 드는 단순한 기능을 구현하는 데도 하드웨어에 너무나 많은 자원을 소모해야 했다. 그는 마침내 2013년 말에 투자를 회수하고, 슈터블 테크놀리지에 집중하기로 결정했다.

윌로우의 많은 직원이 새로운 로봇 스타트업을 만들거나 동료가 설립한 회사에 합류했다. CEO인 커즌스(Cousins)는 사비오크(Savioke)라는 스타트업을 만들어 호텔 손님들에게 물품을 배송하는 로봇을 만들고 있다. 실제로 하산은 윌로우 거라지에 8000만 달러를 쏟아 부었다. 하지만 그는 로봇공학과 관련 산업이 발전하는 데 사용했으니 충분한 가치가 있다고 이야기한다. 임직원들은 윌로우 거라지가 궁극적으로는 벨 연구소나 제록스 연구소 파크처럼 기억될 것이라고 생각하고 있다. 윌로우 거라지는 이제 더 이상 존재하지 않지만, 폐쇄적이던 기존 로봇 산업에 새로운 생태계를 만들었다. 이들이 만들고 공개한 ROS는 이제 모든 로봇공학자 및 로봇 관련 기업이 사실상 표준으로 사용하는 운영체제가 됐다. 소프트뱅크의 로봇 페퍼, DJI의 드론에도 ROS가 탑재되어 있으며, 최근에는 화낙(Fanuc), 클리어패스(Clearpath Heron USV) 등의 업체도 합류하고 있다.

Notable Core Values

실리콘밸리의 핵심 가치와 핵심 인재

비즈니스 시스템에 연결하라

연결되어 있는가

잡코리아는 직장인이 조기 퇴사하는 사유와 커리어 사춘기를 경험하는 이유를 조사하여 발표했다. 주된 이유는 열악한 근무 환경과 상대적으로 낮은 급여, 목표를 상실한 업무였다. 또한 직장인의 93퍼센트가 이직, 퇴직 등 커리어 사춘기를 경험했으며, 주된 사유로 낮은 연봉, 반복되는 업무에서 비롯한 번아웃(burnout), 과도한 업무량, 동료나 상사와의 트러블을 손꼽았다. 또한 최근 발표에 따르면, 신입 사원의 27퍼센트가 1년 이내에 회사를 그만두고 있는 실정이며 그 이유를 조직 및 직무 적응 실패로 돌렸다. 신입 사원의 업무 만족도 역시 지속적으로 하락하는 추세를 보였다. 기업들은 나름대로 신입 사원의 조기 퇴사를 막아 보려 직무 역량과 적성을 감안하여 현업에 배치하고 있으며, 구체적인 방안으로 면접 강화, 채용 절차와 선발 기준 및 직무 소개 강화, 업무와 무관한 스펙 요구 금지 및 멘토링, 사내 복지 시스템 강화 등을 제시하고 있다.

하지만 업무 현장에서 느끼는 체감에는 차이가 나고 있다. 현업 부서에 배치받은 신입 사원은 몇 달 동안 방치된 고립감을 느끼며, 부서장이나 선배로부터 업무 지시에 관한 구체적이고 체계적인 설명을 듣지 못했음을 지적했다. 반면, 멘토를 담당한 선배 직원은 바쁜 업무에서 시간을 쪼개 신입 사원을 관리하고 있지만, 자신의 업무가 줄어들지도 않으며, 체계적인 교육 프로그램을 적용하려 하면 신입 사원이 적응을 못하고 퇴사를 생각한다며 손사래를 친다. 부서장이나 그룹장 레벨의 중견 간부 사원도 문제의 심각성을 지적한다. 회사의 공식적인 교육 프로그램이 구비돼 있지만, 형식적이고 지속적이지 않다는 것이다. 심지어 오전에 입사한 신입, 경력 사원을 오후에 바로 현업으로 보내는 인사팀의 업무 방식에도 불만을 표출한다. 국내 중견기업의 인사 담당 임원은 자신도 대기업처럼 규모와 재정이 뒷받침된다면 체계적인 교육 시스템과 인사 시스템을 도입하겠지만, 인력, 비용, 시간 등 모두 부족한 상황에서는 계획을 수립하는 것조차 사치이며, 최소한의 교육을 진행한 후에 대부분 업무는 현업에서 책임질 수밖에 없다고 이야기하고 있다. 국내 유명 취업 커뮤니티에서 비즈니스 시스템을 알고 있는지를 물어봤는데 취업을 준비하는 다수의 학생이 답변을 하지 못했다. 게다가 직장 생활 3~5년차의 선임, 대리급 사원 및 10년 전후의 책임, 수석 급 인력 일부도 비즈니스 시스템에 대한 설명이나 교육을 이수받지 못했다는 결과가 나왔다.

질리엔 테트는 저서 『사일로 이펙트(Silo Effect)』에서 편협한 사고의 틀을 사일로라고 정의하고, 기업에서의 사일로 이펙트를 부서 간 조직 이기주의와 보이지 않는 심리적 장벽이라고 규정했다. 팀, 조직, 부서 간의 유연한 협력과 소통으로 시너지를 창출해야만 기업과 조직이 생존할 수 있으며, 외부인의 시각을 갖춘 관찰자적 성격의 내부인이 문제를 해결할 수 있다고 주장했다. 이러한 지적에 따라 수많은 글로벌 기업과 실리콘밸리의 유니콘 기업이 구글의 산소 프로젝트(Oxygen Project)처럼 다양한 소통 플랫폼을 만들고 소통 공간을 확충했으며, 수직적 업무 구조로 개선하고 임직원 간 신뢰를 바탕으로 하는 협업을 유도했다. 하지만 시간이 지난 후 구글과 같은 글로벌 기업에서도 조직 및 기업의 생산성에 대한 가시적인 효과를 인지 못했나. 산소 프로젝트를 주진하던 구글은 아리스토텔레스 프로젝트를 추진해 기업 생산성의 핵심으로 '연결(Connect)'을 손꼽았다. 구글은 개인과 개인의 연결, 개인과 조직의 연결, 조직 간 연결, 개인과 관리자의 심리적, 정서적 연결, 개인과 기업 임원진이 투명하게 연결되는 연결의 확장을 추진했다. 매주 금요일 저녁 칠리카페에서 진행되는 TGIF 미팅에서 임직원 누구나 자유롭게 의견을 소통할 수 있는 커뮤니케이션 문화를 만든 것이다.

OJT 프로그램은 견고한가?

신입 사원과 경력 사원 및 외부에서 수혈된 핵심 인력의 조기 이탈 문제가 기업의 골칫거리가 돼왔다. 특히 어렵게 영입한 경력 사원과 핵심 인력의 조기 퇴사는 기업이 경영전략을 이행하는 데에 심각한 위협이 되고 있는 상황이다. 이는 기업이 임직원에게 올바른 '직원 가치 제안(employee value proposition)'을 제공하지 못하기 때문이며, 시속 100마일로 달리는 기업에 합류한 신규 임직원에게 기업의 비전, 미션, 목표 및 조직 구성 내역, 핵심 담당자, 각 조직의 역할 및 기업의 가치사슬(value chain) 전반을 교육하지 않았거나 약식으로 진행했기 때문이다. 이러한 문제점은 곧 개인과 기업 간의 커뮤니케이션 단절을 의미하는 것이며, 임직원의 조직 적응 시간을 지연시키는 위험 요소로 작용한다.

신규로 조직에 합류한 인력을 조기에 전력에 포함하는 방법으로서 많은 기업들이 OJT(On the Job Training)를 선택한다. 실무 부서에 배치돼 현업을 하며 교육받는 조직 적응화 프로그램이다. 체계적인 프로그램과 교육 전담 인력을 할당해 OJT를 수행하는 기업이 있는 반면, 일부 기업에서는 신규로 합류한 인력에게 지급되는 랩탑 컴퓨터에 직무에 적합한 프로그램조차 설치하지 않는 행태를 보이기도 한다. 회사의 각 부서의 역할, 커뮤니케이션을 담당하는 키맨(Key Man)이나 창구 인력(Window Person), 주요 부서 간 의사 결정자, 내부 고객, 전후방 업무의 흐름을 꼼꼼하게 소개하고 교육하는 기업이 있는 반면, OJT의 개념을 왜곡해 입사자 스스로가 찾아가며 배우라는 식으로 방치하는 기업도 부지기수다.

비즈니스 시스템에 연결하라

비즈니스 시스템(Business System)은 기업과 회사를 구성하는 각 조직 및 하위 부서의 구조와 흐름, 주요 업무 및 담당 인력을 나타낸다. 단순하게는 기업의 조직 구성이라 말할 수 있으며, 기업 소개서, 제품이나 솔루션 소개서, 고객 정보 등도 비즈니스 시스템의 일부를 소개하는 사례다. 기업의 경영 활동은 특정 주기를 가지고 반복, 순환하는 경영관리 사이클, 경영 순환 주기라는 속성을 가지고 있으며, 이러한 순

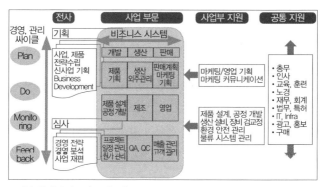

기업, 회사의 비즈니스 시스템

환 주기는 PDMF(Plan, Do, Monitoring, Feedback), PDCA(Plan, Do, Check, Act)같이 전통적인 경영 활동으로 진행되거나, 린 스타트업 프로세스와 같이 고객 발굴, 문제점 발굴, 프로토타입 개발, 최소존속제품(MVP, Minimum Viable Product), 고객 검증, 제품 출시 및 검증, 신속한 방향 전환(Pivot)의 단계로 수행되기로 한다. 또한 기업의 전략 방향에 따라 해커톤(Hackathon)이나 구글의 스프린트(SPRINT) 방식처럼 기존의 비즈니스 시스템에서 탈피하여 업무가 진행되기도 한다.

기업의 비즈니스 시스템에 연결하는 가장 근본적인 이유는 소통 대상을 찾아 소통 시간과 비용을 단축하고, 동료, 구성원 간 결속을 다지며, 본인, 팀, 전체 조직의 기능을 파악해 신속하고 투명한 소통이 되도록 하는 것이다. 즉, 소통 채널(Communication Channel)을 뚫는 것이다. 4차 산업혁명과 과학기술의 발전으로 기업의 비즈니스 환경은 불확실성이 지속적으로 높아져 가고 있다. 기존의 가치사슬은 초연결 때문에 새로운 가치사슬과 비즈니스 플랫폼의 이종 결합으로 변모했고 디지털 트랜스포메이션은 이미 각 기업에 디지털 아키텍트(Digital Architect) 역량을 요구하고 있다. 비즈니스에 대한 전통적인 게임의 룰이 변화하고 있다. 이러한 시기에 기업이 불확실성에 대처하려면 '전략적 민첩성(strategic agility)'을 핵심 역량으로 갖춰야 한다. 인시아드의 이브 도즈 교수는 전략적 민첩성을 구성하는 요소로서 '전략적 감수성', '리더십 통일', '자원 유동성'을 제시했다. 특히 전략적 감수성은 복잡한 상황을 인식하고 분석해 이해한 후, 이를 신속히 이용하는 통찰력이다. 이를 위해 기업의 임직원들은 연결(Connect), 감지(Sense), 분석(Analyze), 실행(Act)의 과정을 수행해야 하며, 첫 단계는 연결이다.

'연결'은 내부 연결과 외부 연결로 구분할 수 있다. 외부 연결은 메가 트렌드, 이머징 이슈, 기술 지능, 기업 외부의 집단 지성, 생태계, 기술 및 사회, 플랫폼과 연결하고 플랫폼을 확장해 초연결(Hyper Connected)를 지향한다. 반면 내부 연결은 기업 내 집단 지성의 활용을 통한 개인적 전문성 확보, 감지된 메가 트렌드와 이머징 이슈의 분석 및 실행을 통한 비즈니스 모델 수립과 플랫폼 전략 구축, 비즈니스 시뮬레이션, 최소존속제품 개발, 피벗 활동, 해커톤 및 린 스타트업, 전통적 제품 개발, 경영전략 이행 등이다. 기업의 내부 연결의 핵심은 커뮤니케이션이다.

기업의 내부 소통과 연결의 단절 문제도 이슈가 되지만, 역설적으로 소통 대상과 의사결정자를 알지 못해 소통 시간과 비용을 낭비하는 사례가 지속적으로 증가하고 있다. 개발 부서의 문제인지, 품질 부서에서 해결해야 하는지, 마케팅 부서의 전략을 수정해야 하는지 신속하게 결정해야 한다. 많은 기업이 부서 간 협업과 소통을 원활히 하려고 회의나 TFT(Task Force Team)를 운영하지만, 회의가 많은 만큼 결론도 없다는 사실을 인지하는 순간 회의 무용론이 만연하게 된다. 기업 내에서 해커톤, 린스타트업 과제를 진행하려 해도 최적의 팀을 구성해야 한다. 최적의 팀을 구축했더라도 최종 의사결정을 중재하고 확정할 책임자와 권한이 명시돼야 한다. 구글의 새로운 일하는 방식 스프린트도 결국 최종 의사결정자의 권한으로 최종 아이디어가 선택된다. 이러한 어려움을 해결하는 단초가 바로 기업의 비즈니스 시스템을 확고히 전파하는 작업이다. 기업 내의 시스템, 조직, 책임과 권한(R&R, Role & Responsibility), 의사결정 시스템, 책임자와 의사결정자, 유관 부서를 포함한 업무 흐름을 명확하게 명시한 비즈니스 시스템은 기업 내부의 연결 시간을 단축하고 협업을 지향하며, 조직의 신뢰와 결속력을 강화하고, 생산성 향상을 극대화할 수 있다.

경쟁 기업과 고객 기업에 연결하라

기업의 임직원이 견고하게 구축된 비즈니스 시스템으로 내부 연결을 수행했다면 다음은 경쟁 기업 및 고객 기업, 관심 기업에 연결해야 한다. 기업 내부의 비즈니스 시스템에 연결한 방법처럼 경쟁 기업의 비즈니스 시스템의 구조, 고객, 사업 영역, 전후방 사업을 포함한 생태계 등을 파악하고, 비록 경쟁 기업이 아닐지라도 이머징 이슈와 메가 트렌드를 창출해 빅뱅 파괴를 유발하는 기업 및 관련 기술, 플랫폼과 비즈니스 모델에 연결해야 한다. 전략적 민첩성이 강조되는 현재의 기업 환경에서는 특정 부서가 데이터를 분석하고 가공해 새로운 가치를 창출하는 협소한 의미의 탐색에서 탈피해, 기업 내 모든 임직원의 역량을 동원해 집단 지성의 힘을 함께 활용할 수 있어야 한다. 타사를 분석하는 첫 단계 역시 각 기업, 회사의 비즈니스 시스템에 연결하는 것이다. B2B 비즈니스를 수행하는 일부 영업 사원은 고객사의 회계 연도(Fiscal year)조차 파악하지 않고 비즈니스를 수행하려 한다. 6개월 이상이나 고객사의 고객 센터 분석, 의사결정자 분석 및 경쟁사 분석을 진행했지만, 결국 고객 기업의 회계 연도 내에 POC(Proof of Concept, 상품, 서비스가 제대로 기능하는지 사전 검증하는 과정)를 완료하지 못해 결국 1년을 다시 준비해야 했다. 이쁜 아니라 고객사의 IT 인프라를 파악하지 않고 자사의 솔루션만을 강조하다가 비즈니스 기회를 상실하는 개발 부서의 사례도 흔하게 접한다.

국내에서 비즈니스를 하려면 기업의 규모를 파악하는 과정도 필요하다. 기업 집단에 포함된 회사의 자산총액이 5조 원을 상회하면 공시대상 기업집단으로 지정되며, 이러한 공시대상 기업집단 중 자산이 10조 원 이상의 기업을 상호출자제한기업으로 지정한다. 즉, 계열사를 포함해 총자산이 5조 원을 넘으면 대기업이라 한다. 공정거래위원회에서는 주기적으로 국내 대기업 집단을 발표한다. 2018년도에는 60개의 기업이 대기업으로 지정됐으며, 이 중 32개의 기업은 자산 총액이 10조 원 이상이라서 상호출자제한 기업집단으로 지정됐다. 중견기업은 대기업과 중소기업의 중간 규모라고 할 수 있다. 중견기업이 되는 조건은 ①상시 직원 수 1000명 이상 ②자산 총액 5000억 원 이상 ③자기 자본 1000억 원 이상 ④3년 평균 매출 1500억 원 이상의 조건 중에서 한 가지만 만족하면 중견기업으로 지정된다. 중견기업의 업종에 따라 3년 평균 매출의 기준이 다르게 적용된다는 추가적인 조건이 있다. 농업, 임업, 섬유, 고무 제품 제조업 등은 평균 매출이 1000억 원이면 중견기업으로 지정된다. 상세한 중견기업 정보는 한국중견기업연합회에서 확인할 수 있고, 중소기업의 지정 여부는 중소기업 현황정보 시스템(SMINFO) 웹사이트에서 확인할 수 있다.

해외 상장기업은 해외 증권거래소나 기업이 자체적으로 발행하는 '연간 실적 보고서(Annual Report)', 통계 분석 전문 기업들이 발행하는 '시장 정보 자료(Market Research Report)' 등으로 전반적인 사업 구조, 사업 영역, 매출 및 제품과 솔루션 정보를 확인할 수 있다. 국내 기업 정보는 기업이 발행하는 지속가능 보고서, 실적발표 자료 등에서 확인할 수 있다.

직무를 분석하라

직무의 정의

직무는 과업 및 작업 종류와 수준이 비슷한 업무의 집합이라고 정의할 수 있다. 회사에서 직무는 책임을 갖고 맡은 일을 의미하며, 어느 정도 비슷한 업무 내용을 가진 직위를 하나의 관리 단위로 설정한다. 또한 여러 업무에서 맡은 일을 하나의 직무로 편성하는 일은 인사관리 차원에서 중요한 작업의 하나로서 직무 분석의 바탕이 된다. 직무는 회사에서 수행해야 하는 주된 업무이며, 회사에서 맡은 일이라고 할 수 있다. 부과된 직무에는 권한과 책임이 따른다. 그래서 그 결과가 본인을 평가하는 지표가 된다. 직무는 기업이나 회사에 따라 조금씩 다르게 정의되기 때문에 취업, 이직을 준비하고자 할 때에는 반드시 지원하려는 회사의 홈페이지에서 기업이 어떠한 직무를 제공하는지 확인해야 한다. 아래는 삼성전자를 기준으로 직무를 구분한 것이다.

연구개발 직무

삼성전자는 연구개발 직무를 회로 설계, 소자 개발, 공정 개발, 기구 개발, 재료/소재 개발로 구분하고 연구 성과를 기초로 상품화까지 진행하는 개발 업무라고 규정하고 있다. 회로설계 직무는 디지털, 아날로그, RF 설계 기술을 바탕으로 반도체, IC패키지(IC Package), 화질, 음질, 안테나, 배터리, 센서 등 모듈, 보드 및 세트를 설계하고 최적화한다. 소자 개발 직무는 메모리 및 시스템 반도체 제품 군의 반도체 소자를 분석, 개발한다. 각 제품 셀(Cell, 반도체 구성 단위)의 특성에 맞는 소자를 설계하고 전기적 특성을 분석해 트랜지스터를 개발하는 업무다. 공정 개발 직무는 반도체의 8대 공정(Etch, Metal, Clean, Imp, Diff, Photo, CVD, CMP)을 개발하고, 공정 과정 전반을 설계하는 직무다. 단위 공정별 요소기술 개발, 공정 프로세스 최적화, 수율 극대화를 위한 검사, 측정, 분석 등의 업무를 수행한다. 기구 개발 직무는 제품의 기능과 성능에 적합한 형상을 구현하는 직무로 기구, 진동 소음, 열유체, 포장, 방수, 방진 설계, 구동 및 제어, 금형, 사출에 관련된 업무를 수행한다. 재료 개발 및 소재 개발 직무는 폴리머, 메탈 등의 재료를 개발하는 직무로서, 제품에 들어가는 다양한 유, 무기 소재를 개발하고 시뮬레이션한다.

소프트웨어 직무

소프트웨어 직무는 시스템 소프트웨어, 미들웨어 소프트웨어, 어플리케이션 소프트웨어로 구분한다. 시스템 소프트웨어 직무는 시스템 운영에 필요한 소프트웨어, 즉 펌웨어, 디바이스 드라이버, 커널, 그래픽스 관련 개발을 수행한다. 미들웨어 소프트웨어 직무는 시스템과 어플리케이션을 연결하는 플랫폼을 개발하는 직무로서 유저 인터페이스, 멀티미디어, 네트워크, 모뎀 프로토콜을 개발한다. 어플리케이션 소프트웨어 직무는 유저에게 제공되는 어플리케이션을 개발하는 직무로서 안드로이드, 타이젠, 윈도우 등의 운영체제를 기반으로 한 다양한 어플리케이션을 개발하고 있다.

기술, 설비 직무

기술, 설비 직무는 개발 품질, 제품 기술, 설비 기술, 제조 기술로 구분된다. 개발 품질 직무는 양산 제품의 품질 문제가 발생하지 않도록 개발 단계의 모든 검증 과정을 관리한다. 또한 제품 개발에서 생산, 판매 고객 서비스에 이르기까지 최고의 품질을 유지할 전략을 수립하고 관리한다. 그 외에도 규격 인증, 부품 품질, 고객지원 등의 업무를 하고 있다. 제품 기술 직무는 최적의 공정과 양산 품질을 지원하는 직무로, 양산 기술, 제품 검증, 금형 관리, 제품 불량 분석, 부품 승인 등의 업무를 한다. 설비 기술 직무는 설비의 성능 개선, 오류 대응, 유지 관리, 설비 조건 설계, 설비제어 S/W개발, 자동화 설비 제작 기술 지원 등을 수행한다. 그 외에도 공정 기술, 금형 기술, 글로벌 기술 지원 등의 업무가 있다. 제조 기술 직무는 통계적 생산/품질 관리, 생산/물류 시스템 최적화, 생산 관리 소프트웨어 개발, 제조 인프라(전력, 배관, 공조 등)의 설치 및 운영, 건설 등의 업무를 한다.

영업, 마케팅 직무

영업 마케팅 직무는 상품 기획과 제품 전략, 마케팅, 영업으로 구분된다. 상품 기획과 제품 전략 직무는 시장, 소비자, 경쟁사 및 각종 선진 기술을 분석해 차별화된 전략과 제품의 로드맵을 수립하는 제품 기획 업무, 그리고 제품 포트폴리오를 출시부터 단종까지 관리하는 제품 관리에 관련된 업무를 담당한다. 마케팅 직무는 제품 및 기업의 IMC(통합 마케팅 커뮤니케이션) 전략을 담당하는 마케팅 커뮤니케이션, 리테일 전략 수립 및 유통 데이터 분석을 하는 리테일 마케팅, 소비자의 니즈와 트렌드를 파악하고 제품 및 브랜드를 개선하는 시장 조사 등의 업무가 있다. 영업 직무는 담당 국가별 법인과 함께 수요, 판매 데이터를 분석해 매출 및 중장기 판매 전략을 수립하고 추진한다. 개별 고객을 대상으로 제품을 판매하는 B2C영업, 기업 간 거래를 담당하는 B2B영업, 전 세계 공급망 관리 업무를 담당하는 SCM 등이 있다.

디자인 직무

디자인 직무는 제품 디자인, 인터랙션 디자인, 비주얼 디자인으로 구분된다. 제품 디자인 직무는 제품의 조형적 디자인 콘셉트를 수립하고 시각적으로 구체화하여 상품화하는 직무로, CMF 디자인, 목업(Mock-up) 제작, 3D모델링 등의 업무를 한다. 인터랙션 디자인 직무는 제품 및 서비스의 UX디자인 전략을 수립하고 UI를 디자인하는 직무로, 비주얼 인터랙션 디자인, 청각 인터랙션 디자인, 물리 인터랙션 디자인, UX 라이팅(UX Writing, 환경에 맞는 전문화된 글 쓰기) 등의 업무를 한다. 비주얼 디자인 직무는 제품 및 서비스에 대한 콘텐츠를 그래픽 요소로 시각화하는 그래픽 디자인, 대내/외 커뮤니케이션을 위해 디자인 콘셉트를 그래픽, 영상 등으로 구현하는 비주얼 커뮤니케이션 디자인, 제품의 특성과 포장물의 원리를 이해해 상품화하는 패키지 디자인 등의 업무를 포함한다.

경영지원 직무

경영지원 직무는 기획, 재무, 구매로 구분된다. 기획 직무는 사업을 둘러싼 대내·외 환경 분석, 중장기 사업 전략 수립, 신사업 기획 등의 업무를 한다. 재무 직무는 일반 회계, 결산, 세무 회계와 관련된 재무 회계, 예산 및 투자 관리, 원가 배부, 목표 및 성과 관리에 관련된 관리 회계, 자금 기획 및 운영, 외환 관리와 관련된 자금 업무를 한다. 구매 직무는 품질, 공급 경쟁력이 확보된 부품을 적기에 조달하는 직무로, 회로 개발이나 기구 개발에 관련한 구매 업무가 있다.

직무기술서

직무기술서(JD, Job Description)는 해당 직무의 특징과 직무에 필요한 사항을 기록한 것이다. 새롭게 직장을 얻고자, 혹은 이직을 희망하는 직장인들은 지원하고자 하는 회사가 어떤 역량을 필요로 하는지 살펴보게 된다. 이때 회사는 현재 모집하는 사람의 업무를 설명할 필요가 있으며, 이를 직무기술서라고 지칭한다.

직군

직군은 유사한 업무를 포함하고 있는 둘 이상의 직무 집단(개발 직군, 회계 직군, 영업 직군, 생산 직군, 영업 관리)으로 정의한다. 예를 들어 회로 설계, 소자 개발, 공정 개발, 기구 개발, 재료 개발 등을 하나로 묶어 연구개발 직군이라고 하는 것이다. 각 직군 모두 연구개발은 수행하지만 각각의 실제 업무는 서로 상이하다. 그래서 직무가 다르다고 이야기를 하는 것이다. 연구개발 부서에 근무한다면 직군은 연구개발 직군이며, 직무는 소프트웨어, 하드웨어 개발, 기구 설계 등으로 구분된다.

직종

직종은 특수성, 전문성을 띠는 직무를 총칭(인사, 총무, 구매, 생산, 홍보, 연구)하는 표현이며, 다른 표현으로 직종은 직무의 종류다. 아마존의 JD를 보면 직종 칸에 영업, 사업 개발이라고 명시돼 있다. 이와 같이 직무의 종류를 구분한 것을 직종이라고 한다.

직무

직무는 과업 및 작업의 종류와 수준이 비슷한 업무의 집합이며, 어느 정도 비슷한 업무 내용의 직위들을 하나의 관리 단위로 설정한 것이다. 일반적으로 연구개발, 영업, 마케팅이라고 구분할 수 있다.

업무

업무는 근로자에게 할당된 혹은 스스로 부여한 다양한 과업을 총칭하는 표현이다. 일반적으로 직장 생활에서 업무가 많다고 이야기한다면, 여러 가지 과업을 합쳐서 표현한 것이다.

과업

과업은 목표를 달성하려고 수행하는 작업 활동이다. 기업과 회사에서 수행하는 업무는 모두 과업이라고 할 수 있다. 회사의 경영전략에 따라 과업이 개인에게까지 부과되기 때문이다. 매주 진행한 일을 팀장이나 상사에게 보고하는 것도 모두 과업의 진행 단계와 상황, 결과를 보고하는 것이다. 과업의 수행 결과를 평가받고 그에 따라 진급, 연봉 조정 등이 결정된다.

직급

직급은 업무를 수행하는 근로자의 직책상 구분(사장, 부사장, 전무, 상무, 이사, 부장, 과장 등)이다. 현재까지도 많은 회사에서 직급을 사용한다. 상무, 부장 이렇게 호칭하는 것은 직급을 부르는 것이다. 해외 기업들이나 국내 일부 기업들도 내부적으로 직급을 파괴해 호칭만을 부르거나 매니저, 영문 이름으로 부르는 사례가 많다. 대외적으로는 직급을 표기하기도 한다.

역할과 책임

역할과 책임(Roles & Responsibilities)은 일반적으로 줄여서 R&R이라고 한다. R&R은 기업이나 부서에서 구성원이 수행하는 역할, 그리고 그에 따른 책임을 규정하는 것이다. 즉, 무엇을 해야 하고, 어떤 것을 책임져야 하는지 구체적으로 명문화한 것이다. 회사 내에 사일로 이펙트가 강하게 존재하고 소통과 협업이 부족하다면 "우리 부서가 할 일이 아니다", "내 책임이 아니다", "우리의 R&R에 규정돼 있지 않다"는 이야기를 듣게 된다. 또한 일부 기업에는 권한은 부여하지 않고 책임과 성과만을 강조하는 풍토도 만연해 있다. R&R 및 JD를 잘못 이해해 이직이나 전직한 인력이 새로운 조직과 직무에 적응하지 못해 난처함을 겪는 일도 종종 발생한다.

부서 간 혹은 부서 내에 R&R 문제가 생기면 BPR(Business Process Reengineering)을 실시해 근본적으로 프로세스를 재설계해야 한다. R&R로 정확하게 명시가 돼 있지 않다면, 아무도 책임지지 않고 아무도 그 일을 수행하지 않기 때문이다. R&R에 명시된 업무를 충실히 이행했기에 아무런 문제가 없다고 말하는 부서, 문제라는 것을 알고 있지만 우리 부서의 소관이 아니라며 책임을 미루는 업무 행태. 비즈니스의 현업에서는 이러한 이야기가 끊이지 않는다. 이들은 R&R로 보호막을 치고 자신을 보호하고 있으며 협업과 문제 해결의 기회를 지워버리고 있다. 댄 애이얼리(Dan Ariely)의 저서 『거짓말하는 착한 사람들』에서 언급됐듯이 대다수의 사소한 부정행위로 애써 치부하는 것이다. 이러한 인력과 조직은 기업에서 썩은 사과가 된다.

R&R 문제로 부서 간, 조직 간 갈등이 발생한 경우 국내의 많은 기업이 단지 각 부서의 담당자나 실무자 몇 명에게 BPR을 수행토록 지시한다. BPR 설계에 전문 지식과 능력이 부족한 구성원들이 모여 생산성 없는 회의를 진행하다가 적당한 합의를 도출하고 완벽하지 않은 프로세스를 만들어 상사에게 보고하는 것으로 문제를 매듭짓고 있다. 상사나 임원진에게 보고했으니 자신의 소임을 다했다고 생각하는 것이다. 또 하나의 문제점은 보고를 받은 상사나 경영진이 구체적이고 디테일(detail)한 미시 관리를 하지 않는다는 점이다. 일의 진행 상황을 주기적으로 점검하는 과정을 또다시 문제를 발생시킨 부서에게 일임하고 관심을 떼는 것이다. 결국 수정된 R&R과 비즈니스 프로세스는 각 부서의 말단 직원들에게 떠넘겨지고 또다시 문제가 반복되는 악순환을 만든다.

〈비즈니스위크〉가 애플이 출시한 애플 맵(Apple Map)의 구동 오류를 지적한 적이 있다. 애플 맵은 구동 중 이미지가 깨지고, 지도의 일부분에서 표시 오류가 발생하며, GPS 수신에서 받은 사용자 위치를 맵에 정확히 매핑하지 못하는 오류를 안고 출시됐다. 〈비즈니스위크〉는 이러한 오류의 핵심 원인을 스티브 잡스의 사망 이후 애플 내부에 미시 관리를 수행하는, 디테일에 강한 리더십의 부재라고 결론지었다. 이후 애플은 ANPP(Apple New Product Process)라는 제품 출시 프로세스를 수립했다. ANPP는 극도로 치밀한 통합 체크리스트다. 관리되지 못하는 제품은 만들지 않는다는 디테일 경영에 대한 애플의 집착이 녹아 들어 있다. 개발되는 모든 제품의 모든 단계에서 누가 무엇을 어떻게 해야 할지를 상세하고 꼼꼼하게 정의한 점검표다. ANPP는 하드웨어에서 소프트웨어, 지원부서, 재무, 마케팅까지 포함한 모든 관련자를 위한 업무 지침을 정의하고, 제품이 시장에 출시된 후에 제품을 수리하는 서비스팀과 트러블 슈팅에 필요한 지원팀의 모든 업무까지 상세히 기록돼 있다.

구글은 목표로 전력 질주하는 프로그램인 '스프린트'를 가지고 있다. 스프린트는 구글의 수석 디자이너인 제이크 냅이 창시한, 기획부터 실행까지 5일 만에 수행하는 프로젝트 추진 방식이다. 최근 구글은 스프린트 프로젝트를 기업 내의 모든 문제점을 신속하게 해결하기 위한 업무 도구로 활용하고 있다. 특히 R&R 갈등 조정과 프로세스의 개선, 기업 내의 복지 문제 등을 스프린트 프로젝트에 배당해 문제점의 발견과 신속한 해결 방안 수립, 최고 의사결정자의 완전한 스폰서십 확보와 고객 검증(수정된 R&R 및 신규 프로세스 운영)을 성공리에 진행했다.

기업 경쟁력의 핵심 요소

기업과 조직

현재 다니는 회사, 혹은 지원하고자 하는 회사가 어떠한 기업 활동을 하는지 파악하는 작업이 지피지기 백전백승의 첫 단계다. 비즈니스 시스템의 각 요소는 결국 사람이 모여 만든 조직이다. 그 조직들이 생명체처럼 활동하는 것이다. 그런데 과연 조직은 무엇이며, 기업은 왜 조직을 만들어 기업 활동을 하는 것인지 알아야 한다. 조직은 혼자 할 수 없는 일을 성취하고자 여러 명이 모여 협력하는 구조나 시스템이라고 정의되며, 조직의 매커니즘은 조직 구성, 전문 업무에 대한 집중, 업무 능력 향상, 조직 생산성 향상을 통한 성과 창출의 흐름으로 구성된다.

기업은 비즈니스 시스템을 통해 필요한 조직을 구성하고, 그 조직 내에서 각각의 구성원이 최고의 성과를 낼 수 있는 분야에 집중하도록 함으로써 각 구성원의 업무 능력이 향상되고, 전체적으로는 조직의 생산성이 향상돼 조직이 원하는 성과를 창출할 수 있는 것이다. 이러한 조직이 모여 비즈니스 시스템을 구성하고, 경영 활동으로 기업의 이윤을 추구한다. 그렇기 때문에 조직 내에서의 각 구성원에게 할당된 직무에 관한 책임이 부가되는 것이다. 회사에서 일한다는 것은 이러한 책임을 수행하는 것이며, 수행 결과를 성과로 만들고, 그

성과에 따라 연말에 평가를 받는다. 또한 비즈니스 시스템 내의 각 부서가 협력해서 공통의 목표를 달성하는 것이다.

앨빈 토플러는 저서 『부의 미래』에서 인간이 만들어낸 가장 효과적인 조직이 기업이라고 정의했다. 기업은 시속 100마일로 고속도로를 달리고, 이에 비해 시민 단체는 시속 90마일, 가족은 시속 60마일, 정부 조직은 시속 25마일의 속도를 낸다고 그는 말한다. 법은 시속 1마일의 속도를 낸다고 비유했다. 이러한 표현은 결국 기업이 가장 빠르게 변화를 주도해야 하며, 변화를 주도하지 못하거나 변화에 뒤쳐지면 결국 도태한다는 것을 의미한다. 기업이 변화한다는 것은 기업 내의 모든 비즈니스 시스템이 유기체처럼 빠르게 변화하고 움직인다는 것이다. 비즈니스 시스템 내부의 모든 조직과 조직을 구성하는 구성원 모두가 이러한 변화에 신속하게 대응해야 한다. 그런데 업무를 하다 보면 이러한 내용을 모른 채 "빨리 빨리"만 외치게 된다. 기업 경영의 본질이 직장인에게 제대로 전달되지 못한 상태에서 성과와 납기, 목표 달성만이 강조되는 상황이라서 그렇다.

기업의 존재 이유와 기업 환경의 변화

기업의 존재 이유는 일차적으로 이윤을 창출하는 것이다. '경영 활동을 통해 경제 원칙에 근거한 활동에서 지출되는 비용보다 큰 이익을 창출해 가치를 극대화한다는 목표를 달성하는 것'이 기업의 존재 이유이며 운영 목표라고 할 수 있다. 피터 드러커는 궁극적인 기업의 존재 이유를 "사회적 니즈(needs)를 충족하기 위해서"라고 정의했다. 기업이 생존하려면 이윤을 만들어야 한다. 이러한 이윤은 고객에서 나오는 것이다. 기업은 고객을 창출해야 하고, 고객 창출은 결국 사회적인 니즈를 충족시켜줄 때 가능한 일이다. 하지만 기업의 존재 이유를 이윤 추구만으로 규정하지는 않는다. 스티브 잡스는 애플의 2차적 설립 목적은 이윤 창출이고 1차적 목적은 좋은 제품을 만드는 것이라고 했다. 특히 스티브 잡스는 애플에서 퇴출된 후 다시 복귀했을 때도 가장 먼저 이윤이 아닌 제품 중심의 사고 방식을 전파했다. 돈은 제품이 좋으면 자연스럽게 따라온다고 했다. 제품과 일 자체에 1차적인 가치를 둔 것이다. 이렇듯 현대의 기업은 존재의 이유를 이윤 추구라고 표면적으로 이야기하지 않는다.

기업 환경은 기업의 변화, 기술의 변화, 산업 경제의 변화 때문에 변화하고 있으며, 초연결, 초지능으로 가중된 불확실성과 고객의 기호 변화 또한 기업 환경을 어렵게 만드는 요인으로 작용하고 있다. 또한 산업 간 경계가 허물어지고, 새로운 빅뱅 파괴자의 등장으로 전통적 글로벌 기업조차 생존을 위협받고 있다. 기술 변화도 예측을 넘어선다. 태블릿 PC, 폴더블 휴대폰, 4G LTE를 넘어 5G 시대가 가시화되었으며, 인공지능, 가상현실, 증강현실, 사물인터넷(IoT), 산업인터넷(IIoT), 블록체인과 가상화폐, 자율주행 등 매일 새로운 기술과 서비스가 출현하고 있다. 또한 산업 경제의 변화도 양하지고, 다. 생산성이 향상되고 있지만, 제품 수명이 점아마존, 제품 표준에 대한 경쟁은 더욱 심해지고 있다 장악하고, 페이스북 같은 업체는 플랫폼을 무기로 있다.

스콧 갤러웨이는 한국 기업들이 이런 변화에 대처하려면 한국 내의 다른 기업을 적이 아닌 전략적 협력자로 받아들이라고 충고했다. 기업 간 자원을 공유하는 컨소시엄 및 전략적 협업, 연합의 끈을 만들고, 아마존이 미국에서 거머쥔 독점력을 결코 국내에서 거머쥘 수 없도록 하기 위한 전략적 연결을 만들어야 한다고 설명한다. 기업 환경의 변화는 주변에서, 회사 내에서도 쉽게 찾아볼 수 있다 더 이상 영원한 히트 상품은 존재하지 않는다. 이제는 경쟁사와 서로 협력하는 시기다. 이런 활동을 하이퍼 코피티션(Hyper Co-opetition)이라고 한다. 전자 업계의 라이벌인 삼성과 LG는 기업 환경이 급변하는 시대에 맞게 전략적 협력을 추구하고 있다. LG디스플레이가 삼성전자의 TV용 LCD 패널을 공급하고, 삼성전자는 LG화학의 스마트폰 배터리 사용을 추진한 사례가 대표적이다. 두 회사는 이제까지 경쟁 관계를 유지하며 장비, 부품 등의 분야에서 협업을 해오지 않았는데 이례적으로 전략적 협력을 추진한 것이다.

인공지능 비서 시장의 최강자 아마존이 경쟁사인 마이크로소프트와 협력한 사례는 불확실한 기업 환경 속에서 생존 전략이 변화했다는 대표적 사례로 꼽히고 있다. 아마존과 마이크로소프트의 최대 약점은 스마트폰 플랫폼이 없다는 점이기 때문에 두 회사의 연합은 인공지능 플랫폼과 기기 시장에 상당한 영향을 줄 것으로 예측되고 있다. 두 기업의 제휴 덕분에 아마존의 인공지능 플랫폼인 알렉사로 윈도10을 쓰는 PC에 접속하거나 MS 코타나(마이크로소프트의 인공지능 비서)로 에코 스피커를 쓸 수 있게 됐다. 아마존이 마이크로소프트에 인공지능 연합을 제의한 것은 스마트폰의 인공지능 활용도가 높아질수록 아마존의 인공지능 시장 지배력이 약화될 것을 대비한 포석이다. 표면적으로는 경쟁사와의 일시적 연합으로 보이지만, 내용을 살펴보면 서로에게 득이 되는 원원 전략을 수립했음을 알 수 있다. 아마존 알렉사는 5억 대 이상의 윈도10 PC를 우군으로 확보하게 됐다. 마이크로소프트 코타나의 이익도 만만치 않다. 미국 등 주요국 가정에 보급된 아마존 에코는 3000만 대가 넘기 때문이다. 이러한 기기로 가정에서 오피스 문서를 확인하고 직장 동료와 화상 회의도 할 수 있는 기회를 제공하게 됐다. 실리콘밸리의 각 기업은 자신만의 플랫폼과 기술 그리고 견고한 비즈니스 영역을 확보하려고 독자 플랫폼 전략을 취하다가도, 경쟁의 강도가 심해지면 제휴와 연합을 통해 비즈니스의 파이를 확장하고 연합 세력을 보호하며 동반 성장하는 양면 전략을 수행하고 있다.

"친구는 가까이 하고, 적은 더욱 가까이 두어야 한다(Keep close your friend, keep your enemy closer)." 프란시스 코폴라 감독의 영화 〈대부(The God Father)〉에서 비토 코를레오네가 막내 아들 마이클에게 해주는 충고다. 연결은 협력을 의미한다. 세계적인 거대 공룡과 경쟁할 수 있는 유일한 방법은 연결이다. 적과의 동침은 생존을 위한 전략적인 연결이다. 연결이들에게서 정보를 획득하고 비즈니스 기회를 발굴할 ''을 벌어야 한다. 『협상의 법칙』의 저자 허브 코헨은 코 ''닥쳐야만 정보를 찾는 방식으로는 참담한 실패를 피 ''어렵다고 했으며, 평소 정보를 얻을 수 있는 기회를 ''말아야 한다고 강조했다. 이 역시 연결의 끈을 놓 ''함을 이야기한 것이다.

경쟁력 있는 기업은 무엇이 다른가

급변하는 환경에서 기업이 생존을 넘어 '경쟁력 있는 기업'이 되는 데 필요한 핵심 요소는 무엇인가'라는 질문이 꾸준히 이어져 왔다. 지난 100년 동안 미국의 탑10 기업 목록은 크게 변했다. 2017년도에 등재된 기업은 애플, 알파벳(구글의 모기업), 마이크로소프트, 아마존, 페이스북 등 기술 기반의 회사들이다. 반면, 50년 전인 1967년 탑10 기업은 IBM, AT&T, 코닥, GM, 시어스(Sears), GE 등이다. 하지만 이들 기업의 현재 위치는 찾아보기가 힘들 정도가 됐다. 기업의 경쟁력은 여러 가지 요소로 살펴볼 수 있다. 기업이나 회사에 따라 경쟁력 요소가 다르기도 하다. 하지만 이러한 성공 기업의 다양성을 관통하는 핵심 경쟁 요소는 기업의 비전, 혁신, 지식, 커뮤니케이션, 인재 등 5가지로 압축할 수 있다.

비전은 기업이 나아갈 방향성과 지속적으로 추구해야 할 가치, 존재의 이유를 설명하며 기업의 첫 인상, 정체성을 표현한다. 혁신은 새로운 고객의 가치를 창조하고 고객에게 새로운 경험을 선사하기 위한 기업 내부의 변화이며, 고객 지향, 고객 기반, 일하는 방식과 사고방식의 전환을 의미한다. 지식은 4차 산업혁명 시대의 기술 지능과 협업, 집단 지성과 지식 네트워크로의 전환을 의미하며, 커뮤니케이션은 개인, 기업 내외부, 기업을 둘러싼 생태계, 산업 간 경계를 허무는 소통, 커뮤니케이션 플랫폼의 진화, 소셜 네트워크와 고객의 디지털 흔적, 디지털 마케팅, 빅데이터 및 인공지능을 이용한 것을 의미한다. 인재는 기업 경영의 기본으로서 기술 지능적 민첩성과 감수성, 학습 민첩성을 겸비한 역량을 갖추며, 인간 고유의 문제 인식 역량, 인간 고유의 대안 도출 능력, 기계와의 협력적 소통 역량을 보유한 인력을 말한다.

비전

비전은 기업이 나아갈 방향성, 추구해야 할 가치, 존재의 이유를 밝히는 것으로서 기업은 비전을 위해 존재한다. 예를 들어, 삼성전자는 비전 2020을 선포하면서 삼성전자의 미래 비전을 규정하는 기본 원칙은 '미래 사회에 대한 영감', '새로운 미래 창조'라고 밝혔다. 이에 따른 기업의 미션으로 '인간의 삶을 풍요롭게 하고 사회적 책임을 다하며 지속 가능한 미래에 공헌하는 혁신적 기술, 제품, 그리고 디자인을 통해 미래 사회에 대한 영감을 고취하는 것'이라고 규정했다. 비전과 미션을 수행하기 위한 기업의 전략 방향으로 창조 경영, 파트너십 경영, 인재 경영을 3개의 축으로 선정했다. 이를 통해 사랑받는 회사, 혁신적인 회사, 존경받는 회사로 새로운 미래를 창조하겠다는 의지를 표명했다.

관심 있는 기업의 홈페이지에서 경쟁 회사, 고객사, 기업 비전을 확인할 수 있다. 또한 고객사의 홈페이지에서 다양한 기업 정보는 물론 가장 먼저 비전을 확인하는 것은 비즈니스의 기본이다. 회사에 따라 비전을 표현하는 문구에 직접적으로 실행 목표를 기재하기도 한다. 삼성전자처럼 비전을 규정하는 기본 원칙을 대표 문구로 사용하기도 한다. 삼성전자는 버전을 구체적이고 수치화해서 전달하고, 많은 사람이 이해하고 측정할 수 있는 목표를 제시하고자 2020년까지 연간 매출액 4000억 달러, 브랜드 가치 세계 5위 이내를 달성하려 한다고 별도로 명시했다.

혁신

기업 경쟁력의 두 번째 핵심 요소는 혁신이다. 사회가 변하고 고객이 변하고 있다. 기업도 이러한 변화에 대응해야 한다. 혁신하지 않는 기업은 점차 경쟁력을 잃는다. 고객의 니즈에 대응하지 못하면 고객은 더 이상 그 기업의 제품과 가치를 선택하지 않는다. 이러한 기업은 결국 이윤 창출에 어려움을 겪는다.

혁신이라고 하면 너무 어려워한다. 무엇을 혁신해야 하는지도 잘 생각하지 못한다. 회사에 갓 입사한 신입 사원도, 4~5년을 근무한 경력 사원도 '회사의 혁신이 무엇인가'라는 질문에 답을 못하고 있다. 혁신은 모든 분야에서 이루어지는 것이다. 일하는 방식, 생각하는 방식, 협력하는 방식, 고객을 만나 대화하는 방식, 제품 개발을 하는 방식, 생산, 제조를 하는 방식, 영업하는 방식 등 기업 활동의 전 분야를 점검하고 개선하고, 더 나은 방향으로 체질을 바꾸는 것이다. 기업 경영에서의 혁신은 궁극적으로 고객을 향한다. 기업의 이윤 추구는 고객으로부터 나오는 것이기 때문이다.

혁신 기업의 1순위로 많은 직장인들이 여전히 애플을 선택하며, 잡스의 명언을 기억하고 있다. "우주를 놀라게 하자." "해군이 아니라 해적이 되자." "평생 설탕 물만 팔 것인가?" "나의 비즈니스 모델은 비틀즈다." "창의력은 연결하는 능력이다." "좋아하는 일을 하라." "죽음을 상기하라." "여정은 보상이다." 이러한 잡스의 표현을 관통하는 한 단어는 바로 '혁신'이다. 'Stay Hungry, Stay Foolish', 'Think Different'라는 표현도 이미 익숙한 문구가 됐다. 모든 기업이 애플과 같을 수는 없다. 애플과 같아서도 안 된다. 하지만 끊임없는 혁신, 고객 지향 정신, 다르게 생각하는 방법은 급변하는 사회와 고객을 대상으로 기업이 어떻게 혁신해야 할지를 가장 정확하게 표현한 말이라 해도 과언이 아닐 것이다.

지식과 기술 지능

기업 경쟁력의 또 다른 요소는 지식이다. 지식을 이야기할 때마다 새로운 경영 기법과 신기술을 언급하게 된다. 4차 산업혁명을 이야기하고, 인공지능의 도입과 활용을 논의하며, 가상현실과 블록체인 기술에 열광한다. 새로운 경영 이론이 발표되면 기업은 또 그런 분위기에 휩쓸린다. 한때 경영의 신이라 불리던 GE의 잭 웰치의 경영 전략은 이미 오래되고 낡은 이론으로 간주된다. 심지어 〈포춘〉은 '잭 웰치의 경영 교본을 찢어버려라'는 특집 기사로 전통적 경영 방식의 패러다임 전환을 강조했다. 잭 웰치는 1980~90년대에 경영의 표준 모델이자 신이었다. 하지만, 4차 산업혁명 시대에 접어들며 경영 모델은 애플, 구글, 아마존과 페이스북 등으로 이동하고 있다. 심지어 〈포춘〉에서는 새로운 경제 환경에 대비하려면 잭 웰치가 한 방식을 거꾸로 해야 한다고도 주장한다. 잭 웰치는 6시그마(6 Sigma)를 도입해 큰 성과를 거두었다. 6시그마는 제조 공정에서 발생하는 품질 불량을 원천적으로 제거하기 위해 모토롤라에서 시작한 품질관리 활동이다. 국내에서도 GE의 성공 방식을 도입하고자 대기업부터 중견, 중소기업까지 6시그마 경영 이론을 배우는 데 막대한 비용과 노력을 들였다. 제조 공정상의 품질 불량을 막기 위한 통계적 분석 기법이 핵심인 6시그마를 억지로 연구개발, 마케팅, 소프트웨어 개발 등에 적용하고자 했다. 하지만 요즘 6시그마를 강조하는 회사는 주변을 둘러보아도 찾기 어렵다.

기업 경영을 하면서 지식은 쌓이게 된다. 기업 경영, 시장 정보, 고객사 정보, 산업 환경에 대한 분석 정보, 개발 노하우, 영업, 마케팅 정보 등 수많은 지식이 매일 발생하고 쌓인다. 과거에는 지식을 찾는 활동이 중요했다. 하지만 이제는 지식을 가공하고 새로운 가치를 창출하는 활동을 지식 활동이라고 정의한다. 이러한 지식을 서로 연결하는 지식 네트워크를 구축하고, 다양한 지식을 통해 통찰력(Insight)를 발굴하는 것이 기업의 경쟁력이다.

사물인터넷, 인공지능, 로봇, 빅데이터 및 핀테크 기술은 이미 산업의 경계를 파괴했고, 융복합 기술은 전통적 비즈니스 모델의 패러다임과 플랫폼의 개념조차 변모시키고 있다. 전통적으로 사용되던 기업들의 기술로드맵(TRM, Technology Roadmap)은 이제 이종 기술을 시스템적 관점에서 새롭게 분석하고 이해해 기술 간 상관 관계를 파악하는 것으로 바뀌었다. 현재와 미래의 시점에 기업에게 필요한 기술적 요소가 무엇인지를 예측하고 준비하는 역량이 기업의 생존 여부를 가늠하게 한다. 이제 비즈니스의 성공 여부는 급변하는 과학기술의 흐름을 읽고 고객의 불만을 신속하게 감지, 파악해 기회를 창출하는 역량에 달려 있다. 기술에 대한 메가 트렌드, 이머징 이슈, 패즈(Fads)를 구분하고, 빅뱅 파괴를 선도하는 새로운 기술의 출현과 사업화에 관심을 갖고, 이에 대한 프로토타입을 신속하게 개발해 지속적으로 점검하고 보완하는 능력이 기업 경쟁력의 핵심이 되었다. 파괴적 기술과 빅뱅 파괴로 이어지는 기술의 흐름을 파악해 기술 간 상관관계를 이해하며, 이를 비즈니스의 기회로 연결하는 능력을 기술 지능

(Technology Intelligence)이라고 한다. 기술 지능은 이제 기업의 생존을 결정하는 기업 경쟁력의 핵심 요소로 평가되고 있다.

커뮤니케이션

"도대체 A 부서의 김부장은 말이 안 통해! 고지식하고 꽉 막혔어." "영업 사원이 제품 공부는 안하고 그저 고객의 불만만 전달하는 것 같아. 그래서 제품을 제대로 고객에서 소개할 수 있는 거야?" "우리가 무슨 우주에도 없는 제품을 만들어야 하는 거야? 그럼 그 부서가 만들라고 해." "그 업체는 왜 맨날 시키는 대로 하지 않는 거야? 그 정도로 이야기했으면 이제 알아들을 만도 하잖아." "그 부서는 블랙홀이야. 이야기를 해도 들은 둥 마는 둥, 흉내만 내는 것 같아." "우리 회사 사장님은 1년에 얼굴 한 번 보기가 힘들어. 회사에 관심이 전혀 없는 건가?"

기업 내에서, 회사의 조직에서 매일같이 들려오는 이야기다. 동료와 혹은 같은 조직 내의 선후배와 이런 이야기를 한 경험이 있을 것이다. 커뮤니케이션은 기업의 경쟁력이다. 크게는 기업 활동, 작게는 일을 하는 조직 내부에서도 매일 커뮤니케이션이 발생한다. 기업의 성장을 막는 큰 요인 중 하나는 커뮤니케이션 단절이다. 부서 간의 알력, 장벽, 극단적 이기주의가 커뮤니케이션을 단절시키는 대표적인 요인이다. 고객과의 커뮤니케이션도 중요하다. 두 시간 동안 고객과 미팅을 하는데 아무런 회의록도 기록하지 않은 영업 사원, 고객의 요청을 깔고 앉아 있는 개발 부서 담당자, 오히려 고객을 가르치려 하는 마케팅 담당자. 이런 부분에서 커뮤니케이션 오류가 발생해 기업은 경쟁력을 상실하며 결국 생존을 위협받는다. 커뮤니케이션의 활성화 정도가 바로 기업의 경쟁력이며, 기업의 스피드를 결정하고, 신속한 의사결정을 만든다. 커뮤니케이션은 경쟁 기업보다 한 걸음 더 빠르게 움직이는 수단이며, 고객이 말하는 않은 부분까지 준비할 수 있도록 하는 대응책이다. 심지어 경쟁사와의 협력도 가능하도록 한다. 고객과 소통하고 시장을 선도할 수 있다. 기업 내부에 올바른 커뮤니케이션 플랫폼을 갖추어야 한다. 이것이 바로 커뮤니케이션이고 기업의 핵심 경쟁력이다.

구글은 안드로이드 오토를 출시하면서 SK텔레콤의 T맵 대신에 카카오의 지도를 이용하기로 했다. 한국에서 시작한 차량용 인포테인먼트 시스템인 안드로이드 오토와 관련해 구글과의 제휴가 무산된 것이다. 사전에 T맵도 협력을 제안받았으나 중요한 의사결정이었음에도 불구하고 사내에서 제대로 협의되지 못하는 바람에 무산됐다. 안드로이드 오토의 핵심 서비스는 내비게이션 앱(App)이다. 자체 서비스를 위해 한국 정부에 고해상도 지도 데이터 반출을 요청했으나 허가를 받지 못한 구글은 카카오의 카카오내비로 대신하게 된 것이다. 이 덕분에 카카오 내비는 구글과 현대, 기아차라는 우군을 확보하면서 T맵을 추격할 새로운 동력을 얻었다.

인재

삼성의 핵심 가치는 인재 제일, 최고 지향, 변화 선도, 정도 경영, 상생 추구다. 인재 제일은 '기업은 사람이다'라는 신념을 바탕으로 인재를 소중히 여기고 마음껏 능력을 발휘할 수 있는 기회의 장을 만드는 것이다. 최고 지향은 끊임없는 열정과 도전 정신으로 모든 면에서 세계 최고가 되고자 최선을 다하는 마음가짐과 행동이다. 변화 선도는 변화하지 않으면 살아남을 수 없다는 위기 의식을 가지고 신속하고 주도적으로 변화와 혁신을 실행함을 의미한다. 정도 경영은 곧은 마음과 진실되고 바른 행동으로 명예와 품위를 지키며 모든 일에서 항상 정도를 추구한다. 상생 추구는 사회의 일원으로서 더불어 살아간다는 마음을 가지고 지역사회, 국가, 인류의 공동 번영을 위해 노력하는 마음가짐이다. 삼성은 5대 핵심 가치 중에서도 인재 제일을 최고의 핵심 가치로 손꼽아 왔다. 삼성의 창업주 고 이병철 회장은 삼성의 인재 제일 정신에 관해 다음과 같은 이야기를 했다. "내 일생의 80퍼센트는 인재를 모으고 교육시키는 데 시간을 보냈다. 내가 키운 인재들이 성장하면서 두각을 나타내고 좋은 업적을 쌓은 것을 볼 때 고맙고, 반갑고, 아름다워 보인다."

4차 산업혁명 이후 인재에 대한 선호가 더 높아지고 있다. 특히 ICT 업계에서는 인수, 합병을 통해 비즈니스 모델과 핵심 인재, 기술, 비즈니스 플랫폼과 관련 생태계까지 통합적으로 확보하려는 움직임이 활발하다. 이미 구글, 페이스북, 애플, 인텔, 중국 바이두 및 국내 대기업은 조금이라도 가능성이 보이는 스타트업을 싹쓸이해 시장 지배력을 확장하고 있다. 삼성은 2014~2016년 사이에 건당 1억 달러 이상의 비용을 투입하며 총 14건의 대형 인수합병을 성사시켰다. 2016년 세계 1위 전장 기업인 하만을 80억 달러(약 8조6900억 원)에 인수해 관련 업계를 긴장시키기도 했으며, 삼성 전략혁신센터

(SSIC)를 통해 자동차 전자 장비, 디지털 헬스케어, 비즈니스 소프트웨어 분야의 인수합병을 추진한다고 선언했다.

기업의 존재 목적은 비전과 미션의 달성이며, 비전을 직접 조직 내에서 실현하는 주체가 바로 조직 구성원인 인력이다. 그렇기 때문에 기업은 모든 조직 구성원에게 비전을 공유하고 미션을 부여하며, 핵심 인력의 영입과 육성에 집중하는 것이다. 이처럼 기업 내 핵심 인력 및 모든 조직 구성원이 마음껏 능력을 발휘할 수 있도록 기회의 장을 마련하는 것이 기업의 책무이며, 기업의 비즈니스 시스템도 이에 따라 다양하게 변화하고 수정되며 진화하는 것이다. 불확실성이 높아가는 기업 경영 환경 속에서 능동적이고 유연하며 민첩한 조직을 디자인해 회사의 인재가 최고의 수행 능력을 보이며 비전을 달성하도록 하는 것이 기업의 본질적인 경쟁력이라고 할 수 있다.

실리콘밸리 유니콘, 데카콘의 핵심 가치

기업의 핵심 가치

실리콘밸리를 대표하는 애플, 구글, 페이스북, 아마존 같은 미국의 ICT 회사는 각 기업별로 고유한 핵심 가치를 지니고 있다. 미국의 선진 ICT 업체의 비전과 미션 그리고 비즈니스를 살펴보면 이들의 왜 굴지의 ICT 기업이 됐는지 가늠할 수 있다. 일부 IT 기업 및 국내의 몇몇 기업은 성장에 도취돼 그 시작이 신생 벤처 업체였다는 사실을 잊고 너무 일찍 샴페인을 터뜨리며 기업 설립의 본질을 상실하는 경우가 많다. 이와 달리 성공적인 기업은 대부분 자사가 추구하는 핵심 가치를 기억하고, 고도화시키기 위해 사명 선언문을 개발하고 공유한다. 미국의 미드아메리카 내저린 대학은 IT 업체 7곳의 핵심 가치에 관한 사례를 분석해 발표했다.

애플

1976년 실리콘밸리의 허름한 창고에서 스티브 잡스와 스티브 워즈니악이 설립한 애플은 애플I, 애플II 컴퓨터 및 아이폰, 아이팟, 아이패드와 아이튠즈 등으로 소비자들에게 혁신의 가치를 지속적으로 전달해온 기업이다. 신제품이 출시될 때마다 고객들은 애플의 혁신에 기꺼이 높은 비용을 지불하고 있으며, 탄탄한 매니아 층을 형성하고 있다. 탄탄한 기술력과 디자인, 소비자의 감성을 자극하며 새로운 경험을 강조하는 애플은 제품이 아니라 경험에 비용을 지불한다는 새로운 패러다임을 만들었다. 이러한 고객 지향의 내부에는 애플의 기업 철학이 존재한다. 세계 최초의 제품이 아니라 세계 최고의 경험으로 무장한 제품과 솔루션을 제공한다는 것이 애플의 첫 번째 내부 가치. 극단적인 디자인 추구, 단순하고 직관적인 인터페이스, 신제품이 출시돼도 일관적인 경험을 지속할 수 있는 단순함은 애플의 두 번째 내부 가치다.

애플은 세계 최초의 제품을 선보이지 않는다. 퍼스널 컴퓨터의 대중화를 이끈 애플I, 애플II 역시 세계 최초의 제품이 아니었다. 최초의 개인용 컴퓨터는 알테어 8800이었다. 애플은 경쟁사의 제품과 솔루션, 고객 경험을 철두철미하게 분석하고 차별화를 시도해 자신들이 가장 자신 있다고 생각하는 분야를 새롭게 만들고 매니아를 형성한다. 애플은 자신들만의 개발 프로세스인 ANPP로 제품의 품질을 철두철미하게 관리하고, EPM(Engineering Program Manager), GSM(Global Supply Manager)으로 엔지니어링 및 글로벌 공급을 관리 통제하고 있다. 애플의 기술 리더십과 제품 리더십은 철저한 책임감과 관리 통제력에서 이루어진다는 애플의 철학에서 비롯된 것이기도 하다. 특히 매주 월요일 페어드 미팅(Paired Design Meeting)에서 기존의 관념을 탈피하고 자유롭게 생각하며, 애플의 가치에 부합되는 제품과 솔루션을 만들기 위해 협의한다. 애플의 기업 가치 전반에 흐르는 정신은 탁월성(Excellence)과 '아니'라고 말할 수 있는 정신이다. 선택력, 협력, 단순성, 용기 또한 기업 가치로 수용하고 있다.

구글

구글, 애플, 페이스북, 어도비 등 실리콘밸리 기업은 새로운 사옥을 건축하고 기존의 사무실 환경을 바꾸는 작업을 착수했다. 이러한 움직임 뒤에는 2009년 구글이 실행한 산소 프로젝트(Oxygen Project)가 있다.

전통적 글로벌 기업부터 실리콘밸리의 유니콘, 데카콘 기업에 이르기까지 기술 발달에 맞춰 생산성이 비례적으로 증가하지 않는 문제는 언제나 기업의 가장 큰 문제점으로 지적돼 왔으며 경영학에서는 해묵은 난제였다. 구글은 검색엔진을 사업모델로 시작해 현재 인공지능, 빅데이터, 클라우드와 자율주행차, 인공지능 비서 서비스에 이르기까지 인류의 삶에 막대한 영향을 끼치는 ICT 공룡이 됐다. 구글은 기업 설립 이후부터 극단적인 사항까지 철두철미하게 관리하고 디테일을 챙기는 미시 관리를 해왔지만, 이와는 반대로 직원의 생산성은 급격히 하락하기 시작했다. 이에 1년 동안 조직의 팀장, 리더들에 관한 수만 건의 내부 인사 데이터를 수집, 분석해 리더의 조건을 수립했다.

구글이 제시하는 리더란 조직에 산소를 공급하는 사람이다. 구글의 직원들은 전문성과 기술을 보유한 리더보다 직원과의 꾸준히 커뮤니케이션하고, 개인적인 문제를 상담할 수 있으며, 직원들의 고민과 경력 관리, 인생에 조언을 건넬 수 있는 인간미와 업무 성과를 겸비한 리더를 요구한다는 것이 밝혀졌다. 이를 조직에 산소를 공급한다는 비유로 리더의 모습을 규정한 것이다. 이러한 결과로 구글은 미시 관리를 배제하고, 사규로 만들어 구글 룰스(Google Rules)라고 명명했다. 이후 개인의 생산성 문제에서 범위를 확대해 팀, 그룹, 조직,

사업 간의 생산성 문제를 찾고 해결하는 아리스토텔레스 프로젝트를 진행했다. 아리스토텔레스 프로젝트는 '연결의 중요성'이란 결과를 낳았다. 기업의 모든 임직원이 회사의 비전과 미션, 이념과 지향, 앞으로 해야 할 일, 과제, 산적한 현안 등을 공유해 회사의 비전과 연결될 수 있다면 기업과 조직이 비즈니스 성과를 창출하는 결정적인 힘이 된다는 것을 확인한 것이다. 이를 위해 구글은 TGIF(Thanks Google It's Friday) 미팅을 추진했다. 매주 금요일 래리 페이지, 세르게이 브린 등 창업자와 최고 경영진이 찰리카페에서 무엇이든 질문하고 대답하는 미팅을 시작한 것이다. 구글의 모든 임직원들은 TGIF 미팅이 구글을 지탱하는 핵심 가치가 생산되는 장소라고 자부하고 있다.

〈포브스〉의 조사에 따르면 구글은 임직원의 심리적인 안정(Psychological Safety), 신뢰성(Dependability), 조직 구조와 투명성(Structure&Clarity), 일의 의미(Meaning), 업무 영향력(Work Impact)을 생산성을 높이는 핵심 가치로 선정했다. 직장인이 이직을 하는 가장 큰 이유는 상사와 동료 그리고 조직이나 업무 수행에서 받는 상처, 업무에 대한 자신감 상실, 실패에 대한 두려움, 동료와 조직에 대한 상호 신뢰의 문제, 투명성이 보장되지 않고 조직 내에 썩은 사과를 키우는 일부 임직원, 자신의 업무와 조직이 수행하는 일의 의미를 모르는 임직원, 자신이 하는 일이 자신과 동료와 팀 그리고 기업과 사회에 어떠한 영향을 미칠지 모르는 문제 때문이다. 이 밖에 구글은 회사가 기술 산업에서 계속 입지를 유지하려면 개방성과 윤리, 기업 시민의식을 바탕으로 직원에게 동기를 부여해야 한다고 생각한다. 구글은 재미와 자유로움을 핵심 가치로 추구하고 있는 몇 안 되는 회사다. 그러나 선택력, 개방성, 민주제 등은 몇몇 추구하는 가치는 다른 회사와 동일하다.

마이크로소프트

마이크로소프트의 설립 초기의 미션은 모든 책상 위와 가정에 컴퓨터를 보급하겠다는 야심 찬 계획이었다. 이러한 마이크로소프트를 지탱하는 힘은 피플-레디(People-ready)로 대표되는 임직원의 핵심 역량이다. 대부분의 IT 기업이 설립 이후 컨설팅 업무와 SI(System Integration)으로 수익을 추구하는 것에 비해 마이크로소프트는 설립 이후 지속적으로 소프트웨어 솔루션에 사업을 집중했고, 이를 구현하는 최종 말단에 있는, 핵심 역량을 갖춘 우수한 내부 인재를 최고의 자산으로 인식했다. 또한 빌 게이츠 회장은 자기 자신을 최고 소프트웨어 아키텍트(CSA, Chief Software Architect)로 여겨 달라며 기술 리더십을 강조했다. 이를 위해 마이크로소프트는 인적 자원의 우수성, 건설적인 자기 비판과 지속적인 자기 혁신을 모든 임직원들에게 강조하며 인재 중심의 경영을 수행하고 있다. 특히 모든 임직원에게 자신보다 더 나은 사람을 선발해야 한다고 교육한다. 이로써 기업 내에 건전한 경쟁이 유발되며, 지속적으로 개선된다는 철학을 갖도록 유도하고 있다.

4차 산업혁명과 과학기술이 혁신을 주도하는 상황에서 마이크로소프트는 모바일 퍼스트를 지향하고, 클라우드 세상에서 최고 수준의 기술 리더십으로 플랫폼과 서비스를 제공한다는 가치를 표방하고 있다. 그리고 지구상의 모든 개인과 조직에게 더 많은 것을 이룰 수 있도록 돕는 것이 기업의 존재 가치임을 꾸준히 강조한다. 특히 새로 CEO로 취임한 사티아

나델라(Satya Nadella)는 저서 『히트 리프레시(Hit Refresh)』에서 PC · 윈도우 기반이라는 업의 개념을 '모바일과 클라우드 퍼스트로써 고객에게 플랫폼과 생산성을 제공하는 회사'로 재정의했다. 또한 마이크로소프트는 오픈소스 플랫폼인 깃허브(Git Hub)를 인수해 지원하는 등 임직원, 외부 개발자 및 생태계에 공동체 책임을 전파하고 있다.

페이스북

페이스북은 설립 초기부터 '자유로운 공유와 연결'을 기업의 최우선 가치로 인식하고 이를 임직원들에게 전파했으며, 정보에 대한 소유 의식과 관리의 중요성을 강조했다. 이는 페이스북을 통해 여러 매체와 형식으로 공유와 연결을 하게끔 사람들을 지원한다는 의지의 표명이며, 사용자 각자에게 공유할 정보, 공유 대상, 서비스 탈퇴 시 정보 보관 유무를 결정할 권한을 준다는 의미다. 또한 자유롭게 정보가 흐르는 환경을 구축해 평등과 사회적 가치, 투명성을 실현한다는 등 인권과 자유를 페이스북의 기업 가치로 제시하고 있다.

페이스북을 지탱하는 또 다른 핵심 가치는 해커톤과 해커웨이(Hacker Way)다. 수많은 실리콘밸리 기업의 해커톤 중에서도 페이스북의 해커톤 행사는 남다른 의미와 전통이 있다. CEO 마크 저커버그는 약관의 나이에 IPO에 앞서 투자자들에게 한 통의 편지를 썼다. 의미 없는 투자 논쟁보다 코드를 작성하는 것이 더 좋다는 직설적 표현으로 페이스북이 추구하는 기업 가치를 명쾌하게 투자자에게 전달한 것이다. 저커버그는 이와 같은 페이스북의 신념을 해커웨이라고 부르고 있으며, 이는 페이스북을 만드는 비전과 미션, 기업 가치의 근본 정신으로 자리잡았다. 저커버그의 해커웨이 정신은 두 달에 한 번씩 미국의 유명 대학교에서 개최되는 해커톤 행사로 이어졌다. 제한된 24시간 동안 최고의 팀을 꾸려 즉석에서 도전 과제를 수행하고 아이디어를 구체화하며, 동작 가능한 시제품을 만드는 개발자 대회다. 페이스북 창업 초기 부정기적으로 열리던 해커톤 내부 회의는 2007년에 페이스북의 공식적인 개발자 회의(F8)로 자리잡았다. 한 번 시작하면 8시간씩이나 지속되는 해커톤 회의 때문에 F8이라는 이름을 사용하게 된 것이다. F8은 페이스북의 가치를 만들어 왔다.

페이스북은 조직 성장에 따른 조직 이기주의를 경계하면서 임직원의 협력, 공유, 연결을 목적으로 내부 프로그램을 운영하고 있다. 최근에는 국내 대기업과 일반 기업도 이와 유사한 방법을 도입하고 있다. 첫 번째는 부트캠프다. 페이스북의 내부 엔지니어 수가 150명을 넘자 앤드류 보스워스가 페이스북에 신규로 합류한 직원을 대상으로 6주간의 적응형 오리엔테이션 프로그램을 운영하자는 아이디어를 냈다. 직원들은 차출된 선배 직원에게 페이스북의 코딩 기술과 내부 문화, 일하는 방법을 배운다. 이는 일반 기업의 OJT와 유사한 방법이다. 하지만 페이스북만의 특징은 현업에 배치되기 전에 부서 구분 없이 부트캠프에서 동류 의식과 연대감, 협력과 기업의 비전, 미션을 함께 공유한다는 것이다.

페이스북의 두 번째 시도는 해커먼스(Hackamonth)다. 해커먼스는 12~18개월 동안 하나의 프로젝트에 집중한 직원을 대상으로 몇 개월 동안 현재 수행하고 있는 일과는 완전히 다른 일을 할 수 있는 기회를 제공하는 것이다. 한 가지 일에 완전히 몰두하느라 에너지를 소비하고, 새로운 것과 연결할 기회를 놓친 임직원들에게 새로운 동기와 연결 기회를 제공하자는 취지다. 이를 통해 임직원들은 조금 더 다양한 시각을 갖게 되고, 결과적으로 조직 이기주의나 부서 간 장벽을 허무는 데도 탁월한 효과를 얻었다. 직원의 부서 이동이 활발해지면서 부서와 부서가 동료로 연결돼 서로 유대감이 높아지는 것이다. 이에 따라 자기 조직만의 이익을 챙기는 현상을 막을 수 있었다. 부서를 이동한 엔지니어가 팀 간 업무 상황을 공유하는 매개가 돼 각 팀을 유기적으로 연결하는 역할을 하는 것이다.

세 번째는 페이스북의 해커톤이다. 페이스북의 해커톤은 원래 저커버그와 몇몇 핵심 임직원이 한 집에 모여 밤을 세우며 아이디어를 도출하는 방식이었다. 이를 페이스북의 전 임직원을 대상으로 확대했다. 이제 페이스북은 내부적으로 6주마다 정기적인 해커톤을 실시해 새로운 아이디어와 연결하고 있다. 일반 기업이 주로 신규 기술이나 서비스를 개발하는 목적으로 해커톤을 실시하는데 비해, 페이스북은 사내 복지 제도, 교육, 기업 문화, 평가, 재무, 인사 등 다양한 부서의 인력이 참여해 부서 간 장벽을 허물고 협업을 도모하며, 연결을 통해 새로운 경험을 나누는 목적으로 해커톤을 이용하고 있다. 또한 정규 업무 이외의 새로운 업무를 부여함으로써 새로운 자극과 동기를 유발하겠다는 목적이 있다.

페이스북에서 저커버그가 일하는 장소를 저커버그의 어항이라고 부른다. 페이스북의 키워드는 개방과 공유다. 직원의 책상 사이에는 칸막이도 없고 모든 회의실은 투명하게 유리로 만들어져 있다. 저커버그 역시 칸막이가 없는 오픈된 공간에서 일한다. 심지어 저커버그의 사무실은 사방이 유리로 돼 있고 다른 임직원의 한가운데 위치하고 있어서 마치 어항 속에서 일을 하는 것처럼 보여 임직원들이 붙여준 별명이 저커버그의 어항이다. 저커버그의 모든 업무도 모든 내부 임직원들이 지켜볼 수 있다. 그만큼 투명하게 일하자는 의도다. 페이스북의 해커스퀘어(Hacker Square)역시 공유와 개방을 대표하는 기업 문화다. 1년에 몇 번씩 전 임직원을 대상으로 회사의 중요한 모든 정책과 신규 사업 계획을 공유한다. 내부 해커톤도 이 자리에서 실시한다. 직원이 서로 개방된 공간에서 일과 업무, 아이디어를 공유하고 자유롭게 토론하는 것이다. 사람들을 가깝게 만들어 대화를 유도하고 이로써 협력과 공유, 소통을 일으켜 더 좋은 가치를 만들겠다는 저커버그의 의도가 담겨 있다.

IBM

IBM은 1960년대, 업계 1위던 바로우즈를 추격하는 2등 기업이었다. 당시 CEO인 토마스 왓슨 2세는 기업의 복잡한 정보를 통합해 처리해 주는 컴퓨터의 출현을 예견하고 IBM 360이라는 새로운 컴퓨터 개발에 천문학적인 돈을 투자하는, 담대하고도 위험한 의사결정을 했다. 이 프로젝트에 미국이 원자폭탄을 개발하려고 쏟아 부은 돈보다 더 많은 비용이 들어갔다. 당시 IBM은 판매 부진으로 극심한 자금 압박을 받고 있었고, 긴급 자금을 차입해 직원의 월급을 주어야 할 정도였다. 그러나 IBM 360은 기존 제품을 모두 대체하며 당시 컴퓨터 시장을 완전히 점령했다. 반면, 컴퓨터에 관해서 IBM보다 기술적 우위에 있다고 자부하던 바로우즈는 IBM 360의 성공에 회의를 품었다. 당시 CEO였던 레이 맥도널드는 기존 제품에서 안정적인 수익을 확보하는 데 경영의 초점을 둔 것이다. 결국 바로우즈는 IBM이 시장을 석권하는 것을 지켜볼 수밖에 없었고, 1953년 역사 속으로 사라진다.

IBM의 중심에는 비공식적 기업 가치인 탁월성과 자부심이 자리잡아 왔으며, 이 탁월성과 자부심은 5개의 노벨상, 4개의 튜링상(Turing Awards), 5개의 전미 기술 메달(National Medals of Technology), 5개의 전미 과학 메달(National Medals of Science)을 수상하는 원동력이 됐다. 토마스 왓슨 2세는 또한 "우리가 단지 평범한 회사에서 일하고 있다고 생각한다면, 우리는 그저 평범한 회사에 머물고 말 것이다. IBM은 특별한 회사라는 인식을 가져야 한다. 일단 당신이 그런 의식을 가지게 되면, 그것을 실현하기 위해 계속 힘을 내 일할 수 있다"고 말하면서, 탁월성과 자부심의 중요성을 더욱 강조하기도 했다. IBM은 개인의 권리와 존엄성을 존중하며 소비자에게 최고의 고객 서비스를 전달하는 데 초점을 맞추고 있다. 관리자는 일에 대한 열정, 공격적인 경영 등을 바탕으로 효과적인 리더가 돼야 함을 강조한다. 또한 IBM은 주주에게 높은 가치를 두고 있다. 주주가 일자리 안전과 수익의 근원이라고 판단하는 것이다. 더불어 IBM은 좋은 기업 시민이 되고, 좋은 품질의 제품과 서비스를 합리적인 가격에 제공하는 임무에 초점을 맞추고 있다.

아마존

제프 베조스가 1994년에 설립한 아마존은 최근 시가총액 1조 달러를 돌파했다. 이는 애플에 이어 사상 두 번째 기록이며 제프 베조스는 자산 1800억 달러를 보유한 세계 제일의 부자가 됐다. 아마존은 비즈니스 확장(Business Expansion)의 선두 주자다. 수행하는 사업마다 성공을 부르는 미다스의 손을 보유했다고 평가받는다. 아마존은 아마존 웨이(Amazon Way)라 불리는 사업 다각화 능력으로 온라인 서점부터 오프라인 유통, 아마존 고(Amazon Go) 무인 슈퍼마켓, 아마존 대시 버튼, 클라우드와 콘텐츠, 인공 지능, 음성 비서, 물류 로봇에 이르기까지 비즈니스의 전 영역에서 막대한 영향력을 행사하고 있다.

이러한 아마존의 성공은 차별화된 사업화 아이디어, 아이디어를 선별하는 독창성, 규모의 경제를 만드는 힘이 기업가치의 한 요소로서 움직이고 있으며, 이면에 존재하는 실패의 중요성을 강조하고 있기 때문이다. 스마트폰인 파이어폰 비즈니스가 비록 성공하지는 못했지만, 하드웨어를 생산하고 판매한 경험을 얻었고 관련 생태계와 전후방 비즈니스의 생리를 터득했다. 이를 기반으로 AI 음성인식 비서인 아마존 에코를 중심에 둔 비즈니스를 성공적으로 런칭할 수 있었다. 또한 아마존에 내재하는 가치는 비즈니스 확장이다. 초기 사업모델은 온라인에서 책을 판매하는 사업이었지만 온라인 쇼핑의 가능성을 확인한 후 신발과 의류, 전자기기 등으로 물품을 늘려 종합 전자상거래업으로 사업을 확장했으며, 수백만 개의 소기업과 소매업체, 제조사가 자사의 사이트에서 물건을 판매할 수 있도록 하면서 소매 시장을 선점할 수 있었다.

아마존의 기업 가치는 '연결해 판을 키우는 전략'이라고 설명할 수 있다. 그 예로 인공지능 비서 시장의 최강자 아마존은 경쟁사인 마이크로소프트와 손을 잡았다. 두 회사의 인공지능 플랫폼 공유가 협력의 핵심 내용이다. 아마존과 마이크로소프트의 최대 약점은 스마트폰 플랫폼이 없다는 점이기에 두 회사의 연합은 인공지능 플랫폼과 기기 시장에 상당한 영향을 줄 것으로 예측되고 있다. 알렉사 사용자는 코타나를 호출해 이메일에 회신을 하거나 스카이프를 활용해 회사 동료들과 영상 회의를 할 수 있으며, 코타나 이용자도 윈도10이 설치된 PC에 음성 명령을 내려 아마존에 물건을 주문할 수 있게 됐다. 삼성전자의 자회사 하만 카돈의 인공지능 스피커 인보크 사용자 역시 아마존의 알렉사를 쓸 수 있다. 인보크에 코타나가 탑재돼 있기 때문이다. 아마존이 마이크로소프트에 인공지능 연합을 제의한 것은 스마트폰의 인공지능 활용도가 높아질수록 아마존의 인공지능 시장 지배력이 약화될 것을 대비한 포석이다. 현재 아마존 알렉사에 접속할 수 있는 유일한 방법은 인공지능 스피커인 아마존 에코뿐이기 때문이며, 스마트폰에서도 알렉사를 사용하려면 별도의 앱을 다운로드해야 한다.

아마존의 이러한 연결 전략은 표면적으로는 경쟁사와의 일시적 연합으로 보일 수 있지만, 서로에게 득이 되는 윈윈 전략을 수립한 것이다. 아마존 알렉사는 5억 대 이상의 윈도10 PC를 우군으로 확보했다. 마이크로소프트 코타나의 이익도 만만치 않다. 미국 등 주요국 가정에 보급된 아마존 에코는 3000만 대가 넘으며, 여기에 7인치 터치스크린을 탑재한 아마존의 인공지능 스피커 에코 쇼까지 가세할 것이다. 이 기기는 집에서 오피스 문서를 확인하고 직장 동료와 화상 회의를 할 수 있도록 해준다. 아마존과 마이크로소프트의 협업을 계기로 이종 인공지능 플랫폼의 제휴 사례는 지속적으로 증가할 전망이다.

여러 기업이 비즈니스 모델의 약점을 보완하는 방법으로 전략적 제휴를 논의하고 있다. 독자적인 플랫폼과 기술 그리고 견고한 비즈니스 영역을 확보하려던 전략이 경쟁의 강도가 심해지자 제휴와 연합을 통해 비즈니스의 파이를 확장하고 연합세력을 보호해 동반 성장하는 전략으로 변모하고 있다.

이처럼 단기간에 아마존을 성장시키는 데 기여한 기업 가치는 고객에 대한 집중(Customer Obsession)이다. 아마존은 리더가 출발점부터 고객과 항상 함께해야 한다고 강조한다. 아마존은 고객 집중이라는 가치를 토대로 책임 의식, 단순성, 진정성, 탁월한 인력 채용, 높은 기준 등을 추구하고 있다. 아마존은 직원들이 크게 생각하고, 결단력을 갖추고, 절약하고, 신뢰를 촉진하고, 변화를 수용할 수 있는 역량을 갖추도록 지원하고 있다.

오라클

오라클(Oracle Corporation)은 1977년 래리 엘리슨, 봅 마이너, 에드 오츠 등이 세계 최초로 관계형 데이터베이스 관리시스템(RDBMS)으로 미국 국방부 프로젝트를 개발한 작업에서 시작해 현재 데이터베이스, 클라우드, 빅데이터 솔루션 등을 선도하는 ICT 기업으로 부상했다. 특히 지난 2009년에는 썬마이크로시스템즈를 인수해 기업용 소프트웨어부터 하드웨어 인프라까지 통합된 시스템을 제공하는 토털 솔루션 프러바이더(Total Solution Provider)로서의 입지를 강화하고 있다. 오라클은 기업의 태생부터 개방형 시스템 컴퓨팅의 본질인 이식성, 호환성, 연결성에 충실한 솔루션을 공급하며, 특정 솔루션에 구속되는 폐쇄적인 방식에서 탈피했다. 개방형 시스템을 이용한 빠르고 신속하며 혁신적인 솔루션은 고객에게 혜택으로 돌아갔다. 이러한 개방형 정신은 오라클의 조직 시스템에도 적용됐다. 일반적인 미국 ICT 기업이 미국 본사가 모든 업무를 총괄하는 것에 비해 오라클은 지역 본사 제도를 운영하고 있다. 오라클이 추구하는 기업 가치는 고결, 상호 존중, 팀웍, 커뮤니케이션이다. 또한 혁신, 고객 만족, 품질, 공평, 컴플라이언스(법과 규정 준수), 윤리를 중시한다. 오라클은 직원들이 서로를 존중해 건강하고 개방적인 업무 환경을 구현하는 데 기여하고 있으며, 커뮤니케이션과 컴플라이언스를 가장 중요한 가치로 제시하고 있다.

기업 가치를 상실한 GE의 비극

토마스 에디슨이 설립한 미국의 GE(General Electric)는 다우존스 산업평균지수(DIJA)에서 퇴출되는 수모를 겪었다. GE는 다양한 경영 전략과 GE 패스트웍스(Fastworks, 신속한 문제 해결 과정)로 4차 산업혁명의 선두주자로 불렸으며, 한때 시가총액 1위를 기록한 전통적 글로벌 기업이다. 또한 수많은 기업들이 GE를 벤치마킹할 정도로 성공한 기업의 최우수 모범 사례였다. GE의 글로벌 인재 사관학교, 클로톤빌 연수원은 글로벌 기업이 반드시 거쳐가야 하는 필수 코스이기도 했다. 또한 경영의 신으로 평가받던 잭 웰치가 경영할 때는 기업 시가총액이 600조 원을 넘어 글로벌 제조 기업의 제왕으로 군림했다.

GE가 다우존스에서 퇴출된 주된 요인은 기업의 핵심 가치를 상실했기 때문이다. GE는 전기, 전자, 가전, 중공업, 항공 산업, 의료기기 등의 전통적 제조업에서 금융과 미디어 및 4차 산업혁명에 대비한 패스트웍스까지 거의 모든 산업 분야로 진출해 규모의 경제를 키워왔다. GE의 핵심 가치는 제조업에서의 경쟁력 확보와 규모의 경제화를 통한 사업 확장이었다. 하지만 ICT 기술이 발달하면서 신규 경쟁자가 출현했다. 전통 가선 사업과 전기, 전자 사업은 한국과 일본, 중국 기업에게 자리를 넘겨주었으며, 중공업과 항공 산업도 유럽 기업과 자국의 신규 기업에게 추격을 당하는 상황이었다.

이러한 상황에서 제프리 이멜트 회장이 새로이 GE의 수장으로 취임했지만, GE의 핵심 가치를 제조업에서 금융 대부업으로 이전하고, 금융 산업으로 취한 수익을 사세 확장에만 투자했다. 이로써 제조 분야의 경쟁력은 확실히 상실했고, 2008년 금융 위기가 닥치자 GE는 기업의 존폐마저 위협받게 됐다. 이후 제조업으로의 회귀를 선언했지만, 이미 제조업은 4차 산업혁명으로 급변하고 있었으며, 금융산업은 핀테크의 발달, 테크핀 업체의 등장과 P2P 금융의 출현으로 과거의 영화를 되찾지 못했다. 이후 새로이 GE를 이끌게 된 존 플래너리 CEO는 대대적인 사업 정리와 구조 조정을 수행했지만, 이미 말기 암 판정을 받은 GE를 완치시키기에는 역부족이었다.

구글의 10가지 진실과
주주에게 보내는 편지

구글의 10가지 진실

구글은 기업 설립 이후 '구글의 10가지 진실(Ten things we know to be true)'이라는 제목으로 구글의 기업 철학을 소개했으며 현재까지 유지하고 있다. 이 10가지의 진실이 유지되고 있고 임직원들은 이를 지키도록 노력할 것임을 강조하고 있다. 전통적인 제조 업체는 물론 실리콘밸리의 다양한 유니콘, 데카콘 기업도 사업이 확장됨에 따라 설립 초기의 비전과 미션을 상실하는 사례가 많은 가운데, 구글의 철학은 기업이 나아가야 할 방향을 명확하게 밝혀 행동 강령이 흔들리지 않도록 하는 구심점이 되고 있다.

1. 사용자에게 초점을 맞추면 나머지는 저절로 따라온다.

구글은 처음부터 최고의 사용자 환경을 제공한다는 데에 초점을 맞췄다. 구글은 새로운 인터넷 브라우저를 개발하든, 홈페이지의 외양을 새롭게 변경하든, 언제나 내부 목표나 수익보다 이러한 작업이 사용자에게 최상의 서비스를 제공할 수 있는가를 가장 먼저 고려한다. 구글 홈페이지의 인터페이스는 간단하고 명료하며 접속 페이지가 즉시 표시된다. 검색 결과의 게재 위치가 판매의 대상이 된 적이 없으며, 광고는 광고라고 확실히 표시될 뿐 아니라 관련성 있는 콘텐츠를 제공하며, 고객의 집중을 분산시키지 않는다. 또한 구글은 새로운 도구와 애플리케이션을 개발할 때 사용자가 부족함을 느끼지 않도록 완벽을 기하고 있다.

2. 한 분야에서 최고가 되는 것이 최선의 방법이다.

구글은 검색 전문 업체다. 검색 문제 해결에 주력하는 세계 최대 규모의 연구원을 보유한 구글은 자사의 강점이 무엇인지, 그리고 이러한 강점을 어떻게 발전시켜 나갈 수 있는지 충분히 인식하고 있다. 어려운 문제를 끊임없이 해결하려 노력하고, 수많은 사용자에게 신속하고 유연한 정보 검색 환경을 제공하고 있는 서비스를 지속적으로 개선하려는 노력도 기울일 수 있었다. 검색 환경을 향상시키고자 노력하는 과정에서 구글은 지메일이나 구글 지도 같은 새로운 제품에 연구 성과를 적용할 수 있었다. 구글은 검색 기능을 새로운 분야로 확장하고 사용자가 일상 생활에서 훨씬 더 많은 정보를 접하고 사용할 수 있게 되길 바란다.

3. 느린 것보다 빠른 것이 낫다.

구글은 시간의 소중함을 알기에 웹에서 정보를 검색할 때 원하는 결과를 곧바로 제공하고자 최선을 다하고 있다. 사용자가 최대한 빨리 사이트를 떠나도록 하는 것이 목표라고 하는 기업은 구글밖에 없을 것이다. 구글은 페이지에서 불필요한 비트와 바이트를 모두 제거해 서비스 환경의 효율성을 높임으로써 검색 속도 기록을 자체적으로 계속 갱신하고 있다. 그 결과 검색 결과에 대한 평균 응답 시간이 1초도 걸리지 않는다. 구글은 모바일 애플리케이션이나 웹에서 빠른 속도를 낼 수 있도록 디자인된 브라우저인 크롬(Chrome) 같은 새로운 제품을 출시할 때마다 속도를 염두에 둔다. 구글은 지금도 더 빠른 서비스를 제공하려고 끊임없이 노력하고 있다.

4. 인터넷은 민주주의가 통하는 세상이다.

구글은 사이트가 가치 있는 콘텐츠를 제공하는지 여부를 판단할 때 수많은 웹사이트 운영자의 의견을 참조한 덕분에 성공을 거두었다. 구글은 웹에서 다른 페이지(투표원)가 어떤 사이트(정보원)를 가장 많이 참조하는지 분석하는 구글의 특허 기술인 페이지랭크(PageRank™) 알고리즘을 비롯해 200가지가 넘는 다양한 신호와 기술을 사용해 모든 웹페이지의 중요도를 평가한다. 웹의 규모가 커지면서 각각의 새로운 사이트가 또 하나의 정보원과 투표원이 되기 때문에 이러한 접근 방식은 더욱 정확해지고 객관성을 갖는다. 같은 맥락에서 구글은 오픈 소스 소프트웨어 개발에 적극적으로 나서고 있으며 이를 통해 많은 프로그래머들이 공동으로 작업함으로써 혁신이 이루어지고 있다.

5. 책상 앞에서만 검색이 가능한 것은 아니다.

전 세계는 점점 더 모바일 환경에 의존하고 있다. 사용자는 언제 어디서나 필요한 정보에 접근하기를 원한다. 구글은 전 세계 모든 사용자가 휴대전화로 쉽게 구글 검색에 접근하고, 이메일과 캘린더 일정을 확인하고, 동영상을 보는 등 원하는 작업을 수행할 수 있도록 새로운 기술을 개발하고 솔루션을 제공하는 데 앞장서고 있다. 또한 구글은 무료 오픈 소스 모바일 플랫폼인 안드로이드(Android)를 통해 모바일 사용자에게 더 뛰어나고 혁신적인 기능을 제공하기 위해 노력하고 있다. 안드로이드는 인터넷의 모태가 된 개방성을 모바일 세계에 선사할 것이다. 안드로이드는 고객이 더 다양하고 혁신적이며 새로운 모바일 세상을 경험하도록 해줄 뿐 아니라 통신 업체나 제조 업체 및 개발자에게도 새로운 수익을 창출하는 기회를 열어 줄 것이다.

6. 부정한 방법을 쓰지 않고도 돈을 벌 수 있다.

구글은 영리를 추구하는 기업이다. 구글은 다른 회사에 검색 기술을 제공하고, 구글 사이트나 웹의 기타 사이트에 게재된 광고 영업을 통해 수익을 창출한다. 전 세계 수많은 광고주가 제품을 홍보하려고 애드워즈를 사용하고 있고, 수많은 사이트 운영자가 애드센스 프로그램을 사용해 자신의 사이트 콘텐츠와 관련된 광고를 게시하고 있다. 구글은 궁극적으로 광고주를 비롯한 모든 사용자에게 서비스를 제공하려 하며 이를 위해 다음과 같이 광고 프로그램과 활동의 기준이 되는 일련의 원칙을 적용하고 있다.

• 구글은 결과 페이지에 관련이 없는 광고가 게재되지 못하도록 하고 있다. 구글은 사용자가 찾는 정보와 관

련 있는 광고만 유용한 정보를 제공할 수 있다고 믿는다. 따라서 검색 결과에 광고가 전혀 포함되지 않는 경우도 발생할 수 있다.

- 구글은 현란하지 않은 광고로도 광고 효과를 충분히 거둘 수 있다고 생각한다. 팝업 광고는 사용자가 콘텐츠를 보는 데 방해가 되기 때문에 허용하지 않는다. 연구에 따르면 사용자와 관련성이 높은 텍스트 광고가 무작위로 표시되는 광고에 비해 클릭률(clickthrough rate)이 훨씬 높은 것으로 나타났다. 광고주는 사업의 규모와 관계 없이 정확하게 타겟팅된 잠재 고객층을 활용할 수 있다.

- 구글에 게재된 광고는 스폰서 링크로 확실히 구분이 가능하기 때문에 검색 결과의 신뢰성을 해치지 않는다. 구글은 검색 결과를 파트너의 게재 순위를 높이는 방식으로 조작하지 않으며 돈을 받고 더 나은 페이지랭크를 팔지 않는다. 사용자는 구글의 객관성을 신뢰할 수 있으며 구글은 단기적인 이익을 얻고자 사용자의 신뢰를 저버리는 행위를 하지 않는다.

7. 세상에는 무한한 정보가 존재한다.

구글이 그 어떤 검색 서비스보다 더 많은 HTML 페이지를 인터넷 검색 색인에 포함하는 데 성공하자 구글의 엔지니어들은 그보다 액세스하기 어려운 정보에 관심을 기울였다. 전화번호나 주소처럼 데이터베이스에 포함하기 간단한 것도 있지만, 때로는 뉴스 자료실이나 특허권, 학술 기사, 수십억 개의 이미지와 수백만 권의 책을 검색할 수 있는 기능을 추가하는 일처럼 같이 좀 더 창의성이 필요한 작업도 있었다. 구글은 지금도 정보를 찾아 헤매는 사람들에게 세상의 모든 정보를 제공하고자 끊임없이 연구하고 있다.

8. 정보의 필요성에는 국경이 없다.

구글은 캘리포니아에서 시작했지만, 전 세계 모든 정보를 모든 언어로 편리하게 이용할 수 있도록 한다는 목표를 갖고 있다. 이를 위해 60개국 이상에 지사를 두고 180개 이상의 인터넷 도메인을 관리하고 있으며, 검색의 절반 이상이 미국 이외 지역의 사용자에 의해 이루어지고 있다. 구글은 검색 인터페이스를 130개가 넘는 언어로 제공하고 있으며, 본인의 언어로 기록된 콘텐츠로만 검색을 제한하는 기능을 제공할 뿐 아니라 가급적 많은 언어에서 사용할 수 있는 형식으로 애플리케이션과 제품을 제공하고자 노력하고 있다. 구글의 번역 도구를 활용하면 지구 반대편에 있는 전혀 알 수 없는 언어로 기록된 콘텐츠도 검색할 수 있다. 이러한 도구와 자원 번역가의 도움으로 구글은 지구 저편 멀리 떨어진 지역에 이르기까지 서비스를 제공하고 품질을 개선할 수 있었다.

9. 정장을 입지 않아도 업무를 훌륭히 수행할 수 있다.

구글 창립자들은 일은 도전적이어야 하며 그 도전은 즐거워야 한다는 생각을 바탕으로 구글을 창립했다. 구글은 뛰어나고 창조적인 성과는 올바른 기업 문화 안에서 더 잘 이루어진다고 생각한다. 단순히 라바 램프나 짐볼이 연상되는 좋은 근무 환경만을 말하는 것이 아니다. 회사의 성공에 기여하는 팀의 성과와 개개인의 성취감을 중요하게 여긴다. 구글은 독창적인 방식으로 일과 삶에 다가가며, 다양한 분야의 경험을 갖춘 열정적이고 활기에 찬 직원을 매우 소중하게 여긴다. 사내 분위기가 여유로워 보이지만 일단 새로운 아이디어가 카페, 팀 회의 체육관에서 제시되면 빠른 속도로 교환, 테스트되고 실행에 옮긴다. 그리고 이런 과정이 전 세계를 대상으로 하는 새로운 프로젝트의 시작이 될 수도 있다.

10. 위대하다는 것에 만족할 수 없다.

구글에게 최고란 끝이 아니라 시작을 의미한다. 구글은 아직 도달할 수 없는 것을 목표로 삼는다. 그 목표에 도달하고자 노력할 때 기대보다 더 많은 것을 얻을 수 있다는 사실을 알고 있기 때문이다. 혁신과 반복을 통해, 구글은 성공적인 서비스라도 예상치 못한 방법으로 개선하고자 한다. 예를 들어, 정확한 철자를 입력했을 때 검색기능이 잘 작동하는 것을 보고 한 엔지니어는 오타를 입력한 경우에는 어떻게 처리해야 하는가를 연구했다. 그리고 이를 통해 직관적이면서도 더 유용한 맞춤법 검사기능을 개발했다.

비록 사용자가 자신이 무엇을 찾고 있는지 정확하게 알지 못한다 해도, 웹에서 답을 찾는 일은 구글이 해결해야 할 문제이지 사용자의 문제가 아니다. 구글은 아직 사용자가 명확하게 표현할 수 없는 요구조차 미리 파악해 이를 해결하고, 새로운 표준을 제시할 제품과 서비스를 제공하고자 노력하고 있다. 지메일을 출시할 당시 다른 어떤 이메일 서비스보다 더 큰 저장 용량을 제공했다. 지금 보면 당연해 보이지만, 그것은 구글이 이메일 저장 용량에 대한 새로운 표준을 제시했기 때문이다. 그러한 것들이 구글이 바라는 변화이며 구글은 언제나 변화를 이끌어 낼 수 있는 새로운 분야를 추구할 것이다. 결국 구글이 만족하지 못하는 부분들이 구글이 끊임없이 시도하는 모든 작업의 원동력이 된다.

구글이 투자자들에게 보내는 편지

구글은 언제나 기업 설립 당시의 초심을 지키는 일관된 기업 이미지를 형성하려 노력해왔다. 특히 2004년 IPO를 준비하면서 투자자에게 보낸 편지는 실리콘밸리의 차세대 유니콘 기업과 스타트업에게 교과서와 같은 바이블이 되었으며, 기업가 정신, 부트캠프를 운영하는 미국 내 각종 교육기관에서도 커리큘럼의 소재로 활용되고 있다. 또한 구글은 매년 투자자에게 직접 편지를 보내 기업의 경영 성과, 비전, 일하는 방식과 다양성을 설명하고 있다. 이는 끝까지 초심을 지키고자 하는 구글의 집요한 집착이며 노력이다. 아래는 창업자 중 래리 페이지가 보낸 것이다.

구글은 전통적인 회사가 아닙니다 또한 그렇게 만들 생각조차 없습니다. 지금까지 개인 소유의 기업으로 발전해오며 우리는 구글을 다른 방식으로 경영했습니다. 또한 창의성과 도전의 분위기를 강조해 왔습니다. 이는 전 세계 구글 사용자가 무료로 편견 없는 정확한 정보에 접근할 수 있도록 지원하는 일의 기반이 됐습니다. 이제 구글은 기업 공개를 앞두고 있습니다. 이러한 변화는 구글의 직원, 현재와 미래의 예상 주주, 고객 특히 구글 사용자에게 큰 이익을 제공하게 될 것입니다. 그러나 기업 공개의 표준적인 구조로 인해 지금까지 구글을 성공적으로 이끌었으며 미래에도 지켜야 할 가장 중요한 원칙이라고 확신하는 객관성과 독립성이 흔들릴 수 있다는 우려가 제기되고 있습니다. 이에 따라 구글은 자체 혁신 역량을 보호하고 가장 차별화된 특성을 유지하기 위한 기업 구조를 확립했습니다. 이것은 장기적으로 구글과 주주들에게 최대의 경제적 이익을 줄 것으로 확신합니다.

저희는 모든 주제에 대한 정보를 즉시 보여주는 세계적인 서비스를 탁월하게 제공할 수 있으리라는 신념으로 구글을 창립했습니다. 최종 사용자에 대한 지원은 구글의 핵심이며 최우선 순위의 과제입니다. 구글의 목표는 가능한 많은 사람이 중요한 일을 해결할 수 있도록 도움으로써 생활의 질을 향상시킬 수 있는 서비스를 제공하는 것입니다. 구글은 모든 서비스를 무료로 제공하며 97개 이상의 언어를 지원함으로써 가능한 널리 구글의 서비스를 보급하는 데 주력하고 있습니다. 광고는 구글 이익의 주요 원천이지만 구글은 방해되고 성가신 광고보다 정보와 관련 있고 의미 있는 광고를 제공합니다. 상장 이전의 구글은 장기적인 측면에 주력했고 이는 구글에 큰 도움이 됐습니다. 상장 기업으로서 구글은 이 원칙에 변함이 없을 것입니다. 많은 기업이 외부의 압력에 굴복해서 분기별 시장 기대치에 맞추느라 장기 기회를 희생시키고 있습니다. 이러한 압력은 분기 실적을 위해 회계 결과를 조작하는 원인이 되기도 합니다. 워렌 버핏은 '우리는 분기 및 연간 실적을 순조롭게 보이도록 만들지 않을 것이다. 만약 본사에서 높은 수익을 기록한다면 주주 여러분께도 마찬가지가 될 것'이라고 약속했습니다. 만약 구글에 단기적 결과를 희생시켜 주주에게 최고의 장기적 이익을 발생시키는 기회가 있다면 구글은 기꺼이 그러한 기회를 선택할 것이다. 주주께서 장기적 안목을 가지시기를 부탁 드립니다.

구글의 비즈니스 환경은 급속히 변화하고 있으며 장기적인 투자를 필요로 합니다. 저희는 장래성이 유망한 새로운 기회에 큰 투자를 하는 데 주저하지 않을 것입니다. 구글은 단기 수익 압력 때문에 큰 위험을 안고 있지만 큰 보상을 기대할 수 있는 프로젝트를 피하지 않을 것입니다. 구글은 큰 위험이 있지만 큰 보상이 기대되는 프로젝트를 장기적 성공의 열쇠로 생각하기 때문에 지속적으로 이러한 프로젝트를 수행해 나갈 것입니다. 예를 들면 장기간에 걸쳐 10퍼센트의 수익을 기대할 수 있는 프로젝트에 10억 달러를 투자할 것입니다. 이런 정신에 입각해서 위험하고 심지어 이상해 보이는 분야에도 투자할 경우가 있을 터이니 놀라지 마시기 바랍니다. 저희는 직원들에게 정해진 프로젝트 외에 구글에 크게 도움이 될 아이디어를 자유롭게 생각하는 데 업무 시간의 20퍼센트를 투자하도록 권장하고 있습니다. 이는 직원들의 창조적이고 혁신적인 능력을 강화해 줄 것입니다. 구글 발전의 상당 부분이 이 제도를 통해 이루어졌습니다. 에드센스나 구글 뉴스 아이디어도 그 20퍼센트의 시간에서 나왔습니다.

구글의 최고 경영자는 3명입니다. 세르게이와 저는 지난 8년간 함께 일해 왔으며, 그중 5년은 구글에서 함께 했습니다. CEO인 에릭은 3년 전 구글에 합류했습니다. 나와 세르게이 그리고 에릭은 회사의 대표로서 서로 협력하며 구글을 운영하고 있습니다. 회사의 경영 체제는 관습에 따르지 않고 자유롭지만 저희는 성공적으로 회사를 운영해 오고 있습니다. 신속한 의사결정을 위해 에릭, 세르게이 그리고 래리는 매일 함께 만나 비즈니스에 대한 최신 정보를 상호 교환해서 업데이트하고, 가장 중요하고 시급한 사안에 대한 공동의 견해를 도출하는 데 주력하고 있습니다. 대개 저희 중 한 사람이 의사결정을 내린 다음 다른 두 사람은 브리핑을 받습니다. 이는 저희가 서로에 대한 확고한 신뢰와 존경을 가지고 있으며, 대개 비슷한 생각을 갖고 있기 때문에 가능합니다. 서로 의견이 일치하지 않을 때는 올바른 의사결정이 내려지지 않는다는 것을 알고 있습니다. 중요한 사안은 보다 많은 사람이 참여하는 팀과 논의합니다. 에릭, 세르게이 그리고 저는 큰 내부 갈등 없이 건전한 토론을 통해 회사를 운영해 왔습니다. 새로운 주제가 제기되면, 저희 중 한 사람에게 의사결정 책임을 위임합니다.

에릭은 CEO로서 법적 책임을 지고 있으며, 부사장과 영업 조직을 관할하는 업무를 담당하고 있습니다. 세르게이는 엔지니어링과 기업 간 거래를 담당하고 있습니다. 저는 엔지니어링과 제품 관리를 담당하고 있습니다. 저희 셋 모두는 회사의 전반적 경영과 기타 변화하는 요구에 상당한 시간을 할애하고 있습니다. 세르게이와 저의 경영을 돕고자 보다 풍부한 경험이 있는 에릭을 고용했습니다. 에릭은 썬마이크로시스템즈의 CTO였습니다. 그는 또한 노벨의 CEO를 역임했으며, 컴퓨터 과학 분야의 박사학위를 보유하고 있고, 구글의 과학적, 기술적 문화에 부합하는 비범하고 중요한 협력자입니다. 저희 세 사람 사이의 파트너십은 매우 잘 이루어지고 있으며, 앞으로도 계속될 것으로 자신하고 있습니다. 저희 세 사람의 공동 의사결정과 시너지 효과는 구글에 상당한 이익이 되고 있습니다. 구글을 창업했을 때 저희는 구글의 현재 규모와 영향력을 희망했지만 가능할 것이라는 확신은 없었습니다. 앞으로도 변하지 않을 구글의 최고 관심사는 사람들이 효과적으로 정보를 찾을 수 있도록 객관적으로 지원한다는 점입니다. 또한 구글은 전 세계의 모든 정보를 검색하고 체계화하는 일은 신뢰할 수 있고 공익에 깊은 관심을 갖고 있는 기업이 수행해야 하는 중요한 과제라고 생각합니다. 구글이 제 기능을 수행하는 사회는 공평하게 무료로 풍부한 고급 정보에 접근할 수 있어야 한다고 믿습니다. 구글은 이러한 책임을 이행하는 것이 구글 주주의 이익을 증가시키는 것이라고 믿습니다.

기업이 원하는 인재상, 핵심 인재 운영 프로세스

파레토 법칙, 롱테일 법칙

삼성의 이건희 회장은 좋은 인재 한 명이 10만 명을 먹여살릴 수 있다고 이야기했다. 마이크로소프트의 빌 게이츠 역시 핵심 인재 30명이 없었다면 오늘날의 마이크로소프트도 없었다며 인재의 중요성을 강조했다. 그래서 취업 준비생, 현재 실무를 담당하는 직장인에게도 회사가 원하는 인재상을 파악하고 그에 알맞게 민첩하게 대비하는 역량이 필요하다는 것이다. 삼성의 경영 이념을 살펴보면 '인재와 기술을 바탕으로 최고의 제품과 서비스를 창출해 인류사회에 공헌한다'고 정의되어 있다. 핵심 가치에서도 인재 제일을 첫 가치로 표방하며 '기업은 사람이다'라는 신념을 바탕으로 인재를 소중히 여기고 마음껏 능력을 발휘할 수 있는 기회의 장을 만든다고 언급하고 있다.

기업이 원하는 인재를 이야기할 때 항상 따라다니는 두 가지 법칙이 있다. 파레토 법칙과 롱테일 법칙이다. 기업 경영에서의 파레토 법칙은 상위 20퍼센트의 인재가 기업 성과의 80퍼센트를 창출한다는 법칙이다. 파레토 법칙은 다양하게 적용될 수 있다. 전체 결과의 80퍼센트는 20퍼센트의 원인에 의해 발생하며, 상위 20퍼센트가 전체 생산성의 80퍼센트를 수행한다는 원리, 기업 성과의 80퍼센트는 전체 임직원 중 상위 20퍼센트가 하는 업무이며, 20퍼센트의 주요 문제점을 해결하면 나머지 80퍼센트의 문제는 자연히 해결된다는 원리, 전체 매출의 80퍼센트는 구매력을 갖춘 상위 20퍼센트의 고객에 의해 발생된다는 원칙 등이 파레토 법칙의 사례다. 이에 반해 롱테일 법칙은 80퍼센트의 평범한 다수가 20퍼센트의 핵심 소수보다 더 뛰어난 가치를 창출한다는 법칙이다. 80퍼센트의 평범한 다수가 20퍼센트의 핵심 소수보다 더욱 뛰어난 가치를 창출하며, 아마존의 비인기 도서, 희귀본 도서가 전체 서점 매출 비중의 절반을 넘어선다는 사례, 인터넷 포털의 주요 검색 키워드 매출 수입원은 소기업, 자영업자의 광고라는 사례 등이 롱테일 법칙을 입증한다.

기업이 원하는 인재상의 변화

최근 잡코리아와 알바몬에서 국내 대기업이 원하는 인재상의 공통 키워드를 조사해 발표했다. 조사 결과의 핵심은 시대에 따라서 기업이 원하는 인재상도 달라진다는 것이다. 결론적으로는 과거보다 더욱 도전 정신과 창의성, 혁신을 강조한다는 점이다. 하지만 이 부분에서 많은 취업 준비생과 직장인들이 간과하는 것이 있다. 국제 감각, 글로벌 경쟁력은 여전히 중요하고 유효하다는 사실이다. 근무하는 직장의 경쟁사는 과연 국내에만 있을까? 고객은 국내 고객으로만 한정돼 있을까? 만드는 제품의 핵심 부품은 대부분 어느 나라에서 소싱(Sourcing)을 할까? 국내 시장, 국내 고객만 바라보며 사업을 수행하는 시대는 이미 지나갔다. 영업, 마케팅, 연구개발, 모든 분야가 이제 국가 간의 경계도 사라진 치열한 싸움터가 되고 있다. 국제 감각, 글로벌 경쟁력은 이젠 표면적으로 말하지 않아도 갖추어야 할 기본 덕목이 된 것이다.

어려운 입사 시험과 실무 면접, 임원 면접 등을 거쳐 입사했다 하더라도 실제로 인재가 되기 위한 노력은 지금부터 시작이다. 회사는 성공적으로 입사한 이상, 회사가 요구하는 인재상이 잠재해 있다고 여기기 때문이다. 기업은 취업 준비생이 모든 키워드를 갖춘 인재인지 확인하는 것이 아니라 갖출 수 있는 가능성과 잠재적 역량이 있는지 확인한다. 실제로 회사 생활을 하면서 스스로 기업의 인재상을 자신의 역량으로 만들고 표현을 해야 하는 것이다.

삼성은 삼성피플웨이(Samsung People Way)라고 이름을 붙여 신인재상을 표방한 적이 있다. 핵심은 열정과 몰입, 학습과 창의, 소통과 협업하는 인재이다. 그리고 이를 위한 역량으로 열정(Passion), 전문성(Professional), 헌신(Commitment), 배움(Learning), 창의(Creativity), 문제해결(Problem-Solving), 소통(Communication), 개방성(Openness), 협력(Collaboration)을 제시했다. 현재 삼성전자의 채용 사이트에 소개된 삼성전자의

삼성피플웨이와 삼성피플 비교

인재상은 열정, 창의혁신, 인간미, 도덕성이다.

시대가 변화하고 바뀌어 삼성의 인재상도 조금씩 바뀐 것이다. 하지만 여전히 공통된 키워드가 존재한다. 열정, 창의, 인간미와 도덕성은 시대를 관통하는 키워드다. LG는 인재상을 'LG웨이에 대한 신념과 실행력을 겸비한 사람'이라고 정의하고 있다. 꿈과 열정, 세계 최고에 도전, 고객 최우선, 혁신, 팀워크, 자율, 창의, 일하는 사람, 실력 배양, 정정 당당 경쟁 등의 키워드를 사용하고 있다. 삼성과 LG전자를 비교해보면 같으면서도 다른 부분을 찾을 수 있다. 키워드를 뽑아 보면 꿈, 열정, 도전 등이 있다. 혁신, 팀워크, 자율, 창의 역시 삼성과 같은 키워드다. 꾸준한 실력 배양은 삼성에서 학습과 창의로 표현했다. 정정당당은 삼성의 인간미, 도덕성과 유사하다. 삼성에서는 표현되지 않은 LG만의 키워드로 '경쟁하는 사람'이라는 표현이 있다. 기업이 원하는 인재상은 기업의 특성을 나타낸다.

인사평가

기업은 인재상을 표방하고 그에 맞는지 반드시 평가해야 한다. 인사평가 시즌이라는 이야기를 들어 보았을 것이다. 아직 인사평가의 대상이 아닌 새내기 직원도 조만간 수습 기간을 거친 후에 이를 경험하게 된다. 일반적으로 분기, 반기 혹은 연간으로 평가가 진행된다. 그 평가 결과가 결국은 회사가 바라보는 인재상에 대한 평가 결과다. 인사평가는 PE(Personal Evaluation)라고 불리며, 구성원의 능력 및 업적을 전반적으로 보는 고과 평가로서 인적 자원의 확보, 배치, 감독, 보상 및 질적 향상 등 다양한 목적하에 이루어진다. 각 개인의 능력, 공헌도, 실적, 인간 관계 등 다양한 가치를 복합적으로 고려해 평가하며, 경영상 인적 자본의 중요성이 커지면서 인사평가에 대한 중요성도 함께 커지고 있다. 국내에서는 고과 평가라는 명칭으로 통용되고 있으며, 보상을 결정하는 업적 고과와 승진 및 배치를 결정하는 능력 고과로 구분된다. 또한 평가 주체도 과거에는 상급자가 하급자를 평가하는 방식이 일반적이었으나, 최근에는 이러한 방식에 동료 상호간, 하급자에 의한 상급자 평가를 병행하는 360도 다면평가 방식이 일반적으로 적용되고 있다.

평가 대상자는 특정 기간마다 회사가 어떤 항목과 기준으로 평가하는지를 주목해야 한다. 삼성하면 떠오르는 표현은 바로 '관리의 삼성'이라는 문구다. 이는 목표 관리를 가장 체계적으로 만들고 실행하고 점검하는 삼성의 업무 스타일을 단적으로 표현한 말이다. 삼성의 목표 관리 시스템은 세계적인 기업과 비교해도 손색이 없다. 일반적으로 평가는 MBO(Management by Objective), 즉 목표 관리 제도를 기준으로 시행된다. MBO는 계층적으로 기업, 사업 부문, 사업부, 조직, 개인에게 할당되는 목표를 성취한 정도를 평가하는 방법이다. 사전에 목표를 제시하고 목표에 합의했다면 일정 기간이 지난 후 목표에 대한 성과를 측정해 실적 평가를 하는 것이다. MBO는 1950년대 말 피터 드러커가 완성했다. MBO는 개인, 그룹 및 조직별로 특정 기간 동안의 목표를 설정하고, 기간이 종료되는 시점에 목표 달성도를 평가하는 제도다. 특히 개별적으로 무엇을 달성할 것인가를 명확히 인지하고, 일정 기간(통상적으로 반년이나 1년)에 얼마만큼의 실적을 달성했는가를 구체적인 수치로 판정할 수 있다는 점에서 성과를 중시하는 인사 제도의 핵심 관리 기법이라고 할 수 있다. 일선 부서에는 영업 실적이나 개발 성과 등 전사에서 하달된 목표에 맞게 임직원 개개인이 수립할 목표를 설정하고, 난이도와 달성도를 감안해 등급을 나누거나 포인트를 부가하는 방식으로 평가하며, 이를 개인 성과로서 급여나 상여, 진급과 보상에 반영한다.

회사 생활이라는 것은 목표를 설정하고 그것을 어떻게 이뤘는지, 얼마나 이뤘는지를 평가받는 것이다. 삼성전자에서 발표한 자료에 의하면, 성과주의를 기반으로 최고의 실적이 있는 곳에 최고의 성과를 지급한다. 결국 가장 중요한 것은 성과다. 실적은 목표를 얼마나 달성했는가를 평가하는 것이다. 따라서, 기업은 MBO를 통해 회사가 지향하는 목표를 모든 구성원들에게 탑다운(Top Down) 방식으로 명확하게 전달해 구성원이 목표를 숙지하도록 하고 조직과 유기적으로 협력하도록 해야 한다. 삼성이나 LG같은 대기업에서는 전사 차원의 전

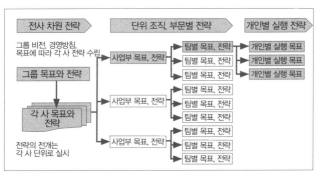

삼성그룹 목표 관리 MBO 프로세스

략을 먼저 수립해 그룹의 비전, 경영 방침을 설정한다.

비즈니스 시스템에서 '전사'의 역할이 바로 그룹 비전, 경영 방침 수립이며, 목표에 따라서 그룹 목표와 전략을 먼저 수립한다. 즉, 전사 차원의 전략을 수립하는 것이다. 그리고 하부 각사의 목표와 전략이 수립된다. 물론 전략의 전개는 각사 단위로 실시한다. 각사 전략이 수립되면 다시 각사의 하부 조직인 사업부의 목표와 전략이 수립되는 것이다. 사업부는 다시 여러 팀이 모여 있는 것이니 팀별로 목표와 전략이 만들어진다. 팀 안에는 각각의 구성원이 있다. 그래서 개인별 실행 목표가 수립된다. 일반적으로 각 기업마다 10월경에 다음 연도의 전략과 목표를 정하는데 흔히 경영전략 수립이라고 일컫는 과정이다. 중요한 것은 기업의 경영 목표가 정해지면 바로 각사의 경영 방침에 반영되고, 본부, 사업부, 팀장의 목표에 반영되고, 결국 일선 직원들에게 KPI(Key Performance Indicator, 핵심성과지표)가 된다는 것이다.

"기업이 원하는 인재란 어떤 사람일까?"라는 질문에 대한 답을 찾으려면 사전에 파악해야 할 사항이 있다. 기업에 입사한 이상 결국 인재란 목표에 대한 성과와 실적을 창출하는 사람임을 알아야 한다. 기업은 모든 조직 구성원에 대한 성과와 실적을 평가해야 하며, 이 과정을 거쳐 핵심 인재와 범용 인재를 구별해 내는 것이다. 기업이 임직원을 평가하는 시스템을 알아보는 것도 중요하다. GE의 평가 정책은 미국은 물론 국내의 기업이 참고해 평가 시스템을 만드는 표본이 됐다. GE의 평가 방식은 9분면(9 Block Matrix) 방식이다. 가로축과 세로축을 각각 리더십과 성과로 구분한다. 리더십과 성과를 각각 고, 중, 저 단계의 3단계 레벨로 분류하면 총 9가지 평가 등급이 만들어진다. 이를 통해 최고의 리더십과 성과를 보이는 인력에게 승진과 역할 확대의 기회를 제공하며, 가장 낮은 성과와 리더십을 보인 인력은 퇴출하는 구조다. 또한 리더십이 보통이고 성과가 낮은 인력, 성과는 보통이나 리더십이 낮은 인력은 '주의가 필요한(At Risk)' 인력이다. 문제는 조직의 리더가 주의가 필요한 인력을 관리하는 데 너무 많은 시간을 할애하고 있다는 점이다. 최근에는 이러한 주의가 필요한 인력의 성과 향상보다 코칭이 필요한 블록에 해당하는 인력을 집중 관리해 고성과자를 육성하는 방식이 주목받고 있다.

시대가 변하면서 이러한 평가 시스템도 수정이 필요하게 됐다. 과거에는 1년에 1회 평가를 진행하고, 평가결과도 상위 10퍼센트를 두뇌집단, 중간 70퍼센트를 중간집단, 하위 10퍼센트를 꼬리집단이라고 구분해 두뇌집단은 회사 차원에서 적극적으로 지원하며, 중간집단은 참여를 유도하는 다양한 프

		LEADERSHIP VALUES	
	高	中	低
高	승진/역할 확대	Value 코치	Value Change 교육
中	Performance 코치	성과 + 가치 코치	주의 필요 (At Risk)
低	Performance 향상 요구	주의 필요 (At Risk)	퇴출

GE의 9분면 방식

로그램을 적용하고, 하위 10퍼센트인 꼬리집단은 정리 해고해 퇴출 단계를 밟았다. 평가 방법 역시 연말에 목표를 설정하고 1년의 과정을 거쳐 다음 해 연초에 평가해왔다. 하지만 연중 상시 평가 체제를 도입하고 개인별로 절대 평가를 적용하게 됐다. 4차 산업혁명과 과학기술의 발달로 기업 활동에 대한 불확실성이 더욱 증대되어, 이제는 1년 단위의 전략 수립과 목표 설정, 실행 과정으로는 불확실성에 민첩하게 대응하기 어렵기 때문이다. 이에 따라 상황의 변화를 감지하고 적절한 시기에 새로운 목표를 상시 수립하며 이에 대한 성과 점검, 성과 평가를 수행한다. 평가 채널 또한 서면, 면담, 앱 및 온라인 시스템 등 다양해졌다.

최근의 평가 시스템은 상시 성과 관리(CPM, Continuous Performance Management)로 진행한다. 기업 환경이 급변하고 그에 따라 시장과 고객이 변하기 때문에 기업의 전략 목표는 변화하고 바뀔 수 있는 유기체적 성격을 띠게 되었고, 목표를 수행하는 구성원의 목표도 동적으로 변동돼야 했다. 이러한 취지로 상시 성과 관리가 도입된 것이다. 상시 성과 관리는 구성원을 절대평가하고 언제나 피드백을 제공할 수 있다. 즉, 처음에 목표를 설정하고 진행하다가 중간에 상황을 지속적으로 점검하면서 개선점을 제시하고 또 새로운 목표를 설정하도록 가이드한다. 구성원 평가도 실시간으로 진행된다. 기존의 성과 평가에 비해 상시 성과 관리는 상대평가를 지양하고 절대평가로 수정했으며, 보상과 배분에 초점을 맞춘 평가 방식에서 임직원 개개인의 성과 향상에 초점을 맞춘 제도로 변화했다고 할 수 있다. 삼성 역시 MBO를 기반으로 평가를 진행한다. 삼성의 평가 방식에서 주요하게 살펴볼 부분은 집단 목표 관리와 개인 목표 관리를 모두 평가 체계에 활용한다는 점이다. 집단 목표 관리는 집단 평가를 받고, 개인 목표 관리는 개인 평가로 이루어진다. 집단 평가를 다시 세부적으로 분류하면 회사 경영 평가, 임원 KPI 평가, 임원이 이끄는 조직에 대한 평가로 나뉘며, 개인은 개인 평가를 받는다.

집단 평가는 개인이 속한 팀, 사업부, 사업 본부가 대상이다. 개인이 속한 조직이 집단 평가에서 우수한 성과를 냈다면 목표 인센티브인 PI를 제공한다. 삼성은 개인 평가에서 업적과 역량, 두 측면을 함께 평가한다. 개인의 목표 관리 부분은 업적 평가를 받고, 핵심 역량 수준 및 기업의 핵심 가치에 대한 실천 정도는 역량 평가로 평가받는 것이다. 이렇게 평가된

삼성 그룹 평가 체계

구분	회사 경영 평가	임원 KPI 평가	조직 평가	개인 평가
주목적	각사 경영실적 평가	임원 실적 평가	본부, 팀 단위 평가	개인 업적 평가
평가 내용	각사 KPI 균형 성과 지표 관점 달성 지표 평가	각사 KPI→임원 KPI (각사 대표이사 승인)	연초 설정된 조직 목표 달성 지표에 따른 본부, 팀 단위 평가	연초 설정된 개인 목표 달성 지표에 따른 개인별 업적
등급/ 평가 방식	3단계 A, B, C 절대평가 임원 KPI 평가의 배분율 결정	4단계 상대평가 경영 평가에 따라 배분율 연동	4단계 운영 절대 평가	4단계 운영 본부 단위 직급별 상대 평가
주기	연 2회 (상, 하반기)	연 2회 (상, 하반기)	연 2회 (상, 하반기)	연 2회 (상, 하반기)
평가자	운영 위원회 심의, 결정	각사 대표이사	각사 대표이사	1차(팀장)→2차 (임원) 고과자

결과는 연봉, 승격, 교육, 전배 등에 활용된다.

삼성의 집단 평가는 회사 평가와 사업부 평가로 구분한다. 회사 평가의 목적은 전사의 경영 성과와 경쟁력 향상이며, 사업부 평가의 목적은 사업부의 경영 성과와 목표 달성 촉진이다. 회사 평가의 평가 항목은 수익성, 성장성, 경쟁력, 주당 수익률, 사회적 지표다. 사업부 평가의 평가 항목은 좀 더 구체적이다. 회사 평가 항목별 사업부의 MBO를 평가하고, 경쟁력 평가 시에는 사업부의 전략 목표를 반영해 핵심 인력 확보, 경쟁력 강화 항목 등을 평가한다. 삼성은 PI에 회사 평가 50퍼센트, 사업부 평가 50퍼센트를 더해 반영한다. 그래서 임직원에게 상·하반기에 PI를 지급하는 근거가 된다.

개인 목표 관리는 개개인을 직접 평가하는 방식이다. 기업

삼성의 평가제도, 집단평가 – 회사 평가 vs. 사업부 평가

구분	회사 평가	사업부 평가
목적	• 전사 경영성과와 경쟁력 향상	• 사업부의 경영성과와 목표달성 촉진
평가 항목	• 수익성 • 성장성 • 주당 수익률(회사 평가만 반영) • 사회적 지표	• 회사 평가 항목별 사업부 MBO 평가 • 경쟁력 평가 시 사업부 전략 목표 반영(핵심인력 확보, 경쟁력 강화 등)
평가 방법	• 회사의 경영 목표 대비 성과 정도를 평가 • 연 2회 평가(6월 : 중간평가, 12월 : 연간평가) • 등급 : A, B, C(절대 평가)	• 사업부의 경영 목표 대비 성과 달성도를 평가 • 연 2회 평가(6월 : 중간평가, 12월 : 연간평가) • 등급 : A, B, C, D(절대 평가)
결과 활용	• 목표 인센티브(PI) : 회사 평가 50% + 사업부 평가 50% 반영	

은 개인을 평가할 때 업적 평가와 역량 평가로 구분한다. 업적 평가는 개인에게 부여된 목표를 얼마나 우수하게 실행했는가를 판단하는 것이다. 앞에서 삼성의 MBO 프로세스를 살펴보았고, 전사 목표가 각사로 전달되고, 사업본부, 사업부, 팀으로 내려옴을 확인했다. 바로 그 목표가 구성원에게 개별적으로 부여되고, 개인이 그 목표를 실행한 정도를 판단하는 것이다. 구성원 개개인을 평가할 때는 또 하나의 요소인 역량 평가를 진행한다. 역량 평가는 구성원 각자의 핵심 역량 수준과 기업이 추구하는 핵심 가치를 어느 정도 실천했는지 판단하는 것이다. 평가 방법은 직군별, 계층별 핵심 역량을 평가 항목으로 제시하고 구체적 행동 특성을 평가 항목별 평가 기준으로 제시한다. 개인 평가에서 업적 고과의 목적은 연봉 및 승격을 결정하기 위함이며, 평가 항목은 결국 성과다.

삼성 평가제도 , 개인평가 – 업적고과 vs 역량고과

구분	업적 고과	역량 고과
목적	• 연봉 및 승격 결정	• 승진, 승격 및 Succession Plan
평가 항목	• Performance	• Competency(역량)
평가 방식	• 상대 평가 (Ex, VG, G, NI, US 5단계)	• 상대 평가 (EX, VG, G, NI, US 5단계)
평가 방법	• MBO 방식 (선 목표결정, 후 평가) • 회사 전략과 연계된 KPI를 평가 항목으로 반영 • Cascading 방식으로 목표 설정	• 직군별/계층별 핵심 역량을 평가 항목으로 제시 • 구체적 행동 특성을 평가항목 별 평가 기준으로 제시 • 차별화된 역량 고과표 활용
평가자	• 본인 및 상사 평가	• 보인 및 상사 평가

결국 개인 인사 고과는 성과 관리라는 차원으로 변화돼 왔는데 성과를 굳이 나누면 양적 목표 중심의 업적 평가와 개인 능력 중심의 역량 평가로 구분한다는 것이다. 전문 역량 평가는 부서별로 다르게 항목을 설정하는데 전문 역량이 높다 하더라도 공통 역량이나 리더십 역량에서 말하는 협조성과 팀워크가 떨어지면 좋은 평가를 받을 수 없다. 이런 평가 후에 구성원은 평가에 따른 보상을 받는다. 보상은 금전적, 비금전적 보상으로 구성되는데, 결국 보상을 많이 받은 임직원이 기업이 원하는 인재라고 할 수 있다.

　　삼성은 표준 역량 모델을 활용하고 있다. 삼성 표준 역량 모델은 회사의 경영 철학과 핵심 가치를 중심으로 하는 경영 리더의 필수 역량이라고 정의할 수 있다. 경영 철학과 핵심 가치를 중심으로 ①기본 역량 ②직무 역량 ③리더십 역량을 요구한다. 기본 역량에는 하위 요소로서 인간미 · 도덕성, 창의, 열정, 소통, 협업, 글로벌 지향이 있다. 직무 역량은 전문성이며, 리더십 역량은 성과 관리와 조직 관리라고 정의할 수 있다. 결국 이러한 요인이 역량 평가의 기본 요소가 되는 것이다. 여기서 기본 역량이란 이미 입사하면서 기업의 인재상을 파악할 때 확인한 부분이다. 기본 역량은 경영 철학과 공유 가치를 실천하기 위해 전 임직원이 갖춰야 할 공통 역량이다. 직무 역량은 실제 직무를 수행하는 데 필요한 직무 지식과 기술, 경험을 이야기한다. 마지막으로 리더십 역량이다. 조직을 공식, 비공식으로 관리하는 리더 계층에 요구되는 역량이다.

평가 결과의 활용

평가 결과를 활용하고자 업적 평가와 역량 평가를 각 A, B, C 3개의 등급으로 구분한 3×3 매트릭스를 만든다. 고과를 부여하는 시기에 업적 평가와 역량 평가의 등급으로 승진 여부를 가늠할 수 있다. 가령 업적 평가 A, 역량 평가 A라면 기본적으로 승진 내싱이다. 승진 고려 대상은 업적 평가와 역량 평가 중 하나는 A이고 다른 하나는 B 이상이 돼야 한다. 업직 평가와 역량 평가가 모두 B 이하라면 관찰 대상이거나 성과 향상 혹은 역량 개발을 요구한다. 평가 항목에서 C 등급을 받은 임원이나 부서장은 퇴임을 고려해야 하는 상황이다. 일반 직원이 평가 점수 C를 받았다고 퇴직을 강요하지는 않는다.

또 결과는 금전적인 보상과 비금전적 보상의 근거가 된다. 금전적인 보상으로는 기본 연봉과 인센티브 제도가 있고, 비금전적 보상으로는 승진, 승격, 신규 업무 위촉, 교육 기회가 있고, 평가 결과가 최하위 등급이라면 퇴직, 전배, 순환 교육 등이 있다.

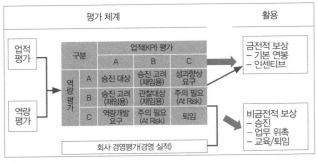

삼성 평가 결과의 활용

임원을 바라보는 고참 부장, 수석급의 직장인이 아니라면, 개인을 최종 평가하는 주체는 결국 부서의 부서장, 임원일 것이다. 결국은 아무리 좋은 평가 제도가 있다 하더라도, 개인에 대한 고과는 직속 상사와 임원이 평가하는 것이다. 최종고과를 부여하는 임원의 성향에 따라 평가 결과도 제각각이 될 수 있다. 아직도 현업에는 입사한 후 2~3년이 된 직원에게 일방적으로 평가 결과 C를 부여하고, 기존 직원에게 높은 고과 점수를 부여해, 승진 연한을 채운 직원부터 신경 써주는 임원이 있다. 임원이 담당하는 사업부나 사업팀 전체 인력을 대상으로 일정 비율로 고과를 할당하라고 지침이 내려오기 때문이다. 평가 점수 A는 임원이 담당하는 전체 인력의 5~10퍼센트, B는 10~20퍼센트, 이외에는 모두 C 등급으로 할당하라는 것이다. 임원의 처세술도 한몫을 한다. 올해에는 특정 팀을 밀어주고, 다음 해에는 다른 팀에게 고과를 밀어주는 방식이다.

이러한 이유 때문에 신입 사원은 초반 2~3년 동안 좋은 고과를 받기 어렵다. 그러다 보니 낮은 고과 탓에 성취 의욕도 떨어지고, 자존감도 상실하고, 결국 퇴사로 이어진다. 기업의 인사팀에서도 각 임원에게 이 부분을 지적하지만, 현업 부서를 책임진 임원의 고유 권한을 제한하기 어렵기 때문에 쉽게 고쳐지지 않는 고질적인 문제이기도 한다.

시대의 흐름에 따라 삼성의 보상제도 역시 변하고 있다. 연공 주의에 따른 월급제를 시행하다가 집단 성과급과 생산성 격려금 제도를 도입했다. 이후 1995년부터 능력주의, 1997년부터 성과주의를 표방하고 있다. 최근까지는 창조적 성과주의 제도에 따라 업무 성과급을 차등 누적 방식으로 보상하고 있다.

기업이 말하는 핵심 인재

실질적으로 기업은 핵심 인재를 어떻게 구분할까? 앞서 구성원 개인을 업적, 역량 평가를 한다고 했다. 삼성은 업적은 성과로, 역량은 잠재적 미래 가치라 생각해 3×3 매트릭스를 만들어 평가한다. 그래서 핵심 인재란 고성과자 중에서 미래의 리더로 성장할 잠재력이 있는 인재라고 정의한다. 통상 10~15퍼센트 정도가 일반적이지만, 기업 상황에 따라서 달라지기도 한다. 현재 가치를 말하는 성과와 미래 가치를 말하는 잠재 역량을 고, 중, 저로 다시 나눈다. 각 영역을 그림과 같이 구분하고 가장 높은 영역을 Star Performer/ High Potential, 즉 HIPO라고 줄여 말하는데 이들이 삼성의 핵심 인력이다.

핵심 인재 포트폴리오의 개념

HIPO로 표현되는 핵심 인재가 모두 경영을 담당하는 것은 아니다. 성과를 기준으로 생각해보자. 성과는 조직 성과와 개인 성과로 구분할 수 있다. 또한 창의적 일에 적합한지, 운영 업무에 적합한지를 판단한다.

그래서 조직 성과가 높고 창조적인 인재를 임원(Executive) 후보로 육성한다. 임원 후보는 새로운 사업이나 상품을 창조하고 미래 가치와 이익을 탐색하고 산출하는 일을 목표로 한다. 조직 성과보다 개인 성과가 높고 창의적인 인재는 전문가로 육성한다. 전문가는 기능과 기술 등 스킬 발휘에 의한 개인 성과의 극대화를 목표로 하고 수행 정도에 따라 평가를 받는다. 조직 성과가 높고 창조적인 업무보다 운영적인 업무에 두각을 발휘하는 인재는 관리자(Manager)로 육성한다. 관리자는 조직의 경영 자원을 통합해 조직 성과를 극대화하는 것을

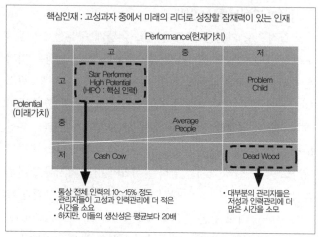

삼성의 내부 핵심 인재 선별 조건

목표로 하고 진행도에 기초해 평가를 받는다. 개인적 성과가 뛰어나지만 운영 측면에 강점이 있다면 운영자(Operator) 인재로 육성한다. 운영자는 기존 시스템을 유지, 운용함으로써 전략 달성에 공헌하는 것을 목표로 한다.

핵심 인재 관리 프로세스

삼성에서 관리하는 핵심 인력의 기준은 삼성의 가치 체계를 올바르게 수행하며, 핵심 역량을 갖춘 인력 자원을 의미한다. 인사 조직은 핵심 인력을 관리할 조직을 구성하고, 프로세스를 정립하며, 관리 초점을 명확히 하고, 핵심 인력의 관리 범위를 확대하는 것을 KPI로 설정한다. 핵심 인력은 내부 인력과 외부 인력으로 구분한다. 내부 핵심 인력은 확인→선발→양성→유지 관리의 프로세스로 운영된다. 확인 단계에서는 업적과 역량 평가 및 삼성의 가치 체계를 올바르게 준수하는지 판단하고 리더십, 로열티를 진단해 1차 선발 대상을 선정한다. 1차 선발 대상을 모은 풀(Pool)에서 핵심 인력이 선발되면 맞춤형 양성 프로그램을 제공하고 핵심 인재 육성 체계(Succession Plan)를 실시한다. 특히, 핵심 인력이 이탈하지 않도록 보상 시스템을 구축하고 보상 패키지를 제공한다. 외부 핵심 인력의 경우 삼성은 전담조직(TRT)를 운영하고 관계사 간 정보를 공유해 핵심 인력 풀을 운영한다. 외부에서 검증된 핵심 인력이라도 채용 이후에 공식적으로 검증, 적응 기간을 두고 멘토(Mentor)를 운영해 즉시 전력감이 되도록 하고 있다.

삼성전자는 임금피크제도의 연봉 삭감액을 10퍼센트에서 5퍼센트로 줄이겠다고 발표했다. 삼성전자는 2014년 정년을 60세로 늘리는 대신 만 55세부터 매년 연봉을 10퍼센트씩 삭감해 왔다. 이처럼 임금피크제를 완화하는 이유는 반도체 등 핵심 기술을 보유한 고경력자의 이탈을 막기 위해서다. 특히 임원으로 승진하지 못한 수석(부장)급 가운데 상당한 지식과 노하우를 갖춘 인력이 많기 때문이다. 이들이 임금 삭감에 못 견뎌 중국 등으로 이탈하면 기술 유출 등 적지 않은 타격을 입는다. 삼성은 최근 인공지능 분야 인재인 서배스천 승 프린스턴대 교수와 대니얼 리 펜실베이니아대 교수를 동시에 영입하는 데 성공했다. 이들을 위해 최고연구과학자(Chief Research Scientist) 직위를 신설했다. 이들은 삼성전자 인공지능 연구의 심장부인 삼성리서치에서 각각 인공지능 전략 수립과 선행 연구 자문, 차세대 기계학습 알고리즘, 로보틱스

구분	자질 측면	실천 측면
업무 (Work)	전문 능력 전문 지식 보유	변화 주도, 관성 타파, 새로운 가치 창출
인성 (Personality)	도덕성, 가치관, 사명감	인간미 운이 따르는 인재

구분	채용 기준	대우(처우)	관리
S급 인재 (Super)	글로벌 핵심 경쟁력 보유	해당 기업 CEO 수준	CEO가 직접 관리
A급 인재 (Ace)	사업 선도 인력	임원급 대우 + 각종 인센티브	사업부장 중심 멘토식 관리
H급 인재 (High Potential)	미래 S급으로 육성 가능한 인력	준 임원 대우	부서장 중심

핵심 인재 운용 프로세스

- 핵심인재 정의 기술서 작성(요건)
- 핵심인재 확보, 배치, 활용전략 수립 (전문역량 평가, 적재적소 배치)
- 핵심인재 육성, 처우 전략 (성장비전 제시, 체계적 육성 Roadmap)
- 주요 Post 임용 및 적용 인사위원회 심의 후 사장이 최종 결정

삼성 핵심 인재 운영 프로세스

관련 연구를 진행할 예정이다.

일반적으로 삼성의 핵심 인재를 S급 인재라고 이야기한다. 하지만 좀더 정확하게는 3개의 등급이 있다. S급 인재는 슈퍼(Super) 인재다. 글로벌 핵심 경쟁력을 보유한 인력으로 업계에서도 최고의 실력과 능력을 갖춘 검증된 인력이다. 이러한 인력은 해당 기업의 CEO 수준, 주로 부사장이나 전무급으로 채용하며 CEO가 직접 관리한다. A급 인재는 에이스(Ace) 인재다. 사업을 선도할 수 있는 능력을 갖춘 인력으로서 임원급 대우를 하고 각종 인센티브를 제공한다. 사업부장이 중심이 되어 멘토 형식으로 관리한다. 그 다음은 H급으로서 하이 포텐셜(High Potential, 고잠재력) 인재라고 한다. 준임원 대우를 하며, 부서장 중심으로 관리한다. H급 인재는 미래에 S급으로 육성이 가능한 인력으로 정의된다. 앞서 언급한 인공지능 분야 거물급 인재인 서배스천 승 미국 프린스턴대 교수, 대니얼 리 펜실베이니아대 교수가 S급 인력이다.

나를 평가하는 사람은 누구?

이제 반드시 기억하고 명심해야 할 사항이 있다. 기업이 원하는 인재인지 판단하는 평가자는 바로 직속 상사다. 그리고 그 직속 상사의 팀, 사업부, 사업 부문의 임원이다. 그래서 흔히 1차 평가자, 2차 평가자라는 용어를 사용한다. 왜 직속 상사와 그 위의 임원이 평가할까? 그 이유는 역시 목표에 대한 성과 평가이기 때문이다. 개개인에게 직접 목표를 부과하는 사람이 직속 상사다. 그리고 직속 상사 위에 임원이 있다. MBO 프로세스는 전사의 목표가 개개인에게 내려온다고 했다. 그 목표 실행의 결과, 즉 성과를 평가하는 사람이 가장 중요한 VIP다. 이것이 업적 평가다. 기업이 원하는 인재상이 되는 첫 관문은 바로 직속 상사와 소속된 부서의 임원이다.

상사와 임원은 각 부서원 개개인의 역량도 평가한다. 얼마나 뛰어난지, 핵심 역량을 갖추고 있는지 등 구체적인 행동 특성을 보면서 평가한다. 인사팀은 역량 평가에 사용할 구체적인 평가지표를 준다. 상사와 임원은 이러한 평가지표를 활용해 구성원 개개인을 평가한다. 그러면 역량 평가의 핵심은 무엇일까? 바로 성장이다. 업적은 수치화해 평가할 수 있지만 역량은 정성적인 평가 기준이 더 크게 작용한다. 그래서 일에 대한 열정, 노력, 창의성, 성실성, 조직 적응력 등 다양한 요소를 반영할 수 있다. 따라서 성과는 일회성으로 만들어 내는 것이 아니고, 지속적으로 만들고 성장시켜야 하는 대상이다. 결국 정량적인 목표를 달성하는 데 집중하더라도 가지고 있는 에너지의 일부는 자신의 성장에 활용하는 것이 지속적이고 장기적 성장을 만들어 가는 중요한 전략임을 알아야 한다.

기업의 인재 육성 전략 및 프로그램

썩은 사과 이야기

국내 어느 기업에서 교육 및 육성에 관해 논의했다. 외형적으로는 견실하고 다른 기업의 모범이 될 만한 업체였지만, 내부적으로는 조직 성장에 한계점이 드러났고, 총체적으로 관리가 부실한 모습을 보였다. 교육은 효과가 없는 낭비라는 철학을 가진 일부 임직원 때문에 교육이나 육성의 개념이 전무했고, 리더, 관리자, 부하 직원의 시너지도 전혀 창출하지 못하는 상황이었다. 별도의 육성 프로그램도 없고, 승진, 승격 시 필요한 교육도 없었다. 부하 직원을 위한 CD(Career-path Development)도 존재하지 않았다. 교육이 부재한 상황에서 지속적인 업무 성과만 요구하며, 부하 직원 개개인의 역량이 부족하다는 이야기만 되풀이하고 있었다. 업무에 권한은 없고 책임만 강조하는 경우다. 이런 기업은 당장 매출이 발생하더라도 내부적으로는 곪아가고 있는 것이다. 경영진의 이런 마인드는 결국 회사의 리더들에게 전파되고, 말단 부하 직원들에게도 그대로 전달된다. 사례로 언급한 기업에서 미첼 쿠지의 저서 『썩은 사과(Bad Apples)』의 주인공은 바로 그 임직원들이었던 것이다. 썩은 사과는 업무 생산성을 떨어트리는 장기간의 행동으로 개인, 팀, 전체 조직을 병들게 하는 사람을 지칭한다. 상자 속에 있는 썩은 사과를 방치하면 다른 사과까지 전부 못 먹게 돼 버리는 현상을 사람과 조직에 비유한 것이다.

인재 육성과 두뇌 전쟁

'기업은 사람이다'라는 말은 잘 알고 있으면서도 인재 육성, 후계자 육성을 소홀히 한다면 말이 안 된다. 기업에서 사람을 키우지 않는 것은 일종의 죄악이며, 양질의 인재를 활용하지 못하고 내보내는 것은 경영 손실이다. 미래 사회를 선도하는 것은 기업이고, 기업을 이끌어가는 것은 경영자다. 경영자에게는 우수한 자질이 요구된다. 지혜와 통찰력, 핵심을 포착해 내는 냉철한 직관과 강한 의지가 필요하다. 삼성전자 이건희 회장이 신경영 선언 중에 인재 육성을 강조하며 언급한 내용이다. 또한, 디지털 시대는 창의적 지적 능력으로 경쟁하는 두뇌 전쟁의 시대이며 핵심 인재가 국가와 기업의 존망에 대한 키(Key)를 쥐고 있다고 강조했다. 지적 능력으로 무장한 경영, 기술 분야의 인력을 양성하고 두뇌 천국을 만들어 핵심 인력이 최고의 실력과 창조적 성과를 발현할 수 있는 무대를 만들어야 한다고 강조했다.

이는 인재 전쟁의 중요성을 단적으로 표현한 것이다. 성공하는 기업은 모두 다르다. 그러나 이들 기업 모두가 핵심으로 손꼽는 것은 핵심 인재의 확보와 유지다. 다양한 경영 전략, 새로운 비즈니스 모델, 고객 분석 및 고객 검증, 새로운 과학 기술 등의 중심에는 인재가 자리잡고 있다. 맥킨지는 지난 1994년 '인재 전쟁(The war of talent)'을 소개하며, 인재를 기업 성과의 최고 동인으로 간주하고, 기업의 인재 정책도 전략적인 변곡점(Strategic Inflection Point)에 직면했음을 지적했다. 인재를 유인하고, 이들의 역량을 극대화하며, 이들이 지속적으로 비전과 가치를 회사와 공유할 수 있도록 하는 프로그램을 개발하는 회사의 역량이 향후 기업의 주된 경쟁 요인이 된다는 것이다.

맥킨지는 특히 각 기업이 핵심 인력들이 업무를 진행하면서 느끼는 만족감, 보상, 주변 환경과 리더십, 조직과 동료 관계 등 모든 부분을 아우르는 종합적인 직원 가치 제안(EVP, Employee Value Proposition)을 제공해야 한다고 강조하면서, 기업이 능동적으로 임직원의 기대와 비전까지 충족시켜야 한다고 지적했다. 결국, 기업이 강력한 EVP를 구축한다는 것은 핵심 인재에게 왜 이 회사를 선택해야 하는지 명확하게 제시할 수 있다는 뜻이다. 인재 전쟁을 소개한 맥킨지는 10년 후 '인재를 전략적 우선순위에 두기(Making Talent a Strategic Priority)'라는 분기 보고를 통해 인재 전쟁이란 화두에 대처하는 기업의 성과를 평가했다. 그 결과 대부분 막대한 투자와 노력이 별다른 성과 없이 무위로 돌아갔음을 지적했다. 이러한 문제의 핵심에는 기업이 인재의 발굴과 육성, 유지를 기업의 중장기적 핵심 과제로 인지하지 못하고 있으며, 그 이유는 CEO 및 기업 고위층의 시간 투자 부족, 조직 및 부서 간 장벽으로 협업의 어려움, 핵심 인력이 지속적으로 성장할 수 있는 체계적인 프로그램 개발 역량 부족, 전통적 평가 방식에 대한 거부감 등이었다.

신입 사원 기 살리기, 신입 사원 필독서

최근 한 취업 커뮤니티에 삼성전자 메모리 반도체 분야에 합격한 신입 사원의 후기가 올라와 화제가 됐다. 입사 전형 우수자로 선정돼 1000만 원을 받게 됐다는 글이었다. 우수한 성적으로 입사한 인재를 선발해 입사 축하금을 지불한 것이다. 삼성전자는 반도체 사업을 수행하는 디바이스 솔루션 부문, 스마트폰 사업을 수행하는 정보기술과 모바일 부문, 가전 제품 사업을 추진하는 소비자가전 부문으로 사업 포트폴리오를 구성하고 있지만, 유독 디바이스 솔루션 부문의 우수 신입 사원에게만 입사 축하금을 건넸다. 삼성은 반도체 분야의 우수 인력을 조기 확보하고 이탈을 방지하고자 이 같은 특단의 조치를 취한 것이다. 다른 모든 신입 사원에게는 삼성맨으로서의 자긍심을 갖도록 경영진의 편지와 꽃바구니, 금장 명함을 전달했다.

2017년 삼성은 신입 사원에게 『생각의 탄생』, 『총균쇠』, 『인문의 숲에서 경영을 만나다』 등 인문학 서적 3권을 지정해주고, 입사 직전까지 독후감을 의무적으로 제출토록 했다. 이는 매우 독특한 제도로서 신선한 자극이었다. 2018년 신입 사원에게도 동일하게 독후감 숙제가 부과됐다. 이번에는 로저 마틴의 『디자인 씽킹 바이블』, 정진홍의 『인문의 숲에서 경영을 만나다』, 설민석의 『조선왕조실록』이 선정됐고, 각 도서별로 1000자 내외의 독후감을 제출토록 했다. 대학에서 인문학이나 경영학, 역사를 별도로 공부하지 않은 학생들에게는 오히려 좋은 기회가 됐으며, 기업 입장에서는 신입 사원들에게 생각의 힘을 강조함으로써 고객이 진정으로 원하는 가치를 창출하고 세상을 움직이는 원동력을 찾도록 유도하는 목적에 부합했다. 삼성은 2018년 대졸 신입 사원 공개 채용부터 삼성 직무적성검사(GSAT)에서 상식 과목을 배제했으며, GSAT 응시 과목도 언어 논리, 수리 논리, 추리, 시각적 사고 등 총 4개 항목으로 축소했다. 기존 GSAT에서는 경영, 공학, 사회, 인문, 시사 상식 등을 종합적으로 평가했으나, 시험 부담을 줄이고, GSAT에서 미평가된 부분을 독서를 통해 배양하고자 독후감 제출을 의무로 정한 것이다.

최근 다른 많은 기업도 신입 사원에게 독서를 강조하고 있다. 기업가 정신이나 전략 수립, 실리콘밸리 유니콘 기업들의 스토리, 4차 산업혁명과 과학기술 발전 등 다양한 분야의 독서를 요구하고 있다. 일부 기업은 비즈니스 모델 수립과 해커톤, 구글의 프로젝트 방식인 스프린트, 린 스타트업, 공유 경제와 빅데이터, 인공지능, 로봇과 사물인터넷, 가상현실 등에 관한 책을 사전에 읽어서 기업이 요구하는 역량까지 갖추기를 원하고 있다.

기업은 연결 전략의 일환으로서 독서를 원한다. 4차 산업혁명 시대에는 불확실성이 가장 큰 위협 요소다. 이에 전략적인 민첩성으로 대응해야 하며, 전략적 민첩성을 갖추려면 날카롭게 인지하고 감지할 수 있는 전략적 감수성이 있어야 한다. 전략적 감수성이란 복합적이고 불확실한 상황을 인지하고 분석해 이해한 뒤, 이를 새로운 기회와 성장에 응용하는 융복합적 사고 능력과 인사이트다. 특히, 불확실성의 시대에는 이미 만들어진 시나리오를 수행하기보다 신속하게 상황의 패턴을 인식하는 능력이 더 필요하다. 기업의 전략적 감수성은 불확실한 상황과 시장, 기술, 고객, 메가 트렌드의 변화 속에서 추이를 감지하고 유추해 기업 활동에 민첩하게 적용하는 능력으로 발현된다. 전략적 감수성이 있으면 기업 내외부의 아이디어를 융합하고, 새로운 기술 지능으로 변화를 읽으며, 선도 고객과 비고객, 최종 사용자, 파트너와 협력 업체, 외부 전문가와 사업에 관한 의견을 수시로 교환할 수 있다. 기업이 신입 사원에게 독서를 권장하는 이유도 전략적 감수성과 학습 민첩성을 배양해 불확실성에 대비하는 역량과 협업과 소통, 인문학적 사고와 생각하는 힘을 갖추게 하려는 목적이 있는 것이다.

GWP

IT 산업을 이끌던 게임 제작 업체들이 한동안 크런치 모드 (Crunch Mode)를 운영해 곤혹을 겪었다. 이는 목표한 납기와 제품 출시 이전에 임직원의 업무 강도를 최대한으로 끌어올려 성과를 창출하고자 하는 집단 몰입 업무 행태다. 결국 열악한 근무 환경과 매일 지속되는 철야 근무로 임직원의 피로가 지속적으로 누적되면서 사회적으로 큰 파장을 일으켰으며, 일과 삶의 적절한 균형(Work and Life Balance)을 뜻하는 워라밸이라는 신조어까지 등장했다. 또한 주당 최대 근로시간을 52시간으로 줄이는 근로기준법개정안이 이미 발효돼 정부 및 공공기관, 근로자수 300인을 초과하는 민간 기업은 효력을 받고 있으며, 전체 근로자수 300인 이하의 사업장도 2020년부터 순차적 적용을 받는다. 근로자들의 일에 대한 인식도 변화하고 있다. 취업 준비생들은 연봉이나 기업의 비전보다 오히려 일과 삶을 적절하게 조절할 수 있는, 일하기 좋은 기업과 회사를 더 선호한다. 커리어 사춘기를 겪고 있는 직장인도 자신의 경력 개발이나 연봉 상승보다 일과 삶의 질을 향상시킬 수 있는 기업을 탐색하는 시간이 늘고 있다.

〈포춘〉은 지난 20여 년 동안 '그레이트 플레이스 투 워크(Great place to work)' 연구 컨설팅 기관과 함께 매년 일하기 좋은 회사 100곳(100 Best Companies to work for)을 선정해 발표하고 있다. GWP(Great Work Place)의 개념은 로버트 레버링과 밀턴 모스코비츠의 저서 『미국에서 가장 일하기 좋은 100대 기업』에서 정립됐고, 〈포춘〉이 1998년부터 매년 선정 기준과 순위를 발표하며 업계의 화두가 됐으며, 기업에는 조직과 개인을 위한 장기적 육성 방법(OD, Organization Development)의 일환으로 인식됐다. 특히 2018년도에 〈포춘〉은 100대 기업 선정 기준을 한층 높여 평가를 진행했으며 그 결과 세일즈포스닷컴(Salesforce.com)이 1위를 차지해 업계의 주목을 받았다.

로버트 레버링과 밀턴 모스코비츠가 제안한 GWP 모델의 정의는 구성원을 중심으로 조직 내외부의 상호 신뢰가 높고, 구성원이 조직과 업무에 대한 높은 자부심을 보유하며, 즐겁고 재미를 추구하면서 보람차게 일하는 일터를 의미한다. 특히 GWP의 핵심은 내부 신뢰다. 그동안 기업들은 대외 신뢰 구축에 주력해 왔다. 고객 신뢰를 통해 충성도 높은 고객의 수요를 확보하고, 공급자 신뢰를 통해 안정적으로 경쟁력 있는 원재료를 공급받았다. 또한 기업이 속한 지역사회를 지원함으로써 신뢰도를 높여 기업 이미지를 개선했으며, 주주와 채권자의 신뢰를 형성해 높은 주주 가치 실현과 낮은 금리의 자금을 조달할 수 있었다. 스티븐 코비는 조직의 신뢰란 조직의 공동 목표를 수행하기 위해 조직 구성원을 하나로 통합하는 접착제라고 정의했고, 로버트 레버링은 신뢰는 구성원이 자신의 일에 자부심을 갖고 자발적으로 몰입해 헌신할 수 있도록 하며, 일하는 즐거움과 보람을 느낄 수 있도록 하는 촉진제이며 강한 조직의 기초라고 강조했다. 그럼에도 기업들은 외부 신뢰에 비해 내부 신뢰에 상대적으로 소홀했으며, 이 때문에 임직의 동기부여 문제, 구성원의 역량 개발, 집단 지식 축적, 협력적 문제 해결 능력 배양, 권한 위임과 핵심 인재 유지 등에서 많은 어려움을 겪었던 것이다.

신뢰는 조직 문화를 만드는 핵심이다. 구성원 간의 높은 신뢰는 커뮤니케이션의 질과 정보 공유의 수준을 높여 협력을 통한 문제 해결 수준을 개선하고, 개인과 조직이 높은 성과를 창출하므로 공동체에 대한 자신감과 자부심이 강화되는 선순환 구조를 만든다. 반면 기업 내부의 신뢰가 형성되지 못하면 동료, 상사, 경영진을 불신하고 기업의 다양한 제도, 방침을 믿지 못하게 만들며 개인주의, 집단 이기주의가 리더십과 조직 문화의 근간을 흔들면서, 결국 지시, 통제, 미시 관리로 구성원의 자율성과 창의성을 압박하게 되므로 조직 문화에 악순환을 만든다.

기업 교육과 HRD 유형

기업 교육(Corporate Education)은 기술 경영의 패러다임 변화와 연계해 경영 목표를 달성하려는 전략적 수단이며 현장 성과 개선을 추구하는 구체적인 변화 과정이라고 정의할 수 있다. 특히 기업 교육에는 성인 학습 원리에 기반해 자발적 학습, 자기주도적 학습, 확실한 목적에 근거한 경험 공유와 상호 학습, 문제와 현안 과제 중심의 참여 학습, 실천적 학습 원리를 적용한다. HRD 역시 기업 교육의 개념이 적용되며 훈련(Training), 교육(Education), 개발(Development)의 3가지 유형으로 구분한다.

'훈련'은 현재의 직무나 성과 향상과 관련된 활동으로 훈련 후 바로 성과를 기대할 수 있다. 현장에서 반복과 교정을 통해 습득될 수 있는 기초적이고 필수적인 항목으로, 이 과정은 기업 입장에서는 비용 지출로 인식된다. '교육'은 가까운 미래의 직무에 대비하고, 배운 것을 응용·적용하며, 유사한 분야에 파급할 수 있는 유형이다. 미래를 준비하고, 새로운 것을 추가하며, 정규적인 교육을 추구하는 이 과정은 비용과 투자의 개념을 함께 포함한다. '개발'은 직무에 초점을 두지 않고, 개인의 장기적인 성장과 조직이 미래에 나아갈 방향을 모색하는 유형으로서 목표와 기간, 성과와 목적성을 강조하는 투자 개념이다. 기업의 HRD에서 훈련과 학습은 엄격하게 구분된다. 훈련은 수동적으로 수행되며, 상대적으로 '안정'을 가정한다. 지식, 숙련도, 작업 수행에 초점을 맞추며 기본적인 능력을 개발하고 개선해 구조화된 경험을 습득한다. 이에 비해 학습은 능동적인 수행이며, '지속적인 변화'를 가정한다. 또한 가치, 태도, 혁신, 창의력에 초점을 맞추고 해결 방안을 창출하거나 한계를 돌파하는 혁신을 강조하며 비정형적 경험을 습득한다. 결국 학습은 전문가의 강의나 교육, 훈련의 비중이 적어도 가능하며, 기업 입장에서는 조직 내부에서 자발적 학습이 가능한 제도를 마련하는 것이 중요한 이슈다.

삼성의 인력 육성법

삼성의 소프트웨어 인력 양성 정책 변화

삼성전자 소프트웨어 멤버십 제도는 지난 1991년 도입돼, 소프트웨어와 하드웨어 실력을 경진하고 자유로운 프로젝트를 수행할 수 있도록 수많은 대학생을 지원한 제도로서, 25년간 선발된 대학생, 대학원생에게 연구 공간, 연구비, 기술 서적 작성 및 관련 특허 출원을 지원해 전문 소프트웨어 인력을 양성했다. 전국에 8개의 센터를 운영했으며 24시간 언제나 학습과 공부, 개발과 프로젝트 진행을 수행할 수 있었다. IT 전문 인력의 산실이었고, 삼성전자 및 관계사에 입사할 때도 SSAT 면제 등 특전이 제공되기도 했다.

삼성전자의 소프트웨어 멤버십은 이후 IT 업계의 상징적인 인력 프로그램으로 정착됐다. 타사와 관련 업계에서도 멤버십 출신을 특별 우대하는 등 혜택을 제공했다. 특히, 설립 초기부터 이건희 회장의 특별 관심과 지원으로 수많은 전국 단위의 소프트웨어 인재를 배출했다. 출신 학교나 전공을 가리지 않고 오직 면접과 프로그래밍 실무 능력만으로 선발했으며, 최신 컴퓨터와 실험 기기, 숙식이 제공되는 연구 환경 덕분에 전국의 열혈 프로그래머들이 무더기로 지원했다. 매년 두 차례 선발해 현재까지 3500명 이상의 수료자를 배출했다. 삼성 소프트웨어 멤버십 출신으로는 배인식 전 그래텍 대표,

권혁빈 스마일게이트 회장, 지란지교 소프트의 오치영 대표, CRC의 윤석호 대표, 이놈들 연구소의 최현철 대표, 리얼리티 리플렉션의 손우람 대표 등이 있다.

삼성은 2016년 소프트웨어 멤버십 프로그램 운영 중단과 더불어 국내 17개 대학에서 맞춤형 인재를 육성하던 프로그램인 STP(Samsung Talent Program) 역시 폐지했다. 삼성의 STP 는 우수한 공과대학 인력에게 3학년 때부터 장학금을 지원하고 기업에서 요구하는 실무 능력을 갖추도록 사전에 교육한 뒤 채용에서 가산점을 부과하는 입도선매 제도였다. 최근 멤버십 프로그램과 STP 운영 중단은 삼성의 소프트웨어 인력 정책이 육성에서 선발로 무게 중심이 옮겨갔음을 의미한다. 이미 4차 산업혁명과 빅데이터, 인공지능, 사물인터넷 및 가상현실 등 소프트웨어에 대한 인식이 개선됐고, 과거와 같은 육성 프로그램을 운영하지 않아도 우수한 인력을 빠르게 선발해 채용할 수 있는 상황에서 오랜 시간과 비용을 들여 굳이 별도의 소프트웨어 전문 인력을 육성할 필요성이 없어진 것이다.

스타트업 삼성, 개편된 인사 제도

삼성은 1938년 창업 이래 그룹 교육에 대한 패러다임을 여러 차례 수정하며 진화를 거듭했다. 1938년 창업 이후 1987년 제2의 창업을 선포하기 전까지는 삼성그룹 전체를 아우르는 그룹 교육의 태동기였다. 1987년부터 1993년 신경영 선언 이전까지는 제2의 창업기로 이 기간에 인재 육성에 대한 종합 체계를 마련한다. 신경영을 선포한 1993년부터 1995년까지는 그룹 곳곳에 신경영을 전파하고, 핵심 인재 양성을 체계화하는 시기였다. 이후 1998년 외환위기 직전까지 삼성은 열린 교육을 표방하며 자율, 창의의 교육을 강조해 왔다. 1998년부터 2003년 금융위기 직전까지 그룹 교육 패러다임은 디지털 교육으로써 경영 리더와 핵심 인력을 양성하는 내부 프로그램이 구체화돼 실질적으로 운영했다. 이 시기 삼성은 관리의 삼성을 탈피하고 전략의 삼성을 지향했다. 2003년 글로벌 금융위기 이후에는 글로벌 경쟁력을 확보하고자 그룹 교육을 혁신한 시기이며, 혁신의 삼성을 강조했다.

실리콘밸리의 유니콘, 데카콘 기업은 일정한 성공 방정식을 내재하고 있다. 이들은 고객의 불편함에서 아이디어를 얻어 가치화하고, 신속한 프로토타입 제작, 빠른 고객 검증, 실패를 통한 학습과 경험 획득, 반복되고 지속적인 개선을 통한 비즈니스 모델 수립과 피벗 활동(Pivot), 스타트업(Startup) 정신과 기업가 정신 함양으로 전통적 글로벌 기업이 생각하거나 행동하지 못한 유연성과 민첩성으로 기존 경영 법칙과 산업의 경계를 허물며 새로운 질서를 만들어 가고 있다. 4차 산업혁명과 과학기술의 발달은 기업 활동에 대한 불확실성을 더욱 증대시키고 있다. 고객의 요구 사항과 수요를 사전에 예측해 시장을 창출하던 방식은 점점 더 실효성이 낮아지고 있으며, 빠르게 발달하는 과학기술은 전통적 글로벌 기업의 신제품 개발을 더욱 어렵게 하고 있다. 전통적 글로벌 대기업은 고객 취향과 기술이 빠르게 변화하는 상황에 민첩하게 대응하지 못하는 문제를 겪고 있으며, 유니콘, 데카콘 및 신흥 스타트업 기업에 생존까지 위협받는 상황에 처하게 됐다.

이러한 위기를 인지한 삼성은 지난 2016년 3월 '스타트업 삼성 컬처 혁신'을 발표했다. 스타트업 삼성이라는 슬로건을 표방하고 조직 문화를 혁신해 실리콘밸리의 스타트업 기업처럼 신속하게 실행하고 지속적으로 혁신한다는 비전을 제시하고, 수평적 조직 문화 구축, 업무 생산성 제고, 임직원의 자발적인 몰입 강화를 조직 문화 혁신의 3요소로 선정했다.

삼성은 2018년 3월 새로운 인사 제도를 도입했으며, 핵심은 역량을 갖춘 리더를 구분해 선발하겠다는 것이다. 기존 인사 방식에서는 직급별 체류 연한과 일정 기간 누적되는 승격 포인트를 합산해 자동으로 진급이 이루어졌지만, 변경된 인사 제도하에서는 커리어 레벨(CL, Career Level) 2에서 CL3로 진급할 경우, 정성적인 역량 진단 과정이 새로이 추가됐다. 이는 업적과 역량 평가라는 두 개의 평가 기준을 운영해온 삼성이 업적이 뛰어난 인력이라고 해도, 시대와 사회, 기업이 요구하는 핵심 역량을 갖추지 못한다면 승진, 승격에서 탈락시킬 수 있다는 점을 표방한 것이다.

이제까지 삼성은 GE의 9분면(9 Block Matrix)에서 차용해 최하위 10퍼센트에 대해 퇴출 개념을 반영한 최하위 고과인 NI(Need Improvement)를 의무 부과했다. 하지만 이 제도는 부서장이 승격 대상자에게 일부러 고과를 챙겨주려고 신입 사원 및 승격 대상이 아닌 직원에게 하위 고과를 임의 할당하는 방식으로 악용되기도 했다. 이 때문에 신규 입사자나 승격 대상자가 아니라면 업적이나 역량에 상관없이 한동안 낮은 등급의 고과를 감내해야 했으며, 또한 투명한 평가를 방해하는 요인이었다. NI를 받은 사원은 연봉 동결 등으로 경제적, 정신적 피해를 입기도 했다. 하지만 최근 인사 제도와 평가 제도 개편으로 부서장은 최하위 10퍼센트를 의무 할당해야 하는 고역에서 벗어나게 됐다. 부서장이 부서의 상황과 구성원의 역량, 성과에 따라 최하위 등급인 NI의 적용 여부를 자율적으로 판단할 수 있으며, 고과 평가에 대한 사유를 명확히 소명하도록 개선한 것이다.

구글 룰스에 리더는 인간미와 업무 성과를 겸비하고 심리적인 안정, 신뢰성, 조직 구조와 투명성, 일의 의미, 업무 영향력을 핵심 가치로 삼는다고 명시돼 있다. 하지만 삼성의 이번 개편은 실리콘밸리 기업의 평가 방식과는 다소 차이점을 보인다. 정성적 역량 진단이 새로 반영됐으나, 과거 삼성을 대표하던 4요소인 인간미와 도덕성, 예의범절, 에티켓은 실무 현장에서 찾아보기가 쉽지 않아졌기 때문일 것이다.

삼성 교육제도와 육성

삼성의 교육제도는 3가지의 핵심 요소인 경영 철학, 리더 양성, 글로벌(국제화)로 구동된다. 경영 철학은 신경영을 실천해 그룹의 구심력을 확보하는 것이다. 결정한 사항은 함께 움직이고 행동하며, 신경영 철학을 철저히 이해하고 공감해 한 방향으로 나아가자는 것이었다. 리더 양성 부분에서는 천재급, S급 인력은 기업의 생존 차원에서 확보하고, 우수 인력은 경영자 범위를 넘어 기능직까지 체계적으로 양성해 확보할 것을 강조했다. 또한 현지화를 통한 글로벌 경영 체제의 구축과 현지인의 삼성화, 글로벌 역량을 갖춘 인재 양성을 적극적으로 추진하자는 취지다.

인재 육성은 HRD(Human Resource Development)라고 부른다. 기업의 성과를 향상하기 위해 개인 역량과 조직 역량을 지속적으로 개발하는 것을 의미한다. HRD의 핵심 요소는 기업 전략에 필요한 인재 요건 확정, 인재의 학습 프로세스에 기반한 경영 활동, 계획성, 일관성 등을 꼽을 수 있다. 육성은 개인과 조직으로 구분해 각각 단기 개발과 장기 개발로 나눈다. 개인은 단기적으로는 TD(Training & Development, 훈련과 개발), 장기적으로는 CD(Career Development, 경력 개발), 조직은 단기적으로는 PD(Performance Development, 성과 개발), 장기적으로는 OD(Organization development, 조직 개발)로 구분한다.

특히 삼성은 HRD에 균형을 잡고자 성취(Achievement)와 성장(Development)을 강조한다. 개인에게는 단기적으로 보람과 일하는 의미를 찾도록 하고, 장기적으로는 꿈의 실현과 자기 계발을 이루도록 유도하는 것이다. 조직 차원에서는 단기적으로 현재 회사의 발전에 기여하는 것이며, 장기적으로는 미래의 회사가 발전하기 위한 기반을 만드는 것이다. 또한 삼성은 '성과가 있는 곳에 보상이 있다'는 철학을 바탕으로 우수한 인재가 업무에만 몰입해 성과를 창출할 수 있도록 공정한 평가 및 보상 체계를 갖추고 있다. 임직원 개개인이 본인의 상황과 역량에 맞는 목표를 스스로 설정한 후 평가자와 지속적인 면담을 진행하며 평가가 내려진 이후에도 최종 면담을 실시한다. 공정하게 평가해 다양한 분야에서 탁월한 업무 성과를 이뤄낸 우수 임직원에게 다양한 보상과 기회를 제공하는 것이다. 또한, 임직원의 경력 개발을 지원하는 사내 직무 전환 제도와 퇴직 후 지속적으로 경력을 관리해주고 신규 일자리를 알선해주는 경력 컨설팅 센터도 운영하고 있다.

삼성의 육성 체계, 역량 기반 육성, 표준 역량 모델

글로벌 기업은 각자 별도의 육성 체계를 가지고 있다. 육성 체계란 누구를 대상으로 어떤 내용을 어떻게 가르칠 것인가를 정의하는 것이다. 육성 대상은 후계자, 핵심 인력, 우수 인력, 부진 인력이다. 육성 방법은 강의, 워크샵, 세미나, 멘토링 제도 운영, 온라인 학습, 학습 조직 운영, 개별 학습 등이 있다. 육성 내용은 기업의 핵심 가치, 기초 역량, 리더십 역량, 전문 역량, 일반 역량 등으로 구분된다. 역량이란 성과 창출에 필요한 지식, 스킬, 능력 등 특성의 집합을 의미한다. 결국, 기업의 HRD는 역량 기반의 육성을 의미한다.

삼성은 조직의 관리자에게, 특히 부하 직원을 육성하라고 강조한다. 부하의 성장이 곧 리더 자신의 성장이라는 의미다. 리더의 능력은 리더 자신만의 능력이 아니라 조직을 구성하는 모든 부하 직원들의 능력을 총합한 것이다. 일 잘하는 부하, 유능한 부하에게 경쟁 의식을 가지고, 정보를 차단하거나 육성을 막고, 업무에서 배제하는 리더는 더 이상 삼성의 리더가 되지 못한다. 삼성의 평가 항목은 업적 평가와 역량 평가로 구분되지만, 관리자에게는 자신의 역량은 물론 부하의 역량을 개발하는 것이 최우선 관리 항목이란 점을 강조한다. 단기 업무 목표에만 집중해서는 직원의 역량 개발과 성장은 불가능하다. 교육이나 업무 로테이션, 도전적 업무 등 동기를 부여해 부하 사원이 성장할 수 있도록 해야 하는 것이다. 또한 부하 직원의 경력 개발에도 적극적으로 관심을 갖고 예측

가능한 성장 플랜을 공유함으로써 지원해야 함을 강조하고 있다.

삼성은 관리자에게 부하 사원의 육성을 강조하면서 일본 파나소닉 창업주인 마쓰시타 고노스케를 자주 언급한다. 마쓰시타 고노스케는 특히 부하 직원의 육성에 관해 "믿고 맡기되 내버려 두지 않는다"라고 이야기했다. 자질구레한 작은 일은 참견하거나 간섭하지 않지만 항상 주시하고 관찰하며, 어려운 일이 있을 때나 위험 신호가 감지되면 적극적으로 지원하고 모든 것을 다 제공하지만 마지막에 주지 말아야 할 것은 책임이라고 강조했다. 그는 교육도 없고 권한도 없이 책임만 강조하는 일부 기업과 달리 혁신적인 철학으로 경영을 해온 경영 그루(Guru)다. 삼성의 인재상은 열정, 창의 혁신, 인간미와 도덕성으로 집약된다. 삼성이 원하는 인재는 끊임없는 열정으로 미래에 도전하고, 창의와 혁신으로 세상을 변화시키며, 정직과 바른 행동으로 역할과 책임을 다하는 사람이다. 삼성이 요구하는, 대외적으로 드러난 인재상은 삼성의 핵심 가치로 표현되며, 삼성의 경영 철학과 함께 삼성 표준 역량 모델의 코어(Core)를 구성한다. 삼성의 표준 역량 모델에는 기본 역량, 직무 역량, 리더십 역량이 추가된다. 기본 역량은 경영 철학과 공유 가치를 실천하려면 전 임직원이 갖춰야 할 공통 역량이다. 직무 역량은 직무 수행에 필요한 직무 지식과 기술, 경험을 포함한다. 리더십 역량은 조직을 공식, 비공식적으로 관리하는 리더 계층에 요구되는 역량이다. 표준 역량 모델의 각 요소의 키워드는 인간미, 도덕성, 창의, 열정, 소통, 협업, 글로벌 의식, 전문성, 성과 관리, 조직 관리다.

삼성전자의 체계적인 양성 프로그램

삼성전자는 모든 임직원이 해당 분야에서 최고의 전문가로 성장하도록 체계적 프로그램을 구축해 시행하고 있다. 삼성전자의 내부 양성 교육 체계는 코어(삼성 고유의 비전, 가치, 문화), 리더십(리더십 역량 배양), 전문성 제고의 3대 축으로 구성돼 있으며, 전 세계 모든 임직원에게 차등 없이 적용된다. 이는 단순히 기업이 원하는 최고의 인재를 선발하는 것에 그치지 않고, 최고 수준의 교육 과정과 양성 프로그램으로 전 임직원의 역량 강화를 추구하고 있음을 의미한다. 삼성의 '지속가능경영보고서'에 따르면, 삼성은 직무 역량 진단 EDP(Expertise Development Process)를 실시해 전문 지식과 기술 등 개인별 역량 수준을 파악함으로써 스스로 육성 계획을 수립할 수 있도록 지원하고 있다. EDP 결과와 연계한 인재 육성 주간, STaR 세션(Samsung Talent Review) 등은 삼성 고유의 육성 프로그램으로서 자신을 코칭하는 상사와 함께 성장 경로를 설계하고 명확한 비전을 수립할 기회를 제공한다. STaR 세션 기간에는 MBA, 학술 연수, 지역 전문가, 직무 전문가 과정 등 양성 프로그램에도 지원할 수 있다.

삼성은 지속가능경영보고서에서 최근 변경해서 시행하고 있는 삼성의 교육 프로그램인 삼성 핵심 프로그램, 삼성 리더십 프로그램, 삼성 전문가 프로그램을 소개했다. 삼성 핵심 프로그램은 삼성에 새롭게 합류하는 신규 입사지를 대상으로 진행하며 삼성의 존재 가치와 지향하는 문화, 기업의 비전과 미션을 달성하기 위한 전략을 소개하는 과정이다. 신규 입사자는 이 프로그램을 통해 삼성인으로서 핵심 가치를 내재화하고, 소속감과 자긍심을 배양할 수 있다. 삼성 리더십 프로그램은 미래의 삼성을 이끌어갈 각 계층별 차세대 리더를 선발하고 육성하는 과정이다. 삼성은 연구개발, 마케팅, 판매, 서비스, 물류, 구매, 제조, 경영 지원 등 8대 직무 군으로 구별해 각 직무별 최고 전문가를 육성하고자 첨단기술연구소, 삼성 마케팅아카데미, 멀티캠퍼스 등에서 삼성 전문가 프로그램을 시행하고 있다.

삼성이 자랑하는 인재 육성 제도는 지역 전문가 제도와 현장 전문가 제도다. 1990년 첫 시행된 삼성의 지역 전문가 제도는 5000명 이상의 지역 전문가를 양성했고 이들을 토대로 밀착된 현지화를 통해 삼성의 글로벌 시장 개척을 이룬 것이다. 지역 전문가로 선발되면 모든 프로그램을 스스로 작성해야 하며, 선발된 임직원은 현지에 파견돼 1년 동안 업무와 상관없이 해당 지역의 문화, 언어, 가치관과 풍습을 연구하고 다양한 인적 네트워크를 구성해 실제 그 지역의 주민처럼 동화되는 과정을 거친다. 이들이 파견된 지역의 뒷골목 이야기까지 꼼꼼하고 치밀하게 분석, 정리한 자료는 사내 인트라넷을 통해 임직원에게 공유되고 지식 시스템에 누적돼 해당 지역에 대한 이해도를 높이는 계기가 된다. 〈하버드비즈니스리뷰〉는 삼성이 글로벌 기업으로 성장한 이유를 분석하며 삼성의 지역 전문가 제도를 성공의 핵심으로 손꼽기도 했다.

지난 2005년 첫 시행된 삼성의 현장 전문가 제도는 2000년대 이후 급속히 진행된 세계화에 발맞추어 장기적인 지역 전문가 프로그램을 압축해 속성으로 시행하는 것이다. 현장 전문가를 즉각 주재원급으로 파견할 수 있도록 해외 법인에서 집중 육성하는 프로그램으로 현재 600여 명의 현장 전문가를 양성했다.

다양한 혁신과 노력

삼성은 자사의 혁신과 노력을 다음과 같이 설명하고 있다. "우리는 끊임없이 새로운 기술과 디자인을 추구하고 있다. 이는 우연히 찾을 수 있는 것이 아니라, 임직원 개개인의 창의성과 회사 차원의 과감한 투자를 통해서만 가능한 부분이다." 또한 '전문성 제고'를 다음과 같이 설명하고 있다. "우리는 수많은 도전을 통해 최고가 되기 위해 노력해왔다. 우리의 노력은 세계를 선도하는 삼성의 원동력이며, 지속성의 근원이다. 임직원의 배움과 성장의 기회는 지속될 것이며, 해당 분야에서 세계 최고의 전문가가 될 것이다."

삼성은 혁신을 위한 노력의 하나로 외부 기업을 적극적으로 인수합병하고 있다. 삼성페이의 핵심 기능이 된 미국의 루프페이, 약 80억 달러(9조4000억 원)의 빅딜인 전장 회사 하만 인수가 대표적 사례다. 혁신 문화를 조성하려는 노력은 내부에서도 계속되고 있다. 2012년 삼성은 사내 벤처 프로그램인 C랩(C-Lab, Creative Lab)을 도입했다. 기존 글로벌 기업의 느린 행보와 구태를 탈피하고, 급격히 변화하는 환경에 대응하고자 창의력과 열정으로 새로운 아이디어를 구현할 기회를 제공하는 프로그램이다. 아이디어 공모전을 통과한 임직원이 현업에서 벗어나 실리콘밸리의 스타트업처럼 자유로운 환경에서 아이디어를 마음껏 실험해볼 수 있다. C랩의 최대 장점은 자율성과 실패에 대한 용인이다. 팀 빌딩과 예산 사용, 과정 점검과 결과물 도출까지 모든 것을 자율적으로 진행한다. 모든 팀 구성원이 직급, 호칭, 근태에 구속받지 않고 과감히 도전할 수 있다. 글로벌 기업의 실리콘밸리 스타트업, 스프린트 방식의 업무 형태는 이미 일상이 됐지만, 삼성의 C랩은 새로운 의식의 전환과 도전으로 평가받고 있다. C랩을 추진하며 창출된 결과물을 평가하고 우수 성과는 사업화의 기회를 제공한다. 특히 기존 비즈니스와의 연계, 확장성이 높은 C랩 과제는 해당 사업 부문으로 이관해 후속 연구와 개발을 진행하며, 일부 과제는 독립적인 스타트업을 구축해 사업을 추진한다. 삼성은 지속적으로 임직원의 도전, 창의 정신을 촉진하고 있으며, 일상에서 혁신을 추구하도록 C랩을 지원하고 있다. 이것이 전임직원의 기업가 정신 함양과 숨겨진 역량 발굴, 협업 추구, 부서와 업무의 경계를 허무는 계기가 되고 있다.

C랩의 실질적인 결과도 주목할 만하다. 2016년까지 이미 150여 개의 C랩 프로젝트가 진행돼 118개의 과제를 성공리에 완수했다. 이 중 56개의 과제는 사내에서 사업화를 진행하고 있으며, 20개의 과제가 스타트업을 구축해 독립했고, 매년 연평균 150여 명의 창의 인재가 C랩에 도전하고 있다. 삼성전자는 C랩에서 신성장 동력과 새로운 비즈니스 기회를 발굴하고, 임직원에게 혁신적이고 자율적인 협업 문화가 확산되기를 기대하고 있다.

실리콘밸리의 평가 방법

4차 산업혁명 이후 기업의 요구 역량 변화

교육에 관한 뚜렷한 철학을 가지고 있는 핀란드는 인력 개발의 중점을 어디에 두어야 할지 새롭게 정의하고 있다. 핀란드가 주창하는 미래 교육의 4C는 소통(Communication), 창의(Creativity), 비판적 사고(Critical Thinking), 협업(Collaboration)이다. 미국 100대 기업과 실리콘밸리 유니콘 기업이 강조하는 항목에는 핀란드의 4C 교육 방식을 포함해 적응력, 복원력과 기개, 지속적으로 배우려는 성장형 마인드셋이 있다. 공통점은 창의성, 감성, 협업 능력, 문제 해결 능력이다. 불확실하게 변화하는 환경에서 창의적으로 대응하고 공감과 커뮤니케이션이 바탕이 되는 감성 지능으로 협업해야 하며, 새로운 기술과 아이디어에 관해 끊임없이 민첩한 학습 능력을 갖춰야 한다.

4차 산업혁명 이후 기업 경영에 대한 불확실성이 더욱 커져 임직원에게 복합적인 문제 해결 역량을 더 요구하고 있다. 새로운 경험이 일상이 됐으며 과학기술의 급격한 발달과 이에 따른 고객 불확실성, 비즈니스 융복합과 빅뱅 파괴는 문제들을 더욱 복잡하게 만들어 해결하기 어려운 상황으로 이끌고 있다. 이전에는 경영 리더에게만 요구되던 기업가 정신을 말단 임직원에게까지 요구하고 있으며, 성장형 마인드셋과 복원력까지 요구하는 실정이다. 주목을 끄는 부분은 '비판적 사고'다. 기존의 경영 방식은 선택과 집중 전략이었지만, 이제는 비판적 사고를 바탕으로 '선택과 제거'를 통해 불확실하고 위험이 높은 항목부터 제거해 나가는 전략이 요구되고 있기 때문이다. 또한 초연결의 시대는 개인의 역량뿐 아니라 커뮤니케이션과 협업을 통한 집단 창의성을 새로운 역량으로 요구하고 있다. 이를 위해서는 조직 내 동료 효과를 극대화해야 하며, 임직원의 커뮤니케이션을 강화하는 제도적, 시스템적 뒷받침이 수반돼야 한다. 또한 이번 조사에서 새롭게 등장한 역량은 다니엘 골먼이 강조해온 '감성 지능'이다. 감성 지능은 성장형 마인드셋이다. 기존 지능은 인간의 인지적 측면을 강조해 기억과 문제 해결에 초점을 맞추었지만, 감성 지능은 타인이나 환경에 연결될 때 발생하는 감정을 통제하고 조절해 실패와 시련을 이겨내는 복원력이며 유연성이다. 이제 기업과 개인 업무는 린 스타트업 기반으로 빠른 실행과 신속

직장인의 필수 요구 역량, World Economic Forum(2016)

2015년	2020년
1. 복합적 문제 해결	1. 복합적 문제 해결
2. 대인관계 역량	2. 비판적 사고(↑2)
3. 인적 자원관리 역량	3. 창의성(↑7)
4. 비판적 사고	4. 인적자원 관리 역량(↓1)
5. 협상력	5. 대인관계 역량(↓3)
6. 품질 관리 역량	6. 감성 지능(New)
7. 방향 설정 역량	7. 결정력(↑1)
8. 결정력	8. 방향 설정 역량(↓1)
9. 경청 능력	9.협상력(↓4)
10. 창의성	10. 융통성(New)

한 실패를 통해 학습하고 개선된다. 유연성과 실패를 이겨내는 복원력이 특히 요구되는 이유다.

어도비의 체크인 시스템

실리콘밸리 기업도 직원을 평가하는 다양한 방법을 적용하고 있다. 초기 스타트업 기업은 다른 기업과 마찬가지로 상대평가를 적용했다. 일반적으로 통용되는 방법이지만, 실제로는 직원 간 협력이 저조해지고, 평가 공정성에 불만이 증대되고, 형식적인 평가 면담이 만연해진다는 문제를 발견했다. 조직 내에 저성과자가 있더라도 성과 평가가 이루어지는 연말까지 참고 기다려야 하는 문제점도 있었고 인사 평가에 연간 8만 시간 이상 투입했지만, 성과를 발표하면 퇴사자가 속출하는 일도 반복됐다. 어도비(Adobe)의 인사 책임자인 도나 모리스가 연말 평가 제도를 없애고, 가족 휴가 정책을 극적으로 확대해, 모두에게 도움이 되는 성과 관리 시스템을 만들자고 주창해 새로운 평가 시스템인 '체크인'이 탄생하게 됐다.

평가의 핵심으로 기대치(Expectations), 피드백(Feedback), 성장(Growth)과 개발(Development)를 선정하고 평가 도구로서 관리자의 역할 및 질문 리스트가 명시된 카드를 도입했다. 업무평가서 같은 서류를 폐지하고 실시간 소통과 조율을 강조한 시스템이다. 기존에는 업무 목표가 연초에 정해져 연말까지 이어졌지만 이제는 관리자와 수시로 소통해 직원 스스로 목표를 반복적으로 수정한다. 보상 체계는 순위와 등급이 아니라 실적 위주 평가로 변경됐다. 어도비 관계자는 체크인 도입으로 인사 평가에 투입되는 시간이 대폭 절약됐고, 퇴사자는 30퍼센트 가까이 감소했다고 한다. 도나 모리스는 명확하게 목표를 설정해 투명성을 확보하고, 누구나 인정이 가능한 프로세스를 구축함으로써 공정성을 확보했으며, 즉각적인 피드백이 가능한 환경을 조성해 궁극적으로 직원 간 협력을 도모하는 조직 문화로 이동했다고 이야기했다.

구글 임원이 말하는 실리콘밸리가 평가하는 방법

김현유 구글 아시아사업제휴 총괄전무는 ETRI 강연에서 구글의 평가 방법을 소개했다. 경영계획을 수립하고 사업 부문, 사업부, 사업팀과 개인에게 탑 다운으로 목표와 과제를 부가한 후 조직과 개인을 평가하는 한국 기업의 평가 방식과는 달리, 실리콘밸리는 협업, 소통 문화를 통해 집단 창의력을 발휘하며, 70:20:10 법칙으로 조직과 개인의 자율성을 최대로 보장한다고 한다. 한국의 직원에게는 선망의 대상이지만, 그 이면에는 개인별로 냉혹한 성과 평가와 성취 결과가 뒤따른다. 성과를 낼 수 없다면 얼간이(Jerk)가 되는 것이며, 더 이상 실리콘밸리에 머무를 수 없다는 뜻이다. 이러한 평가 문화가 기반이 돼 기업과 조직, 개인이 긴장감을 유지하며 혁신의 대열에 합류하고 자신을 스스로 성장시키고 성과를 창출한다.

구글에서는 개인에게 책임과 권한을 부여하며, 목표는 개인과 프로젝트를 총괄하는 직접 책임자(DRI)와의 면담을 통해 정의된다. 목표에 따라 자신이 하는 일에 집중하면서 내부 인트라넷인 모마와 도리를 이용해 해당 분야 전문가에게 자문을 구할 수 있다. 구글은 내부의 모든 정보를 투명하게 공개하고 있기 때문에 모든 프로젝트의 진행과 담당자, 전문가를 쉽게 찾을 수 있다. 따라서 책임과 자유가 부과되는 상황에서 각 개인은 동료 효과를 이용해 스스로 자가 진화를 해야 하는 것이다. 근무 평가는 연 2회씩 진행되며 동료 집단에 의한 평가와 책임자 평가가 수반된다. 개인 성과 평가에는 자신의 업무뿐만 아니라, 상대의 업무와 목표에 어떠한 영향을 끼치고 어떻게 도와줄 수 있는가가 평가의 핵심이 된다. 자칫 철저한 개인주의, 실적 지향으로 보일 수 있지만, 전문가로 구성된 동료 집단의 평가는 냉철한 피드백을 제공함으로써 개인 성장에 실질적인 도움을 주는 것이다. 최종 평가 결과는 기대치, 기대 이상, 이하의 등급으로 구분되며 이 결과에 따라 승진, 연봉, 보너스 등의 여부가 결정된다.

명확한 목표설정, OKR

평가는 평가하는 사람과 평가를 받는 사람 사이에 명확한 목표를 설정하는 것에서 시작한다. OKR(Objectives and Key Results)은 1970년대 인텔 CEO 앤디 그로브가 개발해 운영했으며, 인텔 출신 존 도에르의 소개로 구글이 가장 먼저 도입했다. 이후 OKR의 효용성이 입증되면서 실리콘밸리 대부분의 기업에서 표준 평가 제도로 자리잡았다.

OKR은 목표(Objective)와 핵심 성과(Key Result)로 구성돼 있으며, 연간과 분기 단위의 OKR로 구분된다. 연간 단위의 OKR은 지속적으로 변경, 수정이 가능하지만 분기 단위의 OKR은 목표를 협의한 후에는 수정할 수 없다. 일반적으로 OKR은 개인적으로 작성하지만, 공동의 목표를 이루기 위한 협업, 분업이 필요한 경우가 발생한다. 이때는 기업, 조직,

팀, 개인 레벨로 OKR을 세부적으로 분할해 수립한다. 그렇기에 구글러들은 분기당 4~6개 정도의 OKR을 수행한다. 각 분기별로 OKR의 핵심 성과에 대해 0~1 사이의 점수로 자가평가한다. 보통 0.6~0.7 정도를 부가할 수 있다면 훌륭한 성과를 낸 것이며, 0.4 이하의 점수를 배정한다면 핵심 성과를 올바르게 달성하지 못한 것이다. 구글은 분기별 OKR 자가평가에 너무 많은 시간을 소비하지 않도록 유도하고 있고, 실제로 평가는 몇 분 만에 끝난다.

OKR의 특징은 모든 임직원의 OKR을 내부 전산 시스템에 완벽하게 공개한다는 점이며, 심지어 래리 페이지의 OKR도 공개돼 있어 누구나 확인할 수 있고, 과거의 평가 점수를 모두 투명하게 검색해 볼 수 있다. OKR을 투명하게 공개함으로써 동료 평가의 기준이 명확해지고, 평가 대상자의 핵심 성과 달성 여부도 투명하게 검증할 수 있으며, 피드백의 수준도 높아진다. 실리콘밸리 기업이 OKR을 사용하는 이유는 목표를 명확하게 설정하고 공개해 정확하게 커뮤니케이션하기 위해서이며, 업무의 진척도를 실시간으로 점검할 수 있고 자신과 타인, 집단과 조직의 성과를 전 임직원이 공유해 지속적인 혁신이 가능하기 때문이다.

실리콘밸리의 동료 평가

미하이 칙센트미하이는 몰입 상태를 '업무에 대한 높은 집중력에 기반해 과업을 충분히 즐기는 상태'라고 규정했다. 갤럽은 미국의 경기 호황과 글로벌 ICT 기업, 실리콘밸리 유니콘, 데카콘의 성공 이유를 '몰입'에서 찾았다. 미국 기업의 업무 몰입도가 기타 국가의 기업과 비교해 평균 세 배 이상 탁월하다는 결과치를 발표한 것이다. 심지어 상장 기업의 주당 이익도 임직원의 몰입도에 따라 극명한 차이가 남을 지적했다. 실리콘밸리 기업은 치열한 경쟁 환경에서 생존하는 방법으로서 몰입을 탐구하기 시작했고, 임직원의 근무 빅데이터, 인터뷰, 인적자원 분석(HR Analytics) 데이터를 바탕으로 업무 몰입과 성과에 높은 영향을 미치는 요인으로는 '개방형 커뮤니케이션', '자율성 보장', '지속적인 성장 기회'가 있다고 밝혔다. 또한 다니엘 핑크는 저서 『드라이브(Drive)』에서 임직원을 창의적으로 활동하게 하려면 기업은 외재적 동기보다 내적 동기를 유발해야 한다고 말하고 있다.

실리콘밸리는 철저한 엘리트주의를 표방하며 드림팀을 구성해왔다. 또한 채용 기준으로 워비곤 호수 전략(현재 구성원보다 뛰어난 기술 수준을 보유한 직원만 채용한다는 전략)을 채용해 조직의 수준을 최상으로 유지하고자 노력하고 있다. 또한 구글을 포함해 실리콘밸리 ICT 기업은 구성 임직원이 강한 엔지니어적 성향을 띠고 대학의 연구실 문화(Laboratory culture)를 수용해 자신이 몸담은 조직을 작은 연구실이라 생각하도록 유도한다. 실리콘밸리 기업의 업무 강도는 여느 기업들에 비해 결코 낮지 않다. 하지만 실리콘밸리에 합류한 인력들은 스스로 업계의 전문가라고 자부하며 자신과 동료와 함께 공동의 성과, 개인의 성과를 극대화하려 노력한다. 최고의 인재들이 모여 협업과 분업, 성과 주의를 통해 최고의 상승 효과를 만드는 것이며, 여기에 자신과 상대를 전문가로 인정하는 존중의 문화가 녹아 있다. 또한 자신의 성과가 연구실(조직)의 성과에 피해가 되지 않도록 적절한 긴장감을 유지하며, 개인 역량 강화와 목표를 달성하고자 전력 질주하는 것이다. 실리콘밸리가 추구하는 엘리트 주의와 연구실 문화의 이면에는 동료 효과(peer effect)를 통해 성과를 극대화한다는 의도가 담겨 있다. 동료 효과란 새롭게 조직에 합류한 직원이 주변 동료와 몸 담은 조직의 행동과 사고방식에 영향을 받아 스스로 자각하고 변모하는 것이다. 동료를 관찰해 업무와 목표, 성과를 투명하게 살펴볼 수 있으며, 자신의 업무와 성과, 역량 또한 모든 동료와 매니저가 살펴볼 수 있기에 스스로 자가 진화를 하는 것이다.

실리콘밸리를 포함해 대부분의 기업이 OKR로 평가를 진행하지만, 더욱 중요한 평가 요소는 동료 평가다. 실리콘밸리 임직원들은 처음부터 엄격하고 까다로운 절차를 통과해 입사하므로 스스로 업계에서 인정받은 전문가라고 자부한다. 자신을 포함한 모든 조직 구성원, 다른 부서의 임직원도 최고의 전문가로 구성되어 있다고 생각하기에 이러한 동료로부터의 인정과 존중은 최고의 찬사다. 따라서 자신의 업무 성과와 역량을 다른 동료가 평가하는 것을 명예를 위한 경쟁이라고 생각한다. 이들에게 좋은 평가를 받으면 최고의 전문가에게 인정을 받았다는 자부심이 생긴다. 반면, 평가 결과가 예상과 다르더라도 동료 효과를 이용해 신속히 복원하고 성장형 마인드셋을 갖추고 있어서 피드백을 통한 학습과 개선이 이루어질 수 있다.

국내에서도 많은 기업이 다면 평가를 도입해 시행해왔다. 하지만 평가자가 평가 대상자의 업무와 역량을 제대로 파악할 수 없는 시스템적 문제가 있고 개인적 친분 관계, 부서간 정치 활동과 갈등, 사일로 이펙트, 보상 및 피드백 문제를 종합적으로 관리할 시스템과 프로세스가 존재하지 않아 형식적 평가로 전락하고 있다. 또한 개인별 맞춤 평가, 상시 평가 제도는 평가의 투명성이 확보되지 않았거나 임직원의 이해도가 부족한 측면이 있고, 상시 평가가 업무 성과의 비정기적 점검 형태로 변질돼 월 단위 평가, 주간 단위 평가로 진행되고 있다. 이에 임직원이 업무를 수행하는 시간보다 지난 업무의 성과를 기록하는 일에 더 많은 시간을 할애하는 문제점이 발생한다. 또한 피드백의 투명성과 전문성이 확보되지 않은 상태의 다면 평가 때문에 개인과 조직 간 불신, 업무 미공개, 서열화 및 사내 정치 등 악영향이 발생하기도 한다.

실리콘밸리의 동료 효과와 동료 평가는 투명하게 정보를 공개하고 정보에 자유롭게 접근할 수 있었기 때문에 성공했다. 실리콘밸리 기업은 내부 전산 시스템을 이용해 모든 임직원의 업무와 전문 분야, 협업 가능 분야를 실시간으로 조회할 수 있도록 해두었다. 도움이 필요하면 즉각 해커톤이나 스프린트를 신청할 수 있으며, 진행되는 모든 프로젝트에 필요한 전문가의 피드백, 사전 경험, 조언을 구할 수 있다. 세일즈포스닷컴은 그들의 소통 무기인 사내 SNS 시스템 '채터'로 실시간 커뮤니케이션 문화를 만들어 왔으며 '채터라티 탑20' 프로그램을 운영해 사내 정보망에 가장 영향력을 끼친 임직원을 글로벌 임원회의에 참석시키는 혜택을 제공하고 있다. 페이스북은 업무용 SNS인 페이스북앳워크(Facebook@Work)를 개발해 소통과 협업을 극대화하는 업무 시스템으로 이용 중이며, 이를 상용화해 스타벅스를 비롯한 미국 1000여 개의 기업에 공급했다. 실리콘밸리 기업은 소셜 커뮤니티를 기반으로 하는 사내 전산 시스템과 프로세스를 도입해 업무 몰입과 소통을 극대화하고 있다. 이러한 투자는 비용 낭비가 아닌 저축이며 꼭 필요한 디지털 트랜스포메이션의 일환이라는 점을 사전에 인식하고 개선한 것이다. 조직을 관리하는 매니저 또한 구성원의 활동을 독려하며 자리에서 엉덩이를 떼고 즉각적으로 오픈 커뮤니케이션을 수행하라고 강조한다. 동료 효과와 시스템, CEO와 조직 리더의 적극적인 이해와 지원이 괴짜를 다루는 최고의 방법인 것이다.

Starring Startup Culture

실리콘밸리가 일하는 방법

글로벌 ICT 기업과 유니콘, 데카콘

4차 산업혁명, 그 이전, 이후

엘빈 토플러는 미래는 언제나 신속하게 우리에게 다가올 뿐만 아니라 예측하지 못한 방식으로 찾아온다고 이야기했다. 실체가 모호한 4차 산업혁명은 과학기술의 발달에 힘입어 ICBM+AI로 불리는 사물인터넷(IoT), 클라우드(Cloud), 빅데이터(BigData), 모바일(Mobile), 인공지능(AI) 그리고 로봇 분야의 다양한 융복합 덕분에 한때의 유행이나 개별적인 트렌드, 패즈(Fads)를 넘어 개인과 기업, 생활 방식과 사회 전반을 뒤흔드는 메가 트렌드를 형성했다. 지난 2016년 클라우스 슈밥은 4차 산업혁명을 정의하고 다양한 분야에서의 변화를 예측했으며, 신성장 동력을 소개하면서 인류에 대한 공동 책임을 촉구했다. 많은 기업이 이를 준비해 왔으며, 짧은 기간 동안에도 국내외 기업과 스타트업을 준비하는 창업가는 린 스타트업 경영, 미국 실리콘밸리의 일하는 방식과 기업가 정신 도입, 해커톤 조직의 운영, 린 비즈니스 모델 적용, 구글의 스프린트 협업, 신속한 프로토타입의 개발과 빠른 실패를 통한 고객 및 마켓의 이해, 수정 반복을 통한 개선을 비즈니스에 접목하려 노력했다. 하지만 일부 기업과 조직은 전통적 비즈니스 운영 방식과 실리콘밸리의 운영 방식과의 차이를 극복하지 못해 혼란을 겪고 있으며, 과도한 혁신 요구에 대한 피로감, 이해도 부족, CEO 및 주요 의사결정자의 통찰력 부족 탓에 유발되는 비전과 가치의 혼란, 기술과 시장 그리고 고객에 대한 맹신과 오판 때문에 오히려 기존 비즈니스의 존립마저 흔들리는 경험을 하고 있다.

하지만 나름대로 열심히 4차 산업혁명의 파도에 대비하고 있다며, 이런 잘못들을 댄 애이얼리의 저서 『거짓말하는 착한 사람들』에서 언급된 '대다수의 사소한 부정 행위'로 치부하며 애써 숨기고 있는 실정이다. 기업이 생존을 넘어 4차 산업혁명 같은 새로운 메가 트렌드에서 혜택을 얻으려면 기술에 대한 이해와 새로운 사고가 필요하며, 글로벌 리더부터 기업의 모든 임직원에 이르기까지 시스템적 관점과 융복합·통합적 사고를 갖춰 큰 그림(Big Picture)을 조망하고, 기술과 글로벌 과제, 비즈니스에 대한 디테일(Detail)을 추구해야 한다.

18세기의 1차 산업혁명, 20세기 초까지의 2차 산업혁명, 디지털 시대로 표현되는 20세기 후반의 3차 산업혁명을 거쳐 2015년 무렵부터 4차 산업혁명이 시작됐다. 각 산업 혁명의 시기에도 현재의 유니콘, 데카콘과 같은 혁신과 창발적 아이디어를 기반으로 사회, 기술 변화와 트렌드에서 인사이트를 도출하고, 새로운 비즈니스 플랫폼을 구축해 성공한 기업이 있다. 1차 산업혁명은 1784년 증기기관의 발명으로 시작됐다. 철도산업의 제왕으로 불리는 벤더빌트는 1차 산업혁명이 시작되기 전 산업과 비즈니스, 기술의 흐름을 민첩하게 읽어내, 당시 물류 운송의 핵심이던 선박을 모두 처분하고 철도산업에 투자했다. 1차 산업혁명이 태동하면서 제조 혁신으로 소비재와 산업재가 대량생산되자, 전국적으로 물류를 배송해야 할 필요가 생겼고 기존의 선박 운송이 아닌 육로를 이용한 새로운 수송 수단이 요구됐다. 벤더빌트는 이러한 흐름 속에서 철도를 새로운 비즈니스 플랫폼으로 간파한 것이다. 더 효율적인 엔진을 탑재한 선박이 아니라, 철도를 이용한 육로 물류 배송이라는 새로운 경험, 새로운 가치를 고객에게 제시했다. 강철왕이라 불리는 카네기는 당시 대부분의 강철을 수입에 의존해 선박으로 유통하는 구조였지만, 선박에서 철도로 유통의 매개자가 혁신을 이루는 트렌드와 기술 변화를 감지했고, 남북 전쟁 이후 산업계의 철강 수요에서 비즈니스 기회를 포착했다. 그는 미국 최초의 철강 제조 기업인 에드거 톰슨 강철 회사를 설립해 원재료, 가공, 제품의 대량생산, 물류 및 유통을 장악했고, 철강 관련 기술을 가진 기업을 인수 합병하며 규모의 경제를 실현했다.

2차 산업혁명 대표하는 인물인 헨리 포드는 시대의 아이콘이었다. 현재 아마존이 로봇 시스템을 이용한 물류 자동 배송, 포장, 이송에 관해 10세대 연구를 시작했듯이, 당시 헨리 포드는 컨베이어 벨트를 도입해 제조 부문을 혁신하면서 대량생산, 대량소비라는 새로운 혁명을 창출했다. 헨리 포드가 설립한 포드(Ford)는 현재도 미국을 대표하는 자동차 회사 중 하나다. 특히 포드의 모델T는 특권층의 전유물이던 자동차 문화를 중산층까지 넓혀 보편적 대중화를 선도한 혁신 제품이었으며, 똑같은 모양과 성능, 기능을 갖춘 단일 모델을 기반으로 부품 공급, 생산과 제조, 유통을 극단적으로 효율화함으로써 당시 단일 모델로 1500만 대 이상의 판매고를 올렸다. 당시 자동차는 부와 권위의 상징이었지만, 이러한 고정 관념을 타파하고 자동차의 대중화를 창안한 것이다. 단일 모델 생산으로 원가와 재고 부담 경감, 컨베이어 벨트 도입으로 경쟁사 대비 6분의 1로 노동력 감축, 컨베이어 벨트 개념을 확장한 하이랜드(HighLand) 공장 설립 등은 경쟁사가 생각하지 못한 새로운 사고와 전략이었다. 프레드릭 테일러의 과학적 관리 기법과 앙리 페이욜의 산업의 일반 관리가 등장하면서 당시 기업 전략의 흐름이 기업 경영 관리 프로세스로 모아지는 상황에서도 헨리 포드는 비즈니스 인사이트와 창발적 아이디어로 새로운 비즈니스 시대를 개척한 것이다.

세계 시총을 휩쓴 ICT 기업들

기업은 항상 생존을 위해 투쟁한다. 기업이 다양한 비전과 미션을 표방한다 하더라도 결국 이윤 창출이 되지 않으면 더 이상 생존할 수 없기 때문이다. 최근 세계거래소연맹에서 발표한 기업 순위를 살펴보면 10년간 그 이름을 유지하기가 매우 어렵다는 것을 알 수 있다. 2007년 집계 당시 장치산업과 석유화학, 금융 비즈니스로 글로벌 시총을 선도하던 기업은 이제 ICT 기업에게 자리를 내주었다. 10년이 지난 2017년 집계에서는 엑손 모빌, 마이크로소프트만 기업 순위에 지속적으로 이름을 올린 반면에, 애플, 알파벳(구글), 페이스북, 아마존, 텐센트, 알리바바 같은 4차 산업혁명의 수혜 기업이 신규로 진입했다. 4차 산업혁명으로 유발된 산업 재편 바람에 자동차, 중공업과 중화학, 철강 분야의 글로벌 비즈니스 리더들마저 순위 밖으로 밀려났다.

기업 경영 전략 분야에는 미국과 일본 기업의 평균 수명은 30년이라는 속설이 존재한다. 실제로 보스턴컨설팅그룹의 조사에 의하면 상장사 3만 개의 평균 수명은 30년을 넘지 못했

시가 총액 기준 글로벌 탑 10 업체 순위

순위	로고	기업	국가	시가총액 USD	시가총액 KRW
1		애플	미국	1005억 달러	1136조 원
2		아마존	미국	909억 달러	1028조 원
3		구글	미국	860억 달러	974조 원
4		마이크로소프트	미국	835억 달러	944조 원
5		페이스북	미국	524억 달러	592조 원
6		버크셔해서웨이	미국	509억 달러	575조 원
7		알리바바	중국	465억 달러	526조 원
8		텐센트	중국	448억 달러	506조 원
9		JP모건 체이스	미국	391억 달러	442조 원
10		존슨앤존슨	미국	350억 달러	396조 원

다. 매년 10퍼센트의 기업이 사라지며, 기업 설립 후 5년 이상 생존한 확률 역시 70퍼센트를 넘지 못하고 있다. 이후 맥킨지의 기업수명조사의 결과는 더욱 충격적이었다. 기업의 평균 수명이 매년 감소해 2005년 기준 15년으로 집계된 것이다. 크리스텐슨 교수는 이러한 현상을 보고 기업의 혁신 유전자가 지속되어야 함을 강조하며 사람, 과정, 철학의 3P를 주장하기도 했다.

유니콘, 데카콘

새롭고 성공적인 비즈니스 모델을 구축해 초고속으로 성장하는 기업들을 유니콘(Unicorn)이라고 한다. 2013년 벤처 투자자인 에일린 리가 통계적으로 스타트업이 성공하기 힘들다는 사실을 강조하기 위해 신화적 동물 유니콘에 빗대 정의한 것이다. 유니콘 기업은 기업 가치가 10억 달러 이상인 비상장 스타트업이며, CB인사이트(CB Insight)사에 따르면 2018년 기준 258개의 기업이 목록에 올랐다. 또한 이러한 유니콘 기업 중에서도 기업 가치가 100억 달러 이상인 비상장 스타트업을 데카콘(Decacorn)이라고 한다. 이들은 혁신적인 기술과 파괴적 아이디어로 시장의 기존 질서를 넘어 새로운 시장을 창조하고 있다.

〈포춘〉 선정 500대 기업은 시가총액 1조 원에 도달하는 시간이 평균 20년이었지만, 유니콘 기업은 이 기간을 평균 6년으로 단축했으며, 우버 같은 일부 유니콘 기업은 단 2년 만에 도달하기도 했다. 유니콘, 데카콘 그룹은 4차 산업혁명의 궁극적인 수혜자다. 이들의 핵심 전략은 전자상거래(E-Commerce), 마켓 플레이스(Marketplace), 소셜 네트워크, 인터넷 소프트웨어 및 서비스, 핀 테크(Fin Tech), 사이버 보안(Cyber Security), 온디맨드(On-Demand), 빅데이터, 헬스케어, 미디어, 하드웨어, 모바일 소프트웨어와 서비스, 부동산 등에서 스마트폰, SNS, 클라우드 컴퓨팅, 사물인터넷, 인공지능 등을 다양하게 융복합해 누구나 참여하고 협력할 수 있는 플랫폼을 만들고, 고객에게 제공될 가치를 중심으로 새로운 비즈니스 모델을 개발함으로써 모든 시스템을 혁신하는 것이다. 특히 최근 유니콘 기업은 금융, 교육, 의료, 미디어 분야에서 전통적 비즈니스 모델에 ICT 기술을 접목해 새로운 가치와 경험을 창출하고 있다. 한 대의 차량도 소유하지 않고 차량 공유 경제 플랫폼을 운영하는 우버의 시가 총액은 미국 자동차 대기업인 GM이나 포드의 기업 가치를 넘어섰고, 한 채의 호텔도 소유하지 않았지만 숙박 공유 경제 플랫폼을 운

글로벌 상위 20개 유니콘(Unicorn) 기업 현황 , CB Insights

순위	기업명	기업가치 (억 달러)	국가	분야
1	Uber	680	미국	공유 경제(차량)
2	Xiaomi	460	중국	스마트폰/디바이스
3	Didi Chuxing	338	중국	공유 경제(차량)
4	Airbnb	300	미국	공유 경제(부동산)
5	Palantir Technologies	200	미국	빅데이터 분석 소프트웨어/ 서비스
6	Lu.com	185	중국	핀테크(P2P)
7	China Internet Plus	180	중국	전자 상거래
8	WeWork	169	미국	공유 경제(사무실)
9	FlipKart	160	인도	전자 상거래
10	SpaceX	120	미국	항공 우주
11	Pinterest	110	미국	소셜(이미지 공유 및 검색)
12	Dropbox	100	미국	웹 기반 파일 공유 서비스
13	Infor	100	미국	비즈니스 소프트웨어
14	DJI Innovations	100	중국	상업용/개인용 드론
15	Stripe	92	미국	핀테크
16	Spotify	85	미국	온라인 음악 스트리밍 서비스
17	Zhong An Insurance	80	중국	핀테크(보험)
18	Snapdeal	70	미국	전자 상거래
19	Lianjia(Homelink)	62	중국	전자 상거래
20	Global Switch	60	영국	데이터 센터

영하는 에어비앤비는 세계 최대 호텔 기업 인터컨티넨탈 그룹이 65년에 걸쳐 이룩한 성과를 단 4년 만에 달성했고 힐튼, 메리어트보다 더 높은 시가총액을 기록하고 있다. 인텔이 인수한 이스라엘의 스타트업 모빌아이는 영상 인식 기반 첨단

운전자 보조시스템인 ADAS를 개발해 세계 1위 점유율을 달성하며 업계의 돌풍을 일으키고 있고 인텔의 자율주행차 비즈니스를 업계 선두로 견인했다. 월마트는 온오프라인 유통, 물류 비즈니스를 극단적으로 확장하는 아마존에 대항해 제트닷컴을 인수함으로써 아마존화(Amazon'd)에서 벗어나려 노력하고 있다.

4차 산업혁명은 이미 시작되었고 유니콘, 데카콘의 전쟁이 한창이다. 미국 기업 경제의 판세도 매번 달라지고 있다. 미국 시총을 선도하는 페이스북(Facebook), 아마존(Amazon), 넷플릭스(Nexflix), 구글(Google)은 여전히 FANG이라 불리며 굳건한 입지로 비즈니스를 선도하고 있으며, 페이팔(Paypal), 아마존(Amazon), 엔비디아(Nvidia), 디즈니(Disney), 알파벳(Alphabet)으로 이루어진 PANDA 진영의 움직임도 주목할 만하다. 자율주행차와 빅데이터 연산을 위한 칩을 만든 GPU의 최강자 엔비디아는 지속적으로 빅데이터, 인공지능, 사물인터넷 확장에 따른 수혜를 받고 있으며, 디즈니는 놀이동산과 만화영화, 캐릭터 플랫폼에 인공지능과 빅데이터를 접목해 새로운 경험을 제공하는 엔터테인먼트 산업을 창출하고 있다. 중국의 바이두(Baidu), 알리바바(Alibaba), 텐센트(Tencent)를 일컫는 BAT는 여전히 중국의 인공지능과 빅데이터, 전자상거래 비즈니스를 견인하고 있으며 직접적으로 FANG을 위협하고 있다.

시장 조사 업체 CB인사이트에 따르면 전 세계 유니콘 기업의 수는 258개로서, 2014년 45개에서 4년 만에 5배 이상 증가했다. 데카콘 기업은 2014년 3개에서 2017년 기준 14개로 증가했다. 신생 유니콘 기업에는 새로운 특징이 있다. 기존 유니콘 기업들처럼 기술과 플랫폼으로 시장 파괴를 주도하지만, 이들은 인공지능, 3D 프린팅, 사물인터넷, 빅데이터, 헬스케어, 로봇, 핀테크에 이르기까지 필요한 모든 것을 신속하게 융복합한다. 거기에 연결과 협력, 집단 지성과 오픈 소스, 오픈 커뮤니티로 이종 산업의 플랫폼까지 유연하게 연결해 비즈니스를 확장시키는 민첩성과 유연성을 갖추고 있다.

유니콘, 데카콘은 미래 산업의 신성장 동력으로서 가치를 인정받고 있다. 유니콘 기업은 전자상거래, 핀테크, 공유 경제 영역부터 ICT 기술을 융복합한 빅데이터 원천기술과 분석 서비스, 인공지능, 하드웨어 분야에 이르기까지 광범한 비즈니스 영역으로 진출하고 있다. 공유 경제 비즈니스 모델은 차량(우버, 리프트), 숙박(에어비앤비), 오토바이(고-젝), 사무실(위워크) 등 다양한 플랫폼을 매개로 확산되고 있지만 하드웨어를 직접 제조하는 기업의 비중은 지속적으로 하락하고 있다. 중국 샤오미처럼 오픈 아웃소싱, 오픈 이노베이션의 형태로 변모하고 있다. 전통적 로봇 연구와 관련 비즈니스의 산실인 매사추세츠 로보틱스 클러스터도 로봇과 ICBM+AI를 접목한 융복합 비즈니스 모델로 혁신을 추진 중이다.

미국 기반의 유니콘 기업은 기존에 없던 비즈니스 모델을 고안해 새로운 시장 및 수익 구조를 창출했다. 우버, 에어비앤비처럼 공유 경제의 기치하에 산업이 패러다임 자체를 변화시키거나 구글, 아마존처럼 독보적인 기술력과 플랫폼으로 시장을 선점한 후 독점적 지위로 후발 주자들의 추격을 따돌렸다. 넷플릭스는 전통적인 비디오 대여업을 영위하던 기업이었지만, ICT 기술을 접목해 온라인 스트리밍 서비스 기업으로 신속하게 전환했다. 이들은 세상에 없던 비즈니스가 아니라 세상에 없던 비즈니스 모델로 고객에게 새로운 경험을 선사한 것이다.

빅데이터를 이용한 소프트웨어 분야의 독보적 유니콘 기업은 팔란티어(Palantir)다. 팔란티어는 여타의 기업처럼 빅데이터 분석 플랫폼과 분석 서비스를 제공하고 있다. 이들의 비즈니스는 기존 기업과 유사할 수 있지만, 비즈니스 모델 접근과 플랫폼, 고객에게 제공하는 가치는 기존에 없던 것이었다. 팔란티어의 기업 미션은 "세상의 가장 중요한 기관(Institutions)을 위해 가장 중요한 문제점들을 해결하는 것"이라고 한다. 빅데이터의 효용성과 가치를 이해하기 어려운 일반 기업을 공략하지 않고 미국 중앙정보국(CIA), 국방부 등 정부 기관과 금융 기관을 대상으로 빅데이터 분석을 통한 사기, 범죄, 테러 예방 등에 특화된 솔루션을 제공한다. 창업자인 피터 틸은 페이팔 출신으로 이미 전자 금융 결제와 결제 보안, 신용 사기 등의 문제를 해결해본 경험이 있었다. 빅데이터 기술의 등장과 자신의 핵심 역량인 금융 지급 결제 분야에서 비즈니스 기회를 보았고, 정형화된 데이터뿐만 아니라 이메일, 트위터 등 비정형 데이터까지도 분석해 데이터 인사이트를 제공하는 비즈니스를 선보여 업계의 주목을 받았다. 피터 틸은 기업은 항상 세상이 아직 깨닫지 못한 비밀을 갖고 있어야 한다고 이야기하며, 기존에 없던 생각으로 새로운 기회를 만드는 과정, 즉 0에서 1(Zero to One)이 되는 사고방식의 대전환을 강조하고 있다.

중국 스타트업의 성공 키워드는 덩샤오핑의 흑묘백묘 사

고 방식으로서 창조적 모방을 강조한다. 창조적 모방을 비즈니스에 접목해 글로벌 기업의 검증된 비즈니스 모델과 플랫폼, 고객 유인 방법을 재빠르게 모방하고 창조적으로 응용해 비즈니스를 확장했다. 초기 중국의 유니콘 기업은 최고의 기술력이나 최초의 창의적 아이디어, 비즈니스 모델로 승부하는 것이 아니라, 시장 규모의 이점을 활용하고 지속적인 혁신과 선략적 민첩성, 유연성을 기반으로 성장한 것이다. 텐센트의 CEO인 마화텅은 창조적 모방에 대한 유명한 일화를 남겼다. 다른 기업이 고양이를 보고 고양이를 그렸지만, 자신은 고양이에서 영감을 얻어 호랑이를 그렸다고 했다. 흰 고양이건 검은 고양이건 쥐만 잘 잡으면 된다는 덩샤오핑의 흑묘백묘론을 4차 산업혁명의 비즈니스 동인으로 활용한 것이다. 중국의 유니콘 기업 투지아(Tujia)는 사업 초부터 여행자와 주택 소유자를 연결해주는 숙박시설 공유 경제 기업 에어비엔비를 카피했다는 비판을 받았다. 하지만, 중국은 세계 최대의 주택 보유 국가이며, 빈 집이 5000만 가구에 달하고 있다. 비록 비즈니스 영감은 에어비엔비가 제공했지만 민첩하게 비즈니스로 실행한 기업은 투지아다. 중국 경제가 성장하면 휴가에 대한 수요가 늘고 이에 따라 숙박업이 동반 성장할 것이라는 미래 예측을 했으며, 중국 문화에 기반한 현지화 서비스를 제공해 소비자들의 큰 호응을 얻은 것이다. 비즈니스 목적보다 가족 위주의 여행 문화가 확산되자 보다 넓은 수소를 확보했고, 숙소 등급에 따라 청소, 요리 등의 부가 서비스를 제공해 고객 맞춤화를 추구했다.

유럽에 기반을 둔 유니콘 기업은 핵심 역량을 기반으로 한 비즈니스 확장이라는 사고방식으로 대응해왔다. 금융 강국인 영국의 핀테크 산업을 중심으로 기존 산업의 경쟁우위를 레버리지하고 비즈니스 모델 안정화에 집중하는 형태다. 유럽은 특히 과거 닷컴 경제가 붕괴되는 것을 지켜보았으며, 서유럽의 금융산업, 동유럽의 제조산업으로 양분하여 내실을 다져왔다. 미국의 유니콘이 시장 파괴적 비즈니스와 팽창주의 경영 전략을 추진한 반면, 유럽의 기업은 금융과 제조 분야에서 지속적이고 안정적인 수익을 창출하는 비즈니스에 집중했다. 이러한 기조 때문에 유럽에서 핀테크 분야에서 최초, 최고의 기업들이 등장하게 됐고, 제조업 혁신으로 인더스트리 4.0라는 대표적 본보기가 등장한 것이다.

비즈니스 모델,
비즈니스 모델 캔버스

비즈니스 모델의 정의

『스타트업 바이블』의 저자 빌 올렛 교수는 스타트업이 갖추어야 할 요소로 아이디어(Head)와 전략적 실행(Hand), 열정(Heart), 창업 환경(Home)의 머리글자를 따서 4H를 주장했다. 창의적, 창발적 아이디어가 필요한 요소이지만, 기술로 실리콘밸리의 신화를 이룩했다는 이야기에는 과대평가된 점이 많다고 지적했다. 창발적 아이디어라 하더라도 가상 세계의 아이디어를 현실 세계로 이끌어 내려면 구체화의 기술과 구현하려는 노력이 필요하며, 기술을 사업으로 연결하는 비즈니스적 마인드와 비즈니스 모델, 기업가 정신이 뒷받침돼야 한다.

기업 경영에서 비즈니스 모델은 끝없는 화두가 돼 왔다. 성공하는 기업, 실패하는 기업 및 스타트업에게도 비즈니스 모델은 차별화와 연결, 확장과 진화를 이루어야 하는 혁신의 대상으로 인지되고 있다. 이에 따라 스타트업을 지원하는 비즈니스 스쿨과 각종 부트캠프(BootCamp)에서는 1퍼센트의 성공을 이끈 실리콘밸리의 유니콘, 데카콘의 비즈니스 모델을 분석함은 물론 99퍼센트의 실패를 이끈 원인을 규명하고자 페일콘(FailCon)도 찾고 있으며, 하타무라 요타로 교수를 필두로 학문으로 정립된 실패학이 주목받고 있다.

폴 티머스는 비즈니스 모델을 '상품, 서비스, 정보의 흐름

비즈니스모델의 정의

연구자	정의
Timmers	다양한 사업 참여자와 그들의 역할을 포함하는 제품 서비스, 정보 흐름의 구조이며, 다양한 참여자들의 잠재적인 이익과 수익원천을 설명해주는 청사진
Venkatraman Henderson	고객과의 상호작용, 자산형태, 지식 수단 등의 세 가지 측면에서 전략을 수립하기 위해 조정된 계획
Amit, Zott	사업 기회의 가치 창출을 위해 설계한 거래 내용, 구조, 관리를 설명하는 것
Rappa	수익을 창출하기 위해서 사업을 영위하는 방식
johnson	고객 가치제안, 수익 공식화, 핵심 자원, 핵심 프로세스 4가지 구성요소가 서로 맞물려 가치를 창출하고 전달하는 것
Teece	기업이 고객에게 가치를 전달하기 위한 수익과 비용의 실행 가능한 구조와 고객의 가치 제안을 지원하는 논리와 자료, 그 이외의 다른 증거들을 분명하게 표현하는 것

등을 엮어내는 사고의 틀'이라고 규정했으며, 이후 다양한 관점으로 비즈니스 모델을 정의했다. 비즈니스 모델은 제품과 솔루션으로 대표되는 고객 가치와 사업에 필요한 핵심 활동, 핵심 파트너, 기업의 핵심 자산, 고객 관계와 판매 채널, 고객 정의 및 비용 구조와 지속적 수익원의 흐름을 시스템화한 것이다.

파괴적 혁신 이론을 정립한 클레이튼 크리스텐슨 교수는 비즈니스 모델의 구성 요소를 고객 가치 제안(customer value proposition), 수익 공식(profit formula), 핵심 자원(key resources), 핵심 프로세스(key process)로 규정하고 이러한 요소가 유기적인 관계를 맺어 새로운 가치를 창출하는 것이라고 정의했다. '고객 가치 제안'은 고객을 규명하고, 고객이 해결하고자 하는 문제점을 파악하며, 제품과 솔루션으로 실질적으로 고객에게 어떠한 가치와 편익, 혜택을 제공할지를 고민하고 설계하는 영역이다. '수익 공식'은 기업이 매출을 발생시키는 원천을 규명하며, 제품과 솔루션의 원가 구조, 제품이나 솔루션을 제공하는 데 들어가는 기업 내의 각종 핵심 활동을 포함한다. '핵심 자원'은 고객 가치 제안과 수익 공식의 달성을 위해 기업이 지속적으로 영위해야 할 리소스로서 기술, 인력, 특허, 채널과 파트너십, 제휴, 오픈 이노베이션 등으로 정의된다. '핵심 프로세스'는 기업이 비즈니스를 수행할 때 발생하는 문제점과 해결 방안, 비즈니스 모델의 성장과 진화 및 확장, 수익 창출을 위한 기업의 내외부 활동, 전통적 기업 경영 활동 및 프로세스 등을 포함한 개념이다.

비즈니스 모델의 구성 요소를 어떻게 정의하는가에 관한 명시된 법칙은 없다. 크리스텐슨 교수가 고객 가치 제안, 수익 공식, 핵심 자원, 핵심 프로세스를 비즈니스 모델의 구성 요소로 선정했지만, 가치 제안, 목표 고객, 가치사슬, 전달 방식 설계, 수익 흐름으로 비즈니스 모델을 변형해 적용할 수도 있다. 4차 산업혁명은 초연결을 유발했다. 이제는 핵심 자원도 아웃소싱, 오픈 이노베이션, 오픈 커뮤니티에서 획득할 수 있다. 전통적인 생산, 제조, 유통 인프라도 대여하고 빌려 쓰는 공유 경제의 시대이며, 기업의 ICT 인프라도 디지털 트랜스포메이션의 시대적 요구를 거스를 수 없게 됐다. 이제는 '무엇을 어떻게 연결하는가'라는 질문에 답할 수 있어야 하며, '고객에게 어떻게 전달할 것인가'라는 문제에 대한 대답으로 비즈니스 플랫폼 확보와 유지 전략 그리고 성장 전략이 함께 화두로 떠오르고 있다.

비즈니스 모델 캔버스

비즈니스를 수행하면서 기업의 리더들은 그들이 운영하는 조직과 팀이 더 크게 생각하고 더 혁신적이 되도록 격려한다. 그러나 조직과 팀이 임무를 완벽하게 끝까지 수행하려면 공통의 규정된 도구가 필요하다. 알렉산더 오스터왈터와 예스 피그누어는 저서 『비즈니스 모델의 탄생(Business Model Generation)』에서 비즈니스 모델의 핵심 구성 요소를 9개로 나누고 하나의 캔버스마다 구성 요소들을 배치한 비즈니스 모델 캔버스를 발표했다. 이후 초기에 발표한 비즈니스 모델의 핵심 9요소에 '사회 환경에 대한 비용'과 '혜택'이라는 두 가지 요소를 추가했다.

기업에서 경영 전략을 짜거나, 신규 사업 검토, 사업 개발 등 업무를 수행하거나 다른 기업과 협업(Business Collaboration,

핵심 파트너십	핵심 활동	가치 제안	고객 관계	고객 세그먼트
	핵심 지원		채널	
비용 구조			수익 흐름	
사회 환경에 대한 비용			사회 환경에 대한 혜택	

비즈니스 모델 캔버스, Business Model Generation

Business Integration)을 진행할 때면 종종 비즈니스 모델을 요구한다. 이러한 경우 각 기업은 그동안 이용해온 자사의 문서 템플릿을 사용해 비즈니스 모델을 제공한다. 하지만, 고객이나 상대 기업이 원하는 요소가 포함돼 있지 않다면 오히려 기업의 전문성까지 의심을 받을 수 있다. 글로벌 기업과의 협업을 추진할 때 공통된 양식으로 비즈니스 모델을 작성한다면 신속하고 정확하게 커뮤니케이션할 수 있다. 1페이지의 캔버스에 비즈니스를 수행하는 데 필요한 다양한 핵심 요소를 포함시켜 각각의 관계를 시각적으로 확인하는 것이다.

고객 세그먼트

비즈니스 모델 캔버스를 구성하는 다양한 요소 중 가장 먼저 고려해야 할 사항이 고객이다. 4차 산업혁명 이후 비즈니스의 흐름은 고객의 문제점을 파악해 해결하고, 이 과정에서 고객에게 새로운 경험과 가치를 제공하는 쪽으로 흐르고 있다. 과거의 비즈니스는 제품과 솔루션으로 고객을 유인했지만, 지금은 초연결의 혜택으로 불특정 다수의 고객이 이미 정보와 기술, 비즈니스와 플랫폼에 연결돼 있으므로 수많은 지식과 경험에 노출돼 있다. 이제 비즈니스는 어떠한 고객을 대상으로 어떠한 문제를 해결해 가치를 제공할 것인가를 고려해야 한다. 고객을 정의하는 데에는 고객의 성향과 인구 통계학적 특성, 심리 유형, 구매 패턴과 추구하는 가치 등을 섬세하게 분류하는 과정이 필요하다. 또한 핵심 고객과 비핵심 고객을 분류하고 여론을 이끄는 인플루언서와 소문을 퍼트리는 스니저(Sneezer)를 파악해야 한다.

고객 분류와 함께 시장도 파악할 수 있다. 대부분의 고객이 포함되는 매스 마켓이나 기존의 경쟁사들이 관심을 표하지 않는 틈새 시장, 또는 2개 이상의 개별적인 타깃 그룹이 형성 돼 있는 멀티사이드 시장 등으로 고객과 시장을 구분한다.

초연결, 융복합으로 가중된 불확실성 때문에 고객 세그먼트 과정은 비즈니스를 수행하며 지속적으로 검증하고 갱신해야 하는 요소가 됐다. 세상과 연결돼 콘텐츠를 만들고 선별하며 공유하는 C세대와 Z세대, 인플루언서, 전문 큐레이터의 동향도 지속적으로 관찰해야 한다. 이전에는 고객을 정의한 후 비즈니스를 수행했지만, 이제는 고객이라고 설정한 집단을 끊임없이 검증해 사업의 방향을 민첩하게 수정하고 보완해야 하는 시대다. 하지만 때로는 사전 고객 검증을 무시해야 하는 상황도 있다. 포드의 모델 T 출시 이전에 고객을 검증했다면 그들은 지치지 않고 더 빠르게 달릴 말(horse)을 원했을 것이며, 매킨토시를 출시하기 이전에 고객을 검증했다면 더 빠른 속도의 CPU를 탑재한 컴퓨터를 원했을 것이다. 고객은 때때로 그들이 원하는 바를 이미 경험한 익숙한 도구와 수단을 활용해 표현하기 때문에 새로운 경험을 구체적으로 말하지 못한다. 결국 기업은 비즈니스 모델을 수립하기 이전, 수립 중, 수립 이후에도 끊임없이 고객을 검증해 민첩하게 사업 전략과 비즈니스 모델 그리고 플랫폼을 수정·보완하고 확장·진화시켜야 한다.

가치 제안

고객 세그먼트를 수립한 다음에 고객이 필요로 하는 가치를 창출하려면 제품, 서비스, 솔루션 및 고객 경험을 준비해야 한다. 기존 제품과 서비스, 고객 경험에 대해 고객이 불만족하는 사항을 탐구하고 분석하고, 새로운 가치를 제공해 실질 수익으로 연결되는 가치 제안이어야 한다. 새로운 가치를 제안할 때는 '고객을 어떻게 교육할지'와 고객이 경험한 가치에 대해 '충분히 비용을 지불할 의사가 있는지'를 시뮬레이션해야 한다.

과학기술의 발달은 의료 분야에서도 획기적 혁신을 이루었다. 인튜이티브 서지컬의 다빈치 수술 로봇은 일반외과, 흉부외과, 심장외과, 비뇨기과, 산부인과, 소아외과의 복강경 수술 대부분을 시술하는 첨단 로봇이다. 환자의 몸 안에 삽입돼 집도의의 손처럼 동작하며, 마치 환부를 열고 직접 시술하는 것과 같은 역할을 수행한다. 미국과 유럽의 거의 모든 우수 대학 병원과 수련 병원에서 사용하고 있을 정도로 이미 보편화됐다. 하지만 출시부터 성공을 예견할 수는 없었다. 로봇 수술은 특히 인명과 관련돼 있어 도입하기 부담스러웠고, 의사와 집도의를 교육하는 문제, 로봇을 유지 보수하는 문제, 환자가 로봇 수술을 이해하지 못하는 문제 등이 뒤따랐다. 애플의 매킨토시는 빅 브라더인 IBM과 경쟁하기 전에 예상 고객에게 매킨토시의 가치를 먼저 제안하고 고객이 이해할 수 있도록 준비해야 했다. 인튜이티브 서지컬과 애플이 고객에게 가치 제안을 하기 위해 시도한 프로그램은 테크 에반젤리스트 도입이었다. 마이크 보이치, 가이 가와사키는 애플의 새로운 사용자 경험을 전파했다. 이들은 새로운 제품과 기술을 소개하는 것을 넘어 고객의 가치와 경험, 새로운 혜택을 전도한 것이다. 인튜이티브 서지컬은 보수적인 의료 집단을 교육하고 현장을 지원할 자원으로 의료계의 저명 인사를 영입해 새로운 경험을 전도했다. 또한 시술 후 환자의 동의를 얻어 이들을 인플루언서와 스니저로 활용해 전 도사의 역할을 맡겼다.

가치 제안 과정에서 최종적으로 고려해야 할 사항은 고객의 비용 지불이다. 기업은 제공받은 가치와 경험에 대해 충분한 비용을 지불할 용의가 있는지를 판단하고 점검해야 한다. 헬스케어에서 가장 중요한 점은 환자와 의사의 커뮤니케이션이다. 그럼에도 불구하고 환자가 병원에서 진료를 받을 때에는 항상 전문 용어, 이해할 수 없는 CT와 MRI 사진, 암호와 같은 진료 기록서 때문에 불만족스러워했다. 아웃컴헬스는 바로 이러한 점에 착안해 환자와 의사가 투명하고 정확한 정보를 기반으로 커뮤니케이션할 수 있도록 태블릿과 대형 모니터 기반의 다양한 진단 솔루션을 병원에 공급했다. 아웃컴헬스 솔루션이 설치된 병원에 방문한 환자는 전용 태블릿을 받고 진료 대기 시간에 문진표를 작성해서 의사에게 진료받기 전에 자신의 정보를 전달한다. 진료를 받는 동안에는 자신의 3차원 인체 해부도를 띄워 놓고 의사에게 상세한 설명을 들을 수 있으며, 진료 후 환자의 태블릿에 의사의 진단 결과와 처방전, 제조 약의 복용 주의점 및 주의 사항 그리고 추가 검진 정보 등이 전송된다. 이전에도 유사한 비즈니스 모델이 존재했지만, 아웃컴헬스가 급격하게 성장할 수 있었던 이유는 환자, 의사 모두에게 이 시스템을 무료로 제공하기 때문이다. 아웃컴헬스는 환자로부터 수집하는 엄청난 의료 정보와 의사의 진단 정보를 모아 수집, 가공, 재해석해 보험사와 제약회사, 의료 관련 기관에게 재판매함으로써 수익을 올리는 새로운 개념의 비즈니스 모델을 만든 것이다.

채널

채널은 기업의 제품과 솔루션, 고객 가치와 경험을 고객에게 효율적으로 전달하기 위한 방법을 규정하는 과정이며, 여기에 고객과 커뮤니케이션하는 데 필요한 고객 인터페이스, 고객의 경험을 전파하기 위한 광고와 홍보 매체 그리고 기업의 플랫폼 구축과 고객 유인, 유지 정책을 포함한다. 특히 이 과정에서 가장 효율적인 가치 전달 방법을 고민해야 하며, 우호적인 고객 경험을 지속적으로 연결하고 확대해야 한다. 기업은 자사의 플랫폼과 웹 사이트, 제품, 솔루션을 지속적으로 확장하는 전략을 수립하고 실행해야 한다. 그리고 AFAR(최대 여행정보 사이트, 매거진 운영), 유튜브, 드웰(Dwell, 최대 인테리어, 홈 데코레이션 정보제공 포털), 페이스북, 트위터 등에 어떻게 광고할지를 정하고 바이럴 마케팅, 인플루언서와 오피니언 리더 마케팅, 큐레이팅과 프로그래매틱 광고 기법을 검토해야 한다. 또한 전통적 채널인 디스트리뷰터(Distributor), 판매채널(Sales Channel), VAR(Value added reseller, 부가가치 재판매 업체), 협력사, SI(System Integrator, 시스템 통합 업체)를 신규 발굴하고 기존 파트너와 협력을 강화해야 한다.

4차 산업혁명 이후 채널의 개념도 확장과 진화를 거듭하고 있다. 기업의 생존과 시장 확대, 후발 경쟁자의 진입 저지 그리고 신규 시장 창출 때문에 채널, 비즈니스 모델, 플랫폼이 합종연횡하고 있다. 글로벌 경쟁 기업도 서로 합종연횡하여 다른 경쟁자를 연합 전선에서 배제하는 카르텔을 형성한다. 인공지능 음성비서 분야의 최강자 아마존과 경쟁사인 마이크로소프트가 연합해 인공지능 플랫폼과 연구개발 내역을 교류하는 전략적 협업을 선포했다. 월마트는 아마존 킨들에 대항하고자 라쿠텐과 협력해 전자책, 오디오북 시장에 진입했다. 페이스북이 10년 로드맵에서 자체적인 통신망 구축을 선포하자, 글로벌 통신사와 장비 제조사는 아큐모스 인공지능 프로젝트(오픈소스 인공지능 개발 프로젝트)를 주도하는 LF 딥러닝 재단에 합류해 5G 등 차세대 이동통신 환경에 맞게 공동으로 대응하고 있다. 애플은 그간 협력해온 마이크로소프트와 결별하고 iOS에 적용된 음성인식 비서 시리와 맥 OS와 iOS 내의 검색 기능인 스폿라이트(spotlight)에 구글 검색 엔진을 탑재했다. 애플의 이러한 변화 뒤에는 구글의 플랫폼 연결 전략이 숨어 있다. 구글의 목적은 최대한 많은 사용자를 연결해 궁극적으로는 광고 수입을 극대화하는 것이다. 글로벌 ICT 기업이 시장과 고객, 플랫폼을 장악함으로써 후발 기업과 신생 스타트업은 채널 확보에 더욱 어려움을 겪게 됐다. 이제는 독자적 플랫폼을 구축하겠다는 고집을 버리고 기존 플랫폼에 합류하는 전략이 활용되고 있다. 아마존, 구글, 페이스북 등의 인큐베이팅 프로그램을 활용해 시장에 진입해서 채널 확보, 기술력 확대, 고객 유인을 수행하며, 다른 한편으로는 차별화된 비즈니스 모델과 플랫폼을 준비하는 전략이다. 이제는 장악을 탈피하고 공생, 협력이라는 전략적 유연성을 갖추어야 할 시기다.

고객 관계

고객을 유치하는 일도 중요하지만, 고객을 지속적으로 유지하는 일은 비즈니스를 수행하면서 풀어야 할 근본적인 문제이다. 이미 고객은 수많은 미디어, 정보 채널에 연결돼 있다. 이들에게 새로운 가치와 호기심을 제공하고 지속적인 관심을 끌지 못한다면 플랫폼에서 이탈함은 자명한 사실이다. 실리콘밸리 기업은 끊임없이 고객 가치를 창출하고자 70:20:10 법칙으로 임직원의 창의성을 자극한다. 기본적인 업무 이외에 자신의 리소스를 할애해 확장된 업무와 관심사를 연구하고, 자신의 업무와 전혀 무관한 창의적, 창발적 아이디어를 창출하는 데 시간을 할애한다. 이러한 과정에서 임직원은 스스로 고객이 돼 문제점을 발견하고 새로운 가치를 추구하여 또다시 자신의 업무에 이를 적용한다. 포스트잇으로 유명한 3M은 맥나이트 원칙("직원의 실수를 용인하고 새로운 시도를 할 수 있도록 직원의 자율권을 보호해야 한다")을 고수한다. 임직원의 창의성을 극한으로 끌어내려면 아이디어를 죽이지 말라는 경영 철학을 유지해 왔으며, 업무 리소스의 15퍼센트를 창의적인 일에 투자하라고 요구하고 있다. IBM은 루 거스너 회장 취임 이후 제품과 솔루션이 아닌 고객 중심으로 사업을 재편하고 산업별 고객 전문가 그룹 제도를 운영해 고객 관계 개선에 박차를 가해왔다.

4차 산업혁명 이후 고객 관계의 중요성은 더욱 강화되고 있으며, 고객 불확실성도 증대하고 있다. 이에 글로벌 기업과 실리콘밸리 기업은 부단히 고객을 검증하고 이 과정에서 도출된 피드백 결과를 자사의 고객 관계 프로그램에 반영한다. 린 스타트업과 구글 스프린트를 통해 가상의 고객과 실질 고객을 대상으로 자사의 제품과 솔루션, 제공하는 가치를 검증한다. 기업 내부적으로 비즈니스 0단계와 비즈니스 가상화 과정을 진행하며 기업을 대표하는 레드팀과 고객을 대변하는 블루팀으로 진영을 나눠 끊임없이 고객 관계를 시뮬레이션한다. 경직된 조직 문화와 관행은 창의적이고 창발적인 고객 가치를 창출할 수 없다는 원칙을 가지고 오픈 이노베이션과 아웃소싱, 오픈 소스, 오픈 커뮤니티를 활용한 개방형 혁신으로 새로운 아이디어를 계속 자사의 제품과 솔루션에 반영하고 있다. 이제 개방형 혁신으로 새로운 고객 경험을 창출하는 전략은 기업이 생존하려면 반드시 실행해야 할 전략으로 자리잡았다. 고객 이탈의 주된 사유는 고객 접점에서의 서비스 문제라는 연구 결과가 발표된 후 글로벌 기업과 실리콘밸리 기업은 이른바 컴플레인 마케팅을 또 하나의 고객 관계 수단으로 활용하고 있다. 또한 기업의 생존권은 고객으로부터 도출된다는 명제를 핵심 가치로 인지하며, CCO(Chief Customer Officer, 최고 고객 책임자)를 둠으로써 고객 가치를 확장하려고 노력하고 있다.

수익 흐름

기업의 비전과 미션에는 기업의 설립 목적과 추구하는 가치가 명시돼 있다. 실리콘밸리를 대표하는 글로벌 기업은 핵심 가치 어느 곳에서도 이윤 추구와 수익을 언급하지 않는다. 스티브 잡스는 최고의 제품과 경험을 고객에게 제공하면 이윤은 자연스럽게 따라온다고 강조했다. 하지만 기업이 수익을 추구하지 않는다면 더 이상 존재할 수 없다. 실제로 CB 인사이트가 조사한 실리콘밸리 스타트업의 주된 실패 요인은 시장이 요구하지 않는 제품과 솔루션을 공급하다가 고객으로부터 수익을 얻지 못한 것이었고, 제품 가격이나 서비스 비용이 과도해 고객이 외면한 것이다. 즉, 제품-시장 적합성(PMF, Product Market Fit) 판단에 실패한 것이다. 새로운 비즈니스 모델과 플랫폼, 고객 가치를 제공하더라도 비영리를 추구할 수 없다. 지속적인 수익 흐름 통로를 만들어야만 생존과 확장, 진화할 수 있다. 4차 산업혁명 이후 비즈니스 모델의 수익 흐름은 절대적으로 플랫폼에 기인한다. 이미 글로벌 ICT 기업과 실리콘밸리 유니콘, 데카콘들은 견고한 플랫폼을 구축하고 플랫폼에 참여한 생산자와 소비자가 협업하고 교류하게 하는 등 가치를 지속적으로 연결해 이들을 락인(Lock-In, 새로운 상품이 나와도 소비자가 이동하지 않고 계속 머무르는 현상)한다. 이렇게 플랫폼이 자가진화하도록 해 수익을 극대로 창출하고 있다.

플랫폼은 생산자와 소비자를 느슨하게 연결해줌으로써 양쪽 모두에서 시장을 형성하고 양측이 지속적으로 거래하도록 유지해 준다. 플랫폼에 유입된 방대한 가입자 수가 네트워크 효과를 일으키면 양측의 거래가 증폭한다. 플랫폼은 이들에게 중개 수수료, 결제 수수료, 광고와 라이센싱, 구독 비용을 부가하고 제품과 솔루션을 판매해 수익을 창출한다. 아마존과 링크드인은 무료 서비스 이외에도 프리미엄 서비스로 차별화된 고객 가치를 제공하여 고객에게 경험에 대한 비용을 지불토록 하고 있다. 에어비앤비는 숙소나 이벤트를 제공하는 공급자와 소비자에게 각각 중개 수수료를 청구하며, 팔란티어는 빅데이터 프로그램의 서버 라이선스와 유지 비용, 교육 프로그램으로 수익을 창출하고 있다. 아마존 클라우드 서비스인 AWS는 최소한의 비용으로 고객을 유인하고 SaaS(Software as a Service)로 구현된 빅데이터, 인공지능, 사물인터넷 솔루션에 추가적으로 라이센싱 비용을 부가한다. 최근 수많은 비즈니스 플랫폼들이 무료로 사용할 수 있는 정책을 추구하고 있다. 플랫폼 기업은 이들에게 비용을 전가하지 않지만 고객이 남기는 디지털 흔적(Digital footprint)을 기업의 주된 수익원으로 활용할 수 있다. 플랫폼을 이용해 고객 창출과 고객 확장을 먼저 추구한 후 광고와 부가 서비스 그리고 고객의 디지털 흔적에서 수익을 창출하는 전략이다. 고객이 남긴 데이터에 고객의 취향, 의도, 행동 경로와 소비 패턴이 고스란히 남아 있기 때문에, 이는 마케팅 인사이트를 창출하는 최고의 원천 자료다. 이제 플랫폼 비즈니스의 수익은 직접적인 판매가 아니라 고객이 남긴 데이터에서 발생하고 있다. 아마존과 페이스북, 구글조차 개인 정보 보호 규정을 위반하면서까지 이용 고객의 디지털 흔적을 수집하는 이유가 여기에 있는 것이다.

핵심 자원

기업 경쟁력의 핵심은 비전, 혁신, 지식, 커뮤니케이션, 핵심 인재다. 비즈니스를 수행하는 데 필요한 기업의 핵심 자원으로는 핵심 기술, 개발 인력, 마케팅 인력, 분야별 전문가, 플랫폼과 비즈니스 모델, 물적 자원, 인적 자원, 지적 자산, 디자인 및 플랫폼 개발 능력, 기술 개발 능력, 자금 확보 능력 등을 손꼽아 왔다. 매킨지의 인재 전쟁 리포트가 발행되기 전부터 글로벌 기업과 실리콘밸리 기업은 핵심 인재와 기술 지능을 최고의 핵심 자원으로 지정하고 CEO를 포함한 전사적 역량을 투입해서 핵심 인재를 수급하는 데 박차를 가해왔다. 4차 산업혁명 이후 초연결의 시대가 되자 이전에는 핵심 자원으로 여겼던 경영 요소를 이제 서비스 개념(RaaS, Resources as a Service)으로 외부에서 가져올 수 있게 됐다. 기업들이 디지털 트랜스포메이션을 시작하면서부터 기업의 IT 역량은 내부 역량에서 민첩하고 유연한 외부 연결 역량으로 전환됐다. IT 인프라와 기업 경영에 필요한 ERP, CRM, MES, PLM 소프트웨어도 이제는 필요한 만큼 빌려 쓰고 반환하는 클라우드로 전환되고 있다. 빅데이터와 인공지능을 이용해 데이터를 수집하고 분석, 가공한 후 여기에서 비즈니스 인사이트를 도출하던 업무도 이전에는 기업의 내부 핵심 자원이었지만, 지금은 신속한 외부 솔루션 활용과 비즈니스 창출 능력으로 전환됐다.

애플, 인디텍스(자라), 중국의 리앤펑(Li&Fung), 샤오미는 이미 모든 생산 시설과 물류 시스템을 기업 외부로 전환시켰다. 초연결 시대에 접어들며 기업은 핵심 자원을 정의하고 운용하는 측면에서 새로운 전략적 변곡점을 직면하고 있다. 하지만 변하지 않는 핵심 자원은 인재다. '얼간이(Jerk)는 절대 수용할 수 없다'는 글로벌 ICT 기업과 실리콘밸리 유니콘 기업의 엘리트 주의는 인재를 핵심 자원으로 정의하는 최소한의 기준이다. 최고의 인재를 선발해 소규모의 드림팀과 레드팀을 구축하고 조직의 질적 수준을 최상의 상태로 유지하는 것만이 불확실성이 증대하는 상황에서 생존할 수 있는 유일한 해법이라 여기는 것이다.

핵심 활동

비즈니스 모델에서의 핵심 활동은 비즈니스를 수행하는 데 필요한 가치 창출, 가치 전달, 비즈니스 모델 및 플랫폼을 지속적으로 혁신하려는 노력, 고객 유치와 유지 활동, 채널 및 수익 구조 강화를 위한 활동 등으로 구성될 수 있다. 하지만 글로벌 기업과 실리콘밸리가 주목하는 기업 경영의 핵심 활동은 초연결의 재해석이다. 4차 산업혁명 이후 모든 것이 연결을 통해 새로운 경험과 가치를 창출하고 있다. 글로벌 기업과 실리콘밸리 기업은 이미 비즈니스 시스템적인 사고방식을 갖추고 이러한 모든 연결을 관장하고 중재하는 비즈니스 커넥터(Business Connector)로서의 역할을 수행함으로써 업계를 선도하고 있다. 이들은 연결 전략을 수립해 기업의 내부를 연결하고 외부 연결로 확장한다. 메가 트렌드와 이머징 이슈, 기술 지능에 민첩하게 연결해 변화와 혁신의 흐름을 자사의 비즈니스와 플랫폼 진화에 반영하는 것이다. 자신의 비즈니스 모델과 플랫폼을 경쟁사의 비즈니스 모델, 플랫폼과 연결해 새로운 가치를 창출하고 있으며, 이종 산업, 이종 기술과의 합종연횡도 마다하지 않는다. 오픈 소스, 오픈 커뮤니티, 집단 지성의 산출물에 지속적으로 연결하고, 이것을 신속히 상품화해 고객의 기대치에 부합하려 한다. 비즈니스 생태계와 표준화, 얼라이언스, 특허에 연결해 변화의 흐름을 실시간으로 감지한다. 또한 이들은 기업 내 모든 임직원에게 기업가 정신과 성장형 마인드셋에 연결하라고 강조한다. 이들의 궁극적인 목적은 초연결을 통한 비즈니스의 확장과 팽창, 진화이기 때문이다.

핵심 파트너십

비즈니스 모델의 핵심 파트너십은 기업이 확보한 자산 이외에 필요한 기술, 서비스, 플랫폼, 기업 운영 등 자원과 역량을 강화해줄 파트너를 찾는 과정이다. 핵심 파트너십의 체결과 협력을 통한 혜택, 불확실 요소를 판별하고, 파트너십의 목적, 기간, 이탈 시기를 시뮬레이션하며, 비 경쟁자 간의 전략적 동맹, 경쟁사 유인, 조인트 벤처 설립, 공급자와 구매자의 채널 강화 등의 활동을 진행한다. "친구는 가까이 하고, 적은 더욱 가까이 두어야 한다." 프란시스 코폴라 감독의 영화 〈대부〉에서 돈 비토 코를레오네(말론 브란도)가 막내아들 마이클(알 파치노)에게 해주는 충고다. 연결은 협력을 의미한다. 세계적인 거대 공룡과 경쟁할 수 있는 유일한 방법은 파트너십을 통한 연결이나. 석과의 농침은 생존을 위한 전략적인 연결이며 핵심 파트너십 구축을 위한 역발상이다. 연결로써 이들에게 정보를 획득하고 비즈니스 기회를 발굴할 시간을 벌어야 한다. 『협상의 법칙』의 저자 허브 코헨은 코 앞에 닥쳐야만 정보를 찾는 방식으로는 참담한 실패를 피하기 어렵다고 했다. 또 평소 정보를 얻을 수 있는 기회를 미루지 말아야 한다고 강조했다. 실리콘밸리 기업이 기술과 비즈니스를 보는 관점은 코피티션(Co-opetition)이다. 초연결의 시대에는 경쟁과 협력 전략을 유연하고 민첩하게 수행해야 비즈니스 게임의 룰과 판세를 바꿀 수 있기 때문이다.

비용 구조

비즈니스 모델 캔버스의 마지막 구성 요소는 비용 구조다 비즈니스를 수행하는 데 필요한 모든 발생 비용의 충당과 지출을 시뮬레이션한다. 즉, 가치 창출과 가치 전달을 위한 비용, 고객 확보를 위한 비용, 외부 투자자들로부터 어떻게 투자를 끌어들일 수 있는가를 시뮬레이션하는 과정이다. 실리콘밸리 스타트업이 실패하는 원인의 38퍼센트는 비용 구조 설계를 간과해 창업 자금이 고갈되거나 적절한 외부 투자를 유치하지 못했기 때문이다. 글로벌 ICT 기업, 실리콘밸리 기업의 시작과 성장에는 이를 지원하는 벤처캐피털이 존재했다. 애플은 마이크 마큘라를 영입해 사업의 기틀을 다지고, 실리콘밸리 벤처 투자계의 전설인 아서 록을 영입해 록펠러 재단으로부터 50만 달러를 투자 유치했다. 아마존의 제프 베조스는 이전 경력인 투자 컨설팅 전문가로서의 경험을 십분 발휘해 창업 초기부터 벤처 캐피탈리스트들을 상대로 투자 유치 활동을 벌였다. 구글 역시 썬마이크로시스템즈의 창업자인 앤디 벡톨샤임에게 초기 투자를 받아 비용 구조의 초석을 만들었다.

실리콘밸리 기업은 벤처캐피털을 달콤한 마약에 비유한다. 외부 자금 유입은 기업의 경영권과 의결권에 영향을 미치며, 벌처(vulture) 캐피털리스트들은 기업 활동에는 관심이 없고 투자한 금액의 신속한 회수와 수익에만 관심이 있기 때문이다.

도요타 TPS, 린 경영,
린 캔버스, 린 스타트업

성공적인 비즈니스 모델 구축의 조건

기업을 경영하는 환경은 높은 파고를 헤치고 테세우스의 배를 항해하는 불확실성에 놓여 있다. 블랙 스완 시대를 거쳐 온 이후, 그레이 스완의 상황에 직면한 것이다. 또한 구조적인 장기 경제 침체가 기업 환경의 새로운 표준으로 자리 잡고 있으며, 유사 기술과 비즈니스 모델을 앞세워 경쟁자는 지속적으로 도전하고 있다. 이제 기업은 생존하고 지속적으로 성장하고자 비즈니스 모델을 혁신하려 한다. 비즈니스 모델 캔버스가 소개되고 난 뒤, 기업은 제품이나 솔루션을 공급하면서 고객의 문제를 파악하고 새로운 경험을 제공하는 쪽으로 관점을 바꾸고 있으며 쉽고, 단순하고, 편리한 경험을 제시하려 한다. 또한 안정적 수익을 창출하고자 비즈니스 모델과 플랫폼을 결합해 왔으며, 플랫폼의 수익 창출 요소를 탐구하기 시작했다. 유사 비즈니스 모델, 플랫폼을 융복합한 새로운 경쟁사가 등장하자 꾸준한 차별화와 새로운 경험으로 고객 이탈을 방지하는 데 힘써왔다.

하지만 끊임없이 비즈니스 모델을 혁신함에도 불구하고 시카르 고쉬의 연구에 따르면, 벤처 캐피탈의 지원을 받은 2000개의 기업 중 단 한 개의 기업만 겨우 성공한다. 비즈니스 모델은 새로운 기술과 메가 트렌드, 시장과 고객의 요구 사이에서 접점을 찾아야만 성공할 수 있다. ICBM+AI, 로봇으로 대표되는 4차 산업혁명의 과학기술 트렌드는 지속적으로 성장하고 기술 간 융복합한다. 이에 비즈니스 모델도 기업의 창업 초기 구성한 고착형 모델에서 탈피해 기술 변화와 메가 트렌드를 반영하고자 전략적 민첩성과 유연성, 신기술에 대한 개방적 수용으로 상시적 혁신과 진화를 모색하게 됐다. 고객의 디지털 흔적과 콘텐츠 접속이나 소셜 미디어 접근 기록을 실시간으로 분석해 최적의 맞춤 콘텐츠와 서비스를 추천하고, 프로그래매틱 광고를 실현하는 것이 비즈니스 모델의 새로운 요소가 되고 있다. 고객들을 플랫폼에 고착시키려는 기존의 전략에서 탈피해 새로운 스토리와 경험을 제공하기 위해 비즈니스 모델, 플랫폼의 합종연횡을 추구하고 있다. 고객 정보와 디지털 흔적도 비즈니스 모델을 혁신하고자 외부 기업에 공개하고 거래해 새로운 가치를 창출한다. 또한 서비스와 가치에 일괄적으로 요금을 부과하는 방식에서 탈피해 모든 서비스를 렌탈한다는 개념의 EaaS(Everything as a Service)로 변화와 혁신에 합류하는 것이다.

비즈니스 모델 혁신은 고객 경험 단계를 극도로 단순하게 만들고자 노력한다. 복잡한 인터페이스와 다단계의 접속 방법을 과감히 제거한 아마존의 원클릭 결제 시스템은 고객 경험 단순화 추구의 대표적 사례. 에어비엔비는 숙박 시설을 제공하는 호스트와 지역 이벤트를 결합해 새로운 고객 경험을 선사한다. 이제 숙박이란 목적을 벗어나 고객은 새로운 이벤트를 경험하려고 에어비앤비를 이용하고 있다. 아마존의 인공지능 알렉사는 인공지능 비서 서비스의 한계를 넘어 렌탈 기기 업체들과 협업해 소모품의 큐레이션과 조기 알람 서비스를 제공함으로써 비즈니스 모델을 성장·진화시키고 있다. 수익 창출을 위한 과금 방식도 혁신의 대상이다. 아마존의 제프 베조스는 기업이 설립 초기에 수립한 비즈니스 모델은 절대로 고정적이지 않으며, 언제나 의도하지 않고 계획되지 않은 방향으로 진행될 수 있기에 지속적인 관찰과 실험을 통해 비즈니스 모델과 플랫폼을 혁신할 필요가 있다고 강조했다. 아마존은 이미 아마존 프리미엄 서비스라는 새로운 과금 방식을 적용해 수익을 창출하고 있으며, 웹툰 업체는 정기 연재물의 차기 작품을 먼저 경험하는 대가를 과금하고 있다. 일본의 시루 카페는 명문대 학생들에게 커피를 무료로 제공하는 혁신적 과금 방식을 선보였으며 비용은 일본의 대기업에서 후원받는다. 우수 인재를 영입하려는 기업과 카페를 원하는 학생을 연결시키고 이용자인 학생의 이용료를 없앰으로써 새로운 경험을 제공하고 수익을 창출한, 비즈니스 모델의 혁신 사례다.

도요타 TPS, 린 경영, 린 스타트업

미국 유수의 기업과 실리콘밸리의 유니콘, 데카콘 기업은 앞다퉈 린 경영, 린 스타트업을 실행하고 있으며, 비즈니스 스쿨과 부트캠프에서도 4차 산업혁명 시대에 기업이 생존하려면 꼭 필요한 두구라는 이유로 린 경영과 린 스티트업을 정규 커리큘럼으로 채택했다. 포드, GM, 델파이, 보잉, 록히드마틴, 월마트, 아마존과 GE, 존슨앤존슨, JCI, 타이코(TyCo), 코카콜라 등 제조업부터 ICT, 서비스 업계까지 린 경영은 필수 경영 활동이 됐다.

TPS는 도요타가 공격적으로 글로벌 시장에 진출하며 미국 제조업을 대표하는 자동차 기업 GM과 포드, 크라이슬러의 생존을 위협하기 시작하면서 널리 알려졌다. 소니는 TPS 도입 후 생산성을 80퍼센트 이상 향상시켰으며, 세계 최고의 풍력발전사인 베스타스(Vestas)는 기존 자원 투입률을 50퍼센트 이하로 줄임으로써 TPS의 모범 사례가 됐다. 대규모 인프라와 노동력, 막대한 재고 비용과 원청, 하청 업체를 망라한 총체적 장치 사업으로 인식되어온 미국식 자동차 산업에 TPS가 가한 충격은 막대했으며, 이에 도요타 경영 방식과 도요타의 생산 시스템(TPS)을 집중적으로 연구하기 진행됐다.

도요타 5Why, TPS

도요타의 핵심 가치는 품질이며, 품질은 현장 경영과 가설, 검증의 힘에서 나온다. 특히 자동차 설계와 제조, 생산 과정의 문제점을 찾는 데 5Why 방법을 이용한다. 반복적으로 끊임없이 근본 원인을 찾아가는 방식이다. 어떠한 문제점이라도 다섯 번의 Why를 적용하면 그 근본 원인을 찾아낼 수 있다는 사고방식과 문제의 답은 현장에 있다는 기본을 강조한 것이다.

문제없이 운영되던 자동차 생산 라인에서 갑자기 기계가 멈추어 버렸다. 해당 분야의 관리자가 원인을 찾아보니 전원 공급에 문제가 발생해 전원 퓨즈가 녹아서 끊어진 것이었다. 일반적인 문제 해결 방식이라면 단순히 끊어진 퓨즈를 교체하고 문제를 종료하려 했을 것이다. 하지만 여기서 5Why 과정을 반복하면 왜 전원 과부하가 발생했는지 원인을 찾아갈 수 있다. 원인을 찾아보니 기계 장치 속의 베어링이 뻑뻑해졌기 때문이라는 것을 알게 됐다. 이 과정에서 문제가 된 베어링을 신품으로 교환함으로써 과정을 종료할 수 있지만 5Why 과정은 지속된다. 베어링이 문제가 된 이유를 찾는 활동으로 그 원인이 윤활유를 공급하는 펌프 고장임을 밝혀낸 것이다. 또다시 반복적인 Why를 적용하여 윤활유를 공급하는 펌프에 이물질이 흡착된 사실을 밝혀냈다. 또한 생산 시설 내 집진기가 윤활유 펌프 사이이에 배치되었다는 사실도 알게 됐다. 결국 먼지 집진기의 위치를 바꾸어 줌으로써 윤활유 펌프의 이물질 흡착, 윤활유 펌프의 오동작, 베어링이 뻑뻑해지는 문제, 전원 과부하 문제가 해결된 것이다. 문제의 근본 원인을 해결해서 중간 단계에서 발생하는 불필요한 낭비를 근원적으로 차단할 수 있었다.

TPS는 표준화를 기반으로 불량 발생의 근본 원인을 제거하고자 하는 JIT(Just in Time) 활동, 필요한 제품을 필요한 시기에 필요한 수량만큼 생산하는 낭비 제거 활동과 자동화, 다양한 제품을 동시에 생산할 수 있는 생산 유연성을 핵심 가치로 규정하고 있다. 미국 IBM, 보잉에서 시작된 MRP(Material Requirement Planning)는 고객의 수요를 예측해 계획적으로 생산하는 전략이지만, 도요타는 다품종 소량생산, 적은 자본과 자원으로 재고와 리드타임을 획기적으로 줄여 고객의 실수요에 근거한 유연한 생산 방식을 취한 것이다. 미국은 MIT 대학의 제임스 워맥 교수를 중심으로 도요타 TPS의 성공 인자를 추출해 새로운 미국식 경영 방식인 린(Lean) 경영을 제안했으며, 고객뿐 아니라 협력 업체와 종업원, 주주 등 모두가 가치를 창출하는 통합적 실체라고 정의했다. TPS의 핵심 사상을 차용해 기업 경영에 불필요한 활동과 낭비 요소를 극단적으로 배제함으로써 생산성 극대화를 추구했으며, 미국 보잉, GM 등에 적용해 그 효과를 입증했다.

린 스타트업

린 스타트업(Lean Startup)은 린 경영의 주요 원칙을 스타트업 경영 전략에 접목한 방식으로 실리콘밸리의 유니콘, 데카콘 기업 등은 필수 비즈니스 전략으로 인식하고 있다. 초기 자본과 기술, 인력과 인프라에 제한이 있는 스타트업에게 아이디어의 신속한 구현과 검증, 점진적 개선이란 개념은 혁신이었다. 실패한 스타트업들은 사업 준비 과정에서 너무도 많은 것을 준비하고 계획하다가 시간과 비용, 시장과 기술의 적합성을 상실한다. 린 스타트업은 에릭 리스(Eric Ries)가 직접 자신의 성공과 실패의 경험을 토대로 스타트업 기업이 지속적으로 성장할 수 있도록 돕기 위해 만든 전략이다. 린 스타트업의 핵심은 스타트업 기업은 대부분 인적·물적 자원이 부족하기 때문에 대기업처럼 완벽한 제품을 출시하는 데까지 오랜 시간과 비용을 소모할 수 없다는 것이다. 시장에서의 다양한 상황을 추측(Market Assumption)한 것을 검증하기 위하여 최소한의 기능으로 프로토타입을 만들라고 제안하며 고객 개발론을 사용하여 실제 고객과 접촉하는 빈도를 높여 낭비를 줄이고 시장에 대한 잘못된 가정을 최대한 빠르게 검증하고 보완하며 사업의 방향을 전환하라고 한다.

린 스타트업은 애자일(Agile) 소프트웨어 개발, 고객 개발(Customer Development)과 검증, 소프트웨어 플랫폼과 오픈 소스, 오픈 하드웨어 플랫폼과의 협업 그리고 집단 지성의 적극적 활용을 추구한다. 수많은 실패와 반복을 통해 완성도를 높여가며, 다양한 구성원이 검증함으로써 점진적 완성을 추구하는 이데오(IDEO)의 디자인 씽킹(Design Thinking), 시나리오 플래닝(Scenario planning), 리얼 옵션(Real option)과도 유사성을 찾을 수 있다.

린 스타트업의 실행 프로세스는 가설 수립, MVP 제작을 통한 구현, 고객 선정과 고객 검증, 피드백을 통한 학습과 방향 전환, 과정의 시속적 반복을 통한 개선과 진화다. 린 스타트업을 실행하려면 시장과 고객을 가정하고, 이를 검증하기 위해 신속히 프로토타입을 만들어야 한다. 프로토타입을 실험함으로써 고객에게 피드백을 받아 기존의 소프트웨어 엔지니어링 프로세스보다 훨씬 빠르게 프로토타입을 개선하고 진화시킨다. 린 스타트업에서는 끊임없는 개선으로 새로운 소프트웨어 코드를 배포한다. 이를 위하여 지속적인 배포(Continuous Deployment)와 통합(Continuous Integration), 전달(Continuous Delivery) 방법을 사용한다.

린 스타트업은 린 사고방식(Lean Thinking)을 비즈니스 프로세스에 적용하는 것으로서 불필요한 낭비를 철저히 배제하는 활동이다. 린 스타트업은 고객 개발과 고객 검증 과정의 횟수와 적확도를 높임으로써 자의적 가설과 직관 때문에 초래되는 위험과 비용 소모를 줄일 수 있으며, 시장과 고객에 대한 잘못된 가설을 최대한 빨리 검증하고 보완하여 '선택과 제거'의 전략으로 불확실성의 리스크(Risk)를 단계적으로 줄이는 전략 수행 방법이다.

린 캔버스

린 캔버스(Lean Canvas)는 알렉산더 오스왈터의 비즈니스 모델 캔버스를 수정한 개량 버전으로서 애시 모리아가 제안했다. 린 스타트업의 창시자 에릭 리스는 스타트업은 언제나 극도의 불확실함 속에서 기업 활동을 하는 위험에 처해 있으며, 다수의 기업이 '죽음의 계곡(Valley of Death, 자금이 떨어지기 전에 수익을 창출하는 시점)'을 넘지 못하고 사라진다고 이야기했다. 린 캔버스는 이러한 불확실성과 위험을 감안하여 창업가와 스타트업, 벤처 캐피털리스트들이 현장에서 즉시 사용할 수 있도록 의도된 비즈니스 모델 캔버스이며 린 스타트업 원칙이 적용돼 있다. 완벽하고 철저히 분석하고 준비하는 전략보다 다양한 실패와 이를 통한 경험으로 민첩하게 대응하라는 헨리 민츠버그의 창발적 전략이 녹아 있다. 린 캔버스는 비즈니스 모델을 구성하는 다양한 요소 중 불확실성과 리스크를 보다 쉽게 파악할 수 있도록 설계됐다. 비즈니스 모델 캔버스가 스타트업을 고려하지 못한 일반적인 경영 활동에 필요한 지표를 제시한 반면, 린 캔버스는 제품과 시장으로 캔버스를 구분해 제품-시장 적합성(Product market fit)을 강조하며 고객의 접점을 찾고자 의도한 것이다. 기업이 비즈니스를 하는 목적을 '어떠한 문제점을 해결하기 위하여 이 사업을 하는가'라고 정의함으로써 검증 대상인 고객 세그먼트가 용이해졌다.

린 캔버스에서 수정된 4가지 항목

린 캔버스에서는 비즈니스 모델 캔버스에 문제점(Problem),

문제	솔루션	차별화 된 가치 제안	경쟁우위 요소	고객 세그먼트
	핵심 지표		채널	
비용 구조		수입 흐름		

린 캔버스, Ash Maurya

솔루션(Solution), 핵심 지표(Key Metrics), 경쟁우위 요소(Unfair Advantage) 항목을 새롭게 추가했다.

린 캔버스가 주목하는 첫 번째 요소는 스타트업이 해결하고자 하는 고객, 시장, 기술, 트렌드 등의 '문제점'을 명확하게 규정해야 한다는 점이다. 대부분의 스타트업이 실패하는 사유가 제품과 솔루션, 비즈니스 모델과 플랫폼의 완성도가 낮았기 때문이 아니었다. CB인사이트에 따르면 이러한 실패 요인들은 단지 17퍼센트 미만을 차지했다. 시장이 요구하지 않는 제품을 만들고(42퍼센트), 너무 많은 시간과 자본 투입으로(29퍼센트) 시장과 고객을 획득할 수 있는 기회를 잃었기 때문이다. 스타트업이 설립 초기부터 문제를 해결할 수 있는 가설에 집중하지 않는다면 실패는 자명하기 때문에 린 캔버스는 이 요소를 가장 먼저 추가했다. 하지만 가설 설정은 가설 검증 단계에서 고객, 시장의 검증으로 수정·보완할 수 있다.

피벗 과정을 통하여 새롭게 가설을 정립할 수 있으며, 이 과정에서 창발적·창의적 아이디어가 강화될 수 있다. 팔란티어의 CEO 피터 틸은 페이팔로 큰 성공을 거두었다. 페이팔 설립 초기에 해결하고자 한 고객의 문제점은 PDA에 탑재되는 보안 소프트웨어를 제공하는 것이었다. 하지만 PDA 시장이 급격히 하락하여 참담한 실패를 겪었다. 이후 피벗 과정에서 보안 소프트웨어의 유효성과 전자상거래, 모바일 지급 결제의 가능성을 확인한 후 간편 송금 서비스 비즈니스 모델로 성공을 일구게 됐다.

두 번째로 추가된 사항은 '솔루션'이다. 린 캔버스가 솔루션 항목을 두 번째로 추가한 이유는 문제점을 먼저 정의한 후 이를 해결하는 솔루션을 도출하라는 의도다. 실패한 기업과 스타트업들은 새로운 기술과 솔루션, 플랫폼에 쉽게 현혹되었다. 4차 산업혁명을 이끄는 첨단 과학기술을 먼저 선택한 후에 검증되지 않은 기술과 솔루션으로 고객을 찾으려 했기 때문이다. 이 과정에서 린 캔버스의 장점을 상실한다. 린 캔버스에서 문제점 항목을 가장 크게 배치하고 그 옆에 솔루션 박스를 작게 그린 이유이기도 한다. 솔루션은 최소한의 기능(Minimum Viable Product)을 이용하여 점진적으로 개선할 수 있기 때문이다. 아마존이 온라인 전자상거래를 하려고 물류, 배송, 창고 관리에 대한 솔루션을 먼저 찾기 시작했다면 현재의 아마존은 존재하지 않았을 것이다. 아마존에 합병된 온라인 신발 판매 사이트인 자포스(Zappos) 역시 온라인에서 신발 판매가 가능할 것이라는 가설을 먼저 설정한 후 온라인 사이트를 개설했다. 자포스가 물류 창고로 이용한 것은 주변의 오프라인 신발 가게였으며, 사업을 수행하면서 이후 캔터키에 종합 물류센터를 개설했다.

다음으로 추가된 사항은 '핵심 지표(Key Metrics)'다. 린 캔버스에서는 핵심 지표의 우선 순위, 비핵심 지표와의 구분을 강조한다. 때이른 최적화, 잘못된 목표 설정에 따른 리소스와 비용, 시산 낭비를 경계하는 것이다. 일반적으로 고객 유인 도구, 고객에게 제공할 경험, 가치, 스토리, 고객 유지 방안, 고객의 비용 지불, 신규 고객 유입 등이 지표가 될 수 있다. 하지만 핵심 지표는 다른 각도에서 생각할 수 있다. 사업의 지속성을 위협하는 가장 큰 리스크를 첫 번째 핵심 지표로 선정하는 것이다. 이때 핵심 지표는 시장과 고객이 있는지 여부와 그들이 가지고 있는 문제점이 스타트업이 생각하는 가설과 부합되는지 판단하는 것이다. 고객과 시장이 없다면 그들이 가지고 있는 문제점, 스타트업이 해결해야 할 문제점도 모두 허상이다. 실제로 스타트업이 실패하는 주된 이유는 시장, 고객, 고객의 문제점이 없는 상황에서 제품과 솔루션을 만들기 때문이다.

드롭박스(Dropbox)가 파일싱크 솔루션이라는 아이디어를 도출한 후 이들이 규정한 사업의 최고 핵심 지표는 드롭박스 솔루션을 필요로 하는 고객의 존재 여부와 비용 지불 여부였다. 이외의 핵심 지표는 아무것도 없었다. 다른 핵심 지표는 MVP 과정에서 개선할 수 있다고 생각한 것이다. 최고의 서버, 최상의 네트워크 회선, 최적의 UX 디자인도 이들에게는 핵심 지표가 되지 않았다. 이들이 핵심 지표를 달성하고자 수행한 일은 3분짜리 동영상 제작이었다. 동영상 공개 하루 만에 7만 명의 회원을 유치함으로써 고객과 시장, 고객의 비용 지불 의사를 검증했고, 첫 번째 핵심 지표를 달성해 사업의 가장 큰 위험 요소를 제거했다.

린 캔버스에 마지막으로 추가된 항목은 '경쟁우위 요소 (Unfair advantage)'다. 린 캔버스에서 이 항목은 경쟁우위 또는 진입장벽을 의미한다. 우버는 공유 경제를 대표하며 성장하고 있지만, 한국을 비롯한 일부 국가에서는 법률 규제 탓에 정상적으로 사업화하는 데 제동이 걸렸다. 에어비앤비는 여전히 각 시 당국과 기존 호텔, 숙박 관련 법령과 다툼을 벌이고 있다. 클라우드 법(Cloud Act)으로 명명된 법률 때문에 이제 미국 수사기관이 글로벌 ICT 기업의 데이터를 열람할 수 있기에 기업들은 프라이빗 클라우드로 전환 중이다. 디지털 헬스케어 분야는 아직도 법규와 규제에 막혀 있는 상황이다. 특히, 글로벌 기업의 표준화 얼라이언스, 오픈 소스 커뮤니티 역시 기회와 위협의 요소를 함께 갖고 있다. 또한 후발 주자의 비즈니스 모델, 플랫폼 모방, 가입자 유출 등도 비즈니스 성숙도에 따라 새로운 위협이 될 수 있다. 글로벌 ICT 기업의 비즈니스 확장도 예의 주시해야 한다. 상황에 따라 이들의 플랫폼에 합류하여 기술, 시장, 고객을 확보할 수 있으며, 동시에 자사의 독립 플랫폼, 비즈니스 모델을 강화하는 계기로 활용할 수 있다. 오픈 소스 대열에 합류할 수도 있지만, 신기술 검증과 커스터마이제이션에 대한 대가를 감수해야 한다. 핵심 경쟁력 확보도 지속적인 숙제다. 기술 발달로 기술 격차가 좁혀지고 있으며, 비즈니스 모델과 플랫폼도 유사한 솔루션이 지속적으로 소개되고 있기에 고객을 유인할 수 있는 새로

운 매력 요소와 가치, 스토리를 창출하는 성장 동인을 찾아야
한다.

린 캔버스에서 제거된 항목들

린 캔버스에는 비즈니스 모델 캔버스에서 제시된 핵심 활
동, 핵심 자원, 고객 관계, 핵심 파트너십이 제거됐다. 가장
먼저 핵심 활동과 핵심 자원이 제거됐다. 이러한 항목은 스타
트업을 추진하는 기업가의 입장보다 외부인 입장에서 스타트
업의 성과를 이해하는 데 도움을 주는 요소다. 새로운 것을
만들고 실험해야 하는 기업가 입장은 핵심 활동과는 다소 거
리가 있다. 린 캔버스에서 핵심 활동은 솔루션을 찾고 만드는
행위로 대체되며, 솔루션의 보완 및 강화는 MVP와 피벗으로
수행할 수 있다. 또한 핵심 자원은 연결을 통한 외부 협업, 집
단 지성의 힘으로 대체한다. 오픈 소스, 오픈 커뮤니티와 오
픈 플랫폼, 클라우드와 빅데이터를 이용하면 전통적 글로벌
기업이 내재화하던 핵심 자원을 외부 조달과 협업으로 대체
할 수 있다. 하지만 이면에는 실리콘밸리의 엘리트주의가 녹
아 있다. 최소한의 드림팀, 레드팀이 구축돼야 솔루션 검토,
개발과 MVP를 수행할 수 있으며, 외부의 다양한 오픈 리소스
들을 연결하고 감지해 자사화할 수 있기 때문이다. 린 캔버스
가 핵심 자원 항목을 삭제한 것은 핵심 자원의 가치까지 배제
한 것이 아니며, 실리콘밸리 기업이 기본이라 생각하는 드림
팀 구축이 그 기저에 녹아 있는 것이다.

린 캔버스에서는 비즈니스 모델 캔버스의 고객 관계 항목
이 삭제되었다. 이를 채널 항목에서 다루고 있다. 또한 비즈

니스 모델 캔버스에서 정의한 채널 개념을 린 캔버스에서는 구체적으로 명시하지 않았으나 채널이란 고객에게 다다르는 경로라고 규정하고 있기에 기존의 채널 발굴 요소인 플랫폼, 유통, 마케팅, 배급사 및 GTM(Go to Market) 전략 등을 포함할 수 있다.

마지막으로 삭제된 항목은 '핵심 파트너'다. 린 캔버스가 이 항목을 삭제한 것은 핵심 파트너의 중요성을 간과한 것이 아니라, 스타트업 초기에는 솔루션을 찾고 문제를 해결하는 과정이 파트너십을 구축하는 과정보다 더 중요함을 강조하기 위한 것이다. 파트너가 없다는 것은 리스크가 아니라 비용 구조와 채널에 좌우됨을 이야기하고 있다.

린 캔버스 작성 방법

린 캔버스는 문제점과 고객 세그먼트 영역을 작성하면서 시작한다. 이 부분을 완성한 이후에 다른 영역으로 확장한다. 우선 해결해주고자 하는 고객의 가장 큰 문제점 3개를 선정해 이 영역에 기재한다. 현재 고객이 이러한 문제점을 어떻게 해결하고 있는지, 대응 방안이 존재하는지를 확인해 기재한다. 양면 시장이라면 공급자와 수요자를 구분하여 기재해야 한다. 스타트업이 페이스북과 같은 글쓰기, 뉴스 플랫폼이라고 가정한다면, 사용자는 독자이며 고객은 작성자가 되는 것이다. 문제점이라는 관점에서 구체적인 목표 고객을 선정해야 하며, 이때의 대상 고객은 대다수의 일반 고객이 아니라 스타트업이 제시하는 솔루션을 사용할 얼리 어댑터 (Early Adopter)다.

문제점과 고객 세그먼트 작성 후 가장 큰 주안점을 두어야 할 부분이 '차별화된 가치 제안(UVP, Unique Value Proposition)' 항목이다. 린 캔버스 작성 과정 중 가장 오랫동안 고민해야 하는 영역이며, 어떤 이유로 제품과 솔루션에 특별한 가치가 있는지, 고객의 관심을 끌 수 있는 매력 포인트가 있는지, 이유를 기재한다. 차별화를 추구하는 궁극적 목표가 고객의 실질적 문제 해결과 직접 관련이 있어야 하며 비즈니스 진행 초기에는 얼리 어답터를 일차 대상으로 범위를 한정해야 한다. UVP를 작성할 때는 과연 자신과 같은 생각을 하고 있는 경쟁자가 있는가를 살펴보아야 하며, 실질적인 경쟁력을 생각해야 한다. 가격, 디자인 경쟁력, 품질 경쟁력, 기능 등을 생각할 수 있지만, 더욱 중요한 것은 실제로 고객이 어떠한 혜택과 가치를 얻는가를 끊임없이 탐구해야 한다는 점이다. 효과적인 UVP는 고객이 원하는 최종 결과와 적절한 시간을 고려해 직면한 난관에 대한 궁극적 해결책이 돼야 한다. 미국 대도시 중심가에서 주차는 언제나 스트레스다. 주차 공간이 부족해 공연 등 이벤트가 있는 날에 온 가족이 차량을 이용해 도심으로 이동해서 편안히 주차하는 것은 상상할 수 없는 일이 됐다. 스팟히어로(Spothero)는 이러한 문제점을 해결하고자 시카고 도심의 주요 주차장 정보와 가격, 이용 가능 시간대와 고객의 평가를 실시간으로 알려주고, 온라인으로 주차 예약이 가능한 모바일 시스템을 선보여 주목을 끌었다. 높은 비용을 지불하더라도 편한 주차를 원하는 고객과 목적지와 다소 떨어졌더라도 저렴한 주차비를 지불하고자 하는 고객에게 차별화된 온라인 주차 예약 시스템을 제공한 것이다.

'솔루션' 항목은 처음부터 완벽할 수 없다. 이를 보완하고자 MVP와 피벗이 존재하는 것이며, 현재 고민하는 솔루션은 검증되지 않은 미완의 후보일 뿐이다. 솔루션을 정리하려면 생각의 범위를 문제점 해결로 한정해야 한다. 새로운 솔루션이 제공하는 매력에 기업가 스스로 현혹돼 고객의 문제점을 간과하기 쉽기 때문이다. 핵심은 고객의 문제점 개선과 새로운 경험이다.

다음으로 작성해야 할 영역은 '채널'이다. 린 캔버스에서 채널의 정의는 고객을 만나기 위한 다양한 경로다. 대부분의 스타트업은 고객과 만나는 채널을 만들지 못해 실패한다. 잠재고객과 만날 수 있는 어떠한 채널이라도 확보해야 한다. 글로벌 ICT 기업의 플랫폼 활용, 인플루언서와 파워블로거, 스니저(Sneezer), 솔루션 큐레이션 중개회사, 프로그래매틱 광고회사 및 고객 빅데이터를 중개하는 데이터 브로커, 소비자 커뮤니티 등을 공략해야 한다.

'수익 흐름(Revenue Streams)' 영역에서는 고객에게 제공하는 제품과 솔루션의 가격을 책정해야 한다. 가격 또한 제품과 솔루션의 일부이기 때문이다. 하지만 가격 지불뿐 아니라, 가격 결정의 주체는 고객이며, 기업은 고객의 지불 의사를 이끌어내야 한다. 기업의 제품과 솔루션을 검증하는 가장 빠른 지표는 고객의 가격 지불 행위다. 가장 일반적인 수익 흐름은 플랫폼을 기반으로 중개 수수료, 결제 수수료, 광고와 라이센싱, 구독 비용, 제품과 솔루션 판매에 대한 비용을 청구하는 것이지만, 이러한 비용 청구는 고객 집단의 규모에 따라 유연성을 갖추어야 한다. 성공한 글로벌 ICT 기업과 실리콘밸리의 사업 접근 방식은 언제나 무료 서비스 기반의 고객 유인과 유로 서비스를 이용한 가치 창출이었다. 4차 산업혁명 이후 더욱 많은 경쟁사가 출현하고 있으며, 글로벌 ICT 기업들의 장악력은 점점 강화돼 비즈니스 영역에 한계가 없을 정도다. 이제 이들 역시 새로운 수익 흐름으로 눈을 돌리고 있으며, 그 중심에 데이터가 있다. 제품과 솔루션에 대한 고객의 실질 지불 이외에 고개의 모든 이력, 흔적을 빅데이터로 수집하고, 이러한 데이터를 원하는 기업에게 제공함으로써 새로운 수익 흐름을 창출하는 것이다. 이제 린 캔버스의 수익 흐름에도 데이터의 자산화, 수익화를 새롭게 정의해야 한다.

'비용 구조(Cost Structure)'는 비즈니스 모델 캔버스에서 적용된 개념과 동일하다. 기업 운영을 위한 모든 지출 비용을 기재해야 한다. 벤처 캐피털리스트를 만나 투자받기 이전까지 최소한의 운영 자금이 필요하다. 실리콘밸리는 그들의 의식 기저에 흐르고 있는 DNA인 차고 문화(Garage culture)를 강조한다. 실리콘밸리 신화의 첫 주자였던 휴렛팩커드는 팔로 알토의 에디슨가 367번지 차고에서 창업했고, 이들의 창업 비용은 프레드릭 터먼 교수에게 빌린 538달러가 전부였다. 하지만 이곳은 모든 창업가의 성지가 됐다. 스마트폰과 새로운 고객 경험을 창출해 업계를 선도하는 애플도 그 시작은 차고였다. 래리 페이지, 세르게이 브린과 함께 구글 검색 엔진을 실질적으로 개발했던 스콧 하산은 실리콘밸리의 후발 주자들에게 언제나 "영향을 먼저 끼쳐라", "수익은 그 다음이다"라고 이야기한다. 실리콘밸리에서 개최되는 실패자의 모임, 페일콘에서도 풍족한 비용 구조를 갖추고 사업을 시작하는 것은 이제 망상이라고 강조한다. 성공한 실리콘밸리 기업들에게는 작고 단순하게 생각하며(Think Small), 최소한으로 생각하고(Think Minimum), 최악의 상황을 시뮬레이션(Think Skeptic)하며, 비즈니스는 생존과 번영을 위한 전쟁(Think War)이라는 핵심 가치가 유전되고 있다.

비즈니스 모델 캔버스 vs. 린 캔버스

비즈니스 모델 캔버스와 린 캔버스는 기존 기업과 신생 기업, 스타트업에게 지속적인 비교 대상이 돼 왔다. 특히, 실리콘밸리 스타트업들의 성공 방식은 기존 비즈니스 모델 캔버스에서 제시한 항목과 맞지 않았으며, 전통적 경영 방식을 고수해온 기업이 린 캔버스를 도입하려 했으나 사업 접근 방식이나 고객 정의, 경쟁 관계 규명 등의 항목이 상이했다. 그래서 린 캔버스는 스타트업의 독특한 경영 방식으로 치부돼 왔다. 비즈니스 모델 캔버스는 창업 기업과 기존 기업이 대상이며 고객, 투자가, 창업가, 컨설턴트 등 다양한 대상이 상황에 맞게 적용할 수 있도록 범용적으로 설계된 모델이다. 반면 린 캔버스는 스타트업 기업에 최적화한 비즈니스 모델 수립 도구다. 하지만 4차 산업혁명 이후 기업 경영과 고객 불확실성이 증대하고 있으며, 기술 융복합이 급격하게 진행되면서 새로운 빅뱅 파괴자가 등장하자 전통 기업마저 스타트업의 신속하고 빠른 움직임을 수용하라는 압박을 받고 있다. 이에 기존 기업도 드림팀을 구성해 신규 사업이나 기존 사업을 혁신하는 분야에 린 캔버스, 린 스타트업 방식으로 접근하려 하고 있다.

비즈니스 모델 캔버스 vs. 린 캔버스, HBR 수정

비교 항목	비즈니스 모델 캔버스	린 캔버스
대상 (target)	창업 기업과 기존의 기업	스타트업, 신규사업 추진 팀, 기존 기업 소규모 팀
중점 (focus)	고객, 투자가, 창업가, 컨설턴트	스타트업 창업가, 신규사업 기획자 해커톤, 스프린트 참여자
고객 (customers)	고객 세분화, 채널, 고객 관계 중시	고객 불확실성에 따라 지속적인 검증을 수행하여 고객을 정의하고 분류함
접근 방식 (approach)	사업의 예상 수익원과 재무적 원천을 기본 전제로 시작	문제점 인식, 해결 방안 수립, 솔루션, 채널, 수익흐름, 비용구조 순서로 접근
경쟁 관계 (competition)	목표 시장에서 살아남기 위해서 양적, 질적, 조건(가치, 비용 등)적 가치 집중	목표 시장에서 차별화, 일방적 경쟁 우위로 사업 기반 확보, 이후 사업 확장
적용 (application)	자연스러운 이해, 창의성, 논의, 구조적 분석으로 분위기 조성	창업가가 순차적으로 발전할 수 있도록 문제 해결 중심의 접근 방식

　비즈니스 모델 캔버스와 린 캔버스는 고객 규정과 비즈니스 접근 방식에서 현격한 차이를 보인다. 형식적인 관점에서 린 캔버스는 UVP를 중심으로 좌측은 제품, 우측은 시장으로 구분하지만, 비즈니스 모델 캔버스는 가치 제안을 중심으로 좌측은 기업의 입장을 나타내는 가치 창출 측면이고 우측은 시장 측면의 가치 전달로 표현된다. 접근 방식 측면에서 비즈니스 모델 캔버스는 전통적인 기업 경영 전략을 근간으로 시장 분석, 고객 세분화, 채널 수립과 매출을 포함한 예상 수익, 기업이 보유한 재무적 자원을 기본 전제로 삼지만, 린 캔버스의 접근 방식은 문제 인식과 해결을 위한 솔루션 확보 과정을 통해 고객을 지속적으로 검증하고 피벗을 수행해 사업 방향

자체도 수정과 보완하고 전환시킨다.

린 스타트업과 기존 경영 전략의 비교

현업에서 사업 개발, 신사업 전략을 수행하거나 기업 내부에서 스타트업을 기획하는 경우에는 린 캔버스, 비즈니스 모델 캔버스, 경영 전략 템플릿, 플레이북과 비즈니스 0단계로 이어지는 일련의 시뮬레이션을 수행해 보아야 한다. 스타트업을 준비하는 창업가가 비즈니스 모델 캔버스나 린 캔버스를 많이 활용하지만, 전통적인 경영 전략 수립이나 실행을 강조하는 비즈니스 플레이북의 개념을 모르는 상황이라면, 실

린 스타트업과 기존 경영 전략의 비교, 스티브 블랭크, HBR 수정

비교 항목	린 스타트업	기존 전략
전략 수립	비즈니스 모델과 가설 기반	비즈니스 계획 및 실행
신제품 개발 프로세스	고객 탐구, 시장 테스트, 가설 검증	선형적, 단계적 개발 계획에 따른 제품 개발
엔지니어링	최고 기능을 갖춘 제품을 신속하게 개발하고 반복적으로 검증	제작 전 모든 사양을 기획 및 제품 설계에 포함
조직	신속한 제품 출시와 개선 중심의 조직 구성	세부 기능에 따른 조직 구성
재무 평가	고객 유치 비용, 고객 생애 가치, 고객 이탈률	손익, 대차, 현금 흐름표 등의 기존 회계 보고서
실패에 대한 관점	실패를 사전에 예상하고 이를 기존 아이디어의 개선이나 사업 방향 전환의 도구로 활용	실패는 예외적인 사항이며 경영자 교체, 조직 개편
실행 속도	수집한 데이터에 기반한 빠른 의사 결정 및 실행	측정 가능한 완전한 데이터 기반 신중한 의사 결정

제 사업으로 연결하는 과정에서 어려움을 겪을 것이다. 실전 비즈니스에는 정답이 존재하지 않는다. 결국 어떠한 비즈니스 모델을 이용하든, 민첩하고 유연하게 상황을 감지하고 대응할 수 있는 능력이 필요하다.

기존의 경영전략과 린 스타트업은 전략 수립과 제품 개발 프로세스에서 극명하게 구분된다. 기존 경영전략은 기간별 전략 회의를 하고 계획과 실행에 중점을 두지만, 린 스타트업은 전략 수립의 시기를 규정하지 않으며, 지속적인 가설, 가설 검증, 피드백과 가설 보완의 과정을 거친다. 또한 제품 개발 프로세스도 기존 경영전략은 연간 단위로 상품 전략을 수립하고 단기, 중기 로드맵을 만든다. 그리고 제품, 솔루션 확대 전략에 기인해 사전 계획된 프로세스, 리소스, 관리 방법을 수행한다. 린 스타트업은 최소의 인력을 드림팀으로 구축한 후 MVP 성격의 프로토타입을 개발해 지속적으로 검증하고 보완해서 진화시킨다. 따라서 기존 기업은 린 스타트업의 전략적 민첩성과 학습 능력을 조직의 드림팀에 이식한 후, 드림팀이 에반젤리스트가 되어 팀과 조직, 사업 부문의 일부 프로젝트나 혁신 과제에 린 스타트업 방식을 적용하는 편이 좋다. 반면, 스타트업이 린 스타트업 방식으로 시장과 고객의 반응을 얻은 다음이라면 기존 기업의 전략 수립과 관리, 인력 및 자산 운영, 비즈니스 확장 기법을 검토해 선별적으로 수용해야 한다.

전통적 제품 개발 모델 vs. 린 스타트업 제품 개발

전통적 기업과 린 스타트업의 제품 개발 단계 역시 구조적인 차이가 있다. 전통적으로는 기업의 기간별 경영전략에 따라 제품을 개발한다. 경영전략을 수립하는 과정에서 마켓 센싱, 예산 확보, 조직 구성, 시장 조사에 따른 목표 시장, 목표 고객, 목표 채널을 분석하고, 특정 버티컬을 조사한다. 이러한 과정에 따라 MGPP(Multi Generation Product Plan, 다세대 상품 기획) 및 PRM(Product Roadmap, 제품로드맵) 계획이 수립되며, 제품로드맵에 기재된 각 제품이나 솔루션 혹은 서비스에 대한 USP(Unique Selling Proposition)이 선정된다. 이후 제품 로드맵 및 TRM(Technology Roadmap, 기술로드맵)에 기반해 제품 개발 방향이 결정되며, 목표 고객과 목표 시장을 확정한 다음 경쟁우위 전략에 따라 제품을 확장 전개할 수 있다. 핵심 고객과는 제품 개발 단계부터 POC(Proof of Concept, 아이디어 혹

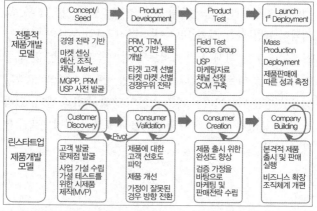

전통적 경영과 린 스타트업의 제품 개발 프로세스 비교, 〈DBR〉 수정

은 신제품 도입이 정상적으로 작동하는지 검증) 단계를 공동으로 기획해 수행할 수 있다. 제품 테스트 단계에서는 필드 테스트, 핵심 그룹과의 테스트 등을 진행하고 이 단계에서 기업은 USP 발굴, 사전 마케팅 자료 작성, 채널 확정, 공급망 관리를 준비한다. 제품을 런칭하는 과정에서는 대량생산을 준비하고, 제품을 공급하며, 제품 판매에 따른 성과를 측정한다.

린 스타트업 기업들의 제품 개발 과정은 전통적인 방식과 다르게 고객 발굴, 고객 검증, 고객 창출, 회사 설립의 단계를 따른다. 고객 발굴 단계에서 회사를 설립하기 이전에 어떠한 문제점이 시장에 존재하는지를 파악하고 그 문제점 때문에 어떤 고객들이 어려움을 겪는지 구별한다. 이 과정에서 사업 수행 여부를 판단하기 위해 시제품을 빠르게 개발하고 시장에서 신속한 검증하려 한다. 프로토타입의 제품을 시장에 선보이고 파일럿 테스트(Pilot Test)를 진행하는 과정이다. 고객 검증 단계에서는 프로토타입에 대한 고객의 반응을 살펴보면서 기존에 가정한 고객 정의가 합당한지를 검증한다. 이 과정에서 고객의 반응을 보고 제품을 개선하며 사업 초기에 수립한 다양한 가설을 검증하고 보완한다. 고객 창출 과정에서는 목표로 선정한 고객과 그 고객에게 제시한 시제품의 효과를 파악해 시제품의 성능과 기능을 지속적으로 향상시키면서 새로운 고객을 창출하고, 이와 병행해 마케팅 전략을 수립한다. 유입되는 고객 수가 증가하고 프로토타입의 기능과 성능이 개선돼 신규 고객층이 지속적으로 창출되고 고객이 유지되면 린 스타트업 기업은 회사를 설립하고 비즈니스를 확장하며 조직을 개편해 안정적인 기업 운영 단계로 진입할 수 있다.

에어비앤비
비즈니스 모델 캔버스

협력적 공유 경제 시스템이라는 메가 트렌드

4차 산업혁명은 경제의 패러다임까지 변화시키고 있다. 글로벌 금융위기 이후 구조적 장기 경제 침체하에서 제레미 리프킨이 『한계비용 제로 사회』에서 주장한 협력적 공유 경제 사회는 시대적 흐름이 되었다. 또한 죄책감 없는 소비(guilt free consumption)를 추구하는 소비 심리는 공유 경제 확산에 일조하고 있다. PWC 발표에 의하면, 세계 공유 경제 시장 규모는 2025년 3500억 달러를 초과하고, 북미와 유럽이 전반적인 시장 성장세를 견인할 것으로 예상된다. 또한 공유 경제는 유니콘, 데카콘 신화의 동인이다. 에어비앤비와 우버의 등장을 필두로 글로벌 10대 유니콘 기업 리스트에 우버, 디디추싱, 에어비엔비, 위워크 등이 포진하고 있다. 이밖에 주요 성장 분야로는 P2P 펀딩, 숙박 공유, MaaS(Mobility as a Service)로 대표되는 차량 및 교통 수단 공유, 킥스타터로 대표되는 크라우드 펀딩 그리고 동영상 스트리밍 등이 손꼽히고 있다. 공유 경제 흐름에서 상대적으로 후발 주자인 중국은 자동차 공유 서비스인 디디다처, 에어비앤비와 유사한 서비스를 제공하는 투지아닷컴, 공유 자전거 서비스를 선보인 오포나 모바이크 등이 공유 경제 플랫폼을 선도하고 있다. 이제는 모든 것을 공유한다는 EaaS(Everything as a Sharing economy) 개념이 확산돼 일상 용품, 명품에서 학습지, 운동 시설, 부엌과 모임 공간, 개인적 지식과 스킬에 이르기까지 그 범위가 확대되고 있다.

에어비앤비 창업

에어비앤비의 설립자 브라이언 체스키와 죠 게비아가 신사업을 고민하던 중에 미국 산업 디자인 학회 컨퍼런스가 열렸다. 호텔은 이미 예약이 완료됐고, 많은 컨퍼런스 참여자가 호텔을 구하지 못해 애를 먹고 있었다. 이때 이들은 창발적 아이디어를 내고 가설을 설정했다. 여행객에게 아파트를 숙박 용도로 빌려주고 조식을 제공하는 대가를 청구하면 어떨까? 이들은 즉시 에어베드를 구입해 호텔을 예약하지 못한 디자이너들에게 자신들의 방을 빌려주고 아침을 제공했다. 여행객은 이들의 아이디어를 호평했다. 호텔보다 상대적으로 저렴한 숙식 비용에 다른 사람의 집을 이용한다는 부담에도 기꺼이 비용을 지불한 것이다. 최초의 가설은 신속한 평가와 고객 검증 덕분에 긍정적 피드백으로 돌아왔다. 고객 모집을 위한 최소한의 예약 기능을 구현한 홈페이지를 제작해 숙소를 제공하고자 하는 사람과 숙박 시설을 예약하고자 하는 사람들을 연결하는 중계 비즈니스를 시작한 것이다. 사명도 자신들이 제공하는 서비스이 에어베드와 아침식사를 표현해 에어베드&브렉퍼스트 닷컴, 단축해 에어비앤비로 정했다. 실질적 개발자가 아니었기에 이들은 홈페이지를 개발하려고 게비아의 룸메이트였던 네이션 블레차르지크에게 사업을 설명하고 영입했다. 세 명의 고객은 쉽게 유인했지만, 실질적 사업화 이후 고객 확대는 쉽지 않았다. 사업이 정상 궤도에 오르기까지는 3년이 걸렸다. 에어비엔비가 직접 공급자의 숙소를 찾아 다니며 전문적인 사진을 찍고 숙소 안내를 화려하게 만들어 홈페이지와 상품 소개를 대대적으로 개편하자, 고객이 급격하게 늘어났다. 성공의 이면에는 초기 자금을 투자하는 Y 콤비네이터(Y Combinator)의 폴 그래햄이 해준 조언이 있었다. 자신을 좋아하는 사람보다 자신을 사랑하는 사람 100명을 얻으라는 충고를 들은 후에 에어비앤비는 직접 현장으로 나가 고객과 공급자의 입장에서 숙소를 점검하고, 전문가 수준으로 숙소 사진과 숙박 시설 소개를 업그레이드함으로써 고객 접점을 찾은 것이다.

비즈니스 모델 캔버스: 가치 제안

비즈니스 모델 캔버스는 가치 제안을 기준으로 가치 창출 부분과 가치 전달 부분으로 나눌 수 있다. 가치 제안이란 기업의 제품과 솔루션, 서비스로 고객에게 전달하고자 하는 모든 것이다. 구성 요소로는 고객 세그먼트, 가치 제안, 고객 관계, 채널, 수익이 있다.

고객 세그먼트

고객 세그먼트는 기업이 가치를 창출해 제공할 대상이 정확히 누구인지 규명하여, 기업에게 가장 중요한 고객은 누구인가를 선정하는 과정이다. 일반적으로 고객이란 가치를 제공받는 측면에서 주로 소비자(Customer)가 되겠지만, 에어비앤비의 비즈니스 모델에서는 숙박 시설을 제공하는 공급자와 이를 이용하는 소비자 모두가 고객이다. 에어비앤비는 고객을 게스트(Guest), 호스트(Host), 매크로 레벨(Macro Level)로 구분한다. 게스트는 다시 세 개의 범주로 구분한다. 여행 형태에 따라 사업 목적의 고객과 일반 여행 고객을 나눈다. 인구 통계학적으로 미혼, 커플, 자녀를 둔 가족, 연령대 구분, 은퇴 여부, 소득 등으로 고객을 세분화한다. 세 번째로 흥미, 관심사에 의해서도 구분한다. 호스트 역시 세 개의 범주로 구분한다. 첫 번째 범주는 제공되는 숙박 형태다. 일반적인 방, 유닛, 콘도, 주택을 보유한 호스트다. 위치에 따른 범주로 도심, 근교, 교외 지역으로 분류한다. 세 번째 범주는 국가, 지역, 북극, 남극, 오지 등을 포함한 특수 지역이다. 에어비앤비는 이러한 미세 분류와 더불어 임대 업자, 이벤트 업자, 번들 상품과 할인, 프러모션에 따른 변동성을 포함한 매크로 고객 분류를 진행하고 있다.

가치 제안

가치는 기업이 고객을 위해 창출해내는 것이다. 에어비앤비는 공급자인 숙박 시설 주인, 소비자인 고객에 대한 가치를 만들어야 했으며, 이들이 정한 가치 제안의 핵심은 개인 간의 연결(Individual connections), 커뮤니티, 현지화(Localization)다. '개인 간의 연결'에서는 모든 고객, 숙박업자, 이벤트 진행 업자의 연결이 쉽고 편하고 자유롭게 진행될 수 있도록 효율적인 플랫폼으로 차별화한다. 서비스 전달 표준 규정에 얽매여 개성이 상실된 서비스를 제공하는 기존 호텔, 체인화된 숙박 시설과 구분되는 새로운 경험과 가치, 스토리(story)의 전달이다. 가치 제안의 두 번째 요소는 '커뮤니티'다. 숙박하고자 하는 목적지와 숙박 시설, 주변 정보에 대한 방대한 사용자 생성 콘텐츠와 고객의 사용 후기, 숙박 업자와 이벤트 업자의 고객 후기는 커뮤니티에 새로운 경험과 영감을 지속적으로 주입하므로 커뮤니티가 스스로 진화할 수 있다. 또 다른 가치 제안은 '현지화'다. 에어비앤비와 연계된 숙박업자, 이벤트 업자는 더 많은 정보와 권유 사항을 보강하고 있다. 현지의 이벤트 업자, 숙박 업자가 제시하는 새로운 여행 가이드는 어느 곳에서도 찾을 수 없는 새롭고 신선한 가치가 있다. 대표적인 사례가 '시드니에서 해야 할일(Things to do in Sydney)'이다. 시드니의 숙박 업자와 이벤트 업자 등 호스트들과 에어비앤비가 고용한 전문 사진 작가가 다양한 범주로 구분한 여행 추천 가이드를 끊임없이 진화시키고, 새로운 유인 도구를 합류시키고 있다.

이외에도 에어비앤비는 호스트와 게스트, 이벤트 업자에게 제공하는 가치를 지속적으로 강화하고 있다. 에어비앤비는 호스트에게 소득 세대(Income Generation)라는 가치를 제공한다. 집 수리에 필요한 저축, 꿈같은 여행에 이르기까지 호스트에게 숙박 시설을 공유함으로써 그들의 열정을 충족시킬 수 있는 여분의 소득을 제공하는 것이다. 또한 어느 플랫폼보다 쉽고 직관적인 거래 방식을 제공한다. 플랫폼 가입, 고객 유인, 지급 결제 어느 단계라도 세대의 구분 없이 이용할 수 있다. 호스트가 가장 걱정하는 게스트의 신원을 사전에 검증해주고 사회적 평판, 평점을 제공해 호스트의 고객 선택권을 강화하고 있다. 호스트가 숙박을 제공할 때의 또 다른 어려움은 다양한 숙박 일정 관리다. 에어비앤비는 호스트들이 별도의 일정 관리 프로그램을 사용하지 않고도 부담 없이 일정을 관리할 수 있도록 에어비앤비의 플랫폼에 사용자 인터페이스와 관리 프로그램을 포함했다. 호스트를 위해 집 정리부터 완벽한 관리까지 수행하는 추가 서비스를 제공함으로써 호스트의 가치를 극대화하고 있다. 에어비앤비는 호스트와 게스트 모두에게 안전과 위험, 이웃 등에 대한 모든 조언이 포함된 가이드라인을 제공하고, 분쟁 해결 프로세스도 제공해 안전과 신뢰라는 가치를 지속적으로 양면 시장에 어필한다. 또한 고객에게는 편리한 예약 과정과 다양한 유형의 숙박 시설을 제공하고, 여행하고자 하는 목적지에 대한 가장 정확한 정보를 제공하며, 피드백을 통한 평가 시스템을 운영함으로써 고객 가치 극대화를 추구한다. 더불어 에어비앤비는 일반 호텔이 제시하기 힘든 가치를 호스트와 게스트에게 선사하고 있다. 에어비앤비는 자사의 이벤트와 호텔 로비 구석에 처박혀 있는 전단지를 비교해보라고 한다. 목적지에서 이벤트를 개최하거나 경험하는 것은 호스트와 게스트 모두에게 매우 상호보완적인 가치를 제공하며, 이것은 또 다른 형태의 혁신을 육성하는 원천이 된다.

채널

에어비앤비의 채널은 초기 인식과 고객 확보를 위한 채널과 매일 매일의 거래를 위한 채널로 구분할 수 있다. 에어비앤비는 초기 대중 인식과 고객 확부를 위해 AFAR, 유튜브, 드웰, 론리플래닛, 버즈피드, BBC, 페이스북, 트위터에서 디지털 광고 캠페인을 진행했으며, 다양한 온오프라인 가이드북을 제작해 콘텐츠 마케팅을 구사했다. 또한 바이럴 마케팅에도 주력해 소셜 미디어와 메시지 앱 광고, 사용자 경험담의 지속적인 전파와 확산, 고객 경험 전파자를 위한 보상 프로그램 운영, 미디어 보도, 높은 광고료로 미디어 노출 순위를 끌어올렸다. 특히 인플루언서와 스니저(sneezer)를 적극 활용하고 이들의 활동에 금전적, 비금전적 보상을 제공해 네트워크 효과를 유발했다. 사업이 본 궤도에 오른 후에는 '매일 매일의 거래(Daily transaction)'를 위한 채널 강화에 집중하고 있다. 모든 결제는 사용자 경험이 단절되지 않도록 일관된 인터페이스를 웹 페이지와 모바일에 구축하고 있으며, 특별 제안, 알림 서비스 등을 통해 지속적으로 고객 참여를 유도하고 새로운 자극을 제공해 고객의 재방문율을 끌어올리고 있다.

고객 관계

고객 관계에서 중요한 것은 플랫폼 내에서 고객과의 관계를 확고히 하고 지속적으로 유지하는 것이다. 에어비앤비는 사업 초기에 크레이그리스트(Craigslist)에서 고객을 모았지만, 고객 정보 유출을 막기 위해 계약서와 고객 데이터를 직접 관리하는 방식으로 선회했다. 또한, 호스트와 게스트 모두를 위해 고객 문제를 적절한 방식으로 처리하고, 귀찮게 하는 호스트나 집을 쓰레기 더미로 만드는 게스트 등 잘못된 행동과 위험 요인을 관리하는 규정을 지속적으로 개선하며, 프라이버시와 개인 정보 등에 대한 투명성을 확보하려 한다. 여기에 소셜 및 다른 유형의 미디어를 통해 바람직한 회사의 이미지를 보여줘 고객 관계를 강화하고 있다. 공급 측면(호스트)에 대한 고객 관계 지침은 불량 손님으로부터 호스트의 재산 보호, 플랫폼이 호스트들에게 제공해줄 수 있는 소득 창출 능력(게스트 간의 짧은 시간 격차, 탑 리스트 등), 양질의 게스트 제공,

고객 집단에 존재하는 나쁜 사과 제거, 직면한 이슈 관리(사고, 불만, 피해 등), 호스트의 플랫폼 진입 장벽 완화, 호스트의 성공 방정식 일반화, 슈퍼 호스트를 위한 보상 프로그램 강화 등이다.

비즈니스 모델 캔버스에는 '주요 이해관계자(Key Stakeholders)'를 위한 항목이 없지만, 이 항목은 비즈니스 플랫폼에서 매우 중요하다. 완전히 성숙되지 않은 상태에서의 여론은 플랫폼의 다른 고객의 견해에 막대한 영향을 준다. 비즈니스 플랫폼의 사회적, 공동체적, 경제적 영향을 관리해야 하며, 필요에 따라 관련 도시, 지역 사회, 규제 당국 등과 긴밀한 관계를 유지해야 한다. 또한 미디어 및 기타 다양한 채널에서 비즈니스 플랫폼의 이미지를 관리해야 하며, 심각한 사건이나 사고가 발생할 경우 신속하게 관리해 바이러스같이 퍼지지 않도록 해야 한다. 어느 누구도 초과 예약된 유나이티드 항공을 이용하고 싶어 하지 않을 것이다. 에어비앤비는 에어비앤비 뉴스룸, 에어비앤비 시티즌과 페이스북 페이지 등 언론 보도에 영향을 미칠 수 있는 여론을 게시하는 여러 채널을 직접 관리하고 있다.

수익

에어비앤비는 표면적으로 호스트와 게스트에게 거래당 서비스 수수료를 청구해 수익을 창출하고 있으며, 고개은 5~15퍼센트, 렌탈 호스트는 3~5퍼센트, 이벤트 호스트는 20퍼센트의 수수료를 지불하고, 이벤트 게스트는 무료로 이용하는 수익 구조다. VBRO, 홈어웨이(HomeAway) 등의 단기 임대 플랫폼은 거래수수료 대신 리스팅 수수료를 부과하지만, 이러한 수익 모델은 에어비앤비가 추구하는 수익 모델과는 다른 가격 책정 모델이다. 에어비앤비의 가격 정책 모델에 대한 흥미로운 내용이 있다. 게스트들은 호스트에 비해 거래당 2~3배의 높은 비용을 지불한다. 이러한 현상은 호스트와 게스트의 수요와 공급 및 인센티브와 관련이 있다. 호스트는 여분의 방, 유닛, 집을 가지고 있으며, 잠재적으로는 신뢰할 수 없는 낯선 사람에게 반복적으로 임대해줘야 한다. 그래서 에어비앤비 입장에서는 호스트를 찾기 점점 힘들어질 수 있다. 반면에 게스트는 호텔에 지불하는 비용에 비해 저렴하게 예약하기 때문에 이들에게는 일종의 인센티브가 부여된 것과 같다. 이러한 이유로 한 번의 거래에 대해 게스트가 호스트에 비해 2~3배의 비용을 더 지불하는 것이다.

호스트가 예약 취소 정책을 정할 때, 유연한 예약 취소 정책(Flexible)을 선택하면 3퍼센트의 거래 수수료를 내고, 일반적인 예약 취소 정책(Moderate)를 선택하면 4퍼센트, 엄격한 예약 취소 정책(Strict)을 선택하면 5퍼센트의 거래 비용을 지불해야 한다. 호스트는 유연한 예약 취소 정책을 선호하는 게스트를 놓칠 수 있지만, 엄격한 예약 취소 정책을 선호한다. 게스트에게 큰 인기가 있는 주택을 제공하는 경우라면, 호스트가 엄격한 예약 취소 정책을 선택할 가능성이 높으며, 그 비용을 게스트에게 전가할 수 있다. 에어비앤비는 호스트가 유연한 예약 취소 정책을 선택하도록 유도한다. 이 정책이 게스트 입장에서 가장 바람직한 선택 옵션이며, 사실상 더 많은 예약을 받을 수 있기 때문이다. 게스트는 5~15퍼센트 범위에서 거래 수수료를 지불한다. 주로 5퍼센트부터 시작하지만, 전반적인 거래 비용이 상승하면 게스트가 지불하는 거래 수

수료도 높아질 수 있다.

에어비앤비는 게스트들이 이미 저렴한 비용이라는 인센티브를 받은 것이기 때문에, 서비스 비용에 더 많이 지불할 수 있으리라고 판단한다. 물론, 또 다른 이유로는 고정 비용은 1박당 숙박 가격과 무관하기 때문이다. 이벤트 비용은 매우 다르다. 게스트에게는 비용이 부과되지 않지만, 이벤트 주최자에게는 20퍼센트의 서비스 요금이 부과된다. 이벤트 호스트는 쉽게 얻을 수 있다. 소규모 지역 비즈니스를 하거나 잘하는 취미가 있는 이들은 많다. 이들은 자산의 상품을 팔려고 에어비앤비를 추가적인 광고 플랫폼으로 이용하는 것이기 때문이다. 의심할 여지 없이, 이벤트 호스트들은 기꺼이 20퍼센트의 거래 수수료를 지불한다. 다른 여러 판매 채널보다 에어비앤비가 더 많은 게스트를 끌어 모으기 때문이다.

에어비앤비는 호스트가 비용을 내면 구글의 유료 검색 서비스에 광고할 수 있도록 한다. 이러한 정책에 대해 호스트는 선택할 수 있다. 호스트가 선택하지 않으면 잠재 고객이 유료 광고를 통해 에어비앤비 페이지에 접속할 때 호스트의 숙박 시설이 보이지 않는다. 또한, 에어비앤비는 일부 도시의 주택에 대해 전문적인 사진 서비스를 유료로 제공한다. 에어비앤비에 등록된 각종 시설은 청소 및 호스팅 서비스 제공 업체를 활용하고 있으며, 이들은 에어비앤비와 직접적으로 관련된 회사는 아니지만, 에어비앤비의 서비스 표준 정책에 따라 활동한다. 우버(Uber)의 가치 제안은 주요 경쟁 업체인 전통적인 택시 서비스와 매우 비슷하다. 하지만 에어비앤비의 가치 제안은 호텔이 제공하는 가치 제안과 매우 다른 차별점을 가지고 있다. 또한 에어비앤비 플랫폼에 참여하는 참가자에 대한 비용 요소와 인센티브가 기존 호텔의 가치 제안과는 다르게 구성되어 있다. 버스버드(Busbud)가 비교한 자료에 따르면 도시마다 격차가 있기는 하지만, 에어비앤비가 대부분 더 저렴하다.

비즈니스 모델 캔버스: 가치 창출

비즈니스 모델 캔버스에서 가치 제안을 기준으로 왼편은 기업이 가치를 어떻게 생성하고, 핵심 활동은 무엇이며, 핵심 파트너, 비용 구조 및 주요 리소스는 무엇인지 분석하고 판단하는 부분이다. 가치 제안을 위한 준비이며 가치 창출 단계라고 정의할 수 있다.

핵심 자원

플랫폼 비즈니스에서 핵심 자원은 네트워크 효과다. 에어비앤비의 경우에는 호스트와 게스트의 관계를 의미한다. 에어비앤비의 호스트는 숙박 장소, 이벤트 장소 및 그 지역에서 수행할 각종 이벤트를 제안할 수 있지만, 모든 호스트가 이 모든 것을 수행할 필요도 없고 필요하지도 않다. 호스트는 에어비앤비와의 간접적인 협력을 통해 게스트를 위한 목적지를 더욱 매력적으로 만든다. 에어비앤비는 내부적으로 핵심 자원을 네트워크 효과, 예약 결제 시스템, 사용자가 생성해 웹 페이지에 올린 콘텐츠, 고객 데이터와 거래 데이터, 평가 데이터, 고객의 디지털 흔적, 에어비앤비의 소프트웨어 알고리즘, 개발·분석 기능 및 엔지니어, 브랜드, 비즈니스 성장을 위한 벤처 캐피털 접근 권한, 숙련된 직원, 앱과 웹 페이지 및 고객 인터페이스 등으로 규정하고 있다.

핵심 활동

핵심 활동은 고객 가치 제안을 생성하고 사업 수행을 위한 모든 활동이다. 네트워크 효과는 플랫폼 비즈니스의 핵심 경쟁우위다. 주요 활동은 참가자인 호스트와 게스트 간 긍정적인 네트워크 효과를 향상시키고 더 많은 사용자의 참여를 유도하는 행위다. 개별적인 호스트, 게스트 사이의 거래를 보다 쉽게 하도록 하고, 불만을 신속하게 관리하며, 이들의 피드백으로 경험하고 학습해 부정적인 네트워크 효과를 줄이는 활동도 핵심 활동으로 간주된다. 더 많은 참가자가 참여하도록 유도하고, 새로운 도시에 진입하며, 고객 유인을 증가시키는 이벤트 같은 각종 보상 프로그램으로 플랫폼을 혁신한다. 최고의 여행 경험과 이벤트 경험을 지속적으로 제공해 고객이 이탈하지 않도록 주목하고 있고, 숙박을 보완하는 상품 제공, 새로운 호스트 추가 및 소득 기회 제공, 호스트와 게스트를 더 많이 연결시키는 활동으로 새로운 고객 가치를 제안한다. 또한 누적된 빅데이터와 고객의 디지털 흔적, 위치 데이터를 분석해 개인별 맞춤화 서비스 및 큐레이션 서비스의 질적 개선을 추구하고 있다.

핵심 파트너, 비용

핵심 파트너는 쉽게 교체될 수 없으며, 이들은 회사의 성공에 크게 기여하고, 기업의 진로에 영향을 미친다. 에어비앤비는 핵심 파트너로서 호스트, 투자자, 로비스트, 기업 여행 파트너, 기업 여행 관리자를 선정해 관리하고 있다. 호스트는 에어비앤비 플랫폼에서 공급자의 역할이며, 그들의 집, 각종 시설물 등 다양한 공급과 선택지가 고객 가치 제안에서 핵심적인 요소이다. 에어비앤비는 두 가지 유형의 호스트를 보유하고 있다. 렌탈 호스트(Rental hosts)는 주택, 시설물, 콘도, 객실, 오래된 성이나 이글루 같은 이국적인 요소를 제공하고, 이벤트 호스트(Event hosts)는 현지화된 경험, 음식, 패션, 밤문화, 공연 등을 제공한다. 투자자, 벤처 캐피털리스트도 핵심 파트너다. 이들은 초기 운영 자금을 제공하며, 이 자금으로 다양한 기능, 앱, 알고리즘 등을 개발하고 고객을 확보할 채널을 발굴한다.

에어비앤비의 사업 특성상 로비스트는 매우 중요한 핵심 파트너다. 미국 호텔 업계와 LA 시 당국을 대상으로 로비스트를 총동원해 이전투구를 벌인 사건이 있었다. LA 시 당국이 숙박 공유 관련 법령을 제정하려는 움직임이 보이자 서로 이해가 상충하는 에어비앤비와 호텔 업계가 로비스트를 동원해 입법 전쟁을 벌인 것이다. 샌프란시스코에서는 에어비앤비의 입장에 손을 들어 주었고, 뉴욕에는 호텔 업계가 로비에 승리했다. 에어비앤비의 로비스트를 이용한 규제 완화 및 입법 전쟁은 미국을 넘어 전 세계적으로 확산되고 있으며 이들의 행보와 결과에 따라 에어비앤비의 운명이 결정될 수 있다.

에어비앤비는 이제 개인적인 호스트와 이벤트 호스트의 범위를 확장해 기업 여행 파트너와 기업 여행 관리자를 핵심 파트너로 선정했다. B2B 비즈니스 영역으로 사세를 확장하려는 의도다. 특히 기업 여행 관리자는 각 기업의 숙박 시설 선택에 대한 재량권을 갖고 있기에 에어비앤비 입장에서는 반드시 아군으로 포섭해야 할 핵심 파트너다.

에어비앤비의 비용 요소는 고객 확보 비용, 디지털 광고와 프로그래매틱 광고, 추천 크레딧과 유료 검색, 새로운 기능 개발, 진행 중인 알고리즘의 미세 조정, 새로운 도시 확장과 틈새 시장 발굴, 상근 직원 및 프리랜서 임금, 지불 처리 비용, 로비 및 법규 준수를 위한 비용, 법적 케이스 및 결제 비용, IT 인프라 및 컴퓨팅 운영 비용, 고객 지원 및 보험과 법률 비용으로 구성돼 있다.

에어비앤비 성공의 힘, 디자인 씽킹

에어비앤비의 설립자 브라이언 체스키와 죠 게비아는 세계적으로 명성이 높은 로드아일랜드 디자인스쿨에서 산업디자인을 전공했다. CEO 두 사람 모두 엔지니어가 아닌 디자이너 출신이다. 당시 실리콘밸리에서는 엔지니어 출신의 스타트업에게 많이 투자했지만, 디자이너 출신의 CEO에게는 관심이 없었다. 디자이너는 엔지니어의 사업을 도와주는 일을 하는 사람이라는 인식이 팽배했기에 에어비앤비는 설립 후 초기 3년까지 많은 어려움을 겪었다. 사실 기술적인 문제가 아니었다. 이미 네이선 블레차르지크라는 천재적인 프로그래머가 합류했고, 구현하고자 하는 모든 것을 프로그래밍할 수 있었다. 에어비앤비가 문제를 해결한 방법, 엔지니어가 아닌 이들이 문제를 해결한 방식은 디자인 씽킹(Design Thinking)이다.

혁신적인 디자인 기업을 말하라면 대부분 주저없이 아이디오(IDEO)를 지목할 것이다. 아이디오의 생각하는 방식이 바로 디자인적 사고. 아디이오의 CEO 팀 브라운은 "디자인 씽킹은 문제 해결을 위한 필요와 요구, 기술의 적용 가능성, 비즈니스를 성공으로 이끌기 위한 모든 요구 사항을 융복합 하기 위해 디자이너가 일하는 방식에서 영감을 얻은, 혁신에 인간 중심적으로 접근하는 방식"이라고 정의했다. IBM의 조단 세이드는 디자인 씽킹은 다양성을 기반으로 하는 협력, 협업, 교류, 커뮤니케이션과 공감이라는 내재 가치가 존재하며, 서로 다른 아이디어를 만들어 내는 다양한 각계각층의 조직과 그룹이 충분한 협력을 추진하는 것을 의미한다고 말했다. 디자인 씽킹은 불완전한 고객의 요구 사항과 부정확한 정보를 통합하고 연결해 고객의 상상을 실현시켜주는 작업이다. 디자인 씽킹은 SAP의 하소 플레트너 회장이 소개했으며, 스탠포드 대학이 D-스쿨(D-School)을 운영하며 보급하면서 크게 부각됐다. 또한, 구글과 애플 및 글로벌 기업이 이를 도입하면서부터 기존의 해커톤과 함께 새로운 혁신 도구로서 효용성이 강조됐다. 스탠퍼드 대학교의 D-스쿨은 디자인 씽킹을 공감하기(Empathize, 사용자 이해), 정의하기(Define, 문제점의 발견과 정의), 아이디어 만들기(Ideate), 시제품 만들기(Prototype), 테스트 하기(Test, 테스트하고 피드백 받기)의 5단계로 정의했다.

공감하기

디자인 씽킹의 첫 번째 요소는 공감하기다. 제품과 서비스를 사용하는 대상은 결국 최종 고객이다. 고객의 입장, 고객의 관점에서 불편함과 문제점을 찾는 과정이며, 자신이 고객이 돼 고객의 마음에 공감하는 것이다. 공감 방법은 고객 관찰, 고객 인터뷰, 고객 체험으로 구분된다.

빅데이터와 인공지능 시대에서 고객 관찰은 고객이 남긴

디지털 흔적에서 빅데이터의 정형, 비정형 데이터를 이용해 패턴과 특이점을 찾아 이를 개선하거나 새로운 고객 경험을 제공하는 기회가 됐다.

고객 인터뷰는 목표 고객을 선정하고 직접 인터뷰, 설문지 조사, 표본 조사 등을 통해 직접 그들의 의견을 듣는 활동이다. 하지만 고객은 언제나 진실만을 이야기하지 않는다. 가장 좋은 방법은 관찰, 인터뷰 등으로 식섭 체험해 다양한 정보를 획득하는 것이다.

공감하기는 기업의 사일로 이펙트를 제거하는 도구로 작용할 수 있다. 자신이 처한 상황과 주변 상황을 공감하고, 부서, 조직, 유관 부서와 기업의 비전, 미션을 공감하는 것은 협업, 생각 정리의 기본이다. 업무를 진행할 때도 자신과 의견이 다르거나 자신이 속한 부서의 의견과 다른 부서의 의견이 상이할 경우가 많다. 부서 간 보이지 않는 장벽과 썩은 사과를 제거하고 상사나 동료와의 거리감을 좁히는 공감하기는 자신이 타인이 돼 그들의 생각과 행동을 이해하는 것이다.

4차 산업혁명과 과학기술 발달은 기업 내 임직원에게 민첩한 학습 능력을 요구하고 있다. 글로벌 기업은 협업, 토론, 모둠 학습과 해커톤 등 다양한 '프로젝트 기반의 학습(Project based Learning)'을 강조한다. 윌리엄 벤더(William N. Bender)는 프로젝트 기반 학습이란 "구성원이 문제를 해결하기 위하여 협력하는 상황에서 고도의 동기 부여를 통해 질문과 과업 또는 문제와 관련한 진정성 있는 실세계의 프로젝트를 다루는 학습"이라고 정의하고 있다. 찰스 파델(Charles Fadel)은 공감과 협업 기반의 프로젝트 학습은 지식을 확장하고 동기와 참여를 유발하여 핵심 역량을 개발할 수 있는 효율적 도구라고 정의했다. 아무리 좋은 아이디어와 창의적 아이디어라도 사공이 많으면 배가 산으로 간다고 했다. 생각이 다르다고 이를 배척하고 비판하기보다는 다름을 인정하고 수용하고 개선해야 한다. 공감해야 서로의 생각을 정리하고 올바른 방향으로 나아가 목표에 도달할 수 있기 때문이다.

문제 정의하기

아인슈타인은 "나에게 문제를 풀 수 있는 20일의 시간이 주어진다면 나는 19일은 문제가 무엇인지 스스로 질문하는 데에 쓸 것이다"라고 이야기했다. 도대체 무엇이 문제인지를 모르겠다는 블랙 스완의 시대에 직면해 있다고 하지만, 이는 기업이 문제를 찾는 과정(Problem Finding)과 문제를 정의하는(Problem Define) 역량을 지속적으로 강화하지 못한 잘못에 기인한다. 이러한 기업 역량은 충분히 연습하고 학습하면 개선될 수 있다. 때로는 문제를 올바르게 정의하지 못하면 오히려 문제가 될 수 있다. 나일 강의 홍수는 비교적 온화하고 비옥한 땅을 만들어준다. 홍수를 방지하고자 나일강 상류에 아스완 댐과 아스완 하이댐을 건설했더니 홍수는 막았지만, 동시에 비옥한 땅을 모두 사라지게 만든 역효과를 가져오고 말았다.

고대 그리스시대 파피루스에 문제 정의에 관한 이야기가 기록돼 있다. 아라비아의 상인이 세상을 떠나며 아들 3형제에게 유언을 했다. 자신이 가지고 있던 전 재산인 낙타 17마리를 유산으로 남길 터이니, 첫째는 전체의 2분의 1을 갖고, 둘째는 3분의 1을 가지며, 막내는 9분의1를 가지라고 하고 세상을 떠났다. 이때부터 삼형제는 고민에 빠졌다. 형제 중 첫째는 17마리 중에서 절반인 8.5마리를 가져야 한다. 낙타를 반으로 나눌 수도 없었다. 둘째도 5.66마리를 가져야 한다. 셋째 형제 역시 딱 떨어지지 않아 고민했다. 낙타를 죽이거나 팔아서 그 돈을 나누는 것도 아버지의 유산을 따르지 않는 것이기에 문제였다.

이때 마을의 노인이 새롭게 문제를 정의하여 재해석했다. 노인의 낙타 한 마리를 너해 전체 낙나의 수를 18마리로 만드는 것이다. 큰형은 9마리를 갖고, 둘째는 6마리, 막내는 낙타 2마리를 갖게 된 것이다. 모두 나누어 갖고도 낙타 한 마리가 남았다. 이 낙타는 다시 조언을 해준 노인에게 되돌려 주었다. 이 이야기 속에는 문제를 찾고 해결하는 과정이 녹아 있다. 형제들은 2분의 1, 3분의 1, 9분의 1을 갖기로 했는데, 이를 모두 더하면 18분의 17이 된다. 사실 1이 되지 못한 0.9944인 것이다. 노인은 여기에서 문제를 찾았다. 상속받을 재산의 18분의 1이 남는다는 것을 안 것이며, 자신이 가지고 있던 낙타 한 마리를 더해 전체 낙타수를 18마리로 만들었고, 유언에 따라 형제에게 17마리를 건네 주어도 자신에게는 다시 한 마리가 남는다는 것을 알았다.

유언에는 또 하나의 의미가 담겨 있다. 0.9944는 1이 아니다. 1이 되지 않는다는 것은 완전하지 않다는 것을 의미한다. 언제나 완벽하고 변함없으며 흔들리지 않는 굳건한 진리는 세상에 존재하지 않는다. 시대와 환경, 문화와 상황에 따라 진리와 통념도 바뀔 수 있다. 언제나 1을 만들려고 노력하다가 포기를 하지만, 0.9944를 만든다면 1에 가장 가까이 도달할 수 있다. 기업인도 항상 1을 추구하면서 문제를 정의하지만, 다르게 생각하면 해법을 찾을 수 있다. 린 스타트업의 MVP와 피벗, 구글의 스프린트와 디자인 씽킹 모두 같은 맥락이다.

아이디어 만들기

공감하기와 문제 발견, 문제 정의의 과정을 마친 다음 과정은 아이디어 만들기다. 어린 아이는 흙만 있으면 땅바닥에 그림을 그린다. 나뭇가지나 돌맹이, 심지어 손가락으로도 무언가를 그리고 설명한다. 스케치북을 건네주면 거침없이 생각을 그려낸다. 그런데 기업의 임직원들에게 아이디어를 만들라고 하면 무엇부터 해야 할지 캄캄하다고 말한다. 생산성 없는 회의에 멀뚱히 앉았다가 나온 경험이 많이 있을 것이다. 몇 명만 이야기하고, 한 사람이 이야기하면, 또 다른 사람이 다른 의견을 내다가 이야기가 산으로 가기도 한다. 그렇기 때문에 아이디어 만들기를 하기 이전에 공감, 문제 발견, 문제 정의를 먼저 진행해서 아이디어를 낼 대상을 먼저 선정하는 것이다. 해결해야 할 핵심 주제만 이야기하려는 의도다.

디자인 씽킹 과정의 아이디어 만들기 단계에서는 편리하게 그림으로 표현(Sketch)하거나, 포스트잇 등으로 의견을 적어 브레인스토밍을 하거나, 마인드맵 프로그램, 로직 트리, 만다라트 발상법 등 다양한 도구(tool)를 이용할 수 있다. 특정한 도구가 없더라도 회의실의 화이트 보드나 벽면에 포스트잇을 붙여가며 다양한 의견을 만드는 것이 중요하다. 디자인 씽킹의 아이디어에는 정답이 없다. 정확하고 올바른 아이디어가 아니라 다양하고 폭넓은 범위에서 아이디어를 생각하는 것이다. 아이디어 만들기 단계에서는 사소한 의견이라도 모두 기록해 의견을 정리할 필요가 있다.

수많은 아이디어가 모이다 보면 중복된 아이디어, 개념에

함몰된 아이디어, 너무 추상화되거나 일반적인 아이디어도 생성될 수 있다. 다음 단계는 이렇게 모인 수많은 아이디어를 비슷한 주제로 묶는 그룹핑(Grouping) 과정이다. 작은 아이디어나 비현실적 아이디어라도 유사하거나 연관된다면 하나의 그룹으로 묶을 수 있다. 적게는 2~3개, 많게는 10개 이상의 아이디어 그룹이 만들어진다. 다음은 이러한 그룹 중에서 문제 해결에 가장 적절한 그룹을 2~3개 선정하는 것이다. 바로 히트 맵(Heat Map)을 만드는 과정이다. 이 과정에서 디자인 씽킹을 혼자 수행하는 상황이라면 가장 중요하고도 긴급한 일이 포함된 그룹을 선정해야 한다. 프로젝트로 디자인 씽킹 과정을 수행한다면 이 단계에서는 치열한 아이디어 배틀(Battle)이 필요하다. 아이디어에 대한 의견 교환과 반대 의견, 실행 가능성 등을 협의, 토론하고, 최종적으로 투표 등의 방법으로 2~3개의 최종 아이디어 그룹을 선정하는 것이다. 최종 의사결정자가 참여했다면 최종 아이디어의 선정은 이들의 의견에 가중치를 두어 확정하는 것이 일반적이다. 최종 아이디어에 선정되지 못한 아이디어도 절대로 파기하는 것이 아니라, 다음 기회, 다음 번의 디자인 씽킹이나 새로운 문제를 해결하기 위한 생각 모음으로 정리해 둔다.

시제품 만들기

이제 아이디어를 선정했다. 디자인 씽킹의 다음 단계는 시제품 만들기다. 가상 세계의 아이디어를 현실 세계로 빠르게 구현해보는 것이다. 실제로 디자이너들은 이 과정에서 제품 렌더링(Rendering)을 해본다. 렌더링을 해서 디자인 시안이 좁혀지면 도면 작업을 진행한다. 보통 2D, 3D 드로잉 소프트웨어인 오토데스크 퓨전360(Autodesk Fusion360), 솔리드웍스(Solidworks) 등을 이용해 작업한다. 글로벌 기업은 분산처리 개념이 포함된 엔비디아 분산 렌더링, 아이레이 서버(Iray Server) 소프트웨어 등을 사용하기도 한다.

디자인 씽킹의 시제품 만들기 과정은 전문 디자이너의 디자인 렌더링, 디자인 목업(Design Mockup)만을 의미하지 않는다. ICT 분야라면 웹사이트 구축, 소프트웨어와 하드웨어의 프로토타입, 로봇의 외관, 동작 형태 등을 모두 검증하는 과정이다. 포장 박스와 매뉴얼, 브로셔 및 카탈로그도 시제품 제작 대상이다. 웹사이트를 구축한다면 고객 입장에서 눈에 보이는 부분은 모두 구현해야 하지만, 실제로 웹페이지를 만드는 것이 아니라 파워포인트 슬라이드 등을 이용해 최대한 진짜와 같이 느끼게끔 가짜로 만드는 것이다.

기업이 처한 상황과 역량이 다름에도 성공한 선진 글로벌 기업의 모든 사례를 따라 하는 것은 무모한 도전이다. 조금씩 빠르게 적용하고 개선하고 지속적으로 수행하는 프로토타입 정신이 필요한 이유다.

시제품을 만드는 과정은 다양한 분야에 활용할 수 있다. 보고서를 작성해야 한다면 초안을 만든다. 하지만 기업의 보고서는 일정한 양식이 있다. 프레임, 포맷, 표준 양식 등이 이미 정해져 있다. 이를 먼저 살펴보아야 한다. 상사나 유관 부서에 제출하는 보고서도 프레임과 포맷이 존재한다. 혼자 새로운 것을 창조하는 것이 아니다. 그래서 경쟁사의 업무와 일하는 방식, 결과물도 시제품 검토의 대상인 것이다.

테스트하기

프로토타입이 제작됐다면 이제는 디자인 씽킹의 마지막 단계, 고객 검증과 테스트다. 기업에서는 이 과정을 파일럿 테스트(Pilot Test)라고 하기도 하고, 필드 테스트(Field Test)라는 용어를 사용하기도 한다. 중요한 것은 실제 환경과 동일하게 만든 상황에서 고객이 직접 사용해보고 경험해보고 소비해보면서 느끼고 생각한 모든 것을 확보해야 한다는 것이다. 고객 검증과 고객 인터뷰, 행동 패턴 및 피드백이 중요하다. 이러한 데이터를 모아서 다시 문제 정의, 아이디어 만들기 과정에 반영해 개선된 프로토타입을 만들어 지속적으로 보완한다. 빠르고 신속한 반복 순환 과정, 즉 이터레이션(Iteration)이 필요하다.

디자인 씽킹에 숨어 있는 전뇌 사고방식

어느 기업에서 해외 리테일 기업으로 태블릿(Tablet PC)을 대량 납품했는데 문제가 발생했다. 매장에서 태블릿을 이용해 고객을 대상으로 상품 정보나 물품의 할인 티켓 발급, 특정 상품의 할인 행사를 검색할 수 있도록 했다. 하지만 문제는 일부 고객이 주의가 소홀한 틈을 타서 태블릿을 훔쳐간다는 것이었다. 태블릿의 시건 장치가 문제였다. 성인이 힘을 주고 태블릿을 잡아 들면 시건 장치의 연결 부위는 파손되지만 태블릿에는 문제가 없기에 일부 고객이 훔쳐가는 것이었다. 시건 장치는 제품을 공급하기 이전부터 제조사와 고객 기업이 오랜 기간 논의했다. 그 과정에서 합의한 솔루션을 적용했지만, 결국 수만 대의 태블릿은 모두 도난의 위험에 처하게 되었고, 고객 기업은 제조사에 신속하게 문제를 해결하지 않으면 태블릿을 전량 반품하겠다고 으름장을 놓았다.

하지만 태블릿 제조사는 디자인 씽킹, 전뇌적 사고방식 (Whole Brain Thinking)을 갖추지 못했다. 첫 번째 문제점은 시건 장치를 논의했음에도 기획, 개발, 제조, 품질 등 어느 부서, 어느 단계에서도 고객의 행동을 예견하지 못했고, 어느 담당자도 고객이 할 만한 행동을 직접 해보지 않았다. 태블릿에 시건 장치를 연결하고 직접 힘을 주었을 때 태블릿과 시건 장치가 어떤 영향을 받는지를 전혀 실험하지 않은 것이다. 또한 문제가 발생한 후에는 오로지 문제가 된 시건 장치에만 신경을 썼다. 시건 장치를 더 무겁게 강화해 결국에는 고객의 사용성이 불편해지고, 제품의 공급 단가는 더욱 높아졌다. 또한 시건 장치를 강화했는데도 강한 힘을 주면 결국 태블릿이 파손되고 전원 공급 장치마저 망가지는 사태가 발생했다. 좌뇌를 이용한 논리적 문제 해결에만 집중했기 때문이다.

동일한 사례에서 다른 기업은 태블릿의 시건 장치에 초점을 맞춘 것이 아니라, 도난 방지라는 원천 문제에 초점을 맞추었다. 매장 곳곳에 CCTV를 설치하고, 현재 도난 경보 시스템이 작동되고 있음을 공지하고, 제품을 도난하거나 파손할 시 엄중한 법적 대응을 하겠다는 공지를 했다. 또한 태블릿과 시건 장치 및 매장에 센서를 부착해 태블릿이 설치 장소에서 벗어나면 위치 추적이 되도록 태블릿 관리 소프트웨어와 하드웨어 개발을 고객 기업에게 추가로 제안하고 컨설팅해 문제점을 오히려 새로운 비즈니스 기회로 만들었다. 기존의 문제 해결 방식은 과거의 자료를 분석하고 성공의 열쇠를 발견해 미래에 적용하는 식이었다. 오랜 기간 축적된 데이터 덕분에 신뢰성이 높고 정확하며, 누구에게나 설득력 있는 논리지만, 근본적으로 공급자의 시각이다. 반면 디자인 씽킹 사고방식은 미래에 고객이 행복해하는 상황을 상상하고 행복의 원인이 무엇인지 역산하여 추론한다. 고객 한 명을 깊이 이해함으로써 발상을 확대해 나가는 방식이다.

인간의 좌뇌는 논리적이고 분석적이어서 수학, 언어, 비판, 수직적이고 연속적인 사고를 담당한다. 반면에 인간의 우뇌는 창의적이고 직관적이어서 공간, 음악, 비언어, 상징, 이상과 비현실의 사고를 담당하고 있다. 디자인 싱킹에서는 좌뇌와 우뇌를 모두 이용하는 전뇌 사고방식을 이용한 문제 정의 기법을 활용한다. 좌뇌를 이용한 사고방식은 문제를 대하는 태도에서 '무엇이 문제인가?', '무엇을 개선해야 하는가?'라는 질문을 한다. 반면에 우뇌적 사고방식은 '무엇이 불편한가?', '이를 개선하면 어떠한 고객 가치가 있을까?', '불편함에서 새로운 기회를 찾을 수 없을까?' 같은 질문을 한다. 똑같은 문제를 바라보더라도 누구의 관점에서 생각할 것인가를 유연하게 적용해야 한다. 여러 사람과 협업하면서도 좌뇌 사고방식은 '이 문제의 책임자는 누구인가?', '누가 잘못했는가?'를 판단한다. 우뇌적인 사고방식은 '우리가 협업해 어떻게 해결할 수 있을까?', '팀을 벗어나 내부 전문가, 외부 전문가, 다른 산업, 집단 지성을 이용할 가능성은 없는가?'를 판단한다. 좌뇌 사고방식은 집중과 몰입으로 특정 문제에 초점을 맞추는 사고방식이다. 반면 우뇌 사고방식은 보다 넓은 시야에서 다양성을 인정하고 사건의 전후 관계와 흐름, 변화를 찾는다. 문제 해결에서도 좌뇌적 사고방식은 전통적인 분석 방법과 프레임, 데이터를 중요시한다. 우뇌적 사고방식은 새로운 패러다임과 다양성을 찾아 발산적, 직관적, 감상적인 유연한 사고방식을 추구한다.

애플은 오래 전부터 전뇌 사고방식과 디자인 씽킹을 신제품 개발을 위한 아이디어부터 제품의 생산, 출하에 이르기까지 다방면으로 적용해 왔다. 매주 2회의 페어드 미팅(Paired Meeting)에서는 우뇌 창의 미팅(A right brain creative meeting), 좌뇌 생산 미팅(A left brain production meeting)을 구분해 창의적·창발적인 아이디어를 도출하고 실질적이고 현실적인 개선안을 끊임없이 탐구하고 있다.

에어비앤비 디자인 씽킹 과정

에어비앤비는 디자인 씽킹을 통해 문제를 해결했다. 기술적인 구현에는 문제가 없음에도 실제로 고객이 모이지 않는 이유를 살펴보기로 한 것이다. 이들이 발견한 사실은 숙박 시설을 소개하는 사진이 너무 형편없다는 것이었다. 그 사진을 보면 고객이 숙박하고자 하는 욕구가 생기지 않을 것이라는 것에 모든 팀원이 공감한 것이다. 사진 대부분이 숙박 시설의 소유주가 스마트폰이나 디지털카메라를 이용해 숙련되지 못한 실력으로 찍고 웹사이트에 올리거나 혹은 다른 사이트에서 불법으로 가져온 사진, 해상도가 너무 낮은 사진, 크기와 배열이 뒤죽박죽인 사진들이었다. 에어비앤비 팀원은 이렇게 문제를 정의했고, 아이디어 도출 과정을 시작했다. 다양한 아이디어 중에서 경합을 진행했고, 직접 숙박 시설을 방문해 전문적인 사진기사의 작품처럼 사진을 찍어 올리기로 한 아이디어에 모두 공감했다. 직접 찍어보기도 하고, 고급 카메라로 사진의 해상도도 바꾸며, 시각적으로 최고의 효과를 준 사진 기법도 반영했다. 바로 이 작업이 프로토타입, 즉 시제품 제작의 단계였다. 프로토타입 제작 일주일 만에 에어비앤비의 수입은 두 배로 성장했다. 이후 고객의 후기와 피드백, 숙박 업소 주인의 피드백을 모아 지속적으로 디자인 씽킹 과정을 통해 웹사이트를 개선하고 서비스를 확장했다. 숙박 시설의 송류도 개인주택에서 콘도, 빌라, 심지어 수상가옥, 요트, 이글루에 이르기까지 다양하게 늘어났다.

디자인 씽킹에 부정적인 견해도 존재한다. 많은 기업이 디자인 씽킹의 개념과 중요성을 반영해 혁신과 창의력의 도구로 사용하고 있지만, 개념과 정의가 명확하지 않고, 일부에서는 단순히 기존에 있던 개념을 조합한 마케팅적인 말장난에 불과하다고 이야기하기도 한다. 일시적으로 유행을 하다 사라지는 패즈(Fads)라고 몰아세우기도 한다. 하지만 도요타의 린 경영 이후 에릭 리스의 린 스타트업, 실리콘밸리 기업들의 해커톤, GE의 패스트웍스, 구글의 스프린트에 이르기까지 직간접적인 고객 경험에서 신속하게 학습해 재빠르게 대응하는 전략적 민첩성과 학습 민첩성은 디자인 씽킹에서도 일맥상통하는 기본 사고 방식이며 행동 방식이다.

팔란티어의
비즈니스 모델

페이팔 마피아, 팔란티어

간편 결제는 급속히 성장하고 있는 핀테크(Fintech)의 한 분야다. 우리나라도 공인인증서 의무사용 규제라는 족쇄가 풀리며 OTP나 보안 카드와 같은 별도의 물리적인 인증 수단 없이 송금할 수 있는 서비스가 나오고 있다. 금융 회사 모두 간편 송금 서비스를 제공하고 있음은 물론, ICT 기술로 무장한 신규 전자 금융 업자가 뛰어들기도 했다. 간편 결제 서비스는 1999년 페이팔(Paypal)이 이메일 기반의 전자 결제 서비스로 첫 선을 보였다. 페이팔 서비스 이전에는 결제를 진행할 때마다 온라인 사이트별로 자신의 카드번호와 유효기간, 비밀번호 등을 입력해야 했기 때문에 사용자 입장에서는 매우 불편했으며, 회원으로 가입한 쇼핑몰의 결제 정보가 해킹되면 자신의 개인정보가 유출되는 위험에 노출돼 있었다. 기존 서비스와 달리 페이팔은 결제 정보를 중앙에서 관리하면서 결제 과정 중에 카드번호를 입력하지 않고, 아이디와 패스워드만 입력하도록 프로세스를 간편화했다. 아이디 접속과 정보 유출 방지라는 고객의 불편을 해소함으로써 페이팔은 지속적으로 성장했으며, 애플의 시리와 연동해 음성 송금 서비스 기능까지 진화하고 있다.

페이팔을 설립한 창업자와 투자자들은 이베이에 페이팔을

매각한 후에도 도전을 멈추지 않았다. 이들은 실리콘밸리에서 또 다른 유니콘, 데카콘 기업을 만들어냈다. 이에 〈포춘〉은 페이팔 출신들이 신규로 투자, 설립한 기업의 가치가 3000억 달러를 초과한다며 이들을 페이팔 마피아(Paypal Mafia)라고 명명했다. 팔란티어를 설립한 피터 틸, 테슬라와 스페이스X 설립자 엘런 머스크, 슬라이드 창업자 맥스 레브친, 유튜브 창업자인 채드 헐리와 스티브 챈, 링크드인을 창업한 리드 호프먼, 엘프 창업자 제레미 스프트만, 야머 창업자인 데이비드 삭스 등이 실리콘밸리에서 또 다른 신화를 일구고 있다.

팔란티어의 비즈니스 모델

4차 산업시대 이후 결국 비즈니스는 인공지능과 빅데이터로 통한다는 이야기를 자주 접한다. 빅데이터는 기존의 데이터 용량을 넘어서는 거대한 규모의 다양한 정형, 비정형 데이터로 정의된다. IDC 보고서에 따르면, 전 세계의 데이터 발생량은 2025년 163제타바이트(10^{21}바이트)에 달할 것으로 예측되며, 이 수치는 2016년에 생성된 16.1제타바이트보다 10배 이상 증가한 규모다. 소셜 네트워크, 동영상 플랫폼의 강화, 사물 인터넷과 산업용 사물인터넷(Industrial IoT), 스마트 팩토리, 프로그래매틱 광고 등으로 빅데이터의 가치는 지속적으로 증가하고 있다. 빅데이터, 다크데이터(Dark Data, 보유하고 있지만 분석하거나 사용하지 않는 데이터) 처리 기술도 오픈 소스와 오픈 커뮤니티의 집단 지성을 바탕으로 급격한 발전을 이루고 있다. 빅데이터는 모든 산업과 기업의 비즈니스 전략을 근간부터 흔들어 기업의 디지털 트랜스포메이션을 가속화하고 있으며, 인공지능과 결합한 빅데이터 분석을 통해 새로운 가치를 창출하고자 기업들은 사활을 걸고 있다. 가트너는 빅데이터를 21세기의 원유라고 정의한 바 있다. 이제 빅데이터 활용 여부에 따라 기업은 경쟁력을 확보하고 새로운 고객 가치를 창출해낼 수 있으며, 빅데이터를 넘어 다크데이터 영역까지 비즈니스의 경계를 확장하게 됐다.

1988년 설립한 페이팔은 급격히 성장했지만, 마피아와 연계된 금융사기 위험을 겪은 후, 모든 역량을 금융 거래 과정에서의 특이점을 분석해 이상을 판단하는 소프트웨어 개발에 투입했다. 이 과정에서 빅데이터, 다크데이터 기술이 발달하면 새로운 빅데이터 기반 비즈니스 영역이 생기리라 예감했다. 간편 결제와 간편 송금으로 이미 업계를 선도하고 있었지만, 기술 구현 난이도가 높지 않아 후발 주자가 손쉽게 진입해 시장과 고객을 분할하리라는 예측이 있었고, 마침 페이팔이 이베이에 매각돼 피터 틸에게는 오히려 이머징 이슈 중 하나였던 빅데이터 비즈니스에 도전하는 계기가 마련됐다. 피터 틸은 자신의 핵심 역량이던 헤지 펀드 운영, 암호 기술과 금융 거래 이상 징후 탐지 소프트웨어와 빅데이터를 결합하는 비즈니스 모델을 착안했고 팔란티어를 창립했다.

피터 틸은 그의 책『제로 투 원』에서 경쟁하지 말고 독점하라는 독특한 경영 철학을 소개했다. 구글, 아마존, 애플과 마이크로소프트 모두 경쟁이 아닌 독점적 경쟁력을 확보했기에 후발주자의 위협에도 흔들림 없이 업계를 선도한다는 의미였다. 특히 팔란티어가 창업 초기부터 고객 세그먼트를 정부, 국방, 정보 기관의 업무 분야로 선정한 이유는 이들로부터 지속적인 투자를 받을 수 있으며, 핵심 경쟁력을 바탕으로 작은 부분부터 독점해 견실하게 확장할 수 있다는 생각을 갖고 있었기 때문이다. 또한 폐쇄적이고 보안을 강조하는 정부 기관의 특성상 한 기관에서 성공한다면 추가적인 검증이 불필요한 훌륭한 레퍼런스가 된다. 추가 비용을 투입하지 않아도 바이럴 마케팅 효과를 극대화할 수 있었다. 정부 기관에서 축적된 신뢰는 일반 B2B 비즈니스 분야에서 기업의 신뢰를 단번에 끌어 올리는 계기가 됐고, 팔란티어의 고객 세그먼트를 B2B 영역으로 확장하는 원동력이 됐다. 팔란티어는 IBM, SAP, 오라클, HPE에 이어 빅데이터 업계를 선도하고 있다.

고객 세그먼트

팔란티어는 전문적인 고객 요구를 충족하는 니치(Niche) 비즈니스 모델을 기본으로 삼는다. 팔란티어 소프트웨어를 기반으로 인간 중심의 딥러닝이나 머신러닝 데이터 분석을 수행하고자 하는 기업의 조직을 고객으로 규정하고 상당수의 정부 기관, 비영리 단체를 포함했으며 최근 B2B 기업 고객을 대상으로 고객 세그먼트를 확대하고 있다. 팔란티어가 고객 세그먼트를 정한 첫 기준은 작은 영역에서 독점할 수 있는 고객 집단을 선정하자는 것이었고, 고객에게 팔란티어의 핵심 역량인 금융 결제 보안 영역을 적용할 수 있는 특성이 있어야 한다는 것이었다. 또한 팔란티어 비즈니스의 기술 완성도 특성상 고객에게 일정 기간 이상 지속적으로 비용을 지불할 여력이 있어야 했기에 창업 초기에 이들은 정부 기관으로 눈을 돌릴 수밖에 없었다.

피터 틸은 고객 세그먼트를 구분하면서 시대적 상황과 고객에 정확하게 연결해 이들의 문제점을 감지했다. 테러와 국가 안보 분야의 정보 기관이 비정형 데이터를 분석하려고 학계와 연구소, 기업을 수배하고 있다는 정보를 포착했고, CIA가 팔란티어의 첫 고객이 됐다. CIA와 3년의 협업 끝에 현재 팔란티어를 대표하는 고담, 메트로 폴리스 소프트웨어 플랫폼이 탄생한 것이다. 모든 고객 명단을 공개하지는 않지만, 팔란티어 고객 매출의 70퍼센트 이상은 민간 부문의 B2B 비즈니스이며, 정부 기관 대상의 비즈니스 매출 비중을 줄여가고 있다. 특히 마시맬로우와 함께 초콜릿을 진열하면 초콜릿 매출이 상승한다는 허쉬 초콜릿의 소비자 행동 패턴 분석 사례는 리테일 비즈니스에서 활동하는 기업을 새로운 고객으로 유입하고 있다.

가치 제안

빅데이터의 등장으로 이제 누구나 데이터를 생성하고 소유할 수 있지만, 데이터를 가지고 비즈니스를 어떻게 혁신하는가에 따라 기업의 서비스와 제품, 솔루션에 경쟁력 차이가 발생한다. 실질적인 데이터 혁명은 비즈니스의 구조와 프로세스 그리고 정보의 가공과 활용으로 새로운 가치를 창출하는 데 있다. 따라서 기업이 경쟁력을 갖추는 필수 항목으로서 빅데이터 비즈니스 모델이 강조되고 있다. 벤처 캐피탈리스트 기업인 온셋(ONSET)은 ICT가 발달함에 따라 하드웨어, 소프트웨어, 네트워크가 한계 비용 제로의 공유 경제 개념으로 이용되는 추세를 반영해 미래의 ICT 기업의 모습을 상상해보면 '최종적으로 존재하는 비즈니스 모델은 빅데이터를 이용하는 것'이라고 이야기했다. 빅데이터를 이용해 비즈니스를 수행하거나, 빅데이터를 분석하는 인프라를 제공하든가, 혹은 빅데이터 자체를 판매하는 비즈니스를 수행하는 것이 ICT 사업의 마지막 보루라고 예측했다. 팔란티어는 기업 창립 이전부터 이러한 기회를 포착했으며 이를 통한 고객 가치 제안을 추구한 것이다.

팔란티어는 '접근성'과 '고객 맞춤'이라는 두 가지의 가치를 제안한다. 팔란티어의 제품과 솔루션은 '고담(범죄 예측 분석 프로그램)'과 '메트로폴리스(금융 관련 범죄 분석 프로그램)'로 대표된다. 사기 방지, 사례 관리, 사이버 보안, 재난 대비, 의료 서비스 제공, 보험 분석, 법률 집행, 거래자 감독, 자본 시장 위기 대응·방어, 질병 대응, 내부자 위협, 지능 법률 정보, 의약 연구개발 분야에서 고객 가치를 제안한다. 글로벌 탑10 빅데이터 업계를 보면 IBM, SAP, 오라클, HPE, 스플렁크(Splunk), 마이크로소프트 등 전통의 강자가 포진하고 있다. 이들 역시 팔란티어가 추구하는 접근성과 고객 맞춤을 강조하고 있지만, 팔란티어의 접근 방식은 고객과의 공동의 노력을 통한 최적화이며, 공동의 노력은 고객사와 팔란티어의 상호 검증을 의미한다. 빅데이터 비즈니스를 하려면 고객사는 충분한 데이터를 확보하고 있어야 하며, 고객의 비정형 데이터를 이용해 문제를 해결하려면 팔란티어도 지속적으로 뛰어난 기술력과 문제 해결력을 보여주어야 한다. 팔란티어는 이 과정을 공동의 노력과 최적화 과정이라고 표현하고 있다. B2B 기업과는 5년 이상의 장기 계약을 유도해 고객 기업의 데이터 발생부터 가공, 분석, 인사이트 도출까지 근본적인 현장 컨설팅(Onsite Consulting)을 진행함으로써 현장 맞춤형이라는 가치를 제안한다.

채널, 고객 관계

팔란티어의 메인 채널은 자사 제품을 공급, 판매하고 전용 고객 서비스 포털을 통해 플랫폼 사용자를 지원하는 웹 사이트이며, 소프트웨어 시스템과 동일한 기능을 제공하는 팔란티어 모바일 앱이다. 팔란티언는 다른 기업들과는 달리 대외적인 프로모션을 하고나 채널을 발굴하려고 표면으로 드러나는 마케팅 활동을 수행하지 않는다. 기존 업체와 같은 일반적 경쟁이나 무리한 고객 확장으로는 팔란티어가 추구해온 접근성과 고객 맞춤의 가치 제안을 전달할 수 없기 때문이다. 제한된 고객 선택과 맞춤형 최적화, 제품과 솔루션에 대한 업계 최고의 경쟁력이 채널을 강화하는 근본 요인이다. CIA가 민간 고객인 JP 모건을 새로운 고객으로 추천한 사례처럼 팔란티어의 고객은 새로운 고객을 추천한다. 고객이 포진하고 있는 동종 업계의 경쟁 기업도 팔란티어 고객의 성공 사례를 살펴보며 팔란티어의 신규 고객이 되는 것이다. 소수의 고객에게 집중하여 최고의 가치를 전달함으로써 자연스러운 바이럴 마케팅 효과를 창출하고 있는 것이다.

핵심 활동, 핵심 파트너

현재 팔란티어의 주요 핵심 활동은 자사의 빅데이터 플랫폼 강화이며, 고담과 메트로폴리스 제품을 유지 보수하고 업데이트하며 개선하는 것이다. 또한 팔란티어는 팔란티어 파트너십 프로그램으로 핵심 파트너인 데이터 제공자, 외부 프로그래머, 서비스 제공자에게 가치를 제공한다.

데이터 제공자 그룹에 포함된 회사는 고객의 기업용 데이터를 보완하고 확장하기 위해 타사 데이터를 팔란티어의 플랫폼에 소스레벨부터 통합될 수 있도록 하는 역할을 수행한다. 이 그룹에 포함된 회사는 팔란티어 시스템을 교육받으며, 팔란티어 웹사이트에 영구적으로 등재되고, 팔란티어의 다양한 이벤트에 참여할 수 있다. 또한 엔지니어와 데이터 분석가 커뮤니티에도 참가할 수 있는 기회가 제공된다.

팔란티어는 외부 프로그래머 그룹에 속한 프로그래머와 협업을 추신해 팔란티어 시스템상에서 무엇인가를 개발할 수 있도록 한다. 제안서에 명확한 용처(Use case)를 기재한 프로그래머에게 API 가이드와 개발자 스타터 가이드를 제공한다.

서비스 제공자 그룹은 팔란티어가 맞춤형 교육, 분석 지원 및 시스템 관리와 같은 추가 서비스를 원하는 고객의 요구에 충분히 대응하고자 특별히 선별한 회사들이다.

핵심 자원, 비용, 수익

팔란티어의 핵심 자원은 고담과 메트로폴리스 소프트웨어 플랫폼이다. 또한 빅데이터 처리, 데이터 분석과 사용자 환경 설계, 분산 시스템 인프라에 대한 전문 지식을 보유한 엔지니어에게 크게 의존하고 있다. 또 다른 중요 인적 자원은 고객 지원 담당 인력이다. 팔란티어는 가치 중심의 구조를 추구하며, 비용을 개의치 않고 높은 수준의 개인화된 서비스를 제공하고 있다. 팔란티어의 가장 큰 비용 요인은 고객 지원과 운영이다. 이는 고객이 제품을 사용하면서 편안함을 느낄 수 있도록 하는 측면을 인적 자원에 크게 의존하기 때문이다.

팔란티어의 핵심 자원은 빅데이터 현실 마이닝(Reality Mining) 기반의 추론 능력에서 나온다. 빅데이터 비즈니스는 데이터를 분석하고 처리해 기존 데이터에서는 찾아볼 수 없던 새로운 의미를 창출하는 것이다. 이러한 과정을 진행하려면 축적된 빅데이터를 이용해 무엇을 분석할 것인가를 정의해야 한다. 최근 빅데이터 분석 측면에서 주목하는 기술이 현실 마이닝이다. 초연결의 시대로 진입하면서 사람과 사물, 모바일 디바이스 등 모든 것이 연결돼 사람의 모든 행동과 이동 궤적, 위치 정보, 소셜 커뮤니케이션 정보, 디지털 기기 사용 정보 등 디지털 흔적을 무한히 발생시키고 있다. 팔란티어는 CIA와의 업무 협업에서 현실 마이닝 기반의 데이터 추론 능력을 발휘했고, 이는 범죄 예방, 범죄 예측, 범죄자 추적, 금융 사기 추적 등의 분야에서 혁혁한 성과를 거두었다. 이제 LA 경찰국은 팔란티어와 협력해 실시간 범죄 예측 시스템을 운영하고 있다. 여타의 글로벌 빅데이터 기업이 보유하지 못한 빅데이터 기반의 추론, 예측 시스템은 향후에도 팔란티어의 핵심 자원으로 간주될 것이다. 또 다른 핵심 자원은 전 세계 데이터의 90퍼센트를 차지하는 다크데이터를 수집하고 분석해 가치를 판별하는 추론 능력이다. 최근 애플을 위시해 글로벌 ICT 기업들이 다크데이터의 비즈니스 가치를 인지하고 이에 대한 솔루션을 찾고자 노력하고 있지만, 팔란티어의 독보적인 수집, 분석, 추론 능력에 엄두를 내지 못하고 있는 실정이다.

팔란티어는 제품 비용, 유지 비용, 훈련 비용으로 구분되는 3개의 주요한 수익원을 가지고 있다. 제품 비용은 서버 단위로 책정하며 유지 보수와 소프트웨어 업그레이드를 포함한다. 그리고 매년 유지와 교육 프로그램을 제공하여 수익을 창출한다.

우버
독점하고 실험하고 확장한다

기그 이코노미

미국의 자동차 산업을 선도해온 GM, 포드, 피아트크라이슬러는 모두 우버의 질주에 무릎을 꿇었다. 우버의 기업 가치가 이들 3사의 총액을 앞지른 것이다. 우버의 힘은 '경쟁하지 말고 독점하라'는 팔란티어 피터 틸의 생각과도 일치한다. 이미 미국의 차량 공유 비즈니스를 독점해왔으며, 해외의 디디추싱, 그랩 등의 지분을 확보하고 있다. 공유 경제를 기반으로 새로운 비즈니스를 끊임없이 실험하면서 공유 경제 비즈니스 영역에서 아마존을 자처하고 있는 상황이다.

차량 공유 서비스가 인기를 끌면서 자동차 산업은 대전환기를 맞고 있다. 자동차 업계가 이동성이라는 트렌드를 독점하던 시대는 차량 공유 서비스의 등장으로 종말을 고하게 되었고, GM, 현대차와 같은 전통적인 자동차 제조 업체도 뒤늦게 이 시장에 합류하고 있다. 이미 레벨 4에 다다른 자율 주행차의 기술 진보는 차량 공유 시장을 더욱 가속화할 것이며, 서비스로서의 모빌리티 향방에 촉각을 기울이고 있다.

우버의 사업은 무척 단순하게 시작했다. 폭설이 내린 거리에서 택시가 잡히지 않자 휴대폰 클릭 한 번으로 택시를 잡을 수 있으면 좋겠다는 단순한 아이디어에서 출발한 것이다. 이후 실제 운행보다 주차돼 있는 시간이 더 많은 벤츠 S시리즈 같은 고급 리무진을 공유하는 서비스로 비즈니스를 시작했다. 창업 당시에는 럭셔리 차량 공유 서비스인 우버 블랙(Uber Black)으로 시장에 진출했지만, 즉각 소비자의 요구에 따라 차량 서비스를 세분화하고 다양한 라이딩 옵션을 추가해 승차 공유 서비스의 라인업을 확대했다. 우버의 경쟁력은 실리콘밸리가 지향해온 극단적인 단순함과 고객 편의에 바탕을 두고 있다. 우버 앱에 결제 수단을 사전에 등록하고 앱으로 차량을 호출하면 자신의 위치와 우버 드라이버의 종류와 위치, 운송 거리를 실시간으로 확인할 수 있으며, 목적지까지의 경로와 시간, 요금 정보가 사전에 제공된다. 또한 우버 드라이버의 고의적인 경로 이탈이나 지연, 우회에 대해서도 사후에 경로를 확인해 우버에 보상을 청구할 수 있으며, 우버 드라이버에게는 낮은 평가 등급을 부여함으로써 고객 지향 투명성을 강조해왔다. 또한 누적된 운행 데이터, 고객 이용 정보를 기반으로 우버 드라이버에게 고객 호출 가능성이 높은 지역을 추천해주는 맞춤형 정보를 제공해 높은 호응을 얻었다.

찰스 핸디는 저서 『코끼리와 벼룩』에서 전통적인 근로 형태가 비정규직, 파트타임의 형태로 변모할 것이라 예측했는데 이는 정확히 현실이 됐다. 에어비앤비, 우버로 촉발된 O2O(Online to Offline) 기반 공유 경제의 화려함 이면에는 비정규직, 파트타임, 독립형 계약직 일자리가 확대되리란 우려가 존재한다. 공유 서비스가 늘어나면 기업은 전통적 고용 방식을 탈피해 일시적 수요에 맞춰 고용하는, 기그 이코노미(gig economy) 형태로 채용 방식을 수정할 것이다. 영국은 이미 전체 근로자 중 25퍼센트를 독립형 계약직 근로자가 차지하고 있다. 우버의 라이더는 우버가 고용한 정식 직원이 아니라 단지 사업 파트너. 아룬 순다라라잔 교수의 옹호처럼 기그 이코노미가 근로의 탄력성과 업종에 대한 자유로운 선택권을 제공하며, 노동 시장의 진입 장벽을 낮추고, 노년층의 경제활동을 증진시켰다는 평가도 있지만, 상대적으로 낮은 임금과 고용 불안정, 노동의 질 저하, 노동력 착취, 법률적 지원 미비, 기업의 세금 회피, 탈루의 문제점도 함께 지적되고 있다.

우버 플래시, 우버 웍스

우버는 아마존처럼 다양한 실험에 도전하고 있다. 차량 공유 서비스가 나오자 가장 큰 타격을 입은 택시 사업자와 파트너십을 추구하는 비즈니스 모델인 우버 플래시(Uber Flash)를 선보였다. 우버의 앱으로 우버 차량과 택시를 동시에 이용할 수 있는 서비스다. 고객 입장에서는 선택권이 확대되며, 택시 업계의 반발을 다소나마 진정시킬 수 있는 서비스로 평가되고 있으며 태국, 말레이시아와 싱가포르의 택시 사업자와 사업을 추진하고 있다. 우버가 기존의 독점 방식에서 다소 후퇴해 동남아 시장에서 사업을 추진하는 이유는 탈중앙화(Decentralized)와 관련이 있다. 우버, 리프트, 그랩 등의 서비스가 인기를 끌고 있지만, 최근 탈중앙화 플랫폼이 속속 등장하고 있기 때문이다. 말레이시아에서 시작된 댁시(DACSEE)는 이더리움 블록체인에 기반한 운영 방식으로 플랫폼에 참여한 개별 이용자가 수수료를 결정하며, 운전자와 사용자 모두 자신이 원하는 서비스를 결정할 수 있다. 이러한 움직임에 우버는 자신의 고유 비즈니스 모델을 변형하기보다 지분 투자를 통해 영향력을 행사하고, 주력 시장의 세력 강화, 신규 비즈니스 모델과 사업 확장으로 역량을 옮긴 것이다.

기그 이코노미로 대두되는 독립형 계약직 일자리 문제에 관해서도 우버는 새로운 실험을 추진하기 시작했다. 우버는 우버 웍스(Uber works, 단기 인력 고용 플랫폼) 프로젝트를 추진해 온디맨드 인력 플랫폼을 구축한다. 표면적으로는 기존의 우버 플랫폼에 등재된 우버 드라이버, 라이더에게 추가적인 수익 창출 기회를 제공하려는 시도이지만, 궁극적으로는 운송 시장 영역을 탈피해 모든 영역에서 온디맨드 수요를 관찰하고 검증해 새로운 비즈니스 기회를 얻고자 하는 전략의 발현이다.

우버 러시

2014년 우버는 로켓 배송, 총알 배송 같은 당일 배송 서비스 우버 러시(Uber Rush)를 출시해 미국 샌프란시스코, 뉴욕, 시카고에서 서비스해 왔지만 결국 사업 종료를 선언했다. 자전거와 우버 차량을 이용해 새로운 개념의 퀵 배달 서비스 경험을 제공한다는 사업 초기의 취지와는 달리 실질 이용 대부분이 음식 주문이었다. 음식 배달 서비스의 경쟁이 치열해짐에 따라 결국 사업을 종료했다. 카니발라이제이션(Cannibalization)이라는 뼈아픈 교훈을 얻은 것이다. 우버 러시는 고객이 식료품과 잡화 등을 주문하면 고객의 위치에서 근접한 지역 상점에서 당일 배송을 하는 서비스 모델이었다. 하지만 이미 우버 이츠로 음식 배달 서비스를 제공하는 상태에서 고객은 선택의 혼란을 겪었으며, 손님과 배송 물품을 동시에 운송할 수 없다는 규정을 고수함으로써 우버 운전사들이 등을 돌리게 된 것이다. 또한 아마존의 아마존 프리미엄 서비스, 아마존 에코를 이용한 상품 주문 결제, 무인 매장인 아마존 고, 오프라인 식료품 상점인 홀푸드의 커브사이드 서비스 등 때문에 고객은 우버 러시 서비스에서 새로운 경험과 필요성을 찾지 못했다.

라이드 패스

우버의 새로운 시도는 라이드 패스(Ride Pass)로 정점을 찍고 있다. 아마존 프라임과 유사한 구독 서비스인 라이드 패스를 선보였는데 자신들이 만들어 놓은 모빌리티 생태계 속으로 고객을 락인(Lock-in)시키려는 전략이다. 2년간 사전 고객 테스트를 마치고, 14.99달러의 월 구독료로 우버 엑스(Uber X), 우버 풀(Uber Pool) 서비스를 이용할 수 있도록 한 것이다. 최대 15퍼센트 이상의 할인 효과를 제공하지만, 우버 운전자의 운임은 그대로 유지함으로써 발생되는 손실을 우버가 떠안는 구조다. 우버는 아마존의 킨들 서비스에서 라이드 패스 비즈니스 모델의 영감을 받았다. 아마존은 원가에도 미치지 못하는 아마존 킨들을 지속적으로 공급해 고객의 콘텐츠 소비를 확대하는 전략을 펼쳐왔다. 킨들은 이들에게 단지 고객 확장을 위한 매개체일 뿐이며, 킨들 판매로 발생하는 손실은 고객의 콘텐츠 구독료로 완전히 보충되고 있다. 우버의 라이드 패스도 구독 서비스로 고객의 이탈 방지와 고객 확장을 노린다. 고객이 우버의 플랫폼에서 지속적으로 머물며 우버가 제공하는 다양한 콘텐츠를 소비해 궁극적으로 수익 흐름 측면에서 이득이 되도록 의도한 것이다. 또한 우버는 라이드 패스의 적용 범위를 자전거와 스쿠터, 전동 퀵보드로 확장해 라이드 패스에 새로운 콘텐츠와 고객 경험을 선사할 예정이다.

우버 이츠, 가상 식당, 공유 주방

우버는 우버 이츠(Uber Eats)를 출시했다. 공유 서비스로 확보한 기존 고객에게 끊임없이 새로운 경험을 제공하고, 신규 고객을 유치하려고 음식 배송 서비스에 진출한 것이다. 첫 실험은 고객이 집에서 유명 레스토랑의 음식을 맛볼 수 있도록 하는 음식 배송 서비스였지만, 기존 음식 배송 앱과의 경쟁을 피할 수 없었다. 또한 고급 레스토랑이 제공하는 분위기와 시설 같은 가치를 제공할 수 없었기에 고객 경험을 확대하기 어려웠다. 온라인 음식 배달 서비스의 성장세를 읽은 우버는 상식을 뒤엎은 새로운 시도로서 오직 우버 이츠 앱(App)에만 존재하는 식당을 만들어 냈다. 토론토에서 파일럿 테스트를 진행한 후 2016년 10개 도시에서 정식 사업을 시작해 현재 1600개의 가상 식당이 운영되고 있다. 우버 이츠의 가상 식당은 이제 기존 요식업의 프랜차이즈 가맹 서비스를 뒤흔들 것이다. 프랜차이즈의 가맹점이 되려면 오프라인 점포와 본사가 규정한 인테리어를 갖추어야 했지만, 이제는 그럴 필요가 없어졌다. 단지 라이선스를 획득하고 식재료를 공급받아 음식을 준비할 자신만의 공간만 확보한다면, 고객 모집과 배송은 우버 이츠가 대행하는 것이다. 가상 식당의 개념은 공유 주방으로 확대되고 있다. 오프라인 주방을 직접 개설하기 어려운 사람들에게 또 다른 공유 수단을 제공한 것이다. 식재료의 공동 구매, 조리 인력의 협업, 신 메뉴 공동 개발 등으로 새로운 경험과 비즈니스 창출 기회를 제공해 우버의 플랫폼에 영구히 고착시키려는 의도다.

자율주행차

자동차 업계는 전기 자동차(Electric Vehicle), 커넥티드 카(Connected Car), 자율주행차(Autonomous Vehicle) 기술에서 새로운 활로를 찾고 있다. 인공지능, 클라우드, 빅데이터 처리 능력의 기술적 진보와 5G 이동통신의 등장으로 전통적 자동차 제조 업체들은 ICT 업체와 손을 잡고, ICT 업체는 자동차의 핵심 플랫폼을 선점하고자 합종연횡하고 있다. 이미 레벨 4 기술 단계로 진입한 자율주행은 2025년까지 약 50조 원 규모로 성장할 것이라 예상되고 있으며, 2035년까지 자율 주행 차량이 자동차 전체 판매량의 4분의 1을 차지할 것으로 전망하고 있다. 인공지능 자율주행 분야에서 인텔과 경쟁해온 엔비디아는 인간의 개입이 필요 없는 레벨 5단계의 로봇 택시 플랫폼인 페가수스를 공개했다. 우버에게 자율주행차 분야는 비즈니스를 확장할 수 있는 매력적인 영역이었기에 엔비디아와 자율주행 차량과 트럭 분야에서 협력했다. 하지만 자율주행 차량 파일럿 테스트 도중 우버가 자체 설계한 자율주행 소프트웨어의 인식 오류로 사망 사고가 발생했다. 이는 자율주행차 실험과 관련된 최초의 보행자 사망사고로 낙인 찍혔고, 자율주행 기술에 대한 찬반 여론이 들끓는 계기가 됐다. 또한 우버가 야심차게 준비한 우버 프레이트(Uber freight, 화주와 화물차를 연결해주는 서비스)는 어처구니 없는 기술 유출 문제로 자율주행 트럭 개발을 중단해야 했다.

기업 내외부의 찬반 여론과 구글과의 소송에 따른 도덕성 문제까지 겹쳐 우버의 자율주행차에 대한 도전은 우여곡절을 겪고 있지만, 종합 모빌리티 플랫폼과 서비스를 장악하고자 하는 우버의 도전은 지속될 전망이다.

새로운 물류를 꿈꾼다

우버는 모빌리티 서비스로 시작해 다양한 시도를 해왔지만 그들의 궁극적 지향점인 물류(Logistics) 회사로 향하기 위해 새로운 우버 2.0(Uber 2.0)을 선포했다. 아마존의 10세대 물류 센터, 항공 물류센터 AFC(Airborne Fulfillment Center)와 메가 드론 연구는 끊임없이 우버를 자극하여 왔으며, 우버 역시 신 물류 회사로의 전환을 꿈꾸며 다양한 실험으로 차량 공유 비즈니스의 한계를 넘고자 하는 것이다. 우버 콥터(Uber copter)를 도입해 공항과 목적지 사이를 신속하게 운행하는 서비스를 도입했고, 우버 제트(Uber jet) 서비스는 개인용 전용 비행기라는 개념을 일반 대중까지 확대했다. 중국에서는 우버 벌룬(Uber balloon) 서비스로 관광과 이송에 새로운 경험을 제공하며, 관광지에서 우버 보트(Uber boat)는 새로운 어트랙션으로 각광받고 있다. 동남 아시아와 인도를 타깃으로 하는 우버 모토(Uber moto) 서비스는 오토바이 공유 서비스로 저렴하고 신속한 모빌리티 제공을 목적으로 하고 있다. 카풀 개념을 적용한 우버 풀(Uber Pool)은 고객 사이에서 새로운 커뮤니티를 창출하여 여행 문화를 다시 쓰도록 하고 있다. 우버 택시는 이제 하늘을 향하고 있으며 도심 운송의 미래를 만들고 있다. 최근 우버는 항공 택시 서비스인 우버 에어(Uber Air)를 통해 우버 엘리베이트(Uber Elevate) 프로젝트를 공개했다. 이 프로젝트는 나사와 제휴해 이른바 나는 택시(Flying taxi) 서비스를 준비하는 것이다. 2023년에 해리어(Harrier) 전투기처럼 수직 이착륙이 가능하며 전기로 작동되는 수직이착륙기를 출시하고 서비스할 계획을 세우고 있다. 또한 이착륙 센터로서 스카이포트(Skyport)를 구축해 1분에 4~5대의 수직이착륙기가 이용 가능하도록 할 계획이다. 궁극적으로 우버는 수직이착륙기 자체 제작까지 계획하고 있다. 우버 엘리베이트 서밋에 항공기 제작사인 피피스트렐, 엠브라에르, 보잉의 오로라, 벨 헬리콥터 등의 제조사가 이미 합류했지만, 우버는 eCRM(electric VTOL common reference model)으로 명명한 자체 디자인 컨셉을 발표하며 항공 공유 서비스와 플랫폼을 동시에 장악하겠다는 야심을 드러냈다.

실리콘밸리 스타일

엉덩이를 떼라

실리콘밸리의 강력한 힘은 누구와도 협업이 가능한 시스템과 문화, 최고 의사결정자의 리더십에서 나온다. 협업은 불확실성이 높아가는 기업 환경에서 생존의 본질이다. 각종 기술적인 어려움과 비즈니스에 관해 함께 고민할 때 시너지가 창출된다는 믿음을 갖고 있기에 이들은 개방형 공간(Open space)에서 집단 창의력을 만들어 낸다. 이미 문 없는 사무실이 일반화되었고, 구글은 새로운 캠퍼스를 설계하려고 임직원의 업무 패턴, 동선, 협업의 정도를 모두 분석했다. 협업과 소통에 최적화된 사무 공간을 구축하려는 의도다.

실리콘밸리의 유명 컨설턴트인 닐로퍼 머천트는 "엉덩이를 떼라"고 주문한다. 직장인은 수면 시간보다 더욱 많은 시간을 앉아서 일한다. 머천트는 건강뿐 아니라 사회적 연결을 위해서도 엉덩이를 떼라고 강조하는 것이다. 기업이 성장함에 따라 커뮤니케이션의 중요성은 더욱 중요해지고 있다. 커뮤니케이션을 활성화하는 수단으로 소셜네트워킹을 접목한 모바일 오피스, 실시간 채팅 및 온라인 게시판도 높은 호응을 얻고 있다. 협업과 민첩성의 시대에 창의성은 생각하고 소통함으로써 발현될 수 있다. 구글은 사내 인트라넷인 모마를 활용해 조직 내 모든 임직원이 실시간으로 의견을 교환하고 구글 내부의 모든 정보를 얻을 수 있도록 했다. 모든 정보를 공개함으로써 함께 일하는 사람의 업무나 현재 수행하는 프로젝트 내용과 지식, 전문 분야를 살펴볼 수 있다. 하지만 이러한 노력은 임직원이 온종일 자신의 자리에 앉아 엉덩이를 붙이고 일하는, 사무실 안의 히키코모리를 양산했다. 히키코모리는 사이토 다마키가 제시한 사회심리학적 현상으로 물리적인 연결을 지양하고, 자신의 영역에서 또아리를 틀고 앉아 밖으로 나가지 못하는 사람을 말한다. 닐로퍼 머천트는 이 점을 지적한 것이다. 걸으면서 생각하는 물리적 만남에서 창조적, 창발적 아이디어가 교환돼 새로운 가치를 형성할 수 있으며, 포용과 수용, 배려를 통해 집단 지성으로 확대될 수 있음을 강조했다. 걸으면 해결된다는 디오게네스의 답변이며 헤밍웨이의 생각하는 방법인 것이다. 실리콘밸리의 리더에게 동료와 관리 대상인 부하 직원의 엉덩이를 자리에서 떼어내 물리적, 사회적으로 연결시키라고 요구하고 있다.

틀린 것은 틀렸다고 말하라

경영의 신으로 불리우는 마쓰시타 고노스케는 인재 중시, 종신 고용, 노사 협력을 표방하며 일본식 경영의 표준을 만든 장본인이다. 미국 대공황의 영향으로 기업이 위기에 직면했을 당시 공장 가동을 일부 줄이고 근로 시간을 단축하는 자구책을 강구하면서도 임금 삭감 없이 종신 고용을 지켜 냈으며 위기에 처한 기업 경영 환경에서 다른 기업과 임직원들이 일희일비하는 것에 기꺼이 틀렸다고 말하며 원칙과 신념을 강조했다. 애플은 심플 스틱(simple stick, 스티브 잡스는 심플이라는 원칙에 위배되는 일이 있으면 호되게 밀어붙이는데, 이를 당한 사람이 심플 스틱에 맞았다고 말한 데에서 유래한 말)으로 대변되는 단순함의 원칙을 지켜왔다. 잡스의 GPS 탑재 의견도 원칙에 부합되지 않으면 임직원이 '노'라고 외친다. 구글은 초심과 원칙을 지키기 위해 그들이 설정한 10가지 진실을 고수하고 있다. GE의 몰락과 세븐 일레븐의 스즈키 도시후미의 몰락은 원칙을 지키지 못해 발생한 것이다. 헤지펀드 업계를 대표하는 브릿지워터는 CEO에게도 당당하게 직언한다. 핵심 어카운트로 예상되는 고객과의 상담을 마친 후 CEO인 레이 달리오는 미팅에 참석한 한 임직원에게 거침없는 질타로 가득한 이메일을 받았지만, 이를 인정하고 직원들에게 자신이 받은 이메일을 공개하며 당당하게 '노'라고 이야기하는 문화를 지속적으로 이어나갈 것을 당부했다. 닐로퍼 머천트는 실리콘밸리를 이끄는 원동력으로 틀린 것은 틀렸다고 말하는 용기를 손꼽았다. 기업가와 임직원을 진정으로 어렵게 하는 것은 잘못된 것을 잘못되었다고 말하지 못하는 것이라고 말하며, 침묵에는 반드시 그 대가가 뒤따르고, 문제가 해결되지 않은 상태는 결국 기업과 임직원을 실패로 이끈다고 지적했다. '노'라고 이야기하고 문제를 들추어 해결하는 과정이 성공으로 이르는 유일한 길임을 강조한 것이다.

리더의 조건

닐로퍼 머천트는 싱커스 50에 연속 등재된 오피니언 리더로서 실리콘밸리 주요 기업에 경영 자문을 한 경험을 토대로 리더의 자질과 실리콘밸리식 경영을 이야기한다. 닐로퍼 머천트가 이야기하는 실리콘밸리 조직은 열린 소통을 기반으로 한다. 누구나 아이디어를 자유롭게 개진하고 자유롭게 토론할 수 있으며, 선택과 제거 과정에서 치열하게 비판할 수 있고 결과를 수용하는 조직이다. 열린 소통은 개인, 조직, 기업 내·외부의 연결에 기초하며 이는 실리콘밸리의 협업 문화와 집단적 창의성의 원인이다. 인텔의 큐비클, GE의 타운미팅, P&G의 이노베이션 짐, IBM의 오픈 이노베이션 잼, 구글의 TGIF, 애플의 좌뇌·우뇌 미팅, 테슬라의 타운홀 미팅, 마이크로소프트사의 거라지 빌딩과 프로젝트, 3M의 맥나이트 원칙 등이 실리콘밸리 조직 문화를 대표하는 커뮤니케이션 창구다.

4차 산업혁명과 과학기술 발전은 기업 경영의 민첩성과 유연성을 끊임없이 요구하고 있으며 이에 따라 리더에게 요구되는 조직 관리 역량도 점차 변화하고 있다. 이미 실리콘밸리에서는 강압적 카리스마와 위계 질서, 직급에 의존해 미세 관리를 하는 항구 관리자(harbour master)적 리더의 시대는 저물었으며, 리더의 확증 편향은 용도 폐기됐다. 초연결 시대를 맞이한 실리콘밸리는 리더에게 연결을 중재하는 전략적 매개자(Strategic connector) 역할을 요구하고 있다. 기업 내부의 커뮤니케이션을 연결하고, 얼간이(Jerk)를 버스에서 하차시키고, 최고의 핵심 인력을 연결해 드림팀을 구성하고, 조직 간 사일로 이펙트를 발생시키는 썩은 사과를 찾아 폐기하고, 최고의 인재를 선발해 조직의 질적 수준을 지속적으로 상향시켜야 한다. 초연결 시대의 리더는 조직을 외부로 연결시켜야 한다. 기업의 모든 임직원이 전략적 민첩성과 학습 민첩성으로 변화의 흐름에 연결해 감지하고 해석하여 인사이트를 도출해야 한다. 리더는 이러한 외부 연결을 관장하고 중재해야 한다. 메가 트렌드, 이머징 이슈, 기술과 비즈니스의 융복합에 모든 임직원을 연결시켜 창의적, 창발적 아이디어가 지속적으로 도출되도록 유도해야 한다. 이러한 모든 연결의 근본은 신뢰이기에 닐로퍼 머천트는 새로운 리더의 자질로서 신뢰 구축자(trust builder)의 역량이 필요하다고 말한다.

관료적 위계 구조로 무장한 기존 조직은 그들의 과거 경험에 기인해 주먹구구식으로 문제를 해결한다. 납기와 원가 절감만 강조하는 임기응변식 조직으로 고착되는 것이다. 하지만, 이런 조직은 접해보지 못한 새로운 문제가 발생하면 해법을 찾지 못한다. 아직(Not yet)에 기반한 신뢰와 믿음, 협업을 통한 가치 창출 의식을 갖춘 조직의 직원들은 문제를 인지하고 관찰, 검증하면서 답을 찾는 과정을 수행한다. 기술과 비즈니스가 지속적으로 자가 진화를 하는 상황에서 리더는 현재의 지식을 바탕으로 구성원을 평가하는 사람이 아니라 내·외부의 연결을 통한 확장에서 새로운 가치가 창출됨을 알려야 하는 존재다.

4차 산업혁명의 이후 기업 경영은 불확실성에 관한 대응으로 변모했다. 이제 새로운 제품과 솔루션을 준비하려 해도 고객의 감추어진 욕구를 확신할 수 없다. 하루가 멀다 하고 ICBM+AI, 로봇 기술은 융복합과 자가 진화하며 기술 불확실성을 가중시키고 있는 상황이다. 시장과 고객이 일순간에 변화하는 디지털 빅뱅 시대가 찾아오자 과거의 향수에 젖어 있던 전통 글로벌 기업은 일순간에 사라졌다. 신시아 몽고메리 교수가 전략의 폐기를 주창한 바와 같이 리더는 새로운 변화에 직면했다. 이제 리더에게 조직을 끊임없이 학습, 성장시키고 위험을 감수하면서 다양한 실패를 통해 얻은 경험과 교훈으로 새로운 가치와 혁신을 창조하는 기업가 정신 그리고 성장형 마인드셋을 요구하고 있다. 또한 리더들은 불확실한 플라시보 효과와 피그말리온 효과를 조직에서 제거하고, 자신과 임직원이 현실을 냉철하게 바라볼 수 있도록 합리적 낙관주의를 추구해야 한다.

실리콘밸리의 7가지 조언

닐로퍼 머천트는 그동안의 경험을 바탕으로 실리콘밸리 경영의 특징을 설명한다.

1. 에어 샌드위치를 줄여라

에어 샌드위치(air sandwich, 임원과 말단 직원과의 거리)는 회사의 CEO, 임원진과 임직원 간의 커뮤니케이션 장벽이며 거리감이다. 실리콘밸리는 전 세계의 유능한 인재가 모여 격의 없이 아이디어를 개진하고, 치열한 토론과 커뮤니케이션을 통해 집단 지성의 힘으로 발현한 창의, 창발적 가치를 존중한다. 리더의 확증 편향과 강력한 리더십이 실리콘밸리를 이끌어 왔다는 생각은 『그룹 지니어스(Group Genius)』의 저자 키스 소여 교수에 의해 여지 없이 무너졌다. 에어 샌드위치를 줄이려는 노력과 임직원의 자발적 참여, 수평적 커뮤니케이션 문화, 기업 내 정보 흐름 그리고 자유로운 접근이 실리콘밸리 신화의 원동력이었으며, 전략적 민첩성을 갖추는 기본 전제였다. 직급, 직책, 부서 간 단단한 장벽과 R&R(책임과 권한)로 무장한 전통적인 기업 문화의 종결을 선언해야 하는 것이다. 닐로퍼 머천트는 실패하는 기업들은 공통적으로 임직원 중 5퍼센트만이 회사의 비전과 전략을 이해한다고 한다. 비전과 미션을 이해하지 못한 상태에서는 임직원의 가치 실현과 회사의 가치 실현이 일체화될 수 없다. 실리콘밸리식 경영은 스피드와 민첩성을 중요시하기 때문에 경계를 넘나드는 협업과 소통이 핵심이다.

2. 직원의 온전한 참여 후 목표를 설정하라

3. 정답 제시형 리더가 최악의 리더다

실리콘밸리가 지속적으로 연구해온 분야는 커뮤니케이션과 협업이다. 잭 웰치는 GE를 경영하는 기간 내내 벽 없는 조직과 워크아웃을 설파했다. 기업 내부의 다양한 아이디어가 조직의 깊숙한 곳까지 침투해 모든 임직원의 참여를 이끌고 워크아웃을 하면서 몰입과 열린 토론으로 목표를 설정토록 한 것이다. 실리콘밸리를 뒷받침하는 가치는 차고 문화(garage culture)다. 차고 안에서 구성원 모두가 끊임 없이 토론하고 개선하며 목표를 수립하고 그들이 설정한 비전을 수행하고자 노력했다. 이들의 차고 문화는 모든 실리콘밸리 기업의 준거 가치로서 작용하고 있다. 구글의 TGIF, 애플의 좌뇌·우뇌 미팅, 마이크로소프트의 거라지 빌딩과 프로젝트, 테슬라의 타운홀 미팅 등을 통해 직원의 온전한 참여를 유도하고 공동의 목표를 설정토록 한다. 상상을 현실로 만드는 실리콘밸리의 능력은 집단 창의성과 소통, 협업을 기반으로 한 집단 지성에서 나온다. 진정한 소통이 되려면 정보가 원활히 흘러야 한다. 정보에 일부만 접근할 수 있게 하면 정보는 권력의 도구로 변질되고, 부서 간 협업이 저해되며 내부 정치, 내부 경쟁의 원인이 된다. 실리콘밸리 기업은 정보의 권력화를 탈피하고 개방형 접근을 추구한다. 구글의 TGIF, 모마와 도리는 구글러들이 자부하는 구글의 핵심 문화다. 이를 통해 구글러들은 구글 내부의 어떠한 정보에도 무한히 접근해 공유하고 정보를 확장하고 진화시키고 있다. 엘런 머스크는 타운홀 미팅에서 기업 경영 내용을 모든 임직원에게 전파하고 실시간 피드백으로 소통하며 목표를 점검해서 개선하고 보완한다.

4. 통계를 맹신하지 말라

독일의 최고 지성이라 칭하는 막스플랑크협회의 게르트 기거렌처 인간개발연구소 소장은 저서 『통계의 함정』에서 통계 조작과 불량 정보, 거짓 뉴스, 통계의 정치적·경제적 이용에 대한 주의를 환기시켰다. 불확실성의 시대에서 통계를 만드는 사람들의 의도와 마케팅에 현혹되어 해야 할 일을 적기에 하지 못하는 과오를 범하는 다수의 기업에게 경종을 울렸으며, 통계 배포의 주체와 목적, 의도를 먼저 파악할 것을 당부했다. 애플의 전직 에반젤리스트였던 가이 가와사키는 스티브 잡스가 〈포춘〉과의 인터뷰에서 애플은 어떠한 외부의 통계 자료나 컨설팅의 도움을 받지 않았다고 말했다고 밝혔다. 세상에 없는 제품과 경험을 선보일 때는 고객과 시장에 먼저 물어봐야 큰 효용을 얻을 수 없다는 것이다. 하지만 최근 삼성과의 특허 분쟁 심리 과정에서 애플 역시 수많은 통계 자료와 시장 분석 자료를 활용했음이 밝혀졌다. 증거 자료 중에 애플의 시장 조사, 마켓 인텔리전스, 경쟁사 제품과 고객 분석 자료 등이 있었기 때문이다. 통계의 이용 여부와 상관없이 핵심은 통계를 맹신하지 말고 통계 오류의 함정에서 빠져나오라는 것이다.

4차 산업혁명을 대표하는 키워드는 초연결이다. 기업도 모든 정보에 초연결돼 실시간으로 정보를 수집하고 해석해 인사이트를 발굴하고 새로운 가치를 창출해야 한다. 이제는 데이터의 수량보다 데이터를 획득하고 그 안에서 신속하게 가치를 찾는 디지털 아키텍처 역량으로 통계 데이터와 빅데이터의 가치를 선별해야 한다.

5. 배트맨이 아닌 집사 알프레드 같은 리더가 되라

닐로퍼 머천트가 강조하는 실리콘밸리의 리더십은 일방통행식 리더십의 탈피이며, 자신의 팀이 주목받도록 해야 한다는 것이다. 스티븐 샘플 서던캘리포니아대학교 총장은 70:30 법칙을 설명하며 리더는 할당된 시간의 30퍼센트는 실무에 투입하며, 70퍼센트는 남들이 하지 않는 일에 투자해야 한다고 강조했다. 파나소닉의 창업자 마쓰시타 고노스케는 선발한 리더들에게 부하 직원에 맡기되, 방치하지 말아야 한다고 했다. 서비스마스터의 회장 윌리엄 폴라드는 말단 직원과 함께 거래 업체의 계단과 화장실을 청소했다.

실리콘밸리가 추구해온 조직 구조는 작고 빠르고 민첩하며, 유기적인 생명체같이 소통하는 드림팀이다. 작고 단순하며 신속하게 움직이는 조직으로 민첩성을 확보하고, 커뮤니케이션과 의사결정의 속도를 극대화하며, 자율성을 기초로 책임과 권한을 명확히 밝혀 이들의 집단 몰입과 창의성을 최적화하는 것이다. 특히 작고 신속한 조직으로 기업의 비전과 미션을 조직 구성원의 가치와 일체화한다. 이러한 조직을 이끄는 리더에게는 개인 능력보다 조직의 능력을 극대화하는 역량이 필요하다. 리더는 공감, 소통, 경청을 통해 조직 내·외부의 신뢰를 형성하며, 조직 내 모든 구성원을 성장형 마인드셋과 기업가 정신으로 무장시키는 역할을 수행한다. 또한 리더는 조직 구성원들이 자유롭게 창의적 실험을 수행할 수 있도록 하며, 실패에 대한 두려움을 넘어 복원력과 성험을 축적하고, 역량을 극대화할 수 있도록 영감을 주는 조력자다. 하지만 리더는 맹목적인 낙관론이 감염되지 않도록 목표 의식을 강조하고 지속적인 도전, 혁신을 요구해야 한다. 실리콘밸리가 70:20:10 법칙으로 모든 임직원에게 기본 업무 이외에도 극한의 창의성을 요구하면서 리더, 관리자와 소통하라고 강조하는 이유이기도 한다.

6. 성공했을 때 미래 혁신을 위한 근육을 단련하라

2016년 다보스에서 개최된 세계경제포럼에서 '일자리의 미래' 보고서가 발표된 시점에 구글은 인공지능 알파고(AlphaGo)를 출시해 이세돌 기사와의 바둑 대국에서 승리했다. 기술이 인간 고유의 영역으로 확장하고 있음을 각인시킨 것이다. 빅데이터와 인공지능은 이제 기업 활동과 비즈니스의 필요 도구이며 수단이 되었다. 아디다스, 지멘스의 스마트 팩토리와 제조업용 로봇이 화두가 되었을 때 이미 글로벌 기업과 실리콘밸리 기업은 자연 모사기술(Nature Inspired Technology)을 연구하고 있었으며, 군집지능(Swarm Intelligence)을 이용한 드론으로 차세대 물류를 혁신할 준비를 하고 있다. 차량 공유 서비스의 규제와 협의 지연으로 시간을 보낼 때 우버는 이미 항공 운송 수단을 연구하고 제품 출시 계획을 발표했다. 엘빈 토플러는『부의 미래』에서 인간이 만든 가장 효율적인 조직이 기업이며 가장 빠른 속도로 움직인다고 정의했다. 하지만 4차 산업혁명과 과학기술의 발달 속도는 이미 기업의 속도를 넘어섰다. 새로운 기술이 소개됨과 동시에 관련 비즈니스 모델과 플랫폼을 장악한 빅뱅 파괴자가 등장한다.

실리콘밸리 기업들이 70:20:10의 법칙을 모든 임직원에게 강요하는 것은 현재의 경쟁뿐 아니라 미래를 대비하기 위함이다. 심지어 리더들에게는 10:20:70의 법칙으로 다가올 불확실성에 대응하는 혁신 근육을 조직 내에 이식하라고 주문하고 있다. 혁신 근육은 강력한 리더십과 제도적 지원으로 완성된다. 몇 번의 해커톤 행사나 TF(Task force)팀 구성으로 담당자 몇 명이 모여 긴급하게 작성하는 리포트 수준으로 생각할 수 없다. 혁신 근육은 연결로 단련할 수 있다. 기업의 내·외부를 연결하고 메가 트렌드와 기술 지능에 연결해 변화의 흐름을 끊임없이 탐색하고 분석해야 한다. 실리콘밸리 기업과 글로벌 기업은 이미 제품과 솔루션에 린 스타트업을 적용할 뿐 아니라 비즈니스 자체를 가상의 세계로 옮겨 시뮬레이션하며 새로운 빅뱅 파괴를 준비하고 있다.

7. 멍청한 질문이라도 하도록 만들어라

전통적 기업의 회의 문화는 경직돼 있으며, 이야기하는 사람은 임원과 발표 담당자뿐이다. 질문을 하고 싶어도 상사의 눈 밖에 나거나, 다른 오해를 불러일으킬 것을 두려워한다. 이에 침묵이 금이라는 신조가 만연하고 있으며, 심지어 회의 시간에 노트북이나 스마트폰으로 자신의 다른 업무를 보며 시간을 소모하는 것이 현실이다.

그런 폐해를 막으려고 현대카드는 파워포인트(PPT) 프로그램을 모두 뷰어(Viewer) 기능만 하도록 막았다. 회사 내에서는 프레젠테이션용 문서를 만들 수 없으며, 보고를 위한 문서도 준비하지 않는다. 필요한 경우에는 이메일과 워드, 엑셀로 핵심만 기재하도록 한다. PPT 금시가 엑셀, 워드 파일에 깁치장하는 현상으로 이어질 것에 대비해 모든 치장 행위를 금지시켰으며, '제로 PPT 캠페인'을 추진했다. 생각하고 대화에 참여해 커뮤니케이션의 맥락을 파악하고 신속한 업무를 추진하고자 하는 혁신이다. 스티브 잡스도 사내 프레젠테이션을 금지했으며, 암 투병을 하던 잡스에게 담당 의사가 PPT를 이용하여 병세를 설명하자 화를 내고 중단시킨 사례도 있다. 몇 마디의 말로 전달할 수 있는 아이디어를 굳이 20쪽의 슬라이드로 만들어 시간, 비용을 낭비하는 것은 죄악이라고 규정한 것이다. 아마존 제프 베조스도 직원이 PPT 발표를 하지 못하도록 금지했다. 대신 종이에 아이디어나 의견을 메모해 함께 읽도록 하고 있다.

스타트업 컬처

GE의 새로운 경영 혁신 도구: 패스트윅스

권투로 한 시기를 풍미한 마이크 타이슨은 "누구나 계획은 있다. 한 대 얻어맞기 전까지는"이라고 말했다. 앞으로 발생할 일을 예측하기도 어렵고, 어려운 시기에 변화를 지속하는 혁신은 더욱 어렵지만 미래를 만드는 유일한 방법이다. 클레이튼 크리스텐슨 교수는 『성공기업의 딜레마』라는 책에서 성공한 혁신가의 딜레마를 화두로 던졌다. 성공을 체험하며 성장한 기업일수록 혁신 방법을 잊어버리고 그 결과 경쟁력을 잃는다는 것이다. 짐 콜린스는 이 점을 지적하며 기업의 몰락 과정을 '성공에 기인한 자만심 생성 단계', '원칙 없는 욕심의 단계', '위험과 위기의 가능성 부정 단계', '구원을 찾는 단계', '생명이 끝나는 단계'로 구분했다. 아무리 뛰어난 기업이라도 기업 규모가 성장하면 대기업 병이나 관료주의 같은 정체 위기에 처할 수 있다.

제프 이멜트 GE 전 회장은 10~15년을 주기로 지금까지 이룩한 모든 것을 파기하고, 새롭게 시작한다는 마음가짐으로 기업 문화를 혁신하라고 주문하면서 시간이 흐름에 따라 완벽함을 추구하기보다 앞으로 나아가는 것이 더 중요하고, 가치 있는 일을 수행하는 데는 지속성과 탄력성이 필수임을 강조했다. 제프 이멜트는 GE를 퇴임했지만 그가 남긴 유산은 아직도 GE의 힘이 되고 있다. 그는 100년이 넘은 기업을 스타트업 기업처럼 운영했고 이제 GE를 125년차 스타트업이라고 부르고 있다. 에디슨이 발명으로 창립한 기업을 재발명한 것이다. 존 플래너리는 제프 이멜트 덕분에 GE는 더욱 심플한 회사가 됐으며, 기업 전반에 활력과 소통, 긴박감이 흐른다고 말하기도했다.

GE의 패스트웍스(Fastworks)는 이러한 혁신을 실천하는 최적의 도구다. 에릭 리스의 린 스타트업이 실리콘밸리와 스타트업에 맞는 전략적 비즈니스 수행 방법으로서 효용성이 검증되자 GE가 이를 적극적으로 수용하고 재해석해 GE 패스트웍스를 탄생시킨 것이다. 소프트웨어 개발 방법론인 애자일(Agile) 기법은 최소 기능을 구현하고 배포해 사용자의 피드백을 취득하고, 피드백에서 도출된 문제점을 신속하게 개선해 다음 버전의 제품을 선보이는 방법으로서 짧은 개발 사이클을 신속하게 반복하는 접근 방식이다. GE의 패스트웍스 역시 애자일 방법론과 린 스타트업의 개념이 녹아 있다. 최소존속제품(MVP, Minimum Viable Products)을 신속하게 개발하고 고객에게 평가받아 짧은 개선 사이클과 주기성으로 제품과 고객, 시장을 검증한다. 패스트웍스는 고객이 불편함을 느끼는 지점에서 시작한다. 고객의 문제를 해결하는 최소 기능 제품을 만들고, 실제 고객을 대상으로 검증하고 반복적으로 피드백을 받아 제품을 개선한다. 이 과정에서 비즈니스를 창출할 기회를 살펴 제품과 솔루션을 출시하는 것이다.

패스트웍스의 구조

패스트웍스의 핵심 사상은 구축(Build), 측정(Measure), 학습(Learn)이다. 프로토타입을 만들어 고객의 반응과 피드백을 측정하고 이를 통해 학습해서 개선된 프로토타입을 만들어 지속적 검증과 개선을 이루는 방법이다.

패스트웍스의 출발점은 '고객의 니즈에 대한 이해'다. 고객의 니즈 및 고객이 직면한 문제에서 기회를 파악한 후에 결과물을 도출하기 위한 비전을 수립한다. '가설 설정' 단계에서는 성공적인 프로젝트나 제품을 개발하는 데 필요한 모든 기술적, 상업적 자원을 가정한다. 'MVP 설정' 단계에서는 최소존속제품을 지속적으로 개발해 가설에 대한 고객의 반응을 수집하고 피드백을 받아 신속히 개선하며, 이 과정을 반복함으로써 가설을 입증한다. '학습 지표 설정' 단계에서는 전략의 방향 전환이나 유지를 결정하는 평가 기준을 수립한다. '방향

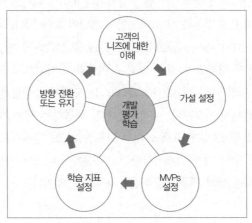

패스트웍스의 구조, GE Reports

전환, 유지' 단계는 고객의 피드백과 학습 지표를 근거로 수립된 가설의 유효성을 검증하며 이후 가설을 보강하고 다음 버전의 MVP 제작에 반영하는 것이다. 이러한 프로세스를 신속하게 지속적으로 반복한다.

일반적인 린 스타트업과 달리 패스트웍스에서는 MVP의 품질 관리에 주목한다. MVP 특성이 신속한 프로토타입의 개발과 반복된 수정이지만, 미션 크리티컬(한 번 실패하면 반복할 수 없는) 속성의 의료기기, 하드웨어, 로봇 및 스마트 팩토리에 적용하기에는 의구심이 존재했으며, 린 스타트업이 주로 소프트웨어 개발에 특화된 것이라는 일반적 견해가 팽배했다. 패스트웍스가 강조하는 것은 품질에 대한 비타협이며, 시제품의 업그레이드 주기를 더욱 빠르게 단축하는 것이다. 특히 미션 크리티컬 제품은 MVP의 학습 지표 설정이 중요하다고 강조하고 있다. 최소 기능을 구현한다 하더라도 린 경영과 같은 품질 기준이 수반되어야 함을 강조한 것이다. 소프트웨어 솔루션은 연속적인 통합(CI, Continous Integration)과 연속적 배포(CD, Continous Deployment)가 가능하기 때문에 학습 지표를 낮춰 민첩성을 극대화하고, 하드웨어 솔루션이 결합되는 경우에는 학습 지표의 품질 지표를 강화해, 프러비저닝 툴(Provisioning Tool)과 관리 소프트웨어로 긴급한 위기 상황에서 하드웨어를 컨트롤하며, 하드웨어 자체의 자가 진단 및 점검(Health Check)을 수행한다. 특히 대형 장비와 장비 간 연계성이 높은 제품은 엣지 컴퓨팅 기술을 적용해 단말 단에서 자가 점검과 치유할 수 있는지를 필수 품질 점검 내역으로서 학습 지표에 포함해야 하는 것이다.

스타트업 컬처

실리콘밸리를 대표하는 구글, 애플, 페이스북 등 대표적인 성공 기업들은 각기 고유한 특징이 있다. 구글은 재미와 자유로움, 권한 부여, 개방성, 윤리 의식, 기업 시민의식, 민주적, 선택의 힘(Selectivity)을 강조해 왔다. 애플은 간결함, 탁월성, 'No'라고 말할 수 있는 용기, 실패 교훈, 오너십, 선택의 힘을 일하는 방식으로 추구했으며, 팀 쿡의 CEO 부임 이후에는 개방성, 협력의 중요성을 추구한다. 페이스북은 자유, 연결, 투명성, 개방성, 민주적, 오너십으로 그들의 일하는 방식을 표현하고 있다. 실리콘밸리의 각 기업은 이처럼 고유한 기업 문화가 있음에도, 이들이 결코 포기할 수 없는 핵심 가치는 차고 문화라고 명명된 스타트업 컬처(Startup culture)다. 이들의 첫 시작은 보잘것없고 작고 단순했다. 보장받은 성공도 없었으며, 항상 신속하고 민첩하게 움직여야 했다. 적은 인력과 자본, 부족한 인프라로 항상 최소한으로 생각해야 했다. 맹목적인 희망보다 냉혹한 현실 인식, 다시 일어설 수 있는 복원력, 지금 하는 일이 사회에 영향을 미친다는 믿음으로 헤쳐왔다. 또한 이들에게는 수평적 조직 문화, 창의성 강조, 자율, 협력, 개방과 공유 지향, 신속한 의사 결정과 업무 추진, 아이디어의 신속한 사업화 등의 공통점이 존재한다. 이는 시장과 고객이 불확실한 상황에서 빠른 변화에 대응하기 위해 필연적으로 육성한 조직 문화다. 실리콘밸리 기업은 디지털 다원주의의 두려움을 잘 알고 있다. 디지털 혁신에 뒤처져 도태될지 모른다는 공포가 가장 큰 위험이며, 결국 민첩하게 지속적으로 혁신해야 생존할 수 있다는 생각으로 무장한 것이며, 보수와 안정을 중시하는 과거의 문화에서 탈피해 유연성, 자율,

독립성을 중시하는 젊은 세대의 인식 변화에도 보조를 맞춘 것이다.

국내 기업들도 실리콘밸리의 스타트업 컬처를 수용하고 있다. 삼성은 지난 2016년 스타트업 삼성 컬처 혁신을 선포하고 직급, 호칭, 승진 등 주요 HR 제도를 바꾸고 회의 문화를 개선하는 데 초점을 맞췄다. 사내 네트워크인 모자이크를 통해 비전 2020 수정에 대한 의견을 수렴했으며 조직 문화의 문제점과 개선 아이디어를 공유했다. 글로벌 인사제도 혁신 관련 토론회를 개최해 과감한 도전을 장려하고 실패를 용인하는 문화가 부족하고 소프트웨어 강화에 맞는 운영이 미흡하다는 의견을 도출했다. 이후 스타트업 삼성 컬처 혁신을 발표하고 3대 문화 혁신 전략으로서 '수평적 조직 문화 구축', '업무 생산성 제고', '자발적 몰입 강화'를 선정했다. 직급 체계를 7단계에서 4단계로 단순화하고 님, 프로 등의 호칭을 도입함으로써 권위주의 탈피와 조직 내 커뮤니케이션 강화를 꾀하고 있다. 사업 추진에서도 기존 사업의 신속한 경쟁력 확보를 위해 자체 개발이나 순혈주의에 의존하던 기존 방식에서 벗어나고 있다.

실리콘밸리 창고 문화의 시작: 휴렛팩커드

실리콘밸리의 행정 구역 명칭은 산타클라라 카운티다. 샌프란시스코의 서남부 팔로알토, 산호세 주변에서 시작하는데 현재는 샌프란시스코의 북부까지 확장돼 그 크기가 서울 면적의 8배에 이르고 있다. 실리콘밸리의 원래 명칭은 산타클라라 밸리였지만, 1958년 페어차일드 반도체(Fairchild Semiconductor)를 시작으로 반도체 관련 기업이 창업할 당시 〈마이크로 일렉트로닉스〉의 편집자 돈 호플러가 실리콘밸리라는 명칭을 붙였다. 실리콘밸리에는 1891년 릴런드 스탠퍼드가 설립한 스탠퍼드 대학이 있다. 스탠퍼드 대학교는 설립 초기부터 인생은 실용적이어야 한다는 릴런드 스탠퍼드의 창립 연설과 같이 지극히 실용주의 학풍을 내세우고 있다. 1894년 미국 대학 최초로 전기공학과를 개설해 실용 과학 기술의 메카로 등극했다. 스탠퍼드 대학은 학교와 산업계의 긴밀한 협조를 매우 중요하게 생각하고 있으며, 이 중심에 실리콘밸리의 아버지라 불리는 프레드릭 터먼 교수가 있다. 당시 학생 대부분은 졸업 후 일자리를 찾아 미국 경제의 중심인 동부 지역으로 떠나는 상황이었고, 스탠퍼드 대학은 심각한 재정 위기에 직면해 있었다. 이때 터먼 교수는 스탠퍼드 연구단지(Stanford Research Park)를 설립해 대학에서 개발한 다양한 연구 성과를 기업과 연구 기관에 기술 이전을 하거나 라이센싱 방식으로 판매하고, 저렴한 임대료로 수익을 창출해 학생의 연구개발과 창업 지원에 필요한 자금과 연구 장비를 확보했다. 실용주의 학풍과 팔릴 수 있는 기술(Marketable Technology)의 연구개발, 대학의 기술 판매 및 라이센싱 사업은 당시로서는 획기적인 일이었으며, 기술 혁신과 가치 혁신을 동시에 추구해 대학도 R&D에서 R&BD(Research & Business Development)로 변모할 수 있다는 것을 보여주었다. 이를 계기로 1971년 전 과학기술처 장관 정근모 박사와 함께 카이스트(KAIST)를 기획, 설립하는 과정에서도 큰 역할을 수행했다.

터먼 교수는 미국이 대공황을 겪는 상황에서도 학생들에게 창업과 기술 사업화를 강조했다. 이 과정에서 터먼의 제자 데이빗 팩커드와 빌 휴렛이 1934년 팔로알토 에디슨가 367번지에 있는 자신의 집 차고에서 창업한다. 실리콘밸리의 스타트업 역사가 시작된 것이며, 사업화를 지향하는 산학협력 모델을 만든 것이다. 스탠퍼드 대학은 이후에도 실용 학문 연구를 기반으로 산학협력, 기술 사업화, 창업 지원을 강화했고, 이곳에서 배출된 우수한 인재가 글로벌 ICT 기업인 씨스코, 썬, 실리콘 그래픽스, 넷스케이프, 야후, 구글 등의 신화를 창조한 것이다.

실리콘밸리 조직 문화의 뿌리는 바로 창고 문화다. 휴렛팩커드의 창립 초기 이들에게는 단지 기술력과 터먼이 지원한 500여 달러밖에 없었다. 번듯한 인하우스 생산 시설도 없었으며, 지금의 벤처 캐피털이나 악셀레이터 개념조차 없던 시기였지만, 부족한 연구개발 장비는 스탠퍼드 대학의 연구실에서 조달했다. 이들은 잘할 수 있는 핵심 역량에서 비즈니스 기회를 잡았다. 빌 휴렛의 대학원 연구 과제였던 빈브리지

윌리엄 휴렛, 데이비드 팩커드, 실리콘 밸리의 탄생지, Hewlett Packard Garage

발진회로(Wien's bridge oscillator)에서 전구를 사용해 왜곡 없이 신호 출력을 조절하는 방법을 사업 아이디어로 도출한 것이다. 당시 이러한 기능을 제공하는 발진기는 고가의 불안정한 장비뿐이었기에 시장에서의 불만이 높았지만 별다른 대안이 없었다. 휴렛팩커드는 바로 이러한 고객의 문제점을 해결하려 한 것이다. 그들의 연구 과제가 문제점을 해결하는 올바른 가설이라고 생각했다. 또한 기존 발진기의 불안정성과 높은 가격을 핵심 지표로 정하고 이를 해결하고자 했다. 이들의 가설은 휴렛팩커드의 첫 제품인 HP200A 발진기로 완성됐다. HP200A의 첫 출시 가격은 54.40달러로 200~600달러에 가격을 형성하던 경쟁 제품들을 여지없이 무너트렸다. 또한 단순화된 회로 구조와 제품의 안정성은 시장에서 지속적인 수요를 창출했고, 월트 디즈니의 유명한 판타지아 제작에 활용되기도 했다.

휴렛팩커드를 창립하기 전에 팩커드는 GE에서 3년간 엔지니어로 활동했다. 당시 대공황으로 급여가 대폭 삭감됐고, 엔지니어로서 맡은 업무는 주로 냉장고 불량을 분석하고 진공관 회로를 테스트하는 일이었기에 자신의 꿈을 실현하기에는 역부족이었다. 또한 관료화된 조직 구조와 수직적 위계 중심의 업무 문화에 대한 반감은 이후 휴렛팩커드가 HP 웨이를 수립하는 데 밑거름이 된다. 휴렛팩커드는 애플이 탄생하는 데에도 보이지 않는 공헌을 했다. 스티브 잡스가 긴급하게 오디오 부품을 구하려 전화번호부에 등재된 기업에 무작정 전화해 부품을 무상으로 요구했을 때 유일하게 응답한 기업이 휴렛팩커드다. 이 일을 계기로 휴렛은 잡스에게 휴렛팩커드에서 현장 체험을 해보라고 제안했고, 이때 스티브 워즈니악과 조우한다.

팩커드가 GE에서 얻은 경험은 직원에 대한 신뢰와 존중의 중요성이었다. 당시 전자 부품은 매우 고가였기에 엔지니어가 자유롭게 사용하기에는 제약이 있었다. 사전에 허락을 얻어 출납 장부에 기재해야 했으며, 사후에는 일일이 부품 사용자와 부품 개수를 대조하는 일까지 벌어졌다. 이러한 불편함 때문에 GE 엔지니어들이 무단으로 부품을 사용하는 사례가 증가했고, GE는 부품 사용과 도난에 대한 관리 체계를 더욱 강화해 직원들의 반발을 샀다. 유사한 일이 휴렛팩커드에서도 발생하자 휴렛은 부품 창고를 완전히 개방해 임직원 누구나 제약 없이 사용토록 했으며, "휴렛팩커드는 직원을 신뢰한다"라는 작은 메모를 붙여 두었다. 엔지니어가 부품을 가져가는 대부분의 이유가 개인의 영리를 위한 부품 절도와 판매가 아니라, 집에서도 동일한 실험을 하기 위해서였다는 사실을 알고 있었고, 오히려 더 많은 엔지니어가 다양한 부품에 대한 경험을 축적할수록 기술 개발과 혁신이 가속된다는 믿음이 있었던 것이다.

휴렛과 팩커드의 직원에 대한 신뢰와 존중은 HP 웨이(HP Way)로 승화됐다. HP 웨이는 개인의 신뢰와 존중, 높은 수준의 성취와 기여, 타협하지 않는 진실과 윤리 경영, 협업을 통한 공동 목표 달성, 유연성과 혁신으로 대표되며 그 기저에는 신뢰와 존중이라는 인본주의적 사고방식이 자리잡고 있다. 현재 많은 기업이 도입한 아침 커피와 도넛 제공도 휴렛팩커드가 처음 시작했다. 팩커드의 부인이 기업의 가장 중요한 자산은 임직원이라는 생각을 실천하고자 매일 아침 커피와 도넛을 날랐고, CEO와 임직원들이 이를 즐기며 거리낌 없이 의견을 나눈 덕분에 새로운 아이디어 창출과 협업, 소통의 문화를 만들어 갈 수 있었던 것이다. 이후 기업 최초로 유연 근무제(Flexible work hour program)을 도입했으며, 현장순회경영(MBWA, Management by wandering around)와 오픈도어(Open door policy) 정책을 제정했다. MBWA는 일종의 공감 경영이다. 임원진과 관리자급의 리더가 현장에서 담당자, 말단 직원과도 소통하고 의견을 교환하며 현장의 문제점과 고충을 즉각 경영에 반영할 뿐 아니라, 인간적인 신뢰감과 공감을 형성해 동반자로서 상생의 문화를 추구했다. 오픈도어는 벽 없는 조직을 추구하며 조직 내 사일로이펙트와 사내 정치를 제거하는 정책이다. 휴렛팩커드는 임직원 모두 언제라도 쉽고 편하게 소통할 수 있도록 사무실에 벽과 도어를 설치하지 않는다. 심지어 회장과 임원진에게 직접 커뮤니케이션하거나 이메일로 자신의 의견을 개진하고 피드백을 받을 수 있다.

스타트업의 요람, 페어차일드 반도체

현재 실리콘밸리의 명성을 이어가고 있는 대표 주자는 소프트웨어 기반의 기업이지만, 실리콘밸리를 태동시킨 기술은 윌리엄 쇼클리의 트랜지스터(Transistor)이며, 페어차일드의 숨겨진 노력이 있었다. 쇼클리는 MIT에서 박사학위를 취득한 후에 벨 연구소에 입사해 존 바딘, 월터 브래튼과 함께 전자회로와 기기에 사용되는 진공관을 대체할 소자를 연구했다.

이들이 1947년 세계 최초로 점접촉식 트랜지스터를 개발했고, 1957년에는 접합형 트랜지스터(BJT, Bipolar junction transistor)를 개발해 반도체 혁명이 시작된 것이다. 이후 쇼클리는 쇼클리 트랜지스터 연구소를 설립했고 무어의 법칙을 창안한 고든 무어, 로버트 노이스가 합류했다. 쇼클리는 최고의 인재만 고용하며 기존 인력보다 더 우수해야만 채용한다는 워비곤 호수 전략을 고수했다. 이러한 채용 빙식은 훗날 실리콘밸리 엘리트주의와 채용 방식의 기준이 된다. 쇼클리는 노벨 물리학상을 수상한 과학자였지만 기업가 정신과 HP 웨이 같은 인간 중심의 경영에는 자질이 부족했다. 지나친 독선과 확증편향은 결국 8인의 배신자로 불리는 핵심 인력이 조직을 이탈하는 동인을 제공했고, 반도체 산업을 태동시킨 노력에도 불구하고 부흥에 합류하지 못했다.

쇼클리 트랜지스터 연구소를 이탈한 로버트 노이스, 고든 무어, 제이 라스트, 진 호에르니, 빅터 그리니치, 유진 클라이너, 쉘든 로버츠, 줄리어스 블랭크는 훗날 쇼클리에게 8인의 배신자라 불렸다. 회사의 최고 핵심 인력이 동시에 이탈한 일은 미국 기업 역사에서도 보기 드문 사건이었다. 이들이 가장 먼저 진행한 일은 사업계획서를 작성하고 투자사를 유치할 대행사를 찾는 것이었다. 8인은 신속하게 자신들의 핵심 역량에 기반해 업무를 분담했다. 대규모 투자를 받기 전까지 이들도 비터 그리니치의 차고에서 차고 문화를 배웠다. 다행히 이들의 사업제안서에 관심을 가진 인물이 있었으니, 헤이든 스톤앤컴패니의 아서 록이다. 훗날 아서 록은 애플을 위해 마이크 마큘라와 함께 록펠러 재단으로부터 엄청난 투자를 받아내기도 했다. 아서 록은 페어차일드 카메라앤인스트루먼트를 소개했고 8인의 배신자는 이제 페어차일드 반도체(Fairchild Semiconductor)라는 이름으로 자신들이 추구하는 가치를 실현할 기업을 만들게 됐다. 이들이 진행한 업무 방식은 스피드와 분업을 통한 협업, 신속한 제품 개발이었다. 로버트 노이스는 사업가적 능력 이외에도 자신을 포함한 창업가 8인의 다양성을 존중하고 연결, 중재하며 철저한 분업과 협업으로 민첩하게 움직이는 기업 조직을 만들었다. 이들은 3개월 만에 시제품을 만들어 IBM에 납품했고, 품질과 납기에 만족한 IBM은 페어차일드의 스니저(Sneezer)가 돼 나사 등 주요 고객을 소개해 주었고, 자신들의 주요 프로젝트에 페어차일드를 핵심 파트너로 선정하기도 했다.

〈포춘〉에 따르면 페어차일드가 창출한 경제적 가치는 1조 달러를 넘는다. 텍사스 인스투르먼트와 함께 반도체 산업을 견인했으며, 1960년대에 연평균 1억 달러의 매출을 기록했다. 게다가 페어차일드는 실리콘밸리에 또다른 동인을 제공했다. 8인의 창업자 모두가 모든 임직원에게 적극적으로 창업을 독려했고, 실질적으로 창업 기업을 지원해 90여개가 넘는 스타트업을 인큐베이팅 하는 스타트업의 요람이 된 것이다. 또한 제이 라스트는 훗날 아멜코를 설립했고 로버트 노이스와 고든 무어는 인텔을 창업해 새로운 실리콘밸리의 역사를 쓰게 된다.

인공지능, 신의 영역을 두드린다

아이언맨 자비스와 앨런 튜링

영화 〈아이언맨(Iron Man)〉을 보면 스타크 인더스트리의 CEO 토니 스타크의 조력자로서 인공지능 자비스가 등장한다. 인격을 가진 사람처럼 스타크의 심리 상태를 읽어내고 적절한 농담을 주고받기도 하며, 스스로 학습해서 무한히 자가 진화한다. 자비스는 스타크의 지하 실험실에서 로봇팔(Robot Arm)을 제어하고 가상 3D 홀로그램을 생성하며 모션 인식과 추론 기능으로 스타크의 엉뚱하고 기괴한 발상에 대응하고 멋진 수다쟁이 친구가 되어준다. 자비스는 최첨단 기술에 스스로 연결하고 융합하여 마크 원(Mark I)부터 마크 48(Mark 48)에 이르기까지 아이언맨 슈트를 진화시켰다. 스타크를 고객으로 생각해 끊임없이 스타크의 불편함과 불만족을 감지하고 개선한다. 입고 벗기 불편했던 슈트를 휴대용으로 바꿨고, 사용자를 스스로 인식하고, 마치 인간의 피부 조직처럼 스타크의 모든 신체 상태를 진단한다. 또한 슈트로 근력을 강화하고, 전투 중 손상된 기능을 자가 진단해 스스로 복구한다. 이제는 슈트 이동을 위한 휴대용 가방도 불필요하며, 블리딩 엣지로 불리는 나노 기술을 접목해 스타크가 시계 버튼만 누르면 스타크의 신체와 슈트가 결합된다. 원격 조정은 기본이며 스타크의 뇌파를 감지하여 스스로 최적의 슈트를 조합한다.

이러한 모든 기능을 인공지능 자비스가 지휘하고 통제한다.

4차 산업혁명과 초연결의 근간 기술로서 인공지능과 기계학습이 주목받고 있다. 인공지능의 기원을 거슬러 올라가다 보면 앨런 튜링을 만날 수 있다. 영화 〈이미테이션 게임〉은 앨런 튜링의 기술에 대한 열정을 보여주었다. 앨런 튜링은 현대 컴퓨터의 원형을 제시한 인물이다. 그는 최초의 컴퓨터라 평가받는 애니악(ENIAC)이 등장하기 이전 튜링머신이라는 가상의 컴퓨터를 제안했고, 이는 현대 컴퓨터의 원형이 됐다. 튜링은 현대식 컴퓨터의 개념이 정립되기 전부터 신의 영역이라 불리던, 인간의 두뇌를 대체하는 인공지능의 가능성을 탐구했다. 또한 앨런 튜링이 1943년 제작한 콜로서스(Colossus)는 진정한 최초의 컴퓨터로 인정받고 있다. 또한 연합군이 독일군 통신보안 암호인 에니그마 해독에 난항을 겪고 있을 때 튜링은 울트라 프로젝트를 이끌며 직접 연산이 가능한 기계를 제작해 암호를 해독하는 데 지대한 공헌을 한다. 인공지능은 단순한 문제를 해결할 수 있는 좁은 범위의 인공지능, 즉 약한 인공지능과 인간처럼 생각하는 강한 인공지능으로 구분할 수 있다. 앨런 튜링이 정립한 개념과 이론은 인간의 두뇌를 닮은 강한 인공지능에 대한 연구였다. 오늘날의 인공지능이 가능하도록 개념을 정의하고 상상 속의 가능성을 현실 세계에 보여준 기념비적 업적을 남긴 것이다.

튜링 테스트와 인공지능
영화 〈엑스마키나〉에는 인공지능 로봇 에이바가 등장한

다. 인공지능 분야에서 천재적 성취를 보인 네이든은 칼렙을 초청해 자신이 만든 인공지능 로봇 에이바에게 어떠한 감정을 느끼는지, 로봇에게 인간의 감정을 느낄 수 있는지, 로봇의 말과 행동을 인간으로 인식할 수 있을지를 판명하고자 했다. 거대한 튜링 테스트였던 것이다. 이 영화는 엘런 튜링의 튜링 테스트를 모티브로 인간의 자의식, 인간과 로봇의 정체성에 대한 질문을 남겼다. 인공지능은 선통석으로 공학적 관점과 과학적 관점에서 개별적으로 인식돼 왔다. 공학적 관점에서는 인공지능을 인간의 지능이 요구되는 작업을 대체할 수 있는 기계를 창안하는 방식으로 접근해왔다. 반면, 과학적 관점에서는 인간 지능의 본질, 사고 과정과 추론, 이해, 감정이라는 추상적인 실체를 규명하는 접근을 시도해왔다. 접근 방식에 따라 공학적 관점에서는 통계, 물리, 전산, 기계 및 수학과 같은 학문이 관여했고, 과학적 관점에서는 심리학, 신경과학, 생리학, 인지 과학 등의 학문이 관여했다.

튜링은 자신의 논문인 '컴퓨팅 기계와 지능'에서 튜링 테스트를 제안했다. 튜링 테스트는 인간이 질문하고 답변을 받는 과정에서 답변의 주체가 인간인지 기계인지 판단하기 어려운 상태를 인공지능으로 판별하는 실험이다. 지난 2014년 유진 구스트만(Eugene Goostman) 컴퓨터가 튜링 테스트를 통과했다는 소식이 화제가 됐지만, 스스로의 학습과 추론한 것이 아니 사전에 프로그래밍된 알고리즘에 의한 결과여서 완전한 인공지능으로 판정받지 못하기도 했다. 튜링은 논문에서 인공지능 개발의 어려움을 토로하기도 했다. 인공지능을 개발한다는 것은 자동차에서 바퀴를 제거한 후 발을 달려고 고심하는 셈이라고 비유했다. 인공지능 연구의 선구자적 역할을 수행한 과학자들은 다음과 같이 다양한 정의를 시도했다. 유진 차니악은 인공지능을 '연산 모델을 이용해 인간의 정신 기능을 연구하는 학문'으로 정의했고, 패트릭 윈스턴은 '컴퓨터가 지능을 가질 수 있도록 하는 아이디어를 연구하는 학문'이라고 정의했다. 인공지능의 아버지로 평가받는 마빈 민스키는 '인간의 지능을 필요로 하는 작업을 처리할 수 있는 기계를 만드는 학문'이라고 규정했다. 롭 캘런은 인공지능의 정의를 좀더 구체화했다. '인간이 비교적 쉽게 수행할 수 있는 추론, 인식, 지각 등의 기능을 가상으로 시뮬레이션할 수 있도록 알고리즘을 만드는 학문'이라고 정의한 것이다.

IBM 딥블루와 알파고

튜링의 기념비적 상상은 딥마인드의 데미스 허사비스에 의해 70년 만에 현실이 되었고 그 구현체가 현재 구글의 알파고다. 알파고의 출현 이전에는 IBM과 루 거스너 회장의 집요한 노력이 있었다. IBM은 1980년대 후반 딥쏘우트(Deep Thought)의 핵심 개발자들을 영입하고 인간과의 체스 게임에서 인공지능의 가능성을 탐구하다가 1997년 세계적인 체스 마스터 카스파로프와 대결해 딥블루(Deepblue)를 개량한 디퍼블루(Deeper Blue)로 승리를 거두었다. 이후 IBM은 이를 토대로 IBM 왓슨을 개발하여 미국의 퀴즈쇼 제퍼디에서 승리하는 성과를 얻었다. 하지만 인간과 달리 엉뚱한 오답을 발생시키는 등의 문제점을 드러내기도 했다. 당시 세간에서는 앨런 튜링의 꿈이 완벽하게 이루어졌다는 평가를 내리기도 했지만, 인공지능이라고 단언할 수는 없었다. 스스로 생각하거나 학습하는 능력은 구현되지 못했으며, 단지 체스를 두는 방법과 체스 명인의 대국을 1000여 개 프로그래밍해 더 빠른 컴퓨터에서 구동하는 방법이었기에 인간의 개입 없이는 지능을 갖출 수 없는 단계였다.

68승 1패, 지난 2016년 세기의 주목을 받은 알파고와 이세돌 기사의 바둑 대결 이후 알파고가 거둔 성적이나. 일파고는 이세돌 기사에게 유일한 1패를 얻었지만 이후 무패의 행진을 거듭했고 공식적으로 바둑계에서의 은퇴했다. 알파고 이후 일본의 딥젠고, 중국의 파인아트(Fine Art) 등 후속 연구가 이어졌다. 특히 바둑 종주국 중 하나인 중국은 국가 차원에서 텐센트의 인공지능 개발을 후원했다. 당시 한국도 돌바람을 개발하면서 정부, 대기업 등의 지원을 바랐지만 중소기업 지원사업의 일환으로 2억 원을 보조하겠다는 답변이 전부였다. 알파고는 튜링의 이론을 현실 세계로 완벽하게 구현해 스스로 생각하고 추론하는 모습을 보여주었다. 일반 머신러닝 알고리즘을 기반으로 수많은 바둑 기보를 데이터로 입력받아 스스로 학습하는 튜링의 꿈, 생각하는 기계(Thinking machine)였다. 이제 구글은 알파고를 폐기하고 다양한 산업 분야로 진출하려 한다. 게임에 특화된 알파 제로(Alpha zero)는 강한 인공지능과 강화학습을 통해 스스로 빅데이터를 수집하고 분석해 자가 진화할 수 있으며, 다양한 분야에서 추론할 수 있도록 필요할 때마다 자신의 아바타를 생성하고 회수하면서 빠르게 자신을 진화시키고 있다. 알파 폴드(Alpha fold)는 단백질 구조 분석에 탁월한 성과를 보여주었다. 이제 구글의 딥마인드는 의료, 에너지, 질병 추적과 예측 및 디지털 마케팅 등 산업 전 분야로 눈길을 돌리고 있으며 새로운 경험과 가치로 또 다른 빅뱅 파괴를 준비하고 있다.

강한 인공지능, 약한 인공지능, 초 인공지능

인류의 기원을 찾아 우주로 항해하는 영화 〈프로메테우스〉에는 인공지능 로봇 데이빗이 등장한다. 이 로봇은 뛰어난 학습 능력과 연산, 추론, 인지 능력을 보유하고 있지만 인간의 미묘한 감정을 느끼고 이해하는 데에는 한계가 있다. 인공지능은 강한 인공지능, 약한 인공지능, 초 인공지능으로 분류할 수 있다. 인간처럼 인식하고 생각하며 감정을 소유하고 창의, 창발적 지성을 표출할 수 있는 인공지능 기술을 강한 인공지능(Strong AI)이라고 정의한다. 인공지능의 다양한 정의가 존재하는 상황에서 로드니 브룩스와 존 설은 생물학적 메커니즘의 중요성을 강조하며, 주변 환경을 인지하고 상호작용하는 능력을 빼놓고는 인공지능을 논할 수 없다고 주장해왔다. 이들의 주장에 따르면 인공지능은 완벽하게 만들어진 상태로 태어나는 것이 아니라 인간처럼 선천적 학습 능력을 갖추고 주변과 상호 교류하면서 학습하고 지능을 강화하는 것이기 때문에 정작 중요하게 생각해야 할 것은 논리가 아닌 학습이라고 단언한 것이다.

이와는 달리, 지능의 범주를 한정해 특별한 문제를 해결하는 데에 초점을 맞춘 인공지능을 약한 인공지능(Weak AI), 응용 인공지능(Applied AI)이라고 정의한다. IBM 왓슨이 의료, 법률, 증권 분야에서 이용되고, 구글 알파고와 알파제로가 바둑과 게임 분야에서, ICT 기업이 인공지능과 빅데이터를 결합해 개인별 맞춤 추천 서비스, 프로그래매틱 광고, 스마트 팩토리에 이용하는 것이 약한 인공지능의 대표적 사례다. 초 인공지능(Super AI)은 강한 인공지능의 성능과 기능이 극단적으로 진화한 형태로 인간에 비해 1000배 이상의 지능을 갖출 것으로 예상하고 있다. 초 인공지능은 인간처럼 원초적 본능과 욕구를 갖추고 스스로 생존과 지적 탐구, 종족 번식을 실행해 자가 진화한다.

마크 저커버그의 아이언맨 자비스 구현하기

마크 저커버그는 〈아이언맨〉에 등장한 인공지능 자비스와 같은 인공지능 비서를 만들겠다고 공언한 후 1년간의 도전 결과를 자신의 페이스북 프로필에 공개했다. 저커버그는 이 프로젝트에서 인공지능의 다양한 기회와 가능성을 확인한 반면, 아직도 더 많은 기술 진보와 보완이 수반되어야 함을 지적했다. 인공지능의 위험성을 지적하고 대체 기술을 연구해야 한다는 엘론 머스크의 주장과는 달리 저커버그는 인공지능의 무한한 가능성에 더 중점을 두었다. 저커버그가 만든 자비스는 스마트폰을 매개체로 음성을 인식하고, 집안의 다양한 기기를 센서로 연결해 사물인터넷 기능을 수행했다. 집안의 온도, 조명 시설 제어, 음악 청취와 일기 예보 알람, 가정보안 등을 테스트했다. 또한 자비스를 사용하는 사람들의 취향, 행동 패턴을 학습토록 했고, 새로운 단어를 지속적으로 인식하도록 했다. 일각에서는 페이스북이 아마존 같은 인공지능 비서 서비스 비즈니스를 검토하는 것이라고 추측하기도 했다.

저커버그는 모든 개발 과정과 개발에 사용한 관련 기술을 페이스북을 통해 설명했다. 자연어 처리와 음성 인식, 얼굴 인식, 강화 학습을 구현하는 단계와 관련 툴 그리고 기술을 개발자와 사용자 관점에서 접근하고 분석했다. 파이썬, PHP, 오브젝티브 C를 사용해 가정 내의 다양한 기기들을 사물인터넷 개념으로 연결하는 기능을 프로그래밍했다. 이 과정에서 다양한 홈 어플라이언스(appliance, 주로 네트워크에 바로 연결할 수 있는 기기를 말한다)들의 통신 프로토콜이 제각각이며, 대부분의 가전 제품이 사물인터넷 기능조차 갖추고 있지 않음을 파악하게 됐고, 더 많은 기기를 쉽고 직관적으로 연결하려면 표준화된 API가 필요하다고 주장하기도 했다. 아마존이 인공지능 비서 서비스인 알렉사를 지원하기 위해 알렉사 스킬스를 공개하여 생태계를 확장하는 이유이기도 한다. 자연어 처리 과정에서 음성 인식 엔진과 유의어 학습, 맥락 인식의 문제점을 지적하며 기술 수준이 더 향상돼야 함을 강조했다. 비전 인식과 얼굴 인식 기능 개발 과정에서는 사물 인식과 물체 추적 기능, 시각 정보를 이해하는 인공지능의 가능성을 제시했고 특히 영상 분석(Video Analytics)과 결합한 다양한 응용 분야에 기회가 존재함을 알렸다. 또한 저커버그는 메신저 봇을 실험하며 메신저에서 인공지능과 대화할 수 있는 기능에 특별히 주목했다. 메신저는 주변 사람에게 불편을 끼치지 않으면서 음성 인식의 불완전함을 극복할 수 있는 수단이었다. 또한 자비스로부터의 응답도 문자 메시지로 받으면 언제 어느 때나 확인할 수 있다는 점이 실제로 편리함을 보여준 것이다. 저커버그 자비스의 궁극적인 목표는 자가 학습을 통한 자가 진화다. 현재 공식적으로 다음 프로젝트를 진행한다는 공지는 없지만, 저커버그는 70:20:10 법칙으로 매일 꾸준히 이 프로젝트를 추진할 것을 약속했다.

엘론 머스크 뉴럴링크와 신경 레이스

엘론 머스크는 페이팔 마피아 출신으로 테슬라와 스페이스X를 통해 전기자동차와 우주 탐사라는 미래를 제시해 왔는데, 이제는 인간의 뇌와 컴퓨터의 연결이라는 새로운 과제에 도전하고 있다. 인공지능 발달과 이로 인한 폐해를 주장해온 머스크가 새로운 대안을 제시한 것이다. 머스크가 제안한 대안은 인간의 뇌와 컴퓨터를 연결해 인간의 지능 용량을 강화하는 방안이다. 궁극적으로는 무한 용량의 두뇌를 장착하겠다는 계획이다. 이러한 야심찬 계획하에 머스크는 스타트업인 뉴럴링크(Neural link)를 창립하고 비즈니스 영역을 의학 연구로 정했다. 원래 페드람 모세니와 랜돌프 누도가 연구하던 분야였지만 막대한 연구비와 임상 실험을 감당할 수 없던 상황에서 뜻을 같이하는 머스크를 만난 것이다. 뉴럴링크의 핵심 기술은 신경 레이스(Neural lace)다. 필요한 정보와 생각, 인간의 추억과 감정을 업로드하고 다운로드할 수 있도록 두뇌 속에 전극을 이식하는 기술이다. 마치 키아누 리브스 주연의 영화 〈코드명 J(Jonny Mnemonic)〉을 연상하게 한다. 영화 속에서는 VR 기기를 장착하듯이 헤드 마운트 디바이스를 착용해 필요할 때마다 정보를 저장하고 제거하며 두뇌의 정보 저장 용량을 임의로 증설할 수 있었다. 사이버펑크가 현실이 되는 순간이 다가온 것이다. 영화에서는 컴퓨터가 인간의 사고와 감정을 대신해주며 추억까지 소프트웨어로 구매하는 시대를 묘사하고 있으며, 초고용량 실리콘 칩 메모리 확장 장치를 뇌에 이식해 필요할 때마다 새로운 정보를 입력하고 과거 정보를 지우는 기능을 선보였다.

영화 〈공각기동대〉에서는 이미 전뇌화 기술을 선보였다. 전뇌화 기술은 인간의 뇌에 직접 지능을 이식하는 기술이며, 두뇌의 정보 용량뿐 아니라 두뇌의 모든 것을 제어하고 기능을 극대화할 수 있다. 영화 속에서는 인공지능이 네트워크를 통해 세상을 장악하려 하자 인간의 뇌에 전뇌화 기술을 결합해 새로운 개념의 사이보그를 탄생시킨다. 조작된 기억을 이식하고 정부 기관이 불법적으로 사이보그 프로그램을 운영하는 모습을 보여주었으며, 전뇌화가 이루어진 사회에서는 인간의 두뇌에도 현재의 컴퓨터, 스마트폰처럼 해킹의 위협이 존재함을 지적했다.

영화 〈코드명 J〉, 〈공각기동대〉의 전뇌화가 현실이 되고 있다. 엘론 머스크는 인공지능의 위험성을 인류에게 꾸준한 경고해왔으며, 저커버그와 인공지능을 어떻게 바라봐야 할지 치열하게 논리 전쟁을 벌이고 있기도 하다. 인공지능이 발전하면 모든 주도권을 인공지능에게 박탈당할 것이며, 인간의 주체적인 의사결정권은 소멸돼 애완 동물로 전락할 것이라는 극단적 견해를 피력했다. 이에 대한 대안으로 머스크는 피질 직결 인터페이스(Direct cortical Interface)로 컴퓨터와 두뇌를 직접 연결해 뇌 용량과 생각의 속도를 극대화함으로써 인공지능에 맞서겠다는 의지를 표명했다. 업계와 사회의 우려에도 불구하고 이미 전뇌화 연구의 대가인 바네사 톨로사, 필립 사브스, 티모시 가드너 교수를 영입해 연구에 박차를 가하고 있다. 뉴럴링크가 의료 연구로 창업 허가를 얻었기에 첫 제품은 뇌 삽입형 전극을 이용한 뇌전증, 우울증 치료 솔루션일 것이며, 이후 두뇌 인지 기능을 극대화하는 뇌 성형수술이 타깃이 될 것으로 예상되고 있다.

인간 커넥톰 지도(뇌신경 연결 지도),
커넥톰 프로젝트, 뇌 영상 기술

과학기술은 이미 인간 게놈을 해독해 인간 유전자 지도를 완성할 정도로 발달했으며 이제 연구의 방향은 뇌신경의 연결 구조를 분석하는 인간 커넥톰 지도 분야로 향하고 있다. 커넥톰 연구는 현재도 유용성을 인정받고 있는 브로드만 지도를 개발한 코니비안 브로드만이 시작했다. 그는 인간의 뇌 속에 존재하는 다양한 세포를 52개의 독립된 영역으로 그룹화해 분리했다. 인간의 두뇌를 영역별로 구분한 최초의 의미 있는 시도였다. 하지만 인간의 모든 두뇌 활동을 52개 영역으로 설명하는 것에는 한계가 있었다. 과학자들은 52개의 독립된 영역이 자체 기능을 수행하는 것이 아니라 신경세포가 정보를 주고 받는 연결성에 주목하기 시작했다. 신경세포의 연결성을 처음으로 규명한 학자는 존 화이트 교수이다. 그는 예쁜꼬마선충(Caenorhabditis elegans)의 뇌에 존재하는 모든 신경세포의 연결성을 찾아 지도로 완성했다. 이 선충의 세포 수는 1000여 개이며, 신경세포는 302개에 불과했지만 각 신경세포들의 연결쌍은 7000개 이상이었다. 존 화이트 연구팀은 무려 20년의 연구 끝에 이 선충의 뇌신경 연결 지도인 커넥톰을 완성했다.

인간의 뇌에는 예쁜꼬마선충과는 비교가 되지 않을 정도인 1000억 개 이상의 신경세포가 존재하며, 신경세포 사이의 연결 구조 시냅스는 100조 개 이상으로 추정하고 있다. 인간 게놈 프로젝트에서 분석할 염기 서열 쌍의 개수는 30억 개였고 분석하는 데 13년의 시간이 소요됐다. 인공지능과 빅데이터 분석 기술이 발달해 도움을 받을 수 있겠지만, 완전한 뇌신경 연결 지도를 확보하기까지는 아직도 갈 길이 멀고 험난하다. 100조 개 이상의 시냅스에 대한 연결성 정보를 단순 저장하는 데만도 페타바이트 이상의 용량이 필요하기 때문이다. 이처럼 방대한 연구 범위지만 2010년 인간 커넥톰 프로젝트가 결성되었고 전 세계의 뇌공학자, 뇌과학자 들이 속속 이 프로젝트에 합류하고 있다.

뇌 영상 기술도 주목해야 할 분야다. 확산텐서영상(DTI) 기술 개발로 뇌를 해부하지 않고서도 MRI로 신경 섬유 구조를 분석할 수 있게 됐다. 이제 뇌공학자, 뇌과학자의 숙제는 확산텐서영상을 통해 입수된 신경 섬유 다발이 인간의 뇌에서 어떤 작용을 하는지를 밝혀내는 것이다. 이전에는 뇌파 감지와 기능적 자기공명영상(fMRI)을 이용했는데 광유전학(optogenetics) 기술 발달로 연구에 속도가 붙었다. 이 기술을 이용하면 특정 신경세포만 선택적으로 자극하고 이에 따라 반응하는 다른 신경세포를 추적 관찰할 수 있다. 완벽한 커넥톰 지도의 완성은 아직 예측하기 어려운 미래의 일이지만, 이러한 연구 과정에서 뇌 관련 질병의 원인과 치유 방법을 발견할 수 있다. 이제까지 자폐증이나 정신 분열, 파킨슨씨 병과 같은 뇌 질환의 주요 원인을 뇌의 특정 영역이 손상된 것이라고 생각해왔지만, 뇌의 신경 회로 이상으로 발상을 전환하자

질병의 원인을 발견할 새로운 단초가 생긴 것이다. 또한 기존의 뇌 영역 절단 방법에서 벗어나 특정 신경 섬유 다발을 절단하거나 줄기세포 기술을 활용하여 새로운 신경세포를 접합하는 방법도 주목받고 있다.

레이 커즈와일과 특이점

레이 커즈와일은 기술이 인간을 초월하는 순간에 도달하는 특이점(Singularity)을 예견했다. 커즈와일은 구글의 기술고문역을 맡고 있는 대표적인 미래학자다. 커즈와일은 왕성한 개발자이며 다방면에 관심을 가져온 독특한 이력의 소유자이기도 한다. 지금은 주변에서 흔히 볼 수 있는 문서 판독기, 광학식 문자 인식기(OCR), 음성 인식기와 평판 스캐너를 개발했다. 이후 문서를 음성으로 읽어주는 시각 장애인용 음성 변환기와 신디사이저를 제작했다. 그는 토머스 에디슨의 부활이라고 평가받았으며 〈포브스〉는 그를 최고의 생각하는 기계라고 칭하기도 했다. 특히 그가 개발한 신디사이저 기술은 한국의 영창 피아노에 전수됐으며, 뉘앙스 커뮤니케이션스를 창업해 개발한 음성인식 엔진은 애플에게 매각돼 현재의 음성인식 엔진 시리(Siri)로 이용되고 있다. 특히 그는 '수확 가속의 법칙(The Law of Accelerating Returns)'을 소개하며 기술 발전이 선형적 특성을 넘어 기하급수적으로 발전한다고 주장했다. 커즈와일에 따르면 인류의 기술발전 속도는 20세기의 1000배가 넘을 것이고, 2045년경에는 인간이 만든 기계의 지능이 인간 지능을 뛰어넘는 특이점에 도달한다. 하지만 그때가 되더라도 기계가 인간의 지능을 장악하는 것이 아니라, 인간과 기계의 두뇌가 자연스럽게 하나가 되며, 인간이 기계처럼, 기계가 인간처럼 될 것이라는 입장을 표명했고, 8가지 미래 예측을 주장해 눈길을 끌었다.

1. 2030년대엔 나노봇이 뇌에 이식된다

2. 나노봇이 근본적인 생명 연장을 가져온다

3. 인류는 좀 더 재미있어진다

커즈와일은 나보봇(Nanobot)을 두뇌에 이식하는 브레인 임플란트(Brain implant)가 가능하게 되어 인간의 뇌의 신피질(neocortex)이 클라우드에 연결된다고 예측했다. 마치 영화 〈매트릭스〉에서 가상 공간에서 생활하는 주인공 네오가 새로운 경험과 기술, 능력과 지식을 다운로드 받듯이 나노봇을 통하여 원하는 모든 지식과 경험, 감정을 이식받거나 클라우드로 옮길 수 있는 세상이 올 것이라 예견한 것이다. 엘런 머스크의 의견과도 같은 맥락이며, 이미 DARPA는 브레인 임플란트의 가능성을 높이 평가하고 있다. 하지만 인간의 뇌에 나노봇을 주입하는 방법은 현재의 의료법상 승인되지 않았고, 개인 프라이버시와 윤리적 측면에서도 풀어야 할 난제가 산적해 있다. 나노봇에 관한 커즈와일의 또다른 예측은 영화 〈이너 스페이스(Inner space)〉에서 찾아볼 수 있다. 영화 속에서는 실리콘밸리에서 추진되고 있는 극비 인체 실험 중 하나로 초소형 잠수정이 인간의 몸 속 혈류에 투입돼 병원균을 찾아 제거한다. 커즈와일이 제안하는 나노봇의 기능도 이와 같다. 나노봇이 인간의 혈류를 따라 몸속 어느 곳이라도 이동해 병원균을 추적·제거하는 역할을 한다. 이제 암을 비롯한 선천적 유전 질병부터 인간의 노화 메커니즘 등을 모두 규명하고 원인을 근본적으로 치유함으로써 인간의 모든 질병이 사라지고 생명 연장이 가능하게 된다는 주장이다. 여기서 인간의 권태는 가상현실로 만회할 수 있다고 한다. 커즈와일은 나노봇을 이식해 논리적 지능과 감정 능력까지 이식받을 수 있으며, 감정의 수준을 창조해 더욱 재미있어진다고 예측하고 있다. 하지만 인간이 극단적으로 쾌락을 추구할 수 있으며 현실 세계를 외면하고 도피할 수 있고, 인간의 궁극적인 정체성과 생명 윤리에 도전하는 것이라고 비판받기도 한다.

4. 모든 것을 3D 프린터로 만든다

3D 프린팅 기술은 커즈와일의 예측처럼 오픈 소스, 오픈 커뮤니티의 연결, 공유, 협업의 힘으로 지속적으로 발전하고 있다. 하지만 높은 가격, 긴 제작 시간, 낮은 정밀도는 개선해야 한다고 지적받고 있다. 3D 프린터는 의료 분야에서 활용도를 높이고 있다. 임플란트 시술이나 성형 수술 전에 얼굴 골격을 만들어 시뮬레이션할 수 있고, 인공 장기와 골격을 만드는 데까지 분야가 확장되고 있으며, 현재 인체 연골 조직 및 인공 관절 등에 적용하려는 시도를 하고 있다. 아디다스는 리퀴드 인터페이스라는 3D 프린팅 기술을 활용해 개인 맞춤형 스포츠 슈즈 퓨처크래프트를 생산하고 있다.

한편에서는 3D 프린팅을 덜 익은 과일로 간주하며 신기술에 단기적인 과대평가와 장기적 과소평가가 공존하는 '아마라의 법칙'이 투영됐다고 이야기한다. 하지만 3D 프린팅은 이제 인공지능, 클라우드, 가상현실, 블록체인 기술과 융복합하여 증강 제조의 시대를 준비하고 있으며 3D 프린팅 주택 등 새로운 비즈니스 영역을 창출하려 하고 있다.

5. AI로 부활한다

6. 특이점이 온다

7. 특이점 다음에는 마음을 업로드한다

8. 누구나 가상 육체(Virtual Bodies)를 갖게 된다

커즈와일은 나노봇의 활용으로 죽은 자의 뇌에 나노봇을 이식하여 기억을 추출할 수 있다고 예견한다. DNA 샘플링 기술과 결합하면 죽은 자의 가상 아바타를 제작할 수 있게 된다. 또한 커즈와일은 인간의 마음을 업로드하고 인간의 육체마저 의복을 갈아입는 것처럼 가상의 육체를 이용할 수 있으리라 예측하고 있다.

일상으로 침투하는 인공지능

알파고의 바둑 이벤트로 시작된 인공지능에 대한 관심은 인공지능 스피커를 가정의 일상적인 가전 제품으로 자리매김하게 했으며, 기업의 프로그래매틱 광고, 고객 패턴 분석, 법률 서비스와 챗봇에 이르기까지 일상에 침투하고 있다. 인공지능 스피커는 가정의 다양한 기기를 사물인터넷으로 연결해 스마트홈을 구현하고, 피자를 주문하며, 개인 건강을 관리하는 수준에 도달했다. 또한 빅데이터, 5G 이동통신 기술과 접목해 자율주행차는 상용화를 가시권에 두었고 스마트팩토리, 스마트시티, 우버와 아마존의 항공 물류 배송에 이르기까지 산업 간 경계를 무너트리며 진화하고 있다. 아마존과 구글이 이전투구하는 모습을 보이는 가운데 국내 이통사와 대형가전사는 인공지능 스피커를 스마트홈의 허브로 자리매김하고 기업 간 솔루션별로 합종연횡하고 있다. 인공지능은 아마존을 필두로 고객의 패턴, 구매 이력, 선호노와 고객의 소셜활동, 디지털 흔적 등을 종합적으로 분석해 개인 맞춤형 추천서비스를 제공하는 역할로 진화했다. 인공지능은 실시간 통번역 시장에도 침투하고 있다. 인공지능이 단어 인식을 넘어문장의 맥락을 이해하는 선까지 발전하자 휴대용 실시간 통번역 서비스에 대한 고객의 기대심리가 높아지고 있다. 구글글래스를 실험하던 구글은 무선 이어폰 픽셀버드를 선보였다. 구글 어시스턴트와 구글 번역 앱이 연동돼 외국인과 의사소통이 가능하다.

한때 세상을 놀라게 한 구글 글래스도 복귀했다. 출시 후많은 가능성에도 불구하고 개인 프라이버시 문제를 유발해판매를 중단하고 비난을 받은 구글 글래스는 인공지능, 빅데이터, 가상현실 기술의 발전과 함께 이제 산업용 디바이스(Industrial device)로 변신했다. 구글은 비밀리에 GE, 보잉, DHL 등의 제조 현장과 필드 오퍼레이션(Filed operation) 작업에서 구글 글래스를 시험했다. 증강현실 기능으로 새롭게 무장한 구글 글래스를 착용한 작업자가 일을 시작하면 구글 글래스에 작업의 목적, 작업 주의 사항, 작업 조건 등이 나타나고, 다음 단계로 넘어가기 위한 조건을 실시간으로 표시한다. 이미 GE 엔지니어들은 구글 글래스를 통해 실시간으로 설계 도면을 확인한다. 이제 구글 글래스는 VoIP(Voice over IP), PTT(Push to talk) 기능으로 작업자 간 실시간 통화, 무전기 기능, 작업 지시와 근로 감독 기능에 활용될 수 있다. 구글 글래스의 산업용 비즈니스 진출은 산업용 모바일 기기 분야에서 굳건한 자리를 지켜온 제브라(Zebra Technologies)와 하니웰(Honeywell)의 아성을 흔들어 이들의 비즈니스 모델마저 위협하고 있다. 산업용 모바일 기기, RFID, 바코드 리더기를 제조하던 제브라는 구글 글라스의 빅뱅 파괴 때문에 이제 사업의 비중을 솔루션 비즈니스로 옮기고 있으며, 하니웰은 하이엔드 시장으로의 진입이 더욱 어려워지게 됐다.

로봇, 인간 영역을 분할한다

미래의 일부

4차 산업혁명과 인공지능 발달로 로봇에 대한 관심은 지속적으로 높아지고 있으며 기업들은 로봇의 사업화 가능성에 촉각을 곤두세우고 있다. 로봇은 이미 스마트폰처럼 우리 일상에 침투했다. 전장에서 무인 비행기가 운용되고, 재난 현장에서 재난형 로봇이 활약하고 있으며, 가정용 청소 로봇, 애완견을 대신하는 로봇이 인간 정서를 치유하고, 일본의 원전 처리에도 인간을 대신해 로봇이 투입되고 있다. 아마존과 우버는 드론을 활용한 물류 운송, 항공에 체류하는 항공 물류센터, 수직 이착륙 비행체까지 로봇 연구 영역을 넓히고 있으며, 제조업에서는 이미 인간과 로봇이 협업하고 학습으로 진화하는 협동 로봇이 인간의 일자리를 대체하고 있다. 하지만 현재의 로봇 사업 이면에는 20세기 초부터 지속적인 학문 연구와 국가의 지원, 클러스터 구축과 민간 연구 협력, 융복합 노력이 있어 왔다. 엘빈 토플러는 미래 예측은 과거를 읽고 그 흐름을 분석하는 것부터 시작한다고 했다. 실리콘밸리의 페일콘이나 하타무라 요타로 교수의 실패학도 과거와 현재를 통한 미래 예측이다. 이제 역사는 미래학의 일부가 된 것이다.

로봇의 기원과 RUR

로봇(Robot)이란 용어는 19021년 체코의 극작가 카렐 차페크의 연극 RUR(Rossum's Universal Robots, 로섬의 범용 로봇)에서 처음 소개됐다. 로봇은 강요된 노동, 소작농의 노동을 의미하는 체코어 Robota에서 유래했으며 인간의 명령에 따라 인간의 노동을 대체하는 존재다. 연극 RUR에서 로봇의 목적은 인간의 육체적 노동을 대신하는 물건이며, 외형적으로는 인간과 동일하다. 외딴 섬에 로숨의 유니버설 로봇 회사가 설립돼 과학의 힘으로 인간을 닮은 로봇을 만들어 냈고, 아들은 로봇 생산 공정을 혁신해 로봇의 대량생산 방법을 개발했다. 이후 사람들은 로봇의 용도를 확장해 나가기 시작했다. 전투용 로봇으로 세계는 끊임없이 전쟁했다. 결국 인간의 생각을 이해하게 된 로봇이 반란을 일으키고 인간을 몰살한다. 로봇을 만들어 인간 생명의 기원을 찾고자 했던 의도도, 로봇의 지능화, 대량생산으로 노동 혁신을 이루려던 꿈도 물거품이 됐다. 로봇은 인간을 축출했지만 로봇 제작 과정을 담은 로숨의 설계도가 소각돼 추가적인 로봇 생산이 불가능해졌고, 결국 사랑의 감정을 느끼기 시작한 남녀 로봇이 새로운 세상의 아담과 이브로 묘사되며 연극은 막을 내린다.

카렐 차페크가 RUR로 로봇을 소개한 이후 로봇의 기능, 성능, 인간과의 관계를 정립하려는 시도가 이루어졌다. SF 작가 아이작 아시모프는 『아이, 로봇(I, Robot)』에서 로봇의 3대 원칙을 표방해 인간에게 위해를 가하지 않는 로봇의 개념을 정의하고 인간과의 공생을 도모했다. 1법칙은 로봇은 인간에게 어떠한 위해를 끼쳐서는 안 되며 위험에 처한 인간을 방관해서도 안 된다고 규정한다. 2법칙은 인간에 대한 절대적인 복종이며 1법칙 준수하기 위한 경우에는 예외로 인정한다. 3법칙은 로봇 스스로 자신의 안전을 책임지고 보호해야 한다는 규정이다. 제임스 카메론의 〈터미네이터〉부터 올리버 달리 감독의 〈액슬〉에 이르기까지 영화 속에서 선한 역할을 맡은 로봇들은 아이작 아시모프가 제시하는 로봇 3대 원칙을 준수하고 있으며, 현실 세계의 인공지능과 로봇 개발 분야에서도 암묵적인 규율로 자용하고 있다.

사이버네틱스의 창시자 노버트 위너

노버트 위너는 MIT 대학의 교수로서 당시로서는 매우 획기적인 개념인, 학문 간 융복합을 통한 신학문의 창시를 주장했다. 위너 교수는 새로운 학문 분야인 사이버네틱스(Cybernetics)를 제안해 수학, 전자 공학, 제어, 통신, 피드백 이론, 컴퓨터 과학, 신경 과학, 철학을 융복합했다. 사이버네틱스는 생물 및 기계를 포함하는 시스템에서 제어와 통신을 종합적으로 연구하는 학문으로 정의한다. 이는 오늘날의 융복합과 초연결을 가능하게 한 동인이다. 배를 항해하는 조타수라는 의미의 그리스어 사이버(Cyber) 개념이 디지털 세계로 이식되었고, 이 개념은 사이버스페이스, 사이버펑크로 확대 재생산됐다. 컴퓨터 분야에서 그는 기념비적인 업적을 이루었다. 전기 회로의 스위치 온·오프(On, Off) 개념을 디지털로 표현해 현재의 컴퓨터 정보 단위인 바이너리 디지트(Binary digit), 즉 비트(Bit)를 창안했다. 그 덕분에 정보 이론이 학문적으로 정립되고 디지털 시대의 서막을 열 수 있었다. 그가 주창한 엔트로피, 피드백, 정보 이론은 전자, 제어공학, 시스템

컨트롤과 확률 이론, 양자 물리학과 신경 생리학, 병리학에 이르기까지 다양한 영향과 영감을 주었으며 특히 오늘날의 인공지능, 로봇, 신경망 연구도 그의 학문적 업적에 기인하고 있다.

존 매카시, 마빈 민스키

존 매카시(John McCarthy)가 '지능이 있는 기계를 만들기 위한 과학과 공학'이라는 논문을 발표한 당시에는 현재와 같은 인공지능의 파급 효과를 예측하기는 불가능했지만, 인공지능이라는 표현을 최초로 사용하고 학문적 기틀을 만들어 이후 인공지능을 연구하는 수많은 과학자들에게 영감을 불어 넣었다. 한편, 영화 〈뷰티플 마인드〉의 실제 모델인 존 내시와 함께 프린스턴 대학에서 공부한 일이 영화 개봉 후 화제가 되기도 했다. 매카시는 앨런 튜링의 튜링 머신에서 영감을 받았고 실제로 튜링 머신을 만들려고 고심한 끝에 현대적 인공지능 개발 언어의 기원으로 평가받는 리스프(LISP)를 개발했다. 리스프의 개발과 보급은 인공지능 연구의 저변을 확대하는 데 지대한 공헌을 했고, 이후 커먼 리스프(Common Lisp) 등으로 진화해 산업계의 표준으로 자리 잡았다. 또한 리스프 언어를 구현하는 데 적용한 람다 계산법은 함수 표기법, 함수에 인자를 전달하고 주고 받는 방법, 재귀 함수 정의에 대한 표준을 제시해 현대적 컴퓨터 프로그래밍의 근간을 이루게 됐으며 트리 데이터 구조, 객체지향 프로그래밍 개발을 촉진했다. 매카시가 설립한 스탠포드 인공지능연구실(SAIL)은 이후 인공지능 연구의 산실이 되었으며, 튜링상 수상, IEEE 명예의 전당 수상 등으로 공로를 인정받게 된다.

　존 매카시와 함께 인공지능의 아버지로 추앙받는 과학자가 마빈 민스키다(Marvin Minsky). 민스키는 딘 에드몬즈와 최초의 학습하는 기계(SNARC)를 발표해 인공지능에 대한 관심을 제고했으며 신경망 컴퓨팅의 초석을 다졌다. 개별적이던 인공지능 연구는 1956년 다트머스 학회에서 존 매카시, 마빈 민스키, 클로드 섀넌이 의기투합하여 연구 모임을 창설함으로써 학회 차원으로 발전했다. 이들의 모임은 현재 인공지능학회(AAAI)의 모태가 됐다. 이후 MIT로 부임해 존 매카시와 컴퓨터과학 인공지능연구실(CSAIL)을 설립하고 본격적으로 연구에 착수한다. 존 매카시의 인공지능 연구가 소프트웨어적 알고리즘 구현에 특화된 반면, 민스키 교수의 연구는 인간을 모방하는 인지 능력, 감각 기능 구현과 신경망에 초점을 맞추었고 이론적 성과를 인간의 몸을 대신하는 로봇 팔, 시각 스캐너 등으로 구체화했다. 지금의 가상현실과 증강현실에 이용되는 헤드마운트디스플레이(HMD)도 이 시기에 민스키 교수가 발명했다. 또한 민스키 교수는 인공 신경 뉴런인 퍼셉트론(perceptron)의 성능 한계를 이론적으로 규명해 인공지능 연구의 흐름이 기계학습, 추론, 계산론적 신경망 등으로 확장될 수 있도록 유도한 장본인이지만, 이러한 연구 결과가 고등연구계획국(DARPA)의 지원 중단으로 이어져 인공지능 연구의 암흑기를 초래하기도 했다.

자동차 제조 라인에 투입된 산업용 로봇 유니메이트

카렐 차페크의 연극이 소개된 이후 로봇 비즈니스는 1950

년대 산업용 로봇(Industrial Robot) 분야에서 시작됐다. 로봇의 아버지라 불리우는 조지 데볼과 조세프 엥겔버거가 설립한 유니메이션(Unimation)이 최초의 산업용 로봇 비즈니스를 수행한 회사로 인정받고 있다. 1956년 설립된 유니메이션은 산업용 로봇에 관한 최초의 특허를 출원했고, 1961년 GM 뉴저지 공장의 제조 라인에 산업용 로봇 유니메이트(Unimate)를 설치해 제조 공정에서 유압식 기중기를 대체하도록 했다. 당시 설치된 유니메이트는 오늘날의 로봇 팔과 유사한 형태의 외형이다. 하지만 전자 모터 기술이 상용화되지 못한 시절이라 유일한 동력원은 유압 작동기뿐이었고 이에 따라 로봇의 무게도 2톤에 달했다. 이 로봇은 유압의 세기에 따라 150킬로그램 정도의 차량 부품을 이송할 수 있었다. 유니메이트가 현대 로봇의 시원으로 인정받는 또 다른 이유는 프로그래밍이 가능한 자기 드럼이 장착돼 제조 라인의 상황이나 작업 요구에 맞춰 프로그램 변경이 가능했으며, 인간의 관절과 같은 다관절 엔코더를 장착해 로봇 팔의 위치와 각도, 움직임을 미세하게 조작할 수 있었기 때문이다. GM은 유니메이션과 협업하여 자기 드럼의 프로그램과 로봇 엔코더를 개선했고, 유압제어 기술이 지속적으로 발전함에 따라 자동차 생산 라인의 용접, 도색, 접합 분야에 확대 적용돼 자동차 산업에 혁신을 불러왔다. 이후 포드, 크라이슬러, 일본 제조 업체에 확산되면서 제조업용 로봇 산업은 비약적으로 도약했다. 한편, 유니메이션은 후발 업체인 빅암(Vicarm)을 인수해 로봇의 프로그래밍 기술을 획기적으로 개선한다.

경쟁 업체의 등장과 신시장 개척

유니메이션의 로봇은 자동차 업계에 새로운 혁신을 가져왔고 프로그래밍이 가능한 맞춤형 산업용 로봇이라는 비즈니스를 창출해 일대 호황을 맞이했지만, 경쟁사 역시 이를 가만히 주시하고 있지는 않았다. 유니메이트가 출시된 1년 후 경쟁사인 AMF는 버사트란(Versatran)을 출시해 유니메이션을 제치고 포드 자동차 생산라인에 진입하는 데 성공한나. 버사트란은 프로그래밍이 비교적 단순하고 물체의 다목적 이송이 가능해 다수의 유니메이트가 수행해야 할 업무를 버사트란 한 대로 대체할 수 있었다. 현재는 제조업용 로봇 비즈니스에서 선두를 달리고 있는 일본이지만, 이 당시 미국 기업에 비해 기술력이 뒤처졌다는 위기감이 고조돼 일본 기업 간 제조업용 로봇을 자체 연구개발함과 동시에 버사트란을 수입했다.

유니메이션은 한정된 미국 시장에서 경쟁하기보다는 해외 시장 개척으로 눈을 돌려 영국과 핀란드 등 유럽 시장에서 제휴하고 일본의 가와사키 중공업과 파트너십을 맺으며 세력을 확장해갔다. 당시 가와사키 중공업의 유니메이션 파트너십은 일본 기업에게는 충격적인 소식이었다. 자체 기술력이 높아 비즈니스 머신으로 회자되던 일본 기업이 미국 기업과 기술을 제휴해 일본 내수 시장에서 비즈니스를 수행한 유례가 없었기 때문이다. 하지만 가와사키는 신속한 의사결정 덕분에 부족한 기술력을 확보했고 로봇 비즈니스의 경험을 내재화했다. 미국에 비해 다소 늦게 출발한 일본이었지만, 기업들의 지속적인 연구개발과 정부 지원을 등에 업고 이제 제조업용 로봇 분야 글로벌 탑10에 화낙, 야스카와, 가와사키, 나치, 덴소, 미쯔비시, 엡손 등의 기업이 이름을 올리는 등 로봇 초강국의 입지를 굳히고 있다.

학계의 연구 흐름을 살펴라: 다관절 로봇 팔, 이동 로봇

초기의 로봇 연구는 인공 팔을 만들려는 시도에서 비롯됐다. 세계 최초의 상업용 로봇 팔(Robot Arm)은 란초로스트 아미고 병원에서 개발된 란초 암(Rancho Arm)이다. 란초 암은 신체 장애인을 위한 근력, 골격 강화 보조 도구로서 6개의 관절과 실린더 유압 장치를 부착해 인간의 사지 움직임을 구현하고자 했다. 유니메이션의 성과를 인간에게 적용하고자 하는 상업적 시도였다. 하지만 병원 내부의 연구 시설과 인력, 비용 문제로 프로젝트를 지속하기 어렵게 됐고, 1963년 스탠퍼드 대학이 연구 인력과 관련 기술을 인수해 후속 연구를 지속했다. 1968년 마빈 민스키는 다관절 로봇 팔 텐타클 암(Tentacle Arm)을 개발했다. 초기에는 생긴 모습이 문어 같다고 해서 이와 같은 이름이 붙었다. 12개의 관절을 가지고 있고, PDP-6 컴퓨터로 제어하며, 유압 오일로 구동되는 방식이었다. 이 로봇 팔은 벽이나 지지대에 고정할 수 있으며 사람의 몸무게 정도인 물체를 가뿐히 들어올릴 수 있었다.

1969년 SRI(Standford Research Institute)는 〈라이프〉가 최초의 전자인간이라고 극찬한 셰이키(Shakey) 로봇을 개발했다. 주변 환경 정보를 인식하고 이해하는 능력을 갖춘 세계 최초의 이동형 로봇으로서 현재 대부분의 서비스형 로봇의 원형으로 간주되고 있다. 셰이키는 사전에 지정된 간단한 작업이나 경로를 찾고 물체를 재배치하는 작업을 수행할 수 있었으며 현대 로봇공학과 인공지능 기술 및 산업에 큰 영향을 주었다. 특히 셰이키는 현대적 서비스 로봇이 필요로 하는 대부분의 센서 제어 기능을 갖추고 있었다. 실시간 영상 처리가 가능한 카메라, 접촉 센서와 충돌 감지 센서, 사물과의 충돌을 피할 근접 센서, 우회 경로 탐색 기능을 구현한 것이다. 이러한 기능은 현재 로봇 운영체제인 ROS에서 기본적으로 구현되는 기능으로 당시 기술의 우수성을 입증한 사례다. 특히 셰이키를 개발하며 제시한 경로 탐색 알고리즘인 에이스타(A*)는 현대 로봇의 자율주행, 로봇 지도 제작, 최적 경로 계산 등에도 적용되고 있다.

1970년대에 이르러 로봇 업계에 컴퓨팅 기술이 적용되면서 급격하게 발달했고, 당시 파괴적 기술(Disruptive Technology)로 간주되던 전기 유압펄스 모터가 도입됐다. 이제 로봇은 전기 모터로 구동되는 새로운 시대를 맞이하게 된 것이다. 또 다른 제조업의 강자 독일의 KUKA가 업계 최초로 모터를 적용한 로봇을 개발해 미국과 일본의 로봇 기업에게 위협을 가하기 시작했다. 1970년대는 마이크로프로세서가 급격히 발달해 전자, 전기, 기계 공학에 새로운 혁신을 가져왔다. 특히 산업용 로봇 분야에서 리처드 혼이 최초로 마이크로프로세스로 구동되는 산업용 로봇 T3(The tomorrow tool)을 개발해 업계에 신선한 자극을 주었다. 이 로봇은 현대적인 로봇 팔과 유사한 형태로 프로그래밍 가능한 다축, 다관절 로봇의 원형이다.

이후 자동차 업계도 사업용 로봇 제조 업체들에게 전기 모터와 마이크로프로세서가 탑재된 로봇 제품을 지속적으로 요구했다. 하지만 유니메이션의 엥겔버그는 리더의 확증 편향 탓에 산업용 로봇 비즈니스의 빅뱅 파괴를 이끄는 전기모터의 도입을 거부했고 시대의 흐름을 읽지 못했다. 결국 GM을 위시한 자동차 제조 업체들은 새로운 기업을 수배했고 일본 업체인 화낙(Fanuc)과 협력을 추진했다. 핵심 어카운트를 모두 상실한 유니메이션은 결국 웨스팅하우스, 스타우블리로 매각됐지만 결국 재기하지 못하고 업계에서 사라졌다.

휴머노이드 로봇

WABOT

1970년대는 제조업용 로봇 산업의 격동기이자 새로운 시작을 알리는 시기였다. 전기모터의 도입으로 일본 기업이 미국 자동차 제조 업체의 조립 라인을 점령했고, 마이크로프로세서를 적용해 손쉽게 프로그래밍할 수 있었다. 일본은 미국에 비해 상대적으로 로봇 연구가 뒤처졌지만 신속하게 변화의 흐름을 감지하여 이를 행동으로 옮겼다. 제조업용 로봇의 다음 활용 대상을 찾았고 그 대상은 인간을 닮은 로봇, 휴머노이드였다. 1969년 스탠퍼드 대학의 셰이키 로봇 출현에 적잖은 충격을 받은 일본 와세다 대학은 이듬해부터 본격적으로 휴머노이드 로봇을 연구하기 시작했고 1973년 세계 최초의 휴머노이드 로봇인 WABOT-1을 선보였다. 일본이 휴머노이드 로봇을 연구한 이유는 2차 산업을 넘어, 3차 산업인 서비스 분야에도 로봇이 다양하게 활용될 것이라는 비전을 발견했기 때문이다. 특히 로봇이 3차 산업에 적용되려면 로봇의 외형이 인간을 닮아야 한다고 생각했다. 2차 산업에서 로봇의 정의는 인간의 노동력을 대신해주는 것이었기에 인간의 일부 기능에 특화했지만, 3차 산업에서는 사람과 동일하게 혹은 그 이상으로 정보를 처리하고, 사람의 생활 공간에서 같이 활동한다. 그래서 인간을 닮은 로봇을 만들기로 한 것이다.

WABOT-1은 세계 최초의 휴머노이드 로봇으로 손과 발을 제어하는 시스템, 비전(Vision) 시스템, 대화할 수 있는 커뮤니케이션 시스템으로 구성됐다. 일본어로 의사소통을 할 수 있으며, 외부 자극을 입력받는 인공 귀, 인공 눈, 인공 입술을 통해 물체의 거리와 방향을 판단하는 기능을 구현했다. 또한 최초로 2족 보행 기능을 구현했으며, 촉각 센서를 적용해 물체를 부드럽게 잡고 운반할 수 있었다. 이후 지속적인 연구로 1984년에는 개량된 WABOT-2를 선보였다. WABOT-2는 특정 목적의 로봇으로서 현재의 서비스형 로봇, 인간을 위한 개인형 휴머노이드 로봇의 시초로 평가받는다. 이 로봇은 스스로 악보를 읽고 피아노를 친다. 이 행동에는 인간과 같은 지적 능력과 민첩성이 요구된다.

아시모와 재난 구조 로봇 E2-DR

혼다의 로봇 연구는 1986년 이족 보행(bipedal locomotion) 연구에서 시작됐다. 첫 제품은 E0로서 느린 걸음(Slow Walking)을 구현해 인간의 걸음걸이를 모방하는 단계였다. 로봇이 한 걸음을 떼는 데에도 대략 5초의 시간이 소요됐으며, 기술적인 한계로 빠른 걸음(Fast Walking)은 구현하지 못했다. 이후 연속적으로 E0에서 E6 제품이 개발됐고, 팔과 몸통이 구현된 최초의 인간을 닮은 3종의 로봇 P1~P3를 선보였다. 2000년부터 아시모(ASIMO)를 개발한 혼다는 2011년 자율형 행동 제어(Autonomous Behavior Control) 기능을 탑재해 인간의 의사결정 능력을 구현하는 등 기술적 완성도를 보였다. 하지만 2018

년 NHK의 보도에 따르면 혼다는 아시모 개발을 중단하고 관련 조직을 해체했다.

혼다의 아시모 중단은 여러모로 의미가 있다. 인공지능과 빅데이터 기술이 아직은 인간과 완벽히 커뮤니케이션할 정도로 발달되지 못했으며, 인간의 감정을 이해하는 감성인지 기술은 상용화 단계에 이르지 못했다는 증거다. 또한 인공지능 비서 서비스로 알렉사, 구글 등이 가정으로 침투하면서 맞춤형 개인화 로봇의 시장성이 밝지 않다는 평가가 뒤따랐다. 아마존과 구글이 이미 개인용 로봇 개발에 박차를 가하고 있는 상황에서 혼다의 ICT, 로봇 기업으로의 변모는 기업 정체성에도 혼란을 가져왔다. 이제 혼다는 아시모에서 축적된 로봇 기술을 재난구조 로봇 등 특수 서비스 로봇으로 이전하고 있다. 향후 출시될 로봇은 구글이 인수한 로봇 제조사 보스턴 다이내믹스의 로봇들과 비슷한 형태로 개발될 것으로 예상된다.

일본은 2011년 동일본 대지진으로 후쿠시마 원전에서 방사능이 누출되는 등 큰 피해를 입었다. 이 사고 이후 세계 로봇 업계도 재난 구조 로봇 개발에 본격적으로 뛰어들었다. 화재, 방사능, 유해가스와 병원균 오염 탓에 인간이 접근하기 힘든 재난 지역에 로봇을 투입하는 대책이 대안으로 떠올랐기 때문이다. 미국 고등방위연구계획국은 세계 재난구조 로봇 대회를 주최해 로봇 기술의 성과를 평가하고, 로봇의 새로운 활용처를 제시해 왔다. 혼다는 아시모 개발로 축적된 기술을 진화시켜 지능형 로봇시스템 국제회의(IROS)에서 첫 모델인 E2-DR을 선보였다. E2-DR은 로봇의 팔, 다리, 몸통, 손, 머리에 부착된 관절 장치에 총 33자유도(DOF, Degree of

혼다 E2-DR 재난로봇, IEEE Spectrum

Freedom)를 갖춰 인간과 같은 자연스러운 움직임을 구현했다. 이로서 E2-DR은 무릎을 굽히고 몸을 숙이며 계단이나 사다리를 오르고 몸을 비틀어 비좁은 벽 사이를 지나갈 수 있으며, 다양한 재난 상황을 시뮬레이션하는 재난 구조 로봇 대회의 각종 장애물을 통과할 수 있게 됐다.

소프트뱅크: 페퍼

2014년 출시한 소프트뱅크의 로봇 페퍼(Pepper)는 스탠퍼드의 셰이키에 예쁜 바디를 덧씌운 형태로 혼다 아시모를 생각한 사람들에게는 실망을 안겨주기도 했다. 하지만 제품 출시

후 페퍼만의 독특한 기능에 반색하고 있다. 페퍼는 세계 최초의 감정 인식 도우미 로봇으로 인간의 감정을 인식하고 이를 이해해 다음 행동을 결정한다. 페퍼가 기존의 서비스용 로봇들과 구별되는 요소는 감정 인식 기술과 강화 학습이다. 사용자의 말투나 행동, 얼굴 표정을 읽어 사람의 감정을 추론하는 예측 기반 시스템이 적용됐다. 사전에 프로그래밍된 로직에 따라 행동하는 로봇과는 달리 사용자의 감정에 기반한 행동 양식을 스스로 만들어 내고 지속적인 학습으로 행동을 강화한다.

소프트뱅크가 자신 있게 선보인 새로운 기술은 클라우드 이모션 엔진이다. 페퍼는 클라우드와 연결돼 있다. 페퍼에게 입력된 모든 데이터는 클라우드에서 취합되고 분석돼 더 빠르고 정확한 반응을 만들어 낸다. 마치 인간이 협업과 집단 지성으로 집단 창의력을 도출하듯이 페퍼들은 자신의 정보를 공유해 자가 진화한다. 하지만 아직 갈 길이 험난하고 멀다.

최근 BBC 방송프로그램인 〈여섯 대의 로봇과 우리들(Six Robots & Us)〉에서는 영국의 한 식료품 매장에 페퍼를 투입해 고객의 요구 사항을 듣고 응대하는 모습을 보여주었다. 페퍼에 채팅 봇을 탑재하고, 제품 재고 관리 코드를 프로그래밍했다. 고객의 초기 반응은 폭발적이었지만, 곧 그 인기는 시들해졌다. 고객이 우유를 어디에서 구할 수 있는지를 물으면 답변은 냉장고에 있다는 수준이었고 추가적인 안내를 하거나 고객을 에스코트해 주문을 유도하는 등의 행동이 없었다. 또한 매장 내부의 시끄러운 소음 때문에 페퍼는 고객의 질문을 제대로 이해하지도 못했다. 결국 고객이 초기에는 흥미를 가지고 페퍼에게 관심을 보였지만, 결국은 인간 종업원에게 돌아간다는 것을 확인했다. 페퍼는 채용된 지 일주일 만에 해고 당했다.

매사추세츠 로보틱스 클러스터, 실리콘밸리 로보틱스

미국 로봇 산업을 대표하는 산업 단지는 단연 매사추세츠 로보틱스 클러스터(The Massachusetts Robotics Cluster)다. 이 클러스터에는 120여 개가 넘는 로봇 스타트업과 55개의 대학이 등재돼 있는데 기술 협력, 시설 공유, 표준화 제정 및 네트워킹 등으로 관련 업계를 선도하고 있다. 매사추세츠 로보틱스 클러스터의 협업 기구인 매스TLC(MassTLC)는 벤처 인큐베이팅과 악셀레이팅, 네트워킹 서비스를 제공한다. 2008년에 설립된 RTC(Robotics Technology Consortium, 로보틱스 기술 컨소시움)은 국방, 안보, 테러 분야의 로봇을 개발하는 데 필요한 국가 지원을 수주하고 관련 연구를 수행한다. 특히 MIT 미디어 랩과 인공지능 랩, 로보틱스 랩이 우수한 연구 결과와 인력, 장비를 클러스터에 제공해 로봇 산업 발전에 기여하고 있다.

2010년 설립된 비영리 단체인 실리콘밸리 로보틱스는 매사추세츠 로보틱스 클러스터와 함께 세계 최대의 로봇과 인공지능, 기술 혁신 및 투자에 관계하는 클러스터다. 농업, 의학, 소셜 분야, 서비스, 물류 및 교통, 우주 분야를 지원할 새로운 로봇과 인공지능 기술을 혁신하며 상업화를 지원한다. 또한 실리콘밸리 클러스터는 네트워킹 이벤트, 투자자 포럼, 로봇 스타트업 경진대회를 진행하고 비즈니스 리포트를 발행하고 있다. 후원사는 자빌(Jabil), 펫치 로보틱스(Fetch Robotics),

토요타 연구소(Toyota Research Institute), 소프트뱅크 로보틱스(SoftBank Robotics), 메이필드 로보틱스(Mayfield Robotics), 이앤드엠 인지니어링(EandM Engineering), 식 센서 인텔리전스(SICK Sensor Intelligence), 하모닉 드라이브(Harmonic Drive) 등이다. 로봇과 인공지능은 이제 산업용 로봇에만 국한되지 않고 모든 비즈니스 영역으로 확대되고 있다. 실리콘밸리 로보틱스는 매사추세츠 로보틱스 클러스트와는 달리 설립부터 각 스타트업의 CEO 및 핵심 인력들이 직접 이사회의 중역을 맡아 최적의 기업 친화적 활동을 추진하고 있다.

Investigate Insight & Strategy

실리콘밸리가 기획하는 방법

기업의 운명을 좌우하는
상품, 솔루션, 서비스, 플랫폼, 사업 기획

상품, 솔루션, 서비스, 플랫폼, 사업 기획

기업의 다양한 직군 중에 상품 기획 직군이 있다. 전략 방향에 따라 상품 기획 직군은 연구개발 직군으로 인식돼 개발 본부에 속하거나, 영업 마케팅 직무로 인식해 영업 본부, 마케팅 본부에서 운영하기도 하며, 별도의 조직으로 운영하기도 한다. 상품 기획이라는 용어 자체도 상품 전략, 제품 기획, 제품 전략, 솔루션 기획 등이라 불리기도 하며, 실리콘밸리 기업 및 일부 글로벌 기업은 상품 기획, 솔루션 기획과 사업 기획의 개념을 통합해 사업 개발(BD, Business Development, Business Design) 영역으로 확대 운영하며 상품 기획과 관리 솔루션 전략 기획(Product Planning & Management, Solution Strategy Planning)이라고도 한다.

삼성전자에서는 상품 기획, 제품 전략이라는 이름으로 직무명을 정의하며, 수행하는 업무는 시장, 소비자, 경쟁사 및 각종 선진 기술을 분석해 차별화된 전략과 제품로드맵을 수립한다. 그리고 제품 포트폴리오를 출시부터 단종까지 관리한다. 삼성전자에서는 상품 기획을 영업, 마케팅 직군에 포함시키고 있지만 LG전자에서는 사업 부문별 사업추진실 산하에 두고 상품 기획 그룹을 단순히 상품, 제품, 솔루션에 대한 기획이라는 한계를 이상으로 사업 개발 단계까지 확장시키려 하고 있다. 또한 플랫폼과 다양한 비즈니스 모델이 출현하자 삼성은 사업 개발 업무를 경영 지원의 기획 부서에서 수행하고 LG전자는 사업 추진실에서 수행하는 식으로 대응하고 있다.

현대 자동차는 상품 기획 직무를 상품 전략, 상품 기획, 시장 조사 분석, 통합상품과 기술 전략, 커스터마이징으로 구분한다. '상품 전략 직무'는 소비자와 시장 변화를 발 빠르게 예측해 먼 미래까지 고려한 대응 과제를 도출하고 신상품을 제안하는 일이다. 이를 기반으로 중장기 라인업에 경쟁력을 강화해 회사가 안정적으로 성장 기반을 확보할 수 있게 한다. '상품 기획 직무'는 신상품 기획 업무다. 시시각각 달라지는 시장 트렌드와 소비자 니즈, 경쟁 구도 등을 면밀히 분석해 지역별로 최적화된 상품 콘셉트를 수립하고 주요 개발 방향을 설정해 신차 프로젝트를 이끌어가는 역할을 담당한다. 영업, 연구소, 재경 등 관련 부문과 협력해 경쟁력 있는 상품이 출시될 수 있도록 한다. '시장 조사 분석 직무'는 선행 상품 개발 단계에 반영하기 위해 국내외 자동차 시장과 소비자를 조사하고 분석하는 업무다. 다양한 내·외부 데이터(시장 예측 및 신디케이트 자료 등)를 분석하고 필요한 시장 조사를 기획해 수행하며, 소비자와 전문가를 대상으로 신차 콘셉트 및 모델/상품 클리닉 조사를 실시한다. '통합 상품과 기술 전략 직무'는 미래 상품의 경쟁력을 강화하고자 기술 전략의 방향을 정하는 업무다. 신기술과 안전, IT, 친환경, 파워트레인 분야에서 중장기 전략 및 차종별 적용 계획을 설계하고, 각국 환경 규제를 파악하며 미래 시장 선도를 위해 HEV, PHEV, EV 등 친환경차 라인업을 갖춘다. 또한 지역별 판매 경쟁력을 강화하고자 중장기적으로 가격과 사양 전략을 수립할 수 있게 지원하고 전산화 구축, 차세대 동력원 선행 개발 검토, 디자인 센터와의 협업을 통한 개별 차종 기획 등을 종합적으로 지원하고 있다. '커스터마이징 직무'는 고객의 다양한 니즈를 충족시키고자 기본 차량과 차별화된 가치를 설계하는 업무다. 디자인, 성능, 사용 편의성 등을 향상시킨 품목을 신차 콘셉트에 맞게 기획하고 개발해 옵션 형태로 판매하는 역할을 수행한다.

AIA 생명은 금융 상품을 개발할 때 기획에서 사후 단계까지 상품 개발 부서에서 지켜야 할 기본 원칙 및 준수 사항을 제정했다. 회사에서 정하는 소비자 보고가 이루어지도록 최선을 다하며, 소비자 입장에서 금융 상품을 기획, 개발하는 것을 기본 원칙으로 규정한다. 상품 개발 초기 단계부터 소비자보호 총괄 부서와 사전에 협의해 소비자에게 불리한 사항이 없는지 체크리스트를 통해 점검한다. 소비자보호 총괄 부서의 개선 요청 사항과 민원, 고객의 소리 등 고객 채널을 통한 요청 등을 반영한다. 필요하면 외부 전문가 의견을 듣거나 고객 참여 제도를 시행하는 등 소비자들의 요구를 반영하고 차별 행위 및 불완전 판매 방지를 위해 충분히 검토한다. 고령 금융소비자에게 불리한 사항이 있는지 확인하고 소비자보호 총괄 부서와 협의한다. 소비자에게 적합한 상품 판매가 이루어지도록 판매 직원에게 지속적으로 금융상품 정보를 제공히고 있으며, 부적합한 상품으로 판명된 경우 상품의 판매 중단, 폐지, 통폐합 등을 실행하고 관련 법규, 약관 등을 검토해 필요한 해당 조치를 실시한다. AIA는 상품 개발 절차로서 상품 기획, 수익성 분석, 소비자 보호 체크리스트 검토, 상품 개발 위원회 승인, 상품 인가 및 출시의 단계를 구축하고 있다.

ICT 업계의 상품 기획 업무에서도 유사성을 찾을 수 있다. LG U+는 상품 기획을 B2C, B2B로 구분하고 있다. LG U+는 B2C 영역의 상품 기획을 다음과 같이 정의한다. 통신사에서의 B2C 사업은 모바일, 홈 서비스 등 상품 및 서비스를 기본으로 하며, 문자메시지, 발신자번호표시, 통화연결음과 같은 전통적인 서비스부터 IPTV, 인터넷 전화, CCTV 등의 홈상품 및 클라우드, 네비게이션, 광고, 쇼핑 등 사업 영역이 다양한 방면으로 확대되고 있다. B2C의 상품 기획 직무는 일반적으로 신규 서비스 기획 업무와 기존 서비스의 운영 업무로 구분할 수 있다. 신규 서비스 기획 업무는 고객 중심의 더 나은 가치 제공을 목표로, 고객의 니즈, 미충족 욕구 및 국내 외 사회적, 경제적 트렌드를 분석해 새로운 서비스를 발굴해 내는 것부터 시작한다. 아이디어를 구체화해 비즈니스 모델 및 타깃, 시장 출시 전략 등을 수립한다. 그 후 출시하기까지 제반 업무(투자 결정에 필요한 경영진 보고, 투자 심의, 개발 부서 커뮤니케이션, 마케팅 전략 등)를 한다. 서비스 출시 후에는 타깃 고객과 효과적으로 커뮤니케이션하고 홍보할 수 있도록 세부 마케팅 계획을 수립한다. 서비스 운영 업무는 이렇게 기 출시된 서비스의 실적 및 자원을 관리하는 기본 업무를 비롯, 장애 및 고객의 소리에 대응하는 등의 업무를 수행한다. B2C 상품 기획 담당자에게는 변화하는 트렌드와 신기술에 대한 이해, 고객 니즈를 분석해 끊임없이 아이디어를 제안하는 열정과 끈기, 고객 니즈를 빠르게 포착할 수 있는 감각, 고객의 문제점 해결에 집중하는 고객 지향성, 대내외 파트너사와 유기적으로 협력하는 데 필요한 커뮤니케이션 역량 등이 필요하다.

일반적으로 상품 기획은 마케팅 부서의 일부 부서원이 담당하는 것으로 생각한다. 하지만 상품 기획은 한 회사의 운명과 사활을 짊어진다. 제대로 된 상품 기획은 개발, 마케팅, 제조, 생산을 움직인다. 올바른 상품 기획자에게는 사업 전략(Business Strategy)과 연계해 사업가로서의 역량을 갖추게 하며, 상품 기획 업무는 전략 마케팅, 사업 전략 등을 수행하는데 필요한 튼실한 기초 체력이 된다. 국내 대기업에서도 상품 기획자들은 주로 비즈니스 리더(BL, Business Leader), 사업 본부장, 경영자 등의 커리어 패스(Career Path)를 밟는다. 상품 기획자는 마케팅, 개발, 제조, 생산, 사업 전략과 유기적으로 연계된 전문 인력이다. 스티브 잡스는 개발자, 경영자, 사업 전략가, 마케터 등의 여러 직무로 정의할 수 있지만, 훌륭한 상품 기획가, 사업 개발 전략가라고 정의해도 손색이 없을 것이다.

글로벌 기업 상품 기획 업무와 자격 요건

글로벌 기업들은 자체적으로 상품 기획 프로세스를 수립해 운영한다. 삼성과 LG 전자도 초기에는 GE, 파나소닉, 타이코 등의 글로벌 기업에서 상품 기획에 대한 개념을 도입했지만 이를 수정, 변경, 자가 진화해 현재의 상품 기획에 이르렀다. 최근에는 업무의 전문성이 높아지고, 세분화되면서 각 기업의 상품 기획 담당자가 전체 상품 기획 과정을 완벽하게 수행하지 못하고, 작은 단위의 업무만 반복 수행하는 경향이 강화돼 문제가 되기도 했다. 상품 기획 업무의 전체 프레임 워크를 보지 못하고, 단위 업무에만 전문성을 강조하는 기업 문화 탓에 상품 기획자가 오히려 기획을 하지 못하고, 탑 다운으로 정해진 기획을 운영하는 업무(Operation)만 하는 사례도 빈번하게 발생한다. 하지만 경쟁력을 갖춘 전문 상품 기획자라면 상품 기획 업무 전반을 이해하고 나아가 사업 추진, 사업 전략, 경영 전략의 흐름을 모두 꿰뚫어 보는 시스템적 관점을 갖춰야 한다. 때문에 최근의 상품 기획을 사업 추진, 사업 개발 조직에 포함하거나 병행해 운영하는 기업이 늘고 있다.

또한 글로벌 기업은 상품 기획자에게 다양한 배경 지식을 요구한다. 상품 기획자가 기술의 트렌드와 기술 구현, 핵심 부품의 동향, 생태계 등을 알지 못하면 기업의 제품과 솔루션을 창출할 수 없다. 이에 따라 기업은 연구 개발 엔지니어 중에서 일정 수준 이상의 핵심 엔지니어의 직군을 전환하거나 순환 근무시켜 상품 기획 업무를 수행하도록 한다. 핵심 엔지니어들에게 고객 중심 마인드를 심고 기획력을 강화해 궁극적으로는 프로젝트 매니저, 사업 개발, 컨설턴트의 단계를 거쳐 경영진, 전문 연구임원 등으로 양성하는 프로그램을 운영하기도 한다.

쥐덫의 오류

잘못된 상품 기획으로 경쟁사보다 높은 가격, 낮은 성능과 디자인, 늦은 제품 출시, 구성되지 못한 생태계가 발생했다면 상품 기획의 실패를 넘어 기업 경영에 치명적인 손실을 가할 수 있다. 뛰어난 성능과 기능으로 무장한 혁신 제품이라고 하더라도 시장에서 참담하게 실패할 수 있다. 신개념 개인용 이동 수단을 표방하며 출시된 세그웨이는 자동차, 오토바이, 자전거 등 전통적 개념의 운송수단의 개념을 파괴해 버릴 듯했다. 스티브 잡스와 제프 베조스 등이 직접 세그웨이에 투자할 만큼 이동 수단의 혁명을 보여줄 것으로 기대됐다. 직장인은 복잡한 대중교통과 지하철에서 해방되고, 학생은 세그웨이를 타고 넓은 캠퍼스를 자유롭게 이동하며, 거리의 곳곳을 누비는 세그웨이 전용 경찰 순찰대의 모습을 상상하며, 이미 혁신이 실현된 듯 여겼다.

세그웨이에 적용된 기술과 기능, 성능은 매우 우수했고 경쟁력을 갖추었다. 탑승자의 미세한 움직임을 감지해 세그웨이 스스로 균형을 유지했으며, 탑승자가 이동 방향으로 몸을 기울이는 것만으로도 충분히 방향을 제어할 수 있고, 부드러운 이동, 가속 이동, 멈춤, 재구동을 무리 없이 구현할 수 있었다. 혁신 기술과 제어 기술이 결합된 세그웨이는 개인용 이동 수단 시장을 생성하고 즉시 주류 시장을 형성할 것으로 예견됐지만 실제 판매량은 참담했다. 세그웨이는 출시 18개월 동안 6000대의 판매고를 달성하여 투자자들의 기대에 미치지 못했음을 시인했다.

제품과 기술이 혁신적이라도 시장에서 수용되지 못하는 원인을 '쥐덫의 오류(Better Mousetrap Fallacy)'에서 찾을 수 있다. 우수한 품질의 쥐덫을 만들면 쥐덫 안에 어떠한 미끼를 놓더라도 더 많은 쥐를 잡으리라고 착각하는 것처럼, 혁신 제품을 만들면 시장의 고객이 스스로 찾아와 구매할 것이라는, 제품·기술 중심적 사고방식에 매몰된 것이다.

세그웨이의 실패 원인은 고객을 생각하지 않았으며, 제품의 명확한 용처(Usage)를 규정하지 못했다는 것이다. 고객 입장에서 세그웨이의 이동 속도는 만족과 불만족의 경계에서 혼란을 주었다. 보행자들이 이용하는 인도에서 이용하기에는 너무 빠른 속도였으며, 차도에서 이용하기에는 너무 느린 속도와 개인 안전에 위협이 됐다. 출퇴근에 세그웨이를 이용해 본 얼리어답터들은 출근 후 세그웨이의 보관 문제를 지적했고, 가방이나 짐을 적재하지 못하는 문제점을 언급했다. 각 국가의 도로 교통법 법규 역시 이용에 제약이었다. 또한 1000만 원이 넘는 출시 가격으로는 고객의 지갑을 열지 못했다. 1회 충전으로 30킬로미터의 거리를 이동할 수 있었기에 지속적으로 충전하거나 별도의 배터리를 소지해야 하는 문제점도 있었다. 세그웨이는 재미있지만 비싸고 불편한 도구가 되어버린 것이다. 결국 세그웨이는 지난 2015년 경영권을 중국의 나인봇에 넘겨주고 말았다.

기획은 기업의 운명을 좌우한다

2014년, 엘론 머스크는 전기 자동차를 생산하겠다고 발표하고 테슬라의 핵심 기술을 공개했다. 하지만 이후 엘론 머스크는 우주 여행을 위한 스페이스X, 화성 식민지 개척 프로젝트에 이어 인공지능 분야에서 인간 두뇌와 컴퓨터를 연결하는 뉴럴링크 설립까지 광폭 횡보를 이어가며 지나친 다각화와 실적 부재로 위기에 처하기도 했다. 투자자들에게 투자 자금만 확보하고 사업을 철수하는 먹튀 아니냐는 비아냥과 의심의 눈초리도 받았다. 테슬라는 몇가지 모델을 출시했지만, 지나치게 높은 가격으로 고객 수요를 제대로 이끌어 내지 못했다. 엘론 머스크는 테슬라 홈페이지를 통하여 테슬라의 '마스터플랜(The Secret Tesla Motors Master Plan)'을 제시하며, 신기술은 초기 단가가 수요자의 기대를 넘을 수밖에 없으며, 테슬라의 전략은 하이엔드 프리미엄 자동차를 생산한 후 생산량을 늘려 규모의 경제 효과를 창출하고 이후 부품 및 기술원가를 절감해 최대한 신속하게 로우엔드 및 대중적인 전기차를 생산하는 것이라고 알렸다. 최근 모델3을 발표하면서 테슬라는 마스터플랜에 대한 약속을 이행하는 듯했지만, 문제는 생산 및 공급망 관리에 있었다. 에버소스 ISI 리서치(Eversource ISI Research)에 따르면 테슬라의 모델3 생산 라인은 첨단 로봇을 이용한 제조 공정을 모두 철수하고, 수작업 공정으로 대체됐다. 모든 생산 공정과 관리 공정을 로봇으로 완전히 대체하겠다는 초기 테슬라의 계획이 로봇 기술의 기술적 한계에 직면한 것이다. 비즈니스 인사이더와의 인터뷰에서 엘론 머스크는 당시 계획이 철저한 점검과 검증이 부족한 무모한 시도였음을 자인하기도 했다. 이러한 일련의 사태는 증권거래위원회의 제소로 이어졌고 주가가 요동치는 원인이 됐다.

국내의 신약 개발업체인 한미약품은 매년 총 매출액의 15퍼센트를 연구개발에 투자하고 있으며, 표적 항암제 HM61713을 개발해 미국 임상종양학회에서 국내 최초로 항암 신약을 발표했다. 한미약품은 전통적인 신약 연구 방법에다 다수의 후보 물질을 도출할 수 있는 기반 기술인 플랫폼 기술(Platform Technology)을 적용했다. 기술적 진화와 파급효과 덕분에 높은 부가가치를 내는 수익 모델이다. 한미약품은 면역 항암치료와 표적 항암치료가 동시에 가능한 이중 항체 플랫폼 기술인 펜탐바디(PENTAMBODY, Penta amino acid mutated bispecific antibody)와 단백질 의약품의 반감기를 늘려 약효를 지속시키고 투약 편의성을 높인 랩스커버리(LAPSCOVERY, Long Acting Protein/Peptide Discovery Platform Technology), 주사용 항암제를 경구용 제제로 바꿀 수 있는 오라스커버리(ORASCOVERY, Oral drug discovery) 등의 플랫폼 기술을 보유하고 있으며, 제약 업계에서는 드물게 오픈 이노베이션(Open Innovation)을 실행하고 있다. 즉, 자사의 연구개발 성과와 다양한 아이디어를 관련 업계와 공유하고 기업 간 협업으로 집단 지성의 효과를 창출하며 생태계를 확장을 도모하고 있다. 한미약품의 라인선스 아웃 역시 이러한 정책의 일환이며, 신약 개발의 가능성을 높이고 기업의 위험(Risk)를 줄이는 전략이다.

인텔의 크레이그 베럿은 기업이 생존하려면 반드시 지속적으로 광범위하게 투자해 경쟁사와 신기술과 새로운 비즈니스 모델로 시장을 위협하는 신규 진입자를 이겨내야 한다고 이야기했다. 그는 또 투자와 새로운 상품, 제품의 개발 없이는 기업은 사멸의 길로 추락한다고 지적했다. GE의 제프리 이멜트는 기업의 핵심 동력은 새로운 제품과 상품, 서비스를 만들 수 있는 노하우라며, 이것이 존재해야 진정으로 주주 가치를 창출할 수 있다고 역설했다. 초연결의 시대에 기업이 고객에게 전달하는 가치는 새로운 고객 경험의 제공으로 진화하고 있지만, 그 근간에는 제품 전략과 기획이 자리잡고 있다. 고객은 혁신에 기꺼이 비용을 지불하고, 새로운 경험을 제공하는 기업에 기꺼이 소비하기 때문이다.

최근 상품 기획은 단순한 제품의 범위를 넘어 제품, 서비스, 솔루션, 플랫폼 구축, 이기종 산업과의 연결 등으로 확대되고 있으며, 실리콘밸리의 유니콘, 데카콘 기업과 글로벌

ICT 기업은 이미 제품과 서비스, 플랫폼, 새로운 고객 경험을 통합적으로 생각하고 있다.

전 세계의 모든 기업이 제품과 플랫폼에 대한 전략을 수립한다. 하지만 플랫폼 전략을 이행한 모든 기업과 스타트업이 성공하는 것은 아니다. 하버드 비즈니스 스쿨의 시카르 고쉬(Shikhar Ghosh)는 실리콘밸리 스타트업의 성공과 실패를 조사해 〈월스트리트 서널〉에 빌표했다. 실리콘밸리에서 벤처 캐피탈의 지원을 받아 창업한 2000개의 기업을 조사한 결과, 스타트업 10개 중 3~4개는 완전히 파산했으며, 나머지 3~4개는 겨우 투자 원금만을 회수했고 남은 1~2개 기업만 성공을 거둔 것으로 나타났다. 물론 성공의 기준을 어떻게 판단하는가의 문제가 있지만, 벤처 캐피탈이 투자한 자본금을 회수할 수 있는가의 여부로 따진다면 스타트업의 실패 확률은 무려 95퍼센트 이상이다. 그렇다면 벤처 캐피탈의 지원을 받아내기 이전의 환경은 어떨까? 실리콘밸리는 창업자의 천국이 아니라 무덤이라는 역설이 있다. 그만큼 성공하기 힘든 경쟁을 벌이는 전쟁터다. 보통 하나의 벤처 캐피탈이 1년에 2000장 정도의 투자제안서를 검토하며, 담당자가 그중 200개 정도를 2차 검토한다. 나머지는 모두 파기된다. 200개의 사업 제안서를 인터뷰하고, 최종 5곳만 투자를 진행한다. 만약 벤처 캐피탈이 10개 회사에 투자한다면, 3개는 6개월 내에, 4개는 1년 내에 망하고, 잘되면 3개 정도가 살고, 그중에 1개 정도가 생존하여 유니콘, 데카콘의 길을 걷게 되는 것이다.

CB인사이트는 스타트업의 실패 원인을 20가지로 구분해 발표했다. 첫 번째 실패 이유는 시장에 수요가 없는 제품과 비즈니스 모델(42퍼센트)이 차지했고, 운영 자금의 부족(29퍼센트)이 그 뒤를 따랐다. 그 뒤로도 최상의 팀 구성 실패, 무능력, 형편없는 제품과 솔루션, 비즈니스 모델의 이해 부족, 시기가 적절하지 못한 제품 출시 등이 원인으로 선정됐다. 20개의 실패 요소에는 공통점이 있다. 실리콘 밸리 비즈니스 클러스트에서 예비 스타트업, 실패한 스타트업이 가장 많이 듣는 조언이 제품-시장 적합성(Product Market Fit)이다. 제품-시장 적합성의 의미는 스타트업 창업가가 생각하는 제품, 솔루션으로 시장을 만들어 가는 것이 아니라, 시장과 고객이 진정으로 필요로 하는 제품과 솔루션을 제공할 수 있는가를 판단하는 것이다. 현재 각광받고 있는 유니콘, 데카콘 기업도 린 스타트업 방식으로 여러 번의 피벗(Pivot, 고객과 시장 검증을 통하여 제품의 방향이나 기능을 바꾸는 작업)을 통해 진화하고, 연결을 관장하는 비즈니스 커넥터의 역할을 충실히 이행해서 성공한 것이다. 반면, 시장과 고객이 원하는 제품과 솔루션을 제공하려는 의지와 실행 프로세스 그리고 기업가 정신이 없으면 결국 실패하는 것이다.

초연결 사회, 누가 비즈니스에서 성공하는가

글로벌 상위 20개 유니콘, 데카콘 기업 리스트를 살펴보면 우버는 680억 달러, 샤오미는 460억 달러, 에어비앤비는 300억 달러를 기록하고 있다. 오피스를 공유하는 위워크(WeWork), 이미지 공유 서비스 핀터레스트(Pinterest), 파일 공유 서비스 드롭박스(Dropbox), 음악 공유 서비스 스포티파이(Spotify) 등이 모두 기업가치 60억 달러를 넘겼다. 이들의 공통점은 연결을 관장하는 비즈니스 커넥터 역할을 수행한다는 것이다. 공유 경제의 총아 우버는 자신의 차량을 갖고 있지 않다. 숙박 공유 경제의 선두 에어비앤비 역시 자신의 호텔, 숙박 업소를 보유하고 있지 않다. 애플과 샤오미는 자신의 전용 생산 라인을 소유하고 있지 않다.

IT 스타트업에만 나타나는 현상이 아니다. 2018년 8월 기준, 전 세계 글로벌 기업의 시가총액 순위를 살펴보면 애플과 아마존은 1조 달러를 넘어섰고, 구글과 마이크로소프트가 1조 달러 달성을 눈앞에 두고 있다. 뒤를 이어 페이스북, 알리바바, 텐센트가 랭크돼 있다. 애플이 생산라인 없이 중국의 폭스콘(Foxconn)을 최대 생산 거점으로 이용하는 것은 이미 오래된 이야기다. 알리바바와 텐센트는 자신의 생산 제품 없이도 철저히 비즈니스 커넥터 역할을 수행하며 성장하고 있다. 애플과 구글의 생태계, 우버와 위워크의 공유 경제 플랫폼 역시 그 핵심은 연결과 이를 관장하는 비즈니스 커넥터에 있다.

주위를 둘러싼 모든 사물이 서로 통신을 통해 교감하는 만물인터넷(IoE, Internet of Everything) 시대가 열렸다. 지능을 갖춘 모든 사물은 센서와 칩(Chip)으로 서로 연결되며, 사람의 개입 없이도 실시간으로 정보를 주고받는다. 사람과 도시, 집, 자동차, 건물 등을 하나로 묶는 초연결 사회가 이미 구현된 것이다. 초연결 사회란 사람, 사물, 공간 등 모든 것들이 인터넷으로 서로 연결돼, 모든 것에 대한 정보가 생성되고 수집되고 공유되고 활용되는 사회를 의미한다. 모든 사물과 공간에 새로운 생명이 부여되고 이들의 소통하며 새로운 사회가 열리는 것이다. 초연결 사회에서는 인간 대 인간은 물론, 기기와 사물 같은 무생물 객체끼리도 네트워크에서 상호 유기적으로 소통한다. 컴퓨터, 스마트폰으로 소통하던 과거의 정보화 사회, 모바일 사회와 달리 초연결 네트워크로 긴밀히 연결된 초연결 사회에서는 오프라인과 온라인이 융합하므로 새로운 성장과 가치 창출의 기회가 더욱 증가한다. 무엇보다 사물인터넷, 인공지능, 센서 등의 기술이 발달하므로 제조, 유통, 의료, 교육 등 다양한 분야에서 지능적이고 혁신적인 서비스를 제공할 수 있다. 단지 기존의 인터넷과 모바일이 발전하는 맥락이 아니라 우리가 살아가는 방식 전체, 즉 사회의 관점에서 큰 변화를 가져오고 있다. 2016년 세계경제포럼에 따르면 초연결 사회는 10년 내 도래해 2025년에는 1조 개의 센서가 인터넷에 연결돼 4차 산업혁명 시대를 이끌어갈 주요 동력이 될 전망이다. 클라우드 슈밥은 4차 산업혁명 시대를 헤쳐 나갈 힘 역시 초연결 사회에 있다고 주장했다. 초연결 사회가 구축할 높은 상호 연결성은 사람을 더욱 긴밀히 협력하고 소통할 수 있게끔 한다. 그럼으로써 시대의 변화를 공유하고 나은 미래를 만드는 데 기여할 것이라고 설명했다.

초연결 사회로 진입할수록 연결의 수는 기하급수로 증대하며, 이러한 연결을 관장하는 비즈니스 커넥터 역시 진화하고 있다. 시가총액 기준 글로벌 상위 10개 업체와 글로벌 상위 20개 유니콘, 데카콘 업체의 특성은 바로 비즈니스 커넥터 역할을 한다는 것이다. 그동안 4차 산업혁명에 기업과 스타트업은 플랫폼 구축과 린스타트업 방식의 비즈니스 모델과 프로세스, 신속한 프로토타입 출시와 피벗을 통한 진화로 대응했다. 이전까지 연결의 의미는 구축된 플랫폼으로 사용자에게 가치를 전달하고 더 많은 사용자가 플랫폼에 유입되도록 하는 닫힌 연결이었다. 비즈니스 커넥터 역시 자신의 플랫폼의 구축과 진화에만 초점을 맞추었다. 하지만 초연결 사회에서는 연결 수단이 더욱 다양해진다. 비즈니스 커넥터의 노력이 증대돼도, 사용자는 새로운 연결 수단을 찾아 기존의 플랫폼을 떠날 수 있다.

기존에는 연결과 비즈니스 커넥터의 역할도 서비스 제공자와 고객의 관점에서 파악했다. 우버는 고객과 차량 소유자를 연결하고, 에어비앤비는 고객과 숙박시설 소유자를 연결했다. 알리바바와 텐센트는 전자 상거래 플랫폼을 구축해 고객과 판매자를 연결했다. 배달 서비스로 유명한 요기요는 고객과 음식 점주를 연결하는 플랫폼이다. 하지만, 연결의 종류와 개수가 무한으로 증대되는 초연결 사회로 진입하면 고객의 선택권은 더욱 다양하게 발전하며, 플랫폼은 과거의 영화를 보장해주지 못한다. 비즈니스 커넥터의 입장에서는 자신의 플랫폼 속으로 매일 다양하게 생성되는 연결을 모두 관리하는 게 불가능해진다.

폭스콘은 중국 공장의 직원 6만 명을 해고하고, 자동화 설비로 대체했으며, 향후 중국 내 모든 폭스콘 공장을 자동화할 것이라고 한다. BMW 제조 공장에서는 사람과 로봇이 같이 일하고 있으며, 로봇이 아직까지 하지 못하는 일만 사람이 대신하고 있는 형태로 바뀌어가고 있다. 독일에서는 설비와 공장 간의 연결, 다품종 소량 생산에서 다품종 대량 생산으로의 변화를 주도하고 있는 지멘스(Siemens)의 스마트 팩토리와 개인별 맞춤 생산을 실시간으로 진행하는 아디다스의 스피드 팩토리 등의 기술 발전이 지속적으로 이루어지고 있고, 일본은 로봇과 사물인터넷이 결합한 로봇 호텔이 운영되고 있다. GE는 모든 물품에 센서를 부착해 실시간으로 해당 데이터

(raw data)를 수집한 후 가공·분석해 최적화된 제품 설계 및 컨설팅을 제공하고 있다. 이렇듯 비즈니스 관점에서 보면 초연결 사회는 기업과 고객만을 연결하는 것이 아니다. B2B 비즈니스뿐만 아니라, 기업과 고객, 기업과 기업, 고객과 고객을 모두 연결한다. 또한 서로 다른 플랫폼을 연결하고, 서로 다른 제품과 서비스들을 연결한다. 기존 생태계와 플랫폼을 연결하고, 생태계와 또 다른 생태계가 연결되며, 마켓의 다양한 버티컬이 서로 연결되는 것이다.

초연결 사회에서는 피터 센게(Peter Senge)의 『제5경영(The Fifth Discipline)』에서 소개된 시스템적 사고를 확장해, 산업 전반을 아우르는 비즈니스 시스템적 사고(Business Systems View)로 전환하고 있다. 비즈니스 시스템적 사고는 비즈니스의 전체적 맥락을 파악하고, 비즈니스 시스템을 구성하는 다양한 요소가 연결돼 어떤 상호작용을 하며, 이러한 상호작용과 연결이 전체 비즈니스에 어떠한 영향을 주는지 파악해 최적의 비즈니스 기회를 확보하는 것이다. 또한 산업 전반에 대한 기술 잠재력과 활용을 이해하는 기술적 배경과 비즈니스 인사이트를 갖추고, 다양한 연결을 흩어진 먼지로 인식하는 것이 아니라, 의미 있는 상호 연결성을 파악하는 고급 통찰력(Advanced hindsight)으로 가치를 부여해 비즈니스 기회를 창출한다.

스티브 잡스는 개발자의 트랙을 걸었고, 이후 워즈니악을 설득해 애플을 만들었으며, 제품의 판로를 개척하고, 차기 제품의 로드맵을 검토하고, 필요한 부품을 구하고자 협상하고, 일정 관리와 제조, 생산을 고민했다. 이와 같이 상품 기획자는 창의적이고 역동적이어야 하며, 시장의 상황, 경쟁 구도,

경쟁사 현황 및 자사의 마케팅, 개발, 제조, 생산 부분까지 인사이트를 보유하고 있어야 한다. 또한 상품 기획자는 상품 기획자의 1차 고객인 개발, 마케팅, 제조, 생산 부서 그리고 최종 의사결정자인 CEO를 설득하여 움직이게 해야 한다. 이는 바로 상품 기획자가 위대한 스토리텔러가 되어야 함을 의미한다. 제대로 된 기획이라 하더라도 올바르게 설득하지 못한다면 아무도 수긍하지 못하는 것이기 때문이다. 자신의 다양한 생각을 체계적으로 정리하고 이를 스토리에 맞춰 논리적으로 풀어내야 한다. 또한 상품 기획자는 샘솟는 아이디어의 보고여야 한다. 편협한 생각과 좁은 시야, 정보력의 부재는 제대로 된 상품 기획을 수행할 수 없게 한다. 상품 기획자는 자신이 몸담고 있는 산업을 제대로 파악하고 있어야 하며, 몸담고 있는 산업 이외에도 주변 산업의 동향, 패러다임 시프트, 경쟁 구도의 변화, 소비자의 니즈, 경제 현황 등을 빠르게 파악해야 한다. 그럼에도 아직까지 국내 일부 대기업뿐 아니라 중견, 중소 기업에서는 상품 기획 업무를 관한 통찰력 없이, 주먹구구식으로 기획한다. 혹은 단순 마케팅 활동의 일환으로 제품을 개발하기 전에 필요에 따라서 하는 업무라고 생각하고 있다. 제대로 된 상품 기획이 없다 보니 물건을 만들어도 판로를 찾지 못하고, 열심히 판로를 찾아도 제대로 된 비교 평가를 받지 못하며, 경쟁사가 등장하면 바로 도태돼 버리는 그러한 상품을 만들어 버리는 것이다. 이제는 상품 기획을 넘어 솔루션 기획, 사업 기획 그리고 사업 개발 단계로 진입해야 한다.

가치를 담고 화두를 던져라: 언팩

IT 업계에서의 상품 기획은 세상에 없는 제품과 고객 경험을 만드는 것이며, 기존 제품의 연장 선상에서 창의력과 기술력을 더해 혁신된 제품을 만드는 것이다. 이렇게 하기 위해 시장 조사, 소비자 조사, 기술 조사, 디자인과 콘텐츠 조사 등 제품 출시에 필요한 모든 조건들을 분석하는 것이다. 삼성전자의 갤럭시S 시리즈 같은 상품은 기획부터 제품 출시까지 일반적으로 6개월~1년 정도의 기간을 요구한다. 메가 트렌드와 이머징 이슈, 국가별 특색, Z세대와 C세대 등 인구 통계학적 관점에서 트렌드를 분석하고 시장 조사와 실시간 빅데이터 분석으로 차별점과 새로운 고객 가치를 마련하는 것이 상품 기획의 첫 번째 임무다. 이러한 요소를 USP(Unique Selling Proposition) 또는 소구점, 세일즈 포인트라고 표현한다. 상품 기획자는 USP 수립 시 이 제품을 왜 구매해야 하는가? 어떠한 가치와 경험을 제공하는가? 등의 고객 질문에 명확한 답을 제시할 수 있어야 한다. 이후 이 같은 이러한 질문에 대한 답변에 따라 제품이 기획, 설계, 제조되고 마케팅과 광고, 판매원 교육도 이루어진다.

삼성의 갤럭시 S3의 제품 콘셉트는 사람을 위한 디자인(Design for Human)이었고, 갤럭시 S4의 핵심 가치는 삶의 동반자(Life Companion)다. S5에서는 이러한 가치가 진화돼 라이프 케어(Life Care)로 특화됐다. 제품과 상품에 가치를 부여하고 시장에 화두를 던짐으로써 고객들의 '왜?'라는 질문에 답해야 한다. 갤럭시 스마트폰은 S3 출시 시점에 UI, UX, 제품 외관, 재질 등 디자인 관점에서 총체적인 변화를 주었다. 당시 삼성은 물방울 같은 자연에서 영감을 받아 유기적인 미니 멀리즘을 추구했다고 발표했다. 이는 자칫 새로운 경험을 제시하려다 경험의 연속성을 단절하는 문제를 일으킬 수도 있었다. 이러한 문제는 고객에게 선제적으로 가치와 화두를 전달해 다양한 고객 질문이 특정 질문과 그에 대한 답으로 모이도록 함으로써 극복할 수 있다. 고객이 '왜 이런 디자인이지?', '왜 이런 기능이 추가 되었지?'라고 질문하기 전에 '사람을 위한 디자인'이라는 가치와 화두를 제시해 고객이 직접 화두에 대한 답을 찾아가도록 유도하는 것이다. 애플과 삼성이 새로운 스마트폰과 디바이스를 공개하는 언팩(Unpack) 행사는 가치와 화두를 전달해 고객의 분산된 질문을 의도한 답안으로 귀속시키는 전략하에 열린다. 갤럭시 S4는 '삶의 동반자'라는 화두를 제시해 스마트폰이 일상생활의 필수품이라는 가치를 강조했다. S4는 디자인적으로는 변화가 없었기에 기능과 성능을 강조하며 헬스(Health) 요소를 더했다. 갤럭시 S5에서는 '라이프케어'라는 가치와 화두를 제시했다. 갤럭스 스마트폰을 이용하여 개인의 건강한 삶을 유지하도록 만들고 (Care), 한편으로는 스마트폰의 안전성 즉, 방수 기능과 방진 기능을 제시했다.

갤럭시 S9과 LG 스타일러스

매년 수많은 스마트폰과 그 안에 탑재된 신기능이 세상에 모습을 드러낸다. 삼성 뉴스룸은 삼성전자 S9 상품 기획자와의 인터뷰 내역을 소개하며 S9의 핵심을 비주얼 커뮤니케이션과 경험의 완결성이라고 리포트했다. 인류 통계학에서는 가정 내의 세대 구성을 베이비 부머 세대(1947~1964), X세대

(1965~1979), 밀레니얼 세대(1980~1996), Z세대(1997~2015)로 정의한다. 특히 Z세대는 정보통신 기술과 인터넷, 모바일, 소셜 네트워크를 생활의 일부로 자연스럽게 인식하는 계층이며, 디지털 원주민의 개성을 드러내고 있다. 닐슨 리포트에 따르면, Z세대는 이미 미국 전체 인구의 3분의 1을 넘어섰고, 이들은 500억 달러 이상 규모로 미국 경제에 기여하고 있으며, 매일 유튜브와 페이스북, 인스타그램으로 소통하고 매일 한 시간 이상 온라인에 접속한 상태를 유지하고 있다. 갤럭시 S9는 바로 이 Z세대를 1차 타깃 고객층으로 선정했다. Z세대가 스마트폰을 어떻게 이용하는지 조사해 내린 결론이 비주얼 커뮤니케이션이었다. 이들은 텍스트보다 영상을, 문자 메시지보다 이모티콘이나 움직이는 애니메이션을 선호한다. 그래서 영상을 만들 수 있도록 성능 좋은 카메라를 탑재하고 재미를 결합한 이모지 등을 활용해 일상 속 비주얼 커뮤니케이션 활용을 극대화한 것이다.

제품이나 상품의 스펙, 규격을 다투는 영역이 상품 기획이라고 오해하는 사례가 많다. 한때 스마트폰의 카메라 센서의 해상도(Pixel resolution)가 경쟁 소재였으나, 지금은 화소 경쟁을 넘어 카메라의 개수, 저조도 성능, 고급 DSLR 카메라에 적용되는 역광 보정 및 슈퍼 슬로우 셔터 등 실질적인 사용자 경험에 주목하고 있다. 수치화된 사양보다 고객이 직접 사용하면서 불만족이나 불편함을 느끼지 않도록 하는 면에서 경쟁하는 것이다. 또한 이러한 고객 경험은 경험의 완결성을 추구해야 한다. 과거에는 통화하고 사진을 찍고 메시지를 보내거나 소셜 미디어에 접속만 가능하면 스마트폰의 모든 기능을 사용한 것이라고 생각했다. 현재는 모든 사용자가 잠재적

메이커이자 크리에이터다. 사진이나 동영상을 촬영하고, 쉽게 편집해 바로 소셜 미디어나 유튜브로 공유하고 연결해 소통한다. 즉, 콘텐츠 생성부터 소셜 미디어 등으로 전달하는 과정까지 경험이 연결되도록 하는 것이 중요하게 인식되고 있다.

상품을 기획하면서 일반적으로 경쟁사 제품, 솔루션과 사양을 비교한다. 유사한 영역과 항목을 설정한 후에 경쟁사와 자사 제품의 특정 기능과 성능을 수치화한다. 1미터 높이에서 스마트폰을 떨어뜨렸는데 액정이 파손된 경우와 1.5미터 높이에서 스마트폰을 떨어뜨렸는데 액정이 파손되지 않는다면 기능이나 사양 면에서 후자를 선택할 것이다. 하지만 이를 단순히 사양으로 표시한다면 'Drop: 1.5M'라고 무미건조하게 표현될 것이다. 아직도 많은 회사가 이러한 사양만을 나열한 브로셔나 카탈로그를 배포하고 있다. 예를 들어 카메라의 해상도라면 '1800만 화소 대 2000만 화소'라고 수치만 나열할 것이 아니라 직접 사진으로 보여줘야 한다. 시각적 체험이 가능하도록 해야 한다. 기업이 체험 행사와 체험 존(Zone)을 운영하는 이유가 바로 이것이다. 진공청소기의 모터 흡입력을 수치로 나타낼 수 있겠지만, 실사용자에게 직접 사용해 볼 수 있는 경험을 미리 제공한다면 수치로 표현한 것에 비교할 수 없는 효과를 발휘한다. 수치적 표현이나 화려한 광고 문구보다 시각화와 고객 경험을 유도하고, 그래픽과 영상으로 경험을 직접 표현해야 한다. 그래서 S9은 비주얼 커뮤니케이션을 콘셉트로 잡은 것이다.

LG전자는 제2의 스타일러스를 만들기 위해 전사 차원의 상품 기획 역량을 강화하는 태스크 포스를 구성했다. 기업 환경의 불확실성이 높아가는 가운데 새로운 시장과 먹거리를 창출하려면 제품과 솔루션을 기획하는 단계부터 체계적 역량을 강화해야 한다는 판단이 작용한 것이다. 스타일러스는 2011년 LG전자가 출시한, 새로운 경험을 제공하는 제품이었다. 기존 세탁기와 달리 스팀을 이용해 의류를 살균, 멸균, 먼지 제거, 구김 해소 기능을 선보였으며, 2015년에는 출시 3개월 만에 1만2000대를 판매하는 선풍적 인기를 끌었다. 맞벌이 가구가 증가하고, 자녀의 교복, 원아복 등을 신제품처럼 관리하고 싶지만, 매일 세탁하기가 현실적으로 어렵다는 고객의 불만을 해결한 것이다.

스타일러스는 제품 기획 단계부터 고객의 불편 사항, 수요, 자사의 강점과 역량, 시장 분석이 유기적으로 작용한 성공 사례다. 세탁기, 가전제품, 시스템 에어컨 등 관련 제품 라인업과 기술을 보유하고 있었으며, 이러한 각 제품에서 스팀, 온습도 제어, 공기 조절, 다림질의 원리가 나왔다. 팬츠 프레스를 통한 다리미 기능 구현, 옷의 종류와 소재에 관한 연구 등을 융·복합해 새로운 경험을 고객에게 선사한 것이다. 이렇듯 상품 기획은 제품과 솔루션을 검토하고, 고객에게 가치와 새로운 경험을 선사하며, 기존 비즈니스와의 연결과 새로운 비즈니스 창출까지 고민해야 하는 전략적 역할이다. 기업의 상황에 따라서 역할과 책임이 달라지지만, 근본적인 상품 기획 업의 개념은 이와 동일하다.

애플 컴퓨터와 상품 기획 원리

유능한 기획자라면…

일반적으로 최초의 컴퓨터라면 1946년 모클리(Mauchly, JW)와 에거트(Eckert, JP)가 제작한 에니악(ENIAC)을 말한다. 당시 애니악의 주된 사용처는 미사일의 비행 궤적을 시뮬레이션하고 추적하는 것이었다. 영화 〈이미테이션 게임〉은 영국의 수학자 앨런 튜링과 튜링 테스트를 소재로 삼았다. 실제로 인류 최초의 컴퓨터는 1943년 앨런 튜링이 제작한 콜로서스(Colossus) 컴퓨터다. 제2차 세계대전 당시 독일군은 통신 과정에서 에니그마 암호를 이용했다. 연합군이나 독일군 모두 적군의 통신을 감청하고 암호를 해독해 기밀 정보를 입수하고 전략적으로 우위를 선점하고자 했다. 하지만 독일군의 에니그마 암호는 인간이 풀기에는 너무 많은 시간과 노력을 소모해야하는 난제였다. 앨런 튜링은 울트라 작전이라고 명명된 암호해독 과정에서 연산이 가능한 암호 해독기를 만들고자 했고, 결국 독일군의 통신 보안용 군사 암호인 에니그마를 해독해 연합군의 승리에 지대한 공헌을 했다.

최초의 개인용 컴퓨터라면 제록스를 언급해야 한다. 복사기 및 사무용 기기로 유명한 제록스는 독특한 연구소를 운영하고 있었다. 제록스의 팔로알토 연구소는 1973년 제록스 알토(Xerox Alto)라는 개인용 컴퓨터를 개발했다. 지금은 모든 사람에게 익숙한 사용자 그래픽 인터페이스(GUI, Graphic User Interface)가 탑재된 최초의 개인용 컴퓨터였다. 또한 팔로알토 연구소는 마우스, 이더넷 등을 세계 최초로 개발했음에도 마케팅 및 상품화하지 못했다. 당시 제록스 경영진은 복사기를 만드는 회사에 팔로알토 연구소의 컴퓨터 연구가 직접적인 이익을 가져다 주지 못한다고 생각했다. 그래서 최초의 개인용 컴퓨터는 알테어 8800이라고 알고 있는 사람이 많다. 이후 제록스 알토는 개인용 컴퓨터, 매킨토시, 썬마이크로시스템즈의 워크스테이션 설계 등에 영향을 주었지만, 쓸쓸히 퇴장하고 만다.

상품 기획자라면, 혹은 관련 분야의 종사자라면, 제록스 알토가 출시된 상황에서 반드시 이 제품에 대한 정보를 획득해야 했다. 물론 당시 상품 기획이라는 개념조차 정립되지 않은 시절이지만, 새로운 제품으로서 관심을 갖고 분석했어야 한다. 제록스 알토에 적용된 GUI, 이더넷과 네트워킹 기능, 개발 환경, 마우스를 통한 사용자 인터페이스, 직관적인 컴퓨팅 등은 첨단 기술과 사용자 경험을 통합한 제품이었기에 파급 효과를 예측했어야 했다. 각각에 적용된 기술의 향후 발전 단계, 하드웨어의 진화(CPU, 메모리, 디스플레이, 네트워크 기술 및 장비, 인프라), 소프트웨어 솔루션, 제록스 알토 제작과 관계된 업체들(외주 개발, 프로토타입 제작 업체, 양산 업체)의 정보를 분석했어야 한다. 또한 이후 제록스 알토를 기반으로 제록스 스타가 출시됐을 때, 비교 분석해 제품과 솔루션의 변화를 추적했어야 했다.

돈 버는 연구소, 돈 안 되는 연구소

제록스는 제품의 상품화, 판로 확보, 타깃 고객층 연구, 가격 정책, 제품 출시 시기 등에 대한 기획이 부족했던 것이다. 물론 당시 제록스 팔로알토 연구소는 제록스 본사와 물리적으로 원거리에 위치해 있었고, 기업 매출에 도움이 되는 큰 이익을 실현하는 곳이 아니었기에 본사의 주된 관심을 받지 못했다. 자율적 연구에 관여하지 않는다는 기업 문화도 일조했다. 그렇기 때문에 다양한 기술 성과를 만들어낸 면도 있다. 하지만 연구를 위한 연구가 아니라 사업화할 수 있는 연구가 필요하다는 것을 인지했어야 했다. 연구개발(R&D)은 비즈니스를 생각하는 R&BD(Research & Business Development)의 수준을 넘어 R&CBD(Research, Connect & Business Development) 단계로 나아가고 있다. 제품, 기술, 솔루션 및 서로 다른 비즈니스까지 결합하는 연구를 요구하기 때문이다. 다른 측면으로, 연구소의 문호를 개방하면서 사전에 특허 등록 및 출원, 보안 서약 등을 하지 않은 것은 기업의 비밀을 송두리째 넘겨준 행동과 다름 없었다. 기술을 자산화하고 사업화하려면 지적 재산권과 특허 확보를 끊임없이 강조해야 한다.

기술로드맵을 TRM(Technology Roadmap)이라고 하며, 제품로드맵을 PRM(Product Roadmap), 사업화로드맵을 BRM(Business Roadmap)이라고 한다. 글로벌 기업의 연구소에는 연구 기획 담당 부서가 있다. 반면 상품 기획자는 주로 마케팅 부서에서 근무한다. 이점 때문에 최근까지도 국내 대기업 및 해외 글로벌 기업에서 문제가 발생했다. 연구 기획 부서는 주로 연구소의 기술 과제를 진행하고 일정 점검 및 산출물을 관리한다. 비즈니스에 대해서는 모르는 경향이 높다. 상품 기획자가 마케팅 부서나 영업 부서에 소속되면, 기술 트렌드, 기술 사업화, 연구 개발에 익숙해지지 않는다. 심지어 연구 기획 부서와 상품 기획 부서 간 알력이 생겨 사일로 이펙트를 유발한다. 이러다 보니 기술 따로, 사업 따로 진행되는 사례가 많다. 이런 문제를 해결하려고 대기업의 일부 사업 부문에서는 기술을 사업화하고자 10~15년 경력의 개발자들을 상품 기획 부서로 경력 전환시켜 기술과 제품, 솔루션을 아는 상품 기획자, 사업 기획자를 육성하고 있다.

기업의 생존을 위한 디딤돌: 특허, 디자인

스티브 잡스가 제록스의 팔로알토 연구소를 방문한 때가 1979년이다. 그는 인터뷰에서 모든 컴퓨터가 GUI를 기반으로 작동하며, 네트워크로 연결된 모습을 보고 충격을 받았다고 이야기했다. 애플은 1988년 마이크로소프트를 상대로 운영체제가 유사하다는 이유로 지적 재산권 소송을 제기했다. 마이크로소프트는 이를 인정하지 않았고, 애플 역시 제록스의 아이디어를 표절한 것뿐이라고 반박했다. 스티브 잡스가 제록스 알토를 기반으로 한 차기 모델인 제록스 스타에서 구현된 기능을 표절했다는 것이다. 애플이 마이크로소프트를 상대로 소송을 걸자 1989년에는 제록스 역시 애플의 매킨토시와 리사 컴퓨터가 제록스의 기술을 표절했다고 소송했으나 패소하기도 했다. 이후 애플은 특허에 막대한 자원을 투자하고 연구를 진행해왔다.

세계지식재산권기구(WIPO)는 2017 헤이그시스템을 통한 국제 디자인 출원에서 삼성과 LG가 각각 1, 2위를 차지했다고 발표했다. 국제 디자인 출원에 대한 기업의 인식이 높아지면서 우리 나라도 지난 2014년 세계지식재산권기구에 가입했다. 헤이그시스템은 1회의 디자인 출원으로 전 세계 여러 국가에 동시에 디자인을 등록하고 인정받을 수 있는 제도다. 삼성은 762건을 등록했고 LG전자는 668건을 등록했다. 이러한 움직인은 기업이 해외 시장을 선점하려면 진출하려는 시장의 디자인권을 사전 확보할 필요가 있다고 인식했기 때문에 생겨났다.

애플과 삼성은 7년이라는 기간 동안 스마트폰 특허 문제로 전쟁을 치르다가 2018년 6월 극적으로 합의했다. 당시 애플은 자사의 UI 특허를 단순한 지적 재산권과 특허권 이상의 문제로 여기며 초강경 입장을 고수했고, 삼성 역시 맞대응해 항소를 한 상태였다. 이러한 과정에서 양측은 향후 제소가 불가능하다는 조건으로 합의했다. 이번 특허 전쟁으로 애플은 충분한 명분과 실리를 얻었다. 지난 2016년에 나온, 일부 디자인 특허 때문에 삼성의 전체 이익을 초과하는 배상금을 지급하라는 주장은 부당하다는 판결문은 애플에게 치명적이었기에 이번 조정에서 UI 디자인 특허는 전체 제품과 같다는 배심원 평결을 얻은 것은 충분한 명분 획득이었다. 또한 지루한 특허 전쟁은 애플 입장에서 수지타산이 맞지 않는다는 내부 의견들이 나오고 있었다. 삼성의 입장에서는 공식 발표는 없었으나, 예상보다 높은 합의금에도 불구하고 애플이 선점하고 있던 디자인, UI/ UX 특허에 대한 견제장치를 마련했다는 점에 의의를 두고 있다. 또한 애플은 모토로라와 초대형 특허로 분쟁 중이고, 삼성 역시 화웨이와의 LTE 특허 전쟁을 치르는 상황에서 애플과 삼성이 이전투구를 하는 것은 서로에게 득이 될 것이 없다는 판단이 선 것이었다.

세계 최초에 숨겨진 불편한 진실

진정한 의미에서 최초의 개인용 컴퓨터는 1975년 MITS(Micro Instrumentation and Telemetry Systems)의 에드 로버츠가 개발한 알테어8800(Altair 8800)이다. 인텔의 2MHz, C8080A CPU를 사용했고, D램 카드, EPROM 카드, 롬 카드, 그래픽 카드가 장착된 기기였다. 이 당시 마이크로소프트의 공동 창업자인 폴 앨런의 눈길을 끌게 되었고, 빌 게이츠와 앨런은 소프트웨어의 중요성과 사업 기회를 발견하고, 이들에게 관련 소프트웨어를 제공하겠다고 제안했다. 이 계기로 세계 소프트웨어 산업계의 거대 공룡 마이크로소프트가 설립된 것이다. 알테어8800을 위한 베이직 프로그래밍 언어를 만든 사람이 바로 빌 게이츠다.

알테어는 주문하면 우편으로 배송되며 조립 키트 형태였다. 구매자는 조립 키트를 수령해 스스로 조립해야 했다. 모니터와 키보드는 포함되지 않았고, 전면부의 스위치로 온·오프 정보를 입력하고, 점등과 소등을 반복하는 라이트가 출력 장치 역할을 했다. 사용자는 총 24개의 스위치와 36개의 LED를 제어해야 했다. 올렸다 내렸다 할 수 있는 스위치를 이용해 이진 부호로 직접 프로그램을 입력해야 했고 줄지어 늘어선 네온 점등관의 깜빡임으로 결과를 확인했다.

알테어8800은 최초의 상업용 조립식 개인용 컴퓨터라는 타이틀을 달았지만, 손에 꼽히는 큰 장점이 없었다. 제공되는 소프트웨어가 전혀 없고, 코드를 입력하는 방법조차 전면의 토글 스위치를 이용해야 했으며, 출력은 LED였기에 개인이 이 컴퓨터를 구매하더라도 새로운 무언가를 할 수 있는 상황이 안 됐다. 디스플레이나 키보드도 없기에 편리하게 이용하려면 외부 터미널을 별도로 연결해야 했다. 확장 장치를 추가하면 터미널이나 ASR−32 텔레타이프를 이용해 알테어 베이직을 사용할 수 있었지만, 베이지 인터프리터를 가동할 만한 램 용량을 확보하려면 메모리를 추가로 확장해야 했으며, 시리얼 포트 확장 카드, 텔레타이프 등 비싼 장비를 별도로 구매해야 했기에 비용 부담이 만만치 않았다.

기획자들이 흔히 하는 실수 중 하나가 바로 세계 최초 타이틀이다. 특히 상품 기획자라면 본인의 커리어에 세계 최초라는 타이틀을 얻고자 한다. 하지만 중요한 것은 시장에서 세계 최초가 되기보다 소비자의 기억 속에서 최초와 최고가 되는 것이다. 알테어가 시장에서 어느 정도 인기를 끌자 많은 업체가 인텔 8800을 사용한 호환 기종을 만들기 시작했고, 시장에서 경쟁력을 잃자 에드 로버츠는 결국 2년 만인 1977년에 MITS를 매각한다. 제품 출시 이후 신규 경쟁자들을 대비하지 못했고, 경쟁자의 진입 장벽이 전혀 없는 상태였기 때문에 경쟁에 무방비로 노출된 것이다. 또한 경쟁자들이 고성능의 제품을 출시했을 때 이에 대응하는 노력을 하지 못했다. 후속 기종에 대한 연구 및 실행이 부족했던 것이다.

전문가 그룹을 껴안아라, 홈브류 컴퓨팅 클럽

홈브류 컴퓨팅 클럽(Homebrew Computer Club)은 1975년

에 실리콘밸리에서 만들어진 컴퓨터 전문가 동호회다. 당시 전자공학이 인기를 얻자 전자회로, 부품, 컴퓨팅 장치를 스스로 설계하고 이에 관한 정보를 교환하기 위해 엔지니어들이 모여 전문가 그룹을 만든 것이다. 애플의 스티브 잡스와 워즈니악 및 유명한 해커와 컴퓨터 관련 사업가들이 이 모임 출신이다. 격주로 발행되는 클럽 뉴스레터와 공개 강연으로 컴퓨터 혁명에 지대한 영향을 미쳤다. 창립자는 고든 프렌치와 프레드 우러라. 홈브류 컴퓨팅 그룹에서 알테어8800이 소개됐고, 이때 스티브 잡스가 워즈니악에게 알테어8800보다 더 훌륭한 개인용 컴퓨터를 만들어 보자고 제안한 것이 애플 I의 시작이었다. 홈브류 컴퓨팅 클럽에 알테어8800의 리뷰를 의뢰한 것은 결과적으로 개인용 컴퓨터의 발전 및 이후 IBM이 PC 산업에 진출하는 계기가 됐다. 하지만 MITS에게는 실질적인 도움이 되지 못했다. 상품 기획자의 입장에서라면, 이러한 전문가 그룹에 리뷰를 의뢰하고, 좋은 리뷰를 모아 마케팅에 활용해야 한다. 또 알테어8800과 유사한 호환 모델이 출시돼 위협이 가해질 때, 차기 모델을 함께 연구하는 공동 프로젝트를 진행하면 어떠했을까 한다. 더욱 개선된 제품이 출시될 수도 있었다.

핵심 부품의 흐름을 읽어라

스티브 잡스와 워즈니악은 1976년 애플I을 출시한다. 이들은 모스 테크놀로지(MOS Technology)에서 척 페들과 그의 팀이 설계한 8비트 마이크로프로세서인 6502 CPU를 사용했다. 척 페들은 모토로라에서 M6800설계를 담당했다. 6502 CPU

는 당시 자일로그의 Z-80 CPU와 함께 1980년대 초의 개인용, 가정용 컴퓨터 혁명을 일으킨 여러 프로젝트들을 촉발시켰다. 알테어8800이 인텔의 C8080A CPU를 사용했는데 애플이 다른 CPU를 선택한 데는 이유가 있었다. 6502 CPU의 가격이 모토로라나 인텔에서 출시한 다른 마이크로 프로세서에 비해 6분의 1밖에 안 됐던 것이다. 또한 모토로라의 M6800 CPU와 호환됐다. 워즈니악은 난순히 CPU를 인텔 i8080을 모토로라의 MC6800으로 교체하겠다는 생각을 뛰어넘어 제품 원가를 고려한 것이다. 확장성을 고려하되 생산성을 높이고 가격을 낮출 수 있도록 회로를 완전히 재설계했다. 원가를 고려한다고 해서 아무도 사용하지 않은 제품과 기술을 사용해 위험을 무릅쓸 수는 없다. 인텔의 i8080A 프로세서는 1974년 출시됐다. 모토로라의 MC6800 역시 같은 해에 출시됐다. 워즈니악은 당시 CPU의 흐름을 꿰뚫고 있었던 것이다. 핵심 부품의 로드맵을 알고 있었고, 인텔 8080에 비해 모토로라의 MC6800이 가격 대비 성능이 좋다는 사실, MC6800의 호환 CPU가 모스 테크놀로지에서 출시돼 업계에서 사용하고 있다는 것을 명확하게 알고 있었다. 원가 경쟁력을 고려했고, 회로를 단순하고 심플하게 재구성함으로써 호환성, 확장성 및 공용화, 생산성 향상을 이룬 것이다.

연구개발 생태계를 구축하라

개발자와 상품 기획자는 만들고자 하는 제품의 핵심 부품, 핵심 부품의 대체 부품, 경쟁사 제품의 핵심 부품에 대한 로드맵을 명확하게 이해하고 있어야 한다. 외주 개발이 가능한 소프트웨어 개발 회사, 하드웨어 개발 회사, 핵심 부품 공급 업체, 핵심 부품을 공급하는 업체의 FAE(Field Application Engineers, 현장에 파견돼 기술 문제를 해결해주는 엔지니어) 정보, 부품 단종 여부, 대체 부품 목록 등의 정보를 항상 최신으로 유지하고 있어야 한다. 어떤 외주 개발 업체에 어떤 기술이 있는지도 파악해야 한다. 경쟁사의 제품, 새롭게 출시되는 핵심 기술에 대한 TDR(Tear down & Rebuild, 완전 분해하고 다시 조립하며 기술을 리버스 엔지니어링 하는 과정) 활동을 지속적으로 수행해야 한다.

또 부족한 기술과 솔루션은 어떻게 해결할 것인지 전략을 마련해야 하며 기술 확보에 대한 로드맵을 수립해야 한다. 최신의 기술 트렌드 및 기술 동향도 파악하고 있어야 한다. 협력 개발(Joint Development)이 가능한 업체, 기술 도입 및 기술 협력이 가능한 업체도 항시 수배해 두어야 한다. 특허 정보도 지속적으로 업데이트해야 한다. 개발 제품의 부품 공용화, 모듈화, 재활용 정도, 플랫폼 설계도 경쟁력의 원천이다. 이러한 개발 및 개발 주변의 모든 사항을 고려해 기업의 전략을 수립하는 것을 연구개발 생태계(Development ECO System) 구축이라고 한다.

차별화, 혁신, 경쟁우위 전략

1975년에 알테어8800과 SWTPC6800이 출시된 후에, 애플I은 1976년 4월에 출시됐다. 이미 알테어8800와 SWTPC6800가 출시됐고 각 제품에 대한 장단점을 파악했기 때문에 그런 제품과 무엇인가 다른 차별화 포인트가 있어야 했다. 우선 알테어 8800의 전면 프론트 스위치와 LED 같은 불편한 사용자 인터페이스는 고민하지 않아도 됐다. 또한 SWTPC6800에는 카세트 장치를 연결하는 SWTPC AC-30 카세트 인터페이스가 필요했지만, 애플I은 이러한 단점을 극복했다. 키보드 인터페이스를 지원했고, 비디오 터미널을 연결할 수 있는 인터페이스, 확장 커넥터, 카세트 테이프를 연결하는 인터페이스 등 모든 것을 하나의 보드에 구현했다. 애플I 컴퓨터 보드를 구매한 후 사용자는 키보드와 모니터만 연결하면 됐다. 애플I은 세계 최초로 창조된 제품이 아니다. 이미 애플I이 출시되기 전부터 많은 선구적 도전자들이 제품을 출시했고, 각각 장점과 단점을 가지고 있었다. 잡스와 워즈니악은 경쟁사의 제품을 철저하게 분석하고, 차별화 포인트를 찾은 것이다. 불편한 텔레타이프 입력을 제거해 사용자 편의성을 구축했고, 카세트 플레이어 인터페이스를 메인 보드에 구현해 전체적인 원가를 절감했다. 이로써 고객에게 별도로 추가 비용이 발생하지 않도록 했다. 차별화, 경쟁우위, 혁신이 반영된 것이다.

핵심 사업, 타깃 시장, 인접 시장 그리고 고객

애플I의 개발을 마친 1976년, 워즈니악은 애플I을 자신이 근무하던 HP의 임원들에게 소개하며 애플I를 제조 및 판매하라고 제의한다. 하지만 HP는 흥미를 갖지 않았다. HP는 1966년도에 이미 HP2100, HP1000 시리즈의 마이크로 컴퓨터로 컴퓨터 시장에 진입을 했다. HP가 워즈니악의 제안을 다섯 번이나 거절한 것은 컴퓨터 사업을 과학, 비즈니스, 산업용으로 한정했기 때문이다. HP 입장에서는 타깃 시장을 선정하고, 그곳에 집중했다. 굳이 새로운 개인용 PC 시장을 만들면서까지 사업할 필요는 없다고 판단한 것이다. 하지만 그 이후 코모도어64의 성공을 지켜본 후에 개인용 컴퓨터 시장에 진입하지만 큰 재미를 보지 못하고 철수하는 경험을 한다. 상품과 사업 기획자가 시장을 분석할 때 유의할 점이 있다. 흔히 상품과 사업 기획의 첫 단계로 환경 분석을 진행하고, 시장 분석을 수행한다. 시장은 진입하고자 하는 시장, 현재 진입하여 비즈니스를 수행하고 있는 시장, 관찰 대상인 시장, 철수해야 할 시장 등으로 구분한다. 이렇게 분석한 후 이에 따라 제품이나 솔루션 등을 개발한다. 하지만 그 기간 동안에도 시장은 끊임없이 변하고 움직이고 있다.

기업용 메인프레임 컴퓨터가 이미 사용되고 있던 1960년대에는 개인용 컴퓨터의 태동기였다. 시장을 올바르게 분석하는 기획자라면, 개인용 컴퓨터 산업이 시장의 태동기를 맞았다고 인지하고, 더욱더 주의를 기울여야 했다. 최근에는 B2B 비즈니스가 이미 포화된 B2C 시장의 새로운 대안으로 주목받지만, 그 당시에는 B2B 시장에서 B2C 시장을 바라봐야 했던

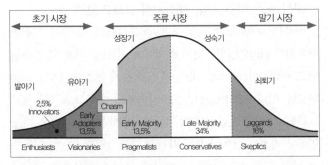

PLC(Product Life Cycle)에 따른 고객 분류

것이다. 또한 당시 시장을 움직이는 핵심 요소인 CPU와 메모리의 성능과 가격 변화의 추세를 파악하고 타깃 고객을 초기의 이노베이터(Innovator)에서 얼리 어답터(Early Adopter)까지 어떻게 유인할지 고민해야 했다. 기업 입장에서는 이노베이터와 얼리 어답터만을 대상으로 신규 비즈니스를 수행하기는 어렵다. 그림을 봐도 전체 고객 중 이노베이터는 2.5퍼센트 정도이기 때문이다.

투자비, 납기, 판매 방법, 채널을 구축하라

판매망을 찾던 잡스는 컴퓨터 매장을 운영하던 폴 테렐을 만난다. 새로운 컴퓨터에 흥미를 느낀 테렐은 30일 안에 50대를 납품해 줄 것을 요청한다. 잡스와 워즈니악은 자신들이 소유한 차량과 전자계산기 등을 급히 팔아 컴퓨터를 생산할 자금을 마련했고, 추가 자본 확보를 위하여 아타리의 기술자인 론 웨인에게 주식 10퍼센트를 준다고 제의해 자금을 투자받고 기술 고문을 담당하게 했다. 이렇게 잡스와 워즈니악, 그리고 웨인을 포함한 3명은 1976년 4월 1일, 회사를 설립한다. 애플 I은 1976년 6월에 바이트샵에서 처음 판매를 시작했는데 대당 가격은 666.66달러였다. 하지만 초반 판매는 순조롭지 못했다. 이에 웨인은 회사 설립 11일 만에 애플의 주식 10퍼센트를 포기하고 800달러를 받고 회사를 떠난다. 하지만 2개월 정도 지나자 입소문을 타고 애플I이 인기를 끌기 시작했고, 이후 애플I은 10개월 동안 200여 대가 판매된다.

상품과 사업 기획자가 신규 사업, 신규 상품 및 솔루션을 기획할 때도 필요한 자금 운영 방안을 기획안에 포함해야 한다.

개발 인력 등 인건비, 제품 설계와 프로토타입 제작에 필요한 부품 비용, 양산 제품을 생산할 때 필요한 부품 비용, 생산 및 제조 비용을 감안해 자금 운영 방안을 마련한다. 부품 공급을 위한 공급망 관리, 공급 채널 확보, 유통 방안 수립, 가격 운영 전략, 신제품 출시 및 단종 전략을 수립하는 것 역시 상품과 사업 기획자가 맡아야 할 역할이다. 국내 대기업의 상품 기획자에게 취약한 부분이 기업의 자금 운용 시뮬레이션이다. 주로 경영 계획 부서에서 정보를 획득해 상품 기획서에 복사해 두지만, 실질적인 내용까지는 이해하지 않는 것이 현실이다. 기획자는 스스로 하나의 회사, 하나의 사업을 직접 운영한다는 생각으로 전체를 꿰뚫어 보는 시야를 가져야 한다.

납기와 채널을 시뮬레이션하라

애플I의 첫 판매 상대였던 바이트 샵과의 납품 조건을 보면 30일 내에 50대를 공급하는 것이었다. 현재 시점에서 공급망 관리가 잘돼 있는 회사라 하더라도, 일반적인 전자 부품의 납기는 4주를 넘긴다. 급한 경우 시중의 유통 재고를 구매하기도 한다. 부품 공급 업체에서 공급받으려면 최소한의 주문 수량도 맞추어야 한다. 이것을 MOQ(Minimum Order Quantity, 최소 발주 수량)라고 한다. 즉, 50개의 애플I을 제작하고자 하는데 모스 테크놀로지에서 6502 CPU의 MOQ를 200개로 설정했다면 200개만큼의 금액을 지불하고 150개는 재고로 가지고 있어야 한다. 만약 6502 CPU의 납기가 4주를 넘겼다면 애플I은 결코 바이트샵에 50대를 공급하지 못했을 것이다.

잡스가 애플I을 판매한 방식은 간접 판매(Indirect Sales)다.

즉, 고객에게 직접 판매하는 직접 판매(Direct Sales)를 하지 않고, 전문 판매점인 바이트샵에 물건을 건네었다. 당시 알테어 8800은 우편 통신으로 물건을 판매했다. 우편으로 주문을 받고 나서 비용을 입금받은 다음 물건을 배송하는 방식이었다. 당시 채널 구축이 되어 있지 않은 잡스에게는 간접 판매가 가장 현실적인 접근 방법이었다. 상품 기획자는 회사의 영업부서, 마케팅 부서의 비즈니스 매니저(Business Manager)과 함께 판매 방법과 채널 구축, 유지, 확대에 관한 전략을 수립해야 한다. 지역, 산업별로 시장을 구분하고, 직접 판매 또는 간접 판매, 온라인 판매, 주문자 상표 부착 방식(OEM, Original Equipment Manufacturing)등의 방법을 검토하는 것이다.

성공 경험이 있는 전문가를 영입하라

창업 초기, 초보 스타트업 수준에 불과하던 애플은 비즈니스 전문가인 마이크 마쿨라를 만나면서 정상적인 회사의 형태를 만들게 된다. 마이크 마쿨라는 스티브 잡스와 워즈니악의 약점이던 사업 부문을 완벽하게 보완해 주었다. 스티브 워즈니악은 엔지니어로서, 그리고 스티브 잡스는 기획자로서 컴퓨터 개발에 매진했지만, 사업을 운영하는 데는 분명 한계가 있었다. 창의력과 직관으로 무장한 스티브 잡스였지만 경영 지시이 전무했고, 회사를 운영하기에는 디테일한 경험이 부족했다. 아직 아마추어에 불과한 이들에게 마이크 마쿨라처럼 이미 성공을 경험한 코치가 필요했던 것이다.

애플Ⅱ 컴퓨터는 1977년 샌프란시스코에서 개최되는 웨스트코스트 컴퓨터페어라는 대규모 행사에서 최초로 공개할 예정이었다. 이때도 마큘라는 전시회 준비와 제품 소개 방식, 부스 설치, 고객 응대 등 잡스와 워즈니악이 경험하지 못한 부분을 상세하게 코칭했다. 이미 업계에서 넓은 인맥과 네트워크를 구축하고 있던 마큘라는 내셔널 세미컨덕터의 임원인 마이크 스콧을 사장으로 영입하는 데 성공했고, 실리콘밸리의 투자자에게 투자받을 수 있도록 능력을 발휘했다. 당시 인텔에 투자해 거액의 수익을 거두었고, 실리콘밸리 벤처 캐피탈의 원조로 손꼽히는 아서 록을 애플의 이사진으로 합류시키고 투자를 유도했다. 애플 이사진에 합류한 아서 록은 록펠러 가문에서 상당한 금액의 투자를 유치하는 데 성공한다.

킬러 애플리케이션, 킬러 피처

마이크 마큘라는 애플Ⅱ 컴퓨터의 성공에 중요한 창발적 아이디어를 냈다. 애플Ⅱ 컴퓨터는 저장장치로 주변에서 쉽게 사용하는 카세트 플레이어를 이용할 수 있다는 장점이 있었지만, 데이터 입력 속도가 너무 느렸다. 마큘라는 새롭게 태동한 플로피 디스크 기술에 주목했으며, 개인용 컴퓨터에도 입출력 속도를 높인 플로피 디스크를 장착해 카세트 테이프를 대체한다면 시장에서 승산이 있을 것이라고 판단했다.

마이크 마큘라의 아이디어는 애플Ⅱ의 성공에 속도를 붙였다. 당시 스프레드시트 프로그램의 원조인 비지캘크 프로그램은 기업용으로 많이 시판되고 있었다. 애플에 플로피 디스크를 연결하고 플로피 디스크에 비지캘크를 저장해 판매하면서 애플Ⅱ의 판매량은 폭발적으로 치솟았다. 이제까지 애플Ⅱ 컴퓨터는 컴퓨터 애호가 사이에서 게임과 취미 용도로 사용됐는데 플로피 디스크가 연결되자 누구나 쉽고 빠르게 다양한 소프트웨어를 이용할 수 있게 된 것이다. 플로피에 저장된 비지캘크 프로그램은 기업 혹은 개인이 회계장부를 작성하는 데에 크게 유용했다. 당시 미국에서는 개개인이 모두 세금을 직접 계산해야 했다. 이 경우 비지캘크를 이용하면 회계 계산과 정리를 손쉽게 처리할 수 있었다. 비지캘크의 유용성을 알게 된 사람들은 오직 비지캘크를 사용하려고 애플 II 컴퓨터를 구입할 정도였다. 비지캘크는 소프트웨어가 하드웨어를 팔리게 한다는 교훈의 가장 대표적인 사례가 됐다.

이러한 판매량 증가 덕분에 애플의 매출은 매년 100퍼센트 이상 성장했고, 창업 4년 만에 IPO를 추진한다. 애플의 IPO는 당시 포드 자동차 이후 최고로 성공적인 IPO라는 부제가 달릴 정도의 흥행 신화를 만들었다. 450만 주가 모두 완판됐고, 하루 만에 주식 가격은 32퍼센트가 넘게 올랐다. 당시 25세이던 스티브 잡스는 개인용 컴퓨터라는 신세계를 만들어 고객에게 새로운 경험을 선사함으로써 창의와 혁신의 아이콘으로 등극했다.

혁신은 내부, 외부 어디에서도 찾아야 한다

애플 II 출시 당시에는 디스크 드라이브가 없었다. 나중에 디스크 드라이버를 적용하려 했는데, 값비싼 하드웨어 컨트롤러와 복잡한 소프트웨어가 필요하다는 문제가 있었다.

스티브 워즈니악이 이 문제를 해결했다. 시중의 다른 디스크 컨트롤러가 하드웨어로 구현된 것에 반해 워즈니악은 프로그램 로직과 8개의 직접 회로를 이용해 플로피 디스크 컨트롤러를 설계한 것이다. 워즈니악과 랜디 위깅턴은 1978년도 소비자 가전 전시회에서 디스크 컨트롤러를 직접 시연해 업계의 호평을 받았다. 하지만 디스크 드라이브의 프로그램과 데이터를 구성하고 제어하는 하이 레벨 소프트웨어를 개발하는 것은 또 다른 문제였다. 당시 애플의 전체 인력은 15명에 불과했고, 관련 기술을 아는 사람은 아무도 없었다. 새롭게 관련 기술을 습득하고 구현할 만한 시간적 여유도 없었다.

당시 워즈니악과 잡스는 신속히 아웃소싱을 추진했다. 내부 인력은 현재 업무에 집중하도록 하고, 그 분야의 전문가를 찾아 합당한 비용을 지불해 기술 내재화를 도모하고자 했다. 이때 밥 세퍼드슨을 만난다. 애플은 프로젝트 명 애플 애니(Apple Annie)로 애플Ⅱ의 디스크 컨트롤러 프로젝트를 의뢰했지만, 밥 세퍼드슨 역시 너무 바빠 결국 구인광고를 통해 베이직을 연구하던 폴 러튼을 채용했다. 잡스와 밥 세퍼드슨은 애플 컴퓨터의 파일 매니저와 베이직 프로그래밍 언어의 인터페이스, 작은 유틸리티 모음을 개발하는 계약을 체결했고, 실질적으로 폴 러튼이 구현해 애플Ⅱ DOS 3.1을 단 7주 만에 성공적으로 출시했다.

폴 러튼은 IBM360 같은 메인프레임 컴퓨터에서 타임 세어링(Time Sharing) 시스템을 설계한 경험이 있어 컴파일러와 운영체제를 잘 알고 있었다. 하지만 이전 경험과는 달리 폴 러튼은 새로운 마이크로 프로세서인 6502 CPU를 기반으로 한 작은 개인용 컴퓨터용 프로그램을 개발해야 했다. 폴 러튼은 일을 하면서 무엇이 필요한지 알았고, 어떻게 해야 하는지도 명확하게 알고 있었다. 워즈니악과 위깅턴이 작성한 디스크 드라이브의 트랙과 섹터읽기, 쓰기에 대한 로레벨 루틴부터 시작했다. 폴 러튼이 작업해야 하는 하드웨어는 정말 훌륭하게 설계된 것이었다. 폴 러튼은 다음과 같이 회상했다. "나는 수많은 디스크 컨트롤러들을 잘 알고 있었지만 워즈니악이 설계한 디스크 컨트롤러는 경이로웠다. 정말 간단하고 심플하고 우아한 디자인이었다. 그리고 핵심은 그 모든 것을 소프트웨어로 구현했다는 것이다. 다른 디스크 컨트롤러가 수많은 IC 칩셋을 사용해 구현한 그 많은 것을 불과 몇 줄의 소프트웨어 코드로 작성한 것이다. 그는 진정한 천재다."

애플 컴퓨터의 가격 정책

잡스는 애플 II 컴퓨터를 출시하면서 제대로 된 가격 정책을 만들기 시작했다. 상품 기획 및 영업, 마케팅에서 흔히 말하는 '가격표(Price List)'다. 애플은 이미 존재하는 많은 전자 업체의 제품 가격표를 참고했고, 레지스 매키너 같은 전문 기술 마케팅의 대가로부터 컨설팅을 받았다. 소매상들이 애플에 제품을 주문하려면 약속된 코드가 있어야 한다. 그것이 바로 제품 코드다. 제품 코드는 회사명, 제품 모델 번호, 제품 형태(애플의 경우 보드, 부품, 모듈, 시스템, 테이프 카세트 등으로 구분), 파생 상품 번호, 예비로 남겨둔 번호 등으로 구성된다. 애플은 코드부터 애플 II 시스템, 애플 II 보드로 구분해 완성된 시스템과 보드를 따로 팔았다. 고객이 필요에 따라 주문을 달리할 수 있도록 한 것이다. 또한 메모리 용량에 따른 가격도 미리 정했다.

애플의 가격표를 보면 '소매자 권장 가격표'라고 표시돼 있다. 즉, 애플에서 표준으로 제시하는 가격 기준이라는 뜻이다. 예를 들어 소매상이 물건을 팔 때는 이렇게 제시된 가격을 기준으로 판매한다. 하지만, 대량 판매나 기업, 학교 등으로 대량 납품한다면 수량에 따라 가격을 조정할 수 있다. 소매상이 임의로 가격을 낮추거나 혹은 애플에 이야기해 낮은 가격으로 물건을 납품받을 수 있다.

IBM 퍼스널 컴퓨터의 출현과 애플의 대응

한편, IBM은 이미 메인 프레임 컴퓨터 시장에서 62퍼센트 이상의 시장 점유율을 차지하고 있었지만, 개인용 컴퓨터 시장에는 큰 관심이 없었다. 1970년대 후반에 개인용 컴퓨터 시장은 코모도어PET, 아타리 같은 8비트 컴퓨터 제품군, 애플 II, 탠디(Tandy Corporation)의 TRS-80, 그리고 CP/M 변형 기종이 주류를 이루었다. 이후 1979년에 1억5000만 달러의 시장 규모가 되고 1980년대 초에 연간 40퍼센트씩 성장할 것이란 예측은 이제 IBM의 관심을 끌기에 충분했다.

휴렛팩커드와 텍사스인스트루먼트, 데이터제너럴과 같은 회사가 이 시장에 진입했고, IBM의 기존 대형 고객이 애플 컴퓨터 제품을 구매하기 시작했기 때문에, IBM은 새로운 시장을 실험하고 크고 작은 다양한 경쟁자를 방어할 목적으로 마이크로 컴퓨터 시장에 진입하기로 한다. 돈 에스트리지(Don Estridge)의 관리 감독하에 만들어진 IBM 퍼스널 컴퓨터가 1981년 8월 출시됐다. 잘 알려진 IBM PC XT/AT는 각각 1983년, 1984년에 출시된 모델이다. 사실 퍼스널 컴퓨터라는 용어는 이미 제록스의 파크 연구소가 1972년에 소개했다. 하지만 IBM 퍼스널 컴퓨터의 성공으로 PC라는 용어는 IBM 퍼스널 컴퓨터 제품 및 이와 호환되는 데스크톱 컴퓨터를 통칭하는 의미로 사용되기 시작했다. 1982년 IBM의 광고 문구는 다음과 같았다. "IBM은 귀하가 개인적으로 관심을 가질 만한 제품을 발표하게 돼 자랑스럽게 생각합니다. 이것은 여러분의 책상, 집, 혹은 아이들의 교실에 곧 들어설 도구입니다. 그것은 여러분이 일하고, 배우고, 또는 다른 방법으로 복잡한 삶에 접근하는 방식에 놀라운 차이를 만들 수 있습니다. 그것은 우리가 당신을 위해 만들고 있는 컴퓨터입니다." IBM의 PC 출시 2주 후에 애플은 대응 광고를 만들어 공표한다. 유명한 "Welcome, IBM. Seriously(환영합니다, IBM. 진심으로)"다. 이 광고를 살펴보면 재미있는 부분을 찾을 수 있다. 애플이 개인용 컴퓨터 시장을 만들었고, 애플이 하는 일은 개인의 업무 생산성을 향상시켜 사회 자본을 증대시키는 일이라고 오히려 홍보하는 것이다. 이러한 일에 IBM이 참여하는 것을 환영한다는 뜻이다. 대중적 인지도가 높지 않은 애플은 오히려 이 광고를 통해 거대 공룡인 IBM에 대항할 수 있는 상대라는 인식을 소비자에게 심어준 것이었다.

IBM의 오픈 아키텍처, 오픈 플랫폼

개발 당시부터 IBM은 오픈 아키텍처(Open Architecture)를 표방했기 때문에, 제품 출시 후 수많은 서드파티 회사들이 주변 장치, 확장 카드, 풍부한 소프트웨어 등을 만들었다. 이러한 이유로 IBM PC는 개인용 컴퓨터 부문 플랫폼 표준화에 막대한 영향을 미쳤다. 'IBM 호환'은 제품 판매 성장의 중요한 기준이 됐고 전체 시장의 크기를 키웠다. 한편으로는 누구나

IBM 호환 제품을 만들 수 있었다. 심지어 IBM 내부 개발자는 수많은 다른 회사가 시장에 출시하는 IBM 호환 제품과도 경쟁해야 하는 상황에 직면했다.

IBM은 메인 프레임에서 축적한 다양한 기술과 마케팅 능력을 발휘해 시장을 장악해 나갔다. 또한 오픈 아키텍처 덕분에 IBM과 협력하는 다양한 업체 및 서드파티 회사가 신제품을 출시했고 IBM 호환이라는 강력한 마케팅 무기로 애플이 선도하던 시장을 흔들어 놓은 것이다. 애플은 표면적으로 "Welcome, IBM Seriously" 같은 광고로 자신감을 드러냈지만, 내부적으로는 IBM 및 IBM 호환의 시장 진출에 큰 위협을 느끼고 있었다.

실패한 제품 애플 III

IBM은 IBM 5150PC 출시 이후 PC XT/ AT를 각각 1983년, 1984년에 출시했다. 이에 긴장한 애플은 비즈니스 부문을 타깃으로 하는 애플 III를 출시했다. 애플 II의 후속으로 제작되었지만, 시장에서는 실패한 제품이었다. 애플 III는 사실 1980년 5월에 첫 출시를 했지만, 심각한 안정성과 성능의 문제로 시장에서 1만4000대를 회수하고 1981년 다시 출시한 제품이다. 하지만 IBM 및 IBM 호환 컴퓨터들과 상대하기에는 역부족이었다. 1984년에 개발이 중단됐고, 1985년 후속 제품이었던 애플 III Plus도 단종한다. 사람들은 애플을 비난했고 결과적으로 상업적으로도 성공하지 못한 것이다.

상품 기획이자라면 생각해볼 만한 포인트가 있다. 개인용 컴퓨터에서 비즈니스 목적의 사용자가 진정으로 원하는 기능은 타자기 형태의 대문자, 소문자가 모두 존재하는 키보드였다. 당시 애플Ⅱ는 대문자만 지원했다. 사람들은 또한 80컬럼의 디스플레이를 원했다. 애플Ⅱ는 기본적으로 40컬럼의 디스플레이를 지원했고, 바이덱스 카드 같은 별도의 하드웨어 장비를 구매해야 80컬럼 디스플레이를 지원할 수 있었다. 또한 애플Ⅱ는 8비트 컴퓨터다. 비즈니스 목적의 컴퓨터 제품군이 16비드 마이크로 프로세서와 PC DOS/MS DOS 플랫폼으로 빠르게 이동했는데, 애플은 이를 제대로 감지하지 못했다. 스티브 워즈니악은 이전 애플의 제품은 엔지니어들이 철저히 검토하고 설계했지만, 애플Ⅲ는 마케팅 부서가 기획해서 실패한 것이라고 지적했다. 애플은 애플Ⅲ의 실패 때문에 제품 라인업 전개에 큰 차질을 빚는다. 결국 어쩔 수 없이 기존의 애플Ⅱ 제품에 일부 기능을 변경해 애플Ⅱ 라인업을 확대하지만 시장은 점점 더 IBM 및 IBM 호환 제품이 장악해 나갔다.

품질 나쁜 제품, 고객과의 타협이 아니다

애플Ⅱ 컴퓨터로 성공을 맛 보았지만, IBM 및 IBM 호환 개인용 컴퓨터의 등장으로 일반 소비자의 관심은 IBM 및 호환 기종으로 이탈했다. 애플 입장에서는 빠르게 후속 기종을 만들어 더 이상의 고객 이탈을 막아야 했다. 조급해진 애플은 애플Ⅲ 기종의 출시를 급하게 서둘렀다. 그래서 제품 출시는 됐지만, 1만 대가 넘는 불량 제품이 시장에서 유통됐고, 제품에 대한 불만뿐만 아니라 기업의 이미지가 추락했다. 이후 불량품 회수, 신규 제품 출시 등의 노력을 거쳤지만, 애플Ⅲ는 애플 역사상 가장 큰 실패 중 하나로 기억되고 있다. 애플Ⅲ

의 부진과 실패로 결국 애플은 단종하려 한 애플Ⅱ 라인업을 확대해 애플Ⅲ의 빈자리를 메우고, 애플 리사, 매킨토시 컴퓨터 개발을 진행했다.

기업에 따라 다르지만, 상품을 출시하는 최종 의사결정은 상품 기획 혹은 마케팅 부서에서 내린다. 최종적으로는 상품화 승인 단계를 거쳐야 한다. 상품화를 승인한다는 의미는 제품의 기본 품질, 성능, 스펙 등을 회사가 보장한다는 것이다. 그래서 제품 출시 이후에 수많은 문제점이 발생한다면, 고객은 다른 대체 제품을 찾는다. 삼성전자 갤럭시 스마트폰의 배터리 발화 사건, 과거 삼성전자의 지펠 냉장고 폭발 사건 등이 유사한 사례다.

제품 출시 vs. 품질 우선

현업에서 업무를 하며 자주 대립하는 문제가 제품 출시와 품질이다. ICT 비즈니스를 포함해 다양한 산업군에서 적기에 제품을 출시하는 것은 기업 활동의 필수 항목이다. 그런데 이렇게 제품 출시 기간을 최우선으로 생각하면 최소한의 사양과 품질 기준조차 충족하지 못하는 일이 발생한다. 애플Ⅲ의 사례, 삼성전자의 갤럭시 스마트폰, 지펠 냉장고 폭발 등이 모두 유사한 사례다. 철저한 품질 검증 없이 적기 출시를 목표로 업무를 진행한 것이다. 품질을 우선시해 제품의 출시 시기를 늦추는 것도 정답은 아니다. 원칙적으로는 제품 출시 시간을 역산해서 품질을 확보할 수 있는 기간을 제품 개발 기간에 반영해야 한다. 기본적인 원칙은 이렇지만, 실제로 현업에서 가장 어려운 부분이기도 하다. 많은 전자 부품을 아웃소싱하고, 다양한 소프트웨어의 호환성 테스트도 제품 개발 기간 내에 수행하지 못할 수 있다. 그래서 선진 기업은 미리 생태계를 구축하는 것이다. 핵심 부품의 제조 업체로부터 부품의 로드맵, 품질 기준, 제품의 PLC(Product Life Cycle) 정보를 미리 입수하고, 대체품과 대체 업체도 수배해 둔다. 소프트웨어의 호환성 역시 지속적으로 검증해야 한다. 갑작스러운 부품 단종이나 공급 불가에 대비한 시나리오도 만들어야 한다. 이렇게 하려고 선행 개발, 선행 상품 기획, 선행 품질 등을 수행하는 조직을 구축해 현재 제품 라인업에 포함되지는 않는 차세대 제품과 기술을 미리 검토하는 것이다. 별도의 선행 연구 조직이 없는 회사라도, 일부 엔지니어, 상품 기획자, 구매 책임자를 태스크 포스 형태로 운영해 선행 검토한다.

상품 기획의 제품 라인업 전개 방법

매킨토시 컴퓨터의 출시 직전에 잡스는 제록스의 파크 연구소에서 보았던 GUI를 자사 제품에 도입하고자 했다. 이러한 생각을 야심 차게 적용한 제품이 1983년 출시된 리사 컴퓨터다. 본체와 모니터가 일체화된 디자인과 확장 슬롯, 외장형 하드디스크 드라이브 등 당시의 최신 기술을 모두 적용했지만, 제품의 핵심 기능으로 생각한 GUI를 구동하기에는 CPU 성능이 기대에 미치지 못했다. 또한 1만 달러나 되는 가격은 사용자에게 매력적이지 않았다. 애플Ⅲ와 리사의 연속된 실패로 잡스의 회사 내 입지도 점차 좁아졌다. 애플은 애플Ⅱ 시리즈 출시 이후에 애플Ⅲ, 리사, 매킨토시 등 세 개의 제품 라인업을 계획하고 개발에 착수했다. 애플Ⅲ를 성공적으로 시장에 진입시킨 후에는 애플Ⅱ 제품을 점진적으로 단종하려 계획하고 있었다. 리사로 니치 마켓을 공략하고, 제프 라스킨이 준비하던 매킨토시로 애플Ⅲ 이후의 메이저 시장을 공략하는 전략이었다. 하지만 애플Ⅲ의 출시는 성공적이지 못했고, 불량 발생, 이에 따른 대응, 산적한 재고 처리 문제가 발생했다. 리사, 매킨토시를 출시하기에는 아직 개발 기간이 부족한 상황이었다.

단종하려던 애플Ⅱ 제품을 유지한 것은 어쩔 수 없는 임시 방편이었지만, 시장에서는 이미 16비트 개인용 컴퓨터로 고객이 이동하기 시작했다 8비트 애플 컴퓨터에서 경험할 수 없는 빠른 성능, 80컬럼의 디스플레이를 경험한 고객은 애플Ⅱ 시리즈로 다시 돌아오지 않았다. 이 당시에는 애플Ⅱ 제품을 확대하기보다 리사와 매킨토시를 비교해보며, 어느 제품군에 더 주력할 것인가를 고민하는 편이 나았을 것이다. 상품 기획자의 입장에서는 기존의 라인업을 확장하는 방법이 가장 편하고 안전한 매출 달성의 방법이라 생각할 수 있다. 하지만 이런 방안도 결국 회사의 다른 비즈니스 시스템, 즉 개발, 마케팅, 품질, 생산 등 전 부서의 리소스를 사용하는 것이다. 이러한 리소스 사용은 새로운 제품 개발 활동에서는 오히려 마이너스 효과를 가져온다. 신제품 출시 지연, 개발 납기 지연, 품질 평가 지연 등으로 악순환이 연속되는 것이다.

결국 이러한 경우에는 다양한 사업 시나리오를 두고 ROI(Return on Investment, 투자 자본 수익률)를 계산해야 한다. 당시 애플이라면 기존 애플Ⅱ의 라인업 전개가 최고의 ROI를 얻을 수 있는 시뮬레이션인지 따져 보았어야 했다. 또한 리사, 매킨토시의 성공과 실패에 따른 시나리오를 사전에 계획했어야 한다. 리사의 높은 출시 가격, GUI 기능을 따라오지 못하는 CPU 성능은 이미 애플 내부에서 지적된 문제였다. 상품 기획자라면 이 부분에서 포커스 그룹을 활용했어야 한다. 애플Ⅱ를 실제로 사용할 고객 층을 발굴해 사용자 테스트를 진행했어야 한다. 그들의 제품 지불 의사도 판단했어야 한다. 이후에 출시된 매킨토시는 출시 가격이 2495달러였는데 리사의 기본 제품의 가격이 9995달러였다. 고가 정책을 유도한다 하더라도 이후 출시될 매킨토시보다 다섯 배가 높은 가격, 기존의 IBM 및 IBM 호환 기종보다 5~8배 높은 가격으로는 고객을 확보할 수 없었다. 당시 잡스가 이끌던 리사 프로젝트는 성공만 준비했을 뿐, 실패에 대한 시나리오를 준비하지 않았다. 시장 예측과 고객 예측, 예상 수요량 조사도 잘못된 것이었다. 현재의 상품 기획자라면 기획하면서 위험 요인에 대한 전략을 함께 작성해야 한다. 당시 잡스는 이런 점을 인지하지 못했고, 리사 프로젝트 실패 후에 바로 매킨토시 프로젝트에 합류한다.

고객에게 메시지와 화두를 던져라

애플 내부에서는 제프 라스킨이 매킨토시 프로젝트를 진행하고 있었다. 리사와는 달리 쉽고, 간편하고, 저렴하며, 개인용 출판물 제작도 가능한, GUI 탑재 컴퓨터를 제품 콘셉트로 정했다. 하지만 리사 프로젝트 실패 후 신규 프로젝트가 없던 잡스와 잡스의 개발팀이 매킨토시 제품 개발에 합류하게 되고, 기존의 책임자였던 제프 라스킨과의 불화로 결국 제프 라스킨과 일부 엔지니어가 퇴사하는 사건이 발생했다. 매킨토시는 1984년 1월에 출시된 그래픽 사용자 인터페이스와 내장 스크린, 마우스를 갖춘 올인원(All-in-One) 제품이다. 하지만 초기 매킨토시 모델은 상대적으로 고가의 제품으로 일반 소비자 시장의 코모도어65, 퍼스널 컴퓨터 시장에서의 IBM 및 IBM 호환 기종과 경쟁하기 쉽지 않았다. 매킨토시는 교육용 및 데스크탑 출판 분야라는 특정 분야에서 성공을 거두며, 이후 10년간 제품 생산기준 2위의 PC 제조 업체가 된다. 이때부터 소비자들은 매킨토시를 개인용 컴퓨터가 아니라 데스크탑 출판을 위한 제품으로 인식하게 된다. 제품 포지셔닝이 이동한 것이다.

1984년은 당시 많은 사람들에게 특별한 의미가 있는 연도였다. 조지 오웰은 자신의 소설 『1984』에서 빅브라더(Big Brother)라는 허상이 텔레스크린(Telescreen)이라는 스크린을 통하여 사회를 감시 통제한다고 이야기했다. 심지어 자신의 기억을 다시 떠올리는 것도 금지된 시대이며 모든 기억은 빅브라더를 중심으로 수정되고 가공된다는 것이었다. 매킨토시의 슈퍼볼 광고는 바로 이러한 시대의 흐름을 반영했다. 이 광고에서는 소수의 절대 권력자와 거기에 순응하는 다수, 그리고 그 순응을 깨트리는 혁신자를 표현하고 있다. 소수의 권력자는 바로 IBM이었고, 다수의 사용자가 IBM의 컴퓨터에 맹목적으로 순응하고 있지만, 매킨토시의 등장으로 그 허상을 깨트린다는 것이었다. 광고 말미에 "1월 24일, 애플 컴퓨터가 매킨토시를 소개합니다. 여러분은 왜 1984년이 소설 『1984』처럼 되지 않을 것인지 알게 될 것입니다"라고 이야기하며 마친다.

이 광고 제작에는 또 다른 이야기가 숨어 있다. 잡스는 매킨토시 출시를 전쟁이라고 생각했다. 경쟁 상대가 전 세계 PC 시장을 지배하고 있는 IBM이기 때문이었다. 잡스는 경쟁 상대와 치열한 전쟁을 해본 전문가만이 도움이 될 것이라고 판단했다. 그래서 최종 선택한 사람은 마케터가 아닌 정치 컨설턴트였다. 선거라는 전쟁을 수도 없이 치른 이들이 IBM과의 전쟁에 적격이라고 판단한 것이다. 그리고 패트릭 캐들과 스콧 밀러에게 도움을 청한다. 캐들은 여론 조사 전문가다. 그는 1976년 지미 카터를 대통령으로 만든 주역이었다. 스콧 밀러는 광고 전문가다. 캐들과 밀러는 여러 차례 잡스와 만나 토론한 후 보고서를 완성했다. 제목은 '돌고래와 상어'다. 절대적 시장 지배력, 고객을 가르치고 마음대로 통제할 수 있는 거만한 빅브라더의 위치, 지배자, 포식자의 이미지를 강조하려고 IBM을 상어로 묘사한 것이다. 돌고래의 이미지는 인간 친화적이며 자유롭고 날렵하다. 인간을 헤치지 않는다. 그래서 애플은 돌고래의 이미지가 되어야 한다고 조언했다. 실제 매킨토시에는 성장하는 베이비부머 세대의 특성이 반영돼 있다고 캐들과 밀러는 판단했다. 빅브라더의 획일적인 통제와 억압에서 벗어나 텔레스크린을 파괴하며, 스스로 결정할 수 있는 권리, 선택의 자유, 기존 제도에 대한 거부 등이 그것이었다. 결국 구시대와 신시대의 대결 구도를 만들고 베이비부머 세대를 집중 공략하는 전략이었다.

다음은 매킨토시 컴퓨터의 출시에 맞춰 공개된 지면 광고다. 매킨토시의 독특한 외형과 성능, 기능을 설명한다. 특히 새롭게 선보이는 제품이기 때문에 제품의 내부 구조를 투시 기법으로 설명하는 방식을 채택했다. 이번 지면 광고는 광고 하단의 마지막 문구에 그 의미가 드러난다. "사람은 두 가

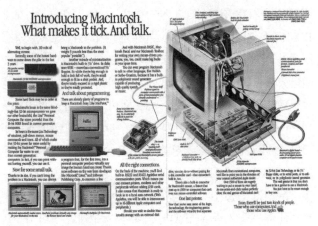

매킨토시 컴퓨터 잡지 광고

지 부류로 나뉜다. 컴퓨터를 사용하는 사람, 그리고 애플을 사용하는 사람." 신제품 광고할 때마다 고민할 것은 무엇을 알릴 것인가, 누구에게 알릴 것인가다. 가령 사용자가 손쉽게 조작을 하는 기능을 강조하려고 매킨토시 광고에 "손가락으로 가리킬 수만 있으면, 매킨토시도 사용할 수 있습니다(If you can point, you can use Macintosh, too)"라는 카피를 사용했다. 이미 시장에 경쟁 상대인 IBM과 그 호환 기종이 존재하는 상황에서 매킨토시의 광고는 CPU의 성능 비교부터 시작해 제품의 크기와 무게에 대한 강점을 이야기한다. 또한 맥페인트(MacPaint)와 멀티플랜(Multiplan) 같은 킬러 애플리케이션을 지원한다는 것을 강조한다. 새롭게 지원되는 사운드 제네레이터의 기능도 쉽게 설명한다. 이런 장점을 소개하면서 "무엇이 움직이게, 그리고 말하게 하는가(What makes it tick. And talk)"라고 타이틀을 달아 고객의 궁금증을 자아냈다.

또 한 번의 실패

무리한 라인업 확장

애플Ⅲ 및 리사 등의 실패로 잡스는 전문 경영자 영입을 고민했다. 유력한 후보는 펩시 콜라의 사장이던 존 스컬리였다. 스컬리는 펩시 콜라를 업계 1위까지 올려놓은 뛰어난 마케팅 능력의 소유자였다. '설탕물을 팔며 인생을 보내기 보다, 세상을 바꿀 기회를 잡자'는 잡스의 유명한 화술에 넘어와 1983년 스컬리는 애플의 CEO에 취임한다. 하지만 연이은 매출 감소 및 수요 예측 실패로 애플은 막대한 재고 자산 및 유동성 자금 위기에 빠졌다. 종업원의 20퍼센트를 해고해야 하는 최악의 사태를 맞이한 것이다. 결국 잡스는 스컬리가 주도한 이 사회에서 퇴출당한다.

스컬리가 부임했을 때 애플Ⅱ는 교육용 시장과 가정용 컴퓨터로, IBM PC는 개인용, 업무용 컴퓨터로, 매킨토시는 개인 출판 및 그래픽 사용자 목적으로 제품의 포지셔닝과 마켓이 분리돼 있었다. 특히 1985년에 나온 페이지메이커(Pagemaker) 소프트웨어는 전자 출판 시장에 혁명을 일으키며 매킨토시에 생명을 불어넣은 킬러앱이었다. 많은 신규 고객이 페이지메이커 소프트웨어를 이용하려고 매킨토시를 구매하는 상황이었다. 또한 어도비(Adobe)의 포토샵(PhotoShop) 역시 매킨토시를 사용하는 주된 이유가 됐다. 이러한 킬러앱의 지원으로 매킨토시는 1989년 300만 대의 판매량을 이루어 낸다. 하지만, 스컬리는 경영 진단을 통해 매출 부진의 원인이 라인업 부족이라고 생각했다. 더 많고 다양한 제품 라인업 구성이 매출을 향상시킬 것이라고 확신한 것이다. 이에 매킨토시의 제품군을 다양하게 전개했다. 고화질 컬러 그래픽을 지원하는 매킨토시Ⅱ, 보급형 제품인 매킨토시SE를 동시에 출시했고, 최상위 기종인 매킨토시 쿼드라, 중상급형 기종인 매킨토시 센트리스, 일반 보급형인 매킨토시 클래식, 저가형인 매킨토시 LC 등으로 라인업을 확대한 것이다.

상품 기획자가 반드시 재고해야 할 부분이 있다. CEO 혹은 사업 본부장, 소사업부장 등이 변경되면, 이들은 본인의 단기 실적을 위해 무엇인가를 새롭게 의욕적으로 추진하고자 한다. 그러다 보니, 중장기적 전략은 부족하고 단기 성과에 치중하게 된다. 기존 제품의 라인업을 확대해 매출을 늘리는 것이 가장 일반적인 방법이기도 하다. 하지만 라인업 확장은 기본 제품(Base model)이 탄탄하게 구축된 상태에서 시행해야 한다. 기본 제품 설계를 플랫폼(Platform)으로 구축하고, 변경되는 부분이나 추가되는 부분에 모듈화 설계 개념을 적용해야 하는 것이다. 라인업을 확대할 때는 기본 라인업으로 전개할 것인지, 고객의 주문 및 요구 사항에 따라 변동되는 라인업으로 전개할 것인지 판단해야 한다. 기본 라인업을 확장한다면 떠안아야 할 재고, 부품의 적기 공급, 저장 장소의 문제 등을 모두 검토해야 한다. 변동 라인업으로 대응하고자 한다면, 고객에게 요구 사항에 맞게 변경(Customization)이 가능함을 알리고, 계약 후에 제품을 공급하는 등의 방법을 이용해야 한다. 최소한의 부품과 물류만을 운용하는 전략이다.

시장보다 앞선 선도 제품

개인용 컴퓨터 외에 다른 주력 상품이 필요하다고 느낀 스컬리는 지식 내비게이터(Knowledge Navigator) 프로젝트를 추진해 1993년에 필기 입력 기능을 갖춘 세계 최초의 PDA(Personal Digital Assistant, 개인용 정보단말기)인 뉴턴(Newton)을 출시한다. 뉴턴은 손 안에 들어가는 크기에 필기 기능을 내장했으며, 터치 스크린, 주소록 및 수첩, 계산, 스케줄 관리 등 다양한 기능을 지원했다. 뉴턴은 오늘날 사용하는 스마트폰을 개발하는 데에도 대부분의 아이디어를 제공할 징도로 획기적인 제품이었으나, 1000달러에 달하는 높은 가격, 가장 중요한 필기 기능 인식률 문제가 있었다. 판매 채널도 다양하지 못해 소비자가 구매하기 어렵기도 했다. 당시의 소비자에게는 이렇게 높은 금액으로 PDA를 사용할 만한 니즈가 없었다. 뉴턴의 실패로 스컬리의 입지는 큰 타격을 입었고 결국 1993년 애플의 CEO 자리를 마이클 스핀들러에게 넘기고 물러난다. 뉴턴은 스티브 잡스가 복귀한 후에 처음 단종시킨 제품이라는 불명예를 안기도 했다. 잡스는 당시의 하드웨어와 소프트웨어 기술로는 제품 구현 및 사업에 한계가 있음을 직감했다. 승부를 겨룰 수 없는 사업이기에 중단한 것이다. 하지만 뉴턴 제품의 개발 부서를 이끌고 그때부터 아이패드를 개발하기 시작했다는 사실이 삼성, 애플 소송 자료에서 밝혀지기도 했다.

최초의 PDA는 사이온(Psion)이 1984년에 제작한 오거나이저(Organizer)다. 1986년 오거나이저 II가 출시되면서 전자 다이어리, 검색 가능한 주소록 기능이 처음으로 구현됐다. 공학용 전자 계산기에 개인용 업무 지원 소프트웨어가 올라간 것이다. 이때까지는 아직 PDA라는 용어를 사용하지 않았다. 실제로 PDA라는 용어 자체는 애플이 뉴턴을 출시하면서 만들어낸 이름이다. 1993년 애플의 뉴턴 제품은 출시 후에 다양한 기능상 문제점이 발생했고, 특히 USP로 여긴 필기 입력 기능은 인식률이 무척 떨어졌으며, 고가의 제품이라 대중성을 얻지 못했다. 이후 IBM에서는 1994년 전화 기능을 탑재한 PDA를 출시한다. 바로 IBM 사이먼(Simon)이다. 이 제품은 최초의 스마트폰이라 불리기도 했다.

1996년, 노키아는 IBM 사이먼과 유사한 제품을 출시한다. 9000커뮤니케이터(9000 Communicator)다. 기본적인 무선 전화기에 팩스, 짧은 메시지 보내기, 이메일 기능, 무선으로 영상 전송, 디지털 카메라 기능, 웹 브라우저 기능 등 현대의 스마트폰에서 볼 수 있는 각종 기능이 구현된 제품이다. 실제로 이 제품은 '세계에서 가장 많이 팔린 PDA'라는 타이틀을 얻기도 했다. 같은 해인 1996년 팜(Palm)은 팜파일롯(Palm Pilot)이라는 제품을 출시한다. 원래 팜은 소프트웨어 회사였다. 팜프린트(PalmPrint)라는 손 글씨 인식 소프트웨어와 팜 오거나이저(Palm Organizer)라는 개인 정보 관리 소프트웨어를 만드는 것이 목적이었다. 하지만 현재까지 출시된 하드웨어를 검토해본 결과 직접 제조해도 좋겠다는 판단을 내렸다. PDA의 핵심은 하드웨어가 아닌 소프트웨어 능력이라 생각한 것이다.

휴대폰, PDA, 아이폰 접근 방식과 사업 전략

상품 기획자의 입장에서 특정 제품으로 시장에 진입하거나 빠져 나올 때도 관련 경쟁사, 제품에 적용된 기술, 핵심 부품 제조 업체의 움직임, 고객 반응 및 생태계의 움직임 등을 꾸준히 감시하고 모니터링 해야 한다. 공학용 계산기로부터 PDA의 원형인 오거나이저 I, Ⅱ가 나왔고 이후 애플의 뉴턴이 출시됐다. 이 두 업체의 초기 시도는 큰 매출로 이어지지 않았고 애플은 결국 표면적으로는 사업을 철수하고 제품을 단종시켰지만, 내부적으로는 지속적으로 연구해왔다. 이연구가 아이팟, 아이팟 터치, 아이패드의 개발로 이어진 것이다. 실제로 잡스는 애플에 복귀한 후에 다른 개발 부서 직원을 해고했지만, 뉴턴 개발팀은 그대로 유지하고 비밀 프로젝트를 수행했다고 한다.

시장이 매력적이지 않거나 고객이 전혀 없는 경우, 가치가없는 상품과 서비스라면 고객과 경쟁사 모두 움직이지 않는다. 하지만 당시 PDA 시장만 리뷰하더라도, 애플의 뉴턴 출시 이후, 업계는 휴대폰을 기반으로 부가 기능을 장착한 형태와 애플 뉴턴이 제시한 독립형 PDA 형태로 나뉘었다는 것을 알 수 있다. IBM의 사이먼에 이은 노키아의 9110커뮤니케이터는 기존의 휴대폰에 추가 기능을 장착한 방식이다. IBM과 노키아의 PDA를 살펴본다면 핵심은 휴대폰의 발달과 관계가 있다. GSM, CDMA로 통신 방식이 발전함에 따라 휴대폰의 외형도 변화하고 결국 PDA 역시 변화에 맞춰 추가 기능을 더한 것이라고 생각해야 한다. 팜과 컴팩(Compaq), HP의PDA 역시 초기에는 전화 기능이 없는 독립적인 장치에서 점차 GSM, CDMA 모듈을 장착해 휴대폰의 형태를 띠었다.

사업 기획을 하다 보면, 전체 시장이 성숙할 때까지 기다려야 할 때도 있고, 단기적으로 시장에 진입해보고 경쟁의 구도가 심해지거나 새로운 기술이 기존 시장을 파괴할 때 과감히물러날 수 있어야 한다. 파괴적 기술(Disruptive Technology, 와해성 기술)이라는 표현이 있다. 새로운 혁신 기술이 시장에 등장해 기존 업계를 재편성하고 시장을 선점하는 기술이나 서비스를 말한다. 당시까지 휴대폰은 휴대폰대로 발전해왔고, PDA 역시 나름대로의 영역을 구축해 이에 통신 모듈과 인터넷 브라우징 기능 등을 추가해 별도의 시장을 형성했다. 기존 휴대폰 회사는 PDA 방식의 스마트폰이 시장을 새롭게 장악할 것이라고 예측하지 못했다. 또한 PDA 업체 역시 통신 및 전화 기능을 하나의 부가 기능 정도로 보았다. 또한 두 개의 시장이 지속적으로 합쳐지지 않고 별개로 갈 것이라고 오판했다.

애플의 아이폰이 이러한 통념을 깨트린 제품이다. 결코 완전히 새로운 제품과 새로운 시장을 창조한 것이 아니다. 잡스는 휴대폰과 PDA의 발전 방향과 시장을 살펴보고 있었다. 뉴턴 이후의 시장과 제품, 경쟁사의 움직임, 새로운 기술의 흐름을 살펴본 것이다. 그리고 두 시장이 궁극적으로 합쳐지는 방향으로 이동한다는 결론을 내렸다. 또한 기존 휴대폰의 작은 화면으로는 인터넷 브라우징 등을 하려면 가독성이 떨어지고 불편했다. PDA 장점인 대화면을 버리고 휴대전화 형태로 진화하는 기존의 휴대폰, PDA의 흐름에서 기회를 읽은 것이다. 또한 아이팟과 아이팟 터치로 이를 검증했다. 아이폰의 첫 제품이 2007년 출시되기 전에 이미 업계에서는 통신 모듈을 내장해 완전한 전화 기능과 PDA 기능을 합친 PDA 제품이 출시돼 있었다. HP의 아이팩6315(iPAQ 6315)와 HP RW6100 시리즈가 그 대표적인 사례다. 하지만 아이폰의 출시와 더불어 모두 자취를 감추었다.

애플이 다양한 제품을 개발하고 사업을 진행했음에도 불구하고, 1980년대의 시장 상황은 애플에게 유리하지 않았다.

1980년대 중반 IBM PC 및 호환 PC는 개인용 컴퓨터 시장을 독점하다시피 했고, 애플의 매킨토시 시리즈는 일부 출판 및 교육 분야에서만 명맥을 유지했다. 이러한 상황을 타계하고자 애플은 사활을 건 두 가지의 사업 전략을 추진했다. 첫 번째는 매킨토시의 성능을 높여 전문가 시장을 공략하는 것이고, 두 번째는 애플이 아닌 다른 제조사도 매킨토시 호환 기종을 출시할 수 있도록 해서 매킨토시의 전반적인 보급률을 높이는 전략이었다.

첫 번째 전략 수행의 결과는 애플, IBM, 모토로라가 개발한 파워PC(Power PC)다. 파워PC는 당시 IBM에 탑재된 인텔 펜티엄(Pentium) CPU보다 성능이 좋았다. 파워PC를 탑재한 파워매킨토시(통칭 파워맥)는 1994년 출시됐고, 고성능을 요구하는 컴퓨터 그래픽 디자이너와 개인 출판 편집자에게 호평을 받았다. 두 번째로 1994년, 애플은 다른 업체도 매킨토시 호환 기종을 출시할 수 있게 하겠다고 발표한다. 이후 파워컴퓨팅, 파이오니아, 모토로라, 유맥스 등의 업체에서 매킨토시 호환 기종이 출시됐다. 이들 호환 기종은 애플의 매킨토시처럼 맥OS 운영체제를 탑재했으며 가격은 매킨토시에 비해 저렴했다. 매킨토시 호환 기종은 상대적으로 저렴한 가격과 호환성을 무기로 조금씩 시장을 넓혀나갔다.

상품 기획자의 입장에서 애플의 두 가지 전략의 장·단점을 파악해야 한다. 파워PC CPU의 공동 개발은 CPU 설계 기술에 대한 위험 부담을 현저하게 낮추며, 관련 기술을 확보하고, 제품에 적용할 수 있다는 장점이 있다. 인텔 CPU에 종속되지 않고 공급에 다양성을 주었다는 것은 큰 장점이다. 사실 이때부터 애플은 자체 칩셋 설계에 대한 기술을 IBM, 모토로라로부터 확보한 것이고 이후 아이폰의 A9 프로세서 등을 자체 설계하는 원동력이 됐다. 매킨토시의 성능을 끌어올리며, IBM PC 및 호환 기종의 공격에 맞서 매킨토시 제품의 포지셔닝을 전문 그래픽 사용자, 개인 출판으로 집중한 것도 매킨토시의 매출을 지속적으로 유지하는 유효한 전략이었다. 하지만, IBM 호환과 유사한 개념이던 매킨토시 호환 제품의 생산은 매킨토시 컴퓨터의 전체 시장을 새롭게 넓힌 것이 아니라, 오히려 애플이 차지하고 있던 고유의 매킨토시 시장을 분할하게 되는 결과를 초래하였다.

MP3 플레이어 vs. 아이팟

지난 2012년 유럽에서 MP3에 대한 특허권이 소멸된 이후 2017년 미국에서도 MP3 특허권이 만료됐다. MP3 원천 기술을 갖고 있던 독일의 프라운호퍼 연구소의 특허권이 만료된 것이다. MP3는 MPEG-1 Audio Layer Ⅲ의 약자로서 동영상 압축 규격인 MPEG-1(Moving Picture Experts Group-1)의 오디오 부분에 해당하는 오디오 압축 규격이다. 스마트폰의 대중화 이전까지 가장 잘 알려진 오디오 코덱(Audio Codec)이기도 하다. MP3 플레이어를 휴대용으로 설계해 최초로 양산에 성공한 개발사는 한국의 새한정보통신이고 제품은 새한 앰피맨 F10이다. 초기에 출시된 제품은 16MB의 메모리가 장착돼 고작 MP3 3~4곡을 저장하였으나 기존의 CD 플레이어, 카세트 플레이어보다 편하고 휴대폰의 오디오 지원 기능은 부실했으므로 선풍적인 인기를 끈다. 새한 앰피맨을 필두로 디지털 캐스트는 미국의 다이아몬드 멀티미디어사로부터 투자를 받아 리오 PMP300을 출시했다. 해외에서는 리오 PMP300을 세계 최초의 MP3 플레이어라고 알고 있는 사람도 있다. 특히 1990년대 후반부터 닷컴 열기에 힘입어 국내에서만 20곳이 넘는 업체가 MP3 플레이어를 출시했고 특히 레인콤, 아이리버, 거원 시스템 등의 제품이 꾸준한 인기를 얻었다. 세계 최초로 MP3 플레이어 양산에 성공했지만, 기술적 난이도가 상대적으로 높지 않았고, 중국의 저가 제품까지 대량 공급됨에 따라 나중에는 사은품으로 제공되기도 했다.

애플의 아이팟(iPod) 출시는 모든 MP3 플레이어 업체의 경쟁을 불허하는 초격차를 만들었고, 국내 대부분의 MP3 업체는 경쟁력을 잃고 시장에서 사라져갔다. 국내 업체들은 세계 최초의 제품 상용화라는 퍼스트 무버(First Mover)의 자리를 차지했지만, 지속적인 혁신, 플랫폼 구축, 업체 간 연계 및 부품 공급선의 다변화, 원가 절감과 기능 혁신이 모두 부족한 상황이었다. 당시 국내에서 제조된 MP3 플레이어는 사용법이 너무 복잡했다. 트리 구조(Tree Structure) 형식의 수많은 메뉴와 복잡한 설정, 직관적이지 않은 인터페이스, 펌웨어가 업그레이드되면 경험의 일관성이 모두 사라지는 개발자 취향의 사용 방법, 높은 출시 가격 등으로 고객에게 새로운 경험보다 귀찮고 복잡한 경험을 선사한 것이다. 이에 비해 아이팟은 맥 OS X와 아이맥G3에서 정립한 사용자 인터페이스와 직관적인 사용 방법, 경험의 연속성을 일관성 있게 유지했다. 한국 및 중국산 MP3 플레이어의 복잡한 기능을 최대한 단순화하고, 비슷한 가격대에 더 많은 MP3 오디오를 저장할 수 있도록 저장 장치를 개선했으며, 심플하고 미려한 디자인은 고객의 구매 욕구를 자극했다.

숀 패닝이 만든 냅스터(Napster)는 1996년에 서비스를 출시한 온라인 음악 파일 공유 서비스였다. 토렌트와도 유사한 P2P(Peer to Peer) 방식의 서비스로 컴퓨터를 사용하는 모든 사람이 MP3 음악 파일을 무료로 공유하도록 한 것이다. 이는 음반 산업 전체의 매출에 심각한 타격을 입히고 저작권을 침해했다. 국내에서도 2000년부터 소리바다가 냅스터와 유사한 방식으로 MP3 파일 공유 서비스를 시작했고, 국내 음반산업계와의 저작권 문제가 발생해 서비스를 중단당하기도 했다. 애플은 이러한 음반산업계의 흐름과 '연결'하고 있었다. 즉, 기존 업체의 문제점을 지속적으로 파악해 이를 자사의 제품과 솔루션을 개선하고 혁신하는 데 반영했다. 퍼스트 무버 업체의 움직임에 산업이 어떻게 반응하는지 감지하고 있었던 것이다. 국내 MP3 플레이어들이 소리바다, 냅스터 등과 함께 불법 MP3 파일 유통에 암묵적으로 동의하는 상황에서 애플은 콘텐츠는 판매의 대상이라는 발상의 전환을 이루었고 이는 아이튠즈 스토어(iTunes Store) 서비스 플랫폼으로 콘텐츠 제공자와 이용자를 자신의 플랫폼 안에서 연결했다. 콘텐츠 제공자에게 지속적인 수익 창출을 보장한 것이다. 단순히 하드웨어만 판매하던 한국의 MP3 플레이어 제조사들과 달리, 애플은 하드웨어와 소프트웨어 그리고 플랫폼까지 지속적인 서비스를 통한 수익 구조를 만들어 공급자와 소비자들의 만족도와 자사의 수익을 동시에 높이는 전략을 성공시켰다. 2001년 11월에 출시된 아이팟은 지난 2007년 누적 판매 1억대를 돌파했다.

시장과 제품을 분석하라: 아이팟 출시 전 사전 준비

상품 기획자 입장에서 신규 제품을 기획하거나 개발할 때는 반드시 원천 특허, 의장, 디자인 특허 등을 확인해야 한다. 특허를 감안하지 않고 필요한 기술을 그대로 사용할 경우, 특허권을 가진 업체는 바로 특허 소송을 걸지 않는다. 일정 수준의 매출을 올리도록 지켜본 후에 그 전체 매출 및 향후 매출에 대한 금액을 배상하도록 하는 전략을 수립하기 때문이다. 글로벌 기업이나 대기업은 특허를 조사하는 별도의 팀이나 외부 서비스를 이용할 수 있지만, 중견, 중소기업은 특허 검색, 출원, 등록, 특허 무효화 대응 등 많은 부분을 사내에서 진행해야 하는데, 쉽지 않다. 일부 업체는 특허 검색을 개발자나 상품 기획자에게 일임하는데, 완전히 잘못된 방식이다. 과거 MP3 사례에서도 알 수 있듯이 특허권을 국내에 팔거나 해외에 양수하는 것은 한 기업의 문제일 수 있지만, 전체 사업을 생각한다면, 제조 업체들이 연합하여 공동의 특허권을 형성하거나(Cross License) 특허 협정을 맺어 상호 이용하는 방안(Patent Pool)을 취했어야 한다. 혹은 정식으로 특허료를 지불하여 사용하는 방안을 찾아야 했다.

일부 ICT 관련 리포트나 경제 분석지에서는 애플이 시장 분석을 하지 않는다고 이야기하지만, 이는 잘못된 정보다. 수많은 기업과 산업에 연결돼 있고, 실시간으로 경쟁사, 유사 산업, 이 기종에 대한 데이터를 분석하고 있다. 아이팟을 출시하기 전에 애플은 내부적으로 개인용 디지털 장치(Personal Digital Devices) 시장을 분석하고 이에 관한 소프트웨어, 하드웨어, 서비스 산업을 추진할 디지털 허브를 구축해 이 과정에서 아이팟 라인업 전략을 수립했으며, 아이튠즈 서비스 시나리오가 만들어진 것이다. 선두 업체와 후발 업체가 하드웨어 디바이스에 몰두하고 있을 때, 애플은 디지털 뮤직 시장을 봤다. 디지털 허브로서의 아이팟 프로젝트에서 수많은 경쟁 제품에 대한 고객의 실제 사용 경험과 메뉴 구조, 디자인, 고객 경험과 가치, UI, UX 등 모든 자잘한 내역까지 모으고 분석했다. 데이터가 모아지고 분석 과정을 거친 후에 잡스는 하드웨어 최고 책임자인 존 루빈스타인에게 팀을 꾸리라고 지시했고, 그에 따라 대표적 발명가이자 디자이너, 투자자인 토니 파델(Tony Fadell), 매킨토시의 창시자 마이클 듀이(Michael Dhuey), 수석 디자이너인 조나단 아이브(Jonathan Ive) 등 애플을 대표하는 대표 드림팀이 만들어진 것이다.

애플은 기존 MP3 업체들이 플래시메모리에 대한 수급, 가격, 용량 문제로 고민하다 결국 이를 고스란히 고객 비용으로 부가하는 상황을 지켜보며, 신속히 HDD(Hard Disk Driver) 공급망을 분석했다. 존 루빈스타인이 직접 도시바와 접촉해 HDD에 대한 안정적 사용권을 확보했다. 노트북에 이용되는 5GB HDD를 이용해 1000개의 MP3 음악 파일을 탑재할 수 있게 된 것이다. 아이팟의 디자인도 기존 MP3 플레이어의 관념을 탈피했다. 미국인이 선호하는, 1958년에 출시된 브라운 T3 라디오(Braun T3 transistor Radio)과 뱅앤울프슨의 베오콤 6000 전화기(BeoCom 6000 telephone)에서 디자인 영감을 얻어 고객에게 익숙한 경험을 제공한 것이다.

분야별로 경험 있는 전문가와 협력하고 스토리를 입혀라

아이팟 개발의 또 하나의 특징은 소프트웨어를 전적으로 애플 내부에서 개발하지 않았다는 점이다. 개발 과정에서 포탈 플레이어(PortalPlayer)사의 레퍼런스 플랫폼을 이용했다. 포탈 플레이어는 이미 IBM 브랜드의 MP3 플레이어를 작업한 경험이 있었다. 애플은 자신들의 전문 분야가 아닌 경우 그 분야 최고의 전문가와 협력하거나 영입해 새로운 가치와 경험을 만들어 간다. 아이팟의 사용자 인터페이스 개발 부분은 픽소(Pixo)사와 협력했다. 물론 이 모든 과정에는 잡스와 존 루비스타인의 집요하리만큼 철저한 관리와 전략이 녹아 있었다.

아이팟의 이름에도 스토리를 덧붙였다. 작명을 당시 업계에서 인기를 끌던 프리랜서 카피라이터인 비니 치코(Vinnie Chieco)에게 의뢰했고, 그는 〈2001 스페이스 오딧세이(20001 Space Odyssey)〉에서 나온 대사인 "파드 문을 열어, 할(Open the pod door, Hal)!"에서 파드(Pod, 작은 우주선이라는 뜻)를 차용했다. 영화에 나오는 디스커버리 원(Discovery One) 우주선과 하얀 파드를 연상하며 개인용 컴퓨터와 음악 재생 기기 사이의 관계를 연결한 것이다. 물론 아이팟에 대한 상표권을 조사했고, 그라소(Grasso)사를 통해 상표 사용권을 획득했다. 당시 삼성전자에서 출시된 MP3 플레이어의 이름은 YEPP이었다. YEPP는 Young, Energetic, Passionate, Personal의 약자라고 한다. 당시 "옙!"하고 대답한 데서 YEPP이 나왔다는 말도 있었다.

제품을 개발하면서 본사 내부 개발을 고집하는 기업이 있다. 정보나 기밀이 유출된나는 석성이 앞서 외부 업제와의 협력을 주저하는 것이다. 하지만 현재의 비즈니스 상황은 모든 것을 스스로 할 수 없는 것이 현실이다. 기술, 제품 등 분야별로 전문 업체가 이미 수없이 존재한다. 이들은 자사가 가지고 있지 않은 다양한 경험을 보유한 검증된 업체다. 적기에 이런 업체를 활용하여 JD(Joint Development, 공동개발)를 수행하는 역량이 이제는 제품 개발과 제품 출시를 결정 짓는 요소가 됐다.

일반 소비자 대상의 제품을 기획하거나 개발하고 마케팅할 때 제품 탄생의 스토리, 혹은 작은 이야기를 스토리로 만드는 것도 중요하다. 애플이 제품 이름을 만들면서 굳이 전문 카피라이터를 고용하고, 이 카피라이터는 왜 미국에서 인기 있는 영화인 〈2001 스페이스 오딧세이〉에서 콘셉트를 차용했는지 이유를 검토해 봐야 한다. 아이팟을 모르더라도 〈2001 스페이스 오딧세이〉의 EVA 파드에서 유래했다는 스토리를 전하면 바로 이해하기 때문이다. 스토리를 입힌 제품은 고객의 입을 통해 전달되며 더욱 오래 각인된다.

아이팟은 출시 첫해부터 큰 성공을 거둔 제품은 아니다. 초창기 제품은 매킨토시를 이용해서만 음악을 다운로드 받을 수 있었다. 하지만 지속적으로 불편함을 제거한 후, 3세대 아이팟을 출시하면서 윈도우 PC와의 호환성을 열었다. 이에 따라 매킨토시 이용자 외에도 윈도우 이용자를 흡수하게 됐고, 폭발적인 매출 증대를 이루었다. 매킨토시 인터페이스만 고집했더라면 아이팟이 성공하기까지는 더 오랜 시간이 걸렸을 것이다. 애플뿐 아니라 현재의 비즈니스에서는 오픈 플랫폼, 오픈 인터페이스, 상호 접속성(Inter-operability) 및 제품과 솔루션 간의 통합(Integration)을 중요하게 여기고 있다. 예를 들어 스마트폰과 같은 모바일 디바이스를 출시하려면 출시 전에 MDM(Mobile Device Management) 소프트웨어 벤더인 에어왓치(Airwatch), SOTI, IBM 매스 360, 모바일 아이언(Mobile Iron)과 같은 업체들과 소프트웨어 통합 과정을 진행해야 한다. 제품에 따라 필요한 SDK(Software Development Kit)와 API(Application Programming Interface)를 만들어 함께 제공해야 하는 것이다.

애플의 아이팟 전략은 소프트웨어, 하드웨어, 인터넷 서비스 및 수익 모델을 함께 공유하는 플랫폼과 생태계를 만드는 것이었다. 실제로 아이튠즈를 이용한 지속적인 음원 매출로 메이저 음반 업체들에게 수익을 약속했다. 또한 아이튠즈를 이용해 음원을 다운로드 받으면 그 음원은 아이팟에서만 재생된다. 한 번 아이팟의 고객이 되면 다른 제품으로 이탈하지 못하는 장치를 마련한 것이다.

애플은 아이팟이 성공한 다음에도 항상 위기를 생각했다. 시간이 지나면서 휴대폰에 MP3가 재생 가능하게 되는 것을 목격하고, 아이팟 이후를 대비한 것이다. 결국 휴대폰의 발달로 아이팟도 휴대폰의 일부 기능으로 포함될 것이라는 것을 인지하였다. 애플은 이 기간에 모토로라와 아이튠즈 폰 E1(iTunes Phone E1)을 시작으로 모토로라의 다양한 휴대폰에 아이튠즈 기능을 포함했다. 하지만 MP3 저장 용량이 50곡을 넘지 못했고, 블루투스나 USB 인터페이스를 지원하지 못해 전용 케이블로 느린 속도로 음악을 다운로드 받아야 했다. 또한 모토로라의 ROKR은 단지 한 대의 컴퓨터에서만 동기화가 가능했고, 다른 컴퓨터에 연결하면 기존에 다운로드한 음악을 전부 지워버리는 단점이 있었다. 결국 모토로라와 협력은 중단됐고, 이 사건은 오히려 애플에게 휴대폰 개발이 필요하다는 점을 더욱 강조한 계기가 됐다.

사용자 경험의 연속성을 확인하다

스마트폰의 통신 방식은 GSM과 CDMA 방식으로 구분되어 있으며, 당시 국내는 미국 방식의 CDMA 통신 방식을 사용하고 있었다. 2000년대 초중반 국내에서 스마트폰 중에 선풍적 인기를 끈 제품은 아이팩 시리즈였다. 윈도우의 운영 방식과 비슷한 마이크로소프트의 포켓PC 운영체제를 탑재해 사용자의 경험을 그대로 유지한 제품으로서 UI에 어려움이 없었고, PC에서 사용하던 다양한 애플리케이션이 포켓PC 버전도 지원함에 따라 많은 사용자를 확보했다.

HP의 아이팩은 원래 컴팩에서 제조된 제품이다. HP가 컴팩을 인수 합병한 이후에도 아이팩의 브랜드 네임과 제품을 유지했고, 동일한 브랜드로 후속 제품을 출시하면서 고객의 혼란을 방지한 것이다. 아이팩은 스마트폰이라기보다 기존의 PDA에 전화 기능과 인터넷 접속 기능을 추가한 확장형 PDA로 간주할 수 있다. PDA에 익숙한 사용자에게는 PDA의 사용자 경험을 그대로 유지하면서 전화와 인터넷 기능을 이용할 수 있었기에 출시 후 국내 얼리 어답터들에게 많은 호평을 받았다. 2004년 LG전자도 포켓PC 2003 운영체제를 탑재한 스마트폰인 LG8000을 출시했다. 당시 임베디드 CPU로 인기를 끌던 인텔의 엑스케일(Xscale) 400MHz CPU를 탑재하고, 컬러 TFT LCD를 장착했으며, 180도로 회전이 가능한 110만 화소 카메라와 풀 터치 스크린, 슬라이드 방식의 액정과 키패드의 지원은 사용자에게 새롭고 다양한 경험을 선사했다. 또한 전용 GPS 모듈의 보급으로 스마트폰과 GPS를 연결해 차량용 내비게이션 시장을 창출하기도 했다.

삼성전자의 옴니아에 앞서 1999년 10월에 출시한 터치형 휴대폰이 SCH-M100/SPH-M1000이다. 당시 세계 최소형 인터넷폰으로 자체 웹 브라우저인 애니웹(AnyWeb)을 탑재해 일반 웹 페이지 검색, 자체 이메일 송수신 기능을 제공했다. 특히 스타일러스 펜을 제공하고 와이드 터치 스크린을 장착을 장점으로 내세운 제품이기도 한다. 스케줄 관리, 일정 관리, 메모 작성 및 그래픽 파일 첨부, 사전 탑재, 공학용 계산기 기능과 몇 가지 게임을 내장했다. 당시 인터넷 PDA 폰이라는 이름으로 널리 알려진 제품이다.

애플이 아이폰을 출시하기 이전에 이미 PDA 업계에는 지금의 앱스토어와 유사한 형태의 온라인 소프트웨어 판매 업체가 있었다. 특히 당시 가장 크고 유명한 서비스가 한단고(Handango)였다. 한단고는 1999년에 설립됐고, 초창기 PDA 애플리케이션에서 스마트폰 애플리케이션까지 다양한 모바일 앱을 판매하는 최초의 온라인 스토어였다. 지금의 애플 앱스토어 및 구글 스토어의 개념은 모두 한단고에서 시작된 것이다. 특히, 개발자나 개발 회사가 소프트웨어를 개발하고 한단고에 등록하면 판매 수익을 70대30으로 나누는 수익 모델을 만들어 인기를 끌었다. 모바일 디바이스에서 직접 사이트로 접속해 컴퓨터와의 별도의 동기화 작업 없이, 필요한 앱이나 소프트웨어를 검색, 설치, 구매까지 할 수 있는 기능을 제공했다. 당시는 비즈니스 모델이나 서비스 모델에 대한 지적 재산권, 특허 설정의 개념이 부족한 시기였지만, 발 빠른 기업은 선제적으로 관련 특허를 출원하기도 했다. 한단고가 사전에 특허를 출원했더라면 지금의 애플 앱스토어와 구글스토어는 막대한 비용을 한단고에 지불했어야 할는지도 모른다.

애플의 전략은 철저한 준비였다. 한단고 플랫폼과 서비스 모델을 철두철미하게 분석했고, 기존에 출시된 제품의 UI, UX 및 디자인 폼 팩터를 살펴보고 고객의 불만을 차곡차곡 축적해 내부적으로 개선을 추구했다. 과거 뉴턴 PDA를 개발하던 개발자들과 소프트웨어 엔지니어가 모두 투입됐고, 매킨토시, 아이팟의 직관적 사용자 인터페이스 제작팀이 모두 합류해 2007년 아이폰을 출시했다. 모든 면에서 기존의 경쟁 제품과 고객의 기대를 넘어서는 파괴적 기술이 결집된 혁신 제품이었다.

애플은 고객 경험을 유지하려고 집착에 가까울 정도로 노력했다. 아이폰은 새로운 제품을 구매해 사용 방법을 공부해야 하는 부담을 제거했다. 매킨토시, 아이팟 및 OS X의 직관적인 유저 인터페이스를 그대로 계승했으며, 정전식 멀티 터치 스크린 기능을 지원하여 처음 접하는 사용자도 직관적으로 사용할 수 있게 했다. 또한 아이튠즈의 인기 컨텐츠들을 이용할 수 있었으며, PDA의 한단고와 유사한 앱스토어로 셀 수 없이 많은 애플리케이션을 제공해 다른 경쟁사가 따라올 수 없는 생태계를 만들었다. 1세대, 2세대 아이폰 출시 이후 아이폰의 통신 기능 부족에 대한 지적은 2008년 3세대 통신 기능을 지원하는 아이폰 3G의 출시로 해결했고, 이후 2009년에는 처리 속도가 향상되고 고성능 카메라가 장착된 아이폰 3GS를 출시했다. 이후 구글의 안드로이드(Android) 운영 체제에 기반한 스마트폰이 안티 애플 진영으로 연합했지만 지속적인 혁신과 성장으로 꾸준히 새로운 모델의 아이폰을 출시하고 있다.

레지스 매키너에게 배우는
테크니컬 마케팅

기술 마케팅의 선구자

미국 마케팅 협회에서는 마케팅을 '소비자, 고객, 파트너, 사회를 위한 가치를 제공하기 위해 창조되고, 의사소통하고, 전달하고 교환하는 활동, 제도와 프로세스'라고 정의한다. 실리콘밸리의 급속한 성장에는 이를 뒷받침한 강력한 마케팅의 힘이 존재한다. 마케팅은 첨단 기술의 발달과 함께 시너지를 내 기술을 비즈니스와 연결시키고 고객을 유인하고 시장을 창출했다. 포드 자동차의 헨리 포드는 소비자에게 무엇을 원하는지 묻는다면, 아마도 '세상에서 가장 빠른 말'이라고 답했을 것이라며 고객 인터뷰의 한계를 설명했다. 스티브 잡스와 애플은 고객 인터뷰를 수행하지 않는 것으로 유명하다. 고객 인터뷰에서 얻을 수 있는 데이터와 인사이트에는 한계가 있음을 인지했고, 고객이 언제나 진실된 팩트만 이야기하지 못한다는 것을 알고 있었다. 물어보는 것보다 오히려 관찰을 통해 행동 패턴과 심리 패턴 분석으로 고객을 이해하고 예측해서 고객이 느끼는 최고의 경험을 만들어 내는 것이 최고의 인터뷰라고 생각한 것이다. 또한 잡스는 〈비즈니스위크〉와의 인터뷰에서 고객 인터뷰와 타깃 그룹을 선정한 포커스 그룹의 인터뷰 내용으로 제품을 디자인, 설계하는 것은 불가능하며, 눈에 보여주기 전에 고객은 그들이 원하는 것이 무엇인지 알지 못한다고 이야기했다. 결국 최종 판단은 자신과 의사결정 담당자의 직관이었다는 것이다.

1960년대 초반 실리콘밸리의 태동기부터 성공한 기업에게는 이들을 지원하는 테크니컬 마케팅이 존재했다. 당시에도 첨단 기술이 매일같이 새롭게 등장하고 있었지만, 이들 제품을 고객과 투자자에게 효과적으로 설명하기는 엔지니어들에게 또 하나의 새로운 도전 영역이었기 때문이다. 실리콘밸리 기업들은 기업을 경영하고 효과적으로 기술을 사업화하려면 테크니컬 마케팅이 중요하다고 인지했다. 기술로 소비자의 니즈를 충족하는 것이 결국 테크니컬 마케팅이며 그 중심에는 테크니컬 마케팅의 대가 레지스 매키너(Regis McKeena)가 있었다. 잡스와 워즈니악은 1976년, 야심 차게 준비한 애플I 컴퓨터를 제1회 개인용 컴퓨터 축제 전시회에 출품했다. 하지만 전시회에 참석한 수많은 방문객과 관련 업계 종사자들은 경악을 금치 못했다. 나무로 만든 네모난 상자에 들어 있는 전자회로기판을 보며 과연 이것이 컴퓨터인지 모르겠다고 조롱 섞어 말했다. 전시장의 다른 제품들을 둘러본 잡스와 워즈니악은 자신들이 기술과 제품을 효과적으로 전달하는 것에 익숙하지 않음을 알았고, 당시 최고로 주목받고 있던 인텔 제품 광고의 제작자를 찾아 나섰다. 그가 바로 레지스 매키너였다. 그는 고객에게 실리콘밸리의 첨단 기술과 제품을 마치 일상적으로 사용하는 생활용품, 주변에서 쉽게 찾아볼 수 있는 상품처럼 홍보했다. 그가 수행한 인텔 광고는 업계와 고객의 주목을 끌어왔고, 다음 번 새로운 광고는 어떠한 내용을 소개할 것인가를 궁금해하도록 유도했다.

잡스는 이미 애플I 컴퓨터 광고를 당시 최고의 컴퓨터 잡지인 〈인터페이스(Interface)〉에 개제한 적이 있다. 눈에 띄는 오타도 많았지만, 1970년대 컴퓨터 잡지들과 비교하면 나쁘지 않은 수준이었다. 하지만 인텔의 광고 방식과는 많은 차이가 있었고, 애플I 홍보 방식에서 한계를 경험했기에 워즈니악이 한창 애플Ⅱ를 설계하고 있던 시기에 잡스는 이미 마음속으로 마케팅 전문가를 선정해 두었다. 스티브 잡스는 인텔의 독특한 지면 광고를 놓치지 않았다. 오히려 매키너의 일관되고 독특한 광고 전달 방식에 매료됐다. 업계 최고의 전문가인 레지스 매키너만이 애플Ⅱ 홍보에 적합한 인물이라고 생각한 것이다. 당장 인텔에 전화를 걸어 찾고자 하는 광고 회사가 매키너의 RMI임을 확인하고는 그동안 진행하던 프랭크 버지(Frank Burge)와의 협의를 중단한 채 매키너에게 달려갔다.

매키너가 합류한 이후 애플의 마케팅의 콘셉트는 완전히 변모했다. 매키너가 처음 애플Ⅱ를 소개받는 자리에서 워즈니악은 애플Ⅱ를 소개하는 자료를 건네주었다. 매키너는 너무나 전문적인 용어와 엔지니어만 사용하는 약어는 마치 암호문과도 같았으며, 엔지니어만이 소통하는 방식이라고 지적했다. 애플Ⅱ 컴퓨터를 판매하려면 아무것도 모르는 일반인조차 쉽게 이해할 수 있도록 그들의 눈높이로 설명해야 함을 강조했다. 워즈니악은 이에 불같이 화를 내며 자리를 박차고 나갔지만, 잡스는 자신이 마케팅 측면에서 제품을 어떻게 설명할지는 모르지만 자신이 애플Ⅱ를 왜 기획했고 개인용 컴퓨터가 어떤 것인지, 어떠한 역할을 수행할지를 명확히 알고 있다는 점을 매키너에게 전달했다. 매키너는 바로 이 점에 끌렸다. 매키너와 협업하면서, 다른 업체가 자신의 컴퓨터를 선택하라며 수많은 데이터와 숫자를 나열하는 것과는 달리, 애플은 PC가 무엇이고 이것을 가지고 무엇을 할 수 있는지 보여주는 것에 집중했다.

매키너의 마케팅 노트

정리하고 혼합하여 스토리를 만든다

매키너는 강박적으로 메모하는 습관으로 유명했다. 매키너는 노트 정리가 팩트를 수집하고, 자신의 생각을 정리하고, 회의가 올바르게 진행되도록 도움을 준다고 믿었다. 매키너는 마케팅 노트를 단순 메모의 차원을 너머 모든 것을 스케치하는 스케치북으로 활용하라고 조언한다. 스케치북 안에서 모든 데이터와 생각을 혼합하는 것이다. 다양하게 혼합된 생각의 덩어리 중 일부는 고객과 함께 하고, 일부는 새로운 아이디어를 위해 별도로 남겨둔다. 향후 고객을 위해 다양한 후속 조치를 취할 수 있도록 남겨두는 것이다.

매키너는 자신의 마케팅 컨설팅 회사를 설립하기 이전 내셔널 세미컨덕터의 초창기 직원으로 근무했다. 자신의 마케팅 컨설팅 회사를 설립한 후, 1971년 인텔을 고객으로 유치한다. 당시 인텔도 창업 3년을 갓 넘어선 신생 회사였다. 인텔로서는 새롭게 출시된 마이크로 프로세서를 효과적으로 홍보해야 했고, 이미 반도체 업계에서 마케팅 활동을 해본 업계 경력자를 수배하던 중에 매키너를 선택한 것이다. 인텔은 당시 메모리칩의 주요 공급 업체였지만, 세계 최초의 마이크로 프로세서인 4004를 제작한 후 이를 효과적으로 홍보하기 위한 방법이 필요했던 것이다. 마이크로 프로세서는 혁신적인 디바이스였다. 엔지니어들은 더 이상 회로를 구성하기 위해 각각의 컴포넌트들을 전자회로 카드에 장착해 하나씩 점검할 필요가 없어졌다. 마이크로 프로세서의 도입으로 사람들은 무엇인가 프로그래밍을 해야 했고, 그것이 공학 발전을 이루는 방법을 바꾸어 놓은 것이다. 매키너는 인텔로부터 이와 같은 팩트를 수집했고, 정리하고 혼합하는 과정에서 역사적인 '인텔 4004' 광고를 제작했다. 〈일렉트로닉스 뉴스〉에 게재된 첫 광고는 "집적된 전자제품의 새로운 시대가 도래한다(Announcing a New Era of Integrated Electronics)", "칩 속에 프로그래밍을 할 수 있는 컴퓨터가 들어있다(A Micro-rogrammable computer on chip)"라는 두 개의 문구와 더불어 대형 컴퓨터를 마이크로 프로세서 4개로 대체한 그림을 보여줬다. 새로운 세상이 열렸음을 눈으로 확인시켜 준 것이다. 매키너는 잡스와 워즈니악을 만나고부터 꾸준히 고객 미팅에 대한 내역을 노트

인텔 4004 마이크로 프로세서 광고

에 정리했다. 초창기 워즈니악과 잡스가 자금을 마련하려고 각각 공학용 계산기와 밴을 팔아 치운 사례도 매키너의 고객 미팅 노트에 상세하게 기록돼 있었다. 또한 실제 설계자는 워즈니악이고, 최초 가격은 666달러이며, 바이트샵의 최종 주문 수량은 150대라는 것도 기록돼 있었다. 이 모든 기록들이 훌륭한 마케팅 스토리라인(Storyline)을 짜는 핵심 재료가 된 것이다.

누구를 위한 마케팅인가

당시 실리콘밸리의 마케팅은 첨단 기술의 다양한 가능성을 홍보하고 최대한 정보를 전달하는 형태였다. 일반인은 알 수 없는 기술적 용어와 데이터 분석 및 비교 자료, 성능과 속도, 메모리 크기와 전원에 관한 이야기까지 전문가와 관련 산업 엔지니어를 위한 제품 매뉴얼, 사양 기술서와도 같았다. 매키너는 이러한 관습을 과감히 탈피했다. 매키너의 광고는 이러한 전문가를 대상으로 한 것이 아니라, 기업의 경영진을 타깃으로 정했다. 경영진은 새로운 첨단 기술을 기업의 매출을 올리는 기회로 보기 때문이다. 매키너는 최첨단의 기술 제품을 홍보하는 것임에도 불구하고, 과학 저널이 아닌 일반 소비자 대상 잡지에서나 볼 것 같은 풍성한 예술적 기법, 활자, 언어를 사용했다. 인텔은 매번 신제품이 나올 때마다 항상 광고를 진행했다. 매키너는 일 년에 50~60회 인텔의 신제품 광고를 진행하게 됐다.

레지스 매키너는 스티브 잡스에게 애플 컴퓨터의 첫 지면 광고를 성인 잡지인 〈플레이보이〉에 게재하라고 제안했다. 당시 성인 잡지에 컴퓨터 광고를 집행한다는 것은 어느 누구

레지스 맥키너의 인텔 제품 광고

도 생각하지 못한 아이디어였지만, 레지스 맥키너는 당시 컴퓨터를 주로 구입하는 연령층은 30대, 40대의 성인 남자라는 사실을 파악했고, 이들에게 플레이보이 잡지는 접근성이 쉬운 매개체였다. 그는 실질적인 구매자를 정확히 파악해 표적 마케팅을 수행한 것이다.

고객에게 알리고자 하는 것이 무엇인가

1976년 출시된 애플I은 세상에 첫 선을 보인 낯선 제품이었으며, 이제껏 애플이라는 회사 명칭과 애플I 컴퓨터에 대해 들어본 사람은 찾아볼 수 없었다. 일부 열광적인 전문가 그룹을 제외한다면 개인용 컴퓨터라는 개념조차 쉽게 이해하기 어려운 시기였다. 개인용 컴퓨터 시장은 겨우 1년 전인 1975년에 막 형성됐고, 충분히 확산되지 못했기 때문이다. 매키너가 합류하면서 애플은 고객에게 알리고자 하는 것이 제품의 사양과 우수한 성능이 아니라는 것을 인지하게 됐다. 경쟁사 컴퓨터가 아니라 애플의 컴퓨터를 선택하도록 고객을 확신시키는 것이 목적이 아니라, 개인용 컴퓨터가 무엇이고, 고객이 개인용 컴퓨터로 무엇을 할 수 있는지를 알려야 한다는 것에 초점을 맞춘 것이다. 이는 매키너와 RMI가 이제껏 해온 전문 분야이기도 했다. 인텔의 마케팅을 전담한 덕분에 마이크로프로세서를 이용한 제품군과 새로운 시장 개척의 경험을 보유하고 있었다. 또한 매키너는 폴 테렐의 바이트샵 체인점을 비롯해 PC 산업의 생태계 내에서 여러 다른 회사와도 작업해본 경험이 풍부했으며 개인용 컴퓨터에 대한 전문성과 관심도 높았다. 잡스로서는 최고의 적임자와 손을 잡은 것이다.

일부 기획자나 마케팅 담당자, 심지어는 B2B 프로젝트를 추진하는 영업 담당자(영업 대표), 프로젝트 매니저조차 고객에게 자사의 제품과 상품을 설명하기보다 오히려 각종 사양을 읊으며 고객을 이기려 하는 성향이 있다. 고객이 잘못 알고 있는 부분을 지적하듯, 자신의 옳음을 증명하며 법관 역할을 하는 잘못된 실무자가 존재한다. 이미 모든 것을 알고 접촉해오는 고객도 있지만, 최신 정보에 연결되지 못해 새로운 기술과 솔루션, 플랫폼, 고객 경험에 낯설 수도 있다. 고객에 따라 무엇을 알려야 하는지 전략적으로 선택해야 한다. 고객을 배움이 필요한 학생으로 간주하는 것이 아니라, 고객이 새로운 제품과 경험을 추구하는 호기심 많은 탐구자가 되도록 정보를 제공해야 한다.

전문가의 네트워크를 활용하라

애플과 마케팅 계약을 맺은 매키너는 실리콘밸리의 선도적인 벤처 캐피털리스트 중 한 사람인 내셔널 세미컨덕터의 돈 발렌타인에게 잡스를 소개한다. 돈 발렌타인은 인텔에서 함께 일했던 마이크 마큘라를 소개한다. 매키너는 마케팅 전문가였지만, 스타트업과 신생 기업의 생리를 잘 알고 있었다. 특히 잡스에게는 회사가 성장하려면 더 많은 투자금을 유치해야 한다고 제안했고, 사업적으로 큰 그림을 그리도록 자문해줄 업계의 전문가와 인적 네트워크를 구축할 필요가 있다고 강조하였다. 돈 발렌타인과 마이크 마큘라와의 만남은 잡스의 크고 원대한 꿈이 실질적인 사업으로 구체화되는 계기가 됐다. 마이크 마큘라는 잡스가 애플의 사업 계획을 수립하는 과정에서 실질적으로 도움을 주었고, 애플Ⅱ 컴퓨터의 잠재력을 확신해 개인자금 9만1000달러를 투자하고 애플컴퓨터 주식회사로 편입된 회사 지분의 3분의 1에 해당하는 25만 달러를 보장받는다. 이를 계기로 애플은 1997년 1월, 쿠퍼티토에 역사적인 첫 공식 사무실을 연다.

애플은 애플Ⅱ 출시를 계획하고 있었고, 마이크 마큘라의 조언대로 1977년 4월 샌프란시스코에서 개최되는 웨스트 코스트 컴퓨터 페어에 참가한다. 마이크 마큘라는 애플Ⅱ 컴퓨터에 플로피 디스크를 장착하라고 제안하기도 했다. 인텔의 마케팅 책임자이기도 한 그는 관련 업계 소식과 기술 흐름을 읽고 있었다. 카세트 테이프를 이용한 연결 방식에는 한계가 있었고, 이를 대체할 기술인 플로피 디스크 드라이버와 플로피 디스크 기술이 상용화되어 제품으로 출시된 것을 사전에 인지했던 것이다. 마큘라의 계획은 워즈니악의 디스크 컨트롤러 개발과 애플Ⅱ DOS 3.1의 출시로 이어졌고, 플로피 디스크와 결합된 애플Ⅱ 컴퓨터는 비지캘크 같은 킬러 애플리케이션과 콜라보를 이루어 매출을 경이적으로 끌어올리는 계기가 됐다.

환경, 채널을 분석하라

알테어 컴퓨터와 복제 기종인 IMSAI가 인기를 끌고 있을 때 매키너는 현재 시판 중인 모든 제품은 전부 완제품이 아닌 보드 형태, 키트 형태인 것을 파악했고, 애플 II에 플라스틱 케이스를 적용함으로써 차별화했다. 또한 애플과 경쟁할 총 8개의 업체(프로세서 테크놀로지, 스타, TDL, MITS, 디지털 그룹, 인텔리전트 시스템)를 선정해 이들의 움직임을 예의 주시했다. 이미 제품에 대한 차별화와 경쟁 구도를 파악하고 대응 준비를 한 것이다. 1997년 애플 II가 출시된 상황에서 라디오 색(RadioShack)의 TRS-1x와 코모도어의 PET 2001이 출시돼 3파전 양상을 띠었다. 레지스 매키너는 노트에 이들의 움직임과 관련해 "진정한 플러그-앤-플레이(Plug & Play) 지원, 대중 시장에서 마이크로 컴퓨터의 1세대가 구축됐다"고 평가를 남겼다. 초기 애플의 경쟁 업체로 선정한 8개 업체는 적절히 상황 분석을 하지 못했고, 이후 대응이 늦어 결국 시장에서 도태됐다. IBM과 휴랫 팩커드도 유사한 시기에 새로운 기종의 컴퓨터를 출시했지만, 매키너에게 이들은 직접적인 경쟁자가 아니었다. 애플 II가 선정한 타깃 시장과는 너무 큰 차이가 있었기 때문이다. 매키너는 개인용 컴퓨터 시장을 상업용과 소비자용으로 구분했다. 애플 II가 대량으로 확산되려면 소비자 시장에서 엔터테인먼트, 게임, 교육, 보안, 홈비서 등의 역할에 집중하자는 의도였으며, 소비자용 마켓에서 탄탄한 입지를 구축한 후 상업용 시장은 관심 시장으로서 추이를 파악하자는 의도였다.

매키너의 마케팅 전략은 이후 채널 분석으로 이어진다. 타깃 시장을 리테일 판매로 규정했기에 매키너는 기존의 컴퓨터 판매 채널이 우편 판매와 바이트샵과 같은 컴퓨터 중심 상점을 통한 판매라는 것을 알았지만, 기존 채널 접근과는 다른 방식을 취해야 한다고 생각했다. 매키너는 전자 제품 공급상, 소비자 전자 제품 상점, 다이렉트 메일, 건강 키트 판매점, 애플 스토어, 주요 백화점과 장난감 가게에 이르기까지 가능한 모든 리테일 매장을 애플의 유통 채널로서 인식했다. 특히 1976년에 이미 애플 스토어의 개념을 수립한 것은 혁신적이었다. 컴퓨터 전문가를 주 고객층으로 인식한 바이트샵과는 달리 컴퓨터를 취미와 오락용으로 인지한 모든 소비자 고객을 대상으로 PC 소매 채널의 변화와 혁신을 생각한 것이다.

제품의 목적을 파악하라

세련되고 멋진 컬러 그래픽, 오디오와 애니메이션 기능, 번들로 제공되는 게임 패들 컨트롤러 덕분에 애플 II는 그때까지 출시된 모든 컴퓨터보다 게임 친화적이었다. 또한 강력한 성능의 컴퓨터였다. 애플은 처음부터 플랫폼 개념과 확장형, 개방형 구조를 가지고 있었다. 애플에는 7개의 확장 슬롯(Interface slots)이 있기 때문에 쉽게 다른 기기와 접속할 수 있다. 애플 II는 일종의 오픈 시스템 플랫폼이었고, 수많은 서드파티 업체가 애플리케이션과 하드웨어를 개발해 애플 II와는 또 다른 새로운 시장에 적용할 수 있다는 장점이 있었다.

하지만 매키너의 제품 전략에는 단점도 있었다. 댄 브릭클린(Dan Bricklin)과 밥 프랭크스톤(Bob Frankston)이 만든 최초의 스프레드시트인 비지캘크(VisiCalc)가 출시됐을 때도 매키너는 업무 생산성이 컴퓨터 시스템의 주요한 시장이 될 것이라고는 예측하지 못했다. 하드웨어를 구입하게 만들 정도로 뛰어난 소프트웨어를 뜻하는 킬러 앱(Killer App)이라는 말도 비지캘크 덕분에 생겨났다. 비지캘크가 나오기 전만 해도 애플Ⅱ는 코모도어PET와 라디오색의 TRS-80과 치열한 경쟁을 벌였지만, 비지캘크가 나온 이후 판매량이 수직 상승하면서 다른 회사들을 압도했다. 실제 수치를 보면 1978년 애플Ⅱ의 판매량은 7600대였지만, 비지캘크가 등장한 1979년에는 3만5100대를 기록했고, 1980년에는 7만8000대나 판매됐다. 당시 매키너는 애플 제품의 목표를 다음과 같이 기록해 두었다. "오늘날의 구매자들은 더 많은 메모리, 더욱 고도의 계산 능력 등을 갖춘 더욱 정교한 장비를 원할 것이다. 컴퓨터게임, 전자 엔터테인먼트 시장은 유사한 방식으로 성장하고 있으며 모두 컴퓨터를 기반으로 하고 있다. 취미용 컴퓨터는 이 모두에 해당한다. 아직 이 분야에 표준 제품이 없지만 애플이 이러한 표준을 만들 기회를 잡은 것이다." 반면에 스티브 잡스의 생각은 조금 달랐다. 처음부터 애플Ⅱ는 완전하게 구현된 개인용 컴퓨터가 아니라고 주장했다. 애플Ⅱ는 더욱 단순하고, 마치 가전 기기와 같은 장치로 가기 위한 하나의 준비 단계이며, 이를 검증하기 위한 제품이라고 생각한 것이다. 이러한 잡스의 비전은 1984년 매킨토시의 출시로 이어졌고, 26년 후에 아이패드의 출시로 이어졌다.

할 일 목록과 각인시키기

매키너는 애플Ⅱ 출시를 위해 '할 일 목록(To Do List)'을 적어 두었다. 매키너의 마케팅 노트에는 다음과 같은 기록이 담겨 있었다.

"4월 샌프란시스코 컴퓨터 페어에서 취미용 컴퓨터 마켓을 타깃으로 애플 II를 소개한다. 필요한 것은 광고, 브로셔, 다이렉트 메일, 전시회에 참여하기 위한 부스, 애플의 로고, 광고 기사, 그리고 〈바이트〉에 게제할 10페이지 분량의 소개 기사다." 매키너는 애플 II에 대한 공격적인 **목표를** 설정했다. "6개월 내에 시장에서 독점적인 지위를 획득한다. 12월까지 10~15퍼센트의 시장을 점유한다. 1978년 6월까지 시장 점유율 25퍼센트 달성을 수행한다." 그리고 다음과 같이 광고 콘셉트를 정리했다. "광고 효과를 생각해 보자. 게임과 관련해서 TV 주변에 앉아서 가족이 모여 베이직으로 작성된 게임을 한다. 얼마나 재미 있을까, 당신이 할 수 있는 것들……. 시장 점유율 10퍼센트를 차지하기 위해 1977년 500만 달러까지 매출 만들기, 4월에 시작하자."

애플의 기업 로고는 매키너의 RMI 아트 디렉터인 로브 자노프(Rob Janoff)가 디자인했다. 이 로고는 웨스트코스트 컴퓨터 페어에서 큰 인기를 끌었고 사람들의 머릿속에 강한 기억으로 저장됐다. 1977년 〈바이트〉에 애플 II 첫 지면 광고가 게재됐다. 매키너는 종래의 일반적인 마케팅 범위를 넘어, 애플 II의 다양한 분야에 관여했다. 애플 II의 플라스틱 케이스 디자인도 매키너의 조언에서 출발했다. 애플은 당시 전형적인 컴퓨터 잡지 광고에 비해 더욱 매끄럽고 화려한 설명으로 가득 찬 광고를 선보였다. 광고의 왼쪽 부분을 보면 파란색 터틀넥을 입은 남자가 부엌 식탁에 앉아 있는데 애플 II 모니터에 다우존스 산업평균 지수가 떠 있다. 남자는 한 손으로 컴퓨터 키보드를 조작하고, 모니터의 디스플레이를 완전히 무시하면서 마치 스트레칭하는 것과 같은 느낌을 준다. 사실적인 면보다 애플Ⅱ를 더욱 부각하려는 의도의 표현이었다. 광고의 오른쪽 지면에는 컴퓨터 사양에 대한 상세한 정보와 교육에서 가정 자동화까지 다루는 다양한 애플리케이션 정보, 확장 옵션과 베이직 프로그래밍의 즐거움까지 소개하고 있다. 매월 발간되는 컴퓨터 잡지가 애플의 유일한 홍보 수단이었을 때, 마치 기조 연설 프레젠테이션처럼 애플은 두 페이지짜리 광고를 선보인 것이다.

광고 홍보 활동은 무척 중요하며, 신제품 출시 과정에서 가장 힘겨운 부분이기도 했다. 당시 미국의 주류 비즈니스와 소비자 간행물들이 아직 실리콘밸리의 신생 기업들을 주목하지 않았기 때문이다. 〈월스트리트저널〉은 1983년까지 뉴욕 증권

최초의 애플Ⅱ 지면 광고

거래소에 등재되지 않은 기업에 대한 기사는 개제하지 않았다. 매키너의 마케팅 비밀 병기는 바로 스티브 잡스였다. 매키너는 당시를 회상하며 다음과 같은 메모를 남겼다. "나는 잡스를 데리고 비행기에 태워 여기 저기를 돌아다니게 했다. 그의 성격은 사람들을 사로잡았다. 그는 똑똑하고 조리 있고, 열정적이었다. 확실히 IBM의 사장과는 다른 종류의 인물이었다."

연속적인 흐름으로 관통하고 융합하기

매키너는 인텔이 1971년부터 1976년 사이에 94만 달러에서 6억2600만 달러의 연간 매출을 올리는 것을 지켜보았다. 매키너와 애플은 자신들이 세운 연간 매출액을 달성하기 전까지는 애플이 성공했다고 생각하지 않았다. 1억 달러의 매출을 올렸을 때, 비로소 자신들이 '이제 무엇인가를 가지고 있다'고 생각했다고 한다. 이후 매키너는 자신의 광고 사업을 절친한 친구이자 동료인 제이 샤이아트(Jay Chiat)에게 매각했다. 1984년 전설적인 슈퍼볼 매킨토시 광고를 제작한 회사다. 광고 사업을 매각한 이후에도 매키너는 여전히 애플의 여러 전략 수립에 동참했다. 애플 임직원이 아니었지만, 1980년대에는 애플의 주간 임원 회의에 참석했다. 수년 동안 매킨토시 컴퓨터를 위한 마케팅 계획을 수립했고, 스티브 잡스가 1985년 애플에서 퇴출되는 것을 처음으로 목격하기도 했다. RMI는 1995년까지 애플의 광고, 홍보 활동을 지속했다. 매키너는 그후에도 지속적으로 잡스와 관계를 맺고 있었고, 심지어 2010년 아이폰의 안테나 게이트 사건이 발생했을 때도 여러 방면으로 도움을 주었다. 1976년 매키너가 애플 II와 애플 회사를 위해 작성한 마케팅 콘셉트 메시지는 현재의 애플 제품에도 지속적으로 이어져 왔다는 것을 알 수 있다. 1977년 샌프란시스코 컴퓨터 페어에 사용하려고 만든 만든 애플Ⅱ 브로셔에는 "단순함이 궁극적인 정교함이다"라고 표현되어 있다. 이 철학은 이후에 애플에서 출시된 맥북, 아이폰, 아이패드, 이후의 애플 워치까지 광고에서 완벽하게 동일한 맥락으로 적용되고 있다. 매키너는 연결과 개방, 협력의 중요성을 끊임없이 강조해왔다. 애플의 아이폰, 아이팟과 소니(SONY)의 최첨단 디지털 제품을 비교하며, 자사의 내부 기술만을 강조하는 기업 문화로는 세상의 변화에 연결할 수 없으며, 결코 애플과 같은 혁신적, 창의적 제품과 플랫폼, 비즈니스 모델로 고객의 환호를 끌어내지 못한다고 지적했다.

소니는 과거 VCR 전쟁 때도 고립된 자사 기술 우선 주의를 고집했다. 1975년 소니는 베타맥스라는 VCR 기술을 상용화했고, 1년 후인 1976년 JVC는 VHS라는 기술을 발표해 치열한 표준화 전쟁, 즉 플랫폼 전쟁을 시작했다. 소니는 도시바, 산요, NEC, 아이와, 파이오니어와 연합했고, JVC는 소니의 라이벌인 파나소닉, 히타치, 미쓰비치, 샤프, 아카이 등과 연합했다. 소니의 베타맥스가 우수한 재생 화질로 초기 시장에서 두각을 나타냈고, 기술력의 차이는 시장의 독점적 지위를 유지토록 해줬다. 하지만 기술이 발달하면서 완제품의 기술 격차는 점차 좁혀졌고, 1981년 결국 VHS가 시장의 75퍼센트를 장악하게 됐고 VCR 시장에서 소니의 베타맥스는 완전히 사라졌다. 소니의 아키오 모리타 회장은 당시의 실패 원인으로 소니를 제외한 VCR 제조 업체를 대상으로 베타맥스 기술을 적용한 제품 제작을 금지한 폐쇄 정책을 손꼽았다. 표준 기술과 플랫폼을 배타적으로 운용했다는 뜻이다. JVC는 소니와 다른 길을 걸었다. 라이선스 정책을 통해 누구나 VHS 기계 및 VCR 테이프를 제작 및 판매할 수 있도록 개방한 것이다. 그 결과 더 많은 사람이 VHS 기계를 샀고, 먼저 시장을 선점할 수 있는 임계점에 도달하였다. 또 다른 측면은 저장 가능한 영상의 시간 차이에서 발생했다. 베타맥스의 표준 재생 시간은 한 시간이 조금 넘지만, VHS이 재생 시간은 두 시간에 육박했다. 소니는 테이프의 재생 시간을 정의하면서 TV 드라마나 다큐멘터리, 뉴스 등 일반 방송이 통상 50분을 넘지 않으니 광고를 제외한다면 한 시간의 녹화 분량이면 충분하다고 생각했다. 하나의 채널을 시청하면서 다른 채널에서 방영되는 프로그램, 특히 50분짜리 드라마를 녹화해두고 나중에 재생해 보는 시나리오에 초점을 맞춘 것이다. 하지만 VHS는 다르게 접근했다. VCR은 녹화가 아니라 영화를 가정에서 보기 위한 수단이라고 정의한 것이며, 그렇다면 한 편의 영화를 감상하기 위해 테이프 두 개를 사용하는 것이 고객에게 추가적인 비용 부담이라고 생각한 것이다. 결국 재생 시간의 싸움에서 고객은 가성비가 높은 VHS의 손을 들어 주었다.

매키너는 첨단 기술의 양면성을 지적했다. 업계 경쟁자가 따라올 수 없는 첨단 기술을 갖추었음에도 폐쇄적 정책을 펼치거나 자만하면 비즈니스에 암적인 영향을 미친다는 것이다. 자사의 기술과 아이디어만이 최고라는 편협한 생각이 경쟁사나 동종, 이종 업계의 기술에 연결되지 못하게 하고 비즈니스 융복합에 실패한다고 지적한 것이다. 소니의 멀티미디어 기기는 소니가 제작한 바이오(VAIO) 제품에만 연결됐다. 업계에서 전반적으로 이용하는 MP3 표준을 무시하고 자체적인 오디오 포맷인 ATRAC만 사용한 것도 자만이었다. 애플은 바로 이러한 소니의 움직임에서 교훈을 얻었으며 연결과 융복합을 통한 소비자 시장 장악을 전략으로 취했다는 것이 매키너의 설명이다. 4차 산업혁명과 과학기술 발달은 결국 융복합을 통한 초연결을 추구한다. 빅데이터, 인공지능, 사물인터넷과 로봇, 핀테크와 클라우드에 이르기까지 이제는 한 기업이 A에서 Z까지 모든 것을 직접 수행할 수 없다. 끊임없는 기술 발전과 고객의 취향 변화는 불확실성을 더욱 증가시키고 있다. 불확실성에 대응하려면 기업은 더욱 신속히 움직여야 하며, 끊임없이 고객을 검증하고, 실패 비용을 줄여가며 학습해 제품과 플랫폼, 비즈니스 모델을 개선해 나가야 한다. 이제는 스피드를 넘어 전략적인 민첩성과 초연결을 지향해야하는 시기다.

테크 에반젤리즘과 빅뱅 파괴

테크 에반젤리즘, 에반젤리스트

1990년 말부터 2000년대 초는 인터넷과 전자상거래를 기반으로 닷컴 경제가 호황이었다. 당시 소개된 IT 기술과 새롭게 열리던 인터넷, 전자상거래 기술은 새로운 시대의 문을 여는 계기가 됐다. 이러한 추세에 발 맞추어 새로운 기술에 기반한 새로운 제품과 서비스, 솔루션을 기대하는 고객에게 신속하고 정확하고 보다 알기 쉽게 고객의 삶이 어떻게 변화되는지 생생하게 소개하는 일이 비즈니스의 화두가 됐다. 이는 애플이 애플I, 애플II 컴퓨터를 개발하고 시판하면서부터 꾸준히 탐구해온 영역이기도 한다. 특히 애플II 출시 이후 새롭게 기획한 매킨토시 컴퓨터는 종래의 컴퓨터 개념을 완전히 넘어서는 새롭고 신선하며 혁신적인 제품이었지만, 문제는 새로운 기술과 제품, 경험 그리고 이를 통한 보다 나은 삶이라는 메시지를 고객에게 어떻게 전달할 것인가였다.

테크니컬 마케팅의 대가이며 애플의 마케팅을 진두지휘하던 레지스 매키너는 새로운 IT 기술과 제품을 일상생활의 다양한 소재와 연결해 쉽고 진숙하게 소비자에게 다가가는 광고물을 제작하고 있었지만, 지면 광고로는 모든 것을 담아낼 수 없었다. 이때 잡스와 매키너는 선교사와 종교의 포교 활동에서 영감을 얻었다. 선교사는 자신의 사명과 신념을 바탕으로 새로운 국가와 오지로 복음을 전파한다. 다른 종교가 있더라도, 종교가 없는 무신론 국가에서도 이들은 신념과 사명, 명분을 바탕으로 새로운 꿈과 세상과 삶의 변화를 소개해 왔다. 매킨토시를 잘 알고 이를 보다 쉽게 수많은 사람들에게 설명하는 핵심 선교사를 육성하면, 이들이 매킨토시의 새로운 기술과 기술이 가져올 새로운 경험을 전파할 것이고, 점차 고객이 새로운 종교에 빠져들 듯 매킨토시에 빠져들면 고객이 나서서 선교사 역할을 해준다는 생각을 한 것이다. 이러한 개념은 애플의 마이크 머레이(Mike Murray), 마이크 보이치(Mike Boich)가 소프트웨어 에반젤리스트, 테크 에반젤리스트라는 용어를 만드는 데 영감을 주었고, 애플의 기술 전도사이자 실리콘밸리의 벤처 투자가이기도 한 가이 가와사키(Guy Kawasaki)를 통해 일반 대중에게 친숙한 개념으로 확대됐다. 가이 가와사키는 그의 저서 『꿈을 팔다(Selling the Dream)』에서 테크 에반젤리즘을 의미 있는 명분과 꿈을 전달하는 과정이라고 정의했다.

에반젤리즘의 개념과 가치, 용어를 최초로 도입하고 전파한 것은 애플이다. 제품과 기술은 판매하는 것이 아니라 전도해야 한다는 신개념을 창시해 이 개념까지 전파했다. 에반젤리즘은 현대의 입소문 마케팅, 바이럴 마케팅, 다단계 효과의 시초다. 불특정 다수의 고객이 애플의 제품과 서비스를 통해 만족할 만한 새로운 경험과 가치를 획득하면 그 고객은 자발적인 마케터, 영업 담당자가 돼 애플의 전도사가 되는 것이다. 이들은 자발적으로 주변 동료, 지인, 자신이 속한 다양한 네트워크 그룹에게 좋은 영향을 전파하며, 이렇게 새로운 영향에 감염된 신규 고객도 연쇄 반응을 일으켜 애플 문화, 애플 컬트(Apple Cult), 팬덤에 합류하게 된다. 고객에게 제품을 판매하는 기존의 영업 개념을 무너뜨린 새로운 방식의 마케팅 활동이었다. 혁신을 강조한 애플은 애플Ⅱ 개발 이후부터 마케팅에서도 혁신을 준비했고 매킨토시의 출시에 맞춰 공식적인 테크 에반젤리스트 직무를 만들었다. 가이 가와사키는 마이크 보이치의 바톤을 이어받아 1984년에 애플의 최고 기술 전도사로서 IT 마케팅의 새로운 기원을 연다.

가와사키가 스티브 잡스에게 배운 12가지

가이 가와사키는 84년 애플의 최고 기술 전도사로서 매킨토시 출시와 시장 확대에 지대한 공헌을 했다. 잡스의 퇴출 이후 개인사업을 하던 그는 잡스의 복귀와 함께 돌아와 마이크로소프트, IBM에 대항하는 다양한 기술 전도 마케팅을 수행하여 애플 팬덤을 형성하고, 업계에서 능력을 인정받았다. 새로운 경험과 제품으로 새로운 세상이 도래했으며, "제품과 기술, 서비스는 판매하는 것이 아니라 전도하는 것이다"라는 명언을 남기기도 했다. 특히 스티브 잡스와 함께 업무를 추진한 경험을 집약한 저서 『매킨토시 웨이(The Macintosh Way)』에서 매킨토시 웨이의 정수는 세상을 변화시키는 것이며, 올바른 일을 올바르게 수행하는 것이라고 강조했다. 가이 가와사키는 테크 에반젤리즘이 성공하려면 최고의 제품이 존재해야 하며, 최고의 제품이 세상을 바꾼다는 믿음을 가지고 고객을 억지로 개종시키기보다 전도 활동을 통하여 새로운 세상이 다가왔음을 보여주라고 강조하고, 자신이 마케팅하려는 제품에 대한 굳건한 믿음이 있어야 다른 사람과 집단의 믿음을 유발한다고 이야기한다. 제품이 최고가 아니고, 제품에 대한 신뢰가 부족한 상황에서 자신을 기만하고 고객을 일시적으로 기만해 제품과 솔루션을 판매하는 것은 올바른 일을 올바르게 수행하지 못하는 것임을 지적했다. 한편, 가이 가와사키는 잡스와의 업무 경험을 '스티브 잡스에게 배운 12가지'라는 제목으로 소개했다.

1. 전문가들은 단서가 없다

전문가들은 단서가 없다. 언론인, 분석가, 컨설턴트, 은행가, 업계 전문가 등은 자신들이 직접 할 수 없기 때문에 조언하는 것이다. 그들은 제품에 무엇이 잘못됐는지를 이야기할 수 있지만, 그들이 위대한 제품을 만들 수는 없다. 전문가는 무엇인가를 판매하는 방법을 이야기할 수 있지만, 그들이 직접 판매하는 것은 아니다. 전문가들은 위대한 팀을 만드는 방법을 알려줄 수 있지만, 정작 그들은 단지 비서 한 명을 관리할 뿐이다. 1980년대 중반 매킨토시의 가장 큰 두 가지 단점으로 데이지휠 프린터 드라이버와 '로터스 123'이 없다는 것을 지적했다. 또 하나의 조언은 컴팩 컴퓨터를 구매하라는 것이었다. 전문가의 이야기를 듣기는 하되, 언제나 경청할 필요는 없다는 뜻이다.

2. 고객은 그들이 원하는 것을 이야기하지 않는다

애플 마켓 리서치는 모순이다. 애플에서 포커스 그룹이라 함은 스티브의 왼쪽 뇌에 말하는 오른쪽 뇌다. 고객에게 원하는 것을 물어보면, '고객은 더 좋게, 더 빠르게, 더 저렴하게'라고 말하며 혁명적인 변화가 아니라, 더 나은 동일성을 이야기할 것이다. 고객들은 단지 그들이 사용하는 표현으로 그들의 욕망을 이야기한다. 매킨토시를 소개하던 시기에 모든 고객들은 MS도스 기반의 컴퓨터들에 비해 '더 좋게, 더 빠르게, 더 저렴하게'라고 이야기했다. 기술 창업에서 핵심은 당신이 사용하기를 원하는 제품을 만드는 것이다. 이것이 스티브 잡스와 워즈니악이 한 일이다.

3. 다음 단계로 이동하라

큰 성과는 더 나은 동일성을 넘어설 때 발생한다. 최고의 데이지휠 프린터 업체가 더 많은 크기의 새로운 폰트를 소개했다. 애플은 그 다음 단계를 소개했다. 바로 레이저 프린팅이다. 얼음 수확기, 얼음 공장, 그리고 냉장고 회사를 비교해보아야 한다. Ice 1.0, 2.0, 3.0이다. 아직도 얼어 붙은 연못에서 겨울에 얼음을 수확하고 있을까? 그 다음 단계를 생각하고 이동해야 한다.

4. 가장 큰 도전은 최고의 일을 하는 것이다

나는 스티브 잡스가 나타나 내가 하는 모든 일이 허위라는 말을 할 것이라는 두려움 속에 살았다. 이러한 두려움은 큰 도전이었다. IBM 그리고 마이크로소프트와의 싸움은 큰 도전이었다. 세상을 바꾸는 것 역시 큰 도전이었다. 나와 나 이전의 애플 직원들, 그리고 이후의 직원들은 큰 도전에 맞서기 위해서는 최선을 다해야 했기 때문에 최고의 일을 한 것이다.

5. 디자인이 중요하다

스티브 잡스는 디자인 요구로 사람들을 미치게 했다. 검은색이 충분히 검지 않다고 말한다. 단순한 사람은 검은색이 검은색이고 휴지통은 휴지통이라고 생각한다. 스티브는 완벽함을 넘어서는 완벽주의자였다. 그리고 그가 옳다는 것을 알았다. 어떤 사람들은 디자인에 관심이 있고 많은 사람이 그것을 느낀다. 모든 사람들에게는 아니더라도 디자인은 생각 이상으로 중요한 것이다.

6. 큰 그래픽과 큰 폰트를 사용하면 잘못될 수 없다

스티브의 프레젠테이션 슬라이드를 보면 폰트의 크기가 60포인트다. 그리고 하나의 큰 스크린 샷이나 그래픽으로 돼 있다. 다른 기술 소개자의 슬라이드를 살펴보면 폰트 크기가 겨우 8포인트다. 그래픽도 없다. 많은 사람이 스티브 잡스를 세계 최고의 제품 안내자라고 말한다. 왜 더 많은 사람들이 그의 스타일을 베끼지 않는지 궁금하다.

7. 마인드를 바꾸는 것은 지성의 표현이다

애플이 처음 아이폰을 출시했을 때 다양하고 많은 앱을 사전에 탑재하지 않았다. 스티브가 말한 것처럼 앱이 당신의 아이폰에 어떠한 일을 할지 모르기 때문에 좋지 않은 것이다. 웹을 지원하는 사파리 앱은 아이폰을 출시하고 6개월 후에 스티브가 좋은 방법이라고 말할 때까지 탑재되지 않은 상태로 남아 있었다. 애플은 거기에 딱 맞는 앱이 있다라는 말로 먼 길을 돌아왔지만, 마음을 바꾸는 것은 지성의 표현이다.

8. 가치는 가격과는 다른 것이다

당신이 가격에 기초해 모든 것을 결정한다면 비통한 일이다. 전적으로 가격을 기반으로 경쟁한다면 더더욱 그렇다. 가격은 전혀 중요한 것이 아니다. 사람들에게 중요한 것은 가치다. 이러한 가치는 교육, 지원 및 최고의 도구를 사용하는 본질적인 기쁨을 고려하는 것이다. 저렴한 가격 때문에 애플 제품을 구매하는 사람은 없을 것이라고 이야기할 수 있다.

9. A급 플레이어가 A급 플레이어를 고용한다

실제로 스티브는 A급 플레이어가 A급 플레이어를 고용한다고 믿었다. 나는 이 부분을 더 자세히 정의한다. 내 이론은 A급 플레이어는 그들보다 훨씬 더 우수한 사람들을 고용한다는 것이다. B급 플레이어가 C급 플레이어를 고용하고 C급 플레이어들과 비교하며 우월함을 느끼는 것이 명백하다. C급 플레이어가 D급 플레이어를 고용하는 것도 마찬가지다. 당신이 B급 플레이어를 고용하기 시작한다면 스티브가 말한 것처럼 조직 내부에 대폭발을 일으키려 하는 것이다.

10. CEO의 제품 소개, 시연

스티브 잡스는 수백만 명의 사람이 지켜보는 가운데 일 년에 몇 차례씩 아이팟, 아이패드, 아이폰 그리고 맥킨토시 제품을 소개하고 시연한다. 왜 많은 CEO가 제품을 소개하거나 시연할 때 제품 담당 부사장이나 다른 임원진을 시킬까? 아마도 그건 팀의 노력이 있다는 것을 보여주기 위한 것일 수도 있다. 아니면 CEO가 자신의 회사에서 무엇을 만들어 내는지 충분하게 설명하지 못할 가능성이 더 높다.

11. 진정한 CEO는 제품에 책임을 진다

완벽주의에 맞게 스티브는 제품을 직접 출하한다. 아마도 매번 완벽한 제품이 아닐 수 있지만, 출하할 만한 충분히 좋은 제품이다. 어설프게 땜질을 하지 않는다는 뜻이다. 잡스는 존재하는 시장을 전 세계적으로 지배하고 새로운 시장을 만들고자 하는 명백한 목표가 있다. 애플은 연구를 위한 회사가 아니라 기술을 중시하는 엔지니어링 회사이기 때문이다. 애플이 되기를 원하는지, 제록스 파크 연구소가 되고자 하는지 생각해 봐야 한다.

12. 마케팅은 고유한 가치를 제공한다

2×2 행렬을 생각해보자. 수직 축은 제품이 경쟁 제품과 어떻게 다른지 측정한다. 가로축은 제품의 가치를 측정한다. 오른쪽 하단은 귀중하지만 고유하지 않은 가치로 경쟁해야 한다. 왼쪽 상단은 고유하지만 귀중한 것은 아니다. 존재하지 않는 시장이다. 왼쪽 하단은 고유하지 않고 가치가 없다. 오른쪽 상단은 독특하고 가치 있는 마진, 돈, 그리고 역사를 만드는 구역이다. 예를 들어, 아이팟은 합법적으로, 저렴하게, 그리고 여섯 가지 가장 큰 레코드 레이블의 음악을 쉽게 다운로드 할 수 있는 유일한 방법이었기 때문에 독특하고 가치가 있었다.

파괴적 혁신과 빅뱅 파괴

비즈니스를 할 때는 이머징 이슈와 트렌드, 메가 트렌드, 그리고 일시적 유행 단계에서 사라지는 패즈(Fads)와 캐즘(Chasm)을 구별해야 한다. 일반적으로 기술 분야에서는 기술수용곡선(Technology Adoption Curve)을 활용해 이를 구분한다. 기술수용곡선은 미국의 사회 심리학자 에버렛 로저스(Everett Rogers)가 주장한 '혁신의 확산' 이론에 기반하고 있으며, 혁신 결과와 성과를 고객과 사회, 시장이 수용하는 패턴을 분석하고 그루핑해 이를 기술수용주기곡선 모델 형태로 제시했다. 이 모델은 어떤 제품이나 서비스라도 네 가지의 특정한 단계, 즉 도입기, 성장기, 성숙기, 쇠퇴기를 거친다는 제품수명주기(Product Life Cycle) 모델과 소비자, 고객 집단의 패턴을 분류해 결합한 것이다. 기술수용곡선은 초기 시장인 발아기와 유아기, 주류 시장인 성장기와 성숙기, 말기 시장인 쇠퇴기로 구분한다. 이머징 이슈는 특히 기술수용곡선의 발아기와 유아기 단계에 생긴다. 이 단계의 고객은 주로 이노베이터(Innovator), 얼리어답터(Early Adapter)이며 전체 시장에서 각각 2.5퍼센트와 13.5퍼센트를 차지한다.

마이클 무어는 초기 시장과 주류 고객 사이에 간극이 있으며, 이를 지층 사이의 협곡을 의미하는 '캐즘'이라는 용어로 정의했다. 일시적 수요 정체는 경기의 호불황에 관계없이 첨단 기술 제품의 특성과 시장의 독특한 역동성에 기인한 것으로 대부분의 첨단 기술 기업이 거쳐야 하는 홍역과도 같은 단계다. 캐즘 단계를 거치면 이제 트렌드가 된다. 트렌드가 성장하면 메가 트렌드로 진화한다. 반대로 죽음의 협곡인 캐즘 단계를 극복하지 못한다면 그 기술은 일시적인 유행으로서 '패즈'의 모습으로 사라지거나 소멸된다.

IT 분야에서 에반젤리즘이 나타난 이유 중 하나는 바로 캐즘 극복이었다. 혁신적인 제품과 서비스가 이노베이터와 얼리어댑터 등 소수 그룹에 국한되지 않고, 주류 시장으로 확산되려면 일반적인 대다수 고객층(Early Majority, Late Majority)을 공략해야 하기 때문이다. 이 계층에 위치한 고객은 실용적 성향이나 보수적 성향을 띠기 때문에 일방적인 제품 홍보나 전통적 마케팅 방법은 효과에 한계가 있다. 테크 에반젤리스트의 주요 역할은 영향력을 만드는 것이다. 테크 에반젤리스트는 우선 이노베이터와 얼리어댑터들에게 제품과 기술, 서비스를 소개하고 이를 통해 변화될 수 있는 경험을 제시한다. 이러한 집단에는 전문가 집단, 커뮤니티, 동호회, 파워 블로거, 인플루언서(Influencer) 등이 포함된다. 에반젤리스트의 초기 타깃은 이들이다. 이들이 제품과 기술에 대한 우호 집단을 형성하도록 하고 주류 시장의 대다수에게 영향력을 행사하도록 돕는 것이다. 주류 시장을 형성하는 대다수는 영향력 집단(Influencer Group)과 연결돼서 얻는 정보와 직접 체험해서 얻은 정보와 경험을 가치판단의 기준으로 삼기 때문이다.

오늘날은 산업 간 경계가 허물어지고, 전통적 마케팅 방식도 불확실성이 증가하면서 변하고 있다. 전통적 마케팅은 이제 소셜 커머스와 구독 경제(Subscription Economy), 공유 경제, 인플루언서 마케팅으로 진화하고 있다. 클레이튼 크리스텐슨 교수가 주창한 파괴적 혁신(Disruptive Innovation)은 이제 빅뱅 파괴(Big-Bang Disrupt)로 옮겨가며 게임의 룰을 바꾸고 있다. 파괴적 혁신의 원래 개념은 기능과 성능이 다소 부족해도 가격적 측면에서 이점이 있는 제품과 서비스를 시장에 투입해 변화를 추구하고 주류 시장을 파괴해가며 잠식하는 저가 전략, 시장 파괴와 침투 전략 기반의 경영 방식이지만, 이제는 빅뱅 파괴의 시대가 됐다. 래리 다운즈, 폴 누네즈가 주창한 빅뱅 파괴는 새로운 기술과 서비스, 플랫폼과 고객 가치를 기반으로 제품이나 서비스가 출시와 동시에 시장을 새롭게 생성하거나 기존 시장마저 완전히 파괴해 버리는 특성을 갖고 있다. 빅뱅 파괴는 진화하는 플랫폼과 린스타트업 방식으로 끊임없이 고객을 검증하고 피벗으로 궤도를 수정해 캐즘마저 신속하게 넘어선다. 그리고 기술의 급격한 발달에 발맞춰 기존 기술수명주기보다도 더욱 짧은 수명 주기를 갖는다.

래리 다운즈, 폴 누네즈는 빅뱅 파괴의 4단계를 특이점 (Singularity), 빅뱅(Big Bang), 대붕괴(Big Crunch), 엔트로피 (Entropy) 단계로 규정하고 있다. 구글의 미래학자 레이 커즈와일은 기술 발전 속도가 이전에 비해 더욱 급격하게 변화하는, 이른바 '수확가속의 법칙'에 기반해 2045년경에 기술이 인간을 초월하는 순간, 인간이 만든 기계의 지능이 인간의 지능을 뛰어넘는 '특이점'에 도달할 것이라고 예측했다. 빅뱅 파괴의 특이점 단계도 같은 맥락이다. 이 단계에서는 과학기술이 발달함에 따라 새로운 기술과 비즈니스 모델, 플랫폼이 나와 고객 관찰과 고객 검증이 끊임없이 진행되며 고객의 불편함을 해결하는 새로운 경험과 가치를 통한 변화에 동참하라고 요구한다. 소비자는 더 빠르고 단단히 연결돼 이러한 정보에 영향을 받는다.

기업 역시 특이점 단계부터 전략적 민첩성과 전략적 감수성으로 인지(Sense) 능력을 높여야만 한다. 빅뱅 단계에서는 기존 시장과 생태계가 붕괴되고 새로운 시장으로 급격히 전이되며, 새로운 생태계를 형성한다. 시장의 붕괴와 생성이 동시다발적으로 발생하는 것이다. 새로운 기술과 서비스, 플랫폼, 고객 경험이 과거의 모든 질서를 대체한다. 빅뱅 파괴로 대규모 시장을 장악했더라도 지속력은 과거와 비교해 매우 짧다. 곧 이어 빅 크런치 단계로 접어든다. 지속적인 기술 발달과 신기술, 대체 기술 및 융복합 서비스가 빅뱅 파괴로 시장을 장악한 이전의 모든 것을 또다시 파괴하고 쇠퇴시키기 때문이다. 이후 엔트로피 단계에서는 선택받지 못한 기술과 서비스, 플랫폼이 다시 융복합의 단계를 거쳐 새롭게 탄생되거나 폐기되며 대체되는 과정을 거치게 된다.

빅뱅 파괴의 등장으로 기업의 마케팅 활동과 테크 에반젤리즘 역시 진화하고 있으며 그 핵심은 연결과 확장이다. ICT 기술이 발달해 이미 고객은 수많은 매체와 인플루언서, 개발자 그룹을 포함한 전문가 집단, 커뮤니티와 공고히 연결돼 있기에 연결과 팽창 속도는 상상을 초월할 정도로 빨라지고 있으며 경험의 공유와 입소문 효과로 기업의 에반젤리즘은 더욱 신속하고 정확하며 빠르게 행동해야 할 필요가 생겼다. 그래서 실리콘밸리 기업의 에반젤리즘은 지속적인 고객 집단과의 연결, 홍보, 교육, 영향력 확대를 위한 전략과 실천에 무게를 두고 있으며, 최근의 에반젤리즘은 기술 홍보 수준을 넘어 신기술과 경험을 신속하게 전달하고, 오픈 커뮤니티와 오픈 소스 집단과의 연결을 확대하여 전문가 그룹을 지원하며, 빅데이터를 통한 고객 반응과 경험을 실시간으로 분석해 가치 창출에 이용하고 있다. 콘텐츠를 제작해 소셜 미디어와 유튜브 같은 동영상 플랫폼에 공유하고, 추천 수 확대 및 우호적 공감대 확산을 위한 실시간 빅데이터를 분석하며 고객 패턴에 맞는 광고물 및 상품을 실시간으로 추천, 광고, 큐레이팅하는 서비스에 이르기까지 에반젤리즘은 4차 산업혁명과 궤를 같이하고 있다.

본질을 기획하라, 김치 냉장고 전쟁

음식 디미방과 김치

경북 영양 두들마을에서는 장계향 문화체험 교육원을 만들어 『음식 디미방』을 복원하고 체험 행사와 교육 등을 진행하고 있다. 『음식 디미방』은 조선 숙종 시대인 1672년 경북 안동의 정부인 안동 장씨(장계향)가 저술한 최초의 한글 음식 조리 백과사전이다. 한글로 저술되었으며, 146가지의 다양한 음식 조리 방법을 소개하고 있기에 지금도 전통 요리와 조리법에 대한 최고의 지침서로 인정받고 있다. 특히 계절별 음식 조리, 저장, 발효, 보관 방법 등을 체계적으로 분류해 놓아 조선 중후기의 음식 문화와 식생활을 가늠케 하는 귀중한 사료이기도 하다. 『음식디미방』에는 꿩김치, 산갓김치, 꿩지히, 꿩짠지 같은 김치류와 게젓, 약게젓, 연어알젓, 청어젓, 방어젓, 참새젓과 같은 젓갈류, 식초 담는 방법, 생선의 건조와 장기 저장 방법, 과일, 채소 저장 방법 등도 상세히 소개돼 있다.

김치는 단순한 음식이 아니라 발효 과학의 정수라고 이야기한다. 소금은 배추의 수분을 탈수해 부드러운 식감을 내도록 배추의 숨을 죽이는 역할을 한다. 일반적으로 채소의 숨을 죽이면 소금이나 다른 양념이 채소의 세포 속으로 쉽게 전달돼 맛이 나고 간이 조절된다. 이때부터 각종 미생물은 발효 작용을 시작한다. 김치는 발효 과정에서 젖산균의 작용으로 당류가 젖산과 유기산으로 변하는 젖산 발효, 유산 발효를 한다. 또한 젖산은 음식의 부패와 변질을 막고, 독특한 풍미와 향을 만들어 내는 역할을 한다. '김치가 알맞게 익었다, 김치가 시었다'는 표현은 바로 젖산균의 활동 기간에 영향을 받는다. 김치의 속을 만드는 젓갈에는 아미노산과 핵산이 들어 있어 김치의 발효 과정에서 미생물의 활동을 촉진시켜 숙성을 돕고 풍미를 만들어 낸다. 담근 김치는 항아리나 독 같은 옹기에 저장한다. 옹기를 굽는 과정에서 흙 알갱이 사이에 틈이 생긴다. 이 틈이 외부 공기가 옹기 내부로 유입되는 통로 역할을 하므로 음식이 장기간 신선하게 유지되며 발효 시간을 길게 늘이는 역할도 함께 한다. 겨울을 대비해 김장을 하고 옹기에 담아 땅에 묻는 과정은 주부들에게 제사와 더불어 가장 큰 연례 행사가 되어왔다.

최초의 김치 냉장고: 금성 김치 냉장고

"기술 금성이 주부님께 드리는 또 하나의 만족! 국내 최초의 금성 김치 냉장고 탄생"이라는 광고 문구와 함께 금성(현 LG전자)은 1984년 3월 김치 냉장고(모델명 GR-063)를 출시하면서 대대적인 홍보를 진행했다. 김장에 사용되는 옹기 개념인 플라스틱 김치 전용 보관용기(김치통) 4개를 제공해 18킬로그램의 김치를 저장할 수 있었으며, 당시로서는 대형인 45리터급 크기를 갖추었고, 기존 냉장고의 보조용 냉장고로도 이용 가능한, 국내 최초라는 수식에 걸맞은 혁신적인 상품이었다. 하지만 시장의 반응은 싸늘했다. 최초의 김치 냉장고라는 업계의 지위와 명예는 얻었지만 새로운 시장을 창출해내지 못했다. 당시 가정에는 기존 냉장고에 추가적으로 김치 냉장고를 놓을 만한 공간적 여유가 없었으며, 높은 가격도 부담으로 다가와 소비자가 쉽게 지갑을 열지 못했다. 또한 고객의 일반 통념을 새로운 경험으로 전환하는 과정도 성공적이지 못했다. 실수요자인 주부의 관념 속에 김치는 항아리에 보관하는 것이라는 군건하고도 보편적인 생각이 강하게 자리잡고 있었기 때문이다. 이러한 이유로 김장독 대신 김치 냉장고를 이용하려는 구매 수요가 기대만큼 커지지 않았고, 이 제품은 이후 후속 모델을 만들지 못하고 바로 단종되어 역사의 뒤안길로 자취를 감추었다.

이후 1985년 금성사의 움직임에 대응하여 대우전자에서 김치 냉장고인 스위트홈을 출시했다. 금성사 제품에 비하면 18리터의 작은 용량이었지만, 김치 숙성 온도를 사용자가 외부의 다이얼로 직접 조절할 수 있는 기능을 추가했다. 컴팩트한 작은 용량으로, 일부 신규 아파트 입주자가 선호하는 제품이기도 했다. 기존 금성사가 실패한 이유를 제품의 크기 때문이라고 인식했고, 숙성 온도 조절이라는 콘셉트를 핵심 포인트로 부각한 것이다. 하지만 여전히 대다수의 실사용자인 주부의 인식까지 바꾸지는 못했다. 당시 시장을 조사해보고 최초로 출시된 LG전자의 김치 냉장고가 왜 부진했는지 원인을 파악해 보았다면, 대우전자는 스위트홈 김치 냉장고를 가지고 똑같은 전철을 밟지 않아도 되었을 것이다. 김치 냉장고에 대한 소비자의 인식이 6개월 만에 급격하게 변해 구매 수요가 늘어나는 일은 없었다. 김치는 김장독에 담가야 한다는 고정관념이 여전한 가운데 제품이 출시되었기 때문이다. 후발 주자인 삼성전자는 타사에 비해 다소 늦은 1992년에 김치 냉장고 SR-1570를 출시했다. 이 제품은 기존 경쟁 제품과 비교하면 김치 보관 기간이 3배 이상 길다는 장점을 내세웠다. 급속 발효를 위하여 가열 히터를 적용했고, 미숙성, 적정, 완전 숙성으로 사용자의 김치 숙성 요구를 반영했으며, 김치의 발효가 완료되면 적정 온도로 급냉하는 방식을 채용했다. 하지만 이때까지 주된 고객층인 주부에게 김치 냉장고는 필수품이 아니라 갖고 싶은 고가의 가전 제품이었다. 가전 3사는 기술 개발과 제품 출시 이후 캐즘을 효과적으로 극복하지 못한 것이며, 이후 3~4년 동안 후속 김치 냉장고 전용 제품이 출시되지 못하고 침체기를 겪었다.

김치 냉장고가 아닌 김치의 본질 연구

금성, 대우, 삼성전자가 김치 냉장고의 서막을 알렸지만, 주류 시장에 진입시키지는 못했다. 1991년 무렵 만도기계의 정몽헌 사장은 이미 냉난방기기와 공조 시스템에 대한 핵심 역량을 보유했기에 충분히 냉장고를 만들 기술력이 있었지만, 가전 3사가 장악하고 있던 일반 냉장고 시장에 진입하려면 고객에게 차별화된 매력을 제공할 포인트를 찾아야 했다. 초기에는 내부 반발도 심했다. 가전 3사가 공고한 입지를 형성한 상황에서 가전회사도 아닌 업체가 성공할 수 있을까라는 의문이 꼬리를 물었고, 연구원들도 김치 냉장고를 연구한다는 것을 탐탁지 않아 했다. 연구 과정에 앞서 이행한 소비자조사 결과도 결코 낙관적이지 않았다. 하지만 가전 회사의 김치 냉장고 전쟁을 지켜보며, 주류 시장 형성의 핵심은 냉장고가 아닌 김치 그 자체라는 것을 인지했다. 와인만을 저장하는 와인 냉장고, 초밥만을 위한 초밥 냉장고처럼 김치 냉장고의 본질은 김치의 맛을 만들고 유지하는 것이라고 판단한 것이다. 김치 냉장고가 아니라 김치의 맛을 찾는 연구가 시작됐다. 이후 3년 동안 100만 포기의 김치를 담그며 김치맛에 관한 데이터를 축적하고, 1993년 김치연구소를 개설했으며, 전국 각지에서 김치에 대한 수많은 자료를 모으고 맛을 재현하는 연구를 지속하며 70여 개의 특허도 출원했다. 김치를 포함한 발효 음식과 생음식을 효율적으로, 원하는 기간만큼 보관하며 김장 김치와 동일한 맛을 재현하는 기술을 개발했다. 제품 출시에 앞서 김치 냉장고라는 이름도 바꿔 새로운 이미지를 선사하고자 했다. 이 과정에서 김치의 옛말인 딤채가 브랜드로 채택되었고, 1995년 11월, 만도의 첫 딤채 제품인 CFR-052E가 출시됐다.

그동안 주거 환경이 변한 것도 딤채를 출시하는 중요한 작용점이 됐다. 1985년 첫 김치 냉장고가 출시된 이후 10년이 지나면서, 고객의 주거 환경에 많은 변화가 있었다. 1980년대 후반 본격적인 아파트 시대가 열린 것이다. 주택 200만 호 건설 계획에 따라 목동을 필두로 신시가지 개발되었고 분당과 일산 등 신도시가 개발되었다. 그 여파는 지방까지 다양하게 확대됐다. 주거 환경이 아파트로 변화하며, 부엌은 음식만 조리하던 공간에서 음식 준비와 조리, 식사와 담소를 함께하는 자리로 기능이 확대돼 시스템 키친, 냉장고, 식탁으로 이어지는 부엌 환경 변화가 일어났다. 하지만 문제는 냉상고 속의 김치 냄새였다. 아파트 주거 환경에서 냉장고 속의 김치 냄새가 김치 냉장고 수요를 유발한 것이다.

전문 가전 회사가 아니었음에도 만도의 딤채는 출시 첫해에 4000대 이상의 판매고를 올렸고, 시장은 뜨겁게 반응했다. 주부들은 가장 구매하고 싶은 가전제품으로 김치 냉장고를 꼽았으며, 딤채는 출시 이후 줄곧 시장 점유율 1위를 달렸다. 또한 딤채를 구매하려고 딤채계를 꾸리는 일도 있었다. 딤채라는 브랜드 네임은 김치 냉장고와 동의어가 됐다. 딤채 출시 후 판매량은 첫해 4000대, 1996년 2만5000대, 1997년 8만 대 및 1999년 53만대로 치솟았다.

이미지를 판매한 입소문 마케팅

딤채의 성공은 치밀한 사전 준비와 김치 냉장고의 본질인 김치 맛에 집중한 점도 있지만, 일반적인 물량 기반의 광고와 홍보로 가전 3사와 이전투구해서는 승산이 없다고 판단했고, 이에 입소문 마케팅과 인플루언서를 활용한 마케팅 전략이 주효했던 것이다. 입소문 마케팅과 오피니언 리더, 인플루언서를 만들기 위해 강남에 거주하는 주부 3000명을 대상으로 6개월간 무료로 딤채를 사용한 후에 구매 의사를 보인 주부들에게 제품 가격의 절반으로 판매한다는 조건을 내걸었다. 결과는 매우 놀라웠다. 프로모션에 참여한 전체 주부 중 97퍼센트가 제품 구매 의사를 표한 것이다. 이러한 결과는 즉각적인 입소문을 만들어 냈고, 이들 주부의 사용 후기와 코멘트 하나하나가 비구매 고객에게 영향을 주었다. 일반 주부 사이에서 딤채는 강남 주부가 사용하는 필수 가전제품이라는 인식이 전파됐다. 이러한 입소문 마케팅의 근간에는 기술에 대한 자부심이 있었다. 김치 연구소와 70건의 연구 특허, 김치의 맛과 숙성, 유산균 연구 등은 이른바 발효 과학으로 회자되며 제품 성공의 최대 동력이 되었다.

딤채 마케팅의 특징은 타깃 고객층을 명확하게 선정했다는 점이다. 가장 영향력이 있다고 판단된 강남 거주 주부를 1차 표적 고객으로 선정해 반값 행사를 진행했고, 제품 출시부터 강남 지역에 물량을 집중했다. 브랜드 가치를 높이는 과정에 주력하며, 딤채 김치 냉장고를 구매하는 주부가 진정한 중산층이라는 이미지를 부각했다. 유통 업체를 활용해 각종 경품 행사에서 딤채를 1등 경품으로 제공함으로써 주부들에게 딤채를 갖는 것이 소원처럼 여겨지는 풍조도 만들어냈다.

딤채의 성공은 기존 가전 3사와 여러 중소기업이 시장에 참여하도록 자극했다. 삼성전자의 다맛 김치 냉장고, LG전자의 칸칸 서랍식 냉장고와 대우의 삼한사온 김치 냉장고 출시로 이제 김치 냉장고 시장은 빅4의 전쟁으로 치닫게 됐다. 주류 시장이 형성되면서 김치 냉장고 전쟁은 제품의 기능과 성능에 집중됐다. 김치 보관 기간을 연장하고, 김치 외에도 육류, 생선류, 각종 과채소에 이르기까지 다양한 신선 제품을 보관할 수 있게 됐으며, 스탠드형 김치 냉장고, 기존 냉장고와 결합한 하이브리드형 김치 냉장고 등이 출시됐다.

김치 냉장고 시장은 1990년대 후반기 이후 급격히 성장했다. 2002년 기준으로 180만 대가 넘는 판매고를 보였으며, 김치 냉장고 단일 제품으로만 1조 원이 넘는 시장을 형성했고, 필수 혼수 가전의 대명사로 자리매김 했다. 2017년, 김치 냉장고 시장의 경쟁 상황은 LG전자, 삼성전자, 대유 위니아, 대우전자의 4파전이었으며 시장은 다소 침체 국면을 맞아 전체 출하량은 100만대 수준으로 집계됐다. 김치 냉장고 시장은 사실상 포화상태다. 이제는 김치 냉장고의 보급률이 가구당 0.9

대 수준으로 올라왔기 때문이다. 소셜 미디어와 온라인 상거래가 주류를 이루고 있지만, 김치 냉장고 유통 채널의 85퍼센트는 오프라인이다. 이제 각 제조 업체는 교체 수요와 김치 냉장고를 보조 냉장고로 사용하고자 하는 고객을 타깃으로 삼고 있으며, 시장 초기 대세던 뚜껑형 제품은 점차 줄어들어 이제는 스탠드형이 대세를 이루고 있다.

브랜드 각인 효과

급변하는 광고 시장에서 한결같은 표현으로 소비자 뇌리에 박힌 다른 사례도 많다. 코스메틱 제품에 관심 없는 사람이라도 특정 문구가 뇌리에 남아 있는 경험을 해 보았을 것이다. "놓치지 않을 거예요"라는 광고 문구는 코스메틱 브랜드인 SK-Ⅱ의 대표적 성공 사례다. 이 문구는 다양한 패러디물을 양산해 대중들에게 각인됐다. 시간이 흘러 모델이 교체됐음에도 동일한 광고 문구로 각인된 브랜드를 즉각 상기시키는 효과를 유발했다. 특히 소셜 미디어와 해시태그 #놓치지않을거예요 캠페인은 폭발적인 인기를 끌기도 했다.

1993년 에이스침대는 침대의 이미지를 바꾸는 문구를 만들었다. "침대는 가구가 아닙니다. 침대는 과학입니다"라는 광고는 대중의 인식을 바꾸며 에이스침대를 단숨에 한국의 대표적 기업으로 견인했다. 가구 이미지가 강한 침대를 첨단 수면 과학의 집합체로 소개하고, 최고의 품질로 제작된 침대에서의 수면이 건강한 일상을 만든다는 메시지는 20년이 넘은 지금까지 브랜드 각인, 브랜드 상기 효과를 내고 있다.

콘셉트 플래닝, 메가 트렌드, 기술 지능

상품 기획 프로세스

글로벌 기업, 실리콘밸리의 유니콘과 데카콘, 국내의 삼성, LG와 같은 대기업에서는 상품 기획 업무에 관한 업무 표준을 정의하고 철저하게 프로세스에 기반해 진행한다. 특히 애플은 ANPP(Apple New Product Process)라는 제품 출시 프로세스로 제품의 콘셉트부터 출하, 서비스 및 마케팅에 이르는 모든 과정에 적용할 체크리스트와 매뉴얼 지침을 만들어 운영하고 있다. 전략적 민첩성과 전략적 감수성이 요구되는 시대라서 전략 수립과 빠른 실행, 실패를 통한 경험을 강조하는 린스타트업, 비즈니스 모델과 플랫폼, 초연결, 각 기업의 해커톤, 극단적인 전력질주를 의미하는 구글의 스프린트 등이 각광받고 있지만, 그 근간에는 전략 수립이라는 기본 원칙이 녹아 있다. 경쟁과 파괴적 혁신, 빅뱅 파괴에 이르기까지 전략 수립은 기업의 생존 활동과 궤를 같이 해왔으며, 현재는 신속하고 탄탄한 전략 수립, 빠르고 유연한 수정 능력과 복원력을 동시에 요구하고 있다.

CP

기업의 경영 활동에서 제품과 솔루션, 서비스의 콘셉트를 수립하는 단계를 상품 기획, CP(Concept Planning)라고 한다.

이 단계에서 제품 및 솔루션의 콘셉트를 확정하고, 디자인, 개발 본부, 마케팅 부서 등 모든 유관 부서를 움직이게 한다. 기업은 경영 전략을 수립함으로써 경영 계획을 완성하며, 경영 목표를 달성하기 위해 제품과 솔루션, 서비스로 고객에게 어떠한 경험과 가치를 제공할 것인지를 결정한다. 이것을 가치 제안(Value Propositions)이라고 한다. 가치 제안에는 제품, 서비스, 솔루션, 비즈니스 모델과 플랫폼 및 다양하고 새로운 고객 경험이 포함된다. 기업 입장에서는 무엇을 만들지, 무엇을 제공할지 결정하며, 경영 활동 기간을 결정하고(일반적으로 1년 단위) 해당 기간 동안 고객에게 제공할 제품, 솔루션, 서비스 등을 MGPP(Multi Generation Product Plan, 다세대 상품 계획)와 PRM(Product Roadmap, 제품로드맵)을 가지고 확정한다.

NPI, PMS, 개발 발의

기업이 무엇을 만들고 제공할지를 결정한 후에는 기업 내부적으로 얼마나 도전적인 과제인지, 개발의 난이도는 어떠한지 판단한다. 상품 기획 단계에서 이 과정을 NPI(New Product Introduction)라고 하며 새로운 제품, 솔루션을 기업 내부에서 심사하여 개발 제품의 개발 등급을 할당받는다. 전략적 핵심 과제는 CEO 과제나 도전 과제 등으로 선정해 별도로 관리하며, 일반 과제라도 개발 난이도, 개발 등급, 매출에 미치는 영향 등을 파악해 제품의 개발 등급을 정한다. LG전자는 제품로드랩에 등재된 모든 제품을 대상으로 NPI 등급 협의를 진행하고 B등급 이상의 제품만 PMS에 등록하고 있다. 기업 입장에서는 적기에 최고의 제품을 만들어 출시해야 하며, 다양한 환경, 고객, 시장 조건을 검토해야 하기 때문이다.

PMS는 프로젝트 관리 시스템(Project Management System)의 약자로서, 연구개발 부서에서는 연구 관리 시스템이라 부르기도 한다. 내부 심사를 마친 후 모든 제품과 솔루션 등을 과제로서 PMS에 등록해 과제의 시작, 중간, 종료 시점까지 모든 단계에 담당자를 지정하고, 진척 관리를 수행한다. 개발 프로젝트가 정식으로 등록되었으므로 기업 내부에 공지하는 것이다. 제품과 서비스를 개발할 때, 모든 제품을 동시에 개발하지 않는다. 즉, 우선순위, 기업의 전략, 출시 시점에 따라 개발 순서가 결정된다. 마케팅과 영업 부서에서는 필요한 제품, 솔루션을 개발하라고 요청하며 이 과정을 '개발 발의'라고 한다.

개발 발의, 상품화 검토 의뢰, 상품화 검토 보고

마케팅 및 유관 부서에서 개발 발의를 진행하면 개발발의서가 작성되며 상품 기획 부서로 전달된다. 개발발의서에는 개발 목적과 제품의 콘셉트, 목표 출시 시점과 판매 지역, 목표 판가, 예상되는 판매 물량 및 시장, 고객의 요구 사항을 기재한다. 개발 발의를 전달받은 상품 기획 부서는 상품화 목적, 제품 콘셉트, 주요 차별화 피처(Feature), 주요 사양 및 마케팅 부서가 요청한 사항을 자체 검토하고, 추가적으로 고객의 니즈와 원츠, 사용 환경(Usage Scene), 사용자 시나리오 등을 고려하여 상품화 검토 의뢰서를 작성한 후 디자인, 개발 부시, 구매 부서, 품질 부서 등에 전달해 검토 요청을 한다.

새로 만들 제품의 디자인, UI(User Interface), UX(User Experience) 및 제품의 외형적인 측면을 검토하고자 디자인 부서에 렌더링, 목업(Mockups) 등도 함께 요청할 수 있다. 상품 기획 부서는 개발 부서에 제품의 개발 가능성, 원가, 제품 개발 기간 및 개발 리소스 등을 검토하라고 요청한다. 또한 품질 부서에 다양한 품질 조건을 검토하도록 요청하고, 구매 부서에는 핵심 부품에 대한 원가, 공급 시기, 대체품의 검토를 요청한다. 각 부서에 검토를 요청하는 과정에서 상품 기획 부서 및 담당자는 관련 시장 동향, 경쟁 동향, 전후방 산업 분석, 생태계 및 비즈니스 모델과 플랫폼, USP, 차별화 요소 등을 검토한다.

CP 리뷰, CP 게이트

모든 부서의 검토를 마치면 상품 기획 부서는 PMS에 등재된 모델(B급 이상 혹은 전략 모델)을 대상으로 CP-M 리뷰를 준비한다. 타깃 시장에서의 고객의 니즈, 경쟁사와의 차별화 포인트, USP, 가격 정책, 목표 출시 시점, 수익성 분석 등을 준비하고 검증하는 단계다. 기술 관점에서의 검토인 CP-T 리뷰는 해당 모델의 파트 리더(PL, Part Leader)가 작성한다. 상품 스펙, 상품 품질, 디자인, 상품화 검토 보고서의 내용 및 진행 상황을 검토하고 리뷰 회의를 수행한다. 최종 준비를 마치면 이제까지 검토한 모든 내용을 심사한다. 일종의 게이트(gate) 검사 단계이며, 이를 CP 게이트라고 한다. 이때 연구소에서 작성한 상품화 검토 보고서를 분석해 개발 사양과 일정을 명확히 하고 상품 콘셉트, 모델 운영 방안, USP, 수익성 분석 등을 포함하여 상품화승인서를 작성해야 한다. 상품 기획 부서는 제품로드맵, 상품화검토의뢰서, 상품화검토보고서, 상품화승인서를 준비하고 최종 의사 결정자의 승인을 얻어 CP 단계를 확정한다. 준비가 미흡하면 재검토를 지시하기도 하며, 준비에 하자가 없다면 기업의 최고 의사결정자의 확정 승인(CP 컨펌)을 받는다. CP 컨펌이 완료되면, 기업에서는 제품이나 솔루션, 서비스 개발에 필요한 모든 준비를 공식적으로 시작하며, 이때부터 일정·자금·품질 관리, 영업과 마케팅 부서의 비즈니스 활동이 시작된다.

MGPP 연계 제품로드맵

상품 기획은 기업의 마케팅, 상품 기획, 전사 차원의 전략 수행 부서가 수립한 중장기 경영 계획을 바탕으로 시작한다. 기업의 중장기와 단기 경영 계획에 따라, 상품 기획 부서는 MGPP, 제품로드맵을 작성한다. MGPP은 다세대 상품 기획을 의미한다. MGPP을 만드는 목적은 다년간의 상품 전략을 사전에 기획해 이를 기술 개발과 연계하거나 중장기 경영 계획에 따른 연도별 상품 기획을 수립하기 위함이다. 또한 기존 고객 유지와 신규 고객 유치를 의도할 수 있다. MGPP과 제품로드맵 작성 과정에서 타깃 그룹(Focus Group)을 선정해 이들의 의견을 반영하기도 한다. 또한 B2B 비즈니스에서는 주요 고객을 위한 별도의 MGPP와 제품로드맵을 수립하기도 한다.

MGPP를 수립한 후에는 Y+3 PRM을 작성한다. Y+3의 의미는 현재의 연도를 Y(Year)로 가정하고, 이후 1~3년의 제품로드맵 전개라는 뜻이다. 이러한 제품로드맵을 일반적으로 Y+3 PRM이라고 한다. Y+3 PRM은 기준 연도인 Y에서 기본 제품의 라인업을 구축하고, 이후 기술로드맵인 TRM(Technology Roadmap)과 연계하여 고객 만족 수준을 점검한다. 또한 기능, 성능, 서비스 트렌드를 살펴보고 핵심 경쟁 요소를 자사화해 제품에 탑재하고 경쟁사의 동향을 모니터링한다. 특히 MGPP와 연계한 Y+3 PRM에 기능, 성능 등 스펙의 달성 정도와 수준을 함께 명시하고, USP의 구현 정도를 수치화해 나타내는 것이 일반적인 방법이다. 4차 산업혁명과 과학기술 발달로 기술은 '수확가속의 법칙'을 따라 급격히 발전하고 있다. 이미 비즈니스의 많은 부분에서는 특이점이 나타나 창발적 아이디어가 속출하고 있으며, 비즈니스 모델과 플랫폼은 꾸준히 변화하며 초연결, 융복합이 일어나고 있다. 게임의 룰이 변하고 붕괴되고 있다. 따라서 기업의 MGPP, 제품로드맵, 기술로드맵 역시 굳건한 철옹성 같은 입장을 탈피해, 민첩하게 감지(Sense)하여 유연하고 신속하게 전략을 수정할 필요가 있다.

메가 트렌드

4차 산업혁명 이후 메가 트렌드(Mega trend)라는 표현마저 일상이 되어버렸다. 인간의 삶과 기업 환경, 즉, 비즈니스를 바꾸어 놓은 큰 흐름인 메가 트렌드는 기업의 전략 수립 과정에서도, 제품과 서비스, 플랫폼과 비즈니스 모델 수립 과정에서도 수용 여부를 검토해야 한다. 메가 트렌드는 엄청난 영향력과 파괴력으로 개인의 일상과 기업, 비즈니스를 송두리째 바꾼다고 생각하지만 실제로는 그렇지 않다. 메가 트렌드는 일반적인 유행이나 개별적인 트렌드와는 다른 속성을 가지고 있기 때문이다. 미래학자 마티아스 호르크스(Matthias Horx)가 그의 저서 『2045 메가트렌드』에서 주장한 것처럼, 미래는 4차 산업혁명과 과학기술로 유발된 개별 기술이 아니라, 각 기술이 융복합돼 사회에 영향을 미치는 메가 트렌드에 집중해야 예측할 수 있으며, 기업과 비즈니스의 지속과 생존은 신속하게 메가 트렌드를 감지하고 분석하여 적용 여부를 판단하는 능력에 달려 있다.

가구를 조립하도록 유도해 불편함을 선사하면서도 인기를 끌고 있는 이케아(IKEA)는 사람들의 물건 교체 주기가 단축되고 있다는 트렌드를 포착해 저렴하지만 다양한 자신만이 가구를 제작할 수 있도록하는 개념을 사업화함으로써 대표 기업이 됐다. 구글은 기업 설립부터 인터넷과 정보의 연결이 트렌드가 되고 있다는 점을 감지했다. 아마존은 물류, 유통에 대한 트렌드를 감지해 배송 로봇, 드론 배송, AFC(Airborne Fulfillment Center, 항공 물류 센터)에 이르기까지 사업 영역을 확장하고 생태계를 구축했다. 애플과 삼성전자의 웨어러블 기기는 맞춤화된 의료 시장의 트렌드를 파악한 후 의료 서비스 생태계를 만들고 장악하려는 전략의 일환이다. 메가 트렌드는 일종의 유행이나 기존 트렌드와는 구분된다. 마티아스 호르크스는 메가 트렌드를 다음과 같이 정의했다.

- 메가 트렌드는 수십 년 동안 잠복 기간을 거치면서 그 영향력을 증대시키다가 활동기 때문에, 대부분 한 세대를 넘어선다.
- 메가 트렌드는 어떤 특정 영역이나 사업, 비즈니스에만 발생하는 것이 아니며, 모든 영역에서 변화를 일으킨다.
- 메가 트렌드는 글로벌하게 지구 전체에 동시다발적으로 발생하고 진행된다. 일시적 사건이나 위기로 궤도에서 벗어나지 않는다.

- 메가 트렌드는 정체되어 있는 것처럼 보이지만, 그 흐름과 파급 효과는 거스를 수 없다.
- 메가 트렌드는 천천히 진행되기 때문에 일반인들은 잘 느끼지 못하지만, 변화의 방향은 확실하다.

메가 트렌드는 현재도 기업의 비즈니스 환경을 변화시키고 있다. 우버 등 차량 공유 서비스가 인기를 끌면서 이미 국내외 자동차 산업은 빅뱅 파괴의 대전환기로 접어 들었다. 전통적 자동차 업계가 이동성(Mobility) 트렌드를 전적으로 독점하던 시대는 이제 소멸됐다. 구매가 아닌 공유를 즐기는 소비자의 패턴에 맞는 상품 개발이 자동차 업계에서 화두로 부각됐다. 글로벌 가전 업체가 주목하고 있는 스마트홈과 8K TV는 메가 트렌드로 확정할 수 없다. 마티아스 호르크스는 미래에 사람들이 여전히 TV를 많이 볼 것인가를 고민해야 할 것이라고 지적한다.

이머징 이슈

기존 기업과 스타트업은 모두 향후 변화의 흐름과 향방을 가늠하고 미래에 대한 불안감을 덜고자 트렌드와 미래 예측에 많은 관심을 보이고 있으며 메가 트렌드를 읽고 그에 대한 사업 전략을 수립하고자 노력한다. 하지만 비즈니스에서 승기를 잡으려면 메가 트렌드를 뒤따라가기보다 미래 트렌드를 먼저 파악하고 확보해야 한다. 메가 트렌드를 만드는 원천에 이머징 이슈(Emerging Issue)가 있기 때문이다. 메가 트렌드는 이미 주류를 이루는 트렌드이거나 곧 주류를 이룰 트렌드다. 따라서 기존 기업이나 스타트업이 메가 트렌드를 무조건적인 비즈니스의 기회로 인지해 수용하는 것은 절대로 피해야 한다.

메가 트렌드를 비즈니스의 기회로 만들고자 해도 선두 주자의 이익을 획득하기 쉽지 않다. 이미 해당 트렌드가 공개되어 이머징 이슈와 트렌드를 선점하고 플랫폼과 비즈니스 생태계를 구축한 서도자들이 존재하기 때문이다. 더불어 차별화 포인트를 발굴하기 쉽지 않으며, 선두 주자들을 이기지 못하고 초격차를 실감하다가 영원히 후발 주자로 남게 될 수 있다. 또한 현재의 트렌드는 새롭게 부상하는 트렌드나 또다른 메가 트렌드로 흡수, 통합, 변형되기 때문에 빠른 추격자 전략을 적용하기도 쉽지 않다. GE는 전 세계 주요 글로벌 기업의 임원들의 혁신에 대한 의식을 조사하여 글로벌 혁신지표를 발표했다. 연구 결과에 따르면 한국은 사물인터넷 30퍼센트, 빅데이터/애널리틱스 26퍼센트, 나노 기술 27퍼센트, 3D 프린팅 34퍼센트의 저조한 관심도를 기록하여 글로벌 평균과 큰 격차를 보였다. 이는 첨단 기술에 대한 구체적 대응이 미흡함을 지적하고 새로운 기술과 혁신의 본질과 함의를 이해하라고 촉구하는 것이다.

기술 지능과 융복합적 사고

4자 산업혁명 이후 기술에 기반한 기회 발굴의 중요성이 더욱 강조되고 있다. 미래에 발현할 기술 및 제품을 지속적으로 인지하고 분석해서 대처하는 능력이 기업과 조직, 개인의 역량 지표가 됐다. 기술 지능은 새로운 기술과 제품 정보를 기존 정보와 각종 툴을 이용해 분석하고 예측하는 시스템이나 이러한 일련의 활동과 역량을 말한다. 또한 기술적 위협을 찾아 전달하고 그에 따르는 기회를 알려줌으로써 조직이 시의 적절하게 대처할 수 있도록 하는 것이다. 기존의 신기술, 신제품에 초점을 맞춘 기술 개발 활동에서 이제 응용 기술과 융복합 기술로 패러다임이 바뀌고 있다. 기술 지능의 주된 목적은 새로 발생한 기술을 정의하고, 기술의 기원, 현재 추세, 기존 기술과의 연관성, 파급 효과와 부가 효과를 분석하고 대응하는 것이다. 따라서 시장과 제품뿐 아니라, 시장이나 제품에 적용된 기술과 그 종류, 기술 간 상관관계 등이 분석 대상이다. 기술 로드맵이 필요 기술의 개발 단계를 나타내는 것이라면, 기술 지능은 현재 능력과 환경을 토대로 '어떤 기술이 우리에게 필요한가'라는 발굴과 선택에 초점을 맞추는 것이다.

클라우스 슈밥은 저서 『제4차 산업혁명 The Next』에서 모두가 이익을 얻으려면 기술에 대한 이해와 새로운 사고가 필요함을 강조하며, 글로벌 리더부터 기업의 임직원, 직장인과 학생, 일반 시민까지 시스템적 관점 및 융복합, 통합적 사고를 갖추어 큰 그림(Big Picture)을 조망하고, 기술, 글로벌 과제, 비즈니스에 대한 디테일(Detail)을 파악하라고 요구하고 있다. 시스템적 관점이라는 융복합, 통합적 사고방식은 피터 드러커가 소개했고, 피터 센게가 『제5경영』에서 구체화했다. 시스템적 관점은 단선적이고 단면적인 문제 인식에서 벗어나, 전체 관계를 파악하는 것이다. 전체 맥락을 파악하고, 시스템을 구성하는 다양한 요소들이 연결돼 어떤 상호작용을 하며, 이러한 상호작용이 전체 시스템에 어떤 영향을 주는지를 파악해 최상의 시너지 효과와 레버리지 효과를 만들어 내는 것이다. 4차 산업혁명과 과학기술 혁명으로 일과 업의 본질이 변화하고 있다. 따라서 이에 대응하려면 시스템적 관점에서 융복합, 통합적 사고를 하고 각 구성 요소의 디테일을 이해하는 학습 민첩성이 필요하다.

오픈 소스 커뮤니티, 비즈니스 생태계

제품로드맵, 회사의 모든 사람이 같은 이야기를 해야 한다

기술 트렌드 분석이 완료되면 해당 연도 혹은 다음 연도의 제품로드맵을 작성한다. 기업은 대부분 경영 전략회의를 10월에 시작하여 12월경에 최종 확정한다. 따라서 제품로드맵도 1년에 한 번, 혹은 분기별, 월별로 지속적으로 업데이트하여 기업 내부, 고객, 파트너 업체 등에 제공한다. 제품로드맵은 사내 용도와 고객, 거래처, 파트너 등에 제공하는 용도를 별도로 구분해 관리해야 한다. 주요 고객은 제품로드맵 및 이에 따른 가격표와 특별 할인율을 요구하기 때문에 제품로드맵에 가격표, 특별 할인율, 모든 제품의 스펙(Specification Sheet) 및 USP을 명시하여 제공한다. 또한 고객에게 빠르고 쉽게 정보를 제공하는 용도의 추가 자료를 작성한다. 이를 마케팅 머티리얼(Marketing Material)이라고 한다. 기업은 매년 새로운 제품을 출시해 고객에게 소개하는데, 고객의 피드백은 언제나 일정하다. 핵심 기능과 성능, 어떠한 혜택과 가치를 제공할 수 있는지 묻는다. 고객은 자사의 제품뿐 아니라 항상 경쟁사의 제품과 솔루션도 검토하기 때문이다. 고객과 미팅을 할 때도 장황하게 설명하기보다 짧고 간결하게 내용을 전달할 수 있도록 제품과 솔루션의 핵심 사양을 정리한 별도의 자료를 준비해야 한다.

초대형 파트너이자 업계의 선두 위치를 점유하던 고객사로부터 연락이 왔다. 자사를 담당하는 비즈니스 매니저(Business Manager)를 변경해 달라는 것이었다. 사유를 파악해 보니 바쁜 고객의 CEO와 임원진에게 장황하게 설명함으로써 불필요하게 시간을 허비하게 했고, 심지어 고객의 질문에 답변하지 못하여 차후에 본사를 통해 다시 알려주겠다고 한 것이다. 게다가 고객사의 IT 컨설턴트에게 오히려 잘못된 정보 전달에 관해 지적했다. 다행히 오랫동안 협력 관계를 맺어 왔기에 사건은 비즈니스 매니저 교체로 무마되었지만, 다른 고객이라면 이런 상황에서 결코 우호적으로 대응하지 않을 것이다.

비즈니스를 수행할 때에는 비즈니스 매니저, 마케터, 개발자 및 상품 기획자, 심지어 CEO와 모든 임직원들이 동일한 이야기를 할 수 있어야 한다. 비즈니스 매니저의 수준에 따라, 마케터나 개발자의 수준에 따라, 고객과 파트너, 거래선에게 이야기하는 내용의 수준 차이가 발생한다면 고객의 신뢰를 얻을 수 없다. 이를 위하여 실리콘밸리의 IT 기업은 오래 전부터 에반젤리스트를 두고 전문 마케터를 활용하지만, 현장에서 고객을 만나는 것은 각 개개인이기에 결국 동일하게 이야기하지 못한다면 문제가 발생하는 것이다. 글로벌 기업은 이런 문제를 해결하고자 자사의 제품과 솔루션을 설명하는 표준화된 매뉴얼을 준비해두고 프레젠테이션 파일로 5분 스피치(5 minutes speech) 훈련을 하도록 한다. 기업의 모든 이가 동일하게 설명할 수 있도록, 행동 지침인 '플레이 북(Playbook)'에 디테일을 모두 정의해 둔다. 최소한의 공통된 정보를 고객에게 먼저 전달한 후에 전문 비즈니스 매니저, 프로젝트 진행을 담당하는 프로젝트 매니저(Project Manager)가 2

차적인 대응을 하도록 하는 것이다.

개발 부서, 기술개발로드맵의 전개 전략 수립

제품로드맵이 완성되면 상품 기획 부서는 기업의 모든 유관 부서에 제품로드맵을 배포한다. 이를 받으면 특히 기업의 개발 부서(개발 본부, 개발팀 등)에서는 제품로드맵에 명시된 제품과 솔루션을 개발하기 위한 계획을 수립해야 한다. 경영 계획 수립과 같은 원리다. 개발 부서에는 개발 기획, 연구 기획 등 기획 업무를 수행하는 조직과 실질 개발을 하는 연구개발 인력이 있다. 기업에 따라서 선행 개발 및 솔루션 개발, 도입을 하는 부서도 존재한다. 그렇기 때문에 개발 부서 내에서도 제품로드맵에 명시된 제품과 솔루션 개발을 위한 공통된 비전을 수립해야 한다.

MGPP 및 Y+3 PRM이 선정된 이후 개발 부서는 필요한 기술 목록을 정리한 후에 성격에 따라 분류하고 확보할 수 있는 방법을 검토해야 한다. 개발 부서는 개발 본부의 비전과 미션에 따라 개발 계획을 수립한다. 이때 작성해야 하는 것이 기술개발로드맵(TDR, Technology Development Roadmap)이다. 기업에 따라 이미 기술을 보유했을 수도 있고, 현재 보유하지 않은 기술이 있을 수도 있다. 제품에 적용해야 할 기술을 현재 보유하지 않았다면 기술을 가진 업체를 합병거나, 기술 협력, 공동 개발, 산학 협력, 공동 연구, 기술 라이선스, 오픈 소스 도입 등의 방법으로 기술을 확보한다. 이러한 연구 절차를 통해 당시 삼성테크윈은(현. 한화테크윈) 2010년 와이즈넷 ISP(Image Signal Processor)를 출시하고, 연차별로 와이즈넷 S,

와이즈넷 Ⅱ, 2013년 와이즈넷 Ⅲ 및 차세대 와이즈넷 ISP를 출시하면서 영상 분석 기술인 얼굴 인식, 움직임 감지(Face/Motion Detection) 기능을 ISP 내부에 탑재해 고화질, 고화소로 차별화를 이루었다.

핵심 인력 확보 방안

개발 본부는 다양한 방법으로 기술을 확보하지만, 가장 중요한 기술 확보 방법은 S급 인재를 영입하는 것이다.

삼성전자가 반도체 사업에 진출할 무렵인 1980년대에 국내의 반도체 연구개발, 제조, 생산 역량은 불모지와도 같았다. 결국 기술과 산업, 비즈니스를 만드는 원동력은 핵심 인재 확보다. 특히 S급 핵심 인재는 사업 수행에 결정적인 역할을 하기 때문에 각 글로벌 기업들은 지금도 인재 전쟁을 치르고 있다. 당시 이건희 회장은 인재 제일의 경영 철학으로 S급 인재 확보에 총력을 다했고, 필요하다면 최고 경영자가 삼고초려해서라도 영입하라는 특명을 내리기도 했다.

4차 산업혁명을 이끄는 인공지능, 빅데이터, 로봇, 사물인터넷 기술과 관련해 삼성전자는 이재용 부회장의 진두지휘 아래 인공지능 분야의 최고 핵심 인력 영입 전쟁에 뛰어들었다. 삼성은 자사 최초로 최고혁신책임자(CIO) 직책을 신설해 혁신을 바탕으로 미래의 먹거리 창출에 전력을 다하겠다는 의지를 표방했다. 최근 삼성은 세계적 석학으로 뇌 신경공학 기반 인공지능 연구 분야의 세바스찬 승, 인공지능 로보틱스 분야의 다니엘 리 교수를 영입해 세간의 화제가 됐다. 이들은 인간의 지적 활동을 모방한 컴퓨터 프로그램을 공동으로 연구해왔다. 삼성은 또한 한국과 미국, 영국, 캐나다, 러시아에 인공지능 연구센터를 설립해 관련 S급 인재를 영입하는 데도 총력을 다하고 있다. 미국 실리콘밸리와 캐나다 토론토 인공지능 연구센터는 지난해 영입한 래리 헥(Larry Heck) 전무가 맡고 있다. 레리 핵은 구글의 구글 어시스턴트, 마이크로소프트의 코타나를 개발한 인공지능 전문가다. 또한 앤드류 블레이크와 드미트리 베트로프 역시 인공지능 분야의 전문가로 삼성에 핵심 인력 영입 프로그램에 합류했다.

전략 특허 확보 방안

개발 본부에서는 제품로드맵을 수립하고 기술로드맵을 전개하면서 반드시 관련 기술에 대한 특허를 준비한다. 최근까지 삼성전자와 LG전자는 끊임없이 특허 침해 소송에 발목을 잡히고 있다. 정보기술에서 한 발 앞선 한국 기업을 특허 괴물과 해외 기업이 지속적으로 견제하는 것이다. 오랜 기간 미국 스마트폰 제조사를 상대로 특허 분쟁을 겪은 LG전자는 최근 또 다른 특허 분쟁에 휩싸였다. 7년간 애플과 지루한 특허 분쟁을 겪다가 극적 합의를 이루어낸 삼성전자 역시 중국 화웨이와의 분쟁을 남겨두고 있다. 최근에는 이른바 특허 공룡이라 불리는 특허 관리 금융회사(NPE)의 지속적인 위협도 골칫거리다. 유니록은 2017년 이미 삼성과 LG를 대상으로 26건의 소송을 진행했으며, 아이언웍스페이턴츠 역시 삼성과 LG를 상대로 5건의 소송을 진행 중이다. 글로벌 기업뿐 아니라 중견, 중소 기업 모두 비즈니스를 수행할 때는 특허 출원과 등록, 대응 및 방어에 대한 전략을 함께 수립해야 한다.

삼성전자와 LG전자는 지속적으로 특허에 관심을 갖고 이를 지원해 2017년 특허 획득 건수로 2위와 5위를 기록했으며, 국가별 특허 출원 순위에서는 한국이 3위를 기록했다. 미국 특허상표청(USPTO)의 연간 보고에 의하면 IBM은 25년째 특허 출원 1위를 기록하고 있으며, 삼성과 캐논, 인텔, LG전자, 퀄컴, 구글, 마이크로소프트, TSMC, 삼성디스플레이 등이 10위권에 포진하고 있다. 글로벌 시장에서 경쟁하는 기업은 제품 출시 이전 반드시 핵심 기술 특허 출원, 유사 기술 검토, 선행 기술 대응 특허 등으로 특허 전략을 수립해야 한다.

폴더블 스마트폰에 대한 업계와 소비자의 기대 심리가 높아짐에 따라 글로벌 기업의 전략 특허 출원 건수도 증가하고 있다. 특허청 보도자료에 따르면 폴더블 스마트폰에 관한 특허는 최근 6년 동안 276건이 나왔고, LG디스플레이, 삼성디스플레이, 삼성전자, LG전자의 순으로 국내 제조사가 특허 대부분을 소유한 것으로 조사되었으며, 주요 기술로는 힌지, 하우징, 폴딩 특성 개선, 터치 및 폴딩 상태 센싱, 커버 윈도우 등 폴더블 스마트폰에 특화된 내구성 향상과 폴딩 상태에 맞는 UI 구현 기술로 분류된다. 최근 삼성전자는 7.3인치 OLED 탑재하고 수첩처럼 안쪽으로 접히는 인폴딩(In-Folding) 방식을 폴더블 스마트폰을 언론에 공개했다.

특정 기술, 특정 업체별로 특허를 정리하면 글로벌 기업 및 기술의 동향과 이에 연계된 비즈니스 움직임을 예측할 수 있으며, 글로벌 특허 괴물들의 공세가 어디에 집중되는지도 파악할 수 있다. 특허는 비즈니스를 수행하는 모든 기업이 자사의 기술 및 디자인, 비즈니스 모델 등을 보호할 수 있는 수단이다. 또 미래 신기술 관련 선행 특허를 확보하여 기술과 비즈니스를 선점할 수 있으며, 경쟁사 혹은 글로벌 기업의 특허 출원 내역을 파악하여 기술 동향과 어떤 신사업에 진출하려 하는지를 추론할 수 있다. 반면, 특허는 자사의 기술과 제품, 사업 자체를 무력화시키는 위협이 될 수 있다. 중견, 중소기업 및 스타트업은 정부의 특허 지원 사업 등을 활용해 관련 기술에 대한 특허 맵(Patent Map)과 특허 대응에 관한 컨설팅 서비스 등을 지원받을 수 있다.

개발 네트워크 구축과 오픈 소스 커뮤니티 연결

기업 내부에서 직접 연구 및 개발하기 어려운 부분은 외부 연구기관, 학교, 전문 개발 업체, 오픈 소스와 커뮤니티 등과 협업해 개발 네트워크를 구축하는 것이 최근의 기술 개발 추세다. 이제는 특정 기업이 모든 기술을 독점하거나 선점하기 어려울 정도로 기술이 급속히 발전하고 있으며, 많은 기술에 대해 오픈 소스 정책을 취하고 있다. 그 때문에 오픈 소스의 규모와 크기는 상상을 초월할 정도가 됐다. 이제는 핵심 기술조차 기업체와 학교, 선도 기술 업체 및 신생 스타트업 회사와 공동으로 개발하거나, 오픈 이노베이션, 집단 지성을 통해 신속하게 확보하고 빠르게 검증하여 비즈니스로 연결하는 것이 중요해졌다. ICT 기술은 점차 방대해지고 있으며, 기술 경계도 모호하고, 융복합을 추구하고 있다. 인공지능, 빅데이터, 사물인터넷, 로봇, 센서 기술 등이 융합하고 있으며, 개방성과 집단 지성을 이용하는 오픈 소스가 가히 전성기를 맞고 있다. 최근의 오픈 소스 쪽 움직임을 살펴보면 오픈 소스 재단(Foundation)이 증가하고 오픈 소스 소프트웨어가 즉각적인 상용화에 이용되고 있음을 확인할 수 있다. 오픈 소스 프로젝트에 참여하는 상용 소프트웨어 및 하드웨어 벤더, 글로벌 ICT 기업이 증가하고 있기 때문이다. 글로벌 기업은 이미 비영리 단체와 공동으로 오픈 소스 프로젝트를 추진하는 등의 행보를 보이고 있으며, 이에 따라 오픈 소스 재단 설립도 늘어나고 있다. 오픈 소스 재단은 오픈 소스 프로젝트에 개발 인프라 제공, 소송 대행, 개발자 보호 및 소프트웨어 라이센싱 및 버전 관리, 특허 등의 지적 재산권 관리 업무를 지원한다. 기업과 스타트업은 이러한 커뮤니티와 얼라이언스(Alliance, 연합)에 연결해 정보와 기술 흐름을 지속적으로 파악하고, 커뮤니티가 생성하는 사실상의 표준화(De facto Standard) 기술을 분석해 기술 변화에 뒤처지지 않도록 해야 한다.

사물인터넷과 5G 기술이 도입돼 실시간 영상 빅데이터 처리가 가능해지면서 글로벌 기업들은 자율주행 자동차의 핵심 기술인 V2X(Vehicle to Everything)을 이용한 실증 운행에 도전하고 있다. V2X의 인공지능 알고리즘도 오픈 소스에 기반을 두고 있기 때문에 오픈 소스 커뮤니티들은 다양한 알고리즘을 개발하고 공유하고 있다.

자율주행과 관련해서는 국제적인 표준이 정해지지 않았지만 미국이 법규 등을 선제적으로 도입했기 때문에 대부분의 국가와 기업이 이를 따라가고 있다. 오픈 소스 커뮤니티는 개발자와 협업할 기회일 뿐 아니라 기술, 법규, 사실상의 표준화에 이르기까지 다양한 트렌드와 기술의 움직임을 살펴볼 수 있는 기회이기도 하다. 전 세계의 수많은 개발자가 연결돼 집단 지성의 산출물로 결과를 얻을 수 있기 때문에 기업과 스타트업의 오픈 소스 커뮤니티와의 연결은 곧 생존과도 직결돼 있다고 할 수 있다.

구글의 대표적인 오픈 소스 프로젝트로 텐서플로우(Tensor Flow)와 쿠버네티스(Kubernetes)가 있다. 쿠버네티스는 애플리케이션을 자동으로 배포하거나 확장하는 컨테이너 플랫폼이다. 텐서플로우는 개발자에게 머신러닝 모델 개발과 적용의 장벽을 크게 낮추어 주었다. 기존 기업이나 스타트업이 오픈 소스를 이용하지 않고 독자적으로 개발해 비즈니스까지 수행하려 한다면 이에 따르는 시간과 리소스는 천문학적으로 늘어날 것이다. 이렇게 개발하다가 오히려 비즈니스의 적기를 놓칠 수 있다. 순수 비영리 연구개발 기관이 아니라면, 상업성과 이윤을 추구해야 하는 것이 기업의 생리다. 이런 경우 가장 빠르고 안전한 방법은 오픈 소스 커뮤니티에 연결하는 것이다.

비즈니스 생태계, 랜드스케이프

아서 텐슬리는 유기체가 지역적 공동체를 구성해 상호작용하는 것을 밝혀내고 여기에 생태계라는 표현을 처음 사용했다. 제임스 무어는 역동성과 상호 연결성이 점점 더 증가하는 비즈니스 분야를 설명하고자 생태계 개념을 도입했다. 로버트 프랭크는 『경쟁의 종말(The Darwin Economy)』에서 자연의 생태계 개념을 비즈니스와 접목해 비즈니스 생태계(Business ECO System) 개념을 정립했다. 비즈니스를 수행하는 기업이 궁극적으로 추구해야 할 방향은 비즈니스 생태계 구축이다. 생태계의 구조, 규모, 생태계 내외부에서의 지배력을 확보하는 것이 현대의 비즈니스를 수행하는 핵심 요소다. 비즈니스 생태계 개념은 초기에 연결성과 협력을 통해 자체적으로 변화할 수 있는 역량을 창출하는 공동체가 주로 받아들였다. 미국의 첨단 기술 업계가 바로 그 공동체다. 애플은 자사의 제품과 서비스를 고객에게 끊임없이 경험으로 제공하기 위해 서비스 생태계를 구상했으며, 페이스북은 개발자 생태계 구축에 주력해야 함을 깨달았다. 전 세계의 기업은 이미 생태계를 강력한 경쟁우위 창출의 기회로 인지하고 있다. 소프트뱅크는 모든 종류의 서비스와 콘텐츠를 소프트뱅크의 플랫폼으로 제공하여 다른 기업이 넘볼 수 없는 포괄적 생태계를 창조하는 것이 목표라고 설명했다. 생태계적 사고는 경제와 비즈니스 환경이 근본적으로 변화하는 순간을 포착할 수 있는 새로운 사고 체계다.

비즈니스 생태계를 확인하고 연결하려면 생태계 구성을 한눈에 살펴볼 수 있는 지도가 있어야 한다. 경쟁 구도, 해당 산업 구성 내역(버티컬), 주요 플레이어, 전후방 산업의 구성, 비즈니스 및 기술 융복합 여부를 파악하는 것이 바로 생태계와 연결하는 것이며, 이를 위한 도구가 랜드스케이프(Landscape)다. 랜드스케이프란 '산업을 구성하는 가치사슬의 연속적인 흐름'이라고 이해할 수 있다. 랜드스케이프를 살펴보면 각각의 구성 요소들이 모여 완전한 비즈니스 생태계 및 서비스로 발전하는 특성을 확인할 수 있다. 일례로 사물인터넷 산업계에 대한 랜드스케이프는 매트 터크(Matt Turck), 데이비드 로그(David Rogg)가 작성한 'IoT 랜드스케이프'로 확인해볼 수 있다. 일반적인 랜드스케이프는 빌딩 블록(Building Blocks), 플랫폼과 가능화(Platform & Enablement), 해당 산업 어플리케이

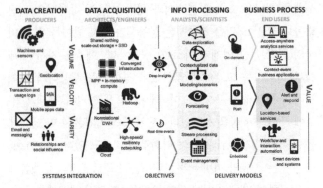

빅데이터 생태계(당신의 빅데이터 계획을 지원할 데이터센터 기반 만들기), IDC

션(Application(Verticals))으로 구분되어 있다. 랜드스케이프를 만들면 각 영역에 속한 각 메이저 플레이어의 주요 기술, 제품, 솔루션을 파악하고, 각 영역이 어떻게 유기적으로 연결되는지 검토할 수 있다. 자연계에서 생태계가 진화, 발전, 퇴화하듯이 비즈니스 영역의 생태계도 다양하게 변화한다. 새로운 기술로 진화할 수 있고, 기존의 기술을 새롭게 융복합할 수 있으며, 파괴적 기술이 나타나 기존 기술이 퇴화되거나 소멸할 수 있다. 이에 따라 기술에 관련된 비즈니스도 함께 발전, 진화, 퇴보의 길을 걷게 된다. 따라서 비즈니스를 수행하는 기업과 스타트업은 항상 비즈니스 생태계에 연결해야 하고, 생태계의 현재 상태 및 움직임을 끊임없이 관찰하여, 현재 수행하고 있는 비즈니스에 미칠 영향을 파악해야 한다.

상품 기획과 전략적 민첩성

프로세스로 움직이는 상품 기획 업무

상품 기획 업무는 새로운 제품을 기획하는 신상품 기획 업무와 기존 상품을 보완하고 확대하며 기존 상품의 라인업을 축소하고 제품을 단종하는 업무로 구분할 수 있다. 신상품 개발은 제품 라인업에 존재하지 않던 신규 제품을 기획하는 과정으로서 스마트폰 제조 업체의 신규 스마트폰 출시, 신규 사업 진출에 필요한 신상품과 솔루션 준비, 스마트워치 출시, 인공지능 스피커 출시 등이 그 예다. 기존 상품 보완 기획은 기존 제품의 기능과 성능을 향상시키는 기획으로서 CPU, 메모리 성능 향상, 화면 크기, 화소수 개선, 지문 인식, 홍채 인식, 바코드 모듈 신규 탑재, 스마트폰의 내구성을 위한 방수·방진 기능 향상 등이 대표적 사례다. 상품 계열 확대를 위한 기획은 기존 제품 라인업의 다양화, 파생 제품 확대 측면이며, 프리미엄 제품 라인업에서 보급형 제품군 확대, 지역별 특화 제품 추가 등을 예로 들 수 있다. 반면, 제품 축소와 철수 기획도 진행할 수 있다. 상품 계열 축소 기획은 기존 제품 라인업에서 특정 제품 및 제품군을 삭제하는 과정이며, 상품 철수 기획은 제품 라인업에서 완전한 제거하거나 단종하는 것을 의미하며 2G, 3G 스마트폰 생산 중단이나 PDA 제품 철수 등이 그 예다.

신상품 기획 업무는 개발 발의, 상품화 검토, 상품화 승인, 개발 계획, 과제 완료 및 이관 등 다양한 단계로 진행되며, 각 단계에서는 의뢰서(요청서) 및 보고서(검토 결과 보고) 등의 산출물을 생성한다. 기존 상품 기획 업무라면 제품 출시 후 고객의 요구 사항, B2B 프로젝트, 새로운 기술 및 부품 도입 등을 반영하여 제품의 수준을 향상시키거나, 기존 제품을 대체하는 후속 제품을 기획하거나, 기존 제품을 단종하는 업무를 진행한다. 상품 기획 업무는 기업 내부적으로 상세하게 정의된 프로세스를 기반으로 진행한다. 이 프로세스를 가지고 시장, 소비자, 경쟁사 및 각종 선진 기술을 분석하고 차별화된 전략을 수립하며 제품의 로드맵을 만들고, 제품 포트폴리오 출시부터 단종 관리 업무까지 다양한 업무를 일정한 시간 내에 효율성 있는 결과를 창출하도록 진행해 기업의 경영 활동에 기여해야 한다.

- 개발 발의
- 상품화 검토 의뢰, 보고, 승인
- 개발 과제 기획, 개발 과제 착수, 개발 과제 진행 점검
- 과제 완료, 과제 이관 보고

상품 기획의 시작인 개발발의서

기업이나 회사에서 제품과 솔루션, 플랫폼이 만들기 위해 가장 먼저 해야 하는 작업이 개발발의서 작성이다. 개발발의서는 회사의 임직원 누구나 작성할 수 있다. 개발 부서 내부에서 개발을 희망하는 제품을 자체적으로 제안할 수 있고, 마

케팅, 영업부서의 필요에 의하여 특정 제품과 서비스 개발을 요청할 수 있다. 또한 상품 기획 부서에서 제품의 로드맵을 살펴보며 부족한 제품, 솔루션 라인업을 보완하려는 목적으로 개발을 요청할 수 있다. 고객의 불만족 사항 및 VOC(Voice of Customers)를 반영하여 개발 발의가 추진되기도 한다. 이렇게 수집된 개발 발의 정보와 아이디어를 취합하고 마케팅, 영업 부서에서 제품, 솔루션에 관한 비즈니스 플랜을 기록해 개발을 요청하는 문서를 개발발의서라고 규정한다.

접을 수 있는 스마트폰, 폴더블 스마트폰의 출시에 관심이 높아지고 있다. 삼성전자는 2019년 중·후반 폴더블 스마트폰을 출시하겠다고 예고했다. 삼성전자의 경쟁 회사도 이러한 정보를 입수하고 자사의 상품 기획 부서로 이러한 제품의 개발을 요청할 수 있다. 이런 과정이 개발 발의 사례다.

개발발의서는 1페이지로 구성된 요청서로 다음과 같은 항목을 포함한다. '기안 부서' 칸에는 요청 부서를 기재한다. '기안자/기안일자' 항목에는 이 문서를 작성한 담당자의 이름과 날짜를 기재한다. '제품 모델명'은 개발 발의 당시에는 모델명이 없을 수 있기에 공백으로 남겨두어도 좋다. '구분' 칸에는 개발 요청하는 제품이 기존 제품의 변형, 신규 모델인지 구분한다. '개발 목적' 칸에는 시장에서 어떠한 요구 및 고객의 불만 사항이 파악되고 있고, 그 시장에 대응하려면 어떤 모델이 필요하다라는 사유를 기재한다. '주요 USP 항목'에 경쟁사 혹은 셩생 제품과 비교해서 이길 수 있는 부분이 무엇인지, 무엇이 특장점인지를 명시한다. '판매 지역' 칸에는 이 제품을 어디에 팔 것인가에 대한 답변이다. '목표 출시' 부분에는 필요한 출시 날짜를 기재한다. '판가' 부분에는 제품의 희망 목표 가격을 기재하고 '물동 운영' 부분에는 일반적으로 분기별, 연도별로 구분하여 그 기간에서의 FOB(Free On Board, 본선인도가격), CIF(Cost Insurance Freight, 보험운임료포함가격)를 기재한다. FOB는 가격에 선적항에서 물건을 실을 때까지의 비용만을 포함한 것이다. FOB Busan이라고 한다면 부산항에서 물건을 선적할 때까지의 비용을 포함한 것이다. CIF는 목적지 도착항에 물건이 도착할 때까지의 비용이 포함된 조건이다. CIF New York 이라고 한다면 물건이 뉴욕에 도착할 때까지의 비용을 포함한 것을 의미한다. '목표 물량' 부분에는 기간별로 얼마의 수량으로 물건을 팔 것인가를 기재한다. '예상 바이어'는 현재 만들고자 하는 제품을 어느 채널로 판매할 것인지, 즉 디스트리뷰터, (지역) 판매 대리인, 시스템 통합 사업자 등을 기재한다. '판매 방식' 항목에는 자사의 브랜드로 팔 것인지, 다른 업체에 OEM이나 ODM 형식으로 만들어 납품하는지를 명시한다. '생산지' 부분에는 이 제품을 어디에서 생산할 것인가를 구체적으로 기록한다. 특히 '요구 사항' 부분에는 이 제품에 특별히 요구되는 사양, 반드시 점검해야 하는 항목을 기록한다. '비고' 항목에는 특별한 내용을 기재하지 않아도 되지만, 마케팅 관점에서 어떻게 채널을 공략할 것인지 개략적인 계획을 기재하면 좋다.

란체스터 법칙

비록 한 페이지의 개발발의서지만, 개발 목적이 분명해야 한다. 기업의 운영 측면에서 보면 사용 가능한 리소스는 한정적이며, 이에 따른 비용과 유관 부서의 움직임까지 모두 경영에 들어가는 비용이기 때문이다. 또한 USP 항목에 반드시 경쟁에서 이길 수 있는 '이기는 전략(Winning Strategy)'이 명시돼야 한다. 이러한 USP를 발굴하려면 시장의 경쟁구도, 경쟁사, 경쟁사의 특정 제품, 혹은 향후 출시될 제품의 주요 기능을 예측할 수 있어야 한다.

이런 이유로 란체스터(Frederick William Lanchester) 법칙이 자주 언급된다. 란체스터는 전쟁에서의 힘의 논리, 힘의 과학을 계량적으로 구체화했다. 전통적인 재래식 전쟁, 전투에서는 양 진영의 피해는 전략의 차이에 비례했다. 하지만 현대의 전쟁, 전투에서는 그 양상이 전혀 다르게 전개된다. 란체스터는 성능이 유사한 아군의 비행기 5대와 적군의 전투기 3대가 전투를 치른다면, 전투의 결과로 아군의 전투기는 2대가 아닌 4대가 남는다고 주장했다. 전쟁, 전투의 승패는 전력 차의 제곱에 비례한다는 점을 수학적으로 규명한 것이다. 란체스터 법칙은 2차 세계대전 중에 연합군이 전략을 수립하고 운용하는 기본 이론으로 활용했으며, 이후 기업 경영과 마케팅 기법으로 적용 범위가 확대됐다. 시장을 선점한 기업의 전력이 10이고, 후발 기업이 5의 전력으로 참여한다면 그 차이는 100:25가 되는 것이다. 란체스터의 법칙을 토대로 시장에서 자신의 위치는 어디이며, 강자의 전략은 무엇이고, 약자의 전략은 무엇인가를 이해하여 좀더 효율적으로 마케팅에서 승리할 수 있는 방법을 찾는 것이 상품 기획의 역할이다.

'FOB' 부분에는 요청하는 제품의 예상 가격을 기재하면 되지만, 주의할 점은 경쟁사, 경쟁 제품의 FOB와 자사가 만들고자 하는 제품의 FOB를 동일한 시점으로 비교하면 안 된다는 것이다. 즉, 현재 시점에서 제품이 구축되지 않았다면 최소한의 개발 기간이 필요하며, 그 기간이 지난 후에 제품이 출시될 것이다. 그러므로 FOB는 출시되는 시점에서 경쟁사의 가격 구조와 그에 대응하는 자사의 가격을 예측해 제시해야 한다. 그러므로 경쟁 제품의 ASP(Average Selling Price, 결제 건당 매출), 인하율(Drop Rate)을 지속적으로 시뮬레이션해야 한다. '제품의 스펙' 부분을 기재한 다음 단계로 진행해야 할 것은 '가격 정책(Price Positioning)'이다. 경쟁사 및 경쟁 모델이 있다면 당연히 그 제품들의 가격을 조사해야 한다. 물론 경쟁사의 가격을 조사하는 데에도 많은 노하우가 필요하다. 가격 조사가 어렵다면 역산, 추론 등의 방법 및 TDR로 부품의 원가로부터 가격을 예측하는 방법까지 적용해야 한다. 이러한 조사를 마치면 우리가 만들 제품의 가격 범위를 생각해야 한다. 이 시점에서 '가격 전략(Price Strategy)'이 수립돼야 한다. 어떠한 전략으로 어떻게 가격을 책정해야 이길 수 있는지, 가격은 고가 정책으로 갈 것인지, 철저하게 저가 정책으로 물량 공세를 펼칠 것인지, 틈새시장을 공략할 것인지 등을 결정해야 한다.

상품화검토의뢰서 구성 내역

개발발의서는 상품 기획 부서로 전달되며 상품 기획 부서에서는 개발발의서를 토대로 상품화 여부를 검토한다. 글로벌 기업은 상품화 검토 단계로서 시장 분석, 시장 세분화, 메가 트렌드와 제품 트렌드 분석, 경쟁사 및 경쟁 요인을 분석하여 자사의 제품과 솔루션에 대한 콘셉트를 수립하며, 구체적인 기능과 성능에 맞는 사양 검토, 제품의 호환성 검토, 품질 목표 설정과 규격 검토를 진행하고 최종적으로 가격 전략을 수립한다.

상품화검토의뢰서는 상품 기획 업무의 시작이며 핵심 프로세스다. 상품화 검토 의뢰는 상품 기획 부서의 검토 내용을 기반으로 유관 부서에 업무를 의뢰하는 과정이며, 이 과정에서 여러 유관 부서는 검토를 위한 리소스 및 비용을 소모하기 때문이다. 상품 기획 부서는 상품화검토의뢰서 작성에 가장 많은 시간과 노력을 투자한다. 전통적인 기획 방법인 시장 분석, 시장 세분화, 제품 트렌드 분석, 경쟁사 분석, 경쟁 요소 분석 등은 주로 시장 조사 업체의 분석 리포트가 발행되는 연말이나 연초에 진행하고 혹은 분기별 리포트를 기준으로 진행했다. 하지만 최근의 흐름은 이러한 업무에도 영향을 주고 있다. 국내외 글로벌 기업은 주로 상·하반기를 나누어 경영 전략을 수립한다. LG전자는 매년 6월과 11월에 사업 보고회와 중장기 전략 보고회에서 기업 전략을 수립하고, 이에 따라 상품 기획 전략을 수립한다. 삼성전자는 매년 6월과 12월 글로벌 전략 회의를 진행하여 각 사업 부문별로 경영전략을 수립하며 이 결과에 따라 시장 분석, 제품 트렌드, 경쟁사 분석, 신규 세품에 대한 콘셉트 도출 능의 상품 기획 업무가 수행된다.

전략적 민첩성과 유연성

다양한 과학기술의 발전으로 고객 불확실성과 기술 불확실성이 급격히 증가하고 있고, 연례 행사로 추진되던 기업의 전략 수립 과정도 진화를 거듭하고 있다. 전략 수립은 기업의 중장기적 목표와 비전을 수립하고 효율적으로 자원을 분배하는 과정이기 때문에 기업 경영을 위한 전략적 빅 픽처(Big Picture)는 기존과 유사한 방식으로 수립하는 게 맞다. 하지만 빅뱅 파괴 같은 새로운 제품과 플랫폼, 비즈니스 모델은 산업환경과 기업 환경, 산업의 경계를 무너트리고 전통적 경쟁자의 정의마저 뒤흔들어 놓았다. 이제는 굼뜬 공룡의 걸음걸이가 아니라 민첩한 스프린터를 요구하는 전략적 민첩성의 시대로 진입했다. 시장과 트렌드, 고객의 변화를 실시간으로 감지, 분석, 가공하여 새로운 가치를 반영하며, 전략의 일부를 수정하고 개선하는 유연한 혁신 활동이 요구되고 있다. 빅데이터, 인공지능, 사물인터넷 기술을 이용하여 실시간으로 분석함으로써 의사결정의 즉시성을 확보하고, 시장과 고객을 지속적으로 검증하고 실험하면서 전략을 수정하고 개선해 환경 변화에 대응해야 한다.

기업의 전략 유형은 기업을 구성하는 비즈니스 시스템에 따라 변화한다. 기업의 '전사 전략(Corporate Strategy)'은 기업의 비전과 미션, 중장기적 전략 수립을 의미하며, 사업의 포트폴리오를 구축하고 기업 전체의 자원을 배분한다. 기업의 개별 사업 단위인 '사업 부문의 전략(Business Strategy)'은 개별 사업 방향에 대한 전략과 전사 전략 중 단기, 중장기적 실행 방안과 목표 달성 계획을 수립하며, 사업부 내의 각 하부 조직은 '기능별 전략(Functional Strategy)'을 수립하여 개별적인 목표 실행 방안과 성과 측정 지표를 만든다. 이러한 계층적 전략 레벨에서도 전략의 방향과 기본 틀은 변함없이 하위 기능 조직까지 전달되어야 한다. 최근 글로벌 ICT 기업 및 국내 대기업도 상품 기획 및 각 기획 부서의 시너지를 창출하고자 노력하고 있다. 스마트폰 기획자, 냉장고, TV 상품 기획자, 클라우드 상품 기획자, 빅데이터 플랫폼 상품 기획자, B2B 사업 기획자, 디자이너, 다양한 분야에 종사하는 임직원의 생각을 유연하게 융복합하여 집단 지성과 다양성을 통한 새로운 혁신과 가치 창조를 유도하는 것이다.

1페이지 상품화검토의뢰서

흔히 전달 과정과 연결 절차가 많아질수록 커뮤니케이션 오류 문제에 직면하게 된다. 또한 메시지를 수신한 담당자의 자의적인 해석이 들어가면 원래 의도와는 다른 결과가 나오며 전달하는 메시지의 크기가 커질수록 본질이 흐려져 핵심 맥락을 놓치고 지엽적인 문제에 초점을 맞추기도 한다. 이런 문제점을 해결하고자 1페이지 리포트의 중요성을 더욱 강조하고 있다. 기업의 임원급(C-Level)에게 보고하는 문서나 전문 컨설팅 리포트에도 개요(Executive Summary)를 문서의 가장 서두에 배치한다. 상품 기획 부서에서 작성하는 상품화검토의뢰서는 연구개발, 마케팅, 품질, 제조, 생산 및 구매 부서 등 제품과 솔루션을 개발하는 과정에 직간접으로 관계가 있는 모든 부서에게 전달해 특정 주제, 항목에 대한 검토를 요청하는 문서의 집합체다. 이런 중요한 문서이니만큼 상품화 검토의뢰서 역시 같은 맥락으로 검토 의뢰 목적을 명확하게 명시해야 한다.

상품화검토의뢰서는 3개의 그룹으로 형식을 구분할 수 있다. 제1그룹에는 문서를 작성한 기안 부서, 기안자의 인적 사항과 기안 일자, 제품의 종류, 분류 기준, 상품 기획에서 확정한 제품·솔루션의 모델명, 제품 개발의 방법론으로서 기존 모델 대체, 신규모델, 전략모델, OEM/ODM 등인지를 명시한다. 제1그룹에서 가장 중요한 요소는 상품화 목적이다. 왜 이 제품과 솔루션을 개발하는지를 공통되고 일관된 메시지로 작성해 일관된 목표 의식을 갖도록 의도한다. 제2그룹은 제품의 콘셉트, 타깃 시장, 차별화 요소, 주요 스펙을 정리하며, 제3그룹은 제품의 출시 일자, 판매 지역, 품질 목표 수준과 규격, 제품 판가, 판매량의 시뮬레이션 결과를 기재하고, 개발 부서, 디자인, 마케팅 부서 등 유관 부서에 전달할 메시지를 기록한다.

1페이지 요약 문서의 제2그룹에 제품의 콘셉트와 차별화 요소, 주요 스펙을 명시하지만, 상세한 설명과 의미 전달이 어려울 수 있다. 이를 보완하기 위하여 상품 기획자는 추가적인 내용 설명을 첨부해야 한다. 특히 신규 기능, 성능을 기획하고자 한다면 고객의 불편 사항, 이를 개선하기 위한 콘셉트와 사용처, 사용 환경, 신규 적용 시나리오의 가이드라인을 구체적으로 명시하여 잘못 해석되지 않도록 방지한다. 연구실 및 유관 부서에서는 타당성 테스트(Feasibility Test) 과정을 진행하여 기획 부서가 의뢰한 내용에 대한 검토 결과를 회신한다.

스마트폰 업계의 2019~2020년 최대 화두는 폴더블 스마트폰 출시 여부이며, 공개, 비공개 방식으로 스마트폰 제조사들은 다양한 방식으로 관련 기술을 검토하고 있다. 가령 상품 기획 부서가 개발 부서로 폴더블 스마트폰을 자사에서 개발하자고 개발 요청을 하는 경우, 개발 부서는 관련 기술과 핵심 부품 제조사의 움직임을 신속하게 검토해야 한다. 상품 기획이나 특정 부서의 요청을 기반으로 특정 콘셉트와 사용환경, 동작 시나리오가 결정될 수 있지만, 핵심 부품의 특성, 기술적인 한계 때문에 동작 시나리오가 결정되는 사례도 고려해야 한다. 폴더블 스마트폰을 개발한다고 가정하면, 상품 기획자는 폰을 접는 방식이나 횟수를 임의로 설정할 수 있다. 하지만 이를 구현하기 위한 실질적인 부품, 소재가 개발되지 못했다면 신규로 부품을 개발하든가 제품의 현재 한계 스펙으로 기획안을 수정해야 한다.

시장 분석

시장 분석

가격 정책에 대한 콘셉트가 완성되고 나면 실제로 시장을 상세히 분석한 자료가 있어야 한다. 또한 이러한 시장 분석에는 현재 속해 있는 산업군뿐 아니라 인접 산업, 유관 산업의 변화와 추이를 지속적으로 분석하고 예측하는 활동이 포함되어야 한다. 시장 분석을 할 때는 주로 시장 분석 전문 글로벌 업체의 리포트를 구매한다. 이를 가지고 시장의 크기, 버티컬의 종류, 경쟁사 및 경쟁사들의 시장 점유율과 채널, 유통 구조, 핵심 고객 등을 파악할 수 있으며, 이러한 시장 조사 자료로 상품 기획자는 어떠한 시장, 버티컬에 접근하고, 제품과 유통 채널을 어떻게 공략할 것인지 전략을 수립하는 것이다. 예를 들어 빅데이터에 관한 시장 분석을 진행한다면, 공신력을 갖추고 지속적인 조사 결과를 발표하는 리서치 기관의 통계 자료와 분석 리포트를 입수해야 하며, 데이터 및 발표 자료의 신뢰성을 확보하려면 최소 2~3개 다른 기관의 자료와 비교해보는 것이 좋다. 또한 매년 발표되는 분석 리포트를 누적해 전년도 자료와 현재 시점에서 발표된 자료를 비교해 보며 리서치 업체의 시장 예측 능력(적확도)를 판단하는 과정도 시장 분석의 중요한 활동이다. 빅데이터 시장 분석과 관련해서는 최근 관련 업계에서 스타티스타(Statista, 독일에 기반을 둔 통계·설문 전문 기관)에서 제공하는 자료 활용도가 꾸준히 상승하고 있다. 시장 분석의 첫 단계는 전체 시장의 규모와 성장세를 분석하는 과정이다.

시장 규모 분석

빅데이터는 4차 산업혁명 이후 21세기의 중요한 ICT 트렌드의 하나이며 핵심 가치를 창출하는 자원이 됐다. 세계경제포럼에서 2012년 주목받는 10대 기술의 하나로 빅데이터를 선정한 이후 산업 전반과 비즈니스 분야에서 빅데이터에 많은 관심을 보였으며 세계 빅데이터 시장 규모는 지속적으로 증가 추세를 보이고 있다. 스타티스타는 빅데이터 기술과 서비스 시장은 2019년까지 매년 23.1퍼센트 성장해 486억 달러, 2025년에는 900억 달러에 이를 것으로 전망하고 있다. 또한 빅데이터 어낼리틱스(Analytics) 분야의 매출은 2015년 1220억 달러에서 2019년 1870억 달러에 이를 것으로 예측한다. 산업

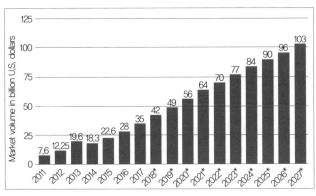

빅데이터 시장 규모 예측(10억 달러), Statista

별 빅데이터 투자도 현재는 교육, 운송, 에너지, 유틸리티 분야가 중점을 이루었지만, 점차 소매업, 보험, 통신 및 미디어 산업으로 확대될 것으로 예측되고 있다.

산업별 시장 분석

시장의 전체 규모와 성장 흐름을 분석한 후, 전체 시장은 어떠한 산업들로 구성돼 있는지 확인하는 과정이 수반돼야 한다. 세계 빅데이터와 데이터 분석 시장은 금융업과 제조업이 주도하고 있다. 2017년 집계 기준으로 은행업이 13.1퍼센트, 조립 제조 11.9퍼센트, 공정 제조 8.4퍼센트, 정부 분야 7.6퍼센트, 전문 서비스 분야 7.4퍼센트의 순이었다. 산업별 시장을 분석할 때도 현재 시점의 통계 데이터뿐 아니라 과거의 데이터를 함께 이용해 과거에서 현재까지의 변화 추이를 판단하고, 이후의 변화를 예측해야 한다. 분석 자료의 맹점은 이미 지나간 과거의 자료라는 점이다. 관련 산업에 진입하고 있거나 신규로 진입하려는 기업은 지속적으로 발행되는 분석 리포트와 통계 자료를 가지고 데이터를 분석해 자신만의 인사이트를 도출해야 하며, 불확실성이 높아가는 현재의 기업 환경에서 실시간으로 발행되는 각종 미디어, 기관의 분석 자료로 업계 동향을 감지하고 자사의 전략과 전술을 변화, 수정, 혁신해야 한다.

글로벌 플레이어 분석

산업별 시장 분석을 마치면 시장에서 경쟁하는 주요 플레이어의 구성을 확인해야 한다. 즉, 시장을 선도하는 글로벌 리더는 누구이며, 이들의 매출 구조와 핵심 산업 영역은 무엇

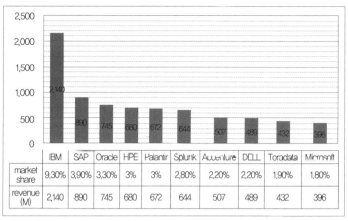

	IBM	SAP	Oracle	HPE	Palantir	Splunk	Accenture	DELL	Teradata	Microsoft
market share	9.30%	3.90%	3.30%	3%	3%	2.80%	2.20%	2.20%	1.90%	1.80%
revenue (M)	2,140	890	745	680	672	644	507	489	432	396

탑 10 글로벌 빅데이터 기업 순위, Statista, IDC, Gartner 자료 수정

이고 어떠한 제품과 솔루션, 비즈니스 모델로 가치를 창출하는지 분석하는 과정이다. 빅데이터 비즈니스에서 업계를 선도하는 기업들은 IBM, SAP, 오라클, HPE, 팔란티어, 스플런크, DELL, 테라데이터(Teradata), 마이크로소프트 등이며, 이외에도 아마존, VM웨어, 알터릭스(Alteryx), 코기토(Cogito) 등의 업체가 치열한 경쟁을 벌이고 있다.

개별 플레이어 분석

일반적인 리서치 기관의 통계 자료는 플레이어의 매출과 시장 점유율 정보를 제공하지만, 각 기업별 상세 자료는 결국 별도로 분석해야 한다.

예를 들어 IBM의 빅데이터 비즈니스 솔루션을 검토한다면 추가적인 기업 분석을 진행하거나 리서치 자료를 활용해야 한다. 기업에서 발행하는 연간 리포트, 회계 자료, 기업 홈페이지의 발표 자료, 증권사 분석 리포트, 전문 미디어 분석 자료 등을 이용해 자사가 원하는 데이터와 인사이트를 찾아내야 한다. IBM은 빅데이터 제품과 서비스 분야의 최대 공급 업체이며, IBM 빅데이터 솔루션은 데이터 저장, 데이터 관리 및 분석 등의 기능을 제공한다. 모든 사용자, 비즈니스 분석가, 데이터 과학자가 액세스할 수 있는 수많은 데이터 소스를 구축하고 있으며, 데이터베이스 플랫폼으로는 DB2, 인포믹스(Informix), 인포스피어(InfoSphere)가 있고, 데이터 분석 애플리케이션으로는 코그노스(Cognos), SPSS 제품군을 보유하고 있다. IBM의 빅 데이터 솔루션은 다음과 같다.

하둡 시스템 (Hadoop System)	정형 및 비정형 데이터를 저장하는 스토리지 플랫폼이다. 대량의 데이터를 처리하여 비즈니스 통찰력을 얻도록 설계됐다
스트림 컴퓨팅 (Stream Computing)	이를 통해 조직은 사물 인터넷, 실시간 데이터 처리 및 분석 등 모션 내 분석을 수행할 수 있다.
연합 검색 및 탐색 (Federated Discovery and navigation)	이를 통해 조직은 전사적으로 정보를 분석하고 액세스할 수 있다.

IBM은 구조화되거나 구조화되지 않은 데이터를 캡처, 분석 및 관리하는 데 도움이 되는, 아래 나열된 빅데이터 제품을 제공한다.

IBM® BigInsights™ for Apache™ Hadoop®	이를 통해 조직은 대량의 데이터를 간편하고 신속하게 분석할 수 있다.
IBM BigInsights on Cloud	이를 통해 조직은 대량의 데이터를 간편하고 신속하게 분석할 수 있다

IBM Streams	중요한 사물 인터넷 애플리케이션의 경우 조직에서 사용 중인 데이터를 캡처하고 분석할 수 있도록 지원한다.

기술 구성 요소 정의와 분석

기본적인 시장 분석을 진행할 때는 이와 관련된 기술의 구성 요소와 연계 기술, 플랫폼과 비즈니스 모델, 서비스 플랫폼 등을 정의하고 다각도로 분석해서 경쟁의 핵심 요소를 도출해야 한다. 빅데이터의 구성 요소는 일반적으로 5V라고 하며 규모(Volume), 다양성(Variety), 속도(Velocity), 정확성(Veracity), 가치(Value)로 규정한다. 규모 측면에서는 이미 데이터의 양이 폭증하여 제타바이트(Zeta bytes) 시대로 진입했고 처리하고자 하는 데이터의 종류는 서비스 접속 기록, 위치 및 이동 경로, 현실 데이터 및 멀티미디어 비정형 데이터 등으로 다양화되고 있다. 속도 관점에서는 실시간 사물인터넷 정보 처리, 실시간 영상, 음성 스트리밍 기술의 발달로 빅데이터를 실시간으로 수집, 분석, 처리하고자 하는 수요가 증대하고 있다. 또한 빅데이터를 의미 있고 정확하게 분석하고 추론하는 기술을 요구하며 궁극적으로는 빅데이터 분석으로 기업과 고객의 문제를 해결하는 통찰력을 제공해야 한다.

빅데이터 처리는 기존의 데이터 처리 방식과 구분돼야 한다. 빅데이터 처리에서 데이터 트래픽은 이제 페타바이트(Peta bytes) 수준으로 높아졌고, 장기간의 정보 수집과 분석을 요구하고 있다. 비정형 데이터의 비중이 지속적으로 늘어나 빅데이터 처리의 복잡성이 상승하고 있으며, 실시간 분산처리 기술을 요구함으로써, 새롭고 다양한 처리 방식에 대한 연구 및 개발이 필요하게 됐다.

경쟁 분석 및 USP

경쟁 분석의 스펙 문서(Specification)에는 만들고자 하는 제품의 구체적인 사양을 명시한다. 실제 상품 기획자의 능력이 발휘되는 부분이기도 한다. 상품 기획자는 평소에도 경쟁사, 경쟁 모델, 주요 핵심 부품의 기술 및 수급 동향 등을 철저히 분석하고 이를 자신만의 데이터 베이스로 만들어 둔 후에 필요한 순간에 즉각 이용할 수 있어야 한다. 또한 어떠한 가치를 내세울 것인가 고민해야 한다. 이를 USP 혹은 소구점이라고 한다. 경쟁 분석은 자사의 개발 제품과 유력 경쟁사 모델의 핵심 사양을 정리하고, 이 중 이길 수 있는 USP를 내세우는 것이다. 이 부분이 바로 고객에게 쉽게 어필할 수 있는 일종의 러브 레터가 되어야 한다. 스마트폰이나 스마트 워치 같은 새로운 IT 제품이 새롭게 시장에 출시되면 항상 많은 사람들의 관심을 받고 기존 제품과의 차이점을 비교하게 된다. 사람들은 주로 가격, 화면 크기, 해상도, 카메라 성능, 배터리 크기, 저장 용량, AP(Application Processor) 등을 비교한다. 상품 기획자 역시 이러한 업무를 수행한다. 각 제조사에서 발표한 기본적인 사양, 가격 이외에도 실제로 경쟁사 제품을 구매하여 직접 사용해보며 기능, 성능, 사용자 편의성부터 제품의 포장, 매뉴얼 구성 내역, 제품 포장 상태까지 모든 것을 분석한다.

상품 기획 부서는 경쟁사를 분석할 때 개발 부서의 도움을 받아 다음 그림과 같이 경쟁사 제품, 유관 제품이 출시될 때

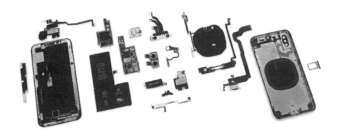

애플 아이폰X TDR

마다 TDR(Teardown & Rebuild, 분해 재조립)을 실시한다. 디스플레이, 방수 방진을 위한 구조, 카메라 및 각종 센서류, 브라켓 설계 내역, 쿨링 시스템의 구현, 메인 PCB 및 서브 PCB의 구성 및 핵심 부품 확인, 모바일 AP, NFC, 무선 충전부, 커넥터류, 배터리 및 안테나 구조, 스피커 위치 및 크기, 그립감, 촉감, 표면 재질까지 분석하는데 개발팀 내의 소프트웨어, 하드웨어, 기구 금형 설계, 디자인, 구매 부서까지 모여서 진행한다. 특히 신규로 적용된 부품이나 기술을 파악하여 자사의 제품이나 솔루션과 비교하는 것이다.

TDR 분석을 통하여 애플이 아이폰X에 3D 센서를 탑재하고 페이스 ID(Face ID)를 전면에 내세우고 있음을 확인했다. 이에 경쟁 업체는 이에 대응하는 새로운 경험을 만들어 내거나, 동일한 기능과 성능으로 미투 전략(Me, too, 똑같은 방법으로 따라 하기) 등을 수립한다. 이렇게 하는 작업이 경쟁 분석과 USP 분석이다. 가령 애플이 트루뎁스(True Depth)라는 카메라를 소개하면 이에 대응하는 부품과 소자, 구현 기술 및 앱, 이용 분야 등을 모두 검토한다. 이 과정을 거쳐 핵심 부품을 선정하고, 이 부품의 공급, 제조 업체 및 기술 발달의 추이도 살펴보는 것이다. 즉, 부품과 기술에 관한 생태계를 구축해야 한다.

모바일 3D 센싱 시장은 센서 IC, 3D 카메라 모듈, 일류미네이션(Illumination), 광학 렌즈(Optical Lens), 소프트웨어, 스캐닝 미러(Scanning Mirror)가 생태계를 구성한다. 3D 센싱 시장의 생태계를 구축한다는 것은 단순한 공급 사슬망 개념에서 진화해 분류된 범주에 해당하는 업체 정보, 제품 정보, 부품 및 가격 동향, 대체품 동향을 파악하여 맵(Map)을 구성하고, 이러한 업체들과 지속적으로 연결해 적기에 최적의 솔루션을 수급하는 것을 의미한다. 가령 센서 IC는 옴니비전, TI(Texas Instruments), 인피니언, 소니, ST 마이크로 등이 1군 업체로 간주된다. 3D 카메라 모듈은 서니(Sunny), LG 이노텍, 폭스콘, 하이맥스(Himax), 자빌(Jabil) 등이 1군 업체다. 구매력이 뒷받침 되는 ICT 제조 기업은 주로 1군 업체들과 전략적으로 부품 공급, 조달, 가격 정책 등을 협의하고 신제품을 공동 연구함으로써 안정적 수급을 보장받지만, 중견이나 중소업체, 스타트업은 1군 업체와 협력해 안정적인 공급망을 구축하기 어렵기 때문에 글로벌 기업이 사용하는 제품과 유사한 제품을 생산하는 2군, 3군 업체를 소싱해 추가적인 생태계를 구축해야만 한다. 스마트폰에 사용되는 카메라의 공급망을 예로 들면 삼성전자는 삼성전기에서 카메라 모듈을 공급받거나 삼성전자 베트남 사업장에서 중가 카메라 모듈 및 엑츄에이터를 수급한다. 삼성전기는 카메라 모듈 OEM 업체로서 혜성옵틱스, 나노스, 옵틱스와 거래하고, 엑츄에이터 부분은 자사와 혜성옵틱스, 아이엠, 유비스, 성우전자, 방주광학을 1군 업체로 선정해 공급받고 있다. 삼성전자는 파트론, 엠씨넥스, 파워로직스, 나무가, 캠시스 등을 통해 중가 카메라 모듈을 수급하며, 렌즈는 세코닉스, 필터는 옵트론텍과 나노스로부터 공급받으며, 이미지 센서는 삼성전자 시스템 LSI, 소니에서 제공받는다.

아이폰X의 USP는 3D 센서다. 이는 사용자의 얼굴을 인식하고 폰을 언락(Unlock)하는 핵심 기능이다. 애플 최고디자인 책임자(CDO) 조나단 아이브는 "이 기술은 우리가 5년 동안 추구해온 것"이라고 말했다. 그는 거의 1피트가 되는 크기의 프로토타입을 만들었다고 한다. 그러나 애플이 아이폰X의 개발을 승인했을 때는 3D 센서를 수 센티미터 크기와 수 밀리미터 두께로 줄일 수 있었다. 애플은 공급 업체에 개발과 생산에 필요한 시간을 2년 정도 주었지만 충분한 시간은 아니었다. 생산에 필요한 시간이 부족했다. 왜 아이폰X가 아이폰8보다 6주 늦게 출시됐는지를 설명해 준다. 3D 센서는 크게 3개의 핵심 부품으로 구성되는데, 하나는 닷 프로젝터이고 다른 하나는 플러드 일루미네이터이며 마지막은 적외선 카메라다. 플러드 일루미네이터는 적외선을 쏘고 카메라는 이것으로 얼굴을 인식한다. 그리고 닷 프로젝터는 사용자 얼굴에 3000개의 닷을 비추어(점을 찍어) 폰을 언락할지 결정한다.

인공지능 기업의 경쟁 분석을 진행한다면 글로벌 기업과 최근 급부상하는 중국의 ICT 업체들을 조사할 수 있을 것이다. 인공지능 기술은 미국과 중국 기업들이 선도해 혁신하고 있다. 미국 기업은 2017년부터 본격적으로 비즈니스를 추진하고 있으며, 스타트업의 인수합병, 연구개발 투자를 강화하고 있다. 미국 인공지능 기업의 특징은 구글의 구글 렌즈, 아마존의 딥 렌즈처럼 음성 인공지능에서 시각 인공지능으로 진화하고 있으며, 소비자용 시장에서 B2B 시장으로 옮겨가고 있고, 각 기업의 제품과 서비스에 본격적으로 인공지능을 탑재하고 있다는 점이다. 중국의 인공지능 연구개발 및 비즈니스를 이끄는 기업은 BAT 즉, 바이두(Baidu), 알리바바(Alibaba), 텐센트(Tencent)다.

핵심 기술 트렌드 분석

매년 1월이 되면 전 세계의 글로벌 IT 기업, 실리콘밸리의 스타트업, 국내의 주요 기업들도 긴장하기 시작한다. 바로 CES 전시회가 1월에 개최되기 때문이다. CES 전시회는 미국 라스베이거스 컨벤션 센터에서 개최되는 세계 최대의 소비자 가전 전시회다. CES는 유럽 최대 가전 전시회 IFA, 스페인 바르셀로나에서 개최되는 MWC와 함께 세계 3대 가전, 정보통신 전시회로서, 세계적인 유명, 유력 업체가 참가해 기술 발전의 트렌드를 선도하는, IT 첨단 기술의 경연장으로 미국 외에도 아시아, 유럽, 남미 등 세계 150개국 총 17만 명 이상이 참관한다. CES 전시회, MWC, IFA 전시회 등은 단순한 기업의 기술 홍보 자리가 아니다. 기술, 제품, 솔루션, 플랫폼과 생태계 그리고 IT 컨설턴트와 투자가에 이르기까지 비즈니스에 필요한 모든 정보가 모이는 곳이다. 각 기업이 전시 부스를 설치해서 신제품과 솔루션을 홍보하며, 전시회 기간 중에는 키 노트 스피치(Keynote speech)를 통해 기술, 솔루션, 비즈니스에 대한 화두와 이슈, 트렌드를 발굴할 수 있다. 또한 다양한 솔루션 업체와의 연결, 비즈니스 협업, 솔루션 인테그레이션(Solution Integration)을 추진할 수 있으며, 진입하고자 하는 비즈니스의 생태계가 어떻게 구성돼 있는지 관련 기업의 정보를 파악할 수도 있다. 또한 스타트업들의 움직임, 투자자의 투자 동향과 트렌드를 확인할 수 있는 자리다.

예를 들어 여기서 최근 각광을 받고 있는 서비스 로봇의 핵심 기술 트렌드 분류를 진행한다면 다음과 같은 과정을 따를 수 있다.

서비스 로봇의 글로벌 기술 동향을 살펴보면 자율주행 기술, 인공 지능, 휴머노이드, 소셜 로봇, 로봇 비전 분야로 확대되고 있다. 자율주행 기술은 자동차 산업과 인류의 생활상을 크게 바꿀 수 있는 잠재력을 가진 기술로서 물류, 국방, 의료 등 서비스 로봇 산업 전 분야에서 필요한 기술로 인식되고 있으며, 비정형 환경에서의 자율주행과 고속 위치 인식 기능이 연구되고 있다. 기존의 전문가가 규칙을 직접 입력하는 기술 구현 방식에서 발전하여 딥러닝 기반의 자율주행 기술 구현이 연구되고 있다. 인공지능이 운전자의 주행 과정을 관찰하여 운전 방법을 스스로 학습하고 주변 차량과의 관계를 분석해 향후 움직임을 결정하고 위험을 예측하는 기능 구현을 추진하는 것이다. 아마존은 물류 센터에서 24시간 동안 무인 작업이 가능하도록 이동과 피킹(picking) 작업이 동시에 가능한 로봇을 개발 중이며, 구글은 시장을 선점하고자 FCA(피아트크라이슬러)처럼 대량 생산 체제를 갖춘 차량 OEM 업체들과 협력해 자율주행 차량을 개발하고 있다. 엔비디아는 자율 주행에 딥러닝 기술을 적용하고 있고, 기존 5단계의 차량 제어 단계(센서 정보 취득-주변 환경 인지-위험도 판단-경로 생성-차량 제어)를 3단계(센서 정보 취득-딥러닝-차량 제어)로 줄이는 방법을 연구하고 있다. 현재 대다수의 국가에서는 자율주행 자동차의 개념을 사람이 제어하지 않는 완벽한 자율주행 자동차 상태로 정의하고 있으며, 미국 캘리포니아주에서는 자율주행 자동차를 인간의 능동적, 물리적 감독 없이 운행할 수 있는 자율주행 기술이 장착된 자동차로 정의한다. 자율주행 자동차를 구성하는 주요 기술은 크게 환경 인식 센서, 위치 인식 및 맵핑, 판단, 제어, HCI 등 5개다.

자율주행 자동차의 기술 수준은 운전자의 개입 수준에 따라 5~6단계로 구분한다. 현재 자율주행 자동차 기술은 미국 교통안전청(NHTSA) 기준 2단계, 미국자동차기술학회(SAE) 기준 2~3단계 수준이 일부 상용화되고 있으며, 우리나라에서는 NHTSA 기준을, 유럽에서는 SAE 기준을 따르고 있다. 유럽은 각국 및 유럽 연합의 정책과 추진 전략하에서 2015년 자율주행 자동차 개발로드맵이 수립됐다. 특히 EPoSS(European Roadmap Smart Systems for Automated Driving) 로드맵은 자율주행 자동차 기술 개발 단계를 연구개발, 시연, 상용화의 3단계로 구분하고, 2020년 3단계에서 2025년 고속도록 자율주행, 2030년 도로주행 상용화, 2050년 5단계 수준의 자율주행 자동차 상용화를 목표로 하고 있다.

상품기획확정보고서

상품 기획의 최종 단계는 상품기획확정보고서를 작성해 경영진으로부터 상품 개발에 대한 승인을 얻는 과정이다. 경영진은 상품 기획자의 상품기획서를 검토해 기획 내용, 개발 일정 및 납기, 투자비와 매출, 판매량 등을 종합적으로 판단해서 사업 추진 여부를 결정한다. 상품 기획자는 검토할 수 있도록 상품기획확정보고서에 상품 기획, 디자인, 개발, 품질, 마케팅, 영업 등 모든 유관 부서의 검토 내역을 포함한다. 이러한 과정을 거치기 때문에 상품 기획자는 기업 내부의 작은 사업가라고 불린다. 상품기획확정보고서는 일종의 사업계획서이기 때문이다.

상품화승인서에는 문서의 보전 연한을 기재하고, 기안 일자를 기록한다. '기안자' 칸에는 상품 기획 담당자를 명기하고, '배포처'에는 이 상품화 승인서의 내용을 전달받을 유관 부서를 기재하면 된다. 주로 연구기획, 개발, 경영 기획, 마케팅, 품질, 제조, 생산 부서가 기재된다. 기업의 규모가 커지고 진행하는 과제가 많을수록 담당자를 명확하게 선정할 필요가 있다. '담당자' 부분에는 연구개발 기획 담당자, 경영 기획 담당자, 개발 프로젝트 리더, 마케팅 기획 담당자, 마케팅 담당자의 명단을 기재해 이 과제의 명확한 진행과 책임 의무를 부여한다. 일부 기업은 상품화승인서, 상품기획서를 사내에 공유하지 않기도 한다. 상품이나 제품, 솔루션의 콘셉트 및 기획 의도, 경쟁사 및 주요 특장점을 모른 상태에서 개발 부서에서 개발을 하고, 영업과 마케팅 부서에서는 비즈니스를 하려 한다. 비즈니스 매니저와 프로젝트 매니저조차도 상품 기획서를 제대로 읽지 않는 사례가 흔하다. 이런 기업은 절대로 경쟁사를 이기거나 비즈니스에서 성공할 수 없다. 이런 상황이라면 마케팅 부서가 개발 부서에 마케팅 머티리얼을 대신 써달라고 요구하기도 한다. 이렇게 작성된 마케팅 머티리얼을 가지고는 글로벌 경쟁사와의 경쟁에서 이길 수 없는 것이다.

상품화 승인서의 결재라인은 상품 기획 그룹장→ 상품 기획 실장 → QA 실장(Agree) → 마케팅 팀장(Agree) → 연구 실장 (Agree) → 연구 소장(Agree) → 사업 부장의 순서다. 각 부서장을 결재 라인에 포함한 이유는 상품화 승인이 시작되면, 모든 유관 부서가 서로 유기적으로 준비해야 하기 때문이다. 디자인 개발부터 회로, 기구, 소프트웨어, RF(Radio Frequency) 부서(안테나 설계, 통신 송수신 감도를 최적화하는 부서), 포장, 매뉴얼 등 각종 핵심 부품을 수급하고 납기, 원가, 품질, 판매, 홍보를 책임져야 한다. '제품 개요'는 개발하는 제품을 설명할 명확한 표현으로 기재하면 되고, '개발 등급' 부분은 개발, 기술의 난이도에 따라서 A~D까지의 등급을 구분해 기재한다. '개발 형태'는 자체 개발, 위탁 개발, OEM/ODM 등을 명시하는 부분이다. '상품 목표' 항목에는 제품 출시일, 개발 기간, 판매 시장, 판매 대상, 개발 구분, 개발 일정, 투자비, 가격, 재료비, 총원가, 판가, 영업이익, 경쟁 요소, 전개 계획 등의 세부 항목이 모두 포함돼야 한다.

다음 단계는 연구실, 개발 부서가 상품화검토의뢰서의 내역을 검토한 결과를 포함한 상품화검토보고서다. 개발 발의와 검토 결과를 구분해 왼편은 상품 기획 부서가 기재하고, 오른편에는 연구실, 디자인 부서, 마케팅 부서 등 유관 부서의 검토 내역을 기재하는 것이다.

시장 분석을 통한 시장 세분화

시장 분석의 주된 목적은 전체 시장을 파악해, 관심 영역과 비관심 영역으로 구분하는 것이다. 그에 따라 관심 영역에 대한 전략을 수립하고 기술 및 제품, 서비스, 플랫폼과 비즈니스 모델을 구축해 주류 시장에 진입하거나 주류 시장을 만든다. 따라서 기업 입장에서는 목표 시장을 명확히 구분하고, 시장의 현재 상태와 경쟁 구도, 변화의 추이를 감지하고 대응하는 역량이 매우 중요하다. 가령 기업이 로봇 비즈니스를 수행한다면, 로봇 시장의 전체 구조와 세분화된 시장 구조를 파악해야 한다. 글로벌 로봇 비즈니스는 주로 IFR(International Federation of Robotics, 국제로봇협회)에서 제공하는 자료와 매사추세츠 로보틱스 클러스터, 실리콘밸리 로보틱스 클러스터 그리고 글로벌 시장 동향 분석 기관의 자료를 이용한다. 이러한 통계 자료를 이용할 경우에는 현재 발표된 데이터와 최소 2~3년의 과거 데이터를 함께 입수해서 통계적인 수치가 유의미한 것인지, 오류는 없었는지, 새롭게 변화되는 부분은 어떤 항목인지를 파악해 비즈니스의 인사이트를 발굴해야 한다. 또한 기술 변화의 정도가 빠르고 시장의 성장세가 급격한 로봇 비즈니스의 경우에는 지속적인 시장 동향과 기술 동향, 업계의 움직임을 파악하고 메가 트렌드와 트렌드, 패즈를 구별해 비즈니스 모델을 발굴하는 것이 중요하다. 글로벌 로봇 시장은 제조업용 로봇 시장과 전문 서비스, 개인 서비용 로봇 시장으로 구분할 수 있다.

• 제조업용 로봇(산업용 로봇)
제소 현상에서 부품 소재의 입고부터 제조와 출하까지의 작업 공정에 적용되는 로봇을 의미한다.
예) 자동차 제조 로봇, 전자부품 제조 로봇, 반도체 제조 로봇, 조선 제조 및 관리용 로봇, 자율형 제조용 로봇

• 전문 서비스 로봇

비제조업용 로봇으로 사람의 복지나 특정한 시설, 특수 목적에 유용한 서비스를 제공하는 로봇을 의미한다.
예) 의료, 군사, 사회 안전, 재난 환경, 산업 지원 로봇 등

• 개인 서비스 로봇

청소 로봇 같은 가정용 로봇, 교육용 로봇, 오락용 로봇, 개인비서 로봇, 간병 로봇, 친구 로봇 등 일반인을 대상으로 서비스를 제공하는 로봇이다.
예) 가사 지원, 활동과 건강 지원, 오락용, 문화체험 서비스 로봇 등

한국은 제조업용 로봇 판매량 세계 2위, 로봇 보유량 기준 세계 4위를 차지하고 있으며, 로봇 밀도 수치는 세계 1위를 기록하고 있다. 한국은 자동차, 전기, 전자 산업, 자동차 배터리 제조 분야에서 로봇의 수요가 지속적으로 증가하고 있으며, 로봇 판매량은 최근 12년간 18퍼센트의 성장을 보이고 있다. 특히 하이브리드 카, 전기차 배터리 사업 등의 대형 프로젝트와 반도체, 디스플레이 디바이스의 생산 증가로 로봇 수요가 증대하는 것이다. 품목별 주요 지표를 살펴보면, 전문 서비스용 로봇(42.7퍼센트)과 로봇 부품과 부분품(17.6퍼센트)의 생산 증가로 2016년 국내 로봇 산업은 전년 대비 12.9퍼센트 성장한 4조4750억 원(생산액 기준)을 기록했다.

판매 채널 분석

판매 채널 분석은 채널을 정의하고 각 채널별로 자사의 대응 전략을 수립하는 과정이다.

판매 수량을 예측하는 단계에서는 단순한 예측을 넘어 공략하고자 하는 채널 및 기존 채널에서의 예상 소요 수량을 산출하고 시장의 변화, 경쟁사, 경쟁 제품, 시장 트렌드까지 함께 고려해야 한다. 영업, 마케팅 부서에서 예상 물동을 산출하는 데 기본적으로 필요한 자료가 있다. 상품 기획의 CP(Concept Planning) 단계에서 작성되는 제품의 콘셉트 보드(Concept Board)가 그것이다. 콘셉트 보드에는 제품의 이미지, 핵심 기능과 성능, 출시 시점, 예상 가격, 고객에게 전달할 가치에 대한 정보를 담아야 한다.

일반적으로 예상 판매 수량은 기업의 영업, 마케팅 부서에서 취합하여 상품 기획 부서에 데이터를 전달한다. 상품 기획의 초기 단계인 CP 단계가 시작되면, 영업과 마케팅 부서는 상품 기획 부서로부터 전달받은 제품 콘셉트 보드를 이용해 기존의 고객과 신규 고객을 대상으로 마케팅 활동을 진행한다. 이때부터 예상 판매 수량이 집계된다.

영업과 마케팅 부서에서는 고객별로 확도를 정의해 예상 판매 수량을 정한다. 예를 들어 베스트바이에 제품의 콘셉트 보드를 설명하고, 연간 구매 수량을 협의했다면 이 수량은 예상 판매 수량이 된다. 확도는 고객사가 구매 오더(PO, Purchase Order)를 확정하기 전까지는 100퍼센트가 아니며, 언제라도 변동이 있을 수 있다. 그렇기 때문에 비즈니스 매니저와 프로젝트 매니저는 이 확도를 끌어올려 궁극적으로 판매 수량이 예상 수량의 100퍼센트에 도달하도록 해야 하는 것이다.

가격 정책, 리소스 운영

가격 정책 세우기는 실제로 얼마의 가격으로 진입해야 기존 및 신규 시장에 안정적으로 진입할 수 있는지, 경쟁사 제품의 가격 구조는 어떠한지를 파악하는 과정이다. 왼편에는 주로 가격, 성능을 인자로 하여 경쟁사의 제품을 기재하고, 그 그래프에서 자사의 가격을 산정한다. 오른편에는 가격 정책의 명확한 이유를 나타내야 한다. 주요 고려 사항은 회사의 현재 상황, 시장 특성 및 상황, 타깃을 감안한 시장 정보, 제품의 경쟁력 등이다. 이와 같은 부분을 고려하여 최종적으로 FOB 가격을 결정한다. 기업이 활동하는 큰 이유 중 하나는 결국 수익이다. 수익성 분석 단계에서는 만들고자 하는 모델의 매출 수량, 매출액, 판가 부분을 변동 인자로 하여 재료비, 가공비, 판매비, 관리비, 연구비, 서비스 비용, 총 원가, 오버헤드 비용, 영업 이익, 한계 이익 등을 계산하는 것이다. 수익성 분석에 반영되는 재료비, 가공비, 판매비, 관리비, 연구비와 서비스 비용 등은 기업, 회사마다 별도로 산출하는 로직을 적용한다. '리소스 & 스케쥴' 항목에는 연구소, 개발 부서에서의 개발 일정을 단계별로 구분해 기록하고, 주요 이벤트가 진행되는 날짜 및 양산 시점을 함께 기재한다. 또한 투입되는 리소스 및 각 담당자를 기재한다. 전체 일정은 회사가 규정한 개발 프로세스로 진행되며, 각 개발 프로세스는 다음 단계로 넘어가기 위한 게이트 관리(Gate Management)를 진행한다. 전체적으로 CP(Concept Planning) → PP(Product Planning) → DV(Design Validation) → PV(Product Verification) → PQ(Product Qualification) → MP(Mass Production)의 단계로 개발이 진행된다. 각 개발 단계를 끝내고 다음 단계로 진행하려면 품질 부서의 검증 과정을 통과해야 한다.

상품 기획 부서의 기획 및 영업, 마케팅 부서의 활동이 원활하게 운영되더라도, 고객에게 약속한 납기를 지키지 못하면 비즈니스를 성공적으로 이끌기 어렵다. 개발 일정이 확정되면 영업과 마케팅 부서의 담당자에게는 최종 출시 일자 및 고객에게 샘플을 전달할 시점이 가장 큰 관심사다. 예상 물량의 확도를 끌어올리는 첫 시작이 샘플 혹은 양사 제품의 납기이기 때문이다. 반면에 개발 본부에서 개발 일정을 산출했다 하더라도, 실제 개발 환경에서는 예상치 못한 다양한 문제점이 발생하므로 이는 일정이 지연될 수 있다.

무리한 일정 단축은 개발 품질 저하, 기능 미구현, 완성도 하락으로 이어지기도 한다. 결국 상품화 승인이 확정된 이후에는 개발 부서의 철저한 일정 관리와 리소스 관리가 요구된다. 많은 기업이 투입되는 리소스를 지속적으로 관리, 감독해 효율적으로 리소스를 운영하는 반면에, 아직도 일부 업체는 개발 일정을 준수한다며 크런치 모드(Crunch Mode)를 가동해 모든 것을 희생하면서까지 장시간 업무를 지속하기도 한다. 결국 해결책은 연구 개발 분야의 설계에 대한 모듈화, 표준화, 사전 검토 및 구현이다.

기존 보고 대비 변경점

상품화승인서는 보통 2~3차례의 보고와 수정, 피드백 과정을 거치게 된다. 최종 보고 이후에 변경되는 부분이 있다면 이를 요약해 보고한다. 부품 및 반제품, 완제품의 사입가 변동, 투자비, 일정의 변동, 예상 판매 수량의 변동, 수익성의 변동 항목이 있을 경우 이를 정리해 경영자의 승인을 받아야 한다.

다음 단계는 기획한 제품의 모델 전개 방향을 제품로드맵에 기재해 모델 전개 계획을 수립하는 것이다. '모델 전개 계획'은 기업, 회사의 경영전략에 의하여 수립된 중장기 전략, 단기 전략에 따라서 상품 기획 부서에서도 중장기, 단기 제품의 로드맵을 만드는 것이다. 특히 라인업을 전개할 때는 핵심 요소(Key Factor)를 선정해, 라인업의 전개 이유와 목표를 명확하게 해두는 것이 좋다. '품질 목표' 항목에는 제조, 생산을 담당하는 부서에서 관리하고 통제할 수 있는 목표를 기재한다. 또한 어떠한 시험 항목을 가지고 어떠한 사양을 검증하겠다는 목표와 계획도 기재한다. 특히 주요 품질 항목은 핵심 품질 특성(CTQ, Critical to Quality)으로 지정해 제품의 개발, 평가, 양산 및 양산 이후의 단계에서도 지속적인 관리를 하는 것이 중요하다. 품질 목표는 개발 품질, 공정 품질, 양산 품질, 시장 품질로 구분해 별도로 관리하는 것이 일반적이다.

Develop the Connect

실리콘밸리는 R&CBD로 성장한다

비즈니스 사고와 R&CBD로
확장하라

R&D 세대 구분

기업의 연구개발(내용의 연속성을 위해 5부에는 R&D란 용어를 사용합니다 - 편집자 주) 수준은 세대(Generation)를 기준으로 1세대에서 5세대로 구분한다. 1세대 R&D는 연구원 중심의 방치, 방임형이며 관리의 주체가 연구원 자신이고, 특별한 관리 기법이나 프로세스를 적용하지 않은 형태다. 2세대 R&D는 기업의 단기적 목표를 충족하기 위하여 관리 기법까지 포함하는 관리형 R&D의 형태로 개선되었다. 연구 기획, 개발 기획 부서가 만들어지고, 목표 관리, 일정 및 진척 관리 기법이 도입되었다. 3세대 R&D는 전략 지향 R&D로서 기업의 전사적 차원의 연구, 개발을 추진하며 중복, 낭비 요소를 제거하고, 기업의 전략 목표에 따라 범위, 과제, 항목 등을 체계적으로 분류하여 연구 효율의 극대화를 도모하는 방식이다. 3세대 전략형 R&D는 이후 경영 계획과 더불어 기업의 비전과 미션을 달성하는 데 꼭 필요한 핵심이 되었다. 하지만 연구를 위한 연구, 비즈니스를 생각하지 않는 연구라는 비판이 가해지고, 연구 결과를 사업화로 이끌어 내지 못하는 문제점이 드러나기도 했다. 제록스의 파크 연구소는 세계 최초로 GUI, UI, UX, 마우스, 태블릿 PC 등을 개발했지만, 사업화로 연결하지 못했고, 비즈니스 포트폴리오 구축에 실패했다.

4세대 R&D는 초기부터 비즈니스 연계, 사업화 추구, 돈이 되는 연구를 목표로 한다. 혁신적 연구개발을 통해 새로운 시장을 개척하는 패러다임 전환을 가져왔으며 기술 경영(MOT, Management of Technology), 사업 개발(BD, Business Development) 개념이 R&D와 접목함으로써 새로운 개념의 R&BD(Research and Business Development)를 추구했다. 초연결, 융복합의 시대를 살아가는 지금은 R&BD에 '연결(Connect)'의 개념이 더해지고 있다. 5세대 R&D는 R&CBD(Research, Connect, Business Development)를 추구하며 연결의 중요성을 강조한다. 기업 내부의 핵심 역량과 외부의 연결 가능한 모든 요소를 결합하고 확대하여 비즈니스의 확장(Expansion)을 추구하는 패러다임 전환이 발생한 것이다.

이미 미국의 실리콘밸리를 비롯한 글로벌 ICT 기업은 5세대 R&CBD의 흐름을 포착하여 비즈니스 모델 수립, 플랫폼 비즈니스, 이종 플랫폼과의 연결, 경쟁 플랫폼과의 전략적 제휴, 오픈 소스 및 커뮤니티의 집단 지성 활용 등을 추진하고 있다. 반면 국내에서는 일부 대기업을 제외하고는 아직도 2세대와 3세대 R&D에서 벗어나지 못하고 있는 실정이다. 통계 자료에 따르면 국내 대기업은 3.3세대 수준이며, 대기업을 제외한 중소, 중견기업은 전반적으로 2.6세대 수준에 머물고 있으며 이는 미국의 1990~2000년대 초반 수준에 불과하다. 여전히 단기적 목표 달성에 급급해 하는 과제 관리 중심의 R&D를 수행하기 때문이다.

미국에서는 1990년대에 R&D가 급격히 변화했다. 실로 패러다임 변화의 시기였다. 미국 컨설팅 기관 ADL은 '3세대 R&D(Third Generation R&D)' 보고서를 발표하며 기술 전략과 사업 전략의 연계를 강조하는 기술 경영을 화두로 제시했다. 이에 미국에서는 1990년대 초부터 3세대 R&D는 모든 기업 활동의 기본이 되었으며, 1990년대 중반을 거치면서 4세대 R&D인 R&BD로 이전을 완료했고, 이후 2000년대에는 '4세대 혁신 R&D 보고서'를 내면서 지식 경영, 기술 경영, 혁신 경영의 통합을 강조했다. 최근의 R&D는 기술혁신뿐 아니라, 고객의 가치 혁신을 동시에 추구한다. 이는 R&D가 단지 기술 개발에만 중점을 두는 것이 아니라, 고객의 잠재적 니즈를 파악해 상품을 개발하는 사업성 있는 R&D가 되어야 하고, 다양한 기술과 사업을 결합하고 융복합하여 비즈니스를 창출해야 한다는 것을 의미하며, R&CBD를 목표로 하고 있다는 것이다.

제록스 팔로알토 연구소

제록스의 팔로알토 연구소(PARC, Palo Alto Research Center)는 1970~80년대 다양한 혁신 기술을 개발해낸, 기술 혁신의 상징과 같은 연구소였다. 그러나 가장 돈을 못 버는 연구소로 낙인이 찍히기도 했다. 개인용 컴퓨터의 원조인 팔로 알토 컴퓨터는 1973년 개발됐고 그래픽 사용자 환경 등을 적용한 첨단 제품이었지만, 개인용 컴퓨터는 1984년 IBM이, 그래픽 사용자 환경은 애플의 매킨토시와 마이크로소프트의 윈도우가 상용화에 성공했다. 파크는 현 시대에도 익숙한 PC의 개념과 기초 기술, 마우스의 초기 개념, 이더넷(Ethernet) 등을 최초로 만들었다. 하지만 아이러니하게도 이 연구소는 혁신 실패의 전형으로 회자되고 있다. 이들이 개발한 대부분의 아이디어는 제록스에 직접적인 이익을 주지 못하고 다른 기업에서 상용화했다. 상품을 위한 기술을 개발한 것이 아니라 기술을 위한 기술을 개발한 것이다. 자기만족을 위한 기술 개발이었다. 1997년 〈업사이드 매거진〉은 파크의 혁신 실패에 관한 기사에서 "PC를 창조하고, 운영체제를 창조하고, 데스크탑을 개발하고, 레이저 프린팅 기술 등 모두 최초로 개발했지만, 마케팅과 비즈니스를 제대로 수행하지 못하여 모든 것이 제록스에서 이탈하였다"고 비판했다. 파크는 스티브 잡스와도 인연이 깊다. 스티브 잡스는 파크를 방문하고 깊은 영감을 받은 당시를 이렇게 회고하였다. "그들이 처음으로 보여준 GUI에 완전히 매료되었으며, 내 인생에서 본 것 중 최고라고 생각합니다. 하지만 상품으로서 불완전했으며, 그들은 많은 것들을 잘못하고 있었죠. 우리는 제록스 파크로부터 영감을 받았습니다." 스티브 잡스와 마이크로소프트의 빌 게이츠 사이에도 악연이 있다. 스티브 잡스는 1982년에 매킨토시를 출시할 수 있으리라 자신하였고, 당시 협력 관계에 있던 마이크로소프트와 1984년 이전에는 애플을 제외한 어느 회사도 GUI를 이용하는 소프트웨어를 판매하지 못하도록 하자는 계약을 맺었다. 그런데 매킨토시의 개발이 늦어지면서 마이크로소프트는 윈도 1.0(Windows 1.0)을 매킨토시에 앞서 시장에 출시했다. 자신의 아이디어를 도용했다고 주장하는 스티브 잡스에 대해 빌 게이츠는 이렇게 말했다. "잡스가 생각하는 것 이외에 나는 다른 관점을 가지고 있습니다. 우리는 제록스라는 부유한 이웃에 침입하여 TV를 훔치려 한 거죠. 하지만 중요한 것은 당신이 먼저 훔쳐간 것뿐이라는 사실입니다."

당시 제록스는 복사기 사업에서 이미 충분한 성공과 매출을 거두고 있는 상태였기에 파크에서 개발한 신기술을 상용화할 생각이 없었다고 한다. 그나마 이러한 기술을 다른 사람들에게 보여주지 않았다면 현재의 IT 기술은 몇 십 년 뒤로 후퇴했을 것이다. 파크나 제록스가 비즈니스 마인드로 무장하고 사업화를 염두에 둔 R&D를 진행했다면 제록스는 복사기의 대명사가 아니라 현재의 애플과 구글을 넘어서는 IT 기업의 대명사가 되었을지도 모른다. R&D 조직도 소비자를 파악하고 사업 감각을 익혀 수익을 창출하는 연구를 해야 하는 이유다. 팔릴 수 있는 기술, 즉 '상품을 위한 기술(Marketable Technology)', 이것이 바로 R&BD다.

제록스는 스티브 잡스와 애플이 자사의 그래픽 사용자 환경을 모방했다며 소송을 제기했지만, 결국 기각됐다. 기각 사유는 소유권 주장이 너무 늦었다는 것이었다. 마크 번스타인은 당시 제록스가 컴퓨터 기술을 바탕으로 한 컴퓨터 회사로 정체성을 바꾸는 것에 매력을 느끼지 못했기 때문이라고 회고하기도 했다. 차세대 사무, 업무 환경의 변화와 유비쿼터스 컴퓨팅 기술 등 신기술의 흐름을 놓치지 않았고 R&D를 꾸준히 수행하여 왔음에도 가정용, 개인용 컴퓨터와 기업을 중심으로 한 컴퓨터의 대중화, 디지털 시대(Digital Age)라는 메가트렌드를 비즈니스로 연결하지 못한 것이다.

자성의 시기를 보낸 후에 파크는 제록스의 부설 연구소에서 분리되어 기술 사업화, 기술 경영, 기술 마케팅을 공격적으로 도입했다. 이러한 선언 직후, 파크는 바이오 메디컬, 클린테크 등으로 연구 영역을 확대하며 외부의 민간 기업과도 적극적으로 공동 연구를 수행하고 있다. 특히 삼성전자와 콘텐츠 중심 네트워크(CCN, Content Centric Network) 기반으로 미래 인터넷 기술을 연구하였고, 잉크테크와는 인쇄 전자(Printed

Electronics) 분야에서 협력해 기술을 개발했다. 파크는 자신들의 실패를 실패 그 자체로 치부하지 않았다. 과거 우수한 기술을 개발하고서도 특허, 비즈니스 모델, 사업화에 실패한 수많은 경험과 교훈을 집대성하였고, 이를 통하여 다양한 기술 분야의 전문가들이 협력하여 연구를 수행할 수 있는 융복합 연구 모델을 정립하였으며, 방대하고 방만하게 운영되던 R&D 프로젝트를 7명 이내의 서로 다른 전문 분야의 연구원이 참여하여 공동 연구를 수행하는 방식으로 바꿨다. 또한 R&D 과정에서의 실패를 수용하고 실패를 장려하는 문화를 이식함으로써 연구원에 대한 처우 개선, 도전, 창의성을 증대하였고, 모든 연구원을 대상으로 기업가 정신, 사업화 마인드를 배양함으로써 실리콘밸리의 새로운 R&D 문화를 선도하게 되었다.

3세대 R&D의 문제점

혁신과 R&D는 기업의 생존과 성장에 핵심적인 역할을 한다. 피터 드러커는 기업 활동 중 혁신과 마케팅만이 이익을 창출할 뿐 나머지는 모두 비용 요소라고 주장했다. 1990년대 후반부터 2000년대로 넘어 오면서 기존의 기술 경영은 불연속적인 혁신, 근원적 혁신(Radical Innovation) 등을 성공적으로 관리하기 위한 혁신 경영(Innovation Management)으로 패러다임이 급격하게 변화했다. 3세대 R&D의 핵심 요소는 기존 시장에 대한 기술 포트폴리오, 기술로드맵, 단계별 점검 과정(Stage & Gate) 등이다. 미국의 실리콘밸리 기업들은 이미 4세대, 5세대 R&CBD로의 전환을 완료했거나 진행 중이지만, 국내 기업의 R&D 부서는 아직 3세대 R&D에도 접근하지 못한 사례가 많다. 매출 1000억 원을 달성한 중견, 중소기업의 R&D 면면을 살펴봐도 아직 주먹구구식 R&D와 단순 이슈 관리, 단기 성과 달성에만 집중하고 있다. 기술의 변화와 시장의 흐름, 고객의 변화와 고객 탐구, 검증 과정은 선진 ICT 기업의 문제로만 치부하고 있는 것이다. 외양으로는 혁신을 이야기하지만, 정작 기술과 고객의 불확실성이 높아가는 상황에서 당장 직면한 이슈에 대한 점검과 관리만 강조하고 있으며, 4세대 R&D의 핵심인 '비즈니스'와 5세대 R&D의 핵심 요소인 '연결'에는 관심의 강도를 높이지 못하고 3세대 R&D에 안주하고 있는 것이다.

국내 기업이 대부분 머물고 있는 3세대 R&D 방식은 4차 산업혁명을 경험하고 있는 현재의 기업 환경에 치명적인 문제점을 안겨 준다.

연속적인 혁신 관리는 가능하지만, 불연속적인 혁신에는 효율적으로 대응하지 못한다는 것이다. 3세대 R&D 전략은 전통적으로 근원적 혁신 아이디어를 제시해온 중앙 연구소를 사업 부문에서 당장 필요한 것들만 제공하는 방향으로 선회하도록 했다. 단기적 성과 창출 압력에 시달리던 연구소는 리스크가 크고 장기적인 과제에 투자하기를 꺼리게 되었고, 기존 제품과 기술을 점진적으로 개선하는 데에만 역점을 두었다. 혁신가(Innovator)와 선도자(Fast Mover)가 아니라 빠른 추격자(Fast Follower)를 목표로 R&D 전략을 채택한 것이다.

혁신가와 빠른 추격사라고 하면 흔히 애플과 심성을 비교한다. 애플은 계산되고 의도된 혁신가 전략을 수행하여 왔다. 스티브 잡스는 항상 미래는 예측하는 것이 아니고 만들어 가는 것이라고 이야기했다. 애플이 만든 새로운 시장과 고객 경험으로 소비자를 유도함으로써 불확실한 미래를 통제하는 전략을 수행한 것이다. 혁신가 전략은 기존 제품과 서비스에서 결핍 요소를 발견하고 이를 충족시키는 제품과 서비스 그리고 새로운 경험을 소비자에게 전달하면서 새로운 시장을 찾고 이를 플랫폼으로 만들어 고객과 시장을 선점할 수 있는 장점이 있다. 반면, 삼성은 미래 예측과 통찰력을 통하여 미래의 불확실성에 대한 리스크 매니지먼트(Risk Management)를 수행하여 왔다. 비교적 실패 확률이 낮거나 시장에서의 성공 가능성이 검증된 기존 기술과 제품, 솔루션을 선택하는 것이다. 이러한 접근은 기술, 성능, 디자인 개선, 단가 인하, 유통 구조의 확보 등으로 시장을 장악할 수 있다는 장점이 있었다. 애플의 전략은 미처 인지하지 못한 소비자 경험을 제공하면 소비자는 다양한 새로운 가치를 지속적으로 얻게 되고, 애플이 구축한 플랫폼 안에서 이러한 경험을 강화, 반복하면서 결국 충성 고객으로 변모한다는 것이다. 미국 설문조사 기관 유고브(YouGov)가 미국 소비자들의 기호를 충족시킨 10대 전자 브랜드를 선정해 발표했는데, 그 결과에 따르면 애플, 닌텐도, 보스(BOSS), 소니, LG 전자, 아이패드, 아이폰 등은 있지만, 삼성의 제품 및 브랜드는 없었다. 소비자는 삼성이 기존 제품을 좀 더 우수하게 만들어 내는 능력은 있지만, 혁신과 새로운 경험을 주지 못한다고 생각하기 때문이다.

불확실성과 병행자 전략

기업의 정체성과 비즈니스 전략, R&D 전략을 이야기하며 선도자, 혁신가, 빠른 추격자의 입장도 말했다. 하지만 4차 산업혁명, 초연결의 시대에는 전략의 정체성을 환경 변화와 상황에 따라 유연하게 바꾸며 대처하는 병행자(Parallel Mover)가 되어야 한다. 즉, 전략의 변곡점을 파악하여 상황에 맞는 입장을 취해야 한다는 것이다. 아이팟의 원천 기술은 우리나라에서 전세계 최초로 개발한 MP3 플레이어이며, 스카이프(Skype)의 원천 기술은 결국 한국이 전 세계에서 최초로 개발한 새롬 다이얼패드다. 트위터와 페이스북, 인스타그램이 소셜 네트워크로 인기를 끌고 있지만, 소셜 네트워크의 원천 기술은 한국의 아이러브 스쿨과 싸이월드에서 찾아볼 수 있다. 한국의 기술력으로 먼저 개발한 제품, 서비스는 그 당시 글로벌 시장을 창출하지 못하였거나 기술 표준을 확립하지 못하였기 때문에 성공으로 이어지지 못하였다. 중국 기업의 추격, 일본 기업의 부활, 미국 선진 기업의 플랫폼과 비즈니스 모델 장악 등 한국 기업들의 현실은 녹녹하지 않은 상황이다. 업계에서는 이런 상황에서 신성장 후보에 대한 기술 연구를 꾸준히 진행해야 한다고 이야기한다. 기술 개발과 소규모 생산을 하다가 관련 시장이 커지면 빠르게 투자하여 과실을 얻는 수순을 밟아 나가야 한다는 것이다.

디지털 TV와 차세대 친환경 자동차가 대표적 사례다. 한국은 디지털 TV에 관한 선진국의 움직임에 대항하여 민관 컨소시엄을 구성하였다. 이후 국제 표준의 흐름이 4개의 개별 기술로 각기 진행되는 양상을 파악하여 국내에서도 4개의 기술 소그룹에 모두 참여하여 기술의 흐름과 표준화 동향을 읽어냈다. 그러다가 표준이 결정되자마자 가장 빨리 이에 맞는 제품을 개발하여 선점자가 되었다. 최근까지 친환경 자동차 표준화는 전기차, 하이브리드, 플러그인 하이브리드, 수소 연료 전지차로 구분되고 있지만, 어느 기술 분야도 독점적으로 다른 기술을 선도하는 역할을 하지 못하고 있다. 현대 자동차가 차세대 친환경 자동차에 대하여 병행자의 입장을 취하는 것도 같은 맥락이다. 현대차 그룹 관계자는 향후 어떤 방향으로 표준이 제정되든 상관없이 신속하게 대응할 수 있도록 각 분야에서 기술력을 축적하는 데 초점을 맞추고 있다고 말했다. 이에 따라 현대차는 2020년까지 하이브리드 기술을 접목한 차종을 아이오닉, 쏘나타, 그랜저, 니로, K5, K7 등 6개 차종에서 SUV, 대형차를 포함한 10차종으로 확대하고, 플러그인 하이브리드 기술은 아이오닉, 쏘나타, 니로, K5에서 11개 차종으로 라인업을 확대하며, 전기차 기술은 코나를 포함한 8개 차종으로 R&D와 상용화를 확대한다. 수소 전기차 기술군은 투산 등으로 대응 전략을 수립하였다.

삼성은 2차 전지 이외에도 바이오, 의료 장비 등을 신성장 투자 목록으로 선정하였으며 스마트 홈을 미래 먹거리를 만드는 신수종 사업으로 선정했다. 4차 산업혁명으로 인공지능 기술이 발달하자 인공지능 비서, 인공지능 스피커 제품이 출시되었고, 궁극적으로 개인의 삶의 기준인 가정으로 침투하고 있다. 삼성전자의 스마트 홈은 전통적 생활 가전 제품인 냉장고, 세탁기, TV등과 조명을 포함한 생활 제품을 스마트폰, 웨어러블 디바이스, 스마트 TV 등으로 편리하고 쉽게 관리하는 홈 솔루션 서비스다.

또한 미래 산업을 육성하는 목적의 R&D 경쟁도 벌어지고 있다. LG전자는 서울 마곡에서 LG 사이언스 파크 기공식을 열었다. 이곳에서는 차세대 미래 성장 동력인 융복합 관련 연구를 집중적으로 수행한다. 기존 LG 계열사 연구소가 단기적인 신상품 개발에 주력한다면 이곳은 그룹의 미래 사업을 연구하는 체제다. 장기적으로 성공한 기업은 점진적 혁신과 근원적 혁신을 혼합하는 방식으로 미래를 준비하고 대응한다. 하지만 국내의 다수 기업이 근원적 혁신의 중요성은 알고 있으나, 구체적 실현 과정으로 연결하지 못하고 있으며, 내부적 혁신은 극적인 조직 변화를 주도하지 못하는 최고 경영진의 능력 부족 탓에 헛수고로 끝나는 경우가 빈번하다.

근원적 혁신

초일류 기업으로 성장한 삼성의 원동력은 1993년 이건희 회장의 신경영 선언이었다. 자식과 마누라를 빼곤 모두 바꿔야 한다는 근원적 혁신(Radical Innovation)을 강조한 것이다. 근원적 혁신은 시장의 판도를 바꾸는 근원적 또는 급진적 혁신이며, 완전히 새로운 기술이나 기존 성능의 5배 이상의 개선, 30퍼센트 이상의 비용 절감 중 한 가지 이상의 결과를 이끌어 내는 것을 목표로 한다. 특히 R&D 분야에서 근원적 혁신의 7가지 성공 전략은 아래와 같다.

- 근원적 혁신 아이디어의 포착
- 혁신 프로젝트를 관리하는 역량과 기법
- 새로운 시장조사 기업을 이용한 시장 학습
- 비스니스 모델 구축
- 자원 획득 역량, 사업화 구축
- CEO와 조직 구성원의 리더십

아마존의 제프 베조스는 임직원 연석 회의에서 성공 기업의 수명은 30년 내외이고 아마존 역시 절대로 영원하지 않으며 분명 언젠가는 망할 것이라고 이야기하며 기업이 수명을 연장하려면 철저한 고객 중심의 사고방식으로 전환하고 근원적 혁신을 이뤄내야 한다고 강조하였다. 아마존닷컴과 인공지능, 클라우드, 차세대 물류 시스템과 빅데이터까지 유래를 찾기 힘든 성공을 거두며 아마존화(Amazon'd)를 이룩한 상황에서 나온 언급이기에 업계는 큰 충격을 받았다.

2016년 초반, 업계는 삼성전자의 주력 사업인 스마트폰 사업과 혁신을 우려했다. 극단적 원가절감 추구의 기업 문화가 삼성전자와 협력 업체 간의 상생 관계와 생태계를 망치는 주범이며, 임원들의 보신 주의, 성과 지향 문화, 경직된 조직 문화와 비판 의식 없는 상명하복 때문에 스스로 비혁신의 길로 퇴보하고 있다는 지적이었다. 스마트폰 부품 업계에서는 삼성이 직접 제조, 생산하는 애플리케이션 프로세서인 엑시노스 AP(Exynos AP), 드라이버 IC 등을 제외하고 센서, 터치 칩 등 주력 핵심 부품 업체 상당수가 삼성전자와의 협력 관계를 청산할 움직임을 보였다. 삼성전자가 갤럭시 스마트폰의 핵심 부품인 터치 IC를 제조하는 시냅틱스, ST 마이크로와의 거래를 중단하고 자체적으로 터치 IC를 생산 · 공급해 갤럭시 스마트폰에 내재화했기 때문이다. 이제까지 삼성전자는 세계 최고의 터치 IC 개발 · 제조 업체인 시냅틱스와 ST 마이크로를 경쟁시키며 자연스럽게 최신 기술과 제품을 선택하는 아웃소싱 방식을 취해왔다. 하지만 기존 전략을 수정하여 시스템 LSI 사업부에서 터치 IC를 자체 개발하고 공급해 갤럭시 S7부터 적용키로 결정한 것이다. 이 때문에 2016 MWC(Mobile

World Congress)에서는 3D 터치 포스 기술을 탑재하지 못한 상태로 갤럭시 S7이 공개하였다. 애플은 당시 스마트폰 출하량 2위임에도 불구하고 전 세계 프리미엄 폰 수익의 94퍼센트를 차지한 반면, 삼성은 판매량 1위를 기록하며 8100만 대의 스마트폰을 출하했지만 프리미엄 스마트폰 분야에서는 전체 수익의 11퍼센트를 차지하는 데 그쳤다.

스마트폰의 다양한 구성 요소 중 두뇌 역할을 수행하는 전자 부품이 애플리케이션 프로세서(AP, Application Processor)다. 퀄컴의 스냅드래곤, 삼성전자의 엑시노스 등이 대표적인 AP다. 하지만, 영국 이메지네이션과의 협력 관계를 통하여 꾸준히 AP 기술을 습득해온 애플이 아이폰 XS에 A12 바이오닉을 탑재하며 전세를 역전시켰다. 퀄컴의 스냅드래곤 845, 삼성의 엑시노스 9810의 성능을 단숨에 압도하였고, 그래픽을 담당하는 GPU는 이미 경쟁사 대비 두 배의 성능 향상을 나타내고 있으며, 바이오엔진은 실시간 머신러닝을 지원하는 수준으로 1초당 5조 회의 연산이 가능했다. AP 성능에서 열세였던 애플은 그간 AP와 iOS와의 결합으로 이를 보완해 왔으나, 머신러닝, 인공지능, 빅데이터와 연계되는 스마트폰의 핵심은 결국 AP임을 인식하여 근원적 혁신을 이룬 것이다.

애플과 삼성전자의 차이는 혁신을 어떠한 관점에서 바라보는지에서 명백히 드러난다. 애플은 아이폰 개발의 핵심 가치를 원가 절감과 가격이 아닌 혁신과 새로운 고객 경험의 제공이라는 관점에 맞춰 신행했다. 애플은 아이폰X와 아이폰XS를 출시하며 1000달러라는 스마트폰의 심리적 가격 저지선을 여지없이 무너트렸다. 업계에서는 터무니없는 고가 정책이라는 비판을 쏟아 내었지만, 경험의 일관성에 익숙한 고객들은 애플을 선택하고 있다. 반면 삼성전자 갤럭시 스마트폰으로는 '혁신은 무엇인가'라는 질문에 답을 하기 어렵다는 지적이 일고 있다. 새롭게 적용된 AR 이모지, 슈퍼 슬로우 모션, 듀얼 조리개 기능 등은 초반에 신기한 호기심을 일으켰지만, 아이폰X의 애니모티콘과 비교하면 AR 이모지는 수준 이하라는 소비자 평가를 받았다. 트루뎁스 카메라 기능으로 얼굴 데이터를 분석한 애니모티콘에 비하여 전면 카메라만을 이용한 이모지는 얼굴 생성에 필요한 데이터 입력부터 차이가 났다. 갤럭시 S7의 배터리 발화 사건도 '관리의 삼성'이라는 명성에 오점을 남겼다. 이 때문에 삼성의 혁신은 고객 경험을 위한 혁신이 아니라 원가 및 비용 절감을 위한 혁신이라는 극단적 평가도 뒤따르고 있는 것이다.

짐 콜린스는 『좋은 기업을 넘어 위대한 기업으로(Good to Great)』에서 성공하는 기업은 단계 5의 리더십, 사람 먼저, 냉혹한 현실 직시, 고슴도치 콘셉트, 규율의 문화, 기술 가속 페달 등의 특성이 있다고 분석하였다. '단계 5의 리더십'은 개인적 겸양과 직업적 의지를 갖춘 리더십이다. '사람 먼저'의 의미는 적임자를 적합한 자리와 위치에 앉히고 그들과 함께 목적지를 향하여 나아가는 것이다. 이 개념으로 버스에 탈 사람과 하차시켜야 할 인력을 명확히 구분해야 함을 지적했다. '현실 직시'는 불확실성의 시대에 막연한 꿈을 지향하는 것이 아니라 성공하리라는 믿음을 잃지 않는 동시에 현실의 냉혹한 사실을 직시해야 하는 이중성, 즉 스톡데일 패러독스(Stockdale Paradox)로 설명되는 합리적 낙관주의를 갖추어야 함을 강조한다. '고슴도치 콘셉트'는 업의 이해와 본질에 대한 집중이다. 세계 최고가 될 수 있는 일, 경제적인 가치를 창출하는 일, 깊은 열정을 가진 일에 대한 이해가 바탕이 되어야 함을 이야기한다. '규율의 문화'는 억압, 통제, 전제적 관료 문화를 벗어나 자율과 책임을 기반으로 한 기업 문화다. 기술 가속 페달은 기술의 역설을 이야기한다. 대부분의 기업이 특정 기술의 장점과 혜택을 소개하지만, 정작 중요한 것은 그것을 사업화할 수 있어야 하고 고객의 문제 해결 수단으로 사용할 수 있어야 한다는 점이다.

제프 베조스가 아마존도 흔적 없이 역사의 뒤안길로 사라질 수 있다고 경고했듯이 성공가도를 달리고 있는 글로벌 ICT 기업, 실리콘밸리의 유니콘, 데카콘 및 전통적 장수 기업도 한순간에 몰락할 수 있다. 파괴적 혁신으로 대표되던 저가 전략과 신시장 파괴 전략은 이제 빅뱅 파괴자들에 의하여 그 기본 개념조차 흔들리고 있다. 짐 콜린스는 기업의 몰락 징조로서 성공 이후의 자만심, 원칙 없는 욕심, 위험을 부정하고 위기를 외면하는 행태를 꼽았다. 초연결과 불확실성의 증대는 전통적 기업 활동의 개념을 송두리째 바꾸었다. 기존의 가치사슬을 초연결 플랫폼으로 결합한 덕분에 소비자의 요구가 실시간으로 반영되고 있으며, 소비자의 평가 역시 네트워크와 확장된 연결을 통하여 급속히 전파되고 있다. 기업 활동은 물론 R&D도 근원적 혁신을 다시 한 번 생각하고 점검해야 하는 시점이다.

R&BD

3세대 R&D 전략처럼 고객 니즈 파악에 더 집중하려면 기술 전략이 사업 전략과 통합되어야 한다고 하지만, 실제로 많은 기업이 시도했으나 바람직한 결과를 얻지 못하였고 이러한 결과를 반성하기 시작했다. 이후 등장한 4세대 R&D에서는 R&D 부문이 기술혁신 뿐 아니라 가치혁신을 동시에 추구하는 R&BD(Research & Business Development) 조직으로 거듭나야 함을 강조했다. 4세대 R&D는 기술혁신과 가치혁신을 동시에 추구한다. 즉, 가치혁신을 전제로 한 기술혁신, 기술혁신에 기반한 가치혁신을 표방함으로써 결국 돈 버는 연구, 개발을 하자는 것이다. 2005년 이후 큰 각광을 받은 블루오션은 기술혁신의 여부를 떠나 고객 가치혁신을 강조했다. 4세대 R&D 역시 가치혁신을 지향하고 있는데 이는 기술의 개선만을 말하는 것이 아니라 기술혁신을 통한 사업화의 지향이다. 고객 가치 관점에서는 개선을 넘어 혁신의 영역으로, 기술 성과 관점에서는 급진을 넘어 혁신의 단계를 지향하는 것이다.

국내 기업 연구소 중에서 가장 발 빠르게 R&BD를 도입하고 적용한 사례는 삼성종합기술원이다. 2000년대 초반 R&BD의 개념이 도입되자 4세대 R&D, 지식 경영, 기술혁신과 사업 개발을 함께 수행하는 방식으로 운영에 변화를 주었다. 삼성종합기술원의 운영은 크게 4개의 단계로 구분할 수 있다. 초기 유동기에는 '무한 탐구'라는 설립 이념에 맞춰 영원한 기술혁신에 도전하는 것을 목표로 삼았다. 이후 90년도 초반까지는 단기 상품화 과제를 지향하고 관계사와 경쟁 개발을 진행했다. 하지만 이 당시 종합기술원에서의 기술 개발과 각 계열사, 사업 본부의 기술 개발 간을 연결하는 종합적이고 유기적인 로드맵이 없었고, 관계사별로 제각각 R&D를 진행했다. 즉, 종합기술원에서 특정 기술을 개발하여도 그 기술이 삼성의 전 계열사에 일괄적으로 적용되지 못하고, 계열사별로, 사업부별로 중복 개발하는 등의 문제점과 낭비 요인이 발생했다. 2000년대 이후 고객 가치혁신에 따른 4세대 R&D와 지식경영, 기술혁신과 사업 개발을 동시에 추구하는 방식으로 운영의 변화를 추구하면서 CIO(Chief Innovation Officer)를 두는 등 조직 구성에 변화를 주기도 했으나, 이때까지도 프로세스가 명확하지 않았고 연구 품질이 검증되지 않는다는 점이 미해결 문제로 남았다.

4세대 R&D 개념이 국내에 도입될 당시에는 4세대 R&D의 핵심을 경쟁적 아키텍처 구성, 조직 역량 강화, 지식 채널과 시장 개발, 전략적 경영 전략과 옵션적 사고방식, 조직 구조 개선 및 혁신 사업 프로세스 관리라고 생각하는 틀을 벗어나지 못했다. 여전히 제품 개발과 마케팅, 영업, 전략은 서로 다른 영역으로 분리되어 있었으며, 시장 개발, 비즈니스 창출은 R&D의 범위에서 벗어난 영역이라는 인식이 팽배했다. 정부의 R&D 기술혁신 지원 사업도 기술 개발 조세 지원, 금융지원, 행정 규제 완화를 표방하였으나 정책의 연속성이 미흡하였고, R&D를 총괄하는 통합 콘트롤 타워의 부재도 문제였다. 반면 미국은 2005년 국립 아카데미 위원회를 통하여 '몰려오는 폭풍을 넘어서기(Rising Above the Gathering Storm)'라는 제목의 보고서를 완성하였다. 이 보고서는 초중등 과학, 수학 교육을 개선해 인재풀을 확대하고, 장기적 기초 연구 분야에 국가의 지원을 강화하며, 연방 연구 기관의 예산 중 8퍼센트를 의무적으로 고위험 연구에 투자하도록 명시했고, 과학기술 발전을 지원하는 프로그램을 만들어 공표하였다. 특히 이 보고서의 권고안에는 미국은 R&D를 수행하기 위한 최적의 환경을 조성하고, 미국 안에서 세계에서 가장 훌륭하고 똑똑한 학생, 과학자, 공학자를 발전시키고 발굴하라고 제안하고 있으며, 미국이 혁신을 위한 가장 좋은 장소라고 확신하였다.

미국은 4세대 R&D와 함께 기업가 정신 함양을 지속적으로 강조하여 R&BD를 완성했다. 조지프 슘페터가 학문적으로 기업가 정신을 정립한 이후 수많은 대학과 대학원, 부설 연구 기관이 기업가 정신을 정규 커리큘럼에 포함시켰으며, 스탠퍼드 대학교처럼 실용주의 학풍을 강조하고 창업을 지원하는 환경이 조성되었다. 미국 정부는 국가과학기술위원회(NSTC), 과학기술정책국(OSTP), 과학기술자문위원회(PCAST)를 중심으로 정책 수립과 예산, 기술 이슈에 대해 대통령에게 자문하며, 국회는 통상교통과학위원회와 과학위원회를 구성하여 과학기술 정책 전반을 지원하고 있다. 중국은 중국제조 2025 플랜을 가동하여 세계 최대의 R&D 투자, 제조업의 근본적 혁신과 ICT 기술 통합, 산업 고도화와 신규 비즈니스 창출을 도모하고 있다. 일본은 종합과학기술이노베이션회의(CSTI)를 설치하고 아베 총리가 직접 수장직을 맡아 R&D를 총괄한다. 이 회의는 정부, 산업체, 학계를 연결하고, 기초 기술부터 4차 산업혁명 관련 기술과 미래 기술 전반에 걸친 지원을 강화하고 있다. 독일 역시 정부와 민간이 공동으로 주도하는 인더스트리 4.0(Industry 4.0) 등 기업의 혁신과 정부의 규제 완화, 예산 지원 등으로 효율이 극대화된 R&D 사업화를 추구하고 있다.

핵심 역량 파괴와 최고 신상품 개발

4차 산업혁명과 과학기술의 발달은 아이러니하게도 상황에 따라서 핵심 역량을 강화하거나 파괴하라고 요구한다. 마이클 투시만 교수는 혁신을 '핵심 역량의 파괴'라고 정의하였다. 핵심 역량이 중요하긴 하지만, 시대의 변화에 따라서 핵심 역량과 혁신 사이에서 적절한 균형을 찾아야 한다는 것이다. 클레이튼 크리스텐슨은 파괴적 기술(Disruptive Technology)을 강조하면서 '혁신은 현재의 경쟁력 기반을 무너뜨리는 것'이라고 정의했다. 앨런 아푸아 교수는 '핵심 경쟁력은 언제라도 경직성으로 변모할 수 있다'는 말로 변화에 대한 수용과 핵심의 의미를 강조했다.

애플II 컴퓨터가 처음 국내에 소개되자 베이직 프로그래밍을 손쉽게 할 수 있게 되었다. 컴퓨터 프로그래밍을 하면 가장 처음 해보는 작업이 바로 "Hello, World"를 출력해보는 것이었다. 1983년 삼성에서 출시된 SPC-1000에는 휴베이직(Hu-Basic)이 내장되어 있어서 컴퓨터를 경험해 보지 못한 초보자도 쉽게 베이직 프로그래밍을 할 수 있었다. 1983년에 IBM의 XT, 1986년에 IBM XT 286이 출시되었을 때도 역시 MS도스 기반에서 베이직 프로그래밍을 할 수 있었다. 이른 시기에 프로그래밍을 접한 사람들은 IBM XT 컴퓨터 출시 시기부터 C언어 프로그래밍과 x86 어셈블리 프로그래밍을 했다. 당시 유행하던 교재가 『IBM PC XT/AT 기술 사전』이었다. 프로그래밍을 해본 경험이 있다면, 베이직 언어만으로는 기업에서 원하는 프로그래머로서 업무를 수행하기 어렵다는 것을 인지하게 된다. 베이직 프로그래밍만 하던 개발자에게 어셈블리 프로그래밍과 C언어 프로그래밍, 자바 프로그래밍과 서버 사이드 프로그래밍은 또 하나의 파괴적 기술이고 혁신인 것이다. 이 당시 핵심 경쟁력을 베이직 프로그래밍이라고 고집하다가 C언어 프로그래밍에 진입하지 않은 개발자라면 아마도 큰 어려움을 겪었을 것이다. IBM XT/AT 컴퓨터가 소개되면서 프로그래밍으로 그래픽 카드를 직접 제어해야 하는 경우가 생겼다. 당시는 그래픽 카드 제조사별로 각기 다른 제어 방식을 구현해야 했다. 하지만 마이크로소프트에서 VESA 지원을 하는 비주얼 C++(Visual C++)를 소개하면서, 기존의 프로그래밍 테크닉은 불필요한 기술이 되었다. 당시에 그래픽카드 직접 제어 기술만 고집했다면 핵심 경쟁력은 결국 핵심 경직성이 되었을 것이다. 임베디드 제품 개발 분야에도 유사한 사례가 있다. 임베디드 제품은 제품 특성에 따라서 펌웨어(Firmware)만 개발하거나, UI, GUI, UX를 같이 개발하기도 하고, 상용 운영체제나 RTOS(Real time OS)를 사용하기도 한다. 임베디드 제품 개발에 과거에는 WinCE를 많이 이용했다. 하지만, 현재는 리눅스, 안드로이드를 주로 이용한다. WinCE OS의 쇠퇴로 이제 기업, 회사에서는 WinCE 개발 엔지니어들에게 안드로이드로의 개발 전환 교육을 시키고 있는 상황이다.

게린 린, 리처드 라일리는 저서 『블록버스터』를 통해 100여 개의 수상 경력이 있는 신상품 개발팀을 대상으로 개별 인터뷰를 진행하고, 개발 과정에 대한 자료를 분석해 최고의 상품은 어떻게 만들어지는가에 관한 내용을 발표했다. 이 책은 커다란 성공을 거두는 핵심 원칙 다섯 개를 제시한다. 첫째, 고위 경영자의 헌신이다. 둘째, 분명하고 일관된 비전(Project Pillar), 즉 비즈니스 상황을 이해하고 개발해야 할 상품에 대한 구체적이고 확고한 목표를 갖는 것이다. 셋째, 끊임없는 실험과 신속한 피드백이다. 최초 프로토타입을 최대한 빨리 출시하고, 지속적으로 수정하고 반복해 고객을 검증하는 것이다. 넷째, 프로젝트 팀원 간의 원활한 정보 교환이다. 마지막으로는 협력을 통한 팀 목표에 집중하는 것이다.

제임스 어터백은 『기술변화와 혁신전략』에서 혁신의 역동성을 이야기한다. 혁신은 엄청난 양의 불확실성과 위험 그리고 기회가 함께 얽혀 있는 과정이다. R&D 혁신이란 혁신의 역동성과 시장 지배 제품을 근간으로 삼아 체계적 전개를 시도하는 것이다. 혁신적 시장 지배 제품은 시장에서 소비자들이 가장 선호하는 제품으로, 경쟁 기업이 시장에서 어느 정도 점유율을 차지하려면 반드시 따라야 하는 기본 조건이다. 이러한 시장 지배 제품의 출현은 표준화를 촉진하고 생산의 경제성을 추구할 수 있게 하며, 제품 성능뿐만 아니라 비용과 규모를 바탕으로 하는 경쟁을 발생시킨다. 현재의 제조, 생산 기술 중심의 선진국 따라잡기 전략(Catch-Up)은 비즈니스 경쟁에 한계가 있으며, 이제는 기업의 R&D 전략도 빠른 추격자에서 혁신 주도자(Leading Innovator) 전략으로 전환해야 한다. 하지만 국내 연구소는 표면적으로는 R&D, R&BD를 표방하고 있으나 내실을 살펴보면 여전히 R&D의 중심이 개발에 있으며, 특히 3세대 R&D를 지향하는 조직은 사업부 전략과 더 밀착하라는 요구를 받으면서 개발 성격이 더욱 농후해지고 있는 추세다. 연구소가 진정한 혁신가로서 제 역할을 다하려면 최고 경영자의 지지를 바탕으로 3세대 R&D를 토대로 비즈니스를 창출하는 4세대 R&BD, 초연결과 융복합을 추구하는 5세대 R&CBD 조직으로 거듭나야 한다.

실리콘밸리의 R&D 혁신

실리콘밸리의 R&D 혁신 요소

기업 활동 전반 및 R&D에서 핵심 화두는 혁신이다. 혁신은 단순한 기술 변화 이상을 의미하며, 창의성과 발명을 바탕으로 하지만 그보다 더욱 광범위하게 정의가 확장되고 있다. 반면, 경제적 가치를 창출하지 않는 혁신은 진정한 혁신이라고 할 수 없다. 게리 해멀은 저서『꿀벌과 게릴라(Leading the Revolution)』에서 혁신을 통해 초 일류 기업으로 가는 조건은 성실한 꿀벌의 능력을 버리고 창조하고 혁신하는 창의적 게릴라로 변신하는 것이라고 주장하였으며, 기존의 전략과 전술을 변경하고 비즈니스 모델을 치열하게 혁신하라고 제안했다. 특히 창의적 게릴라에게는 조직보다 상상력에 대한 충성과 변화의 흐름을 포착하는 능력, 새로운 것을 집요하게 몰입하여 탐구하는 능력, 혁신 능력, 어리석음을 숨기지 않는 용기, 과감한 시도와 작은 시도를 꾸준히 반복하여 실패와 성공을 통해 성장하는 능력이 있다고 손꼽았다. R&D 분야에서도 비선형적 혁신에 도전하고 본원적이고 전통적인 제품, 공정 혁신을 뛰어넘어 비즈니스 개념의 혁신을 추진하자는 것이다. 게리 해멀의 창의적 게릴라 정신은 실리콘밸리를 대표하는 애플의 혁신 노하우에서도 발견할 수 있다. 애플은 〈컴퓨터월드(Computer World)〉와의 인터뷰에서 애플의 혁신 경영 노하우를 다음과 같이 소개했다.

직관의 역설

아인슈타인은 평소 인간의 유일하고도 진정한 가치는 직관(intuition)에서 찾을 수 있다고 이야기하며 직관의 중요성을 강조했다. 필립 골드버그는 저서 『직관의 강점(The Intuitive Edge)』에서 직관이란 인간의 의식적 기억이나 논리적 추리 과정을 벗어나 창발적으로 떠오르는 지식이라고 정의했다. 하지만 아인슈타인의 직감이나 애플이 강조하는 직감은 무에서 유를 만드는 창조가 아니다. 이들의 직감 뒤에는 수많은 배경지식과 경험이 축적되어 무수히 많은 점(dot)으로 존재하다가 특정 시점의 자극으로 이러한 점들이 연결되어 선(line)을 만든다. 이를 직관이라고 명명한 것이다. 팀 쿡이 컴팩을 떠나 애플로 자리를 옮길 때도 직관의 힘을 믿었다. 스티브 잡스가 팀 쿡을 선발한 이유는 애플의 공급망 관리를 해결할 적임자라고 판단했기 때문이다. 잡스는 애플 복귀 이전부터 이미 애플의 공급망 관리에 심각한 문제가 있음을 인식하고 있었고, 최고의 공급망 관리 인력을 조사해 왔다. 팀 쿡 역시 잡스와 인터뷰하며 의도를 파악했다. 이들은 인터뷰 진행 5분 만에 서로의 필요성을 인지했고 이를 직관이라고 표현한 것이다. 애플의 디자인 책임자인 조나단 아이브 역시 직관을 강조한다. 애플에서 조나단 아이브를 추천한 인물은 애플의 디자인 팀장인 로버트 브러너였고, 이미 조나단 아이브의 능력과 포트폴리오를 잘 알고 있었기에 가능한 일이었다.

애플은 시장 조사조차 직관에 기인한다는 업계의 이야기가 있지만, 이는 기존에 없던 시장을 새롭게 만들었기 때문이다.

애플이 아이폰을 첫 출시할 시점에는 어떠한 전문 리서치 기관도 출시되지 않은 스마트폰의 시장을 예측할 수 없었다. 애플 역시 스마트폰의 시장 규모나 타깃 고객, 고객 선호 사양 등을 확정할 수 없었다. 하지만 기존 휴대폰 시장, PDA 시장 자료와 고객 정보를 치밀하게 분석하였고, 삼성, 노키아, 모토로라, LG, 블랙베리 같은 기존 플레이어의 동향과 제품, 고객 불만족 사항을 철저히 분석하였다. 아이팟 역시 기존 MP3 플레이어와 PDA 비즈니스를 분석해 신규 시장을 창출한 것이기에 자신의 자체 조사 결과를 믿는 행위를 직관이라고 표현한 것이다. 초연결 시대에는 새로운 비즈니스 모델과 플랫폼이 등장하고 에어비엔비, 우버 같은 새로운 서비스가 기존 경제체제를 뒤흔든다. 이들의 등장 이전에는 이들의 행보와 시장 잠식, 시장 파괴, 신규 시장 형성을 예측할 수 없었다.

최근의 R&D와 비즈니스 모델 개발의 화두 중 하나는 고객도 말하지 않고, 인지하지 못하는 잠재적인 니즈(Latent Needs)다. 불연속적이고 불확실한 기술혁신에 도전하려면 수동적 시장 추종 전략보다 적극적인 시장 선도 전략이 필요하다. 이에 관하여 소니의 창업자 모리타 아키오 회장은 "고객에게 묻지 말고 신제품으로 대중을 선도하라"고 말하며 심지어 고객을 무시하라고 강조했다. 고객이 표면적으로 드러내는 이야기보다는 고객의 행동 패턴을 주시하고 고객의 적극적인 참여와 상호작용에서 미충족 니즈, 소비자가 표현하지 않은 니즈, 잠재적 니즈(Potential Needs), 명료화되지 않은 니즈 등을 규명하는 작업이 필수이기 때문이다. 전통적인 마케팅 조사 결과에 의존하지 말고, 신시장을 창조하며 고객을 검증하면서 의사 소통하는 일에 더 집중해야 한다는 것이다. 클레이튼 크리스텐슨은 파괴적 기술에 관한 시장 예측은 항상 만족스럽지 못한 'No!'라는 답변이 도출된다고 지적하였다. 사전에 예측할 수 없는 파괴적 기술은 합리를 추구하는 시장 전략으로는 성공으로 이끌 수 없으니 전혀 새로운 발견과 시행착오에 의한 탐색, 즉 탐색 마케팅 전략을 구사하라고 조언한 것이다.

지속적 관계를 형성할 파트너 찾기

팀 쿡이 강조한 애플의 두 번째 혁신 요소는 장기적인 파트너를 찾고 지속적으로 연결하라는 것이다. 구글은 벤처 캐피털리스트에게 투자를 권유받을 당시 투자사가 회사의 일상 경영 활동에 관여하는 것을 극도로 경계했다. 일반적으로 벤처 캐피털리스트들은 투자한 회사의 경영권을 확보하여 경영에 간섭하고 투자금을 단기에 회수하려고 수익성이 높은 비즈니스만 선호하기 때문에 기업의 비전과 미션 달성, 장기적 성장과 가치 창출에는 큰 관심을 보이지 않는다. 결국 자본에 종속돼 경영 활동, R&D 활동에 제약을 받게 되는 것이다. 국내에서 1000억 원의 매출 규모를 유지해온 중견기업이 현금 수혈과 기업공개(IPO)를 목적으로 벤처 캐피탈리스트로부터 자금을 지원받고 결국 경영권 일부를 넘긴 사례가 있다. 투자 초기에는 경영진으로 경영에 관여했지만, 이후 인력 동결과 감축, 신규 사업 축소와 폐지, 단기 매출과 밀어내기식 매출 지향으로 기업의 디지털 트랜스포메인션을 방해했으며, 제품 중심에서 솔루션, 컨설팅 중심으로 비즈니스를 전환하려는 시도를 가로막았다. 기업 공개와 매출 달성을 빌미로 R&D 투자는 급격히 감소하였으며, 연구원의 피로도가 증가해 퇴사율이 증가하고 잔류 인력의 업무 가중 등 악순환이 반복되는 문제를 야기하였다. 한국을 대표하며 글로벌 비즈니스를 수행하던 기업이 벌처(Vulture) 캐피털리스트의 먹잇감이 된 것이다.

팀 쿡 역시 이러한 점을 경계하며 캐피털리스트들을 지나치게 신뢰하지 말라는 경영 충고를 한 것이다. 특히 벌처 캐피털리스트, 벌처 펀드는 투자 수익을 확보하기 위하여 투자 기업의 경영권을 장악하여 기업을 약탈하는 기업 파괴자의 성향이 있으며, 외부 인사를 경영진에 합류시킴으로써 자신들이 투자한 자본만 안전하게 지키려 한다. 이러한 상황에서 투자 유치를 받은 기업은 결국 초심을 잃게 되며, 업의 본질을 상실하고 자본에 종속되어 버리는 것이다. 결국 장기적 관점에서 지속적 협력 관계를 유지할 수 있는 파트너를 발굴해야 하며, 자본으로부터 독립적인 경영을 수행해야 한다.

A급 인재를 확보하라, 최초가 아니라 최고가 되어라

맥킨지에서 소개한 인재 전쟁은 현재도 실리콘밸리 기업과 글로벌 ICT 기업에게 지속적인 숙제를 안겨준다. 인공지능, 로봇, 자율주행차 분야의 세계적 석학은 이미 글로벌 ICT 기업들이 입도선매하고 있으며, 전 세계적인 글로벌 인재를 영입하고자 반 이민 정서와 정책에 반기를 들고 있다. 또한 글로벌 기업의 스타트업 인수합병 규모는 매년 새로운 기록을 수립하고 있다.

실리콘밸리의 유니콘, 데카콘 기업들은 독특한 인재 채용 원칙을 고수한다. 특히 스티브 잡스는 광적으로 엘리트주의를 추종했다. 잡스는 수백 명의 평범한 인력보다 해당 분야에서 최고의 전문성을 인정받는 엄선된 인력을 채용하고 R&D 인력의 질적 수준을 최고로 유지하며, 지속적인 상향 평준화를 만드는 것이 자신의 최고 임무라고 강조해왔다. 실리콘밸리의 인사 담당자들은 잘못 선발한 얼간이가 썩은 사과가 되어 기업의 모든 인력을 하향 평준화시킨다는 생각을 하고 있다.

실리콘밸리 기업은 인력을 채용하며 공식적으로 최고의 인재만 영입한다는 지침을 세우고 '얼간이 사절(No Jerk)'을 공공연히 표방하고 있다. A급 인력을 고용하면 그들은 자신보다 더욱 우수한 A+급 인력을 채용하지만, B급이나 C급 인력을 채용하면 이들은 자신보다 열등한 D급 인력만을 채용한다는 사실을 잘 알고 있기 때문이다. 이러한 이유로 마이크로소프트는 3G(Great Hire, Great Job, Great Manager, Leader) 정책으로 최고의 인재를 영입하여 이들을 최고의 리더로 만드는 것을 인재 채용과 육성 원칙으로 정립하였다. '워비곤 호수 효과'는 일반적으로 자기 자신이 속한 그룹이나 조직 내의 평균 역량보다 항상 더 우수하다는 믿음이며, 논리적 통계적 오류를 지적할 때 사용하고 있지만, 실리콘밸리가 인재를 확보할 때는 철저하게 워비곤 호수 전략을 사용한다. 끊임없이 경쟁이 일어나고 기술이 발달함에 따라 새로 유입되는 인력은 현재 수준의 인력보다 더 우수하고 새로운 기술 역량을 가진 인력을 확보해야만 전체적인 조직과 집단의 역량이 향상된다는 강한 믿음에서 기인한 것이다.

실리콘밸리의 유니콘 기업은 A급 인재를 확보한 후에는 이들에게 최고의 전문가가 되라고 부단히 강요한다. 팀 쿡은 애플의 제품은 절대로 최초를 고집하지 않으며, 최고가 되기를 꿈꾼다고 강조한다. 삼성과 화웨이가 폴더블 스마트폰의 최초 타이틀에 기업의 사운을 건 혈투를 벌이고 있는 시점에도 애플은 끊임없이 최초가 아닌, 최고의 폴더블 폰을 만들기 위해 준비하고 있다. 애플의 아이팟, 스마트폰 역시 최초가 아닌 개선된 최고의 제품이었다.

다양성, 다양하고 다른 사고를 확보하라

실리콘밸리 기업들은 다양성(diversity)을 강조해왔으며, 다양성은 고용에서부터 업무 환경, 기업의 목표에 이르기까지 실리콘밸리의 판단 가치와 사고방식의 토대였고 존중과 이해를 만들어 왔다. 구글과 애플, 트위터를 비롯한 실리콘밸리의 대표적 기업들은 고용 다양성 보고서를 발간하여 기술직과 대표직 고용에서 여성과 인종 소수자에 대한 비율을 확대하고 있다. 구글의 혁신과 창의성 프로그램을 총괄하는 프레데릭 페르트는 다양성과 포용성이 존재할 때 누구나 사용할 수 있는 서비스와 제품이 만들어진다고 말한다.

구글은 동영상 앱을 개시한 후에 동영상이 거꾸로 업로드되는 문제를 발견했다. 스마트폰을 오른손으로 잡고 촬영하고 업로드하면 제대로 되지만 왼손으로 촬영하면 거꾸로 업로드되었다. 디자이너와 엔지니어가 모두 오른손잡이여서 생겨난 문제라며 다양성이 중요한 이유를 말해주는 사례가 되었다. 특정한 다수가 모여 만든 제품에서는 소외되는 사람이 생길 수밖에 없다. 좋은 아이디어는 모여 있는 것이 아니라 곳곳에 퍼져 있다는 게 구글의 생각이다. 사람을 중심에 두는 공동체가 개인의 삶도 바꾼다는 인식이 실리콘밸리 전반에 퍼져 있다. 단순히 추구할 가치를 넘어, 혁신을 위해, 일상에서는 물론 더 많은 차원에서 다양성이 고려되고 있다. 바로 실리콘밸리가 성장하는 이유다.

실리콘밸리 기업의 절반 이상을 미국계가 아닌 다른 지역 출신 이민자들이 만들었다. 구글을 포함한 글로벌 ICT 기업의 수장도 이민자 출신이 다수다. 다양성은 궁극적으로 협업의 문제로 나타난다. 다양한 팀원 덕분에 더 많은 스킬과 더 많은 관점에서 문제를 살필 수 있으며, 더 많은 정부와 아이디어를 통하여 비즈니스의 성공 확률을 높일 수 있다. 이민자가 창업한 실리콘밸리의 기업을 살펴보면 다양성을 확인할 수 있다. 이는 서로 다른 국가에서 온 이민자가 다양한 시각과 다양한 자산을 가지고 있기 때문에 가치를 창출한다는 뜻이다. 실리콘밸리가 이러한 다양성을 인정하지 않았다면 구글, 인텔, 이베이, 페이스북, 테슬라와 같은 데카콘 기업이 존재하지 못했을 것이다. 기업 및 스타트업 내에서 다양성이 필요함을 레밍(Lemmings)의 사례에 비유한다. 레밍은 맹목적으로 다른 레밍을 따라가는 경향이 있다. 그래서 한 마리의 레밍이 절벽에서 뛰어내리면 모두 함께 절벽에서 뛰어내린다. 기업도 마찬가지다. 팀과 조직의 다양성을 인정하지 못하고, 기업가, 혹은 특정 매니저의 생각을 주입시키고 강요하여 모두 똑같이 생각할 경우 그 한 명의 잘못된 생각 때문에 모두 잘못된 방향으로 달려가게 되는 것이다. 하지만 팀 안에 다양성이 존재해서 다른 사람이 이견을 내고, "나는 그렇게 생각하지 않는다. 다른 방향으로 가야 한다"고 말하는 순간 잘못된 의견을 방지할 수 있다. 서로 다른 충돌하는 시각이 한 팀에 있다는 것은 나쁜 것이 아니다. 단지 이를 조정하고 토론해 해결책을 찾아가는 견고한 프로세스와 실행(Process & Execution)이 있어야 한다.

코딩은 제2 외국어다

애플과 구글 등 실리콘밸리의 IT 기업은 코딩(Software Coding)의 중요성을 강조해 왔으며, 기업의 인재 채용 과정 중에도 코딩 시험이 있다. 빌 게이츠는 소프트웨어 개발 인력의 95퍼센트는 소프트웨어를 만들어서는 안 되는 사람들이라며, 상위 5퍼센트의 핵심 인재만 제대로 된 설계를 할 수 있고 그러한 인력을 선발하는 것이 자신의 업무 중 최고 우선순위라고 말했다. 대부분의 실리콘밸리 기업이 직원 채용 과정 중에 실무 코딩 실무 능력을 검증한다. 이러한 이유로 구직자 사이에서 『코딩 인터뷰 완전 분석(Cracking the Coding interview)』이라는 서적이 최고의 지침서로 뽑히기도 하였다.

실리콘밸리 기업은 지원자가 오면 과학기술에 대한 흥미와 이해, 과학기술 기반의 융합적 사고력(STEAM Literacy), 실생활 문제 해결력을 살펴보며 이를 코딩으로 구현할 수 있는지 여부를 판단한다. 이는 오래 전부터 과학기술 분야 우수 인재를 확보하고자 학교 교육에서 스템(STEAM, Science, Technology, Engineering, Arts, Mathematics의 약자) 교육을 수행해온 이력이 뒷받침되었기 때문이다. 최근에는 미국뿐 아니라 영국, 프랑스 등 선진국에서 교육 개혁의 핵심으로 스템에 주목하고 있으며, 독일에서는 민트(MINT, Mathematik, Informatik, Naturwissenschaft, Technik의 약자) 교육을 실시하고 있다. 실리콘밸리가 요구하는 능력은 얼마나 다양한 프로그래밍 언어를 사용하는지나 테크니컬한 코딩 스킬이 아니다. 현실에서 직면한 문제를 코딩이라는 수단을 이용하여 얼마나 효율적으로 생각의 흐름을 전개하는지이며, 코딩을 통하여 시스템적 관점의 융복합과 통합적 사고를 하는지 파악하는 것이다. 시스템적 관점은 단선적이고 단면적인 문제 인식에서 벗어나, 발상을 전환해 전체적인 관계를 파악하는 것이다. 즉, 전체적인 맥락을 파악하고, 시스템을 구성하는 다양한 요소가 연결되어 어떠한 상호 작용을 하며, 이러한 상호작용이 전체 시스템에 어떠한 영향을 주는지 파악하여 최상의 시너지 효과와 레버리지 효과(leverage)를 만들어 내는 것이다

새로운 고객의 목소리, 디지털 발자국에 집중하라

한때 애플은 고객의 목소리에 집중하지 않으며, 시장 조사는 일절 진행하지 않고 오직 직관을 따른다는 평가를 받았다. 특히 대다수 실리콘밸리 기업이 포커스 그룹을 운영하여 타깃 고객 선정과 고객 반응, 고객 검증을 진행하는 것과 달리 애플은 제품 발표(Unpack) 직전까지 모든 것을 철저히 기밀에 붙이는 것으로 악명이 높았다. 하지만 이는 애플 제품의 특성과 경쟁 원칙을 이해하지 못한 배경에서 나온 평가다. 굳이 최초를 원하지 않기 때문에 오히려 최초 제품과 솔루션, 서비스에서 도출되는 고객의 소리에 더욱 집중할 수 있었다. 새로운 시장과 비즈니스 모델, 플랫폼을 만들기 때문에 시장 조사 자체가 의미 있는 결과를 가져올 수 없기에 단지 참고를 하는 것뿐이다. 와튼 비즈니스 스쿨은 '소비자 불만 연구보고서'를 발표했는데 이를 살펴보면 불만족 고객의 6퍼센트는 기업의 고객센터에 직접 항의하고, 31퍼센트는 입소문과 험담으로 연결 통로를 이용하여 부정의 메시지를 전파하며, 63퍼센트의 대다수 고객은 침묵으로 일관한다고 한다. 하지만 소셜 미디어 등으로 초연결이 되며, 인플루언서, 파워 블로거, 파

위 유튜버 같은 강력한 영향력을 갖춘 소비자가 등장하고, 큐레이션 서비스가 도입되면서 실리콘밸리 기업은 더욱 고객의 소리에 집중하고 있다.

현재 고객의 구매 방식, 행동 패턴 및 고객 평가는 온라인으로 이동하여 디지털 발자국(Digital Footprint)을 남기고 있으며, 실리콘밸리 기업은 이러한 데이터를 예의 주시하고 있다. 자사와 경쟁사, 이종 산업의 디지털 발자국 정보를 연결하고 빅데이터를 수집, 분석, 재해석해 드러나지 않는 고객의 목소리조차 실시간으로 분석하고 대응해서 이를 비즈니스에 연결한다. 이제는 드러나지 않는 고객의 요구를 예측하여 비즈니스의 기회를 창출하는 것이다. 저가 항공의 대명사인 사우스웨스트 항공은 비행기 좌석 스크린에 승객별로 다른 광고를 노출하고 있는데, 미국인 96퍼센트를 비롯해 전 세계적으로 5억 명에 달하는 고객 정보를 갖고 있는 액시엄(Acxiom)의 데이터 베이스에서 항공기 탑승객의 쇼핑 습관과 구매 패턴 등을 분석한 후 승객별로 최적화된 광고를 제공하고 있다는 것이다. 타깃(Target Corporation)은 고객 구매 패턴에 관한 빅데이터를 분석하여 쉽사리 알기 힘든 임신 가능성을 파악하고 임신 가능성이 높은 고객을 대상으로 임신, 출산 용품과 정보 그리고 각종 프로모션 정보를 선제적으로 맞춤화하여 제공하고 있다.

유연한 변화 적응력과 미래 대응력을 갖추어라

플랫폼과 과학기술, 모든 것의 초연결, 공유 경제 비즈니스, 구독 경제 등은 빅뱅 파괴를 불러일으켰으며, 그 때문에 기술 불확실성과 고객 불확실성이 커졌다. 전략적 민첩성과 전략적 감수성을 갖추지 못한다면 위대한 기업도 일순간에 생존의 기로에 설 수 있다는 사실을 보여주었다. 특히 전통적 제조업들이 암묵적으로 강조해오던 리더의 확증 편향, 즉 리더의 강력한 카리스마와 리더십만 무조건적으로 따르라는 사고방식은 더 이상 존재하기 힘들게 되었다. 기업의 존재 가치인 비전과 미션을 기반으로 사업의 본질을 추구하지 않던 GE는 무리하게 금융 사업 포트폴리오를 확장한 탓에 주식시장 퇴출이라는 수모를 겪었다. 4차 산업혁명 이후의 실리콘밸리 기업들과 글로벌 ICT 기업들은 특히 새로운 과학기술 및 이종 기술을 서로 융복합하고 있다. 이로써 신속하게 제품과 플랫폼, 비즈니스 모델을 구축하여 고객을 검증하고 시장을 파괴하며 선점한다. 이미 이들 기업은 전통적 방식의 경영 계획과 중장기 기술로드맵, 사업로드맵에 급변하는 환경과 불확실성에 신속하게 대비하는 민첩성과 유연성을 더해 기술, 제품, 고객, 시장을 점검하고, 사업 방향을 수정하고 재점검하는 전략 전환 등을 수행한다. GE의 패스트웍스와 실리콘밸리 기업들의 린스타트업 방식은 이미 일상화되었다. 해커톤이나 개발자 행사는 이제 R&D 분야를 넘어 새로운 비즈니스 모델을 경진하는 무대로 확대되고 있다. 구글은 이를 더욱 변형하여 극단적인 몰입과 효율성 극대화를 꾀하는 전력질주 프로그램인 구글 스프린트 방식을 전개하고 있다.

실리콘밸리 기업들은 미래 대응력을 CEO 및 임원 레벨에게만 강요하지 않는다. 인재 육성 전략으로 시작된 70:20:10의 법칙이 이미 임직원 개개인의 역량 증진 및 미래 대응력에 대한 필수 요건으로 자리잡았다. 70퍼센트의 개인 리소스를 현재 업무에 투자하며, 20퍼센트의 리소스를 현재 업무에 대한 지식과 기술 확장을 위해 학습하며, 가용 리소스의 마지막 10퍼센트는 미래를 대비한 완전히 새로운 생각과 기회, 아이디에이션을 수행하는 것이다.

선택할 때는 냉정하고 무자비하게

팀 쿡은 스티브 잡스가 남긴 유산으로 기업 활동 및 R&D에 집중력을 쏟아 부어야 할 경우 냉정하고 무자비한 자세를 취해야 한다는 것을 손꼽는다. 의사결정이 산만해지고 기업의 리소스 할당이 분산되면 결국 사공이 많은 배가 된다는 것을 잘 알고 있는 것이다. 실리콘밸리 기업은 크고 원대하며, 대담하고 도전적인 비전과 미션을 수립하여 이를 달성하고자 노력한다. 그렇기 때문에 유한한 리소스를 확실하고 정확하게, 적기에 배분하여 집중하는 방법을 끊임없이 연구한다. 실리콘밸리 기업이 비즈니스를 수행하면서 가장 중요하다고 생각하는 것은 드림팀 구성이다. 최고의 프로그래머, 디자이너, 고객 담당자, 상품 기획자로 팀을 구성하여 선도적으로 연구하고 프로토타입을 만들어 낸다. 수많은 수재급 인재가 그 뒤를 따라 프로토타입을 강화하고 진화시켜 상품으로 이끌어 내는 것이다. 혈연, 지연, 부서 및 조직 간의 관계 때문에 드림팀에 B급, C급 인력이 합류한다면 결국 전체 팀의 질적 수준이 저하되고, 이는 조직을 썩은 사과로 만드는 지름길이 된다. 스티브 잡스는 생전에 최고의 천재급 인력을 채용하고 그들의 질적 수준을 세계 최고 수준으로 유지하는 것을 최고의 업무 방식으로 인지하고 실천해 왔으며, 이는 팀 쿡 체제의 애플에서도 그대로 유지되고 있다.

파괴적 기술혁신

초기 시장에서 성공하고 캐즘을 극복하려면 초기 시장을 주도하는 혁신적 수용자와 얼리 어답터의 지지가 필수이기 때문에 이들을 대상으로 기업의 탐색 마케팅을 다양하게 진행하라고 적극 권장한다. 실리콘밸리 스타트업의 99퍼센트는 캐즘을 넘지 못하고 1퍼센트의 블록버스터, 빅뱅 파괴자에게 모든 기회를 상실한다. 그러므로 첨단 기술 마케팅 분야에서는 기존의 주류 고객에게 신경 쓰지 말고, 시장이 어디에 있는지 모른다는 생각을 기반으로 신시장에 대한 중요한 정보와 요구 시점 등을 지속적으로 검증하라고 지적한다. 주류 고객의 요구는 기존 제품만 부분적으로 향상시키고, 성장 기회를 제공하는 새로운 고객의 요구를 무시하게 만들기 때문이다. 클레이튼 크리스텐슨은 '파괴적 기술혁신(Disruptive Innovation)' 이론을 소개하며 신기술과 성능, 제품을 기반으로 의욕적으로 시장에 진출하지만 결국 캐즘의 저주를 벗어나지 못한 기업의 혁신 실패 사례를 연구했다. 파괴적 혁신은 기존 시장이 요구하는 기능, 성능, 서비스 및 고객 경험과는 전혀 다른 차별화된 요소로 고객의 새로운 기대를 만들어 새로운 시장을 열거나 틈새 시장의 요구를 충족시키는 것을 의미한다. 애플, 스타벅스, 커피 업계에 혁명을 일으킨 블루보틀 등은 고객의 전통적인 기대와는 달리 전혀 다른 내용과 기능과 서비스를 개발하여 새로운 고객을 창출해 내는 파괴적 혁신자(Disruptive Innovator)다. 파괴적 혁신은 기존 제품의 성능과 기능을 단계적으로 향상시키는 존속형 혁신(Sustaining Innovation)과 대비되는 개념으로 사용되어 왔다.

주류 시장을 형성하는 대다수의 주류 고객(Early Majority,

Late Majority)은 파괴적 기술로 무장한 제품과 서비스에 바로 관심을 두지 않고 느리게 움직이는 성향이 있기 때문에 기업은 기존의 비즈니스 포트폴리오와는 독립된 사업 단위, 사업팀, 소사업팀 등을 구축하여 파괴적 기술을 개발하고 시장과 고객을 검증해야 한다. 처음부터 거대한 시장은 없다는 생각으로 소규모 시장에 접근해 신시장 파괴 전략을 수행하는 것이며, 새로운 기술과 서비스로 고객과 시장에 진입하는 것이기에 탐색하고 검증하는 마케팅을 수행해야 한다. 클레이튼 크리스텐슨은 파괴적 혁신을 위한 7가지 전략이 존재함을 강조하고 있다.

- 고객에게 지나치게 의존하지 마라
- 지나치게 의욕적이면서 구태의연한 경영 기법을 버려라
- 실패를 전제로 하는 마케팅적인 도전으로서 파괴적 기술을 이용하라
- 파괴적 시장은 불확정이기 때문에 너무 많이 계획하지 말아라
- 기존 조직의 밖에서 파괴적 혁신을 위한 특별 프로젝트를 추진하라
- 돌발상황에 대처할 자금과 여유를 항상 남겨두라
- 시장의 파괴적 리더가 되어라

최적의 소규모 드림팀 구축

소프트웨어, 하드웨어, 디자인, 사업 개발, 마케팅 등 다양한 조직, 직무에 따라 팀을 구성할 경우, 실리콘밸리 기업의

철칙은 소규모 드림팀을 꾸리는 것이다. 이들은 최고의 대학과 대학원, 전공 및 실무 능력 등 다양한 조건으로 최고의 인재를 선발한 이후에도 보이지 않는 등급을 나누며, 담당 매니저가 업무 스코프를 명확하게 구분하고 있다. 대규모 팀을 운영하면 방만한 조직 구조, 일부 임직원에 편승하여 무임승차하는 인력, 보이지 않는 갈등과 장벽 형성 탓에 오히려 성과 극대화에 이로움이 적다는 생각을 갖고 있기 때문이다. 소규모팀은 단기 목표 달성을 위해 신속하게 프로젝트를 진행할 수 있고 수평적 조직 문화, 업무 추진의 투명성 확보가 용이한 측면이 있다. 더불어 조직 구조가 심화되면서 나타나는 조직 갈등을 최소화하고 높은 응집력을 갖추며 정보 교류가 용이하다. 또 신속한 커뮤니케이션이 장점으로 손꼽히고 있다. 기술 기반의 기업이 새로운 기술을 즉각 분석해 사업화까지 도달하려면 최고의 인적 자원이 최적으로 업무를 수행해야 하기 때문에 극단적 엘리트주의를 표방하고 소규모 드림팀을 구축하는 것이다. 또한 업무를 위한 업무, 보여주기식 치장(decoration)을 철저하게 배제함으로써 극단적인 효율성을 추구한다.

GE 패스트웍스

소규모 드림팀은 스타트업이나 프로젝트의 운영 방법으로는 어울리지만, 기존 사업이나 장치, 제조, 인프라 사업을 수행하는 글로벌 대기업에게는 적합하지 않은 방법일 수 있다. 특히 전통적인 글로벌 기업은 일하는 방식이 관행화되고 조직 문화가 경직돼 혁신가의 딜레마(시장 선도 기술을 보유한 기업이 한계에 이르러 더 이상 혁신하지 못하는 현상)에 빠지는 일이 많다. 소위 말하는 대기업병이다.

불확실성이 가중되고 있는 상황에서 글로벌 기업은 어떻게 민첩성을 발휘해야 할지 고민했다. 미국 최대의 글로벌 기업인 GE도 같은 상황이었다. 에릭 리스가 린 스타트업을 발표한 이후 GE는 즉시 린 스타트업 방식을 GE와 같은 기업에도 적용할 수 있는지 연구해 왔으며 이 결과물이 바로 GE 패스트웍스다. 린 스타트업이 도입되기 이전에도 소프트웨어 개발 분야에서는 애자일(Agile) 개발 방법론을 도입했다. 최소화된 기능을 빠르게 구현해서 고객에게 제공한 다음 고객의 사용 경험과 불편 사항을 반영하여 후속 버전으로 지속적인 개선을 추진하는 방법이다. 패스트웍스의 시작은 이와 유사하다. GE의 패스트웍스는 최소한의 기능을 구현한 제품(MVP, Minimum Viable Products)을 신속하게 개발하고 배포하여 고객을 경험을 반복적으로 검증하는 방법이다. 고객의 불편 사항, 불만 사항을 감지하여 이를 해결하는 최소 기능의 제품을 만들고 지속적으로 고객을 검증해 제품과 서비스, 솔루션을 개선하는 것이다. 고객의 요구 사항에 대한 이해를 기반으로 문제점을 해결할 가설을 설정하고 최소 기능을 갖춘 MVP를 신속히 제작한 다음 고객경험을 학습하고 그 피드백을 기반으로 지속적으로 전개, 방향전환, 새로운 가설 설정을 반복한다.

린 스타트업이나 GE의 패스트웍스 방식을 도입하고 있는 국내 일부 기업들이 오인하고 있는 부분이 있다. 바로 품질이다. 빠른 출시와 납기를 맞추려고 자의적 판단으로 품질 기준을 수립하여 고객에게 전달하는 것이다. 삼성 갤럭시 S7의 배터리 발화, 국내 중견 기업의 모바일 단말기 낙하, 방수 품질 불량 등은 모두 기본적 품질 관리 기준을 준수하지 않은 사례이기도 하다. 린 스타트업이나 GE 패스트웍스는 고객 불만을 해결할 수 있다는 가설을 빠르게 검증하는 것이다. 완제품을 빠르게 출시하여 오히려 문제를 가중시키는 잘못된 방법론이 아니며, 최종 제품 개발, 제조, 생산을 위한 완벽한 솔루션이 될 수는 없다. 고객의 불편을 초래한 사항을 해결할 필요충분한 조건은 모두 만족시켜야 한다. 린 스타트업이나 GE 패스트웍스의 또 다른 주안점은 피드백을 받고 신속하게 전략을 수정하며 다음 단계로 진행하는 것이다. 고객 검증과 가설 검증을 마친 후에도 신속히 개선하지 못하거나 전략을 수정하는 등의 대안이 제공되지 않는다면 결국 비즈니스 시기를 놓치게 된다.

레드팀 운영

캐스 선스타인 교수는 GE와 같은 전통적 글로벌 대기업에 존재할 수 있는 대기업병, 자율적이고 창의적인 아이디어를 만들어 내지 못하고 CEO의 리더십에만 의존하려는 확증편향과 조직 편향 그리고 집단적 무의식적 사고방식을 깨트릴 수 있는 방법으로 레드팀(Red Team)의 운영을 제안했다. 일반적으로 전쟁, 전투, 운동 경기나 양편으로 나뉘어 진행하는 각종 게임에서 자신의 편을 블루팀, 상대편을 레드팀으로 구분한다. 기업의 보안을 점검하려고 IT 부서의 인력을 레드팀과 블루팀으로 나눠 해킹 공격과 방어를 시뮬레이션 할 수 있으며, 개발 부서의 일부 인력에게 고객 역할을 맡겨 평가를 진행할 수 있다. 대규모 고객 정보를 취급하는 IT 기업들이 막대한 비용을 지불하고 화이트 해커들에게 가상의 해킹 공격을 수행토록 하는 것도 레드팀의 아웃소싱 형태다. 실리콘 밸리 기업은 조직과 커뮤니케이션의 경직성, 집단 사고를 극복하는 방법으로서 레드팀을 운영하여 왔다. 레드팀을 운영한 덕분에 왼손잡이를 위한 UI, UX가 새롭게 개발되었고, 웹페이지의 오류를 표시하는 HTTP 404 에러도 기업의 특성에 따라 독특한 이미지와 메시지를 가지고 전달하게 되었다.

고객 검증을 위한 테스트를 하면서도 직접 경쟁사나 고객의 입장이 되어봄으로써 미처 생각치 못한 역발상이나 창발적 아이디어, 새로운 시나리오를 만들어 낸다. 레드팀은 자사의 제품과 솔루션에 대한 경쟁자 입장에서 다양한 공격을 시뮬레이션한다. 제품과 솔루션의 기능, 성능, 동작 시나리오, 사용 편의성, 포장 박스 상태, 배송, 사후 서비스와 콜 센터 응대 내역, 소프트웨어 업그레이드와 소모품 공급, 가격, 고객 가치와 경험 측면 등 모든 것을 안건으로 만들어 공격 대상으로 삼는 것이다. 고객과 경쟁사의 관점에서 도출되는 아이디어와 가설은 즉각 블루팀이 린 스타트업이나 패스트웍스 방식으로 적용하고 개선한다. 레드팀 운영의 성공 열쇠는 최고의 전문가 집단으로 핵심 멤버가 참여하는 소규모 팀을 구성하는 것이며, 이들은 해커톤이나 구글의 스프린트 방식으로 목표를 설정하고 실행 방법을 결정해야 한다. 직접 고객과 경쟁사, 판매자, 영업 담당자, 프로젝트 담당자의 입장이 되어야 한다.

장기간의 레드팀 운영 역시 조직 편향을 불러 일으킬 수 있으므로 레드팀과 블루팀의 역할을 서로 교대하여 상대방의 입장에서 생각할 수 있도록 관점 변화를 주는 것도 좋은 방법이다.

기업의 린스타트업 도입 방법

스타트업이나 사업 포트폴리오가 단순한 소규모 기업과는 달리 대기업, 중견기업에서 해커톤과 린스타트업, 패스트웍스, 스프린트를 모든 프로젝트에 적용하기는 사실상 쉽지 않다. 국내 많은 기업이 실리콘밸리의 해커톤을 도입하여 다채로운 행사를 진행하고 있지만, 아직은 보여주기 식 행사나 일부 참여자를 위한 행사, 일회성 행사로 끝나는 사례가 많다. 또한 이벤트가 종료되면 CEO를 비롯한 임직원의 참여 열기가 식어 기업의 일하는 방식으로 연계하지 못하므로 지속성에 문제가 발생하고 있다. 구글의 스프린트 방식으로 프로젝트를 진행할 때는 반드시 최고 의사결정자를 참여시켜야 한다. 단 일주일 만에 프로젝트를 진행해야 하는 전력질주 방식이지만, 핵심 과제를 선정하는 최고 권한은 최고 의사결정자에게 부여하여 프로젝트의 관심도를 높이고 스폰서십을 부과한다. 린 스타트업 방식 역시 신속히 문제를 파악하고 해결을 위하여 기업 내에서 드림팀을 구성하며, 신속한 고객 검증과 가설 검증, 테스트와 빠른 보완을 위하여 할당된 인력은 전담으로 선발한다. 오전에 린 스타트업 업무를 진행하다가 오후에 원 소속팀의 일을 하는 것은 적합하지 않다.

린 스타트업은 항상 성공을 가져다 준다는 믿음을 버려야 한다. 린스타트업 활동을 통하여 기업의 연간 경영 목표를 달성한다는 계획은 위험천만한 생각이다. 린 스타트업 방식은 실험을 통해 실패의 크기를 줄여나가는 것이며, 실패를 통해 경험과 교훈을 얻는 것이다. 작게 시도해 실패하더라도 위기와 비용을 최소화하는 것이다. 기업은 보통 R&D나 경영 활동을 하면서 성공 스토리에 관한 사례를 연구하지만, 실패에 대한 사례 연구 역시 동일한 비중으로 강조해야 한다. 규모가 큰 중견기업이나 대기업에서 린 스타트업을 적용하려 한다면 우선 워크샵 등을 통하여 린 스타트업이나 해커톤, 구글 스프린트 방식을 이해해야 하며, 최고 의사결정자 레벨의 지원 약속과 기존 업무에서 배제되어 단 기간 동안이라도 몰입할 수 있도록 여건을 조성해 주어야 한다. 다음으로 고려할 것은 최소한의 필요충분한 리소스와 비용, 기간의 투입이다. 린 스타트업을 도입한다고 기존의 경영 활동을 등한시하는 주객전도가 일어나서는 안 되기 때문이다.

기업은 기술수용곡선 특성에 따라 린 스타트업 방식과 전통적인 R&D 방식을 달리 적용하기를 선호한다. 주로 캐즘 이전의 발아기와 유아기로 구성된 초기 시장 상황에는 린 스타트업 방식으로 빠르게 프로토타입을 만들어 고객과 시장을 검증하고 고객의 불편 사항을 해결하는 가설을 검증하는 방법을 적용한다. 이 단계의 주된 목표는 가설을 신속하게 검증하고 목표와 전략을 수정해 방향 전환을 하는 것이 주된 목표이기 때문이다. 지속적으로 반복 수정하면서 캐즘의 단계를 넘어가면 이때부터는 기존의 R&D 및 경영 방식을 선호한다. 비즈니스의 확장과 수익 극대화를 추구하는 주류 시장에 진입하였기 때문이다.

구글은 모든 임직원들에게 자신의 전체 리소스의 70퍼센트를 현재의 업무에 투입하고, 20퍼센트는 현재 업무를 확장하고 확대할 수 있는 일을 찾아 투자하며, 나머지 10퍼센트는 완전히 새롭고 혁신적인 영역과 분야를 찾아 개별적이고 창의적인 연구를 진행하라고 강조하고 있다. 70:20:10의 법칙은 린스타트업 방식은 물론 기존 R&D와 경영 활동에도 유사하게 적용할 수 있다. 전체 임직원 리소스의 70퍼센트를 기존 사업 포트폴리오에 집중하고 20퍼센트를 현재의 사업과 관련이 있는 전후방 산업, 연관 기술 및 연관 비즈니스를 준비하는 목적으로 이용하며 나머지 10퍼센트는 완전히 새롭고 혁신적이며 창의적, 창발적인 아이디어 발굴에 투자한다.

에어비앤비의 린 스타트업

한계 비용을 최소화하는 공유 경제 숙박 서비스를 비즈니스 모델로 삼고 플랫폼 서비스를 제공하는 에어비앤비의 창업 과정은 린 스타트업의 대표적 사례 연구다. 이들의 창업 성공은 신속한 프로토타입 개발 및 지속적인 고객 검증과 피드백을 통한 보완 덕분이었다. 에어비앤비의 설립자 체스키와 게비아가 신사업 아이디어를 찾던 시기에 이들이 머무는 장소에서 대규모 전시회가 개최될 예정이었다. 호텔은 이미 예약이 완료되었고, 많은 컨퍼런스 참여자가 호텔을 구하지 못하여 애를 먹고 있었다. 이때 이들은 아이디어를 냈다. 여행객들에게 아파트 일부를 숙박용으로 빌려주고 아침을 제공하는 대가로 돈을 받는 서비스를 생각한 것이다. 이들은 에어베드를 구입하고 호텔을 예약하지 못한 디자이너들에게 자신들의 방을 빌려주고 아침을 제공했다. 고객들은 즉각적인 반응을 보였다. 샌프란시스코의 높은 숙박료라는 고민이 해결되고 간편한 조식까지 제공하니 호평한 것이다. 이들의 아이디어는 일주일 만에 1000달러의 수익을 발생시켰다. 고객의 불편을 해결하고자 하는 아이디어를 신속하게 검증한 린 스타트업 방식의 실험이었던 것이다. 이들은 전문 프로그래머가 아니었다. 고객을 검증하고자 블로그와 지도를 연결한 간단한 홈페이지로 예약을 받았다. 복잡한 전자 결제 시스템도 적용하지 않았다. 이들은 자신들이 세운 가설이 꽤 괜찮은 비즈니스 모델이 될 것이라 생각하였고, 고객 유치를 위하여 가정 먼저 생각한 것은 좀 더 개선된 홈페이지 제작이었다. 주변에는 이미 수많은 홈페이지 전문 제작 업체가 있었고, 프리랜서 등을 단기 고용할 수 있었지만 홈페이지 제작은 자신들의 사업 아이디어가 고스란히 녹아들어간 부분이기에 함부로 위탁을 주기 어려웠다. 이들의 선택은 동업자를 찾는 것이었고 게비아의 룸메이트였던 블레차르지크에게 사업 아이디어를 소개하고 동업을 권유했다. 회사의 이름도 에어 베드와 아침 식사를 제공하는 브렉퍼스트를 합성하여 에어비앤비로 정했다. 사이트 개설 직후 예약이 들어왔고, 마침 대통령 선거 기간 전이기에 오바마 이름을 붙인 오바마 시리얼을 아침으로 제공하는 아이디어를 덧붙였다.

이후 미국의 유명한 엑셀러레이터인 Y콤비네이터(Y Combinator)의 폴 그래햄에게 2만 달러의 투자금을 유치받지만 좀처럼 예약이 증가하지 않았다. 이번에는 자신들의 웹사이트를 점검하는 린 스타트업 방식을 적용했다. 문제점은 예약할 방 사진의 품질이 너무나 떨어진다는 것이었다. 방을 빌려주는 사업자가 스마트폰이나 해상도가 낮은 폰 카메라로 적당히 찍어서 사이트에 올렸기 때문이다. 문제점을 파악하고 나서 우선 전문 사진 작가를 고용하여 사이트에 등재된 집들을 모두 방문했다. 직접 프로페셔널한 사진을 찍어주고 사이트의 영상을 전부 교체했다. 반응은 즉각 나타났다. 사진 교체 일주일 만에 매출은 두 배 이상 증가하였다.

하지만 이후에도 투자 회사는 투자를 거부했다. 이미 호텔 사업이나 숙박업, 단기 주택 임대 등은 흔한 서비스였기 때문이다. 에어비앤비만의 사업 차별화 요소가 보이지 않았다. 다시 한 번 고객을 검증하고자 조사를 실시했다. 단순히 방을 빌려주는 것에서 집 전체를 임대해주거나, 럭셔리 하우스, 사무실, 이글루에 이르기까지 그 영역을 확장한 것이다. 각 지역별로 시설을 제공하는 사업자가 추가 수익을 낼 수 있도록 허용하는 정책도 수립하였다. 결국 창업 3년 만에 에어비앤비는 70억 원의 매출을 올렸고, 1000억 원의 투자를 유치했다. 이후 창업 7년 만인 2014년 기업가치 10조 원을 달성해 유니콘을 넘어 데카콘이 되었다.

삼성의 혁신과 코피티션

후쿠타 보고서와 신경영

삼성은 제품의 혁신, 생각의 혁신, 관계의 혁신을 추구해왔다. "불량은 암이다!"라는 말로 시작된 1993년 삼성의 신경영은 철저하게 삼성의 현실을 자각하는 계기가 되었다. 미국 전자제품 매장의 한 모퉁이에서 먼지를 뒤집어 쓴 채 고객에게 외면받고 있는 삼성 TV의 초라한 모습, 소니나 파나소닉과 비교하면 현저하게 품질 차이가 나는 VTR, 세탁기의 이음새 마무리가 부족하여 커터 칼로 땜질 처방한 사례, 지속되는 통화 불량률로 화형식을 거행한 애니콜 전화기 등은 삼성의 부끄러운 과거였으며, 전형적인 2등 정신이 발현된 산물이었다. 또한 당시 디자인 고문이던 후쿠타의 보고서는 냉철한 현실 인식과 촌철살인의 지적이었다. 양적 성장에 초점을 맞추던 삼성의 경영은 중장기적 성장 전략 부재, 기업 내 시너지 창출과 협업 및 협력 결여, 경영진의 책임 경영 의지 부족, 실패 경험에서 얻는 교훈과 자산화 노력 부족 등을 문제점이라고 지적한 것이다. 결국 삼성 경영진이 독일 프랑크푸르트에 소집되었고, 마누라와 자식 빼고는 다 바꾸라는 화두로 신경영을 선포했는데 이것이 생존을 위한 삼성 혁신의 출발점이 되었다.

새로운 일상의 기준을 만든다: 기술 혁신

독일 베를린 IFA(국제 가전 박람회), 미국 라스베이거스에 CES(국제전자제품 박람회), 스페인 바르셀로나에서 개최되는 MWC(모바일 월드 콩그레스)는 가전 제품 및 첨단 ICT 기술의 동향을 알려주는 행사다. 삼성전자의 최고 마케팅 책임자는 IFA에서 고객의 일상생활에 투영되어 삶을 변화시키는 기술이야말로 진정한 혁신이라고 의미를 부여하며, 삼성의 기술 혁신은 일상의 새로운 기준(New Normal)이 되는 제품과 서비스로 가치를 선보이는 것이라고 강조했다. 더불어 품질과 서비스에 타협하지 않는 장인 정신, 똑똑한 연결성 추구, 전통적 고정 관념을 타파하는 혁신을 삼성전자 제품에 반영하고 있다고 손꼽았다. 특히 모든 제품과 서비스에 '연결성'이 핵심 가치가 될 것임을 이야기했다.

삼성뿐 아니라, 최근 기업과 회사 생활에서 가장 자주 접하는 단어가 혁신이다. 중요하고 어려운 일이기 때문이다. 그동안 R&D 분야에서는 비연속적 혁신(Discontinuous Innovation)에 실패한 것을 반성하고 다양하게 논의했다. 이에 따라서 신개념의 기술 경영 방식을 활발히 연구해서 검토했지만, 대부분의 기업 연구소는 여전히 3세대 R&D의 연속형 혁신, 즉 기존 제품과 시장의 점진적 개선에 치중하고 있는 상황을 벗어나지 못하는 것이 현실이다. 한편으로는 산업 전반이 성숙기에 접어들면서 대부분의 기업이 혁신 제품을 갈망하게 됐고 기존의 스테이지 앤 게이트 프로세스(앞의 문제가 해결돼야 다음 단계로 진행)로 운영하는 연구소 활동을 반성하는 목소리가 높아졌다. R&D의 어려움을 나타내는 대표적 사례가 3000:1 법칙이다. 3000개의 생생한 아이디어들이 발생하면, 그중에서 300개의 아이디어는 추가 검토를 위해 선택한다. 또한 그 중 125개의 아이디어가 작은 프로젝트로 변환되며, 이 중 겨우 9개 정도의 아이디어가 개발 단계를 거치고, 다시 4개 정도의 아이디어가 중요한 개발 단계를 거친다. 그중 평균 1.7개 정도의 아이디어가 사업화에 착수하며 1개만이 살아남는다. 즉, 3000개의 아이디어 중 오직 한 개만 상업적으로 성공한다는 법칙이다. R&D 생산성이 극히 낮은 편이다. 그래서 이런 성공 확률을 높이고자 처음부터 올바른 것을 올바르게 하자는 노력의 일환으로 R&BD, R&CBD를 요구하는 목소리가 높아진 것이다.

무엇을 혁신할 것인가: FFE

R&D에서는 제품과 서비스에 대한 아이디어가 새롭고 창의적일수록 그 아이디어의 유효성을 증명하기 위하여 상품 기획 부서나 마케팅 조사 부서(MI, Market Intelligence)가 시장 조사를 진행하거나 시장 조사 전문 업체의 유료 서비스를 구매하거나 새롭게 의뢰를 하여 정보를 모으고 분석한다. 그러나 그러다가 너무 많은 시간이 흘러 결국 비즈니스 기회를 상실하기도 한다. 이러한 고민 때문에 FFE(Fuzzy Front End)가 시작되었다. FFE는 창의적이고 혁신적인 제품과 서비스에 대한 명확한 증거와 자료를 충분히 모으기 이전으로 혁신의 실행 시점을 옮겨 선제적으로 실행하는 것을 말한다. 기술 수용곡선에서 보여준 캐즘 이전의 고객 16퍼센트를 대상으로 R&D와 마케팅이 함께 활동해야만 혁신의 확산이 이루어 진다는 것이다.

R&BD, R&CBD에서는 프로토타입 이전, 즉 신제품 개발 과정 중의 콘셉트 개발 단계와 상품 기획, 솔루션 기획, 사업 기획 단계를 강화한다. R&D의 초기 단계에서는 목적이 무엇인가를 정하는 것이 중요한데, 대부분의 연구 개발자는 일반적으로 기술적 목표는 쉽게 설명할 수 있으나, 제품화나 상품화 가능성을 명확하게 인식하는 경우는 적다. 특히 불연속 혁신의 경우 더욱 심하다. 현업에서는 연구 개발자가 상품 기획, 개발 기획 등의 업무를 경험하지 않으면 시장, 경쟁사, 고객 등에 익숙해지지 않은 것이 문제다. 그렇기 때문에 선진 기업과 국내 주요 기업은 R&D 내에서 상품 기획, 제품 전략, 마케팅 부서를 운영하고 있다. 상품 기획과 제품 전략 부서는 시장, 고객, 경쟁 기업 및 선진 기술, 경쟁 기술을 분석하여 차별화된 전략과 전술, 제품로드맵을 수립하는 제품 기획 업무와 제품 포트폴리오를 출시부터 단종까지 관리하는 제품 관리 업무를 수행한다. 마케팅 부서는 제품과 기업의 통합 마케팅 전략을 담당하는 마케팅 커뮤니케이션, 리테일 전략 수립 및 유통 데이터 분석을 진행하는 리테일 마케팅, 소비자의 니즈와 트렌드를 파악하고 제품 및 브랜드를 개선하는 시장 조사 업무를 수행한다.

혁신의 대상을 찾아라:
삼성전자 갤럭시 S9 비쥬얼 커뮤니케이션

앞서 말했드시 삼성전자 갤럭시 S9의 혁신의 대상, 즉 핵심 제품 콘셉트는 시각화된 소통(비쥬얼 커뮤니케이션)이다. 대부분의 제품 개발 단계와 유사하게 갤럭시 S9 역시 핵심 고객

층을 선정하고 그들이 제품과 솔루션을 어떻게 사용하는지를 파악했다. 즉, 사용 사례(Use case)를 분석하는 것이다. 제품을 사용할 핵심 고객층을 선정할 때는 주로 인류 통계학적 관점에서 세대를 구분하는 방법을 사용한다. 모바일 시대의 트렌드를 주도하고 형성하는 Z세대는 스마트폰의 핵심 고객층이다. 이들은 태어날 때부터 디지털 환경을 접했으며 기술 발달에 따른 수용도가 높고 민감한 디지털 원주민(Digital Natives) 세대다. 이들은 제품을 구매하거나 소비하고 경험을 공유하고 네트워크로 연결하는 모든 과정에서 새로움과 가치를 추구하기 때문에 소비의 핵심 축을 형성하고 있다. 그래서 모든 기업들이 이들의 지지와 공감을 얻으려 노력하고 있다. 기업은 이들이 모바일 기기를 이용하여 소통하는 방법과 사용하는 앱, 그리고 일상적으로 방문하는 서비스와 사이트를 분석하여 데이터화했다. 수많은 데이터를 분류한 결과 공통된 키워드는 바로 커뮤니케이션이었고, 그중에서도 특히 비주얼 커뮤니케이션이었다.

갤럭시 S9의 혁신 대상은 비주얼 커뮤니케이션을 공략하는 것이다. 과거 스마트폰의 음성, 문자, 텍스트 위주의 소통 방식은 이제 구시대의 전유물이 되었다. LG전자의 V30S의 혁신 대상 역시 인공지능을 영상과 결합하여 개인 최적화를 수행하고 이를 통하여 고객의 마음을 이해할 수 있는 제품을 출시한다는 것이었다. 그러려면 스마트폰의 카메라와 가상현실, 증강현실에 집중해야 했다. 카메라의 기본인 오토 포커스, 저조도, 역광 보정, 줌 기능과 화질에 충실하였고, 비주얼 커뮤니케이션을 위한 소통 도구로 이모지가 탄생하였다. 또한 최근의 실리콘밸리의 IT 기업과 글로벌 제조사들이 집중하는 요인 중 하나는 경험의 완결성이다. 이는 애플, 삼성, LG 등 스마트폰 제조사라면 반드시 수행해야 하는 미션이 되었다. 특히 갤럭시 S9에서는 카메라로 영상을 촬영하고 나서 이를 안드로이드 기본 앱인 갤러리를 통하지 않고서도 즉시 확인할 수 있으며, 바로 소셜 미디어로 공유하는 끊기지 않는 경험의 연결에 집중했다. 이러한 고민에서 슈퍼 슬로우모션과 이모지, 이모지 스티커 제작 기능이 구현된 것이다.

아무리 우수한 기능과 성능의 제품이더라도 소비자에게 가장 알맞은 시기에 화두를 제시하지 못한다면 고객은 새로운 가치를 느낄 수 없으며 이내 진부하다고 판단한다. 새롭게 도입된 기능이라 하더라도 소비자에게 화제가 되어 새로운 경험을 제시하고 긍정적인 반응을 얻어서 커뮤니티상에서 전파되어야만 경쟁에서 이길 수 있다. 과도한 기능과 복잡한 사용법은 고객에게 지루함과 식상함만 선사한다. 그러면 일상의 도구인 스마트폰이 더 이상 매력적이지 못한 기기로 전락한다.

제품의 기술 수준이 일정 단계에 도달하면 제조 업체는 그 이후의 단계를 생각해야 한다. 소비자가 관심을 갖고 매력을 느끼며 새로운 경험을 얻었다고 인지하는 측면인 소구점을 만들고 탑재해야 한다. 소구점은 배터리 사용 시간 향상, 카메라의 화질, 스피커 음질, 화면 크기 등 모두 다를 수 있다. 이러한 소구점을 확인하고 지속적으로 반영하여 새로운 가치를 제공하는 과정이 신제품 개발이라고 할 수 있다.

코어 컴피턴스를 점검하자: R&BC, R&CBD

기업이 궁극적으로 지향해야 하는 R&D 방식은 시장 통합과 고객에게 가치를 줄 수 있는 기술 개발 및 사업화다. 단순한 데이터나 정보 추구를 탈피하여 지식의 중요성을 강조하며 비선형 방식의 R&D와 비즈니스 개발을 동시에 추진하는 혁신형 R&CBD로의 본질적 전환이 필요하다. 파괴적 혁신, 비연속적 혁신에 의한 시장 창출을 목적으로 삼아야 하며, 더 나아가서는 빅뱅 파괴를 준비하고 대비해야 한다. 새로운 시장, 지식과 기술 지식의 초연결이 요구되기 때문에 전통적 R&D 영역을 넘어 기업 전략은 물론 조직 전체가 대대적으로 변화해야 한다. 기술과 시장의 급격한 변화에 따라 시장이 어떻게 성장할 것인가, 경쟁우위 확보를 위해 갖추어야 할 역량은 무엇인가 등에 대한 관심이 높아지고 있다. 이에 따라 시장 등 외적 구조와 제품, 서비스를 개발하는 내적 역량 확보가 요구되는 것이다. R&BD, R&CBD 단계에서는 제품과 솔루션 개발 전 과정에 고객과 파트너를 적극 참여시키는 형태로 기술과 비즈니스 개발을 동시에 수행해야 한다. 결국 전략 경영을 핵심으로 삼고 기존 R&D를 포괄하는 융복합 경영으로의 이동을 의미한다.

핵심 역량이란 게리 하멜이 저서 『코아·컴피턴스 경영혁명(Core Competence)』에서 소개한 경영의 핵심 키워드다. 단일 부분의 기능이나 기술이 아니라, 기능과 기술의 집합으로 정의하였고, 특히 핵심 역량의 요소로 지식(Knowledge), 스킬(Skill), 태도(Attitude)의 조합을 강조했다. 여기서 '지식'은 사실을 이해하는 격물치지(格物致知)의 경지를 의미하며, '스킬'은 액션 러닝과 문제 기반 학습 등으로 숙달되고 체득된 것이며, '태도'는 리더십의 요체라고 할 수 있다. 또한 게리 하멜은 핵심 역량의 검증 항목으로서 고객 가치, 차별화, 확장성을 제시했다. 혁신하려면 1차 단계에서 핵심 역량을 갖추고, 이후 이를 기반으로 경쟁우위를 갖추어야 하는 것이다.

코피티션으로 승부하라

실리콘밸리 기업 및 글로벌 기업은 R&D 활동의 일환으로 코피티션(Co-opetition) 전략을 수행한다. 코피티션은 협력과 경쟁의 합성어다. 베리 네일버프의 저서 『코피티션』에서 처음 소개된 개념으로서 경쟁과 협력의 유연한 결합을 강조했으며, 비즈니스 게임의 방식뿐 아니라 게임 자체를 변경하는 전략적 사고를 갖추어야 한다고 말한다. 가령 시장의 크기를 확대하려면 협력하고, 시장을 지배하려면 경쟁하라는 것이다. 또한 오픈 이노베이션은 이제 선택이 아닌 필수 조건이 되었다. 외부의 아이디어와 기술을 적극적으로 활용하여 혁신의 원천을 다양화하고, 내부의 혁신을 가속화하며, 내부에서 개발된 기술을 의도적으로 외부로 내보내 새로운 시장을 창출하고 기술의 가치를 제공하는 것이다. R&D 아웃소싱 역시 중요한 전략 선택의 대상이다. 일반적으로 기업 내부에서 수행되는 과제를 관리하는 능력에 비하여 외부 협력 과제를 관리하는 역량이 미흡하다. 특히 R&BD, R&CBD를 성공적으로 추진하는 면에서 R&D 아웃소싱 과제 관리 능력을 강화하는 것도 중요한 요소가 되었다.

삼성전자는 모든 것을 내부에서 완결하겠다는 자존심을 버렸다. 스피드와 전략적 민첩성을 요구하는 4차 산업혁명 시대를 대비하고자 R&D 분야에 초집중하고, 이외의 모든 분야는 스스로 완결하겠다는 기존 전략에 유연성을 주는 것이다. 그

동안 삼성전자는 공급망 관리, 프로세스 개선, 영업점과 판매 채널 관리, 디지털 마케팅 효과 분석을 내부적으로 실행해 왔지만, 이들 분야의 혁신 실행 주체를 과감히 삼성SDS로 이관했다. 제조 현장의 디지털 트랜스포메이션 관점에서 모든 제조 자원을 IT로 연결하고, 제품 판매와 공급망 변화에 대한 신속하고 민첩한 대응, 생산 설비에서 발생되는 데이터를 활용한 장애 예방 및 가동율 관리, 검사 지능화 등을 삼성SDS가 이미 삼성 넥스트플랜트(NextPlant)라는 브랜드로 기술과 실적을 쌓아왔기 때문이다. 인공지능, 머신러닝, 빅데이터, 사물인터넷에 대한 관심도가 높아지고 기술을 융복합해 활용하는 시대에 접어들었지만, 제조 업체인 삼성전자가 이 모든 부분을 직접 수행하는 것은 업의 본질을 벗어난 것이라 판단한 것이다. 또한 삼성전자는 스마트폰의 카메라에 적용되는 렌즈, 지문 인식에 적용되는 핵심 모듈, 카메라 엑츄에이터 등에서 외부 업체들과 협력하겠다고 공표했다.

아마존과 마이크로소프트의 전략적 인공지능 플랫폼 제휴는 업계의 선두라도 전략적 유연성을 갖추어 코피티션으로 승부해야 함을 보여주고 있다. 이들은 이미 코피티션을 넘어 초연결 전략으로 서로 비즈니스와 플랫폼, 기술을 연결하여 판을 키우고, 비즈니스 자체를 확장하려 하고 있다. 이제는 경쟁사의 플랫폼도 코피티션과 초연결의 대상이 되었다. 아마존은 자체 AWS 클라우드 플랫폼과 다양한 서비스를 갖추었지만, 서드파티 솔루션에 문호를 개방하여 생태계를 확장하고 고객 선택에 다양성을 제공하고 있다. 수많은 클라우드 업체가 자신들의 독자적 클라우드 API를 선제적으로 제공하여 라이트 스케일(Right Scale) 같은 멀티 클라우드 구축 업체에 힘을 실어주고, 생태계와 시장의 파이를 키우고 있다. 코피티션의 힘은 이미 오픈 소스 생태계에서도 강력한 영향력을 발휘하고 있다. 서비스형 클라우드 인프라 스트럭처를 위한 오픈 스택(Open Stack), 클라우드 환경의 개발 환경인 데브옵스(DevOps), 빅데이터 처리를 위한 하둡(Hadoop) 및 하둡 생태계 등 4차 산업혁명을 이끄는 대부분의 기술들이 협력과 집단 지성을 통하여 개발되고, 이 결과물을 선제적으로 이용하여 경쟁하는 양상을 보이고 있다. 가상화 기술 분야의 경쟁사인 VM웨어와 퍼블릭 클라우드 업계의 주요 플레이어인 EMC는 조인트 벤처를 설립하여 IaaS(Infra structure as a Service) 분야에 본격적으로 진출했다. 이미 경쟁 구도를 형성하고 있는 아마존, 구글, 마이크로소프트와 강력한 경쟁을 벌일 것으로 예상된다.

혁신과 비혁신의 끊임없는 전쟁

삼성의 시큐리티 사업

실리콘밸리의 유니콘 및 세계 초일류 글로벌 기업, 국내의 삼성, LG도 항상 혁신의 선두 주자로서 성공의 기쁨만 누린 것은 아니다. 현재 사업이 매각되어 한화 테크윈으로 탈바꿈한 과거 삼성의 시큐리티(보안) 사업은 혁신과 비혁신이 끊임없이 전쟁을 벌인 대표적 사례다. 시큐리티 사업은 영상보안, 출입통제, 침입감지로 나뉘어 있다. 감시용 카메라, 불법 주정차 단속 카메라, 차량 추적과 범죄 예방, 출동 경비, 아파트, 건물의 출입을 위한 스마트 게이트, 지문 인식, 각종 센서 및 감지기기, 통합 관제센터와 영상 보안, 로봇, 국가 방위, 도시 방범 등 다양한 산업 영역에서 비즈니스를 창출하는 사업이며, 네트워크와 소셜 미디어의 발달로 최근에는 BMS(빌딩 자동화), 지능형 영상보안, 자율주행차, 홈 네트워크와 결합한 가정용 CCTV와 애완동물, 자녀 돌봄 서비스 등으로 영역이 확대되고 있으며, 국내에서만 이미 1000만 대가 넘는 CCTV가 운용되고 있다.

한때 영상보안 시장에서 삼성은 매출 기준으로 세계 3위까지 도약하였다. 하지만 현재 글로벌 영상보안 시장의 50퍼센트를 중국 업체가 장악하고 있다. 삼성은 삼성전자와 삼성테크윈으로 양분되었던 영상 보안 사업을 지난 2010년 삼성테크

원으로 통합하여 사업을 수행했지만, 결국은 한화로 매각하게 되었다.

과거 삼성테크윈은 광학 기술, 렌즈 기술 등을 이용하여 아날로그 CCTV 카메라를 개발하였다. 당시에는 CCTV의 모든 원천 기술을 일본의 파나소닉, 소니가 독점하고 있었고, 이를 제외한 대부분의 업체들은 이 두 업체가 제공하는 AGC(Auto Gain Control), TG(Timing Generator), ISP(Image Signal Processor) 등 3개의 IC 칩셋을 무조건적으로 사용해야 했다. 그렇기 때문에 파나소닉과 소니를 제외한 업체의 카메라 성능이 대부분 대동소이하고, 이들의 센서 및 카메라 칩셋의 공급 수량 여부, 가격 결정 여부에 따라서 사업의 미래가 결정되기도 했다. 이때 삼성의 혁신이 시작되었다. 파나소닉, 소니에서 제공하는 칩셋을 이용하면 결국 지속적으로 이들의 울타리 안에서 제품 개발과 매출을 올려야 하는 락인(Lock-In) 환경에 처하는 상황이었으며, 다른 업체와 비교하여도 경쟁우위, 원가 절감 등의 측면에서 만족할 수 없었다. 이때 진행한 활동이 TDR(Tear down & rebuild)이다. 경쟁사의 제품을 완전히 분해하고 재조립하여 원가, 핵심 부품, 관련 기술을 분석하는 방법이다. 분석의 결과는 놀라웠다. 파나소닉과 소니는 자신들이 사용하는 칩셋과 다른 제조사들에게 제공하는 칩셋을 구분해 왔다. 게다가 3개의 칩셋도 시스템 온 칩(SoC, System on Chip)으로 집적하여 원가 절감과 부품 적재 공간을 획기적으로 줄인 것이었다. 이런 상황에서는 파나소닉, 소니가 제공한 솔루션을 최적화하여 이용한다 하더라도 이들 자체의 경쟁력을 따라갈 수 없었다.

혁신: 독자적 ISP 설계

이때 삼성은 투 트랙 전략(Two tracks Strategy)을 채택하였다. 지속적으로 파나소닉, 소니의 솔루션을 이용한 제품을 만들어 기본적인 매출 구조에 변함이 없도록 하며, 다른 한편으로는 카메라의 핵심 기능인 ISP(Image Signal Processor)를 직접 제작하는 전략이었다. 삼성테크윈은 당시 내부적으로는 ISP를 설계할 만한 기술이 없었다. 이때 외부로 눈을 돌려 과감히 협업을 추진한 것이다. 당시 32비트 EISC(Extendable Instruction Set Computer) 코어 기술을 보유했던 에이디칩스, ISP 기술을 보유하고 있던 아이닉스와의 협업으로 와이즈넷 ISP를 개발했고, 삼성전자에서는 A1 ISP를 출시했다. 당시 파나소닉, 소니 두 업체만 보유하던 ISP SoC를 삼성이 제작하여 아날로그 CCTV 카메라 시장에서 경쟁우위와 원가우위를 갖추게 되었다. 3개의 전자 칩셋을 1개로 줄이고, 자체 생산으로 원가를 줄였으며, ISP의 성능을 지속적으로 끌어올려 카메라 화질면에서는 오히려 업계 선두였던 파나소닉과 소니를 능가하였다는 평가를 받았다. 이를 계기로 아날로그 CCTV 카메라 비즈니스에서 매출 규모 세계 3위에 올라선다.

비혁신: IP CCTV 네트워크 사업

아날로그 CCTV 분야에서의 혁신에도 불구하고 삼성테크윈은 네트워크 기술과 통신 기술을 결합한 IP 네트워크 기반으로의 비즈니스 전환이 상대적으로 늦었다. 지금의 디지털 트랜스포메이션처럼 당시 아날로그 인프라를 이용하던 CCTV 환경은 디지털 IP 네트워크 환경으로 이전하고 있었다. IP 네트워크 카메라를 세계 최초로 개발하여 상용화한 업체는 스웨덴의 엑시스(Axis)다. 1984년 설립된 이 업체는 원래 PC 프린터를 IBM 메인프레임 3270 네트워크에 연결할 수 있도록 구현하는 프로토콜 컨버터 개발 업체였다. 이 프로토콜 컨버터는 사물인터넷의 개념을 탑재한, 네트워크가 가능한 임베디드 보드였다. 엑시스는 네트워크 보드(Network Board)를 만들면서 의미 있는 혁신을 했다. 당시에는 ARM7 코어를 이용한 SoC를 제작하는 것이 크게 유행하던 시기였다. 엑시스는 네트워크 보드의 두뇌 역할을 수행할 CPU를 필요로 했고, 그 내부에 TCP/IP 네트워크 프로토콜 스택도 탑재해야 했다. 물론 당시 시중에서 판매하는 모토로라 파워PC인 MPC8xx 계열의 CPU, 혹은 텍사스 인스투르먼트나 아날로그 디바이스(AD, Analog Device Inc)의 디지털 신호처리 프로세서(DSP, Digital Signal Processor)를 이용할 수도 있었다. 하지만 엑시스는 궁극적으로 자체 SoC를 만들어 이용하는 편이 원가 절감과 자사의 다양한 네트워크 기술을 적용하는 데 더 유리하다고 판단했다.

당시 기술로 네트워크 카메라를 만들려면 32비트 CPU와 영상 압축 칩셋을 결합한 솔루션을 이용해야 했다. 엑시스는 이 분야에서 혁신을 이룬 것이다. SoC 기술은 한국의 벤처 업체들이 경쟁력 있는 우수 기술을 보유하고 있었다. 엑시스는 한국의 벤처 업체와 과감한 협업을 추진하였고 결국 엑시스 ETRAX라는 SoC를 만든다. 국내 벤처 업체였던 칩스브레인(Chipsbrain)과 협력하여 암 코어(Arm Core), JPEG 코덱, TCP/IP 스택, 리눅스 커널을 탑재한 원 칩(One Chip) 솔루션을 완성한 것이다. 후발 주자들이 아직 네트워크 카메라의 개념도 정립하지 못한 시기에 SoC를 제작하여 단일 칩셋 구현으로 원가를 절감하고, 리눅스 커널을 탑재하여 이를 리눅스 커뮤니티에 공개하였다. 전 세계의 많은 개발자를 끌어들였고, 결국 엑시스는 협업과 공유, 집단 지성을 이용할 수 있는 엑시스 네트워크 카메라 플랫폼을 구축할 수 있었다.

이때 엑시스에도 사업적 위기가 찾아왔다. 프린터용 네트워크 기술은 업계에서 일반화되었고, 저가의 이더넷 네트워크 카드 어댑터(Ethernet Network Card Adaptor)가 시판되면서 사업이 축소되리라 직감했다. 엑시스는 오히려 이러한 환경에서 획기적이고 창발적인 아이디어를 만들어 냈다. 네트워크 보드에 카메라를 연결하고 카메라 영상을 압축하여 저장한 후, 네트워크 기능을 이용해서 전송하면 어떨까하는 것이었다. 이 시기는 스마트폰도 출시되기 이전 상태로 피처폰인 2G, 3G폰이 겨우 출시될 때였다. 엑시스는 즉각 글로벌 카메라 플레이어인 파나소닉, 소니, 삼성테크윈을 찾아왔다. 카메라 렌즈, ISP 모듈을 공급받고자 한 것이다. 상대적으로 작은 규모였던 엑시스는 사업 제휴와 지분 투자를 권유하기도 했다. 업계 1위였던 파나소닉은 이런 제안을 단칼에 거절을 했고, 소니는 검토에 진척이 없었다.

의사결정이 빨리 나오지 않자 엑시스는 삼성테크윈을 방문했다. 그리고 협업을 논의했지만 삼성테크윈은 몇몇 전문 엔지니어를 제외하고는 IP 네트워크 및 ICT 산업 흐름에 관하여 완전 문외한이었다. 뜬금 없는 스웨덴 업체가 찾아와 기술 제휴, 사업 제휴 등을 제안하니 당황했던 것이다. 내부의 혁신을 주도하던 엔지니어들이 엑시스와 전략적으로 제휴하고 비즈니스 개발을 하자고 강력하게 주장했지만, 당시 사업부장을 포함한 의사결정자들은 이러한 기회를 놓치고 말았다. 사실 삼성테크윈은 엑시스 및 국내 일부 업체보다 더욱 빠르게 네트워크 카메라 프로토타입을 개발했었다. 일부 선도적 엔지니어들이 문라이트 프로젝트(Moonlight Project, 정규 업무 시간 이후에 자율적, 개별적으로 연구하는 프로젝트 형태)라는 이름으로 업무 시간 이후에 특근 비용도 없이 뜻을 모아 첨단 신기술을 연구하고 시제품을 만든 것이다. 이 프로토타입을 사업 본부장과 개발 본부장에게 보여주고 과제화, 상품화를 건의했지만, 눈앞의 이익만을 생각한 임원이 중장기적 투자와 첨단 신기술을 습득하여 과제화해야 하는 네트워크 카메라 사업과 관련 소프트웨어, 하드웨어 비즈니스에 관심을 두지 않은 것이다. 삼성테크윈 내부의 일부 엔지니어는 엑시스와 협업을 진행해본 국내 업체인 칩스브레인을 찾아가 자체 SoC 제작을 검토하고자 했다. 삼성테크윈은 이미 워너, 와이즈넷 ISP를 SoC로 제작한 경험이 있기 때문에 네트워크 SoC도 유사한 접근 방식으로 제작하려 하였다. 칩스브레인은 엑시스와 진행한 비용보다 더욱 저렴한 비용으로 솔루션 개발을 제안하였고, 테크윈 내부 엔지니어들도 충분히 검토한 다음 사업본부에 과제화를 건의했지만, 아날로그 카메라 매출에만 관심이 있던 임원진은 선도적 개발자의 제안을 일언지하에 거절했다. 그리고 국내 한 중소업체의 제품을 도입하여 구색 맞추기식의 라인업을 갖추었고, 결국 그 제품 라인업은 큰 사업적 실패를 겪었다. 이런 이유로 테크윈의 네트워크 사업은 더욱 뒷걸음을 치게 되었다.

엑시스의 혁신, 플랫폼 전략 vs. 삼성의 패착

엑시스는 결국 카메라 기술을 확보하고자 소니와 협력하기 시작하였고, 소니로부터 카메라 렌즈, ISP 칩셋을 공급받아 IP 네트워크 카메라를 세계 최초로 출시하였다. 소니 역시 엑시스로부터 IP 네트워크 보드를 모듈로 공급받고 IP 네트워크 카메라를 출시하다가, 이후 자체 개발로 엑시스의 네트워크 보드를 대체한 자사 제품을 출시하였다. 엑시스가 소니와의 제휴를 끝내면서 준비한 것은 플랫폼 비즈니스다. 자신들이 개발한 네트워크 보드를 전 세계의 모든 제조사에 공급하기로 한 것이다. 운영체제, ETRAX SoC, 구동을 위한 샘플 코드, 회로도를 공유하면서 자신들의 플랫폼 속으로 끌어들이려는 의도였다. 당시 삼성은 아날로그 CCTV 카메라, 디지털 스틸 카메라(DSC)를 개발하고 있었는데 디지털 스틸 카메라를 개발하는 부서에서는 이미 JPEG 영상 압축 칩셋을 사용하고 있었다. 당시 대부분의 디지털 스틸 카메라 업체에서 이용하던 칩셋은 조란(Zoran)이다. 삼성테크윈은 이미 카메라에서 영상을 입력받아 JPEG으로 SD 메모리 카드에 저장하고, 이를 다시 불러들여 LCD 화면에 띄우는 디지털 스틸 카메라 기술과 제품을 보유하고 있었다. 엑시스의 제안을 무시하지 않고 소니보다 먼저 협력했더라면 전 세계의 영상 보안, 물리 보안 시장에서 테크윈의 위치는 상상을 초월했을 것이다. 당시 테크윈의 경영진, 사업 기획, 상품 기획, 제품 기획 어느 부서에도 IP 네트워크에 대한 통찰력을 갖춘 의사 결정자가 없었다. 실무 개발자가 주장했지만 받아들여지지 않았다.

CCTV 카메라 영상을 저장하는 장치인 DVR(Digital Video

Recorder) 제품도 유사한 사례가 있다. 1997년 포항공대 출신이 모여 벤처 업체를 설립했다. 당시 시제품(Prototype)을 들고 삼성테크윈과 삼성전자를 방문하였고, 삼성전자와 삼성테크윈 모두 DVR 제품을 검토했지만, 결국 품질 문제점을 이슈로 협업을 중단했다. 당시 양사 모두 DVR 제품에 큰 관심을 갖지 않았다. 대학교 연구실에서 만든 제품을 대기업이 검증한 나는 비아냥도 만연했다. 이후 이 업체는 지속적인 기술 개발과 품질 혁신으로 세계 DVR 시장에서 1위까지 올라가는 저력을 보여주었고, 많은 글로벌 업체에 DVR을 OEM, ODM 방식으로 제공하기 시작했다. 뒤늦게 제품 라인업 구축이 필요했던 삼성테크윈과 삼성전자는 모두 이 업체를 선택하여 제품을 공급받기 시작했지만, 업계에서는 이미 삼성전자와 테크윈의 DVR 제품이 실제로 어떤 회사의 제품인지를 전부 알고 있는 상황이었기 때문에 아무리 브랜드를 고려한다고 하더라도 고객은 삼성에게 눈길을 주지 않았다.

지속적인 혁신과 비혁신의 싸움

IP 네트워크 카메라 시장에서 후발 주자였던 삼성테크윈은 경영진의 무관심에도 지속적으로 기술 확보와 자체 연구를 수행하여 업계에서 가장 먼저 텍사스 인스트루먼트의 다빈치 DSP(Davinci Digital Signal Processor)를 채택한 IP 네트워크 카메라를 출시하였다. 당시 다빈치 DSP는 최초로 출시되어 어느 제조 업체도 상용화하지 못한 상태였다. 텍사스 인스트루먼트에서 제공한 리눅스 SDK(Linux Software Development Kit)와 동영상 코덱인 코덱 엔진(Codec Engine)은 상용화하기에는 불가능한 수준이었다. 이에 테크윈에서는 대학 연구소, 벤처 기업과 공동 연구, 협업하여 텍사스 인스트루먼트 DSP에 최적화된 코덱을 완전히 재설계했다. MPEG-4/JPEG 코덱을 동시에 사용하여 실시간으로 해상도가 서로 다른 6개의 스트리밍 비디오를 만들어 내는 제품은 세계에 없었다. 또한 지능형 비디오 분석 기능을 내장한 것도 세계 최초의 혁신과 새로운 고객 경험이었다. 영국 〈벤치마크매거진(Benchmark Magazine)〉은 이 제품을 월드 베스트 제품으로 선정하였다. 고객의 니즈 및 시장의 요구 사항을 사전에 분석하여 선제적으로 대응해 듀얼 코덱, 멀티 스트리밍, 지능형 영상 분석이라는 고객 가치를 제공한 혁신 제품이었다. 그럼에도 불구하고, 경영진들은 아날로그 카메라에만 관심을 쏟았고, 인사 평가 역시 당장의 매출에 기여하는 아날로그 카메라 개발 부서에만 몰아주었다.

테크윈은 이후에도 시큐리티 업계와 비즈니스 생태계, 메가 트렌드가 요구하는 혁신을 올바르게 수행하지 못했다. 시큐리티 사업을 영위하려면 단품 제품에서 벗어나 디지털화, 복합화, 토탈 솔루션(Total Solution)을 제공하는 솔루션 프러바이더(Solution Provider)가 되어야 했다. 산업이 고도화될수록 고객들은 단품 제품 소개에서 탈피하여 컨설팅 비즈니스까지 수행하는 토털 솔루션 프러바이더를 원한다. 하지만 당시 삼성의 영업, 마케팅, 프로젝트 관리 조직은 이러한 요구에 응할 준비가 되어 있지 못했다. 여전히 아날로그 카메라의 화질만 강조하며 네트워크 제품과 지능형 비디오, 빌딩 제어 시스템(BMS, Building Management System), 시스템 통합 분야의 연계가 부족하였으며, 산업의 생태계 확장과 서드파티 솔루션 공급자 역할 및 상호 호환성(Interoperability) 확보를 신속하게 수행하지 못한 것이다.

또한 당시 테크윈은 결합 수요를 적기에 창출해내지 못하였다. 시큐리티 제품을 개발한 후에도 한동안 솔루션을 통합하는 SI 전담 조직이 없었고, ONVIF(Open Network Video Interface Forum)과 같은 국제 표준화 단체에도 늦게 참여해 표준화 진략, 플랫폼 전략을 제대로 구축하지 못했다. 더불어 빌딩 제어 시스템 업체들과의 전략적 협력이 부족했다. 존슨컨트롤(JCI, Johnson Control)은 슈나이더, 지멘스, 시스코를 능가하는 업체이며 빌딩, 에너지, 공조 시스템 등을 종합적으로 다루는 통합 솔루션 업체다. 당시 존슨컨트롤은 테크윈을 직접 방문하여 자사의 빌딩 제어 시스템 사업군에 시큐리티 제품과 솔루션을 함께 연계하는 결합 수요 솔루션을 만들고자 했다. 삼성의 아날로그, IP 카메라, DVR과 NVR(Network Video Recorder) 시스템을 존슨컨트롤의 통합 시스템인 P2K에 연동시키고, 다양한 서드파티 VMS(Video Management Software) 업체들과 삼성의 제품을 상호 연동하고 이러한 솔루션을 존슨컨트롤과 삼성의 공동 브랜드로 시장에 공급하자는 계획이었다. 당시 이 프로젝트를 NFL 풋볼 경기장, 뉴저지 학교에 적용하자는 등 많은 부분에서 가시적인 협의가 진행되기도 했다. 하지만 산업군과 비즈니스의 흐름을 올바르게 이해할 수 있는 경영진, 전문 마케터, 컨설팅 역할 수행이 가능한 프로젝트 매니저 등 모든 것이 제대로 갖추어지시 않았다. 아날로그 카메라로 이미 당시 수천억 원의 매출을 올리고 있는 상태에서 새롭게 어렵고 힘든 비즈니스를 과감히 준비하고 실행하고자 하는 의지와 전략이 부족했다. 단기 성과를 중시하는 임원들 역시 초단기적인 매출에 안주할 뿐, 장기적이고 지속적인 비즈니스 토양을 구축하지는 못했다. 한때 8000억 원까지 올라갔던 매출액은 결국 1조 원을 넘어보지 못하다가 한화에 매각되었다. 여전히 중국 업체의 저가 공세와 물량 공세, 기술력 부족, 전문 솔루션 기반 비즈니스 사업 준비 부족 등으로 한국 1위, 세계 3위였던 시큐리티 사업은 더욱 큰 어려움을 겪고 있는 실정이다.

애플의 제품 개발,
디자인 프로세스(ANPP)

소니의 워크맨 정신

스티브 잡스는 소니의 열렬한 광팬이자 사업적 파트너였으며, 소니의 창업자인 아키오 모리타는 잡스가 손꼽는 영웅이었다. 실제로 모리타 회장이 특별히 아끼고 관심을 주는 미국인은 마이클 잭슨과 스티브 잡스였다. 잡스와 함께 아이맥을 이끈 켄 시걸은 저서 『미친듯이 심플(Insanely Simple)』에서 스티브 잡스가 소니의 워크맨의 이름을 따라 아이맥을 맥맨(MacMan)이라고 이름 짓고자 했다는 사실을 공개하기도 했다. 이러한 친분은 소니와 애플의 돈독한 비즈니스 파트너십을 더욱 강화했으며, 잡스의 사후에도 협력이 지속되었다. 애플 엔지니어들이 소니의 ATRAC 오디오 파일포맷 개발에 도움을 주었고 한때 전성기를 맞이하였던 소니의 디지털 스틸 카메라인 사이버샷 프로젝트를 퀵타임 엔지니어들이 이끌기도 했다. 소니의 사이버샷에 특별한 애정을 갖고 있던 잡스는 디지털 스틸 카메라에 GPS 탑재를 건의하면서 이런 기기가 있다면 자신의 모든 삶을 기록할 수 있을 것이라고 제안했고 실제로 소니는 잡스의 제안을 받아들여 대부분의 카메라 제품에 이를 적용했다. 애플의 오프라인 매장인 애플 스토어는 그 유래를 소니에서 찾을 수 있다. 소니는 초창기에 리셀러(Reseller)를 활용하여 이들에게 제품을 유통, 판매토록 하였지만, 이후 소니 스타일(Sony Style)이라는 이름으로 리테일 비즈니스를 직접 수행하였다. 소니는 리셀러들도 물건 판매를 효율적으로 우수하게 할 수 있지만, 이들은 고객들에게 제조사가 제품으로 무엇을 하고 싶은지, 무엇을 의도하고, 고객에게 어떠한 가치를 제공하고자 하는지를 정확하게 설명하지 못한다는 점을 지적하였고, 이 때문에 소니가 직접 리테일 비즈니스를 진행하게 된 것이다. 잡스는 바로 이러한 부분이 애플이 고민하던 핵심 요소라며 이 개념을 애플의 제품 개발과 애플 스토어 설립에 적용한 것이다.

소니의 워크맨은 1979년에 출시되었다. 무거운 스테레오 카세트 라디오를 어깨에 짊어지고 음악을 듣던 소비자에게 음악은 소비하는 것이며, 이동성을 갖출 수 있는 것임을 알려 주었다. 소니 워크맨의 탄생도 창발적 아이디어에 기인했다. 소니의 엔지니어 이라 미츠로가 비행기로 출장 가던 중 좋아하는 음악이라도 들었으면 좋겠다는 생각으로 프로토타입을 만들었고, 사내의 갖은 반대에도 불구하고 모리타 회장의 지원으로 제품 개발에 착수한 것이다. 당시 반대 세력은 형성되지 않은 시장, 고객 불확실성, 마케팅 조사의 필요성을 이야기했지만, 모리타 회장은 헨리 포드의 사례를 언급했다. 헨리 포드가 시장 조사를 했다면 소비자들은 아마도 자동차가 아니라 더 빠른 말을 구해달라고 했을 것이라고 이야기한 것이다. 후에 타임지는 모리타 회장의 결정을 역사상 가장 뛰어난 경영 의사결정으로 손꼽기도 했으며, 소니는 경영 전략에서 워크맨 정신을 새로운 가치로 규정하기도 했다.

R&D의 방향성 정립

4차 산업혁명과 과학기술의 급격한 발달과 융복합은 고객 불확실성과 기술 불확실성을 더욱 증대시켰다. 4차 산업혁명 이전의 R&D는 고객과 소비자, 시장의 요구 사항에 대응하는 방식이었다. 고객이 경험한 제품과 솔루션에 대한 불만이나 새로운 요구를 표출하면 기업이 이를 확인하여 새로운 제품과 솔루션을 소개하는 형태였다. 직접적이 고객 조사와 피드백, 포커스 그룹 검증 등으로 고객의 요구 사항을 어느 정도 수렴할 수 있었고, 이를 신제품 및 제품 개선에 반영하여 R&D의 위험성을 낮추고 경영 계획의 진척 정도를 예측할 수 있었다. 하지만 이러한 접근 방식으로는 소니의 워크맨, 애플의 아이팟과 아이폰, 아이튠즈와 같은 혁신이 이루어질 수 없다. 소니가 점진적 개선으로 R&D을 수행하였다면 좀 더 성능 좋은 대형 카세트 라디오를 만들었을 것이다. 이제는 고객에게 질문하는 것이 아니라, 고객에게 화두를 던지고 새로운 경험을 제시함으로써 고객을 선도하는 R&D을 해야 한다. 스티브 잡스가 아이팟 출시 이전에 소니의 워크맨 개발 과정과 소니 스타일로 대변되는 리테일 비즈니스를 연구하고, 기존 PDA 산업을 대상으로 생태계와 고객 분석을 수행한 사례는 대중에게 알려지지 않았지만 소니의 관계자들은 스티브 잡스를 집요한 학습자로 기억하고 있다. 이러한 과정을 거쳐 스티브 잡스는 아이팟과 아이폰 개발은 기존 고객의 불만을 개선하는 것이 아니라, 새로운 고객과 경험을 창조하는 방식으로 R&D가 진행되어야 함을 강조했다.

애플의 제품 개발 프로세스는 상세하게 밝혀지지 않았지만, 현재까지 출시된 제품의 정보만 보더라도 구현된 프로세스 중 가장 성공적인 프로세스의 하나임을 알 수 있다. 애플은 세계 최초로 1조 달러 규모의 비즈니스 조직이 되었지만, 비밀스러운 사업 추진 행태로 악명이 높다. 스티브 잡스가 애플에 재직한 동안에는 회사 내부의 업무를 알아내는 것이 거의 불가능했다. 혁신적 디자인과 새로운 사용자의 경험을 강조한 접근방식이 비즈니스의 핵심 요소로 인지되는 현재의 기업 환경에서는 더욱 그렇다. 여전히 비밀로 감추어 두고 있는 부분도 많지만, 애덤 라신스키는『인사이드 애플 Inside Apple』에서 애플의 제품 개발 프로세스를 일부 공개해 엔지니어와 관련 산업 종사자들이 인사이트를 얻는 단초를 제공하였다.

미친듯이 단순하게, 스티브식 종결

애덤 라신스키의『인사이드 애플 Inside Apple』이 애플의 외부적 관점에서 내부를 조사한 것이라면, 스티브 잡스와 함께 애플의 전성기를 이룬 켄 시걸은 애플의 제품 개발과 디자인 프로세스를 미친듯이 단순하게(Insanely Simple)라는 표현으로 정의했다. 그는 스티브 잡스와 함께 애플의 "다르게 생각하라(Think Different)"를 만들어 내었고, 애플 제품의 모든 브랜드 앞에 'i'를 붙여 아이맥을 필두로 아이팟, 아이튠즈, 아이폰 등 소비자들이 i-시리즈를 강렬하게 기억하도록 의도한 장본인이다. 잡스와 켄 시걸은 가치 있는 일에 집중한다는 개념에 의기투합했고, 일의 의미를 정확히 규정하는 것부터 시작했다. 흔히 실리콘밸리 기업들이 일할 때에는 Do와 Work를 명확하게 구분한다. 일반적이고 일시적인 일을 Do라고 정의한다면, Work는 지적 능력으로 가치를 부가하여 새로운 가치를 창출하는 과정이다. 잡스는 애플의 제품 개발과 디자인 프로세스 중 극단적으로 비부가가치적인 요소를 제거하고, 부가가치를 창출할 수 있는 일을 찾아 집중했다.

애플은 애플I 개발 이후 급속도로 직원이 늘어났고, 리사와 매킨토시 개발을 위하여 엔지니어, 마케터, 에반젤리스트와 경영, 마케팅 분야의 인력들을 대거 영입했다. 하지만 잡스의 초기 의도와는 달리 조직 내의 R&D 방식은 Work는 없고 Do만 존재하는 비효율적 방향으로 치달았다. 잡스는 이 문제점의 해결책을 '오컴의 면도날(Ockham's Razor)'에서 찾았다. 일찍이 아이작 뉴턴은 진리는 사물의 다양성과 복잡함이 아니라 단순함에서 기인한다고 이야기했다. 켄 시걸이 애플과 잡스의 핵심 가치로 단순함을 표방한 것도 같은 맥락이다. 오컴의 면도날은 문제 해결의 명확한 접근 원칙을 제시한다. 복잡하고 불확실한 상황과 단계가 서로 얽혀 있는 매듭을 형성하고 있더라도 가장 단순하고 직접적인 접근 방식이 문제 해결의 핵심이며, 불필요한 가정과 사족을 다는 행위, 장황한 배경 설명 등은 오히려 문제의 본질을 흐리는 장애 요소라고 규정한다. 잡스는 오컴의 면도날이라는 표현으로 단순화와 문제의 본질에 접근하는 직접적인 행동과 사고방식을 강조한 것이다. 특히 애플에 다시 복귀한 이후 그의 모든 제품 철학은 단순함과 쉬움(Simple & Easy)로 응축되었다. 모든 제품은 별도의 설명 없이도 고객이 쉽고 단순하고 직관적으로 이해할 수 있도록 만들어야 함을 집착으로 보일 정도로 강조했다. 아이팟 출시 이전, 국내 및 중국산 MP3 플레이어들의 복잡한 외장 버튼과 메뉴 구조에 환멸을 느꼈고, 이를 개선하여 아이팟에 단순함과 사용자 경험의 연속성, 직관적 인터페이스를 적용했다. PDA의 직관적 사용 방법과 사용자 경험을 아이폰의 홈 버튼 하나로 이어가도록 극단적 단순함을 추구했다. 단순함은 비즈니스 세계에서 가장 강력한 힘이며, 복잡하고 불확실한 세상에서 돋보일 수 있는 최고의 수단이기 때문이다.

실리콘밸리 기업은 규모가 커짐에 따라 조직의 비대화를 철저하게 경계하였으며, 기업 설립 당시의 초심을 유지하고자 노력하고 있다. 애플 역시 사세 확장과 조직 비대화, 경직된 문화 및 커뮤니케이션 장벽, 사일로화에 대한 사전 처방으로 작고 단순한 드림팀과 레드팀을 운영하였다. 핵심 인력 3~5명을 하나의 드림팀으로 구성하고 25명 내외의 인력이 이 드림팀을 지원하는 구조로 R&D 업무를 단순화했다. 업무 진행 시 발생되는 보고 절차와 부서 간 커뮤니케이션에 존재하던 여러 단계도 모두 허물어뜨렸다. 업무에 대한 책임도 지우지만 그에 합당한 권한을 부여하여 신속한 R&D와 빠른 실패에서 경험하고 학습해 재실행, 재설계하라고 강조했다. 업계의 핵심 엔지니어와 마케터를 지속적으로 수혈하여 드림팀의 수준을 지속적으로 향상시켰다. 극단적 단순함을 추구하고자 스티브 잡스는 잡스식 종결(Getting Steve)을 강요했다. 막대한 자금과 인력이 투입된 과제라 하더라도 잡스의 의사결정에 따라 폐기되기도 하였고, 현장에서 임직원에게 질문했는데 답변을 하지 못하거나 엉뚱한 생각을 늘어놓는 팀과 임직원을 그 자리에서 해고했다. 단순함의 논리를 벗어나는 경우 스티브 잡스는 그 자리에서 지적하고 시정을 요구했다. 애플 직원들은 이를 심플스틱(Simple Stick)이라고 명명하며, 잡스의 심플스틱에 얻어 맞았다고 표현한다. 집단 몰입과 극단적 단순함으로 스피드와 민첩성을 강조하여 기업의 비전과 개인의 비전, 미션을 일치화하여 최고의 효율을 이끌어 내고자 하는 잡스식 현장 경영 방식이었다. 현재의 실리콘밸리 기업이 시행하는 린스타트업의 빠른 실행과 실패, 프로토타입 제작과 고객 검증을 통한 방향 전환(Pivot)을 애플은 이미 적용해왔던 것이다.

기능 중심적 조직 구조와 탑다운 vs. 바텀업 전략의 조화

애플은 제품 개발과 디자인 프로세스에 단순함과 혁신, 새로운 고객 가치 제공과 경험의 연속성을 강조하고 있으며, 특히 집요한 인간 중심의 공학, 즉 인간공학(Human Engineering)과 인지과학(Cognitive Science), 감성공학(Affective Engineering)에 기반을 두고 쉽고 편리한 일상의 도구를 제공하고자 끊임없이 도전한다. 특히 스티브 잡스는 디자인팀과 개발팀에 제품의 콘셉트를 직접 설명하며, 고객이 제품과 솔루션에 정서적인 애착을 가질 수 있어야만 가치 있는 제품임을 강조하였고, 사용자 친화성과 디자인이 만들어 낼 수 있는 것이 무엇인지 알아내라고 끊임없이 요구하였다.

애플의 R&D와 디자인 프로세스의 첫 번째 핵심 요소는 애플의 조직 구조다. 일반적으로 기업의 조직 구조는 형태상 제품 중심적 구조, 기능 중심적 구조로 구분할 수 있다. 제품 중심적 구조에서는 기업이 보유하는 제품군에 따라 조직을 구성한다. 가령 스마트폰 사업부, TV 사업부, 냉장고, 에어컨 사업부 등 특정 제품으로 조직을 구성하고, 그 조직 하부에 하드웨어, 소프트웨어, 기구, 디자인 및 관련 인력이 배치된다. 기능 중심적 구조는 기능에 따라 디자인, 소프트웨어, 하드웨어, 마케팅 등으로 구성한 후에 필요한 시점에 특정 제품에 대한 R&D 지시가 탑다운으로 내려가는 방식이다. 삼성이 CE, IM, DS_반도체, DS_디스플레이, 하만(Harman)으로 사업 부문을 구분한 것은 제품 중심적 구조다. 애플은 디자인 그룹, 제품 마케팅 그룹, 운영 그룹, 소프트웨어 엔지니어링, 하드웨어 엔지니어링, 하드웨어 기술 그룹으로 기능 중심 조직을 구성하고 있다.

제품 중심적 조직 구조에서는 특정 제품군을 중심으로 R&D 조직이 하부에 할당되기 때문에 삼성전자의 소프트웨어 엔지니어라고 하더라도 TV, 냉장고, 스마트폰, 오디오 등으로 업무가 구분되며 입사 후 배치된 사업 부문의 제품 이외에는 현실적으로 다른 제품군, 사업 부문을 경험할 기회가 오지 않는다. 하드웨어 엔지니어나 RF 엔지니어, 기구, 금형 설계 엔지니어 역시 유사한 상황이다. 디자인 부문은 대부분의 기업에서 기업의 디자인 동질성(Design Identity)을 확보하려고 사업 부문이나 특정 사업부에 국한되지 않고 별도로 운영하는 방식을 취하고 있다. 하지만 이러한 구조에서는 모든 제품에 드림팀, 레드팀이 할당되기 어렵고, R&D, 디자인 엔지니어의 역량에 따라 제품과 솔루션의 격차가 발생한다. 또한 인력 운영 과정에서 유휴 인력이 발생할 수 있다. 이 때문에 사업 부문이나 사업부 간 인력 빼앗기, 정보 차단 및 별도의 인력 채용이 벌어져 오히려 사일로 효과가 가중되는 현상을 유발하기도 한다. 조직의 최고 책임자들 역시 자신이 속한 사업 부문, 사업부의 제품과 솔루션에만 초점을 맞추기에 기술의 융복합, 초연결에 신경 쓸 겨를이 없으며, 통합적이고 시스템적인 사고를 전개할 기회가 차단된다. CEO 및 최고 경영층의 메시지가 현업의 말단 직원까지 전달되어 효과가 발생할 때에도 수준 차이가 드러나게 되는 것이다. 특정 사업 부문에 속한 엔지니어의 역량 확대나 경력 전환, 신기술에 대한 R&D 기회 역시 한정되므로 엔지니어의 조기 노령화가 문제가 되기도 하며, 각기 다른 사업 부문에서 출시된 제품의 UI, UX, 사용자 경험이 일관되지 못하여 고객에게 불편함을 끼치는 사례도 발생한다.

애플은 기능 중심적 조직 구조를 구축하여 운영하는 대표적 기업이다. 애플의 모든 제품의 디자인에는 조나단 아이브의 영감이 녹아 들어 있고, 최종 책임을 지며, 애플 제품의 정체성을 유지하고 있다. 하부의 임직원이 교체되어도 일관된 정체성을 기반으로 새로운 가치를 창출할 수 있는 기반이 여기에 있다. 소프트웨어 엔지니어링을 총괄하는 크라이그 페더리, 하드웨어 엔지니어링을 총괄하는 단 리치오, 하드웨어 신기술 분야를 담당하는 조니 스프루지 등이 각자 맡은 기능을 최고로 끌어올리며 애플의 제품 정체성과 미래의 가치를 위해 협업하는 것이다. 애플이 기능 중심적 조직 구조를 구축하여 운영한 밑거름은 실리콘밸리의 인력 선발 방식인 엘리트 의식과 조직 내 얼간이(Jerk)와 무임 승차자를 솎아 내고 기업 가치와 자신의 비전을 일체화한 드림팀 운영, 일관된 리더십이다. 잡스 사후 팀 쿡과 각 분야별 최고 책임자들은 지속적으로 상상해온 제품(Dream Product)을 협의하고, 어떠한 서비스와 애플리케이션, 생태계와 고객 경험이 필요한지 개략적인 의견을 모은 후에 탑다운 방식으로 이를 디자인팀과 개발팀에 전달한다. 하지만 애플은 디자인 퍼스트(Design First)

를 고수한다. 디자인팀의 주도하에 각 부서에서 모인 의견과 디자인팀의 최종 의견을 집결해 몇 개의 후보군을 선정한 다음 경영진 회의에서 최종 아이디어를 선정한다.

아이디어 도출 단계: 종이와 연필로 그리기

애플 경영진이 생각한 가상의 제품(Dream Product)에 관해서 디자인팀과 개발팀은 수많은 아이디어를 도출한다. 애플은 이 과정을 영감을 기록하는 단계라고 명명한다. 세부적인 설계 도면이나 구체적인 설명을 배제하고 보고에만 필요한 미학적 요소와 시각적 콘셉트까지 모두 삭제한 생생한 스케치다. 이 단계에서는 아이디어에 대한 어떠한 평가도 진행하지 않으며, 다른 부서의 아이디어를 참고하지도 않는다. 자유롭고 창발적인 영감에 손상을 입힐 것을 우려하기 때문이다. 애플을 비롯한 실리콘밸리 기업들은 3000:1 법칙을 숙지하고 있다. 3000개의 영감에서 실질적으로 사업화까지 이루어지는 아이디어는 고작해야 1.7개 정도라는 것을 안다는 이야기다.

우뇌 창의 미팅, 좌뇌 생산 미팅

4차 산업혁명 이후 특히 전략적 민첩성이 요구되고 있고, 불확실한 미래를 준비하려면 신속한 검토와 의사결정, 빠른 방향 전환이 필요하다. 애플 역시 제품 개발 및 디자인 프로세스에 민첩성을 투영하고 있으며, 디자인팀의 주도하에 매주 2회의 공식 미팅을 수행한다. 하지만 애플은 여타의 실리콘밸리 기업과는 다른 미팅 방식을 추구한다. 인간의 뇌 활동은 좌뇌와 우뇌로 구분된다. 좌뇌는 인간의 논리적 분석, 추론의 중추 역할을 수행하며, 우뇌는 창조의 창의, 심미적 요소를 담당한다고 알려져 왔다. 최근 강조되고 있는 디자인 씽킹 사고방식은 인간의 좌뇌와 우뇌를 동시에 활용하는 전좌 사고방식이며, 더욱 창조적이고 분석적으로 좌뇌와 우뇌를 고루 사용하여 논리적, 감성적으로 문제를 해결할 수 있는 방법으로 가주되고 있다. 애플은 실리콘밸리 기업들이 디자인 씽킹을 도입하기 이전부터 이미 좌뇌와 우뇌의 차이점을 업무에 적용하여 왔다. 애플은 매주 2회 실시하는 디자인 미팅을 각각 우뇌 창의 미팅(A right brain creative meeting), 좌뇌 생산 미팅(A left brain production meeting)으로 구분하여 운영한다. 우뇌 창의 미팅에서는 모든 제약 조건을 무시하고 자유롭고 창발적인 아이디어를 만들고 확장하고자 브레인스토밍을 진행하고, 좌뇌 생산 미팅에서는 우뇌 창의 미팅에서 도출된 다양한 아이디어들을 현실에서 구현하기 위한 실질적이고 구체적인 방법론을 협의한다.

애플은 이 두 개의 미팅을 '페어드 미팅(Paired Meeting)'이라고 규정하고, 제품의 아이디어 도출부터 최종 생산, 판매에 이르는 전 과정에 지속적으로 도입해 애플의 극도로 치밀한 제품 체크리스트인 ANPP(Apple New Product Process)에 반영하고 있다. 이 단계에서 애플 디자인팀은 엑스마인드(Xmind) 같은 브레인스토밍 도구를 사용하여 결과를 빠르게 기록하고 관련 인력들과 공유해서 자산으로 만들어둔다. 우뇌 창의 미팅과 좌뇌 생산 미팅에서 제품의 콘셉트가 정해지면 애플은 새로운 제품의 개발을 정식으로 공표하고 디자인팀에서 선발된 핵심 인력을 모아 소규모의 드림팀을 구성한다. 드림팀에 합류한 멤버는 기존 업무와 사무 공간, 소속된 팀에서 완전히 배제되며, 심지어 별도의 건물, 별도의 섹터를 할당해 다른 팀의 업무적인 간섭 없이 전적으로 새로운 제품에 몰입할 수 있도록 환경을 구축한다.

완벽한 실물 모형 개발

소프트웨어 전문 업체와는 달리 실물을 제조할 필요가 있는 기업은 개발 단계에서 제품의 실물 모형을 만들어 다양한 아이디어를 구체화하며 검증한다. 이 단계를 디자인 검증(Design Verification) 단계라고 한다. 머릿속에서 추상화된 개념들이 구체적인 형상을 띠고 현실화되는 단계다. 디자인 단계에서 완벽한 실물 모형(Perfect mockup)을 준비하려면 엄청난 비용과 작업 시간, 엔지니어링 리소스가 소모된다. 하지만 이러한 과정을 통하여 불확실한 사항과 미처 규정하지 못한 문제점을 판단하고 진단할 수 있으며, 미래에 발생할 사건의 단초를 사전에 제거하는 선행 작업으로 인식하고 있기 때문에 애플은 모든 제품에 대하여 완벽한 실물 모형을 준비하도록 규정하고 있다.

애플 디자인팀은 프로토타입의 제작 과정에서 고성능 프로토타이핑 개발 도구인 스케치(Sketch) 프로그램을 사용하고 있으며, 인터랙티브 디자인(Interactive Design)을 위해서는 프린시플(Principle), 플린토(Flinto) 프로그램을 사용하고, 시제품 제작 도구로는 액슈어(Axure), 목플러스(MockPlus) 제품을 사용한다. 스케치는 디지털 디자인 전문 프로그램이다. 웹 페이지 디자인이나 앱 제작에 필요한 디자인 도구로서 이용되고 있으며, 애플은 디자이너뿐만 아니라 일반 개발자도 신속히 프로토타입을 개발할 수 있도록 스케치를 사용하라고 권고하고 있다. 인터넷 프로그래밍을 넘어 이제는 기획자, 디자이너, 개발자, 마케터가 동시에 웹 기반으로 협업해야 하는 시기이기 때문이다. 또한 최근 실리콘밸리 기업 사이에 해커톤 같은 개발자 행사와 스프린트 방식이 전파되면서 스케치는 어도비XD(AdobeXD), 포토샵, 일러스트레이터, 인디자인(Indesign), 파이어웍스(Fireworks)와 더불어 가장 각광받는 디자이너 툴이 되었다.

애플 디자인팀은 신속히 프로토타입을 개발하고 테스트하고자 플린토를 사용한다. 별도의 프로그래밍이나 코딩 없이도 프로토타입을 제작할 수 있기 때문이다. 특히 플린토를 선호하는 이유는 사용자가 앱을 조작하는 다양한 제스처를 시뮬레이션 할 수 있으며, 호환성이 좋아 모든 작업을 스케치와 공유할 수 있고, 모바일 기기에서 즉각 최종 결과물을 확인할 수 있기 때문이다.

국내의 많은 기업도 디자인 검증 단계나 개발 단계를 거치지만 애플과는 달리 완벽한 실물 모형은 주로 ES(Engineering Sample) 개발 단계 후반이나 PI(Product Implementation), PV(Product Verification) 단계에서 제작한다. 기술력이 뒷받침되었거나 오랜 기간 설계 기술이 축적된 회사가 아닌 이상 설계 단계에서 수많은 문제점을 내포하게 되지만, 실물 모형의 제작 비용과 시간, 투입 리소스가 크다는 부담 때문에 이러한 검증 단계를 건너뛰는 일이 흔치 않게 발생한다. 결국 PI나 PV 단계 막바지에 문제점이 발견되거나 양산 직전 혹은 양산 이후에 문제점이 발생되어 막대한 손실을 입기도 한다. 국내의 한 기업은 십수 년 이상 제품의 낙하, 방수에 관한 전문성을 갖추었다고 자부했지만, 정작 중요한 프로젝트의 고객사 테스트에서 낙하 및 방수 실험에 모두 실패하여 한 해 비즈니스를 포기해야 했다. 린 스타트업 방식을 적용한다고 하더라도 디자인과 하드웨어, 기구, RF 분야에는 각 단계마다 필수적으로 점검하고 진단해야 할 항목이 있다. 이 단계를 무시하고 다음 단계로 진행하는 것은 온라인으로 소프트웨어의 버그를 수정하는 차원을 벗어나는 것이다. 고객사의 수많은 사이트에 배포된 제품을 전량 회수하기도 하고, 몇 달에 걸쳐 제품이 배포된 모든 사이트를 순회하며 제품 회수, 전자 회로 기판 변경 등의 과정을 거쳐야 하는 것이다. 삼성의 갤럭시 노트 7(SM-M930)이 배터리 발화 문제로 전량 리콜되었고, 리콜 후 교환된 제품마저 배터리 발화가 일어나자 결국 제품 출시 54일 만에 단종이라는 최악의 상황을 맞이했다. 1995년 휴대전화 애니콜의 화형식을 치르고 이를 계기로 신경영을 선포한 삼성이었지만, 관리와 품질의 삼성이라는 명성에 큰 오점을 남기게 된 것이다. 반면, 애플은 린스타트업의 신속한 프로토타입 개발과 고객 검증, 피벗 개념이 결코 품질 타협을 의미하는 것이 아니라는 점을 집요하게 강조해 왔다.

품질의 완성도를 집요하게 추구하던 애플도 안테나게이트라 불리는 최악의 품질 불량 사태를 경험했다. 2010년 출시된 아이폰4는 사용자가 아이폰을 손으로 잡으면 신호의 감도가 급격히 하락하는 문제점이 발생했다. 초반에는 문제점이 없다고 강변했지만, 결국 이러한 품질 문제는 소송으로 이어졌고 애플은 5000억 원 이상을 지불하며 소비자와 합의해야 했다. 이후 애플은 개발 단계에서 완벽한 실물 모형을 제작하는 데에 더욱 집착하게 되었고, 그들이 자랑하는 ANPP에 더욱 치밀한 체크리스트를 축적했다. 애플의 전직 수석 엔지니어였던 마이클 롭은 이러한 집착을 모든 애매모호한 불확실성을 제거하는 애플만의 강점이라고 이야기하기도 했다.

프로토타입 개발과 CI

국내의 한 기업이 개최한 해커톤 대회에서 난처한 일이 발생했다. 참여자들이 사전에 팀을 구성하여 참여하는 방식을 탈피하여 현장에서 즉석으로 모르는 사람들과 팀을 구성토록 하였는데 대부분의 개발자들이 프로토타입 툴을 사용하는 방법을 모르고 있었고, 이를 디자이너의 소관으로 치부하는 바람에 정해진 시간 동안 해커톤 대회를 진행할 수 없게 되었다. 해커톤과 협업, 협력을 강조했지만, 정작 이를 수행하는 데 필요한 기본적인 교육조차 없는 상황에서 실리콘밸리의 일하는 방식을 무리하게 도입하고자 해서 일어난 일이다. 또한 국내 일부 기업은 프로토타입 제작 도구를 디자이너만 사용하도록 하고 개발자에게는 경험할 기회조차 제공하지 않고 있다. 앱 개발이나 게임, 인터넷 플랫폼 서비스 업체에 국한된 상황이 아니다.

국내의 한 중견기업은 B2B 비즈니스를 수행하며 모바일 디바이스에 안드로이드 운영체제를 탑재하여 배포하고 있었다. 이 업체는 수많은 글로벌 기업 고객을 상대하고 있으며, 고객에 맞춤형 제품과 솔루션을 제공해 왔다. 지난 2018년 9월 구글 안드로이드는 긴급 보안 패치를 배포하며 다섯 개의 치명적 보안 결함을 인정했고, 스마트폰을 비롯한 모든 안드로이드 탑재 디바이스 제조사에 긴급 패치하라고 당부했다. 글로벌 기업 고객도 이러한 소식을 접하고 이 업체가 공급한 제품에 보안 패치를 적용해줄 것을 긴급 요청하였다. 하지만 이 업체는 한 달을 기다려야 한다고 답변했다. 내부적으로 안드로이드 풀 소스를 머지(Merge), 빌드(Build)하는 시간이 필요하고, 개발 부서 검증, 품질 부서의 검증에 필요한 최소한의 시간이 1개월이라는 것이었다. 기업 고객은 도무지 이해할 수 없었고, 이 기업의 신용도와 인지도는 급락했다.

앞서 사례로 든 기업은 CI(Continuous Integration)라는 개념조차 인지하지 못하고 있었다. 여러 명의 개발자가 각자 담당한 분야의 소프트웨어를 개발한 후에 모든 코드를 통합하고 완성하는 과정을 한 달이라는 시간 간격으로 편의상 구분했던 것이다. 이에 비하여 CI는 이러한 통합 빌드 과정을 주기적이고 지속적으로 수행하여 오류와 개선 사항에 즉각 대응하고 최종 소프트웨어 결과물을 최신의 안정 버전으로 유지하는 혁신 활동이다. 실리콘밸리 기업과 국내 몇몇 기업에서 이미 도입하여 시행하고 있지만, 국내 중견, 중소기업은 이에 아직 긍정적이지 못한 것이 현실이다. 데브옵스(DevOps)는 애자일, 지속적 배포, 자동화 등을 통합하며, 개발팀과 운영팀이 더욱 효율적으로 작업할 수 있도록 해 기업과 고객에게 더 큰 가치를 제공하는 혁신의 일환이다. 실리콘밸리 기업과 글로벌 ICT 기업은 소프트웨어 개발에서 빌드, 테스트, 릴리즈를 더욱 빠르고 안정적으로 자동화하는 데브옵스를 이미 도입한 상태이며, 클라우드 기반의 '서비스로서의 R&D'인 R&DaaS(R&D as a Service) 개념으로 클라우드 환경에서 데브옵스를 구축하고 있다.

애플의 10:3:1 접근 방식

애플의 제품에 대한 품질 철학은 스티브 잡스가 또 하나의 명언을 하게 만든 계기가 되었다. 잡스는 야구 경기를 예로 들며 "한 번의 홈런이 두 번의 2루타보다 더욱 값지다"고 말하며 양(Quantity)보다 질(Quality)이 훨씬 더 중요하다는 점을 강조했다. 애플의 혁신 전략은 아이디어 도출 단계에서 가급적 많은 사람들로부터 디자인 아이디어가 나오도록 유도한다. 아이디어 도출 단계에서는 어떠한 제약도 없이 좌뇌와 우뇌 활동을 통합한 전뇌 활동을 강조하며 끊임없이 아이디어를 생산토록 하는 것이다. 하지만 아이디어를 도출한 이후에 애플은 애플 웨이(Apple Way)로 규정된 행동 지침을 따른다. 애플 웨이는 도출된 아이디어에 대하여 언제나 "No"라고 말할 수 있는 역설적 자세다.

아이폰4 출시에 앞서 스티브 잡스는 태양광 무선 충전 기술을 탑재하고자 아이디어 도출 회의에서 자신의 의견을 피력했다. 배터리를 교체할 수 없는 아이폰의 구조적인 특성 탓에 지속적인 전원 공급과 충전 부분에 고객의 불만, 불편함이 있을 것이라 예견했기 때문이다. 하지만 잡스의 의견은 수용되지 않았으며, 심지어 목업 제작까지도 진행되지 못했다. 최고의 전문가로 꾸려진 드림팀에서 잡스의 아이디어에 관한 난상 토론이 이루어졌고, 당시의 기술로는 제품의 크기, 무게, 그립감 및 직관적 인터페이스 구현 등에서 디자인팀이 제시한 아이폰4의 디자인 영감을 심각하게 훼손시키기 때문이었다. 결국 CEO인 스티브 잡스의 의견마저 애플 웨이에 입각하여 사장된 것이다.

좌뇌 미팅과 우뇌 미팅에서 수많은 아이디어가 도출되지만 모든 것을 전부 수용할 수 없기에 많은 것을 포기해야 한다. 하지만 선택된 아이디어에는 전사적인 에너지를 집중하고 최고의 결과를 창출하여 세계 최고가 되는 행동 방식을 고수한다. 다양한 아이디어 중에 가장 부실한 아이디어를 죽이고, 가장 강력한 아이디어를 최고의 자리에 오르게 하는 일종의 자연 선택 메커니즘을 이용하는 것이다.

치열한 경쟁을 거쳐서 선택된 아이디어들은 이제 현실 세계로 옮겨와 새로운 경쟁을 거치게 한다. 애플은 선택된 아이디어를 10개의 완전히 서로 다른 목업(Mockups)으로 구현하도록 규정하고 있다. 이때 목업을 제작하는 디자인팀에게 어떠한 추가적인 강요를 하거나 가이드라인을 제시하지 않다. 디자인팀 고유의 영감에 손상을 줄 수 있다는 우려 때문이다. 하지만 디자인팀이 10개의 서로 다른 목업을 준비하면 7개의 목업을 죽이기 위한 처절한 검증과 지적, 반대 의사를 표현해 최종 3개의 목업이 남도록 한다. 이 과정을 10:7이라고 정의하며, 이 단계에서 애플 웨이를 또다시 작용하여 버려진 7개의 아이디어에는 절대로 미련을 두지 않는다. 폐기된 아이디어를 아까워하지 않고 생존한 3개의 목업에 집중하는 것이다. 이제 남은 3개의 목업을 두고 두 번째 라운드인 3:1 선택 과정을 진행한다. 10:7 과정보다 더 많은 시간을 들이고 더 치밀하게 검토해서 최종적으로 1개를 선택하는 것이다. 최종 선택된 1개의 목업은 최고 의사결정자의 강력한 리더십과 전사적 지원을 얻어 애플의 신제품 개발 라인업에 이름이 등재되고 정식 프로젝트를 시작한다. 이미 수많은 토론과 치열한 내부 경쟁, 최고 의사결정자의 승인까지 획득한 선택이기에 구성원 누구도 이견을 내지 않고 생존한 최후의 아이디어를 최고의 제품과 솔루션으로 만들기 위한 기술 구현에 집중한다.

애플 ANPP: 극도로 치밀한 체크리스트

최종 디자인 프로토타입 목업에 대한 합의가 이루어지면 이후의 단계는 ANPP를 만드는 과정이다. 애플의 ANPP는 개발 제품의 상세한 스펙, 개발 규격, 개발 단계가 명시되어 있으며, 핵심 부품의 구매와 조달, 마케팅 방법, 제품 양산과 고객 대응에 이르기까지 모든 내용을 치밀하게 기록하여 점검할 수 있도록 만든 통합 규정 문서다. 따라서 ANPP는 제품 기술 임원진(Product Technical Director), 글로벌 공급망 관리자(Global Supply Chain Manager), 마케터, 생산 및 제조, 고객 전문가, 애플 스토어의 매장 직원, 제품 서비스 엔지니어 모두에게 책임과 의무를 부과하고 있다. 애플은 드롭박스와 엑스마인드를 이용하여 온라인상에서 공동 작업으로 ANPP를 작성하며, 마인드 매핑 단계를 포함한다.

애플의 창의력, 스피드, 적응력의 핵심은 일반적으로 생각하는 자유 분방한 창의력과는 정반대다. 린더 카니가 애플의 최고 디자인 책임자 조나단 아이브에 관한 책을 발표하면서 ANPP의 비밀 일부가 세상에 알려졌다. 그에 따르면, 제품 개발에서 애플이 정작 중요하게 생각하는 것은 바로 극도로 치밀하게 작성된 체크리스트와 이행이었다. 스티브 잡스는 ANPP는 제품 개발의 모든 단계를 극도로 상세한 설명과 행동 강령으로 규정한 것으로서 새로운 제품을 시장에 빠르고 정확하게 출시하는, 매우 잘 정의된 프로세스라고 말했다.

ANPP는 거대한 체크리스트와 유사하다. 개발하는 모든 제품의 모든 단계에서 누가 무엇을 어떻게 해야 할지를 상세하고 꼼꼼하게 기록해 놓았다. ANPP는 하드웨어부터 소프트웨어까지, 지원 부서와 재무, 마케팅 부서부터 제품이 시장에 출시된 후에 제품을 수리하는 서비스팀과 트러블 슈팅을 지원하는 팀까지, 해당하는 업무 내용이 상세하게 기록되어 있다. ANPP는 공급망 관리부터 제품 출시 후 매장에서의 제품 판매까지 모든 과정을 다루는 종합 매뉴얼이다. 또한 모든 공급 업체 및 공급 업체에 부품을 공급하는 하위 공급 업체가 취해야 할 행동 강령도 정의하고 있다. 제품을 도색할 페인트, 나사, 스크류에 이르기까지 모든 것을 기록하고 연결한 문서다.

많은 회사가 내부 프로세스와 다양한 절차를 가지고 있지만, 애플 수준의 강박적인 세부 사항을 문서화하는 회사는 거의 없다. ANPP는 제품이 만들어지는 모든 세부 사항에 완벽을 추구하려는 스티브 잡스의 집착을 집대성한 결과이며 애플의 핵심 자산이다. 이는 의심할 여지 없이 애플 하드웨어의 산업 디자인과 품질을 만드는 본질이기도 한다. 애플은 내부적으로 문서화된 상세한 프로세스를 사용하는 반면, 대다수의 많은 기업은 여전히 직원 간에 우연히 전달되는 불충분한 지식에 의존하고 있다. 전직 애플 직원이 ANPP 같은 프로세스가 구비되지 않은 다른 업체들을 다음과 같이 비꼬곤 한다. "익사이트(Excite)와 야후 등 애플과는 다른 회사를 다니는 것은 형편없는 생각입니다. 그들에게는 애플의 ANPP와 같은 세부 행동 지침이 없기 때문이죠. 그럼에도 그들은 무엇이 문제인지 모르고 관행에 기인한 답변을 합니다. '기록된 문서는 없습니다. 프로세스가 있냐고요? 농담하나요? 그냥 배송하고 거기서 꺼내어 보세요.'"

복잡한 업무를 완수하려 할 때 체크 리스트의 유용성은 오래 전부터 알려져 왔다. 완벽한 체크리스트의 중요성은 미국 공군도 입증했다. 이들은 제2차 세계대전 당시부터 산업과 조직 심리학의 선구자였다. 또한 외과 의사도 체크리스트를 사용한 덕분에 사망자 수를 3분의 1로 줄였다. 체크리스트의 핵심 원칙은 단순한 작업이라도 중요한 단계를 잊어 버리는 것은 인간의 본성이라는 것이다. 설계 과정에서, 올바른 사람들이 올바른 순서로 상담을 받지 않았거나 중요한 공급자가 의사결정 과정에서 배제되어 지연과 타협으로 이어질 수 있기 때문이다. 끊임없는 기술 복잡성의 시대에 가장 쉬운 단계는 너무 쉬워서 간과하기 쉽다. 이렇게 간과한 하나의 작은 단계는 결국 돌이킬 수 없는 결과를 불러들인다. 어리석고 어처구니 없는 결과가 나온 근본적 원인을 규명하고 바로잡고자 '해야 할 일 목록(To Do List)'을 작성하는 것은 큰 차이를 만든다. 이것이 애플 ANPP의 가치다. 작성해 놓고 사용하지 않는 문서가 아니라, 실제로 살아 있고 운영되는 문서로서, ANPP는 어떻게 조직의 주요 업무를 가장 잘 수행할 수 있는지에 대해 알려진 모든 것을 모아 둔 정보의 집합이다. 애플과 같은 가장 창의적인 기업이라도 견고한 업무 구조를 적용함으로써 직원들이 모든 작은 단계를 제대로 밟고 있는지 걱정하지 않도록 한다. 그래서 모든 관련자가 이전에 하던 방식과는 딜리 그들이 맡은 일의 각 부분에 창의력을 발휘하고 최고의 성과를 내는 데 집중할 수 있는 것이다.

디자인이 최전방에서 움직인다, 디자인 퍼스트

"애플의 엔지니어들이 그들의 비전을 실현하고자 만든 제품에 대하여 회사는 어떻게 자유를 주는가?"라는 질문에 애플은 디자인이 최전방에서 움직인다고 답한다. 조나단 아이브와 그의 디자인팀은 경영, 재무, 제조 등 어떠한 부서에도 보고하지 않는다. 디자인팀은 자신들의 예산을 자유롭게 책정할 수 있고, 일반적인 제조 공법을 무시할 수 있는 권한을 부여 받았기 때문이다. 이들은 외부의 간섭을 철저히 배제하려고 애플 내부의 일반 사무실과는 달리, 몇몇 임직원만 출입이 허용되는 디자인 부서의 핵심, 산업 디자인 스튜디오(Industrial Design Studio)를 운영하고 있다. 이것이 바로 소비자들을 깜짝 놀라게 하며 믿을 수 없는 제품을 창조하는 단순하고도 중요한 하나의 원칙, 디자인 퍼스트(Design First)다.

국내의 대기업이나 중견기업들도 디자인 퍼스트를 생각하고 고민하고 애플이 일하는 방식을 도입하고자 한다. 하지만 디자이너는 산업과 제품군을 모르고, 개발자는 디자인을 이해하지 못하고 일하는 것이 현실이다. 기업의 최고 경영자의 리더십과 전략 방향성도 명확하지 않다. 이러다 보니, 디자이너와 개발자의 커뮤니케이션이 올바르게 수행되지 않고, 결국은 글로벌 선진사의 제품 디자인을 그대로 모방하며 TDR로 얻어낸 정보를 가지고 제품 설계를 모방하게 된다. 기업의 최고 의사결정자가 디자인을 모르고 기술을 모르기 때문에 최고의 혁신 제품을 만드는 것이 아니라, 디자인하기 쉬운 제품, 개발하기 쉬운 제품을 개발하는 것이 국내 기업의 현실이자 문제점이다. 국내 일부 기업에서는 애플의 디자인 방법과 유사하게 디자인을 사업 조직과 분리하여 창의적인 디자인 업무를 수행하고자 하지만, 정작 사업부, 사업 본부에서 요구하는 기능을 만족시키지 못하는 제품 디자인이 나오기도 한다. 전사 차원의 디자인 경영을 체계적으로 실행하는 삼성은 대표 조직으로서 디자인 경영센터를 구축했다. 이를 통하여 제품의 정체성을 확보하고 사용자 중심으로 선행 개발하려 하고 있으며, 또한 글로벌 문화를 바탕으로 융복합 역량을 갖춘 디자인 인력을 양성하고 있다. 제품, UX, 그래픽, 엔지니어링, 사용자 경험에 관한 디자인 전문가로 팀이 구성되어 제품 콘셉트 발굴부터 디자인과 프로토타입 개발을 통한 검증까지 모든 디자인 프로세스를 수행한다. 또한 디자인 경영센터는 하부 조직으로서 글로벌 경쟁력을 갖춘 디자인으로 전 세계 사용자들에게 진정성 있게 다가선다는 목표로 서울을 포함하여 총 7개의 글로벌 디자인 연구소(서울, 도쿄, 북경, 델리, 런던, 샌프란시스코, 상파울루)를 설립했다. 전 세계 주요 도시에서 폭넓은 디자인 리서치 활동과 함께 오픈 이노베이션으로 다양한 글로벌 디자인 역량을 구축하겠다는 야심 찬 시도다.

디자인팀은 회사의 조직 체계에서 분리되어 있다

애플의 디자인팀은 새로운 제품에 관한 연구를 진행하기 시작하면 다른 여러 사업과는 완전히 분리된다. 심지어 하나의 제품 디자인을 하는 동안에는 업무 시간 중에 나른 애플 임직원과 교류하지 못하도록 물리적으로 통제한다. 이 시점에서 애플 디자인팀은 전통적인 기업의 계층 구조에서도 완전히 분리된다. 디자인팀은 그들만의 보고 체계를 만들고 경영진에 직접 보고한다. 이러한 방식은 디자인팀에게 일상적인 자잘한 업무보다 디자인에 집중할 수 있도록 하는 것이다. 애플의 디자인 프로세스와 유사한 조직 체계 및 운영 프로세스를 만들어 수행하는 일부 국내 기업도 있다. 이렇게 디자인된 시제품은 사업 본부, 사업팀, 개발팀으로 전달되는데 도저히 현실적으로 개발할 수 없는 제품이 구상되기도 한다. 가령 디자인팀에서 폴더블 스마트폰을 구상하더라도 개발 능력 부족, 부품 및 소재의 미 개발, 애플리케이션 부족, 사용자 인터페이스 등 모든 조건이 갖추어져야 비로서 제품으로서 시장에 선보일 수 있는 것이다.

애플은 매주 2번의 극단적 전뇌 활동인 페어드 미팅에서 창의성과 생산성을 기준으로 디자이너와 엔지니어가 끊임없이 토론한다. 당장 사업화할 제품이 아니더라도 디자인적 영감을 얻고자 최종 단계까지 창의적 아이디어를 유지한다. 단순한 조직의 분리를 넘어, 디자이너와 엔지니어의 끊임없는 토론, 핵심 부품 구매, 조달 계획, 기술 변화를 읽고 적용하는 능력 등 통합적 인사이트를 가진 각 부서의 최고 책임자가 모든 것을 직접 지휘한다. 이 과정에서 전략 방향이 결정되며, 최고 경영자와 임원진이 끊임없이 꿈꾸어 온 제품(Dream Product)이 실제 제품(Deliverables)으로 구체화되는 것이다.

일단 새로운 제품에 대한 의사결정이 진행되면, 하나의 개발팀이 조직되고, 이 조직은 회사의 모든 다른 부분에서 격리된다. 애플은 이렇게 생성된 새로운 팀을 스타트업으로 간주하며, 애플은 이 스타트업을 지원하는 액셀레이터의 역할을 한다. 이 팀은 민감한 새로운 프로젝트를 진행하기 때문에 제한된 공간에서 다른 부서의 접촉, 간섭 없이 업무를 수행한다. 사실상 경영진에게만 보고하고 책임을 지게 하는 회사 내부의 스타트업을 만든 것이다.

극단적 체크리스트인 ANPP는 작업을 시작할 때 제품 개발팀에 제공된다. ANPP에 제품 설계 프로세스의 모든 단계가 상세히 설명되어 있고, 정교한 세부 사항이 기술되어 있으며, 제품 제작팀이 어떤 단계를 거쳐 아이디어를 내야 하는지, 누구에게 최종 제품을 전달할 책임이 있는지, 누가 어떤 단계에서 개입하는지, 어디서 일할 것인지, 그리고 어떤 제품이 완성될 것으로 예상되는지를 정의한다.

월요일은 점검의 날

실리콘밸리의 대표적 기업의 업무 행태와는 달리 애플의 최고 경영진들은 매주 월요일을 점검의 날로 규정하고 해당 시점에 설계 단계에 있는 모든 단일 제품을 검사한다. 회의와 미팅 없는 월요일을 강조하는 여타 기업의 상식을 무너트리는 행동이기도 하다. 성공의 핵심은 애플 웨이다. 수백 개의 신제품을 한꺼번에 다룰 수 없다는 것을 충분히 인지하고 있으며, 수많은 프로젝트를 진행하다가 리소스를 낭비하기보다 성과를 낼 것으로 예상되는 소수의 프로젝트에만 집중한다. 많은 아이디어와 다양한 생각, 일에 대한 열정만으로는 충분하지 않다. 매주 월요일에 경영진은 내부 제품 개발의 각 과정을 진단하고 평가한다. 개발팀이 예상하는 궁극적인 목표를 향하여 나아가고 있다는 것을 확실히 하고자 ANPP를 기반으로 각각의 작은 디테일을 집착이라 할 정도로 집요하게 점검하는 것이다.

애플은 한 번에 여러 개의 프로젝트나 여러 개의 제품을 동시에 평가하지 않는다. 일반적으로 월요일 점검 미팅에서는 단지 몇 개의 제품에만 집중해 사고가 분산되지 않도록 한다. 비록 이 단계에는 제품 개발과 개발 단계에 중점을 두지만, 개발팀은 다른 잠재적인 가능성을 지속적으로 연구한다. 그러므로 창의적인 아이디어를 유지하는 것과 효율적이고 신속한 커뮤니케이션이 중요하다. 이를 위하여 애플은 모든 프로젝트에 3~5명의 드림팀을 구축하고 25명 내외로 드림팀을 지원하는 서포트팀을 구성하는 것이다. 월요일 점검의 날은 드림팀과 서포트팀에게 언제나 기회와 위기다. 이들에게 긴장감을 부여하며, 프로젝트의 진행 상황에 따라 여지없이 '잡스식 종결'이 뒤따른다. 막대한 자금과 인력이 투입되었더라도 월요일 점검의 날이 되면 모든 것이 폐기되고 팀이 해체될 수 있다. 팽팽한 긴장감 속에서 몰입해 최고의 완성도를 창출하지 못한다면 결코 고객에게 다가갈 수 없음을 강조하는 잡스의 집착이 여전히 애플의 유산으로 작용하고 있는 것이다.

EPM/GSM 마피아, 도로 규칙

애플은 여타 실리콘밸리 기업과는 달리 자체 생산 시설을 보유하지 않고 있다. 하지만 규모의 경제를 달성하였고, EPM/GSM 마피아를 운영함으로써 이를 보완하고 있다. 글로벌 ICT 기업 및 이종 산업의 플레이어도 애플의 운영 방식을 적극적으로 벤치마킹하는 상황이다. EPM/GSM 마피아는 엔지니어링 프로그램 관리자인 EPM(Engineering Program Manager)과 글로벌 공급 관리자인 GSM(Global Supply Manager)

으로 이루어져 있다. 애플의 제품 개발이 생산 단계로 넘어갈 때 모든 것을 인계받는 것이 이들의 첫 번째 임무이며, 예상대로 이들은 주로 중국을 기점으로 업무를 수행한다. 자체 생산 라인을 구축하지 않지만, EPM 인력이 폭스콘 같은 중국 내 최대 생산 업체를 대상으로 애플의 개발 기술이 원활히 생산 단계로 이관되도록 책임지며, GSM 인력이 다양한 부품 아웃소싱과 생태계 구축 업무를 수행하는 것이다. 이러한 애플의 운영 방식으로 생산 비용을 가능한 한 낮게 유지하면서 제조 과정에서 발생하는 많은 문제를 해결할 수 있다.

중국에서 제조 과정이 시작되어도 애플의 설계 과정은 지속적으로 운영된다. 애플은 제조 과정 전반에 걸쳐 디자인과 소프트웨어, 하드웨어 등을 개선하는 작업을 반복한다. 제품이 제작되고 테스트 및 검토된 후일지라도, 디자인팀과 엔지니어링팀은 기존 시제품을 개선하고 모든 것을 다시 만들기도 한다. 파일럿 생산이 완료되면 EPM팀은 테스트 제품의 일부, 또는 전체를 인계받고 이를 쿠퍼티노에 위치한 애플 본사로 이관한다. 이러한 방법은 매우 높은 비용을 유발하지만 애플의 품질 유지에 관한 집착의 일환으로 간주된다. 특히 쿠퍼티노 근교에 위치한 애플의 패키징 룸은 최고의 보안이 유지되는 곳으로서 애플 제품의 프로토타입에 관한 모든 것을 최종 점검하는 장소다.

제품 개발의 마지막 단계는 제품 출시 계획을 수립하는 것이다. ANPP을 근거로 애플 제품을 철저하게 점검했는데 출시가 가능하다고 판명되면 이제 애플은 '도로 규칙(the Rules of Road)'이라고 명명된 행동 계획을 실천한다. 도로 규칙은 애플 제품이 상업적으로 출시되기 전과 후에 해야 할 모든 책임과 의무를 체크리스트로 규정한 문서. 제품의 마케팅 전략, 배송과 애플 스토어 운영 방식, 앱과 애플 스토어 전략, 서비스 전략과 제품 수리, 언론 홍보 전략, 가격 정책 등 모든 기밀 사항이 해당 분야별로 완벽하게 매뉴얼로 완성되어 있다. '창의성'과 '다르게 생각기'로 대변되는 애플이지만, 애플의 이러한 운영 방식은 복잡하고 과도한 비용이 수반된다고 평가되기도 한다. 전통적인 글로벌 ICT 기업과 실리콘밸리의 다른 유니콘, 데카콘 기업의 운영 행태나 다양한 최첨단의 경영 기법에 역행하는 모습이기도 하다. 하지만 고객이 경험하는 완벽함과 단순함을 위하여 애플은 현재까지도 이러한 과정을 고수하고 있으며 최고의 효율을 발휘하고 있음을 자부한다. 자신의 작업 공간 내에서 모든 프로세스를 에뮬레이션할 수는 없지만 프로젝트의 설계 단계와 실행 단계를 문서화하지 않을 이유는 없다. 또한 반복하지 않을 이유도 없다. 성공적인 설계 프로세스에 대해 더 많이 알수록 자신의 제품을 향상시키는 작업에 더 많은 것을 이용할 수 있기 때문이다.

페이스북 10년 로드맵, R&D 전략

아무것이나 만들지 않는다

기업의 R&D 부서는 경영 계획과 경영 전략에 의해서 움직이는 비즈니스 시스템의 한 조직이기 때문에 사전에 기업의 연간 전략과 중장기 전략, 단기 전략으로 수립된 R&D 활동을 수행한다. 과거에는 제록스의 팔로알토 연구소같이 기업의 경영 전략에서 다소 동떨어진 자율적 연구를 수행할 수도 있었지만, 현재의 기업 환경, 불확실성이 가중되는 경쟁 환경에서는 자율적이고 창의적인 연구보다 회사의 경영 전략에 따라 상품화, 제품화 및 철저히 매출에 기여하는 R&D를 해야 할 필요성이 높아졌다. 그러므로 계획된 제품과 기술, 솔루션을 만드는 것이 R&D의 목적이 되고 있다.

기업이나 회사의 기획 부서(전략 기획, 경영 기획, 연구 기획, 마케팅 기획, 상품 기획 부서 등)에서는 사업 환경, 기술 트렌드, 사업의 메가 트렌드, 제품 기술 및 경쟁사에 대한 분석을 토대로 중장기 로드맵, 단기 로드맵을 수립한다. 중장기 로드맵은 일반적으로 3~5년, 단기 로드맵은 주로 1년 단위로 수립한다. 중장기 R&D 로드맵은 기업이 무엇을 만들 것인가, 어떠한 장점과 차별화로 고객에게 새로운 경험과 가치를 제공할 것인가에 초점을 맞추며 이를 핵심 요소라고 명명한다. 중장기 R&D 로드맵은 연구개발 부서에 지속성을 보장하며, 마케팅, 영업 부서에는 고객에게 중장기적 계획을 제공함으로써 고객 이탈 방지와 고객 유지, 신규 고객을 모으는 역할을 수행한다. 또한 구매 부서는 이를 가지고 핵심 부품이나 솔루션 제공 업체와 중장기적으로 협력할 수 있으며 여기에서 제공 부품, 기술에 대한 원가 절감 및 다양한 공급처를 발굴하는 기회를 얻는다.

페이스북의 10년 로드맵

기업의 비전을 중장기 R&D 로드맵으로 표방하는 대표적인 기업이 페이스북이다. 지난 2016년 페이스북의 나아갈 방향을 10년 로드맵으로 발표한 마크 저커버그는 2018년 5월 더욱 새롭게 수정된 페이스북의 10년 로드맵을 공개했다. 페이스북의 모든 전략을 공개하고 공유하는 F8 개발자 회의에서 마크 저커버그는 수년 내 우리의 삶을 뒤바꾸어 놓을 모든 첨단 기술을 선도하겠다는 야심찬 계획을 발표했다. 이 계획은 기존 페이스북의 정체성인 사진, 뉴스 기사 공유, 연결을 통한 동영상과 메시지 전달 수준을 넘어서는 것을 의미한다. 이들의 10년 중장기 로드맵에는 네트워크 기본 장비부터 인공위성, 해저 케이블까지, 인터넷 접속을 설계하고 소유하려는 의도가 포함되어 있으며, 스스로 생각하는 컴퓨터와 인간의 생각만으로 디지털 세계를 제어할 수 있는 뇌 컴퓨터 인터페이스(BCI, Brain Computer Interface)를 구현하고자 노력하고 있음이 드러난다. 페이스북은 최근까지 개인 정보의 무단 수집과 침해, 사용자 데이터의 무단 이용 때문에 격동의 시기를 겪었음에도 중장기적이고 원대한, 이익 창출을 위한 꿈을 포기하지 않았음을 분명히 표방한 것이다.

페이스북의 10년 로드맵은 연결성, 인공지능, 가상·증강현실 등 세 개의 카테고리로 분류된다. 페이스북은 연결성을 끊임없이 고민해왔다. 페이스북은 인공위성과 고고도 위성을 이용하여 아프리카 등 인터넷 억세스가 어려운 지역에서도 균등하고 평등하게 정보에 접근할 수 있게 하겠다는 목표를 지속적으로 꿈꿔왔다. 지난 2016년 페이스북의 인공위성을 실은 스페이스X의 로케트가 발사 과정에서 폭발하는 바람에 페이스북의 원대한 야심이던 2억 달러짜리 인공위성 프로젝트가 실패로 돌아갈 뻔했지만, 게다가 2017년 또다시 시도된 인공위성 아킬라 프로젝트 역시 두 번의 시험 비행이 모두 실패하였지만, 비즈니스인사이더는 페이스북이 멕시코에서 아킬라 프로젝트의 후속 실험을 진행하고 있음을 밝혔고, 2019년 페이스북은 자체 인공위성 '아테나'를 발사할 계획이라고 한다. 페이스북은 연결성을 위하여 통신 인프라 프로젝트(TIP, Telecom Infrastructure Project)라는 원대한 꿈도 꾸고 있다. 3500억 달러의 통신 시장을 잠식하려 하고 있으며, 이미 국내외 주요 하드웨어 제조사를 유인하여 오픈 소스 하드웨어 생태계를 구축하고 있고, 셀룰러 모바일 네트워크를 위한 또 다른 오픈 하드웨어 생태계를 만들겠다고 선언했다. 또한 소프트뱅크, 아마존, 마이크로소프트와 전략적 제휴를 맺고 기존의 통신 인프라 임대에서 탈피해 자체 해저 광케이블을 설치함으로써 더욱 저렴하게 고속 인터넷에 접속하는 세상을 꿈꾸고 있다.

페이스북 10년 로드맵의 또 하나의 중심 축은 인공지능이다. 수많은 사진을 인식하고 적절한 행동을 취하는 머신 비전 시스템은 이미지넷(ImageNet) 벤치마크 테스트에서 우수한 결과를 획득했다. 특히 페이스북이 자랑하는 오픈 소스 인공지능 프레임워크인 파이토치(PyTorch)는 페이스북의 인공지능 연구를 이끌 핵심 프레임워크로 각광받고 있다. 또한 페이스북은 인공지능의 연구 분야로서 인간의 통제가 필요 없는 비감독 학습(Unsupervised Learning) 기술, 인공지능을 위한 생산적 네트워크(Generative AI Network) 기술에 집중하고 있다. 구글에 대항해서 오픈 소스 인공지능 바둑프로그램인 엘프 오픈고(ELF OpenGo) 연구에도 박차를 가하고 있다. 페이스북의 10년 중장기 로드맵의 마무리는 가상·증강현실 기술 분야의 완성이다. VR 기반의 오큘러스 헤드셋, 스탠드 얼론 VR, 소셜 VR 및 PC 기반의 AR 기술을 개발하여 공개하겠다고 약속하였다. 또한 두뇌 컴퓨터 인터페이스 기술을 지속적으로 연구하겠다고 밝혔다.

R&D 부서의 핵심 기술 확보 전략

중장기 로드맵이 수립된 후 개발 본부나 개발팀 등 기업의 전략을 담당하는 부서에서는 중장기 로드맵을 실현할 제품, 기술, 솔루션 보유 여부를 확인해야 한다. 현재 자사에 해당 기술이 없을 경우 이러한 기술을 보유하기 위한 로드맵을 수립한다. 이를 기술로드맵(TRM, Technology Roadmap)이라고 한다. 기술로드맵은 자사의 보유 기술과 향후 확보해야 하는 기술을 연간 단위로 구분하여 수립한다. 실리콘밸리의 ICT 기업, 스타트업과는 달리 전통적 제조 기업과 국내 기업은 4차 산업혁명 이전에는 기술로드맵에 전사적 역량을 집중하지 못했다. 기술로드맵을 R&D 조직 내의 연구 기획, 개발 기획 부서의 전유물로 인식하거나, 상품 기획, 전략 기획 부서에서 구매하는 시장 조사 리포트나 부품 제조 업체가 제공하는 새로운 부품 정보에만 주안점을 두었기에 새로운 시장을 창출하거나 파괴하는 빅뱅 파괴자처럼 선도적 역할을 수행하기 어려웠다. 하지만 4차 산업혁명 이후 기업의 경영 환경과 ICT 기술은 급격히 발전하여 기술 불확실성, 고객 불확실성이 커지고 있으며, 기업 전체적으로 전략적 민첩성과 전략적 감수성으로 신속, 민첩하게 대응하지 못하면 기업의 생존조차 보장받지 못하는 상황이 되었다. 이에 따라 항시 새로운 기술과 트렌드, 이머징 이슈에 연결하고 변화의 흐름을 감지하며, 분석하고 적용하는 능력이 요구되고 있는 실정이다. 4차 산업혁명 이후 사물인터넷, 클라우드, 빅데이터, 모바일, 인공지능 등은 이제 단일 기술의 범주를 넘어 수많은 기술들이 융복합하여 새로운 기술과 플랫폼, 서비스를 창출하고 있다. 하나의 기술을 습득하더라도 연계된 다른 기술들을 알지 못한다면 궁극적으로 ICBM+AI 관련 제품, 솔루션과 서비스를 제공하기 어렵게 된 것이다. 가트너나 IDC 등 시장, 기술 분석 서비스 업체마저 실시간으로 변화하는 기술의 흐름을 민첩하게 반영하기 어려운 상황에 도달했다. 이런 환경이라 기업들의 기술로드맵 수립과 연관 기술 분석은 더욱 어려워지고 있다.

R&D 부서 및 전략 수립 부서에서 기술을 확보하는 첫 단계는 랜드스케이프를 만드는 것이다. 랜드스케이프는 특정 기술과 연계 기술, 주요 플레이어, 비즈니스가 포함된 생태계를 한 장의 그림으로 표현한 것이다. 빅데이터, 사물인터넷, 클라우드, 로봇 등에 관한 랜드스케이프를 검색하면 수

많은 자료를 쉽게 입수할 수 있다. 가령 특정 기업이 클라우드 사업에 진출한다면 가장 시급하게 알아야 할 것은 시장 규모, 핵심 기술, 주요 경쟁사, 경쟁 요소, 고객 등일 것이다. 많은 비용을 지불하여 가트너나 IDC의 분석 리포트를 구매할 수도 있지만, 현 시점에서 최근까지 업데이트된 정보를 얻기는 쉽지 않다. 클라우드 랜드스케이프라면 클라우드 네이티브 컴퓨팅 재단(CNCF, Cloud Native Computing Foundation)에서 발행하는 자료가 가장 정확하고 빠르게 업데이트되고 있다. CNCF는 클라우드의 핵심 기술인 컨테이너 오케스트레이션 소프트웨어의 사실상 표준인 쿠버네츠(Kubernetes)를 개발한 개발자가 설립한 단체로서 최근 아마존, 마이크로소프트, 오라클, VM웨어 등 핵심 플레이어가 합류하여 업계의 기술을 주도해 가고 있다. 기업의 R&D 부서에서는 이처럼 주요 기술을 선도하는 오픈 소스 프로젝트나 주요 기업이 합류하는 단체를 통하여 랜드스케이프를 최신으로 업데이트함으로써 변화의 흐름을 읽고 준비하는 연결성을 유지하고 있어야 한다.

핵심 기술 확보 전략:
CNCF의 클라우드 랜드스케이프 구조

CNCF에서 제공하는 클라우드 랜드스케이프 역시 일반적인 랜드스케이프 구조와 유사하게 구성되어 있다. 전체적인 랜드스케이프의 구성은 클라우드, 스페셜, 프로비저닝, 런타임 등의 영역으로 구분돼 있는데 이와 같이 구분된 각 항목 안에 주요 플레이들의 기업 로고를 표시해 놓았다. 특히 각 영역에서 CNCF가 직접 인큐베이팅하는 오픈 소스 프로젝트들을 명시하고 있다.

랜드스케이프로 클라우드 기술 및 비즈니스의 각 영역과 주요 플레이어를 확인하였다면 이후에 R&D 부서는 각 영역에 존재하는 주요 플레이어가 어떠한 기술을 갖추고 있는지를 비교 평가해야 한다. 또한 어떤 플레이어가 시장과 비즈니스, 기술을 선도할 것인지 확인해야 한다. 랜드스케이프는 생태계를 한 눈에 파악하여 전체적인 큰 그림을 조망할 수 있도록 하지만, 상용 분석 리포트에서 제시하는 시장 규모와 업계 순위, 핵심 기술 분석 등은 제공해주지 못한다. 그러면 기업의 전략 부서나 마케팅 부서, MI(Market Intelligence) 부서를 통하여 시장 정보를 구매하거나, 일부 무료 공개 자료, 각종 분석 기관의 공개 자료, 국가 통계 자료, 증권사 애널리스트 분석 자료를 활용하면 된다. 최근 ICT 업계의 통계 자료에 발빠르게 대응하는 스타티스타의 정보를 활용하기도 한다.

기본적인 시장 정보만 검색해도 최근의 데이터를 쉽게 구할 수 있다. 일부 국내 기업은 해커톤이나 구글 스프린트 방식을 적용하여 주기적으로 이러한 자료를 모은다. 클라우드 자료를 조사해보면, 2018년 전 세계 퍼블릭 클라우드 서비스 시장이 전년 대비 21.4퍼센트 성장한 1864억 달러로 추산됨을 알 수 있다. 특히, 소프트웨어를 서비스로 제공받는 서비스형 소프트웨어(SaaS) 분야와 컴퓨팅 자원을 빌려주는 서비스형 인프라(IaaS) 분야가 높은 성장세를 보이며, SaaS는 클라우드 시장에서 가장 큰 규모를 차지하고 있고, 2018년 매출은 전년 대비 22.2퍼센트 증가한 736억 달러에 이른다는 정보까지 얻을 수 있다. 또한 효율성과 비용성 측면에서 뛰어난 IaaS

2017년~2021년, 전 세계 퍼블릭 클라우드 서비스 매출 전망

(단위: 십억 달러), Gartner

구분	2017	2018	2019	2020	2021
BPaaS 서비스형 비즈니스 프로세스	42.6	46.4	50.1	54.1	58.4
PaaS 서비스형 플랫폼	11.9	15	18.6	22.7	27.3
SaaS 서비스형 소프트웨어	60.2	73.6	87.2	101.9	117.1
클라우드 관리 및 안전 서비스	8.7	10.5	12.3	14.1	16.1
IaaS 서비스형 인프라	30	40.8	52.9	67.4	83.5
총계	153.5	186.4	221.1	260.2	302.5

는 퍼블릭 클라우드 서비스 시장에서 성장률이 가장 빠르게 상승하고 있는 분야로서 2018년 시장 규모는 408억 달러였음을 확인할 수 있다. 이러한 시장 분석으로 시장이 단일 서비스나 플랫폼으로 구성되지 않고 세분화되었음을 알 수 있고, 클라우드 비즈니스를 수행하고자 하는 기업이나 관련 기술을 확보하고자 하는 R&D 부서는 어떠한 분야로의 접근이 합리적 선택인지를 재고하는 계기로 삼을 수 있다.

시장 조사의 두 번째 목적은 핵심 플레이어가 누구인가를 파악하는 것이다. 랜드스케이프에서 각 영역별 플레이어의 명단은 확보할 수 있지만, 이들의 시장점유율이나 매출액, 관련 핵심 기술을 파악하기는 쉽지 않다. 하지만 이러한 정보는 대부분의 주요 플레이어들이나 기술 단체가 공개하는 분석 자료를 활용하여 쉽게 확인할 수 있다. 시너지 리서치 그룹의 발표에 따르면 클라우드 서비스 시장에서 아마존, 마이크로소프트, IBM, 구글, 알리바바가 굳건한 성장세를 보이고 있다. 특정 기업이 클라우드 인프라, 플랫폼 비즈니스를 수행하려 한다면 가장 큰 경쟁사는 이들 업체가 되는 것이다. 국내 업체도 유사한 서비스를 제공하는지 함께 검토해야 한다. 국내에서는 네이버, SK의 T클라우드, KT의 유클라우드 등이 비즈니스를 수행하고 있다.

특정 비즈니스를 준비하는 기업은 비즈니스 트렌드와 기술의 흐름을 함께 읽어내야 한다. 클라우드 비즈니스는 점점 더 성숙하고 복잡성이 증대하고 있다. 과거 프라이빗 클라우드(Private Cloud)만 고집하던 기업들이 퍼블릭 클라우드(Public Cloud)를 함께 혼용하는 하이브리드 방식으로 전환하고 있으며, 2018년 아마존 한국 지역(Region)의 동작 오류로 막대한 비즈니스 위기를 경험한 바처럼 이제는 멀티 클라우드(Multi Cloud) 사용으로 재해를 대비하고 특정 회사에 종속되지 않으려 하는 흐름이 나타나고 있다. 또한 기업의 IT 인프라인 웹사이트와 웹 애플리케이션이 클라우드로 이전 및 협업하며 커뮤니케이션 솔루션 및 기업의 CRM, ERP, R&D도 클라우드로 이전하려 하고 있다. 또한 보안 문제가 지속적인 화두로 떠오르면서 프라이빗 클라우드가 다시 주목받고 있는 상황이다. 기술 측면에서는 가상화 기술을 이끌던 VM(Virtual Machine)은 이제 컨테이너에 자리를 양보하게 되었고, 컨테이너 오케스트레이션 영역에서는 쿠버네츠가 사실상의 표준으로 통용되고 있다. 멀티 클라우드를 점점 더 선호하면서 기존의 클라우드 서비스 브로커(CSB, Cloud Service Broker)의 영역을 넘어 이를 서비스하는 관리 서비스 제공자(MSP, Managed Service Provider)가 등장하여 새로운 비즈니스를 창출하고 있다. 또한 클라우드와 빅데이터, 사물인터넷, 인공지능이 서로 결합하여 새로운 기술과 서비스를 창출하는 상황이 되었다.

오픈 소스부터 확인하라: 클라우드 오픈스택

오픈 소스 클라우드 소프트웨어를 대표하는 솔루션은 오픈 스택(OpenStack)이다. 리눅스와 오픈 소스 재단이 설립된 이후로 수많은 오픈 소스 프로젝트가 진행되어 왔으며, 특히 4차 산업혁명의 핵심 기술로 대변되는 ICBM+AI 기술은 대부분 오픈 소스와 결합해서 이루어져 있으며, 글로벌 상용 솔루션을 제공하는 아마존, IBM, 구글 역시 오픈 소스를 지원하면서 오픈 소스를 기반으로 상용화된 솔루션을 함께 제공하고 있다. 국내에서도 오픈 소스의 중요성과 효용성에 관한 논의가 진행되고 있으나, 실리콘밸리 기업처럼 적극적이지 못하며, 메인테이너나 컨트리뷰터로서의 역할이 일부 대기업과 특정 기업에 치중되어 있다. ICT 업계에서는 만들고자 하는 소프트웨어는 이미 오픈 소스로 구현되어 있다는 이야기가 통용되기도 한다. 그만큼 집단 지성의 힘을 이용하는 수많은 개발자와 이를 지원하는 글로벌 기업의 활동 덕분에 오픈 소스 생태계가 진화하고 융복합되고 있다. 이제는 오픈 소스 프로젝트 자체를 분석하고 기업의 요구에 맞게 수정(Customization)하는 일도 새로운 비즈니스 영역이 되어가고 있다.

오픈스택은 랙스페이스(Rackspace)와 미국의 나사가 주도하여 만든 클라우드 인프라(IaaS) 구축 소프트웨어 플랫폼으로 클라우드 인프라를 위한 서버 가상화, 스토리지 가상화, 네트워크 가상화 기술을 종합적으로 구현하고 있다. 초창기에는 아마존, 마이크로소프트 등의 상용 클라우드 솔루션과 경쟁하는 입장이었지만, 레드햇(RedHat)의 합류, 전 세계 개발자들의 적극적인 커미터(Committer, 소스 코드의 일부를 수정하거나 재설계를 진행하여 전체 코드에 기여하는 행위) 활동으로 세력을 키워왔으며, 이제는 상용 솔루션 업체마저 오픈스택을 이용한 솔루션을 제공하고 있는 실정이다. 클라우드보안협회(CSA, Cloud Security Alliance)도 설립되어 세계 각국의 정부에 클라우드 보안에 대한 정책을 조언하고 있다.

실리콘밸리 기업은 회사의 업무를 수행하면서 자신의 리소스를 100으로 가정한다면, 현재 업무에 70퍼센트를 할당하고, 현재 하고 있는 업무와 연계된 확장을 하는 데 20퍼센트를 할당하며, 완전히 새롭고 자유로운 분야의 연구에 10퍼센트의 리소스를 할당하도록 권유하고 있다. 하지만 국내 기업은 이러한 업무 유형을 아직까지 파격이라고 인지하고 있고, 매일 주어진 업무를 처리하기에도 벅찬 것이 현실이다. 오픈 소스도 평소 해커톤이나 스프린트, 드림팀, 학습조를 운영하여 꾸준히 탐색·연구·분석을 해왔다면 신속하게 이를 기술, 제품, 솔루션에 반영할 수 있지만, 막상 필요한 시점에 적용하려니 오픈 소스의 방대함에 엄두를 내지 못하는 것이다. 클라우드 IaaS를 구성하는 오픈스택만 하더라도 내부적으로는 20여 개의 세부 프로젝트가 구동되어 오픈스택이라는 완성체를 구성한 것이다.

- 노바(Nova): 서버 가상화 구현
- 스위프트(Swift): 오브젝트 스토리지를 기반으로 REST

API를 이용한 파일 관리

- 글랜스(Glance): 노바의 서버 가상화를 위한 OS 이미지를 관리
- 키스톤(Keystone): 프로젝트의 인증을 통합 관리하는 인증 모듈
- 호라이즌(Horizon): 웹 기반의 통합 관리 대시보드 구현
- 뉴트론(Neutron): 소프트웨어 정의 네트워크 구현 및 지원
- 신더(Cinder): 아마존 AWS의 EBS(Elastic Block Store)와 유사한 블록 디바이스 볼륨 관리
- 텔레메트리(Telemetry): 자원 사용량 통합관리
- 히트(Heat): 자원 생성 및 관련 소프트웨어를 설치하고 구동하는 오케스트레이션 지원
- 트로브(Trove): MySQL, 레디스(Redis) 같은 데이터베이스를 관리
- 사하라(Sahara): 하둡 기반 빅데이터를 지원 클러스터 관리
- 아이로닉(Ironic): 베어 메탈에 서버 자원을 관리
- 자카르(Zaqar): 메시지 큐 클러스터 관리
- 바비칸(Barbican): 키(인증) 관리
- 데지그네이트(Designate): DNS 서비스 관리
- 마닐라(Manila): 공유 파일 시스템
- 모나스카(Monasca): 자원 모니터링

연구 개발 부서의 핵심 기술 확보 전략:
산학 협력, 아웃소싱, 클러스터

중장기 전략 및 기술로드맵의 작성을 마치면, 로드맵에 기

재된 기술 및 솔루션을 회사 내부에서 개발 가능한지, 혹은 외부의 산학 협력, 아웃소싱, 공동 개발, 기술 구매 등의 형태로 확보할지 결정한다. 내부 개발이 가능하더라도, 기간, 비용 등을 고려하여 외부 협력 업체와 개발할 수도 있다. 실리콘밸리가 성장한 이유 중에는 스탠퍼드 대학교와 프레드릭 터먼이 있다. 과학의 실용화를 강조해온 스탠퍼드 대학은 대학 설립 이후부터 지속적으로 산업계와 산학 협력을 강조해왔으며, 터먼 교수는 직접 후원을 아끼지 않으며 제자들에게 창업을 권유했고, 스탠퍼드의 우수 인재와 학문적 성과를 연계할 수 있도록 다양한 산학협력 프로그램을 만들었다. 데이빗 팩커드와 빌 휴렛이 휴렛팩커드를 창립하였고, 터먼 교수는 스탠포드 부총장이 된 이후 스탠포드 산업공단을 만들어 이들과 후학의 산학 협력을 지원하였다.

기업이나 스타트업을 준비하는 조직, 개인에게 흔히 나타나는 현상을 설명할 때 독일의 수학자 브래스(Dietrich Braess)가 주장한 '브래스의 역설'을 인용한다. 교통 체증이 심한 도로를 생각해 보자. 도로상에 너무 많은 차가 있어 교통 정체가 발생하면 교통 흐름은 느려지고 혼잡해진다. 이러면 대부분 도로를 추가로 더 많이 건설하는 것을 해결책으로 내세운다. 하지만 신설 도로를 만들고자 이미 혼잡한 도로의 일부를 막고 공사를 진행하면서 교통 혼잡은 더욱 심해지고 상황은 더욱 악화되어 버린다. 또한 여러 도로를 추가로 증설하지만 교통 흐름은 더욱 악화된다. 각 도로에 진입하는 교차로에서 또 정체가 일어나 결국 교통 혼잡은 더욱 심해진다. 신규 도로와 수많은 교차로를 차단하자 반대로 교통 흐름이 더욱 수월해진다.

비즈니스 클러스터 분석에서도 이와 동일한 역설이 적용된다. 수많은 정보와 성공한 스타트업, 유니콘과 데카콘이 된 기업의 현재 모습만을 살펴보면 기업과 스타트업을 준비하는 조직 입장에서는 준비해야 할 것이 너무나 많다. 이러한 모든 것들을 분석하느라 수많은 시간을 허비하고 결국 비즈니스 자체에 대해서는 체계적이며 통합적인 시스템적 관점을 갖지 못하게 되는 것이다. 비즈니스를 수행하려고 비즈니스를 구성하는 다양한 요소를 분석하지만, 결국 최종적으로 수행해야 할 것은 비즈니스다.

비즈니스를 추진하면서 클러스터를 분석하는 것은 이제 필수 과정이다. 비즈니스 클러스터 분석은 현재 진입하려는 비즈니스의 기술, 투자, 스타트업과 기업체의 움직임, 투자자의 선호, 트렌드를 한꺼번에 볼 수 있는 인사이트를 제공하기 때문이다. 특히 클러스터에 연계된 학계, 연구소의 목록에서 현재 및 차세대의 연구 동향을 파악함으로써 비즈니스 기회를 창출할 수 있으며, 현재 이 비즈니스를 수행하는 기업, 스타트업의 움직임과 정보 동향을 실시간으로 알 수 있는 장점이 있다. 하지만 반대로 생각하면 새로운 비즈니스를 고려하는 기업, 스타트업은 어떤 비즈니스를 버리고, 어떠한 기술 분야를 기술 성숙도가 높아질 때까지 기다려야 하는지, 어떤 분야에 투자자가 몰리고, 몰리지 않는지를 고려해야 한다. 즉, 무엇을 할지 고민하기보다 무엇을 하지 말아야 하고, 무엇을 선택하지 않아야 하는지 먼저 결정해야 하는 것이다.

앞에서 말했듯이 클러스터 분석은 산업의 다양성을 확인할 수 있는 인사이트를 제공한다. 미국 노스캐롤라이나 연구단지(Research Triangle Park, North Carolina)는 IBM, 글락소스미

스클라인(GSK, GlaxoSmithKline), 바이엘(Bayer)을 포함한 140여 개의 기업체 및 인근 비즈니스 파크(Business Park)와 연계하여 제약, 마이크로 일렉트로닉스, 반도체, 생명공학, 기계, 통신 및 의료 기기 등의 분야로 산업의 다양성을 확대하여 왔다. 미국의 클러스터들은 풍부하고 깊이 뿌리내려 있는 산학 협력의 전통에 기반을 두고 있다. 설립 당시부터 이종 기술과 과학 분야의 협업과 협력에 초점을 맞췄으며, 정부, 대학, 기업 및 클러스터의 파트너십과 정책 수립에 최고 우선순위를 부여했기 때문이다. 또다른 클러스터의 분석 목적은 연결과 통합이다. 이제는 하나의 기술 아이템이나 사업 아이템만으로는 비즈니스를 수행하기 어렵다. 지금 가지고 있는 기술과 향후 보유하고자 하는 기술을 살펴보고, 자신이 해야 할 부분과 철저히 다른 솔루션으로 연결할 기술 및 비즈니스의 각 프로세스를 구분하는 것이다. 클러스터 분석을 통하여, 잘할 수 있는 핵심 역량과 기술에 집중하되, 다른 부분은 연결과 통합을 이용하여 비즈니스의 전반을 통찰하는 시스템적 시야(Systematic View)를 확보해야 한다.

R&D 부서의 핵심 기술 확보 전략

기업의 R&D 부서가 내부적으로 기술 확보 전략을 추진하는 경우에는 기술을 기획하고 구현할 인력들이 전담 연구를 하는시, 혹은 상품화 과제 등으로 차출되는지를 검토헤아 한다. 일부 기업에는 상품화 과제와 분리하여 독립적으로 선행 연구를 전담하는 조직이 있으나, 대부분의 기업은 개발 담당자에게 이러한 연구를 현업과 병행토록 요구하고 있다. 이러한 경우 개발자와 연구원을 대상으로 하는 리소스와 개발 진척 관리를 명확하게 수립해서 거시적, 미시적 점검을 병행해야 한다. 관리가 되지 않은 상황에서 업무가 가중되고 범위가 늘어나면 집중력 분산과 리소스 낭비가 발생하기 때문이다. 실리콘밸리 기업 및 국내 일부 대기업을 제외한다면 대부분의 국내 기업이 현실적으로 기술에 대한 선행 연구와 연관 기술에 대학 학습, 심화 연구를 위한 별도의 시간과 리소스를 운영하지 못하고 있는 실정이다. 연간 경영 계획으로 이미 확정된 과제를 수행하고, 제품의 상품화와 상품화 이후의 양산 지원 및 고객 VoC(Voice of Customer), 고객별 요청사항 대응 등으로 이미 1년의 업무가 빠듯하여 별도의 시간을 할애하기 어려운 것이다.

기업의 리소스는 언제나 유한하다. 신규 사업을 추진하려 해도, 빅데이터 및 인공지능을 도입하려 해도 늘 새로운 인력을 요구하게 된다. 하지만 기업을 경영하면서 풍족한 자원으로 시작하는 경우는 손에 꼽을 정도다. 일부 능력이 출중한 예비 기업가는 혼자서 모든 것을 다 하려 하지만 비즈니스 규모가 커지고 검토해야 할 대상이 많아지면서 점점 더 어려움을 겪게 된다. 일부 중견기업은 이러한 상황에서 임직원을 더욱 몰아 세운다. 그러고는 성과가 나오지 않는다며 리소스의 수준과 질이 만족스럽지 않다고 불평한다. 이런 기업가나 임원은 바로 귀납적 학습 방법에 무지한 상태이고 효율적 리소스 관리 능력이 수준 이하인 것이다. 권한 위임과 육성, 업무 분담과 적절한 관리도 제대로 수행하지 못하는 것이다. 또한 일부 중견기업은 심지어 육성과 교육이 비효율적인 낭비라며 교육의 본질마저 왜곡하고 있다. 자원에 대한 인식을 제대로 학습하지 못한 기업가와 일부 임원이 오히려 기업 발전을 저해하는 역할을 하고 있는 것이다.

자원에 대한 인식이 잘되어 있는 실리콘밸리의 기업들은 70:20:10 관점의 인재 육성 전략을 수행하고 있다. 조 아헤츠(Joe Arets), 찰스 제닝스(Charles Jennings), 비비안 헤이넌(Vivian Heijnen) 등이 제시한 70:20:10의 관점에 인재 육성 전략을 적용한 것이다. 기업 교육에서 창의와 성과, 리소스 활용을 극대화하기 위한 70:20:10 프레임워크 적용은 성공적인 인재 육성 전략에 대한 기본적인 가이드라인을 제시한다. 업무 수행에 필요한 지식, 기술, 태도의 70퍼센트는 결국 현업에서 일하면서 실제로 배우는 것이며, 20퍼센트는 관계 학습과 새로운 비즈니스를 위한 준비, 나머지 10퍼센트는 미래 비즈니스를 배우는 것이다.

R&D 부서의 제품 전략

중장기 전략과 기술로드맵, 기술 확보 전략을 수립한 후, R&D 부서가 개발 본부, 개발팀을 운영하려면 중장기 전략의 하위 전략인 제품 전략을 수립해야 한다. 제품 전략은 일반적으로 1년 단위로 수립하지만, 경영 환경, 경쟁 구도, 고객 변화에 따라 반기, 분기별로 제품 수정 계획을 수립하기도 한다. 실리콘밸리의 기업은 개발자 회의나 주주를 위한 경영 보고 회의, 제품의 언팩(Unpack) 행사에서 R&D 선략을 공표한다. 페이스북의 F8이 대표적인 사례다. 국내 대기업은 매년 6월 11월, 12월경에 글로벌 전략 회의에서 전반적인 사업을 재점검하고 이때 의사결정된 사항에 따라 R&D 부서의 제품 전략이 새롭게 수립되거나 수정된다. 특히 2018년 12월 삼성의 글로벌 경영 전략 회의에서는 반도체 사업에 대한 위기 관리가 의제로 나왔다. 매 분기 최고의 실적을 거두고 있지만, 중국을 비롯한 경쟁사의 추격을 피하고 초격차를 벌리기 위한 대규모 투자 유치, 비메모리 반도체와 엑시노스를 위시한 파운드리 사업과 시스템 반도체 부문의 전략을 보완해야 했기 때문이다. 또한 최근 주목을 받고 있는 폴더블 폰과 차세대 이동통신 5G에 대한 사업 및 후속 R&D 전략이 관건이었다. ICT 업계의 공통 화두인 8K 비디오, QLED, 인공지능과 사물인터넷 등의 미래 먹거리 창출 전략에 따라 R&D 부서의 제품 전략도 새롭게 짜였다.

기업의 경영 전략이 수립된 후 전략 부서와 기획 부서, R&D 부서는 1년 먹거리와 중장기 먹거리를 확보하기 위한 제품로드맵과 이를 구현하기 위한 기술로드맵, 솔루션로드맵(SRM), 비즈니스로드맵과 GTM(Go to Market) 전략을 수립한다. 예를 들어 아마존의 클라우드 서비스인 AWS는 클라우드의 가상 서버인 아마존 EC2, 클라우드의 확장 가능한 스토리지인 아마존 S3, 관리형 관계형 데이터 베이스인 아마존 오로라, 관리형 NoSQL 데이터 베이스인 아마존 다이나모DB(DynamoDB), 마이SQL(MySQL)과 포스트그레스SQL(PostgresSQL), 오라클, SQL 서버 및 마리아DB(MariaDB)를 위한 관리형의 관계형 데이터베이스 서비스인 아마존 RDS, 서버리스 코드 수행을 지원하는 AWS 람다(Lambda), 프라이빗 클라우드 리소스를 지원하는 아마존 VPC, 가상 프라이빗 서버의 구동을 관리하는 아마존 라이트스톨(Lightstall), 기계학습 모델을 대규모로 구축하고 배포하는 아마존 세이지메이커(SageMaker) 등의 제품군을 보유하고 있다. 이러한 제품군의 모음이 제품로드맵, 솔루션로드맵이 되는 것이다.

2018년 9월 첫주에 유럽의 최대 가전 전시회인 IFA 2018이 개최됐다. LG전자는 클로이(CLOi) 브랜드로 다양한 로봇의 제품 라인업을 선보였다. 자사의 인공지능 브랜드인 씽큐(ThinQ)를 기반으로 인공지능 라이프스타일에 대한 경험의 연속성을 제고하려는 의도이며, 고객의 인공지능 경험을 확장하여 공항, 마트, 쇼핑몰 등 공공시설에서도 단절없이 경험할 수 있도록 다양한 로봇 포트폴리오를 구축한 것이다. LG는 청소 로봇, 물류 배송 로봇, 홈봇에 이어 직접 착용이 가능한 수트봇까지 로봇 라인업을 확장하였다.

제품 로드맵은 현재의 제품 라인업 및 향후 출시될 제품에 관한 정보를 보여준다. R&D 부서는 임의적, 자의적으로 제품을 개발하는 것이 아니라, 제품로드맵에 따라 제품이나 솔루션을 개발한다. 제품로드맵이 수립되면, 회사 내부의 각 부서에 전달될 뿐 아니라, 마케팅, 영업 부서는 핵심 고객, 주요 고객, 신규 고객에게 이 정보를 제공하기 때문에 기업과 고객의 약속이라고 할 수 있다. 제품로드맵이 확정된 후 R&D 부서는 개발 일정, 출시 일정을 점검해 고객에게 제품과 솔루션을 적기에 공급하기 위한 납기 및 품질 관리를 진행한다.

기업은 회사 내부 용도와 외부 고객 용도로 제품로드맵을 구분한다. 회사 내부용의 제품로드맵에는 각 제품의 단종 계획, 후속 기종 정보, 신기종에 대한 녹쇼 원가, 목표 판가, 주요 스펙 등을 명기한다. 외부 배포용 제품로드맵과의 차이점은 주로 목표 원가, 판가 정보의 유무다. 목표 원가 정보는 개발 및 구매 부서에서 회사의 기밀 정보로 유지하고 관리해야 하며, 판가 정보는 마케팅, 영업 부서가 표준 판가, 지역별 판가, 핵심 고객을 위한 특별 판가 등을 관리하는 가격 테이블을 별도로 운영한다. 연간 단위의 제품로드맵이 수립된 이후 R&D 부서는 중점 추진 전략을 수립한다. 중점 추진 전략은 R&D 부서가 1년 동안 핵심 목표로서 반드시 수행해야 할 항목이다. 일반적으로 중점 추진 전략은 표준화, 공용화, 차별화 측면에서 상세한 실행 계획을 수반한다. R&D 본부가 중점 추진 전략을 수립한 후에는 제품로드맵에 기재된 모든 제품과 솔루션을 대상으로 과제 진행 현황을 점검하여 제품의 품질, 납기, 원가 목표를 달성할 수 있도록 관리한다. 특히 핵심 과제, 중점 추진 과제로 선정된 모델은 매주 개발 점검 회의 등을 통하여 사업 본부장까지 진행 상황이 보고되도록 관리한다.

리벨리움,
사물인터넷 R&D의 비즈니스 확장 전략

사물인터넷 비즈니스:
비즈니스 케이스, 사용자의 가치를 생각하라

사물인터넷 비즈니스의 시작은 R&D와 비즈니스 케이스의 연결이다. 리벨리움(Libelium)은 스페인을 대표하는 사물인터넷 플랫폼 및 솔루션 제공 기업으로서 2000개가 넘는 글로벌 고객 기업을 확보해 관련 산업을 선도하고 있으며 최근 달리웍스, 아이렉스넷 등 국내 사물인터넷 업체와도 활발한 협력 관계를 맺고 있고, SKT와 제휴를 논의하기도 했다. 리벨리움은 사물인터넷 비즈니스의 성공 요소로서 R&D와 비즈니스 케이스를 손꼽으며 자사의 스마트워터 기술을 사례로 비즈니스 케이스 개념을 설명한다. 리벨리움이 개발한 사물인터넷 스마트워러 시스템은 사물인터넷를 활용한 수질 관리 솔루션이다. 자체 개발한 워터 센서를 이용하여 다양한 지표를 검출해내고 센서 네트워크와 통신망을 이용하여 클라우드 플랫폼과 빅데이터를 처리해 원격지에서 수질을 관리하는 것이다. 하지만 이들이 중요하게 생각하는 것은 고객이 생각하는 가치다. 사물인터넷 솔루션을 도입하기 이전과 비교하여 새로운 경험과 가치를 제공해주지 못한다면 고객은 이내 실망하기 때문이다. 만족의 차원을 넘어 고객에게 새로운 이익을 제공해야 한다. 리벨리움의 근본적 접근 방법은 R&D를 확장한 효과적인 비즈니스 케이스의 수립이었다.

리벨리움은 고객 만족 추구를 고객의 문제점을 해결하고 새로운 경험을 선사하는 포괄적 의미로 정의한다. 사물인터넷 산업의 목적은 고객의 문제점을 사물인터넷 기술로 연결하여 해결하는 것이기 때문에 이런 우수 해결 사례를 많이 만들어야 산업이 발달한다고 말한다. 특히 사물인터넷은 레고 블록같이 퍼즐을 잘 연결해야 하는 '연결의 비즈니스'로서 센서와 통신망, 클라우드의 3요소가 조화를 이뤄야 한다고 강조했다.

생태계와 플랫폼부터 파악하라

비즈니스를 진행하려면 빠르게 기술과 비즈니스 모델, 고객을 분석하여 프로토타입을 개발하고, 시장과 고객을 검증하며, 비즈니스 모델을 강화하고, 피드백 과정을 통하여 제품과 솔루션을 보완하는 린 스타트업 프로세스에 들어간다. 특히 고객 발굴과 고객의 문제점 발굴, 사업의 가설을 수립하는 단계에서 많은 기업과 스타트업이 간과하는 부분이 생태계와 플랫폼 분석이다. 견고한 기존 생태계에 합류해야 할지, 새로운 생태계를 만들고 기존 생태계에 합류했던 참여자들을 이탈시킬 것인지, 기존 생태계의 부족한 부분을 찾아 연결자(Connector) 역할을 수행하면서 비즈니스를 키울 것인지를 결정해야 하는 것이다. 플랫폼 역시 신규 플랫폼을 구축할지, 기존 플랫폼을 연결할지, 기존 플랫폼을 수용할지를 검토하는 과정이 핵심이다.

사물인터넷 생태계의 구조는 다양한 시장 조사 기관이나

연구 기관, 미디어에서 정보를 획득하거나 비즈니스를 수행하는 기업, 스타트업이 자체적으로 파악하여 완성할 수도 있다. 사물인터넷 생태계는 하드웨어와 소프트웨어 제조, 이를 연결하는 네트워크와 연결 서비스, 클라우드와 소프트웨어 플랫폼, 빅데이터 분석, 지불·결제 시스템, 보안 그리고 최종적으로 다양한 산업으로 비즈니스를 확장(Business Expansion)하여 에너지, 제조, 공급망과 물류, 의료 및 헬스케어, 리테일, 스마트 빌딩과 스마트 시티 등을 포함할 수 있으며, 기업의 비즈니스의 목적에 따라 사물인터넷 생태계를 확장하거나 축소할 수 있다. 사물인터넷 생태계의 각 영역을 구분한 후에는 각 영역에 해당하는 핵심 기업(Major Players)을 선정하고 이들의 특성을 파악하여 비즈니스의 중복, 경쟁, 연결, 연합 등을 검토한다. 즉, 생태계를 검토해 비즈니스를 수행할 영역을 설정하고, 영역 내의 핵심 기업, 핵심 기술, 고객 가치를 규정해야 한다.

생태계에서 비즈니스의 핵심 요소를 추출하라

사물인터넷 생태계를 분석하였다면 비즈니스의 핵심 요소들을 선정해야 한다. 이 과정은 사물인터넷 생태계의 각 영역에서 핵심 기업이 어떠한 강점을 가지고 비즈니스를 수행하는가를 분석하는 것이다. 사물인터넷 비즈니스 중에는 입출력 데이터를 다루는 디바이스, 보안, 네트워킹, 빅데이터와 데이터 분석, 관리 및 자동화, 비즈니스 애플리케이션, 사물인터넷 애플리케이션 플랫폼 등을 핵심으로 선정하였다. 선정된 항목은 기업이나 스타트업의 비즈니스 목적에 따라 달라질 것이다. 이렇게 선정된 항목 중에 기업과 스타트업은 어떠한 영역에서 가장 먼저 비즈니스를 수행할 것인지 결정해야 한다. 사물인터넷 데이터를 생성하는 디바이스를 만들 것인지, 보안 솔루션을 만들어 제공할 것인지, 네트워크 인프라나 연결 서비스를 수행할 것인지, 클라우드 서비스를 제공할 것인지, 빅데이터의 수집과 분석 사업을 할 것인지, 비즈니스 애플리케이션을 작성할 것인지, 사물인터넷 애플리케이션 플랫폼을 만들 것인지 고려하는 것이다.

결국 모든 비즈니스는 그 비즈니스의 핵심이 무엇인가를 파악하는 것이다. 사물인터넷의 기본은 다양한 센서에서 나오는 데이터를 수집·획득하고 네트워크를 통하여 전달하며 이렇게 수집된 데이터를 분석·가공하여 의미 있는 정보로 제공하여, 그 정보를 기반으로 의미 있는 행동을 하는 것이다. 이 과정을 감지(Sense), 분석(Analyze), 실행(Act)의 과정으로 표현할 수 있다. '감지' 과정은 다양한 센서 데이터의 정보를 획득하고 이를 취합하는 과정이다. 여기에 취합하는 장비와 네트워킹에 필요한 장비, 인프라 솔루션 등이 필요하다. 또한 발생되는 빅데이터를 클라우드나 특정 데이터 베이스로 연결해야 한다. '분석' 과정은 센서에서 발생된 빅데이터를 고객의 목적에 맞게 분석, 가공, 해석하는 과정이다. '실행' 과정은 분석 과정을 거쳐 재해석된 데이터와 시각 자료, 비즈니스 인사이트를 실제로 이용하는 단계다. 즉, 근로자를 지도하고, 기업의 ERP(전사적 자원관리 시스템)에 연결하며, 제조 라인에서 협동 로봇의 움직임을 조정하고, 스마트 팩토리에서 제조 공정과 생산 라인을 통제한다. 또한 제3자 솔루션을 이용하여 실시간으로 비즈니스와 물류, 공급망, 고객의 이동 경로, 구매 성향을 분석한다.

리벨리움은 사물인터넷 생태계의 다양한 영역 중에서 어떠한 영역에서 사물인터넷 비즈니스를 시작할지 고민하였다. 리벨리움의 CTO이자 공동 창립자인 데이비드 가스코(David Gascón)는 원래 무선 센서 네트워크와 메시 네트워크(Mesh Networks) 분야의 전문가였으며, 오픈 소스 인공위성 프로젝트인 아두샛(ArduSat)에 방사능 검출 센서 보드를 제공하기도 하였다. 오픈 소스 하드웨어 프로젝트인 아두이노(Arduino)는 2003년에 시작되었다. 오픈 소스와 오픈 하드웨어로 구성되어 소프트웨어와 하드웨어에 익숙하지 않은 많은 기업과 메이커(Maker)에게 인기를 끌었다. 아두이노는 다수의 스위치나 센서에서 값을 받아들여, LED나 모터 같은 외부 전자 장치들을 통제함으로써 환경과 상호작용하는 물건을 만들 수 있는 임베디드 시스템 중의 하나로 쉽게 개발할 수 있는 환경을 제공하며, 이로써 장치를 제어할 수 있다. 이를 계기로 많은 센서 업체가 아두이노를 지원하도록 설계했으며, 다양한 API, 라이브러리, 개발 환경이 갖추어지면서 아두이노에서 제어가 가능한 센서의 수가 늘어나고, 와이파이, 3G, 4G 통신 모듈 등도 아두이노를 지원하도록 설계되었다. 또한 개발자를 위하여 통합 개발 환경과 다양한 라이브러리를 오픈하여 누구나 아두이노로 제품을 개발하고 비즈니스를 수행할 수 있도록 했다.

어떠한 비즈니스 영역에 강점을 갖고 있는가?

리벨리움은 사물인터넷 생태계의 다양한 영역 중에서 하

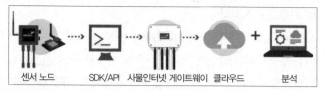

| 센서 노드 | SDK/API | 사물인터넷 게이트웨이 | 클라우드 | 분석 |

리벨리움 솔루션 흐름, Libelium

드웨어 제조, 즉 감지, 분석, 실행의 3요소에서 감지 부분을 비즈니스 영역(Business Domain)으로 설정하였다. 리벨리움의 CTO가 무선 센서 네트워크와 메시 네트워크 전문가였고 오픈 소스, 오픈 하드웨어를 기반으로 하는 아두이노가 출시돼 센서 및 통신, 네트워크를 지원하는 다양한 모듈이 나옴으로써 사물인터넷 비즈니스를 수행할 토대가 마련되었기 때문이다. 리벨리움은 자사의 솔루션을 다음과 같이 표현하였다. "다양한 센서에서 발생하는 데이터를 수집할 센서 노드(Sensor Node)를 만들고, 이러한 센서 노드를 누구나 쉽게 제어할 수 있도록 SDK와 API를 제공하며, 다양한 센서 노드의 연결을 통합하여 외부 네트워크로 연결하기 위한 사물인터넷 게이트웨이를 제공하고, 기존의 다양한 클라우드를 이용하도록 해주는 클라우드 커넥터(Cloud Connector)를 제공하면 어떠한 클라우드 서비스를 사용하더라도 리벨리움의 솔루션을 이용할 수 있고, 이렇게 발생한 빅데이터는 서드파티 솔루션 기업과 연계해 이용 및 활용한다." 비즈니스 플래닝(Business Planning)을 마련한 것이다.

플랫폼을 만들고 고객 경험을 연결시켜라

리벨리움은 센서를 개발하는 것이 아니라 센서에 직접 연결하여 센서의 데이터를 취합하고 네트워크로 전달하는 엣지 디바이스(Edge Device)를 만들어 이를 '와스프모트(Waspmote)'라는 이름으로 선보였다. 엣지 디바이스를 제작함으로써 지금까지 상용화된 다양한 센서들을 연결할 수 있으며, 센서 제조 업체에 끌려 다니지 않고 오히려 센서 업체가 이 디바이스를 지원하도록 유도하여 센서 데이터를 취합하는 센서 허브(Hub) 플랫폼이 될 수 있었다.

사물인터넷 센서 허브 플랫폼은 다양한 센서에 직접 연결되기 때문에 원가를 낮추어야 한다. 또한 센서 제조 업체나 사물인터넷 관련 개발자들이 쉽게 개발할 수 있도록 플랫폼을 개방하여 다양한 개발자가 센서를 연결할 수 있는 환경을 구축해야 한다. 이러한 고민을 해결하려고 리벨리움은 아두이노 플랫폼을 적극 활용하였다. 아두이노와 호환되는 ATmega1281 마이크로 컨트롤러를 이용하였으며, 아두이노 개발 환경(IDE, Integrated Development Environment)과 유사한

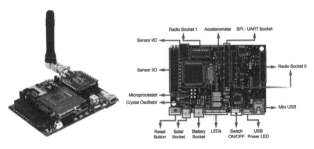

와스프모트와 보드 구성 요소, Libelium

개발 환경, SDK, API를 제공한 것이다. 이러한 과정을 통하여 외부 업체의 개발자들은 기존 개발 경험을 그대로 사용할 수 있으므로 연속성을 갖고 개발할 수 있으며, 아두이노에서 축적되는 다양한 개발 자료와 기술을 집단 지성을 통하여 이용할 수 있게 되었다

사용자 경험의 연속성을 유지하라:
아두이노를 모방한 설계 방식

R&D 분야에서는 흔히 모듈화 설계, 재사용을 이야기하지만, 정작 개발하다 보면 모듈화, 재사용에 대한 효율과 효용성을 잃기 쉽다. 촉박한 개발 일정과 불충분한 연구 탓에 무엇을 모듈화할지 정하지 못하고, 경영 계획에 기재된 수치 달성에만 급급해지는 것이다. 아두이노를 살펴보면 기본 CPU 보드에 다양한 기능을 확장할 수 있는 확장 쉴드(Expansion Shield)를 제공한다. 리벨리움 역시 확장 쉴드 개념을 차용하

리벨리움의 센서보드 확장, Libelium

여 기본 CPU 보드에 다양한 센서를 연결하기 위한 센서보드를 제공한다. 리벨리움이 제공하는 센서보드는 CPU보드에 연결하는 커넥터와 확장 핀을 규격화해서 사용한다. 바로 이 부분이 비즈니스 측면에서 살펴볼 플랫폼의 규정과 규칙이다. 센서의 종류에 따라 크기와 인터페이스 방식이 제각각이지만, 리벨리움의 센서보드를 사용하면 리벨리움이 제공하는 표준화된 SDK, API 덕분에 센서 자체에 직접 연결할 인터페이스 구현이나 CPU 보드와의 연결에 대한 고민 없이 대부분의 센서를 제어할 수 있다.

연결 전략

센서 제조 업체를 연결하라

리벨리움의 전략은 확장되고 연결된다. 기존의 센서 개발 업체들에 자사의 CPU 보드에 연결할 수 있는 센서보드의 프로토타입을 제공하여 이들을 리벨리움의 생태계와 플랫폼으로 끌어들이는 전략을 수립한 것이다. 하드웨어와 소프트웨어 설계 가이드를 제공하여 규칙에 맞게 제작하기만 하면 즉시 리벨리움의 CPU 보드에 연결해 사용할 수 있도록 했다. 센서 제작 기업에 리벨리움의 솔루션 플랫폼에 연결할 기회를 제공하고, 리벨리움 입장에서는 전 세계의 수많은 센서를 특별한 추가 노력 없이 연결하는 전략이다. 이것이 비즈니스 확장이다.

와스프모트 프로토타입 센서보드와 가스 센서보드, Libelium

강점에 집중하고 철저하게 연결하라

사물인터넷의 3가지 요소인 감지, 분석, 실행에서 감지 부분의 마지막 고민은 '어떻게 연결할 것인가'이다. 즉, 각종 센서에서 발생한 데이터를 와스프모트로 입력받은 후에 이러한 데이터를 통신과 네트워크를 통하여 전달해야 한다. 역시 아두이노 보드를 생각해 보면 해결책을 찾을 수 있다. 아두이노 보드는 와이파이 접속을 위해 별도의 확장 쉴드를 사용한다. 센서보드 확장 쉴드의 개념과 같다. 사용자 입장에서 4G 통신만을 사용하고자 한다면 Wi-Fi 연결 단자는 불필요하고 부피만 차지하기 때문이다. 리벨리움은 와스프모트에 다양한 통신 규격을 지원하는 네트워크 모듈을 제공한다. 제공되는 무선 프로토콜은 802.15.4 / ZigBee, Sigfox, LoRaWAN, LoRa 868 − 900/915MHz, WiFi, 4G, 3G, GPRS + GPS, Bluetooth Low Energy (BLE) 4.0, RFID/NFC 등이 있다. 리벨리움은 사물인터넷 업체이지, 무선 통신 안테나나 통신 모듈 칩을 제작하는 기업은 아니다. 그렇다면 철저하게 연결 전략을 사용해야 한다. 즉, 기존의 통신 모듈 제작 업체와 연결하여 통신 모듈을 공급받고 리벨리움 입장에서는 통신 모듈을 탑재한 통신 전용 확장 쉴드를 만드는 것이다. 이러한 전략으로 리벨리

산업용 프로토콜, RS-485, RS-232, CAN-Bus, MOD-Bus 확장쉴드, Libelium

움은 심콤(SIMCOM), 텔릿(Telit) 등에서 통신 모듈을 공급받고 이를 표준화한 확장 쉴드에 탑재한 것이다.

고객의 비용 절감을 고민하라

사물인터넷 비즈니스는 전통적으로 M2M(Machine to Machine) 비즈니스를 그 모태로 한다. 따라서 전통적인 M2M 비즈니스에서 사용되던 산업 표준을 수용하고 구현해야 한다. 이를 위하여 리벨리움은 RS-485, RS-232, CAN-bus, Modbus, 4-20mA 표준을 지원한다. 이러한 통신 모듈도 사용자의 요구에 따라서 선택된다. 그래서 필요한 경우에만 기능을 탑재할 수 있게 모듈화 설계를 진행하였고, 역시 확장 쉴드를 이용하도록 한 것이다. 리벨리움의 확장 쉴드를 보면 표준화된 모듈을 이용하고, 이 모듈을 기본 CPU 보드에 탑재하게 되어 있다. 이렇게 구현하면 산업용 통신 프로토콜(Industrial protocol)을 요구하지 않는 상황에서는 별도의 모듈을 구입할 필요가 없게 되어 그만큼 전체적인 비용이 감소하는 것이다.

고객의 입장에서 제품과 솔루션을 고민하라

대부분의 사물인터넷 하드웨어 기업이 리벨리움의 와스프모트와 유사한, 센서 데이터를 취합하는 디바이스를 제조하고 있다. 하지만 리벨리움과의 경쟁에서 우위를 점하지 못하는 이유는 이후의 제품과 솔루션 구성 때문이다.

와스프모트는 현장에서 즉시 사용 가능하지만, 실제로는 제약이 따른다. 실내(Indoor)와 실외(Outdoor) 사용 환경이 다르다. 와스프모트를 덮을 기구 금형, 센서 연결 거리, 통신 모듈, 전원 공급, 설치 용이성 등을 모두 고려해야 하기 때문이다. 또한 통신사와 연계된 통신 인증도 받아야 한다. 그래서 리벨리움은 와스프모트를 내부에 탑재하고 즉각적인 설치가 가능한 와스프모트 플러그앤센스(waspmote plug & sense) 제품과 사물인터넷 게이트웨이 장비인 메쉬리움(Meshlium)을 함

와스프모트, 와스프모트 플러그앤센스, 메쉬리움 사물인터넷 게이트웨이,
Libelium

께 제공한다. 와스프모트 플러그앤센스를 이용하면 IP65 방수, 150여 개의 센서 연결, 다양한 센서 프로브(Sensor Probe) 지원, 태양열을 이용한 전원 공급, PoE(Power over Ethernet), 가로등(Street Lights) 등에 연결하는 별도의 브라켓, CE, FCC, IC, ANATEL, RCM, PTCRB, AT&T 주요 인증 등 고객이 사물인터넷 솔루션을 도입하기 위해 해결해야 할 고민거리들이 해결된다

초격차를 만들 차이점은 무엇인가?

사물인터넷 게이트웨이 메쉬리움은 와스프모트 플러그앤센스에서 수집된 다양한 데이터를 클라우드 플랫폼으로 전달하거나 로컬 데이터 베이스에 연결하는 기능을 한다. 메쉬리움은 일반적인 게이트웨이로 기능하지만, 중요한 차이점은 클라우드 커넥터 기능이다. 즉, 아마존, IBM, 텔레포니카(Telefónica), ESRI, 씽웍스(Thingworks와) 같은 상용화된 클라우드 서비스에 연결할 수 있도록 해준다. 메쉬리움에 내장된 홈페이지에서 사용하고자 하는 클라우드를 선택하고 기본 설정을 하면 메쉬리움를 통해서 클라우드로 데이터를 전달받을 수 있다.

연결과 확장: 토털 솔루션 프러바이더

디바이스 측면에서 센서 디바이스, 게이트웨이 등을 제공했다면 이제는 이러한 센서 디바이스를 한 번에 통합 제어할 수 있는 관리 소프트웨어를 제공함으로써 다른 사물인터넷

디바이스 제공 기업에 비해 경쟁력을 가질 수 있다. 원격으로 모바일 단말기를 제어할 수 있는 소프트웨어를 MDM(Mobile Device Management)이라고 부르며, 에어왓치(Airwatch), 모바일아이언(MobileIron), IBM Maas360 등이 글로벌 선두 기업의 솔루션이다. 사물인터넷 센서 디바이스가 늘어남에 따라서 고객에게 이러한 다양한 센서 디바이스를 한 번에 통합관리하고자 하는 니즈와 원츠가 생겼다. 리벨리움은 SCM(Services Cloud Manager)를 제공하여 모든 센서 디바이스를 한 번에 통합 관리할 수 있도록 한다. 클라우드 서비스를 위한 환경 설정, 고객과의 디바이스 정보 공유 등의 기능이 있다. 예를 들어 1000개의 센서 디바이스를 모두 개별적으로 환경 설정을 하는 것과 한 번 설정해 1000개의 디바이스에 적용하는 것을 생각해보자. 고객의 입장에서 엄청난 인건비, 시간, 배포의 문제를 줄여주는 혜택이다. 리벨리움은 이후 비즈니스 확장 전략의 일환으로 클라우드 프로그래밍을 대신해 주는 서비스를 제공하고 있다. 사물인터넷 솔루션을 도입하려 하지만 클라우드에 대한 경험이 부족한 고객을 위한 맞춤 서비스다. 클라우드에서 센서를 직접 제어하고, 별도의 프로그래밍이나 클라우드 지식을 요구하지 않으며, 연간 단위로 라이선스를 판매하는 방식을 취하고 있다.

리벨리움의 디바이스 솔루션은 독특함보다 기본을 통한 비즈니스의 연결과 확장 전략이 성공한 사례다. 오픈 소프트웨어, 오픈 하드웨어 솔루션을 적극 활용하여 센서 디바이스 보드를 만들고, 아두이노의 확장 쉴드 개념을 적용하여 센서보드와 네트워크 보드, 산업 표준 프로토콜을 지원하는 보드를 모두 확장 쉴드로 구성하였다. 타 업체와의 차이점은 철저하게 아두이노의 사용자 경험을 그대로 이용할 수 있도록 하였다는 것이다. 하지만 센서 디바이스만으로는 충분한 경쟁력을 구축할 수 없기 때문에 와스프모트 플러그앤센스 및 사물인터넷 게이트웨이인 메쉬리움을 제공하여 다른 업체와 솔루션에서 차별을 두었다. 또한 사물인터넷 솔루션을 도입하는 기업 입상에서 초기 접근이 어려운 클라우드 연결 및 다중 센서 디바이스 제어 솔루션을 모두 제공함으로써 토털 솔루션 프러바이더 역할을 수행했다. 또한 리벨리움이 갖지 못한 빅데이터 취합, 분석, 시각화를 구현하려고 욕심 내지 않고, 클라우드 커넥터를 이용하여 고객에게 선택권을 주었다.

고객 가치를 눈으로 확인시켜 주어라: 마켓 플레이스, 비즈니스 케이스

리벨리움의 비즈니스 확장 전략은 마켓 플레이스(IoT Market Place)로 대표된다. 단순히 센서 디바이스와 와스프모트 플러그앤센스, 사물인터넷 게이트웨이만 판매하는 것이 아니라, 리벨리움의 제품과 솔루션이 적용될 수 있는 다양한 산업 버티컬을 전면에 배치하고, 비즈니스 사례를 소개하면서 마지막에 이러한 비즈니스 사례에 적합한 최적의 제품과 솔루션 일체를 리벨리움과 솔루션 파트너들이 연결되어 제공하고 있음을 알리는 것이다. 마켓 플레이스를 봉하여 사사의 제품뿐 아니라 솔루션 파트너와 기술, 협력 사례를 함께 소개함으로써 솔루션 파트너를 마켓 플레이스로 유인하고, 마켓 플레이스가 확장되도록 의도했다.

선택하게끔 유도하라: 시스템 통합 기업의 연결

사물인터넷 비즈니스는 일종의 장치, 장비 산업이다. 고객 입장에서는 제품과 솔루션을 추가적으로 설치(Installation)해야 한다. 따라서 고객사는 IT 팀이나 IT 컨설턴트, 그리고 시스템 통합 기업(SI)의 조언을 받는다. 시스템 통합 기업은 IT 컨설팅도 함께 수행할 수 있다. 리벨리움의 또다른 연결 전략은 바로 시스템 통합을 수행하는 기업과의 연결이다. 시스템 통합 서비스 기업이 고객의 구매 센터에 지대한 영향력을 행사할 수 있기 때문이다. 리벨리움은 시스템 통합 서비스 업체와 협업을 추진하고 성공 사례를 고객에게 공유하며, 마켓 플레이스를 통하여 제품과 솔루션을 고객에서 제공하는 원-원 전략(Win Win Strategy)를 수행했다.

R&D 프로세스

삼성진자, LG전자 사업부 제품 개발 프로세스

글로벌 기업들은 각각의 미리 정해진 단계에 따라 제품 개발 업무를 수행한다. 삼성과 LG 모두 제품 개발 이전의 상품 기획 단계는 유사하지만, 이후의 제품 개발 단계는 명칭이 다르다. 삼성전자 사업부 제품개발 프로세스는 일반적으로 CP(Concept Planning) → DV(Design Verification) → PI(Product Implementation) → PV(Product Verification) → PR(Product Readiness) → SR(Ship Release)의 단계를 거친다. LG전자는 다소 다른 용어를 사용한다. LG전자의 사업부 제품개발 프로세스는 CP(Concept Planning) → PP(Product Planning) → DV(Design Validation) → PV(Product Verification) → PQ(Product Qualification) → MP(Mass Production)의 단계로 진행된다.

삼성, LG 개발 단계 비교

삼성 전자	CP(Concept Planning) – DV(Design Verification) – PI(Product Implementation) – PV(Product Verification) – PR(Product Readiness) – SR(Ship Release)
LG 전자	CP(Concept Planning) – PP(Product Planning) – DV(Design Validation) – PV(Product Verification)– PQ(Product Qualification) – MP(Mass Production)

LG전자 및 계열사는 R&D 프로세스를 NTI와 NPI로 구

분하여 진행한다. NTI(New Technology Introduction)는 기술 개발, NPI(New Product Introduction)는 제품 개발이라고 구분하며 단계별 목표와 진행 사항은 CE(Chief Engineer)가 직접 심사한다. 제품과 기술의 개발부터 생산까지 모든 과정은 PLM(Product Lifecycle Management)라 불리는 제품수명주기 관리시스템으로 관리하고 있다.

CP

CP(Concept Planning) 단계에서는 제품의 콘셉트를 정의한다. 왜 이 제품을 만들어야 하는지, 어떠한 차별화와 고객 가치를 제공할 것인지, 어떠한 시장과 어떤 고객을 대상으로 준비할 것인지, 주요 유통 채널과 제품 원가, USP(Unique Selling Proposition)는 무엇인지, 어떠한 특장점으로 고객을 유인할 것인지 등에 대한 콘셉트를 확정하는 과정이다.

DV

다음 단계는 DV(Design Verification)다. DV 단계에서는 CP 단계에서 정의한 콘셉트를 구체화하여, 구현 가능성을 검토한다. DV 단계에 실제 제품 디자이너, 기구 금형 설계 엔지니어, 하드웨어, 소프트웨어 엔지니어, 상품 기획자가 모두 참여하여 콘셉트의 구현 가능성을 검토한다. 상품 기획 부서에서 제품의 콘셉트를 정하면, 디자이너에게 설명한다. 이 단계에서 디자이너는 디자인 목업을 준비한다. 디자이너는 상품 콘셉트를 전달받으면 가장 먼저 디자인 콘셉트 맵(Design Concept Map)을 작성한다. 이 작업은 제품의 디자인 방향을 설정하기 위하여 다양한 제품과 콘셉트를 담은 디자인을 모아서 유사한 콘셉트끼리 묶는 것이다. 디자인 콘셉트 맵은 자사의 디자인에 대한 정체성(Identity)을 확보, 유지해야 하며, 경쟁사의 디자인 흐름도 함께 분석해야 한다. 또한 다양한 산업군을 구분하여 대표 디자인과 그들의 콘셉트 맵을 구축해서 디자인 트렌드, UX 트렌드, 고객 경험 트렌드를 파악해야 한다.

디자인 콘셉트가 겸정되면 대략적인 아이디어를 그림으로 표현하여 콘셉트를 실제화한다. 이 과정을 아이디어 스케치라고 한다. 이 제품을 왜 만드는지, 상품 기획과 디자인 부서가 생각하는 기본적인 아이디어를 어떻게 표현할지 등을 표현해보는 것이다. 이 단계에서 수많은 아이디어와 스케치가 만들어지고, 협의되고, 다시 폐기되기도 한다. LG전자는 디자인 각 제품에 대해서 제품의 디자인 정체성(Product Design Identity)를 나타내는 디자인 스킴(Design Scheme)으로 경쟁력을 강화하고, 수많은 아이디어 스케치를 디자인 정체성에 맞도록 선별하는 과정을 거친다. LG전자는 이 단계에서 '본질을 드러내고(Reveal the Essene), 최소화를 제정의(Refine Minimal)'한다고 규정하고 있다. 디자인 아이덴티티는 궁극적으로 기업의 디자인 철학(Design Philosophy)에 부합되어야 한다. 그리고 최종적으로는 통합 브랜드 이미지에 맞도록 브랜드 아이덴티티(Brand Identity)를 추구하는 것이다.

아이디어 스케치 과정을 거쳐 몇 개의 안을 선택하고, 도면 작업의 전 단계인 정밀 렌더링 작업을 시작한다. 이 난셰에서 디자이너, 상품 기획자, 개발 부서, 마케팅 부서 등이 낸 모든 아이디어가 치열하게 경쟁한다. 제품 단위의 정체성, 브랜드 정체성, 마케팅 관점의 USP, 사용자 경험, 제품의 스토리 라인에 맞는지 등 디자인 적합성을 모두 검토한다. 현업에서는 이 단계에서 가장 많은 시간 동안 의견 다툼이 발생한다. 렌더링된 아이디어를 충족시키려면 새로운 부품을 개발하거나 새로운 기능을 구현해야 하며, 새로운 사용자 경험을 만들어내야 한다. 한편 현재의 기술로 구현이 불가능한 렌더링이 만들어지기도 한다. 이러면 기술 발전의 흐름을 보면서 렌더링을 차기 제품 후보군으로 예약해두기도 한다.

렌더링으로 디자인 시안이 좁혀지면 도면 작업을 진행한다. 보통 2D, 3D 드로잉 소프트웨어인 오토데스크 퓨전360, 솔리드웍스(Solidworks) 등을 이용하여 작업한다. 글로벌 기업은 복잡한 디자인 업무에 분산처리 개념을 적용한 엔비디아 분산 렌더링 소프트웨어나 아이레이 서버(Iray Server) 등의 소프트웨어를 주로 사용한다.

이후 단계는 목업 제작이다. 소프트 목업(Soft Mockup)은 크기나 구조 등을 간단하게 만들어 가시적인 느낌을 볼 수 있도록 해서 제품의 형태적 요소를 파악하기 위한 것이다. 디자인 목업(Design Mockup)은 제품의 컬러, 재질 및 CMF(컬러, 재질, 마감처리) 등 외부에서 보여지는 디자인 요소를 최대한 표현하는 단계의 목업을 말한다. 워킹 목업(Working Mockup, Prototype Mockup)은 실제 제품과 동일하게 작동하며, 기능 및 성능을 확인하기 위하여 제작하는 목업으로 금형 제작 직전 최종 점검 단계다. 실제 양산 제품의 특징과 거의 유사하게 만든 단계의 목업으로, 각종 인증을 받을 수 있고, 영업 및 마케팅 샘플로 활용된다.

일반적으로 금형 제작에는 상당한 초기 투자비용이 소요

디자인 목업, 삼성 갤럭시 S6 Edge

된다. 따라서 저비용으로 소량 생산해 시장 반응을 살펴본 후 본격적인 생산에 들어가야 리스크를 최소화할 수 있한다. 다품종 소량생산에 적합한 방법으로는 QDM, 진공 주형, 진공 성형이 있다. 제작 시간이 짧고 저비용 소량생산을 위한 방법으로 각종 전자 제품, 의료 기기 및 부품류, 가전 제품의 중소형 기구물 제작에 용이하다. 하지만 소량으로 제작되므로 생산 단가가 높고 제작 수량 및 내구성에 한계치가 존재할 수 있다.

• QDM(Quick Delivery Mold)

엔지니어의 설계 도면에 기초하여 코어(Core) 및 캐비티(Cavity)만을 가공하여 표준 몰드 베이스(Mold Base)에 장착함으로써 3~10일 내에 제작 완료가 가능하며 신뢰성 테스트 및 구조, 조립을 위한 형합성 등을 사전에 점검하는 용도로 사용.

• 진공 주형(Vacuum Casting)

마스터 목업(Master Mockup)을 제작하여 진공 상태에서 액상 수지를 주입한 후 건조, 경화하여 만드는 방법.

• 진공 성형(Vacuum Molding)

상하 캐비티 방식이 아닌 하측 캐비티를 이용하여 열과 진공 가압으로 제품을 성형하는 방법. 몰드의 비용 절감, 제작 일정 단축의 장점이 있지만, 성형 정밀도가 낮아 특정 제품의 소량생산에 적합한 방법.

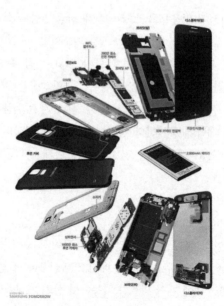

갤럭시 S6 에지 부품 구성, 삼성 뉴스룸

하드웨어, 기구, RF 엔지니어, 구매, 품질 담당자의 DV 단계 업무

DV 단계에서 디자이너가 설계한 디자인 시안에 따라 개발 부서의 하드웨어 · 기구 설계 · RF 설계 · 소프트웨어 엔지니 어는 실질 개발에 앞서 사전 검증을 진행해야 한다. 하드웨어 와 RF 엔지니어는 전달된 디자인 시안의 외관과 내부 크기를 검토하여 회로 구성, 안테나 구성, PCB 배치, 부품 종류 및 크기를 검증해야 한다. 주로 기존 부품을 이용하여 레이아웃 을 진행하지만, 부품의 크기, 부품 교체, 성능 문제 때문에 신 규 부품을 개발해 사용하기도 한다. 또한 기능의 특성을 고려 하는 과정에서 디자인 시안이 변경되기도 한다.

다음은 갤럭시 S7의 메인 PCB 형태다. 디자인과 안테나 위

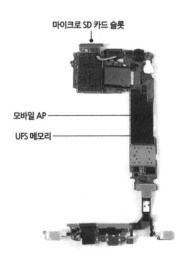

갤럭시 S7 메인 PCB 구성, 삼성 뉴스룸

치, 각종 센서 및 배터리, 브라켓의 위치를 실장 검토하고 기구 금형을 고려하여 최종적으로 만들어진 형태다. 가령 신규 부품을 적용해야 한다면, 구매 부서와 품질 부서는 사전에 확보해놓은 부품 공급 업체를 통하여 신규 부품 샘플을 검토하고, 품질을 검사한다. 또한 DV 단계에서는 CP 단계의 콘셉트가 모두 올바르게 적용될 수 있는지를 검토한다. 기능, 성능, 스펙, UI, UX, 방수, 방진 및 상품 기획에서 제시한 원가, 품질 부서 및 제조 기술 부서에서 요구하는 작업과 수리의 편의성 등을 모두 검토하는 단계다.

PI

PI(Product Implementation) 단계는 개발 부서에서 실질적인 개발 업무를 진행해 제품을 제작하는 과정이다. 이 과정에서도 상품 기획의 기본 콘셉트, 디자인 부서의 디자인 콘셉트가 변경되기도 한다. 요구하는 기능과 성능에 부합하려면 추가적인 설계가 필요할 수 있으며, 기존에 사용하지 않던 부품을 새롭게 적용해야 할 수도 있다. 개발 부서에서는 가장 기본적인 동작이 가능한 프로토타입을 만든다.

PV

PV(Product Validation, Product Verification) 단계는 제품 개발이 끝나고 품질 부서에서 제품의 스펙, 기능, 성능, 사용자 편의성, 주변 기기 호환성, 애플리케이션 호환성 등을 종합적으로 점검한다. 일부 과제를 진행할 때는 개발 범위에 따라 PV 단계를 1차, 2차 등으로 구분하며, 먼저 구현한 부분을 검증하는 한편, 개발 부서에서는 구현하지 못한 기능을 지속적으로 개발한다. 경우에 따라서는 상품 기획의 일부 스펙이 변경되기도 하고, 디자인 콘셉트를 수정하여 새로운 디자인이 도출될 수도 있다.

PR

PR(Product Readiness) 단계는 제품의 기본 개발이 끝나고, 제품의 품질 테스트까지 모두 마쳐 양산을 준비하는 단계다. 제품의 포장, 박스 디자인, 마케팅 머티리얼, 사용자 매뉴얼, 홍보 전략, 제품 런칭 전략, 사전 필드 테스트(Field Test), 통신사 인증, 각 국가별 전기·전파 인증 등의 업무를 수행한다. 본격적인 양산을 앞두고 시험 양산을 하며, 개발 단계 이외에 양산 단계에서의 문제점과 해결 방법을 도출하고, 글로벌 서비스 준비, 서비스 부품 준비와 교육 등을 함께 진행한다.

SR

SR(Ship Release) 단계는 본격적인 양산 단계다. 글로벌 생산이라면 생산 거점 지역에서 시범 생산을 해보고 문제점을 보완하고, 최종적으로 공급망 관리에 문제가 없는지 다시 확인한다. 지역별, 고객별 가격 정책이 최종 확정되며, 유통 채널과 지역별 파트너와 제품 런칭 일자 및 배송 일자를 확정한다.

Q-게이트,
애플 인풋디자인랩

품질 안정화 이후 납품으로: LIG 넥스원

국가 방위 산업과 방산 산업을 주 사업 목적으로 하는 LIG 넥스원은 개발과 시제품, 양산에 이르는 전 과정의 품질을 체계적으로 점검하고 관리하고자 개발 품질보증체계인 nQ-게이트(LIGNext1 Quality Gate)와 협력개발 품질보증체계인 sQ-게이트(Supplier Quality Gate)를 도입했다.

방위 산업에서 가장 중요한 요인은 정부의 정책 변화다. 과거의 방위 산업 관련 제품은 일단 납품한 후에 품질 안정화를 도모했지만, 이제는 기준 품질 요구치를 만족해야만 납품이 가능해졌기에 품질보증체계를 도입한 것이다. 또한 품질 수준을 상향하라는 요구가 지속적으로 높아졌기 때문이다. 결국 LIG 넥스원은 기존의 품질감사(Q-Audii) 제도의 한계성을 인지했고, 제품과 운영의 각 단계별로 기준을 설정하여 품질 수준을 향상시키는 nQ-게이트를 구축했다.

Q-게이트 운영

기업마다 운영하는 R&D 부서의 프로세스가 다르다 하더라도, 각 단계에서 다음 단계로 진행하려면 사전에 정의한 제품과 서비스, 솔루션의 품질 기준을 만족해야 한다. 이러한 과정을 Q-게이트(Quality Gate)라고 한다. Q-게이트는 제품 개발 각 단계에서 품질을 보증하려면 반드시 만족해야 하는 관문(Gate)이다. 각 개발 단계의 통과 여부를 결정하는 부서, 책임자를 게이트 키퍼(Gate Keeper)라고 한다. 일반적으로 품질 보증 부서가 게이트 키퍼의 역할을 수행한다. Q-게이트의 운영 목적은 제품, 솔루션, 서비스의 개발 단계를 다단계로 분류하여, 각 단계마다 기술 구현과 품질 목표를 점검하는 것이다. 또한 제품로드맵상 다양한 제품군이 존재할 경우, 제품별로 개발 기간이 다르기 때문에 Q-게이트를 운영함으로써 효율적으로 일정을 관리하고 과제의 진척 상황을 관리할 수 있다. 또한 개발과 품질, 구매, 양산 부서 등의 리소스 운영에 관한 사전 계획을 수립하여 전사의 경영을 일괄적으로 통합 관리할 수 있도록 한다. Q-게이트를 통과하려면 게이트의 중요도에 따라서 자가 점검(Self-Test), 전문가 리뷰, 품질 부서 승인 등의 절차를 거쳐야 한다. 게이트의 종류 역시 운영하는 기업이니 사업 본부에 따라서 효과적으로 선택할 수 있다. LG전자는 Q-게이트의 종류를 다음과 같이 정의하고 있다.

• CP-게이트

상품 기획 부서의 CP를 검증하는 단계로서 MGPP, 제품 로드맵에 기재된 상품에 대한 상품화승인서를 기준으로 게이트 심사를 진행한다.

게이트 통과 후에는 전사적으로 상품에 대한 개발을 공표하고 정식 개발에 착수한다. 게이트 키퍼 역할을 수행하는 최종 승인자는 사업 본부장.

- DV-게이트

개발 부서에서 제품 개발을 마치고 품질 부서에서 개발 제품의 품질을 점검하는 단계.

개발 난이도에 따라 DV 단계를 2~3회 반복 실시할 수 있다. 최종 승인은 품질 보증 부서장.

- PV-게이트

품질 보증 부서에서 제품의 품질에 대한 검증 및 인증 취득 등을 모두 마친 후에 생산, 제조를 하기 위한 심사 단계.

구매 부서에서 개발 부품을 확정해야 하며, 공급망에 관한 모든 점검을 마쳐야 한다.

- IQ- 게이트(Incoming Quality Gate)

부품, 솔루션, 외부 도입기술 등 기업 내부의 솔루션을 제외한 모든 외부 항목에 대한 수입 검사 단계.

부품의 종류에 따라 개발 부품, 양산 부품으로 구분이 가능하며, 양산 부품의 경우에는 양산 단계 직전까지 검증을 마쳐야 한다.

- SQ-게이트(Supplier Quality Gate)

IQ-게이트를 포함해 모든 부품, 솔루션, 외부 도입 기술에 대한 검사 단계를 통칭한다.

- OQ-게이트(Outgoing Quality Gate)

공장, 제조 라인에서 제품의 제조, 생산을 마치고 출하 직전에 최종 출하 검사하는 단계.

- WQ-게이트(Warehouse Quality Gate)

물류 창고에서 제품을 보관하다가 고객, 파트너 등에 공급하기 직전에 재검사하는 단계.

애플의 인풋디자인랩

최근 애플은 다양한 액세서리 기기를 테스트하는 실험실을 공개하였다. 쿠퍼티노에 위치한 애플 본사에서 280킬로미터 떨어진 밸코파크웨이 근교의 독립된 건물에 있는 이 평가 사무실을 인풋디자인랩(Input Design Lab)이라 부르며, 이곳에서 애플의 새로운 키보드, 트랙 패드, 마우스의 프로토타입을 가지고 다양한 사용자 테스트 및 내구성 테스트를 진행한다.

인풋디자인랩 한쪽에서 키보드 앞에 실험자를 앉혀 놓고 실험자의 손목과 손가락에 다양한 센서를 연결하여 키보드 타이핑이 신체에 미치는 영향을 측정한다. 생태계 제품 및 기술 담당 부사장인 케이트 버그게론(Kate Bergeron)에 따르면, 애플은 내부에서 광범위한 사용자를 대상으로 연구하며, 애플에서 출시되는 모든 키보드를 대상으로 사용자의 근육 피로와 사용자의 기억, 음향, 정확도 및 기타 테스트를 모니터링한다. 여기에서 다양한 데이터를 모아 분석하고 제품에 반영하며, 새로운 디자인과 기능, 성능이 결합되도록 디자인팀과 개발팀에 피드백해 준다고 한다.

새로운 키보드 프로토타입이 인풋디자인랩으로 전달되면 타이핑 정확도 테스트를 진행한다. 이 테스트에서는 사용자가 새로운 키보드를 사용하는 데 걸리는 시간을 측정하고 사용자의 손가락, 손목 등의 움직임 정보를 센서로 획득한다.

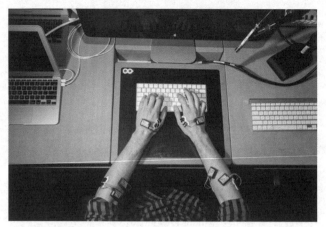

인풋디자인랩의 키보드 타이핑 테스트

이러한 데이터를 모아 새로운 키보드에 대한 사용자의 적응도를 판단한다. 케이트 버그게론은 새로운 테스트에서 사용자가 키를 더 빨리 조정하고 키의 중심을 보다 정확하게 찾을 수 있었다고 이야기한다.

글로벌 IT 서비스와 엔지니어링 아웃소싱

에베레스트 그룹은 매년 글로벌 IT 서비스 업체의 순위를 발표한다. 사업 영역, 기술, 서비스, 고객 만족도 등 총 26개의 평가 영역을 가지고 글로벌 IT 서비스 업체를 평가하고 선두, 우수, 주요 경쟁, 유망 업체로 분류해 리스트를 공개한다. 주목할 점은 상위권에 포진한 대부분의 업체가 인도에 기반을 둔 기업들이라는 점이다.

2018 IT 서비스 업체 순위, 에베레스트 그룹

순위	업체
1	엑센츄어
2	TCS
3	카그너전트
4	위프로
5	IBM
6	HCL
7	인포시스(Infosys)
8	캡재미니(Capgemmi)
9	DXC Technology(CSC와 HPE 합병)
10	NTT Data

ICT 업계의 소프트웨어 기업의 아웃소싱은 이미 오래전부터 수행되어온 비즈니스의 한 형태지만, 최근에는 전통적인 IT 아웃소싱 분야를 넘어 기획, 전략, 아키텍처 설계, 프로세스 관리 등 기존에는 소프트웨어 기업 고유의 영역으로 간주하던 부분마저 전략적 아웃소싱을 수행한다. 이를 엔지니어링 아웃소싱(EO, Engineering Outsourcing)이라고 통칭하며 4차 산업혁명 시대의 불확실성에 민첩하게 대응하기 위한 비즈니스의 한 방법으로 각광받고 있다. 엔지니어링 아웃소싱은 고객 분석, 비즈니스 영역 분석 등 전략 수립부터 시작해 기획, 설계, 리소스 운영, 모델링, 고객 평가와 피드백 점검, 대안 도출의 전 단계까지 필요한 모든 지원을 종합적으로 제공하는 비즈니스다.

전통적인 IT 강국인 인도는 아웃소싱 엔지니어링 분야에서 최고의 경쟁력을 보유하고 있으며, 인도를 대표하는 IT 아웃소싱 기업인 위프로(Wipro)만 관련 인력을 2만 명 넘게 확보하고 있다. 위프로는 전통 소프트웨어 아웃소싱 사업의 영역을 펌웨어, 하드웨어 및 빅데이터 수집과 분석, 산업용 사물인터넷 영역으로 확대하여 업계의 선두인 엑센츄어를 위협하는 실정이다. TCS는 페라리 자동차의 엔진과 트랜스미션 제작에 공동 참여하였고, HCL은 보잉사의 드림라이너 제작에 기술을 지원하고 있다. 4차 산업혁명과 과학기술의 발달로 제품의 라이프 사이클이 짧아지고, 제품의 기능을 개선하라는 고객의 요구가 무한히 증가함에 따라 독자적인 사내(In-house) 개발 방식으로는 이러한 시장 변화에 신속히 대응할 수 없어졌다. 이제 제품의 핵심 경쟁력은 소프트웨어 융복합 기술과 오픈 소스의 활용이지만, 모든 기업이 이를 지원할 개발 인력이나 방법론을 갖추지 못하고 있기 때문이다.

확장형 엔지니어링 서비스:
위프로, TCS, 캠브리지 컨설턴트

4차 산업혁명 이후 기업의 독자적 R&D는 분업과 협력, 협업과 오픈 소스, 오픈 이노베이션의 행태로 변모하고 있으며, 과거의 단순 위탁 개발 개념에서 탈피하여 솔루션과 플랫폼, 비즈니스 모델 설계, 사업 운영까지 책임지는 전방위적 아웃소싱으로 진화했다. 이를 아웃소싱 2.0이라 한다. 인도 위프로는 통신, 컴퓨터 시스템, 반도체, 가전, 항공, 의료, 헬스케어, 인공지능 등 다양한 사업에 걸쳐 엔지니어링 아웃소싱과 일부 영역에서는 비즈니스 아웃소싱 서비스도 제공하고 있다. 특히 위프로는 외부의 엔지니어링 파트너사에게 R&D 부분을 오픈하여 공동 협력하는 확장형 엔지니어링 서비스 전략을 추진한다. 이 전략으로 다양한 글로벌 경험을 축적하고 새로운 지식을 습득, 공유하며, R&D 투자에 대한 레버리지 효과를 창출한다. TCS는 인도 최대의 IT 서비스 기업이다. 특히 항공, 의료장비, 통신 분야에서 두드러진 실력을 발휘하고 있으며 항공기의 동체 구조 설계, 항공 전자 시스템, 소프트웨어 설계와 개발, 유지보수 서비스, 의료기기 설계 서비스 분야에서 업계를 선도하고 있다.

엔지니어링 아웃소싱은 이제 비즈니스를 수행하는 보편적 방법이 되었다. 기업 내의 업무를 제3자에게 맡기면 전문가를 이용하면서 위험 부담과 고정비를 줄이고, 전체적인 시간을 단축하는 효과가 있다. 기업 내부적으로는 핵심 역량에 더욱 집중할 수 있다. 글로벌 기업은 보유한 핵심 역량 이외에 필요한 역량에 국한해서 아웃소싱을 진행해왔지만, 최근에는 위험 부담이 높은 R&D나 4차 산업혁명을 주도하는 다양한 분야에도 아웃소싱을 활용하고 있다. 영국의 캠브리지 컨설턴트는 비즈니스 모델 자체가 R&D를 직접 대행하는 비즈니스이며 기술 솔루션을 연구하고 개발하여 이를 고객에게 모두 제공하고 있다. 이들은 지적 재산권과 관련 기술, R&D 단계별 모든 산출물을 고객에게 완전히 제공하고, 이를 기반으로 고객의 비즈니스가 성장할 수 있도록 모든 것을 지원한다는 의도를 가지고 있다. 최근 이 업체는 머신러닝, 인공지능, 사물인터넷을 위한 초저전력 센서, 홈오토메이션, 개인화 기술을 의뢰받아 연구하고 있다. 대표 고객사로는 나이키가 있다. 나이키는 스포츠 상품과 IT 기술의 접목을 새로운 비즈니스 영역으로 규정하고 있으며 캠브리지 컨설턴트와의 협업으로 퓨얼밴드를 출시했다.

무엇을 아웃소싱 할 것인가

기업이 컨버전스 환경에서 대두되는 아웃소싱에 가치를 만들려면 아웃소싱의 유형과 특징을 명확하게 분석해야 한다. 아웃소싱 유형은 기업이 처한 상황에 따라 '비핵심 역량 아웃소싱'과 '핵심 역량 아웃소싱'으로 구분할 수 있다. 핵심 역량은 비즈니스를 수행하며 경쟁사 및 경쟁 기술 대비 절대적 경쟁우위를 창출하는 자원과 능력이며, 비핵심 역량은 핵심 역량을 제외하고 기업 활동에 필요한 모든 자원과 능력으로 정의한다.

비핵심 역량 아웃소싱

비핵심 역량 아웃소싱은 기업의 역량 중에서 상대적으로 덜 중요하거나 내부 역량으로 확보할 필요성이 높지 않은 부분을 기업의 경영 활동에서 분리하여 외부 기관에 수탁하는 방식을 말한다. 불확실한 경영 환경 속에서 핵심 역량에 더욱 집중하고 상대적으로 비용을 절감하고 민첩한 경영 환경을 추구하는 전략이다. 특히 기업의 디지털 트랜스포메이션, 클라우드 인프라 도입, 빅데이터를 이용한 R&D 지원 등은 모든 기업이 자체적으로 수행하기 어렵기에 이를 아웃소싱하는 정보기술 아웃소싱(ITO, Information Technology Outsourcing)이 주목받고 있다. 또한 비즈니스가 점차 복잡해짐에 따라 비즈니스의 프로세스를 외부 전문 기관에 위탁하고자 하는 비즈니스 프로세스 아웃소싱(BPO, Business Process Outsourcing)

역시 주목받고 있다. ITO는 경영 자원 중 IT 부분을 외부 IT 기업에게 위탁함으로써 정보 시스템 운영 효율을 높이고 비용을 줄일 수 있으며, BPO는 기업 업무 처리 과정을 외부 전문 기업에게 위탁하여 비즈니스 프로세스 운영 효율을 높이고 자사 핵심 역량에 집중할 수 있다.

핵신 역량 아웃소싱

핵심 역량 아웃소싱은 불확실성이 가중되는 상황에서 기업의 민첩성을 높이고 협력을 통한 시너지를 창출하며 비즈니스 영역에서 경쟁사에 비하여 신속하게 경쟁우위를 갖추려는 목적의 핵심 전략이다. 아마존과 마이크로소프트가 인공지능 비서 서비스 시장에서 전략적으로 제휴해 상대의 솔루션과 플랫폼을 그대로 이용하면서 업계 전체의 파이를 키우고 다른 경쟁사를 원천적으로 봉쇄하고자 하는 것도 이와 같은 맥락이다. 지식 프로세스 아웃소싱(KPO, Knowledge Process Outsourcing)과 제품 개발 아웃소싱(EO, Engineering Outsourcing) 등이 대표적인 핵심 역량 아웃소싱의 사례다. KPO는 영국의 캠브리지 컨설턴트 비즈니스처럼 제품과 솔루션, 플랫폼, 비즈니스에 대한 전략 수립부터 시장 진출, 고객 확대와 전략적 사업 제휴, 생산시설 제휴까지 다양한 형태로 추진될 수 있다. 최근에는 빅데이터를 활용한 데이터 인사이트가 필요하지만 내부 역량으로 들여오기 어려운 기업이 KPO와 EO를 융복합해서 빅데이터 수집, 분석, 인사이트 도출부터 실시간 고객 대응 및 전략 수립까지 서비스를 활용하는 경우도 증가하고 있다.

인도, 중국, 베트남으로

삼성전자의 인도벵갈로 연구소(Samsung R&D Institute India-Bangalore, SRI-Bangalore)는 삼성전자가 인도에 진출한 다음 해인 1996년 2월 연락사무소 형태로 시작하여 2005년에 법인화하면서 비약적으로 성장하였다. 삼성은 현지 연구소에서 제품의 현지화는 물론 본사에서 연구하는 기술과 제품을 테스트하고 품질 보증 및 일부 기술의 선행·병렬 연구, 사용자 편의성 검토 등을 진행한다. 삼성은 현지 거점의 생산법인 및 제조 시설 두 곳을 운영하고 있다. 한편 삼성전자 인도 소프트웨어 R&D 센터에서는 음성인식 비서 서비스인 빅스비와 전자 지급 결제 솔루션인 삼성페이를 개발하고 자체적으로 다양한 부가 소프트웨어를 제작하고 있다.

국내 중견, 중소기업도 인도에 연구소를 설립하고 있다. 산업용 단말기 제조업체 블루버드가 지난 2015년 동종 업계 최초로 인도 벵갈로에 블루버드 인도 R&D 센터를 설립하여 소프트웨어 선행 기술, 핵심 기술 개발을 위한 R&D 거점뿐 아니라 글로벌 시장 마케팅, 기술지원 전진 기지로도 활용하고 있다. 블루버드는 기존 파트너십을 토대로 글로벌 IT 업체와 기술 제휴 등의 방식으로 협조해 상생하는 생태계를 구축하려는 전략을 펼치고 있다.

애플 아이폰의 뒷면에는 '캘리포니아에서 애플이 디자인하고, 중국에서 조립하였다'고 기록되어 있다. 이는 주문자상표부착(OEM, Original Equipment Manufacturing)으로 제품을 생산한 것이다. 애플이 모든 것을 설계하고, 생산만 폭스콘에 외주를 주어 만든 것으로서 품질과 디자인을 책임지면서 생산 원가를 낮추는 방법이다. 애플은 제품의 콘셉트와 디자인 설계, 프로토 타입은 직접 제작하지만 자체 생산 시설은 보유하고 있지 않다. EPM/GSM 마피아 활동과 내부적으로 운영하는 '도로 규칙'에 입각하여 적합한 생산자와 부품 공급자를 수배하여 외주 생산의 효율 극대화를 추구하는 것이다.

다른 개념으로는 생산자개발방식(ODM, Original Design Manufacturing)을 생각할 수 있다. 구글의 안드로이드폰 넥서스원이 이와 같은 방식으로 만들어진 제품으로서 대만의 스마트폰 전문업체인 에이치티시(HTC)가 제조하여 구글에 납품하고 있다.

전자 제품의 제조와 관련해서는 주로 EMS(Electronics Manufacturing Services)가 활용되고 있다. 제품을 위탁받아 전문적으로 제조만 하는 서비스다. 생산 기술에 대한 공정 표준화와 기술 발달이 어느 정도 완료된 미국의 전자 제조 업체들은 자사의 핵심 역량을 R&D와 마케팅에 집중하고 상대적으로 비핵심 역량으로 간주되는 생산을 분리하여 아웃소싱을 추진했다. 이 과정에서 EMS 비즈니스를 수행하는 기업이 생겨났다.

아웃소싱을 위탁받는다는 점에서 OEM 방식과도 유사하지만 OEM 방식이 특정 기업의 제품을 단순 납품하는 위탁 생산 방식임에 비하여 EMS 방식은 불특정 다수로부터 위탁을 받을 수 있으며, 제품 설계부터 부품 구매, 조립, 생산, 물류에 이르기까지 주문자의 제조 기능을 전담한다는 점에서 차이가 있다. 유사한 다수의 업체로부터 제조 과정을 위탁받고 동일한 제조 라인을 활용함으로써 규모 및 범위의 경제를 확보하여 전문화, 대형화를 추진할 수 있다.

이제는 R&CBD다

양손잡이 조직으로 전환

기술 경영의 창시자인 윌리엄 밀러 스탠포드 교수는 한 손은 기존 사업을 유지하고, 다른 한 손에는 스타트업처럼 빠른 움직임으로 새로운 연구를 수행하는 양손잡이형 연구 조직을 갖추라고 강조했다. 그는 제품 개발 과정에서는 마케팅 직원의 의견을 더욱 경청하고, 마케팅 과정에서는 제품 개발 직원의 의견을 더욱 충실히 반영하라고 말한다. 고객과 시장을 잘 아는 마케터의 의견이 제품 개발에 적극 반영되어야 하며, 실제로 제품과 솔루션을 고객에게 올바르게 전달하고 새로운 경험과 가치를 선사하려면 제품을 가장 잘 파악하는 개발 부서의 전문성이 반영되어야 하기 때문이다. 기업이 성공의 역설에 빠지지 않으려면 우선 양손잡이 조직이 되어야 한다. 양손잡이 조직이란 기존 기술을 효과적으로 방어하면서도 새로운 기술을 개발하여 효율적인 공격을 추진하는 조직이다. 반면, 양손잡이 조직으로 전환하지 못한다면 경쟁에서 도태되거나 생존이 위협받을 수 있다. 진공관 기술로 텔레비전의 성공을 이끈 RCA는 새롭게 등장한 트랜지스터 기술을 적시에 수용하지 못하여 결국 성공의 저주에서 벗어나지 못하고 도태되었다.

독일 프라운호퍼 재단: 시장과 고객이 원하는 R&D 수행

2000년대 이후 기업의 R&D는 원가절감, 모듈화, 품질 보증과 납기 달성, 기능, 성능의 경쟁우위 확보라는 목표를 기반으로 진행되어 왔다.

하지만, 리눅스를 필두로 한 오픈 소스의 활용, 오픈 이노베이션, 협업, 공동 개발 등으로 업계는 전반적인 기술의 상향 평준화와 복합화가 진행되고 있었으며 고객의 니즈와 원츠는 더욱 고도화되었다. 이러한 기조에 따라 전통적인 R&D로는 기업의 생존을 더 이상 보장하지 못한다는 인식이 팽배하게 되었고, R&D 활동은 기업의 비즈니스와 적극적으로 연계되어야 함을 인식했다. 시대를 앞서간 첨단 기술 연구의 산실이었던 제록스의 파크 연구소 및 각 기업의 부설 연구센터는 전통적인 의미의 R&D를 탈피하기 시작했으며, 삼성을 대표하는 종합기술원도 마케팅하는 연구, 돈이 되는 연구, 비즈니스를 수행하는 연구로 핵심 가치를 전환하였다.

독일에서는 정부가 주도하는 공공 R&D가 활발하고 우수한 성과를 창출하였으며 인더스트리 4.0은 4차 산업혁명의 선두 주자다. 독일은 공공 R&D를 정부와 민간에서 직접 지원하고 정책을 보조해줌으로써 육성하여 왔으며 이를 대표하는 기관이 프라운호퍼 재단이다. 프라운호퍼 재단은 국내외 60여 개의 연구소를 운영하고 있으며, MP3 플레이어 시대를 연 오디오 압축 기술인 MP3는 프라운호퍼 재난의 음향연구소가 1992년 개발한 이후 연평균 1200억 원의 로열티 수입을 가져다 주었다. 스트리밍 비디오 기술 기반의 실시간 동영상 재생, AAC 비디오 코딩 기반의 동영상 압축, 재생 타이어 등 산업 현장에서 널리 쓰이는 핵심 기술도 프라운호퍼 연구소에서 개발되어 돈 버는 연구소, 마케팅을 하는 연구소로 이름을 알렸다. 이들은 시장과 고객이 원하는 R&D 활동을 수행하는 것이 기업과 비즈니스의 혁신과 지속 경영을 이끈다는 믿음을 버리지 않았던 것이다.

R&BD의 목적과 진화

전통적인 R&D는 기업의 경영전략, 비즈니스 수행과 관련된 R&D를 하라는, 즉 R&BD로 변모하라는 압력을 받았다. 이는 시장 수요를 반영한 고객 중심의 R&D 활동이다. 윌리엄 밀러는 기업의 R&D가 과제를 관리하고 진행하는 차원을 벗어나 고객의 현존하는 니즈보다 잠재적 니즈를 수시로 파악하여 R&D에 반영하는 지식 채널을 확보하고, 연구소가 먼저 이익을 구현하며 이익을 추구하는 중심점으로 거듭나라고 강조했다. 캐즘은 새로운 기술을 바탕으로 한 신제품이나 서비스가 혁신가 또는 얼리 어답터의 수준에 머물다가 주류 시장으로 전이하지 못하고 시장에서 자취를 감추는 현상을 말한다. 이는 고객에게 외면 받는 기술, 고객에게 필요 없는 제품과 서비스는 지속 가능한 가치를 창출할 수 없다는 의미다. R&BD는 초기 단계부터 이러한 캐즘을 극복하고, 기업의 비전 기반 R&D을 수행하는 것이다.

글로벌 기업이나 국내 대기업은 연간, 반기, 분기별 경영계획을 수립하며, 이에 따라 비즈니스로드맵, MGPP, 제품로드맵, 기술로드맵을 완성한다. 이러한 계획에 따라 R&D 부서도 기술, 제품, 서비스 개발 업무를 진행하며 비즈니스를 위한 사업 개발과 R&D로 변모하고 있다. R&D에서 R&BD로 진화하면서 R&D는 완벽한 제품을 출시한다는 관점에서 탈피했다. 신속하게 개발하고 시장에 출시해 시장과 고객을 검증하고, 이를 통해 실패 비용을 줄이며, 빠르게 대응해 고객 검증과 확대, 제품 품질을 강화하겠다는 관점으로 변모했다. 스타트업 기업의 프로토타입, 최소존속제품 개념, 린 스타트업 방식을 혼용히어 스피드와 전략적 민첩성을 강조하는 것이다. 글로벌 기업의 R&D 센터, CTO 조직의 주요 업무도 과거의 기술 개발 개념에서 기술 개발 · 기술 도입 · 기술 협력 · 기술 구매 · 기술 판매의 방식으로 진화하고 있으며 핵심 부품 개발, 사업 타당성 조사, 사업 개발, 비즈니스 모델 개발 등으로 연구 범위를 확대하고 있다. 과거에는 제품과 기술만 연구했다면 사업과 비즈니스, 비즈니스 생태계를 함께 연구하는 방식으로 진화하는 것이다. 이를 통하여 R&D 센터와 CTO 조직 및 기업의 R&D 본부는 R&D의 실행자의 역할에서 TC(Technology Coordinator)와 BC(Business Coordinator) 역할로 변모하고 있다.

R&BD의 한계

연일 실리콘밸리의 유니콘, 데카콘 기업의 성공 소식을 접하고 있는 상황에서 미국 제조업을 대표하며 미국 경제의 산증인으로 불리던 GE는 이제 성공이 아닌 실패의 대표 사례가 되었다. GE는 111년간 포함돼 있던 다우지수 구성 기업에서 퇴출되는 최악의 수모를 겪었다. GE의 사례는 4차 산업혁명 시대에는 전통의 글로벌 제조업이라도 더 이상 지속 경영을 보장받지 못한다는 사실을 보여준 것이다. 문어발식 사업 확장과 다각화, 비제조업 분야인 금융 사업으로 무리하게 확장했던 점이 GE가 몰락한 주원인이었다. 실력 없이 열정과 투지, 요행으로 승부하는 시대는 이미 지난 것이다. 기업의 도전은 내실을 바탕으로 한 치밀한 준비 아래 계산된 승부수여야 한다. 1000개 기업을 대상으로 R&D 투자액을 조사한 한국 산업기술진흥협회의 보고에 따르면 대기업은 6.4퍼센트 증가, 중견, 중소기업은 각각 0.7퍼센트, 11.0퍼센트가 증가했다. 금액으로는 대기업은 32조 원, 중견, 중소기업은 각각 5조 원과 13조 원의 투자 계획을 밝혔다. R&D 분야의 이러한 투자에도 불구하고, 성공을 보장받을 수 없는 실정이며, 시장과 기술에 대한 메가 트렌드는 더욱 급격하게 변화하고 기술 불확실성과 고객 불확실성을 유발하고 있다. 과거에 비하여 투자와 성과 간 연관성도 점차 낮아지고 있다. 나비 라드주(Navi Radjou) 캠브리지대 교수는 심지어 대규모 R&D 센터부터 해체하라고 이야기한다. 저성장 시대에 필요한 것은 검소하고 민첩한 혁신이며 이를 위해 과거의 패러다임인 대규모 R&D 센터부터 개혁해야 한다는 것이다.

스트레티지앤의 조사에 의하면 2014년 전 세계 1000대 기업이 R&D에 투자한 총 비용은 6470억 달러지만 이 중 80퍼센트는 시장에 소개도 되지 못한 채 소멸했다. 이 조사는 거대 R&D 센터가 돈 먹는 하마로 전락했다고 지적했다. 스마트폰 제조사는 항상 새로운 기능과 성능, 고객 경험을 화두로 제시하고 있지만 대다수의 고객은 전체 기능의 20퍼센트 미만을 겨우 사용한다. 나비 라드주 교수는 쓰지 않는 제품을 억지로 구매하며 비용을 내고 있다고 경고한다. 이는 기업도 마찬가지다. 새로운 고객 경험과 가치라는 화두를 내걸고 고객이 사용하지 않는 기술을 개발하느라 돈과 인력과 시간을 낭비하고 있는 셈이다.

R&BD에서 C&D로의 전환

R&BD 방식의 방법론을 도입한다 하더라도 새로운 문제점이 발생할 수 있다. 기업의 R&D는 탑다운 의사소통 구조다. 기업의 경영전략에 의하여 제품, 서비스, 솔루션의 개발 계획이 수립되면 R&D 부서로 전달되고, 정해진 기간에 제품과 솔루션을 완성하는 목적으로 R&D를 해야 한다. 라드주 교수의 조사 사례에 의하면, 대기업의 한 연구원이 자신의 발명 내용을 승인받으려면 무려 60여 차례의 승인 단계를 거쳐야 한다. 최고의 민첩성과 스피드가 요구되는 이 시대는 R&D 환경이 신속한 수평적 협업 체제로 전환해야 함을 강조한다. 한 기업에게 필요한 기술은 다른 연구소, 대학, 기업 및 오픈 커뮤니티에서 이미 완성되었을 수 있다. 기존에 완성되어 있는 결과물을 이용하지 않고, 완전히 새롭게 따라잡는 R&D를 할 것이 아니라, 이미 완성된 연구를 서로 공유하고 더욱 새롭고 가치 있는 것을 만드는 체제로 발전해야 한다.

4차 산업혁명의 시대에는 R&D도 공유 경제의 원리를 적용해야 한다. 에어비앤비나 우버가 기업과 소비자 간 B2C 공유 경제라면, 이 개념은 B2B 기업 간 공유 경제다. 이보나 너 빌전하면 전 세계 오픈 커뮤니티에 합류한 모든 사람을 연구원이라고 인식하는 것이다. 고객의 의견마저 R&D의 일부분으로 포함시킬 수 있다. 기업의 전통적 R&D는 이제 연결을 의미하는 C&D(Connect & Development)로 전환되어야 한다. 르노 자동차의 루마니아 다르샤 인수도 대표적인 C&D 사례다. 자존심 강한 프랑스 디자이너와 실용성을 강조한 루마니아 엔지니어의 협업은 신개념의 저가 자동차 플랫폼을 만들어 내었다. 아마존과 마이크로소프트가 인공지능 비서 비즈니스에서 플랫폼을 공유하여 새로운 시장을 창출하고 있다. 아마존은 AWS의 보안을 위하여 수많은 보안 소프트웨어 솔루션 기업들과 API를 공유하였다. 가상화 솔루션의 선도 기업인 VM웨어는 증가하고 있는 퍼블릭 클라우드 서비스 시장에 대처하고자 EMC와 IaaS 비즈니스 영역에서 동맹을 맺고 토털 클라우드 서비스 제공 업체로 발돋움했다. 그 결과로 기존의 선두 업체인 아마존, 구글, 마이크로소프트를 위협하고 있다. 엘론 머스크의 테슬라 자동차는 지난 2014년 전기 자동차의 모든 핵심 기술을 공개하여 집단 지성의 힘과 협업, 공유를 통하여 R&D의 속도를 높이고 질적 성장을 함께 도모하고자 하는 전략을 표방하였고, 업계에서는 이를 '현명한 이기심'이라고 평가하고 있다.

기업의 R&D 패러다임은 이미 변모하고 있으며, 모든 것을 스스로 해야 한다는 고정 관념을 탈피하고 있다. 리누스 토발즈의 개인 연구로 시작된 리눅스 커널은 전 세계에서 자발적으로 참여한 개발자의 집단 지성 덕분에 엄청난 발전을 이루어 왔다. 오픈 소스의 아버지로 추앙받는 리처드 스톨먼의 자유 소프트웨어재단이 지원해 GNU를 대표하는 핵심 오픈 프로젝트가 되었고, 지속적인 발전을 거듭했다. 스마트폰 운영체제 중 가장 높은 점유율을 차지하고 있는 구글의 안드로이드 역시 리눅스 커널에 기반하고 있고, 전 세계의 수많은 임베디드 시스템(Embedded System)의 운영체제로도 이용되고 있다. 4차 산업혁명의 과학기술을 대표하는 빅데이터와 클라우드의 핵심 기술 모두 오픈 소스로 구성되어 있다. 이제는 연구하고 개발하는 단계에서 '연결'하고 개발하는 단계로 민첩하게 의식과 행동의 전환을 이루어 내야 한다.

4차 산업혁명의 시대, R&CBD

이제는 R&D도 패러다임 전환이 필요한다. R&D에서 R&BD로 진화하고, R&D에서 C&D로 진화해 왔다. 모든 것을 융복합하는 최근의 R&D는 R&CBD(Research & Connect, Business Development)로 발전하고 있다. 모든 비즈니스 아이디어와 기술, 제품, 솔루션 및 고객 가치를 연결(Connect)하고 이를 비즈니스와 결합하여 고객 가치를 만드는 과정이다. 연결의 의미는 단순한 협력 개발에 국한되지 않는다. 스티브잡스는 스탠퍼드 대학 졸업식에서 연결의 의미를 다음과 같이 설명했다.

여러분은 과거를 뒤돌아봤을 때 비로소 점들을 연결할 수 있습니다. 모든 점은 당신의 미래와 어떻게든 결국 이어질 것이라는 것을 믿어야만 합니다. 본능, 운명, 삶, 업보 등 무엇이든 간에 점들이 결국 연결되어 하나의 길을 이루게 될 것이라 믿어야 합니다. 그러면 여러분은 가슴이 움직이는 대로 따르는 자신감을 가지게 될 것입니다. 당신의 마음을 따르는 것이 잘 닦여진 길에서 벗어날지라도 그것이 여러분을 남들과 다르게 만들어 줄 것입니다. 저는 세리프가 무엇인지 배웠고, 산 세리프 서체도 배웠습니다. 글자 조합에 따라 자간을 어떻게 조정하는 지도 배웠고, 어떻게 해야 멋진 서체가 나오는지도 배웠습니다. 아름답고, 역사가 존재하고, 예술적으로 오묘해서 과학으로는 설명할 수가 없었습니다. 저는 여기에 매료됐습니다. 이런 걸 배워서 나중에 실제로 활용할 것이라고는 생각도 안 했습니다. 그렇지만 10년 후 우리가 첫 번째 매킨토시 컴퓨터를 설계할 때 뜬금없이 서체가 필요해졌습니다. 우리는 서체에 관해 배운 걸 맥 설계에 반영했습니다. 이렇게 해서 맥은 서체가 아름다운 최초의 컴퓨터가 됐습니다. 제가 대학에서 그 강좌를 듣지 않았다면 맥은 다양한 서체, 적절한 폰트 간격을 갖지 못했을 것입니다. 윈도는 맥을 베낀 것이기 때문에 어떤 퍼스널 컴퓨터도 이런 것을 갖지 못할 뻔했죠. 제가 중퇴하지 않았다면 서체학 강의를 듣지 않았을 테고, 퍼스널 컴퓨터는 현재와 같은 아름다운 서체를 갖지 못했을 것입니다. 제가 대학을 다닐 때는 앞을 내다보고 점을 연결하는 것은 불가능했습니다. 그러나 10년 후에 뒤돌아보면 매우 명확합니다.

– 스티브 잡스

R&CBD에서는 연결의 의미를 다양하게 확대할 수 있다. R&D 분야에서는 외부의 기술 및 아이디어를 활용한다. 오픈 소스를 이용하여 이미 구현된 다양한 기술 및 솔루션을 검증할 수 있다. 구글은 2000개가 넘는 오픈소스 프로젝트를 운영하고 있다. 이 프로젝트에 안드로이드 운영체제, 웹, 개발 도

구, 머신 러닝 등 다양하고 검증된 기술들이 존재한다. 깃허브(GitHub)는 오픈 소스 기술이 모여 있는 저장소로, 즐겨 찾기라는 뜻의 '스타'와 소스코드를 복사해 갈 수 있는 '포크'라는 기능을 제공하고 있다. 관심의 척도는 스타의 포크 횟수다. 웹 어플리케이션 프레임워크로 개발과 테스트 환경을 단순화시킨 기술을 구현한 앵귤러 JS, 구글의 디자인 철학을 구현하는 데 필요한 자료들이 포함되어 있는 머티리얼 디자인 아이콘과 머티리얼 디자인 라이트, C언어의 대안으로 평가받는 구글의 Go 프로그래밍 언어, 웹 개발을 처음 시작하는 개발자에게 유용한 웹 스타터 키트, 클라우드 컴퓨팅의 컨테이너 기술을 구현해주는 쿠버네티스, 구글의 I/O 2015 안드로이드 앱, 머신러닝에 다양하게 활용되는 텐서플로, 신경망(Neural Network)을 활용해 그림의 일부를 바꿔 새로운 예술작품으로 만들어 주는 딥드림, QR 코드를 인식하는 지브라 크로싱 등은 이미 전 세계적으로 큰 인기를 끌고 있는 오픈 소스 프로젝트다.

구글은 전 세계에서 가장 풀기 어려운 문제를 해결하겠다는 야심찬 프로젝트인 솔브포X(Solve for X) 프로젝트를 진행했다. 이 프로젝트는 집단 지성을 이용하고자 2012년부터 전 세계를 대상으로 아이디어를 수집하였으며, 이를 통하여 사업화를 진행하는 것이다. 공간을 인식하는 기술을 구현하는 프로젝트 탱고로 자율주행차를 개발 중이며, 공중에 거대 풍선을 띄워 무선인터넷 신호를 보내는 프로젝트 룬, 화물 수송 무인 드론을 개발하는 프로젝트 윙 등 다양한 신기술에 전 세계의 아이디어를 반영하고 있다.

P&G는 자사 제품의 절반 정도를 외부의 아이디어와 기술

에서 솔루션을 찾아온다. P&G는 전통적인 내부 R&D가 성장의 한계에 직면했음을 인지한 후 기업을 혁신하고자 기업의 내외부를 구별하지 않고 새로운 아이디어, 기술, 솔루션을 연결하고 조합하여 새로운 개발을 추진하는, 개방형 혁신 전략을 핵심 가치로 선정했다. 혁신의 주체에서 벗어나 혁신을 선도하고 결합하는 지휘자 역할에 최고의 가치를 둔 것이다. 현재까지 이같은 개방형 혁신으로 프링글스 프린트, 크레스트 칫솔 등 100여 종의 신제품을 출시했다.

연결의 개념은 기업의 특허에 대한 인식도 변모시키고 있다. IBM은 지적 재산권에 대한 접근 전략을 수정하였다. 기술 유출을 방지하려던 기존의 방어적 입장에서 자사가 보유하고 있던 반도체 관련 기술을 인텔, 모토롤라, 텍사스 인스트루먼트 같은 경쟁 기업에게 과감히 라이센스를 주어 새로운 수익원을 창출하고 이를 통하여 전체적인 시장의 크기를 키운 것이다.

R&CBD의 연결 개념은 기업의 인수합병, 기술 구매, 지분 참여 등으로 확대할 수 있다. 필요한 기술과 인력을 적기에 구매하여, 자사의 영역으로 확보하고, 경쟁사와의 비교에서 절대 우위를 선점하는 전략이다. 삼성은 2014~2016년 사이에 14건의 대형 인수합병을 성사시켰다. 특히 2016년에는 세계 1위 전장 기업인 하만을 80억 달러에 인수하여 관련 업계를 긴장시켰다. 최근 삼성은 삼성 전략혁신센터(SSIC)를 통하여 자동차 전자 장비, 디지털 헬스케어, 비즈니스 소프트웨어 분야의 인수합병을 추진한다고 선언했다. LG전자는 오스트리아의 세계적 자동차 조명 업체인 ZKW를 그룹 역사상 최대 규모인 1조4000억 원의 인수금액을 들여 인수했으며 산업용 로

봇 제조 업체인 로보스타의 지분을 취득하여 경영권을 확보했다. LG전자는 로보스타, 로보티즈와 에스지로보틱스, 보사노바 로보틱스 그리고 인공지능 기업인 아크릴 등 로봇과 인공지능 분야의 투자를 확대하고 있다. LG전자는 호텔 서비스 로봇과 공항 청소 로봇, 서빙 로봇, 포터 로봇, 쇼핑 카트 로봇 등을 공개하고 앞으로 라인업을 더 확대해 시장을 적극적으로 공략한다는 방침이다.

솔루션 인테그레이션, 인증

R&CBD에서는 기업의 제품, 기술, 솔루션과 타사의 제품, 기술, 솔루션 간의 연동(Integration)을 중요시 한다. 만약 삼성의 스마트폰 갤럭시를 B2B 비즈니스로 고객사에 1만 대 납품하였다면, 고객사에 이 제품을 관리할 필요가 생겼을 것이다. 이때 사용하는 소프트웨어가 모바일 단말 관리(MDM, Mobile Device Management) 소프트웨어다. 전 세계적으로 MDM을 만드는 회사는 VM웨어를 비롯해 모바일아이언, 시트릭스, SAP, 시스코, IBM 등이 있다. 따라서 삼성 갤럭시는 제품 출시 전에 이러한 MDM 업체들과 연동한다. 하지만 고객이 특별한 MDM 소프트웨어를 사용하기를 원한다면 그 소프트웨어에 별도의 연동 작업을 수행해야 한다. 고객에게 무조건 업계 1위인 VM웨어의 에어왓치를 사용하라고 제안할 수 없기 때문이다. 삼성은 과거 CCTV 영상 감시 사업을 진행한 적이 있다. CCTV 제품군에 네트워크 기능이 추가되면서, 카메라의 영상과 음성을 원격으로 전송해 관리 센터에서 원격 감시할 수 있도록 했다. 삼성은 공항(Airport) 프로젝트에 입찰하

려 했지만, 고객사의 원격 감시 시스템에 자사의 제품이 연동되지 않았다. 부랴부랴 업체를 찾아내 연동 작업을 하려 했지만, 업체의 스케줄 및 연동 작업에 따르는 인증 시간 때문에 고객이 요구한 시한 안에 제안하지 못하였고, 그 대형 프로젝트 수주에 실패했다.

구글의 안드로이드 운영체제를 이용하여 하드웨어 제품을 만든다면 반드시 구글의 CTS(Compatibility Test Suite) 인증 절차를 통과해야 한다. CTS는 안드로이드 디바이스의 호환성을 테스트하는 도구이며, 안드로이드 표준 SDK에서 요구하는 API가 존재하는지, 그리고 정상적으로 동작하는지 확인하는 것이다. CTS를 수행하는 이유는 개발자가 만든 응용 프로그램들이 안드로이드 호환 디바이스에서 정상적으로 동작함을 보장하기 위함이다. CTS 테스트 통과는 안드로이드 마켓 및 구글 운영체제에 접속하기 위한 기본 요건이다. 또한 구글은 마켓 플레이스에 등재된 프로그램 이외에도 구글 GMS(Google Mobile Service)라고 불리는 다양한 앱(Gmail, Maps, Search, YouTube) 역시 호환성 테스트를 통과해야 라이선스를 받을 수 있도록 규정하고 있다. 성공적으로 제품을 만들었더라도 적절한 시기에 인증 절차를 진행하지 못하면, 실제로는 비즈니스를 수행할 수 없다. 따라서 제품 개발 초기부터 필요한 솔루션 연동과 인증 계획을 수립하여 병행 진행을 해야 한다.

국제 표준, 업계 표준, 국가별 표준

R&CBD 관점에서 제품 개발은 반드시 국제 표준과 업계

표준, 국가별 표준을 준수하여야 한다. 스마트폰의 충격, 낙하 실험에는 MIL-STD(Military Standard) 규격을 이용한다. MIL-STD는 미국 국방성이 강제하는 군사용 표준 규격으로서 미 육군의 개발시험통제소가 제정한다. MIL-STD 규격은 군사용 장비에 적용하려는 게 최초 목적이지만, 산업용 특수 목적의 제품에도 적용할 수 있다. 다음의 검사 항목 이외에도 습도(습한 환경), 저압(높은 고도에서 정상 작동 여부 확인), 염수에 의한 부식(바닷물), 곰팡이(따뜻하고 습기찬 공기에서 곰팡이 발생 여부), 스파크 등 다양한 테스트를 진행한다.

- 진동: 속도 1000마일의 육상 운송 장비에서의 진동 시험 후 작동 및 비작동 여부 판단
- 낙하: 5센티미터의 합판, 강철, 콘크리트 위에 제품의 각 면, 모서리, 가장자리를 26회 낙하하여 파손 여부 및 정도 측정
- 충격: 제품의 각 방향 및 기준 축당 3회씩 총 18회의 충격을 가한 후의 상태 측정
- 먼지 저항: 먼지 발생 환경에서 6시간 노출 후 정상 작동 여부 판단
- 고도: 해발 1만5000피트에서의 기기 동작 여부
- 고온: 60℃에서 작동, 71℃ 비작동 여부 판단
- 저온: -29℃에서 작동, -51℃에서 비작동 여부 판단
- 온도 충격: 분당 10℃ 이상의 변화 속노도 -51℃ ~ 96℃ 사이의 갑작스러운 온도 변화 노출 후 제품 구동 여부 판단

국내의 한 중견기업은 남미의 브라질로 처음 제품을 수출하려 하는데 막바지 계약을 앞두고 있었다. 순조롭게 협의되고 샘플을 제공할 단계에서 현지의 파트너가 난색을 표했다. 브라질의 ANATEL 인증을 취득하지 않은 것이다. ANATEL 인증은 브라질 규정 242-20에 의거하여, 무선 기능 및 유선 기능이 있는 제품은 지정된 브라질 현지 시험소에서 현지 테스트를 거친 후 인증을 받는 강제 규정이다. 다행히 긴급하게 현지 파트너사의 도움으로 인증을 받게 되었지만, 미 인증 단말기가 세관을 통과 못하면 파트너와 고객에게 샘플과 제품을 전달할 수 없어서 비즈니스에 지장을 줄 수 있었던 사례다.

국제 표준이 정해져 있지 않고 표준화 단계가 진행 중이라면, 병행 전략(Parallel Mover Strategy)를 적용해야 한다. 디지털 TV의 국제표준이 4개로 나뉘어 표준화를 진행하려는 움직임이 있자 한국의 컨소시움은 4개의 WG(Working Group)에 모두 참여했고 그중 하나의 표준이 결정되자 가장 먼저 규정된 표준을 준수하는 제품을 만들어 낸 덕분에 시장의 리더가 되었다. 현대 자동차가 전기차, 하이브리드, 수소 연료 전지차를 모두 준비하는 것도 유사한 사례다.

비즈니스 연결과 협업 수행

R&CBD의 핵심은 '연결'이며, 연결의 목적은 성공적인 비즈니스 수행이다. 연결은 비즈니스에서 다양한 솔루션을 서로 융합하여 새로운 가치를 창출하는 것이다. 고파인드(GoFind) 앱은 인공지능과 빅데이터 처리 기능을 내장하여 고객이 사진을 입력하면 고객에게 최적의 패션 아이템을 소개

하는 비즈니스 플랫폼이다. 이 플랫폼 안에서 의류, 신발, 패션 액세서리 등 1000개가 넘는 업체가 함께 비즈니스를 수행하고 있다. 앱을 개발한 고파인드는 앱 개발 초기부터 의류업체, 패션 액세서리 업체, 광고 업체에 비즈니스 플랫폼을 소개하며, 협력을 통하여 매출 수수료, 광고 수수료 등을 나누는 사업 전략을 추진했다.

최근의 의류 매장들은 좀 더 효율적으로 고객에게 서비스하고자 사물인터넷 솔루션 업체와 협력하여 새로운 고객 경험을 만들고, 그 결과로 매출을 향상시키려 하고 있다. 매장에 사물인터넷 장치를 설치하여 쇼핑객이 어느 매장에서 가장 많은 시간을 소비하고, 어떠한 동선을 따르며, 어떤 제품을 구매하는지 실시간으로 분석하고 이를 매장의 히트 맵(Heat Maps)으로 작성한다. 이를 가지고 매장 관리를 효율적으로 진행하며, 고객에게는 실시간으로 분석된 제품 정보와 구매 패턴에 따른 추천 상품을 앱이나 매장마다 설치된 소형 모니터, 스피커 등을 통하여 안내한다. 가상 현실 기술을 개발한 업체와 디스플레이 업체가 협력하여 의류 매장에 3D-AR 거울을 설치해서 고객에게 새로운 경험을 제공함으로써 매출을 향상시키고 있는 사례도 있다. 고객의 신체를 1분 이내에 정확하게 측정하여 최적의 의류를 소개하는 가상 의류 피팅룸 서비스다. 디스플레이 업체는 디지털 사이니지를 이용하여 고객이 이용하지 않는 경우에는 별도의 광고를 노출해 추가 수익을 창출한다. 의류 매장에 소개된 이 솔루션으로 의류뿐 아니라, 구두, 운동화, 액세서리, 피부 톤에 맞는 화장품 제안 등 새로운 비즈니스 협력을 추구하고 있다.

비즈니스 생태계

R&CBD에서는 비즈니스 생태계 구축을 강조한다. 생태계란 생물학에서 유래한 용어로서 자연환경과 유기체가 서로 영향을 주고 받으면서 함께 공존해 나가는 자연계의 질서를 의미한다. 이를 하버드대 제임스 무어가 비즈니스에 접목하여 비즈니스 생태계의 개념을 정립했다. 비즈니스의 전후방 산업과 버티컬, 인접 산업, 연관 산업에 서로 연계된 기업이 경쟁과 협력을 통해 공생하고 함께 발전해 나가는 모습을 지칭한 것이다.

비즈니스 생태계는 기업이 비즈니스를 수행하는 데에 직접, 간접, 긍정, 부정의 영향을 미치는 모든 요인을 포함한다. R&D 측면에서는 핵심 하드웨어 부품을 제공하는 업체(메모리, CPU, LCD, 터치 기기, 카메라 등), 운영체제 업체(구글 안드로이드, 마이크로소프트 윈도), 핵심 인력을 소개해주는 리크루터나 헤드헌터, 핵심 기술을 소개하는 기술 거래 업체, 인터넷 커뮤니티, 외부 품질 인증 기관, 표준화 단체, 산학 협력 기관, 교육 기관 등이 생태계의 구성 요소다. 품질 부서에는 국제 표준 단체, 외부 품질 인증 업체, 국가별 품질 시험 대행사, 각종 규격 대행 업체, 핵심 부품 제조 업체, OEM, ODM 비즈니스 대상 업체, 고객 등이 모두 비즈니스 생태계의 구성 요인이 된다. 구매 부서는 현재의 핵심 부품 공급 업체, 2차 부품 공급 업체, 완제품 및 반제품 공급 업체, 교체 부품 공급 예상 업체, 솔루션 제공 업체, 비즈니스 플랫폼 제공 업체, 구매 대행 업체, 각 부품 업체의 컨택 포인트 등이 비즈니스 시스템의 구성 성분이다. 마케팅 부서에는 버티컬 분류에 따라 세분화된 고객, 채널에 포함된 배급 업자, 판매 대리인,

VAR(Value Added Reseller), 자사 파트너, 경쟁사 파트너 및 각종 솔루션 제공 업체, 플랫폼 제공 업체 등이 비즈니스 생태계의 구성 요소다.

결국 R&CBD 수행은 끊임없이 비즈니스 생태계를 점검하고 강화하여 선택과 연결의 폭을 넓히는 과정이다. 핵심 부품의 단종, 공급사의 가격 인상, 기술 인력의 이탈, 고객의 새로운 솔루션 요구 등 비즈니스 환경은 예측할 수 없이 변화하기 때문에 자사의 기업 환경을 둘러싼 생태계를 얼마나 견고하게 구축하는가가 결국 사업의 성패를 좌우한다.

컨설팅 기반 토탈 솔루션 프러바이더

R&CBD의 최종 단계는 기업의 사업 영역에서 전문성(Expertise)를 보유하고, 인접 사업에 대한 폭넓은 지식으로 고객에게 컨설팅하여 단품 제품의 제공을 넘어 토탈 솔루션 프러바이더가 되는 것이다. 가령 물류 창고, 재고 관리 등에 주로 사용되는 RFID 리더 기기를 제조하는 업체라면 고객은 어떠한 솔루션과 연계하여 이 기기를 사용할 것인지를 파악하고, 그 솔루션과의 연동(Integration)을 진행해야 하며, 향후 고객은 어떠한 솔루션에 문제점을 갖고 있는지를 고객 컨설팅을 통하여 밝혀내야 한다. 또한 이후의 기술, 제품, 솔루션 트렌드를 파악하여 고객에게 추가적인 컨설팅을 해 주어야 한다.

아마존은 물류 시스템 분야에서노 끊임없이 도전하고 있다. 아마존은 물류 시스템 고도화를 위하여 키바 시스템을 8억 달러에 인수하였다. 키바의 기술은 중앙 컴퓨터의 무선 통신과 바코드 인식으로 제어되는 로봇을 활용하며 물류 처리의 생산성과 정확성을 획기적으로 증대시켰다. 2년간 자사의 물류 센터에서 키바 로봇을 운영해 전체 운영비용의 20퍼센트 절감했으며 이를 통해 아마존의 물류 경쟁력은 2010년 미국 내 10위에서 2012년 2위로 올라섰다. 이후 아마존은 키바 운송 로봇과 적재 로봇을 13곳의 물류 센터에서 활용하여 기존 60분 이상이던 물류 순환 속도를 75퍼센트 단축했고, 공간 활용도는 50퍼센트 이상 상승했다. 이러한 내용은 앞서 언급한 RFID 리더기를 공급하는 제조 업체, 이를 이용하는 고객사에게도 모두 전달된다. 고객은 반드시 이러한 새로운 솔루션에 관하여 질의하고 컨설팅 기반의 답변을 듣고자 할 것이다. 일본 이온(AEON)은 매장 내 재고 관리를 목적으로 로봇을 도입하여 실제 업무에 활용하고 있다. 고객은 언제라도 이러한 솔루션에 대해 문의할 수 있다. 제조 업체가 어디이며, 효율은 어떻고, 유지 보수, 도입 자금 등을 물어본다. RFID 리더기를 제조하는 업체에게 이런 부분을 물어볼 때는 고객도 충분한 의도를 가지고 있다. 모든 답을 즉시 구하려는 것이 아니라, 어떤 전략과 전개 방안을 갖고 있는지, 이러한 트렌드를 파악하고 있는지 등을 확인하는 것이다. 그렇기 때문에 RFID 리더기를 제작하는 업체도 물류 로봇에 대한 관련 기술, 비즈니스, 사업화를 검토해야 한다. 이러한 활동이 R&CBD의 연결과 확장이다.

RFID 리더기는 물류 창고 이외에도 실제 리테일 매장에서 사용된다. RFID 태그를 읽으면 그 데이터는 RFID 리더기를 통하여 데이터를 취합하는 서버로 전송된다. 주로 본사의 전산 시스템과 연동되어 있다. 이러한 데이터는 빅데이터다. 이 데이터를 분석해 매장과 본사는 물류 정보, 판매 시간, 재고 확보 여부, 제품에 특화된 정보 등을 활용할 수 있다. 그렇게 하려면 RFID 리더기를 제공하는 업체는 고객이 사용하는 ERP 시스템을 분석하고 이와 연동할 수 있도록 해야 한다. 데이터를 전송할 경우에도 고객이 가공하지 않은 순수 데이터(Raw data) 혹은 가공된 데이터(Processed Data), 분석된 데이터(Analyzed Data) 등 자사의 IT 환경을 감안하여 다양한 형태의 포맷을 원할 수 있다. 이런 고객의 문제점, 요구 사항에 대응할 수 있어야 한다. 고객의 인프라 시스템과 레거시 시스템(Legacy System)까지 분석해야 하는 이유이다.

RFID 리더기를 제조, 공급하는 제브라(Zebra)는 이러한 빅데이터의 유용성을 미리 파악하여 RFID 데이터를 센싱하고, 분석하고, 필요한 액션을 취할 수 있도록 하는 인공지능 기반의 플랫폼(제브라 사바나)을 준비하고 있다. 사바나로 RFID에서 발생하는 빅데이터를 고객의 니즈와 원츠에 맞도록 분석하고 그 결과를 고객 및 고객의 솔루션 제공 벤더에게 제공한다. 이는 RFID 단품 판매를 넘어 플랫폼과 솔루션을 판매하는 것이고, 다양한 제3자 솔루션을 결합하여 고객의 문제점을 해결하는 전략이다. 빅데이터는 이제 일반적인 솔루션이 되었다. 리테일 비즈니스는 시큐리티(Security) 비즈니스와 결합하여 카메라로 전달되는 영상과 얼굴 데이터를 분석해서(Video Analytics) 실시간 마케팅에 활용한다. 기본적인 영상 감시부터 고객의 동선을 분석하여 히트 맵을 작성하고, 고객의 누적 구매 데이터를 분석하여 매장의 할인 행사와 고객 동선을 유도하는 메시지를 고객의 앱으로 실시간 전송하기까지 한다. 구매 이후에도 다음 구매 활동으로 이어지도록 고객 맞춤형 연계 상품의 할인 쿠폰을 미리 전송한다. 유통 업체 '타깃'은 구매 고객의 구매 패턴을 분석하여 고객의 임신 여부까지도 예측하는 등 개인화된 맞춤 정보를 선제적으로 제공하고 있다. 고객이 남긴 디지털 발자국를 활용하여 고객이 말하지 않은 요구 사항까지 밝혀내는 것이다.

R&CBD를 수행하려면 하나의 사업을 하더라도 다양한 관점에서 연결해야 한다. 시큐리티 비즈니스에서 리테일 비즈니스를 바라보는 관점과 RFID 리더기 제조의 관점에서 리테일 비즈니스를 바라보는 관점은 서로 다르기 때문이다. 또한 리테일 업체의 비즈니스를 도와주는 소프트웨어 솔루션 업체와의 협업도 고려해야 한다. RFID에서 발생하는 빅데이터와 시큐리티 장비, POS(Point of Sales)에서 발생하는 각종 결제 데이터 등도 충분히 활용 가능한 데이터이기 때문이다. 아마존이 선보이고 있는 새로운 개념의 리테일 비즈니스인 아마존 고(Amazon Go) 같은 트렌드와 기술의 흐름도 연결 가능성을 보고 검토하는 것이다. R&CBD는 이러한 다양한 사업 관점을 연결하는 과정도 비즈니스의 일환으로 인식한다. R&CBD는 B2B 비즈니스와 함께 컨설팅 기반의 토털 솔루션을 제공하는 형태로 진화하고 있다. 비즈니스 매니저, 프로젝트 매니저, R&D 엔지니어, 상품 기획자 등 비즈니스를 수행하며 고객과 접촉하는 기업의 모든 자원이 컨설턴트 역할을 맡아 고객의 문제점을 발굴하고 이를 해결하는 비즈니스를 수행하는 것이다.

Enterprising Business

실리콘밸리의 B2B 비즈니스

B2B 비즈니스의 핵심 요소

파나소닉, 삼성전자, LG전자의 B2B 비즈니스

기업이 제품과 솔루션, 플랫폼과 비즈니스 모델을 만들어 다른 기업에게 공급하는 것을 B2B(Business to Business) 비즈니스라고 한다. 4차 산업혁명 이후 기술과 플랫폼, 비즈니스 모델이 서로 융복합하고 초연결이 진행되고 있는 상황에서 B2B 비즈니스는 그 중요성이 더욱 증대되고 있다. B2B 비즈니스는 불확실한 미래에 대비하는 또 하나의 성장 엔진으로서 신규 고객 발굴과 신규 시장 진입 기회를 제공하고, 잔류 고객과 충성 고객을 확대해 기존 시장을 강화할 기회를 제공한다. 삼성전자의 하만 인수, LG전자의 ZKW 인수, 아마존의 AWS 클라우드 인프라 사업 확대 등 글로벌 기업이 막대한 비용을 지불하며 신규 솔루션을 확보하는 행태도 B2B 비즈니스를 위한 전략적 행보로 간주할 수 있다.

일본을 대표해온 전자 제조 기업 파나소닉은 자사의 제품이 고객에게 어떠한 가치를 제공하는지를 다시금 생각하도록 장려하는 B2B브랜드 캠페인을 시작했다. 경영의 신 마쓰시타 고노스케가 설립한 파나소닉은 TV, 냉장고, 캠코더, VCR 시대의 글로벌 리더였으며 당시 삼성과 LG는 기업 경영 전반과 제조, 생산, 영업, 연구개발 등 많은 분야에서 직접적인 도움을 받았다. 또한 삼성과 LG는 기술 고문 제도를 운영하여, 파나소닉, 소니, 산요 등 일본 대기업에서 퇴직한 고급 기술자, 엔지니어, 마케팅 전문가 등을 고문으로 채용하고 기술 고문과 제자로 연결되는 도제식 교육으로 선진 기업의 시스템과 기술을 전수받기도 했다. 하지만 일본의 전자 기업은 디지털화에 따른 급격한 산업 변화와 한국 전자 기업의 성장 탓에 2000년대 후반부터 대규모 적자를 내며 경영 위기에 직면했다. 이후 장기간 극심한 위기를 이겨내고 최근 B2B 비즈니스로 전환하면서 부활을 알리고 있다. 이들은 기존 전자 사업 위주의 비즈니스를 탈피하고 자동차, 주택, B2B 솔루션, 가전을 신성장 동력원으로 설정했다. 하지만 B2B 비즈니스로의 전환이 4차 산업혁명의 불확실성에 대한 해결책을 제시하는 것은 아니다. B2B 비즈니스는 기업 간 신뢰를 바탕으로 경쟁사의 극단적인 원가 절감 전략에 대응하여 장 · 단기적인 수익모델을 만들어 내는 장점이 있지만, 신규 기업 고객을 발굴하여 고객 기업의 구매 센터를 설득하고 고객의 요구 사항을 검증해 실질적 매출 달성으로 이어지는 과정에 대한 진입장벽이 매우 높은 비즈니스다. 글로벌 ICT 기업이 B2B 시장으로의 진입을 도모하는 것은 기존 사업에서 이미 핵심 역량과 사업 경험을 축적했기 때문이다.

삼성, LG전자도 B2B 거래에 대한 매출 비중이 급격히 증가하는 추세를 보이고 있다. 스마트폰, 가전 등 성장이 정체된 소비자용 제품보다 산업용 제품과 부품, 솔루션에 지속적으로 역량을 투입한 결과다. 삼성전자는 모바일 제품군, 시스템 에어컨, 디스플레이, TV, 음향 시스템, 프린팅, PC, 네트워크와 가전, 조명 분야의 다양한 제품군을 기반으로 보안 솔루션, 모바일 솔루션, 프린팅 솔루션, 디스플레이 솔루션, 시스템 에어컨 솔루션, B.IoT 솔루션(빌딩 관리 토탈 솔루션)을 통합적으로 제공하고 있다. 특히 모바일 솔루션 부분의 삼성 녹스(Samsung Knox) 솔루션은 스마트폰, 태블릿 및 웨어러블 기기의 다중 보안 메커니즘을 구현한다. 기업을 대상으로 하는 녹스 솔루션은 클라우드 기반의 고객 맞춤형 녹스 컨피규어(Knox Configure), 녹스 플랫폼(Knox Platform for Enterprise), 기존의 EMM을 대체할 수 있는 녹스 매니지(Knox Manage)로 구성되어 있다. 특히 스위스 국영 철도인 SBB가 삼성 녹스를 채택해 전 유럽권을 공략할 발판을 마련하기도 했다. 호텔 TV와 디지털 사이니지 분야에서 LG전자에 비하여 후발 주자인 삼성은 링크 리치(LYNK REACH: Remote Enhanced Active Control of Hospitality) 솔루션을 기반으로 중앙 집중식 콘텐츠 관리 솔루션을 제공하고 있으며 디지털 사이니지의 콘텐츠를 관리하는 매직인포(MagicINFO)를 활용하여 멀티미디어 디스플레이 시스템 관리를 효율적으로 향상시켰다.

LG전자는 B2B 솔루션 사업부와 시스템 에어컨 솔루션, 호텔TV와 디지털 사이니지를 기반으로 한 B2B 솔루션 사업을 추진해왔으며, 최근에는 냉난방 시스템, 디스플레이, IT, 에너지 분야, 빌트인 가전과 주방가전, 생활가전과 뷰티, 스마트카 부품에 이르기까지 산업 전 영역에 걸쳐 B2B 사업을 공격적으로 추진하고 있다. 특히 한국 스타벅스와 협업하여 추진한 미세먼지 제로 프로젝트는 일반 냉난방기 설치의 범주를 넘어 공기청정 기능을 갖춘 인공지능 시스템 에어컨을 공급함으로써 고객사와 공급 기업이 서로 윈윈하는 모범 사례가 되었다. LG 사이언스파크, 파라다이스 시티, 롯데월드 타워 등 메가 프로젝트를 성공적으로 추진해 업계를 선도하고 있으며, 클로이(CLOi) 브랜드 라인업인 청소 로봇, 물류 배송 로봇, 홈 로봇과 웨어러블 수트봇은 신규 B2B 버티컬 공략의 첨병 역할을 수행할 것으로 예측되고 있다.

B2B 비즈니스의 고객은 다양한 산업에 존재한다. 삼성전자는 IFA 2014에서 교육, 의료, 호텔, 교통, 금융, 유통 등 6개 분야에 특화하여 집중 공략하겠다는 전략을 발표하고 삼성 비즈니스라는 브랜드를 공표했다. 애플도 ICT 역사에서 앙숙이던 IBM과 손을 잡고 기업용 소프트웨어와 하드웨어 사업을 시작하였다. 애플이 아이폰, 아이패드, 아이맥 등의 제품과 솔루션 때문에 주로 일반 소비자를 대상으로 비즈니스를 수행한다고 생각할 수 있다. 하지만 애플 역시 B2B 비즈니스를 중요한 공략 대상으로 인지하고 사업을 수행하고 있다. 헬스 케어, 교육 시장, 대형 항공사(브리티시 에어웨이, 루프트한자 등), 물류, 운송, 리테일과 같은 분야에도 애플은 다양한 제품과 솔루션을 제공하고 있다. 액센츄어, 시스코, 딜로이트, GE, IBM, SAP 등과도 협력해 다양한 신규 B2B 비즈니스 수요를 창출하고 있다. 삼성과 애플은 차세대 성장 동력으로서 B2B 비즈니스 영역을 손꼽고 있다. 프리미엄 스마트폰 시장은 이미 포화되었으며 폴더블 폰의 신규 수요 창출은 아직 가시적이지 않다. 반면 B2B 시장에는 산업용 모바일 디바이스 제조 업체인 제브라, 하니웰, 블루버드 등 전통의 강자가 포진하고 있지만, ICT 기술을 융복합한 솔루션과 규모의 경제, 새로운 기술과 플랫폼으로 충분히 승산이 있다고 판단한 것이다.

B2B 사업 환경의 변화, 고객 요구 다양화

B2B 비즈니스는 장기간의 수업료를 요구한다. 비즈니스 사이클(Business Cycle)이 상대적으로 길어 평균 6~24개월의 리드 타임을 요구하기 때문이며 정부 비즈니스, 군사 분야의 비즈니스는 3~ 5년, 심지어 10년의 기간이 소요되기도 한다. 한화의 계열사가 된 테크윈의 K-9 155밀리미터 자주 곡사포는 국방과학 연구소(ADD)와 삼성 테크위이 1989년부터 약 10년간 연구개발한 끝에 전력화에 이르렀다. 신입 사원 시기에 이 과제에 투입되어 과제가 종결되니 수석 연구원이 되었다는 이야기에서 비즈니스 사이클을 실감할 수 있다.

또 다른 이유는 4차 산업혁명과 과학기술 발달로 B2B 사업 환경이 급격하게 변화했기 때문이다. 공유 경제의 도래로 자동차 산업과 연계된 전후방 산업들은 위기를 맞고 있으며, 전통적 컴퓨터 서버 제조 업체는 클라우드 인프라가 도입됨으로써 새로운 판로를 탐색해야 되는 상황이다. 일반 기업들과 스타트업은 IT 인프라에 투자하기보다는 클라우드 기반의 IaaS를 검토하고 있으며, 사무실, 숙박 시설에 이르기까지 공유 경제의 영향을 받고 있다. 반면, 실시간 데이터 수집과 분석을 통한 기업 간 데이터 거래가 증가하고 있으며, 디지털 광고, 빅데이터의 실시간 분석 서비스, 디지털 마케팅 솔루션을 요구하는 기업이 증가하고 있다. 아웃소싱의 일상화로 핵심 역량이나 비핵심 역량에 대한 아웃소싱 기회가 확대되고 있으며, 다양한 산업이 융복합하고 조연결함으로써 새로운 B2B 비즈니스가 창출되고 있다. 기술이 발달함에 따라 기술 불확실성과 고객 불확실성은 더욱 가중되고 있다. 전통적 의미의 산업 간 경계는 이미 무너졌다. 스마트 홈 비즈니스 모델을 구현하기 위하여 삼성, 구글, 시스코가 서로 크로스 라이선스를 체결함으로써 스마트폰 제조, 운영체제, 네트워크 장비 산업 간 영역 침범이 이미 일상화되었다. 매일같이 이종 산업 간의 융복합이 발생되고 활발해지며 ICT 기업이 하드웨어와 소프트웨어의 경계를 넘나들며 새로운 가치를 창조해 경쟁이 심화되고 있다.

B2B 고객의 니즈와 원츠가 급격하게 증가하고 다양화되며 고객의 지식 수준과 기대 가치도 상승하고 있다. 디지털 미디어, 소셜 네트워크의 발달로 고객은 이미 수많은 정보에 연결되어 있다. 이제는 개인화된 맞춤형 정보를 요구하는 큐레이팅 서비스를 요구하는 상황이다. 최고마케팅책임자위원회(CMO Council)에 따르면 북미 소비자의 54퍼센트가 개별화된 콘텐츠를 제공받지 못하면 높은 고객 충성도에도 불구하고 제품과 솔루션을 구매하지 않을 것이라고 답했다고 한다. B2B 시장에서 마케터 및 비즈니스 매니저, 프로젝트 매니저는 개별 고객의 니즈와 원츠에 대한 정보를 바탕으로 맞춤형 정보를 제공해야 하는 시기가 왔다. 기업 차원에서는 마케팅 비용이 급격하게 증가하고 있다. B2B 고객은 홈페이지, 블로그, 검색 엔진 같은 다양한 디지털 매체를 통하여 B2B 제품과 서비스, 기업 브랜드 정보를 습득한다. 이러한 디지털화 덕분에 B2B 고객의 정보력이 높아지면서 구매자 주도 시장이 형성되고 있다. 기업 측면에서는 소셜 미디어, 큐레이팅 서비스와 인플루언서와 같은 새로운 채널 마케팅도 필요하게 된 것이다.

기업이 B2B 비즈니스를 수행하는 비즈니스 매니저나 프로젝트 매니저 육성에도 많은 투자를 해야 할 필요가 커지고 있다. 4차 산업혁명 시대에는 다양한 산업과 기술이 융복합하고 있기에 B2B 비즈니스 프로세스를 체화하고 초연결되는 산업과 기술을 이해하며 비즈니스 인사이트를 발굴하는 과정이 더욱 길어졌다. 하지만 초연결과 융복합은 B2B 비즈니스에 더욱 빠른 전략적 민첩성을 요구한다. 빅데이터와 집단 지성, 인공지능을 이용한 새로운 경쟁 기업과 서비스가 전통적 B2B 비즈니스 영역마저 위협하고 있기 때문이다. 또한 B2B 비즈니스를 수행하는 비즈니스 매니저나 프로젝트 매니저의 출신 직군도 영업, 개발, 기획, 마케팅, FAE(Field Application Engineer) 등 다양해져야 하며, 이들이 종사한 산업, 비즈니스 버티컬의 다양성도 충분히 고려되어야 한다. B2B 비즈니스는 다양한 산업 간 경계를 넘나들어 고객에게 제품과 솔루션 및 그 이상의 가치를 제공해야 하는데 특정 업무나 직군만 수행한 인력들로 비즈니스 매니저나 프로젝트 매니저를 구성할 경우 고객을 대하는 시야가 작아지기 때문이다.

B2B 비즈니스

견고한 고객 커뮤니케이션 채널 확보

B2B 비즈니스에서 성과를 창출하지 못하는 비즈니스 매니저나 프로젝트 매니저는 단 한가지의 결점을 가지고 있다. 고객과의 커뮤니게이션 채널을 올바르게 확보하지 못하여 고객 연결이 느슨하고 적기에 적절한 정보를 얻지 못한다는 것이다. 경쟁사의 비즈니스 매니저와 동일한 조건이라고 해도 고객 커뮤니케이션 채널을 확보하고 연결하는 방법을 모르기에

고객 구매 센터의 핵심 의사결정자와 영향력 행사자를 구별하지 못한다. 반면, B2B 비즈니스를 유능하게 수행하는 비즈니스 매니저나 프로젝트 매니저 역시 단 한 가지의 장점만을 가지고 있다. 견고한 고객 커뮤니케이션 채널 확보와 올바른 커뮤니케이션 담당자와 연결되어 있다는 점이다.

견고한 커뮤니케이션 채널에서 비즈니스 매니저와 프로젝트 매니저는 기업 고객이 무엇을 알고자 하는지 파악해야 한다. 고객의 문제점을 정확하게 파악하는 것이 B2B 비즈니스의 시작이다. 하지만 고객은 자신의 문제점과 원하는 것(Wants)와 필요로 하는 것(Needs), 얻고자 하는 가치(Values)를 정확하게 설명하지 않는다. 애플의 테크 에반젤리스트였던 가이 가와사키는 고객 답변에 대한 역설을 이야기했다. 그는 고객은 혁명적 변화를 구체적으로 이야기하지 못하며 언제나 더 나은 동일성을 제시한다고 지적했다. 고객에게 얻을 수 있는 답변은 "더 빠르게, 더 좋게, 더 저렴하게"뿐이다. 고객은 익숙하고 그동안 사용해왔던 표현 방식으로 그들의 욕망을 드러낸다. 가와사키가 매킨토시를 소개할 때마다 고객은 단지 MS도스 기반의 컴퓨터보다 더 저렴하고 빠르고 좋은 것을 가져오라는 피드백으로 일관했다. 그래서 가와사키는 제품은 파는 것이 아니라 전도하는 것이라는 유명한 명언을 남기며 테크 에반젤리즘을 만들어 낸 것이다.

글로벌 기업들이 B2B 비즈니스를 수행하며 고객에게 받는 질문은 3가지로 구분할 수 있다. '문제점은 무엇인가?', '문제점을 어떻게 해결해야 하는가?' '당신은 나에게 적합한 사람인가?'라는 질문이다. 고객은 이와 같은 질문을 하지만 그들의 속마음은 다른 의미를 내포한다.

'문제점은 무엇인가'라는 질문에 실제로 내포된 마음은 교육과 문제 해결을 위한 리더십을 확보해 달라는 것이다. 이를 위해 트렌드, 벤치마킹 자료, 다양한 분석 자료와 대응 범위, 교육과 철저한 가이드, 다른 고객이 문제를 해결한 방법에 대한 실증을 제시해야 한다.

'문제점을 어떻게 해결해야 하는가'란 질문의 속마음은 제품과 솔루션이 적합한지 말해달라는 요구다. 이런 경우에는 제품과 솔루션을 교육하고 비교 자료, 적합성과 타당성, 솔루션 선택에 대한 기준과 가이드를 제시해야 하며 그 근거를 함께 제공해 주어야 한다.

마지막으로 '당신은 나에게 적합한 사람인가'라는 질문에서 고객은 신뢰 형성과 의사결정에 대한 지원을 요구하는 것이다. 이때에는 고객에게 가격 정보와 케이스 스터디 자료, ROI와 CTO 지표, 구매 방법과 협업, 사후 서비스 및 비즈니스 이관에 대한 총체적인 가이드를 제시해야 한다.

필립 코틀러는 B2B 비즈니스와 관련하여 이미 시장은 너무 많은 공급자와 브랜드로 포화 상태에 있으며 부족한 것은 고객이지 결코 제품과 솔루션이 아님을 이야기했다. 효율적으로 B2B 비즈니스를 수행하려면 완벽한 마케팅 계획 수립, 고객과의 협력, 고객 유지 전략, 지속적 경쟁우위 추구, 판매가 아닌 마케팅, 통합된 마케팅 전략을 실행해야 한다고 강조했다. 비즈니스 의사결정을 더 제대로 하려면 B2B 비즈니스 기업은 시장과 경쟁 상황을 체계적으로 분석하고 시장 요인 간의 다양한 상호 의존성을 설명할 수 있는 능력을 갖추어야 하는 것이다. 완벽한 B2B 비즈니스 계획을 준비한다는 것은 회사의 비용이 경쟁사와 비교해서 어떠한지, 시장 점유율은 얼마나 되는지, 시장 점유율이 하락한 경쟁사가 어떻게 대응할지, 경쟁사의 가격 동향은 어떠한지, 우리 회사의 핵심 포지셔닝은 어떻게 되는지, 제공되는 제품의 가치는 무엇인지, 유통과 커뮤니케이션 전략은 어떠한지 등의 질문에 철두철미하게 답할 준비를 한다는 것이다. B2B 비즈니스에서는 제품 중심에서 고객 중심으로 사고방식을 전환해야 한다. 고객에게 제품을 판매하는 것이 아니라 고객의 문제를 해결하는 솔루션과 가치를 제공하는 것이다. 고객은 자신에게 가치를 제공하는 않는 일반적인 제품과 솔루션에는 아무런 매력을 느끼지 못한다.

B2B 비즈니스에서는 전통적인 가격(Price) 개념은 고객 자신에게 부가된 가치에 대하여 정당한 비용을 지불하는 것, 즉 투자로 의미가 바뀐다. 장소(Place)의 개념은 물리적인 시장의 중요성과 함께 공간적인 접근성을 동시에 제시하는 것이다. 즉, 고객에게 최대한 자유롭게 접근할 수 있어야 하는 것이다. 기존의 촉진(Promotion) 개념도 B2B 비즈니스에서는 자유로운 커뮤니케이션을 수행하는 것으로 확장되었다.

B2B 비즈니스에서는 신규 고객 창출뿐 아니라 고객 유지는 기업의 입장에서 사활을 걸어야 할 문제다. 고객이 회사와 거래하는 기간이 길어질수록 이익 기여율이 현저하게 높아지기 때문이다. 제품이나 서비스에 만족한 잔류 고객은 교차 판매나 연계 판매 등을 통하여 시간이 지날수록 더 많은 상품을 구매한다. 고객이 정형화되면 고객 관계 업무가 점차 정규화되어 고객 관리를 위한 시간, 사무 처리에 대한 투자 필요

성이 감소되므로 고객을 관리하는 데 드는 비용을 줄일 수 있다. 제품과 솔루션에 만족한 고객은 다른 잠재 고객에게 제품이나 솔루션을 추천하고, 잠재 구매자는 고정 고객이 되어 기업의 수익성이 증대하는 것이다. 결국 장기 거래 고객은 적정한 가격 인상에 덜 민감하다. 이런 고객들을 통해 이익률을 증가시키며 충성 고객으로 이끌 수 있다.

B2B 비즈니스 역시 지속적인 경쟁우위를 추구해야 한다. 과거에는 제품 측면에서 경쟁우위를 강조하였지만, 현재의 B2B 비즈니스는 고객을 중심으로 솔루션과 고객 가치 측면에서 경쟁우위를 만들어 내야 한다. B2B 비즈니스에서는 비즈니스 매니저, 프로젝트 매니저와 고객 간의 커뮤니케이션 채널이 일원화되기에 전략이 일관성 있게 통합돼야 한다. 최대의 비즈니스 효과를 얻으려면 광고, 여론, 판매, 촉진 활동 같은 도구를 분리하지 말고 커뮤니케이션의 통합화를 추구해야 한다. 일반적으로 판매와 마케팅, B2B 비즈니스를 위한 고객 컨설팅을 혼동한다. B2B 비즈니스 고객 컨설팅은 제품이나 서비스를 구매하도록 설득하는 모든 행위이며, 판매는 성공적인 마케팅 후에 일어나는 거래 행위이기에 피터 드러커는 마케팅의 목적은 판매가 잘 이루어지도록 하는 것이라고 정의했다. 판매보다 장기적이고 거시적인 마케팅에 모든 정책과 행동의 우선을 두어야 하는 것이다.

일관된 로직과 프로세스 기반 접근방식

B2B 기업의 비즈니스는 원론적으로 B2C 기업과 유사하다. 시장 정보를 수집하고 이를 기반으로 고객을 세분화하여 목표 고객을 정하고 고객을 공략하기 위해 어떤 가치를 제공할

것인가 하는 전략을 수립하는 것이다. 하지만 다수의 소비자를 대상으로 하는 B2C 기업과 달리 B2B 기업은 소수의 고객을 대상으로 하기 때문에 상대적으로 목표 고객이 명확하고, 고객별 접근 방법은 해당 고객을 담당하는 영업 부서에서 수립하다 보니 영업과 마케팅 기능 측면에서 혼란이 생기기 쉽다. 이 때문에 일부 B2B 기업은 영업 조직을 단순히 마케팅 부서로 이름을 바꾸거나 마케팅 부서가 영업 관리 업무를 수행하게 한다. B2B 기업에서 비즈니스의 역할은 일반 영업과 분명히 구분되어야 한다. B2C의 영업이 개별 고객 또는 일부 고객의 정보에 기반하여 해당 고객 전부에 대한 전략을 수립하는 반면 B2B 비즈니스는 전체 고객에 대한 정보에 기반하여 고객별 우선 순위를 정하고 자원의 투입 여부와 정도를 결정하고 공략 전략을 세워야 한다. 또한 고객 정보와 경쟁사에 대한 정보, 시장의 변화 추이 등을 분석하여 중장기적인 관점에서 고객 전략뿐 아니라 신제품 개발을 포함한 제품 전략을 수립해야 한다. B2B 비즈니스 전략은 광범위한 비즈니스 시야와 장기적 안목을 가지고 항해하는 것이다.

보스턴컨설팅그룹의 이마무라 히데아키는 저서 『보스턴컨설팅그룹의 B2B 마케팅』에서 B2B 기업에서 마케팅의 역할이 원활하게 수행되지 않는 것을 일관된 마케팅 로직 결핍으로 표현하고 있다. 이 경우 근시안적인 시야, 직감에 의존하는 업무 방식, 경험과 배짱에 의존, 모든 고객을 왕이라 착각, 의리와 인정 그리고 정신적 의존 등 인간관계 중심의 영업, 영업 사원 개인의 독자적인 능력에 의존, 가격 조정 실패 등 증상이 발생하며 이에 따라 영업 현장에서 고객 방문, 가격 결정 등이 마치 어두운 구름처럼 무질서하게 이루어지는 암운 증후군이 나타난다고 지적하고 있다. B2B 기업에서 마케팅은 영업에서 수집한 고객 정보와 시장의 흐름, 경쟁사 동향 등을 종합하여 전체 고객과 제품에 대한 전략을 수립하고 수립된 전략이 일관되고 효율적으로 수행될 수 있도록, 영업과 연구 개발, 생산, 기획 등 타 부서와의 가교 역할을 수행해야 한다.

B2B 비즈니스는 다양한 고객을 접하고 그들의 문제를 해결해 주며, 고객에게 가치를 제공해 주어야 한다. 이러한 업무를 수행하기 위해서 고객과 커뮤니케이션 채널을 맞춘 '프로세스로 운영되는 접근 방식(Process-driven approach)'으로 진행하는 것이다. 일반적으로 비즈니스 매니저나 프로젝트 매니저가 B2B 비즈니스에 진입하면서 이러한 프로세스로 운영되는 접근 방식에 어려움을 겪는다. 짐 콜린스가 『좋은 기업을 넘어 위대한 그룹으로』에서 언급한 플라이휠 이펙트를 생각해 볼 수 있다. 초기에 커다란 무쇠 바퀴는 아무리 힘을 주어도 움직이지 않는다. 하지만 지속적으로 힘을 가하면 서서히 움직이기 시작한다. 그때부터 가시적인 효과가 나타난다. 그러다가 어느 순간부터 바퀴는 힘차게 구르기 시작하고, 나중에는 세우려고 해도 추진력과 관성을 얻어 날아가게 된다. 이것을 플라이휠 이펙트라고 한다. B2B 비즈니스는 오히려 잘 설계된 프로세스를 따르면 업무를 잘 수행할 수 있다. 어려운 것이 아니라 해보지 않았기 때문에 익숙하지 않은 것이다.

비즈니스 분석과 비즈니스 진행 과정

B2B 비즈니스의 첫 단계는 비즈니스를 분석(Business

Analysis)하는 과정이며 산업 분석과 고객 분석으로 구분할 수 있다. '산업 분석'은 시장 크기와 시장의 성장성, 시장에서의 경쟁자, 가치사슬, 자사의 경쟁력, 전·후방 산업의 동향 및 경쟁사와 자사의 제품과 솔루션에 대한 포지셔닝을 분석하는 것이다. '고객 분석'은 고객의 구매 센터, 고객 만족도, 고객의 미충족 욕구(Unmet Needs), 브랜드 이미지, 핵심적인 구매 포인트, 터치 포인트(Touch Point)의 중요도를 분석하는 것이다. 터치 포인트는 특정 브랜드 제품에 대한 사용자의 경험, 주의 사람들의 입 소문, 광고, 제품, 포장, 웹사이트 등 소비자가 경험하게 되는 순간을 의미한다.

B2B 비즈니스에서는 고객과의 거래를 성사시키기까지 초기 접촉, 실무 검토, 비즈니스 종결의 단계를 거친다. 초기 단계에서 고객 접촉 자체도 쉽지 않다. 그런데도 어렵게 얻은 접촉 기회를 제대로 포착하지 못하고 사전 준비도 없이 자사의 제품과 솔루션을 장황하게 소개한다. 이런 상황에서 고객은 신뢰를 형성할 수 없다. 바쁜 시간을 빼앗는 장사꾼으로 인식되어 오히려 불편한 거부감이 유발되는 것이다. 유능한 비즈니스 매니저나 프로젝트 매니저는 초기 접촉의 기회를 절대로 놓치지 않는다. 사전 준비를 철저하게 하기 때문이다. 고객사의 홈페이지에서 기본 정보를 분석하고, 고객의 사업과 시장 동향, 고객의 실질 고객이 누구인지, 고객의 경쟁사는 누구인지 파악하고 매출 정보, 회사의 규모도 확보한다. 고객사의 조직도를 입수하여 의사결정자와 고객사의 실제 사용자 그룹을 구분한다. 이후 초기 접촉에서 고객의 소리를 듣는 것에 집중한 후에 자사의 기본적인 회사 정보, 제품과 솔루션을 소개하는 것이다.

실무 검토 과정에서는 초기 접촉에서 수집된 모든 정보를 기반으로 체크리스트를 만들고 고객에게 확인받는 과정을 거쳐 고객의 문제점, 니즈와 원츠를 누락 없이 파악한 후에 회사의 제안을 고객에게 소개한다. 제안 과정에서 고객에게 어떠한 혜택이 제공되는지 부각해서 설명해야 한다. 고객의 성공을 위한 동반자, 컨설턴트라는 인식을 심어주는 것이 B2B 비즈니스의 첫 걸음이다. 비즈니스 종결 단계에서는 고객의 니즈와 원츠가 만족되었는가 점검하고 추가적으로 요구 사항이 누락되지 않았는지 점검해야 한다. 고객의 TCO(Total Cost of Operation, 총운영비용)는 합리적으로 절감되었는지, 제품과 솔루션 도입으로 어떠한 혜택이 실질적으로 가시화되었는지를 고객과 함께 파악하고 검증하는 단계다. 고객과 협의하여 비즈니스 사례를 만들고 함께 협업하여 시너지를 창출한 성공 사례로 홍보하는 과정도 중요하다. 이후 과정의 핵심은 고객의 체감 가치를 극대화하고 추가적인 영업 기회를 발굴하는 것이다.

B2B 비즈니스의 성공 포인트

B2B 비즈니스의 성공 포인트는 다양한 정보 수집 체계를 확립하고, 수집된 정보를 분석하여 내재된 의미를 신속하고 정확하게 파악하는 시스템을 구축하는 것이다. 비즈니스의 대상이 고객 기업의 구매 센터 내부에서 핵심적 의사결정을 수행하는 소수의 개인과 집단이기 때문이다. 가장 좋은 방법은 고객으로부터 직접 청취하는 것이며 자사의 비즈니스 매니저와 프로젝트 매니저를 활용하는 것이다. 하지만 이러한

방법에는 고려해야 할 몇 가지 문제점이 있다. 비즈니스 매니저의 비즈니스와 기술 이해도에 따라 고객의 소리가 변질될 가능성이 존재하며 일부 비즈니스 매니저는 자신이 담당하고 있는 고객을 지속적으로 유지하려고 고객의 니즈를 과장하거나 왜곡하여 전달한다. 고객의 요구를 고객사의 영업 부서나 구매 부서에 한정해서 청취함으로써 진실한 고객의 니즈가 아닌 특정 부서의 개별 요구만 전달할 수 있다. 고객의 요구 사항 청취 단계에서 커뮤니케이션 단절을 막고자 무리하게 가격을 제안하거나 솔루션 공급의 특정 측면만 과장할 수 있으며 고객사 및 고객사의 최종 고객에 대한 이해 부족으로 중요한 정보가 왜곡될 수 있다.

B2B 비즈니스에서는 모든 고객을 평등하게 대우할 수 없다. 고객 기업이 당사에 부여하는 기여도와 사업 관계의 특성을 분석하여 고객 기업별 전략을 추진해야 한다. 하지만 상당수의 B2B 기업이 고객이 제공하는 가치의 경중을 판단하지 않은 채 매출이나 납기 달성에 맞춰 무계획적으로 내부 자원을 배분해서 업무를 추진하고 있다. 이런 상황에서는 매출 규모는 크지만 수익성이 나쁜 고객에게 더 많은 리소스를 할당하고 매출이 상대적으로 낮지만 고수익을 주는 고객에게 관심을 주지 못하는 문제점이 발생할 수 있다. B2B 비즈니스의 특성상 영업 부서의 긴급 요청에 기업이 전략적으로 대응하지 못하고 고객사의 개별 요구 정도에 따라 주먹구구식 대응을 하고 있다. 일관된 고객 대응 전략이 부재하고 비즈니스 매니저, 프로젝트 매니저의 일관성 결여로 전사적으로 자원이 낭비되는 것이다. 긴급 대응과 우선순위 변경으로 일시적인 문제를 해결할 수 있겠지만 한 번의 관행은 결국 고객의

지속적 요청으로 굳어져 나쁜 선례가 될 수 있다. 고객별 우선순위와 접근 방법을 달리함으로써 성과를 극대화하는 전략을 수립할 필요가 있다.

B2B 비즈니스를 수행하려면 고객의 구매 센터를 파악하고 고객의 의사결정 시스템과 핵심 의사결정권자를 파악하여 공략 방안을 수립하여야 한다. 고객사의 의사결정에는 영업, 구매, 개발, 마케팅, IT 부서 등 다양한 이해 관계자가 포진하고 있으며 의사결정 과정에서 서로 다른 영향력을 행사한다. 따라서 고객의 의사결정 구조와 주요 의사결정자를 파악하고 이에 따라 서로 다른 전략을 수립하는 것이 중요하다. 또한 성공적으로 B2B 비즈니스를 수행하려면 고객에게 제공하고 있는 가치를 지속적으로 재평가하고 차별화를 검토하여 새로운 가치를 제공할 기회를 만들어야 한다. 기술이 발달하고 융복합화하면서 제품과 솔루션의 품질, 고객의 기대치는 예상을 넘어가고 있다. 고객은 제품과 솔루션을 구매한 후에도 자사에 제공되는 가치의 지속성을 평가한다. 글로벌 선두 B2B 기업들은 비즈니스 완료 이후에도 고객에게 제공한 제품과 솔루션의 가치를 판단하여 새로운 제품과 솔루션 공급의 기회로 이용하고 있다. 이미 프로젝트를 완료한 사업이라 할지라도 새로운 제품과 솔루션, 플랫폼을 제공함으로써 고객의 가치를 더 높일 수 있다면 고객의 총체적 가치인 TCO 측면에서 충분히 새로운 비즈니스를 만들어 낼 수 있기 때문이다.

많은 기업들이 B2B 비스니스를 수행한 다음에는 기존 고객에게 리소스를 투입하지 않는 경향이 있지만 이는 잘못된 비즈니스 행태다. 신규 고객을 확보하는 것 이상으로 기존 고객과의 연결을 끊지 말아야 한다. 고객을 상실하는 것은 기업 고객은 물론 기업 고객이 속한 비즈니스의 중요한 레퍼런스를 상실하는 것이며 이는 입 소문 효과를 통해 유사 고객에게 나쁜 선례를 만들게 된다. 고객 대응 및 사후 서비스 강화 프로그램을 통하여 지속적으로 고객과의 밀착도를 높여 자사의 제품과 솔루션, 플랫폼에서 벗어나지 않도록 해야 하며 자사의 다른 제품이나 서비스를 구매하도록 하는 교차 판매(Cross Selling)와 새로운 기능과 성능으로 새로운 가치를 창출하는 업 셀링(Up Selling)을 유도해야 하는 것이다.

B2B 비즈니스는 기업의 전사적 협업 체계와 신속한 의사 결정 시스템 구축이 중요하며 현장에서 활동하는 비즈니스 매니저에게 적용할 일관되고 효과적인 커뮤니케이션 체계가 수립되어야 한다. 이를 가능하게 하는 원동력은 기업의 CEO 및 의사결정 권한을 소유한 임원들의 지원(Executive Sponsorship)이다. 임원진의 지원과 통제하에 PMO(Project Management Office)를 구축해서 관련 프로젝트 매니저 및 유관 부서의 움직임을 일원화해야 한다. 고객과의 커뮤니케이션보다 기업 내부의 커뮤니케이션이 보이지 않는 장벽을 만들고 사일로 이펙트를 발생시키며 B2B 비즈니스의 속도를 떨어뜨리기 때문이다.

프로세스로 움직이는
B2B 비즈니스

프로세스 기반 접근 방식

B2B 비즈니스는 다양한 코어 프로세스를 연결하는 '프로세스 기반의 접근 방식'으로 진행되는 특성이 있다. 오랫동안 B2B 비즈니스를 수행해온 글로벌 기업은 인적 기반의 업무 형태에서 프로세스 기반의 경영 형태인 BPM(Business Process Management)으로 혁신했다. 정형화된 프로세스를 지키고 프로세스의 산출물로 비즈니스를 분석하고 실행하여 비즈니스 인텔리전스(Business Intelligence)를 추구한다. 고객 및 비즈니스 영역에서의 다양한 불확실성과 기업 환경 변화 때문에 전략과 정책을 유연하게 수립하지만, B2B 기업을 수행하는 모든 임직원에게 공통적으로 적용하는 행동지침 매뉴얼(Playbook, 플레이북)은 일관된 프로세스로 규정돼 있으며 비즈니스 프레임워크(Business Framework) 형태로 운영된다. 그래서 B2B 비즈니스를 수행하는 마켓 리더는 플레이북에 상세하게 정의된 B2B 비즈니스 프로세스에 따라 활동하는 것이다. 플레이북 및 B2B 비즈니스 프로세스는 이를 운영하는 회사마다 변형이 있지만 기본적인 프로세스는 다음과 같은 공통 요소를 포함한다.

글로벌 B2B 기업은 B2B 비즈니스 프레임워크를 비즈니

B2B 비즈니스 – 프로세스 기반의 접근 방식

Biz. Framework	Pre-Business	Contact	
Core Process	Data Mining	초기 접촉	니즈 발굴
Activity	Polling 　Market Intelligence 　　전시회, 리서치 자료 　　경쟁사, 산업군 분석 　정보분석 　Tools 　Play book 　Business Roadmap 　Industry Roadmap 　Technology Roadmap GTM(Go to Market)	자료준비 조직파악 고객분석	질문서 답변서 컨설팅 내역
Matrix Tool	Playbook 　Industry, Use case, Region 　key Accounts, 구매센터 　Players, Play Grounds 　　Target market sensing 　ECO System 　Competitors 　Solution ECO System 　　Distributors 　　System Integrators 　　Value added Resellers 　　ISVs	Biz 판단표 Biz 교감 성격파악	Needs 분석표

스 이전단계(Pre-Business), 고객 접촉 단계(Contact), 분석 단
계(Analysis), 실행 단계(Execution)로 구분하고 각각의 단계에
코어 프로세스를 구축하여 필요한 핵심 활동(Activity)과 도구
(Matrix Tool)을 규정한다.

Analysis				Execution		
CSF 분석	SWOT 분석	FAB 분석	차별화	제안PT	협상	종료
전략 초안 수립	SWOT 분석 결과물	FAB분석 결과물	고객 전달	제안서 스코어카드	BATNA 7요소	성과평가 확장영업
CSF Sheet	SWOT Sheet	FAB Sheet	내재 가치 전략	점검표, Score Card	BATNA 7요소	Score Cards Success Story

비즈니스 이전 단계

비즈니스 이전 단계에서의 코어 프로세스는 데이터 발굴(Data Mining)이다. 이 단계는 기업 고객을 만나기 이전 상태로서 비즈니스를 준비하고 데이터를 확보하여 분석하며 비즈니스 활동에 필요한 활동 지침(Playbook)을 생성하는 단계다.

이 단계에서의 핵심 활동은 시장, 기술, 다양한 비즈니스 영역과 메가 트렌드, 이머징 이슈 등에 상시 연결하여 지속적으로 정보를 탐색해서 인사이트를 도출하는 것이다. 4차 산업혁명 이전에는 비즈니스 이전 단계의 핵심 활동을 마켓 인텔리전스(Market Intelligence) 활동이라 통칭했으며 기업의 전략 부서나 전략 마케팅, 상품 기획 부서가 국내외 전시회 동향 분석, 리서치 데이터 분석, 경쟁사 동향 및 솔루션, 제품 라인업 분석, 산업군 및 산업 환경 분석 등을 수행하였다. 그 분석의 결과로서 플레이북, 비즈니스로드맵, 산업로드맵, 기술로드맵과 솔루션로드맵 등이 생성되며, 새로운 시장에 진출하기 위한 전략인 GTM(Go to Market) 전략을 수립했다.

하지만 4차 산업혁명과 초연결의 시대인 지금은 B2B 비즈니스에서도 전략적 민첩성과 전략적 감지 능력, 유연성이 요구되고 있다. 제조 기반의 B2B 기업은 오프쇼어링(Off-Shoring) 시대에서 리쇼어링(Re-Shoring)으로 전이 현상을 보이며 외부로 이전하였던 제조 역량과 리소스를 내부로 옮기고 산업의 가치사슬을 새롭게 정의하고 있다. 기획, 연구개발, 제조, 마케팅, 생산, 판매의 연속 흐름으로 구성되었던 가치사슬도 초연결이라는 기치하에 방사형 네트워크 구조로 진화하고 있다. 비즈니스 이전 단계는 ICMB+AI를 활용한 초연결 플랫폼으로 진화하고 있으며 B2B 기업 고객의 비즈니스 현황도 빅데이터 브로커가 구매하고 분석해 실시간으로 업데이트되고 있다. 전통적 B2C 비즈니스에 적용되던 온디맨드 경제는 B2B 기업 분석으로 확대되어 고객 기업이 원하는 상대 기업을 찾아주는 B2B 비즈니스 큐레이션 서비스도 등장했다. 디지털 트랜스포메이션으로 기업의 인프라가 클라우드와 빅데이터, 인공지능 기반으로 바뀜에 따라 이제 비즈니스 이전 단계의 인사이트 발굴마저 실시간성을 요구하고 있다. 글로벌 B2B 기업들은 비즈니스 이전 단계부터 항상 데이터 분석가와 디지털 아키텍트(Digital Architect)를 대동하여 빅데이터에서 인사이트를 발굴하고 수많은 기술의 융복합에서 새로운 가치를 창출하여 이를 B2B 비즈니스에 적용하고 있다. 4차 사업혁명의 시대에 비즈니스 이전 단계는 상시적이며 지속적으로 수행해야 되는 기업의 일상 활동이 되었다.

비즈니스 이전 단계에서 나오는 산출물의 핵심은 행동 지침이라고 명명되는 '플레이북'이다. 플레이북에는 산업 구조 분석, 고객 기업 사례, 지역별 핵심 어카운트 정보, 고객 기업의 구매 센터 정보, 핵심 경쟁사 정보, 산업 영역 및 전후방 산업 구조, 기업의 사업 영역과 비사업 영역 구분 정보, 생태계, 관련 기술, 부품, 공급사 핵심 정보 등 B2B 비즈니스를 수행하는 데 필요한 모든 정보가 담겨 있으며, 각 부서의 행동 지침을 포함하고 있다. 영업과 마케팅 전략, 고객 대응 방법, 언론 대응 등 매뉴얼 기반의 경영에 필요한 모든 내용을 포함한다. GE의 디지털 트랜스포메이션 플레이북, IBM의 기업별 플레이북, 애플의 ANPP 역시 같은 맥락이다. 글로벌 B2B 기업은 매일 업데이트되는 실시간 플레이북을 활용하여 자사의 비즈니스 첨병인 비즈니스 매니저, 프로젝트 매니저, 비즈니스 컨설턴트들을 무장시키고 있다. 4차 산업혁명 이후 고객 기업들 역시 첨단 기술과 산업의 융복합화에 대한 경험과 지식 수준이 높아져 공급 기업의 제품, 솔루션 및 플랫폼에 대한 기대치가 극대화되었다. 고객 기업은 이미 공급 기업의 경쟁 기업의 제품과 솔루션도 모두 학습하여 분석한 상태일 수 있다. 일회성 이벤트로 플레이북을 작성한 후 갱신하지 않는다는 것은 산업, 사회, 비즈니스, 고객과 연결을 끊고 고립됨을 의미하는 것이다.

비즈니스 이전 단계에서 플레이북에 기반한 고객 교육의 중요성이 강조되고 있다. 기술은 하루가 다르게 발전하고 있으며, 고객의 요구 사항도 다양하게 변했는데 고객은 집단적인 디지털 네이티브 양상을 보인다. 애플의 매킨토시 마케팅 전략으로 시작된 테크 에반젤리즘은 이제 고객 기업을 대상으로 하는 전략 컨설팅으로 진화했으며, 기술과 솔루션을 컨설팅하는 수준을 넘어 비즈니스 전반의 경영 성과를 향상시키는 컨설팅까지 그 수준이 높아졌다.

이미 고객 기업은 많은 정보를 가지고 있기에 이들이 가장 중요하게 생각하는 교육은 올바른 선택을 하는 데 필요한 데이터의 분류, 가공, 인사이트 도출 그리고 실질적 혜택과 가치다. 이러한 정보를 제공하려고 글로벌 B2B 기업은 자사의 홈페이지와 고객 전용의 홈페이지에 각별한 노력을 기울인다. 홈페이지는 기업 고객과의 첫 대면 장소이며 자사를 소개할 수 있는 가장 객관적인 수단이기 때문이다. 홈페이지로 고객의 유입 경로, 고객사 정보, 주요 페이지의 접속 횟수 및 체류 시간 등을 조사한다. 자사의 홈페이지를 교육 플랫폼과 비즈니스 플랫폼의 출발점으로 활용하는 것이다. 이때 정보의 정확성과 차별성, 공신력 있는 기관에서의 평가, 유사 레퍼런스 정보, 기업 활동 정보의 지속적 갱신을 고려해야 하며, 이러한 정보를 통하여 고객이 자사 환경에 적용할 인사이트를 도출할 수 있도록 유도해야 한다. 이를 위하여 글로벌 B2B 기업들은 인사이트 리포트 발행, 산업 및 기술 동향 분석 자료 서비스, 솔루션 및 제품 비교 평가 리포트 등을 지속적으로 제공하고 있다.

고객 접촉 단계

고객 접촉 단계에서의 코어 프로세스는 고객의 초기 접촉과 초기 접촉 이후의 요구 사항 발굴 단계로 구분되며 초기 접촉 단계는 의도적 접촉과 비의도적 접촉으로 세분화된다. 의도적 접촉은 기업 고객을 선정하고 맞춤형 자료 준비, 조직 파악, 고객 분석, 비즈니스 판단, 감성적 부분의 교감 내용, 성격, 구매 의사 등을 체크리스트로 만든 상태로 고객 기업을 상대하는 것이다. 때문에 상대적으로 준비 시간에 여유가 있고, 다양한 접촉 전략을 수립하여 실행할 수 있다. 또한 고객 기업의 과거와 현재 레퍼런스를 확보하여 문제점과 추구하는 가치를 사전에 판단할 수 있다. 반면 비의도적 접촉은 예측하지 못한 상황에서 고객과의 직접 접촉이 발생하는 단계다. 이러한 경우에도 글로벌 기업들은 플레이북에 근거한 표준 행동 규정을 준수한다. 사전에 숙지한 비즈니스 영역에 대한 지식과 예상 고객군에 대한 사전 학습, 표준화된 체크 리스트로 비의도적 접촉에서도 진가를 발휘한다.

초기 접촉을 수행한 이후에는 기업 고객의 요구 사항 발굴 단계를 진행한다. 플레이북에 기반하여 전통적인 질의 응답, 설문, 대면 미팅과 컨설팅 기반 커뮤니케이션으로 고객의 표면적 문제와 잠재적 문제를 추출한다. 최근에는 고객 기업의 디지털 트랜스포메이션이 가시화되면서 고객이 자신의 문제점을 직접 설명할 필요성이 감소하고 있다. 현실 세계를 디지털 세계로 옮긴 디지털 트윈(Digital Twin, 소프트웨어로 가상화한 자산을 말한다. 이를 가지고 시뮬레이션해봄으로써 실물 자산의 문제점을 파악할 수 있다)이 이미 B2B 비즈니스 영역에 진입하였기 때문이다. 미국을 대표하는 철도회사 암트랙(Amtrak)은 GE와 지멘스에서 제작한 엔진인 로코모티브를 탑재하여 철도를 운영하고 있다. 초기 암트랙에서 사용한 엔진은 잦은 고장과 구동 결함으로 수많은 문제를 일으켰고 그때마다 엔지니어가 현장 출장을 가야 했으며, 열차 운행도 지연 및 중단되었다. 하지만 IIoT(Industrial IoT, 산업용 사물인터넷) 기능을 탑재한 로코모티브 엔진은 엔진 상태를 실시간으로 GE와 지멘스의 빅데이터 센터에 전송하고, GE와 지멘스는 디지털 가상화를 통해 엔진을 지속적으로 시뮬레이션하여 문제점을 사전에 예측해서 고객에게 예방하도록 안내한다. 또한 소모품의 노화 정도, 부품 교체 주기를 사전에 공지하여 고객과의 새로운 접점을 비즈니스 기회로 이용한다.

B2B 비즈니스의 궁극적인 목표는 고객의 문제점을 해결하고, 고객에게 실질적 혜택과 가치를 제공하는 것이다. 이를 위하여 세일즈포스닷컴의 사이먼 멀케이는 드림포스 컨퍼런스에서 파이프라인 과학을 수용하라는 메시지를 전달했으며 고객 지원의 차원을 넘어 고객 옹호(Customer Advocacy)로 나아가라고 강조하였다. 세일즈포스닷컴은 세계 최초로 클라우드 비즈니스를 시작한 기업이다. 1999년 웹 기반의 CRM(Customer Relationship Management) 서비스를 제공하였고, 라이선스나 패키지를 구매하여 직접 설치하는 전통적 소프트웨어의 종말을 주장했다. 세일즈포스닷컴은 SaaS(Software as a Service) 사업의 최강자로 떠올랐으며 마켓플레이스 공간인 앱익스체인지를 제공함으로써 PaaS(Platform as a Service) 사업에서 아마존과 어깨를 나란히 하고 있다. 사이먼 멀케이는 B2B 비즈니스를 수행하는 마케터, 비즈니스 매니저, 프로젝트 매니저 및 컨설턴트 모두 인공지능, 사물인터넷, 빅데이터를 활용하여 과학적인 사고방식과 행동 양식을 갖추는 쪽으로 변모해야 함을 강조했다. 또 그는 종래의 B2B 접근 방식에서 벗어나 고객에게 새로운 접점이 필요한 순간을 신속히 파악하여 적기에 정보를 전달하는 넥스트 베스트 액션(Next Best Action)을 실천하라고 말했다. 이는 IT 전략 전문가인 마이클 휴고스가 강조한 '크게 생각하고 작게 시작하여 신속하게 결과를 만들어 내라(Think Big, Start Small, Deliver Quickly)'는 전략의 일환이며 B2B 기업에게 경영 민첩성, 효율성, 유연성을 확보하라고 강조한 것이다.

B2B 기업의 차별화된 경쟁력은 예상치 못한 고객의 문제에서 기회를 발견하고 그것에 어떻게 대응하는가에 달려 있다. 글로벌 선도 기업은 민첩하게 감지하고 반응하는 ICT 역량과 비즈니스 프로세스를 갖추고 있다. IBM의 블루웍스 라이브 같은 클라우드 기반 BPM 서비스와 SAP의 ERP 솔루션 등을 활용하여 B2B 산업에 최적화된 글로벌 표준 프로세스와 템플릿으로 고객 및 연관 기업과 빠르게 커뮤니케이션하고 신속하게 전 임직원에게 베스트 프랙티스를 학습하도록 하여 비즈니스 생산성을 승진시키고 있으며, 사물인터넷, 빅데이터에서 발생한 데이터를 인공지능과 결합하여 분석 가공해서 기업의 의사결정에 즉시 활용하는 것이다.

4차 산업혁명 이후 시장은 급격히 변화하여 고객의 취향은 예측 불가능하게 되었다. 그래서 제품과 솔루션, 플랫폼의 수명주기는 더욱 단축되고 있다. 기업 고객은 고정비용으로 간주되던 설비투자비용모델(CAPEX, Capital Expenditure)을 변동비용 개념의 운영비용모델(OPEX, Operating Expenditure)로 이동시키고 있다. 제조, 물류, 리테일, 공공, 금융, 의료에 이르기까지 ICT 기술이 확대되고 있으며 정형, 비정형 데이터가 기하급수적으로 생성되고 있다. 글로벌 선도 기업은 빅데이터에 대한 기술적 지식과 비즈니스 영역의 지식을 융복합하여 유의미한 인사이트를 도출하고 여기서 새로운 고객 접점을 발견함으로써 새로운 비즈니스의 기회를 창출하는 것이다.

분석 단계(Analyze)

분석 단계의 코어 프로세스는 CSF 분석, SWOT 분석, FAB 분석, 차별화다. 이 단계는 실질적인 B2B 비즈니스 전략을 수립하는 단계다. 현대적인 의미의 전략 개념은 1962년 알프레드 챈들러의 『전략과 구조(Strategy and Structure)』에서 소개되었다. 기업은 조직이고, 조직을 움직이는 힘은 전략이며, 조직은 전략을 수행해야 한다는 개념을 최초로 제시했다. 기업이 사업부를 통하여 사업을 다각화할 수 있다고 주장했는데, 이후 이 이론은 대기업이 사업 본부, 사업부제 조직을 구성하는 기본 원리가 되었다. 특히 미국의 GE는 당시 PIMS(Profit Impact of Market Strategy, 시장 전략이 기업 이윤에 미치는 효과) 프로젝트를 추진하여 기업 내의 다양한 사업부의 시장 전략과 이에 따른 수익 구조에 대한 상관관계를 연구하였다. 이고르 엔소프는 기업 성장 전략의 4가지 유형을 제시하는 '엔소프 매트릭스'를 고안했다. 엔소프 매트릭스는 제품과 시장 측면에서 기업이 성장하기 위한 방향성을 결정하는 의사결정 도구로서 기업은 이를 통해 다양한 대안을 고려하여 위험도를 예측하고 비교 분석할 수 있다. 이고르 앤소프는 1965년 기업 전략을 발표하면서 전략이란 현재와 미래를 연결하는 수단으로 정의하였고, 갭 분석(Gap Analysis)를 소개했다. 이후 1979년 저서 『전략경영』에서 외부 환경과 내부 환경 분석을 통한 통합적인 관점에서의 전략 수립을 주장했다.

SWOT 분석은 1965년 케네스 앤드루스가 저서 『비즈니스 정책』에서 제안하였고, 이를 개량하여 하인츠 웨이리치는 TOWS 매트릭스를 제안하였으며 이러한 매트릭스들은 지금도 전략을 수립할 때 주요한 프레임워크로 이용되고 있다. SWOT 분석은 강점(Strength), 약점(Weakness), 기회(Opportunity), 위기(Threat)로 구분하여 기업 활동을 분석하는 프레임워크다. 특히 강점과 약점은 내부 요인 분석, 기회와 위협은 외부요인 분석으로 활용할 수 있다. 하인츠 웨이리치가 제시한 TOWS 매트릭스는 내부, 외부 요인에 대한 SWOT의 분석 결과를 토대로 기회에 대한 강점과 약점, 위협에 대한 강점과 약점으로 매트릭스를 만들어 강점의 기회 전략(SO), 강점의 위협 대응 전략(ST), 약점의 기회 전략(WO), 약점의 위협 대응 전략(WT) 등을 수립하는 프레임워크다.

- SO전략(강점-기회 전략): 내부 요인의 강섬, 외부 요인의 기회가 되는 전략 수립
- ST전략(강점-위협 전략): 내부 요인의 강점, 외부 요인의 위협에 대응하는 전략 수립

- WO전략(약점-기회 전략): 내부 요인의 약점, 외부 요인의 기회에 대응하는 전략 수립
- WT전략(약점-위협 전략): 내부 요인의 약점, 외부 요인의 약점에 대응하는 전략 수립

CSF(Critical Success Factor)는 '핵심 성공 요인'이라 불리며 전략 실행의 핵심 인자를 선별하는 과정이다. 선별된 핵심 성공 요인에 서로 다른 가중치를 부과해서 평가표(Score card)를 만들어 관리하며, 최근에는 개별적인 CSF의 선후 관계와 인과관계, 가중치를 도식적인 트리 구조로 나타내는 VDT-CSF(Value Driver Tree CSF)를 사용하고 있다.

FAB 분석은 주요 특성(Feature), 이득(Advantage), 혜택(Benefits)을 분석하는 과정이다.

'차별화(differentiation strategy)'는 마이클 포터의 포지셔닝 이론을 근간으로 지속 가능한 경쟁우위 창출과 차별화로 비즈니스에서 우월한 위치를 차지하는 전략이다.

과거의 B2B 비즈니스의 분석 단계는 전통적 경영전략 수립 과정과 유사했다. CSF, SWOT, FAB, 차별화 등 경영전략 이론과 실행 방안으로 성공적인 B2B 비즈니스를 수행할 수 있었다. 하지만 4차 산업혁명의 시대가 오면서 불확실성이 모든 것을 흔들어 놓았다. 마이클 포터의 전략적 포지셔닝 이론도 그 근간부터 흔들리게 되었다. 다양한 비즈니스 산업군과 기술 융복합 상황하에서 더 이상 지속 가능한 경쟁우위는 존재하지 않게 되었다. 전통적 글로벌 ICT 기업 및 제조 기업도 신흥 빅뱅 파괴자의 새로운 비즈니스 모델과 플랫폼이 등장하면 여지없이 기존 사업 영역을 상실하고 굳건한 B2B 비즈

니스 고객 관계마저 와해됐다. 디지털 트랜스포메이션은 저원가로 무장하던 기존 B2B 비즈니스를 흔들어 놓았고 ICT 인프라 비즈니스를 일상적인 서비스 개념으로 바꿔버렸다.

클라우스 슈밥은 『제4차 산업혁명 The Next』에서 모두가 이익을 얻으려면 기술에 대한 이해와 새로운 사고가 필요하다고 강조했다. 글로벌 리더부터 기업의 임직원, 일반 시민 모두에게 시스템저 관점 및 융복합, 통합적 사고를 갖추어 큰 그림을 조망하고, 동시에 기술, 글로벌 과제, 비즈니스에 대한 디테일도 갖추라고 요구했다. 글로벌 상위 20개 유니콘, 데카콘 기업 리스트를 살펴보면 우버는 680억 달러, 샤오미는 460억 달러, 에어비앤비는 300억 달러의 기업 가치를 기록하고 있다. 그 이외에도 오피스를 공유하는 위워, 이미지 공유 서비스 핀터리스트, 파일 공유 서비스 드롭박스, 음악 공유 서비스 스포티파이 등이 모두 기업 가치 60억 달러를 넘겼다. 이들의 공통점은 연결를 관장하는 비즈니스 커넥터 역할을 수행한다는 것이다. 공유 경제의 총아 우버는 자신의 차량을 갖고 있지 않다. 에어비앤비 역시 자신의 호텔, 숙박 업소를 보유하고 있지 않다. 애플과 샤오미는 자신의 전용 생산라인을 소유하고 있지 않다.

IT 스타트업에만 나타나는 현상이 아니다. 2018년 8월 기준, 전 세계 글로벌 기업의 시가총액 순위를 살펴보면 애플과 아마존은 1조 달러를 넘어섰고, 구글과 마이크로소프트가 1조 달러 달성을 눈앞에 두고 있다. 뒤를 이어 페이스북, 알리바바, 텐센트가 랭크되어 있다. 애플이 생산 라인 없이 중국의 폭스콘을 최대 생산 거점으로 이용하는 것은 이미 오래된이야기이다. 알리바바와 텐센트는 자신의 생산 제품 없이 철저히 비즈니스 커넥터 역할을 수행하며 성장하고 있다. 애플과 구글의 생태계, 우버와 위웍의 공유 경제 플랫폼 역시 그 핵심은 비즈니스 커넥터에 있다. 중국의 리앤펑(Li&Fung)은 CRM과 SCM 플랫폼만으로 전 세계의 기업을 연결하고, 이들의 다양한 차이점을 중재하며, 새로운 룰(Rule)을 만들어 비즈니스를 대행해 준다. 패스트 패션의 대명사인 인디텍스의 자라는 기획, 생산, 물류, 유통의 순차적 프로세스를 디지털 트랜스포메이션한 덕분에 소요되는 기간을 2주로 단축하였다. 이제 B2B 비즈니스는 비즈니스 커넥터로서 일상적이고 상시적으로 전략을 수립하고 민첩하게 변형해야 한다. 유연성을 갖춘 시스템적 사고방식을 갖추고 수행해야 하는 것이다.

실행 단계

실행 단계의 코어 프로세스는 제안, 협상, 종료 과정으로 세분된다. 제안 과정의 핵심은 고객 분석 과정에서 획득한 고객의 요구, 불만, 개선 요구 사항 및 누리고자 하는 FAB 요소에 가중치를 반영한 스코어 카드를 작성해서 사전에 내부 시뮬레이션을 수행하는 것이다. 이는 B2B 비즈니스에서 공급 기업이 직접 고객 기업의 입장이 되어 평가하는 방식이다. 캐스 선스타인 교수가 제안한 레드팀, 블루팀 운영 방식을 B2B 비즈니스에 접목하고 조직의 확증 편향, 집단적 무의식이라는 사고방식을 깨트리는 조직 운영 방안인 것이다.

조직의 일부를 레드팀과 블루팀으로 분류하고 제안 단계의 PT를 시뮬레이션한다. 레드팀은 고객 입장에서 얻을 수 있는 가치와 혜택, 총 비용 절감 부분을 집요하게 추궁하고 블루팀의 대응 논리에서 약점을 찾아 반박하며 스코어 카드를 작성한다. 시뮬레이션을 한 라운드 종결한 후에는 레드팀과 블루팀을 서로 교체하여 반대 입장에서 제안 시뮬레이션을 수행한다. 이 과정에서 역발상과 창의적, 창발적 아이디어를 창출해 내 고객 제안 PT에 반영하는 것이다.

다음 단계는 고객 협상이다. B2B 비즈니스에서 고객 협상의 기본은 언제나 서로 윈-윈 하는 것이며 협상은 그 중간 과정이다. 미국 기업가 정신 교육 커리큘럼에서 자주 인용되는 협상의 법칙은 짐 토머스의 『협상의 기술(Negotiate to Win)』이다. 짐 토머스는 협상의 기본 기술로서 대가 없는 협상은 없으며 고객과의 교환 과정에서 양보를 활용하고, 사전에 최상의 기준을 협상의 목표로 설정해야 하며, 초기 단계에서 과감히 양보하되 이후 협상 단계에서는 양보를 줄이고, 초기 분위기에 휩쓸리지 않도록 적절히 딴청을 부리는 기술을 터득하고, 다양한 쟁점과 이슈를 패키지로 묶어 매듭을 지으며, 고객에게 추가적인 혜택을 제공함으로써 협상을 마무리하며, 창조적 양보를 발굴해서 교환에 활용하라고 강조했다.

경영대학원들은 비즈니스 협상 과목에서 BATNA(Best Alternative to Negotiated Agreement)의 중요성을 강조해 왔다. 협상 과정에는 언제나 최선의 대안인 BATNA를 준비하고 있어야 한다. 협상이 항상 최적의 결론을 도출할 수 없기 때문에 최적의 대안이 있어야 한다는 것이다. BATNA를 준비할 때는 흔들리지 않는 기준, 협상 대안, 옵션적 사고에 기인한 합의안, 실세 이익, 고객과의 약속 이행, 상호 관계 유지, 지속적 의사소통이 기준이 되어야 한다. 기업 내부에서 레드팀과 블루팀은 짜서 협상을 시뮬레이션할 때도 궁극적으로 도출해야 할 것은 협상 결렬보다 BATNA를 제시하고 고객의

BATNA를 확인하는 것이며 BATNA 원칙을 준수하면서 협상을 진행하는지를 시뮬레이션하는 것이다. BATNA의 효용은 불만족스러운 협상에서 불가피한 합의를 회피할 수 있으며 BATNA 제시 과정에서 고객의 최종 수용 임계점을 확인할 수 있다는 것이다. 이를 통하여 협상 결렬이 아닌 재협상의 여지를 만들며 새로운 협상안과 BATNA로 협상의 두 번째 라운드를 시작할 수 있는 것이다.

비즈니스 커넥터,
스뮤징과 유효적 추론

IBM, 로스 페로의 고객가치 제일주의

　미국의 유명 MBA와 스타트업을 지원하는 부트캠프와 기업가 프로그램의 B2B 비즈니스 커리큘럼에서 자주 인용하는 사례가 IBM과 토마스 왓슨 주니어의 저서 『IBM, 창업과 후계자(Father, Son & CO)』, 로스 페로다. 최초의 컴퓨터로 평가받는 에니악 컴퓨터를 제작한 래밍턴랜드가 메인프레임 컴퓨터 비즈니스를 장악하던 시기에 후발 주자인 IBM이 래밍턴랜드를 추격할 수 있었던 핵심 영업 전략은 고객의 문제를 해결해 주면 고객은 자연스럽게 IBM에게 매출과 이익을 제공 해준다는 신념이었다. 1930년대 기업의 사무용품 비즈니스를 시작할 때부터 IBM의 라이벌이었던 래밍턴랜드는 에커트모클리를 인수한 후 본격적인 컴퓨터 메인프레임 비즈니스를 시작하였고 유니박(UNIVAC)를 출시하였다. 미국의 인구 조사에 이용된 첨단 컴퓨터라는 호평을 받았으며 1952년 미국 대통령 선거의 통계 작업에 사용되면서 유니박과 래밍턴랜드는 컴퓨터 업계의 리더가 되었다. 하지만 컴퓨터의 비즈니스 영역은 여전히 로켓의 탄도 계산이나 인구 통계 조사와 같은 특정 영역에 국한되어 있었다. IBM의 왓슨 주니어는 대형 메인프레임급 유니박의 성공을 지켜보며 컴퓨터를 상업적 용도로 사용할 수 있다는 판단하에 IBM603을 개발하였고 업계 최초로 컴퓨터의 렌탈 서비스를 도입하여 상업용 중형 컴퓨터 비즈니스 시대를 열었다. 1956년 대통령 선거에서는 래밍턴랜드의 유니박을 대체하는 쾌거를 이루며 컴퓨터 산업계의 리더가 된다.

4차 산업혁명과 과학기술 발달로 IT 인프라 자원을 서비스처럼 사용하는 IaaS(Infra as a Service), 소프트웨어를 필요할 때마다 빌려 사용하는 SaaS(Software as a Service) 서비스는 클라우드와 빅데이터 및 인공지능에 이르기까지 그 범위가 확대되고 있다. 이에 ICT 기술과 인프라, 시스템과 컨설팅을 종합으로 제공하는 시스템 통합(SI, System Integration)이 각광을 받고 있으며 B2B 비즈니스의 핵심 비즈니스 영역으로 부상하고 있다. 이러한 SI 비즈니스라는 개념을 정립한 인물이 로스 페로다. 당시 최첨단, 고성능을 자랑하던 IBM7070 컴퓨터는 시장에서 필요로 하는 물가 수준을 넘어선 오버슈팅(Overshooting) 상태였다. 기업 고객이 IBM7070의 고성능이 지나치다며 제품 회수를 요청할 때 로스 페로는 남아도는 컴퓨터 성능을 잠시 빌려 쓸 수 있도록 다른 회사를 연결하여 주었는데 이는 ICT 산업에서 최초로 서비스로의 인프라 비즈니스를 실현한, 실질적 개념 적용 사례다. 초과 실적을 달성한 로스 페로는 IBM7070의 구매 여력이 없는 기업을 대상으로 하는 서비스로의 컴퓨팅 지원 사업을 IBM에 제시하였지만 거절당했다. 이에 IBM을 나와 EDS(Electronic Data Service)를 설립하였다. 이는 IT 역사상 최초의 SI 업체로 평가받고 있다. EDS의 첫 사업 모델은 데이터 프로세싱 컨설팅과 임대 방식의 컴퓨터 사용, 소프트웨어 판매였지만 점차 전산 시스템 맞춤형 컨설팅이 기업의 핵심 동력으로 성장했다

EDS의 성공에는 고객과 가치를 공유한다는 EDS의 비전인 고객 가치 제일주의가 내재되어 있으며 코-소싱(Co-Sourcing, 외부 서비스 업체로 내부 인력을 보강하는 혼합 방식) 전략으로 전산 시스템 컨설팅을 하면서 고객과 협력해 고객의 만족도만큼 수익으로 받아가겠다는 가치 경영이 있다. EDS는 고객과의 새로운 접점을 가장 먼저 포착하고 비즈니스의 기회로 이용했다. 정보 기술이 발전하면 저기에 고객에게 가장 적합한 전산 시스템과 솔루션을 제안함으로써 고객과 함께 발전하려고 한 것이다. GM의 인공위성 기술을 활용한 스마트카의 구현도 EDS의 기술이 있었기에 가능했다. EDS의 고객 가치 제일주의는 고객은 자신의 비즈니스 영역에 집중하고, 굳이 기업의 리소스를 투입할 필요가 없는 정보시스템에 관한 모든 문제는 고객이 고민하기 전에 해결한다는 전략이다. 현재에도 수많은 글로벌 기업이 IBM과 과거 EDS의 고객 친화적 비즈니스 혁신에 주목하고 있다. IBM은 루이스 거스너가 수장으로 재직하던 시절에 토털 솔루션 프러바이더를 핵심 가치로 규정하고 고객의 모든 기술적 문제를 원스탑으로 해결한다는 명제를 내걸어 통합 솔루션 회사로의 변모를 추진했다. 하드웨어 중심적 체질에서 탈피하여 소프트웨어, 솔루션, 컨설팅 기반의 고부가가치 사업 포트폴리오를 구축하면서 IBM의 업의 개념을 변환시켰다. 더불어 프라이스워터하우스쿠퍼스(PwC) 컨설팅을 인수하면서 새로운 IBM 혁신의 기치를 내걸며 스스로 서비스 및 컨설팅 전문회사를 표방하였다.

비즈니스 커넥터, 연결과 확장

기술의 발전은 기업의 비즈니스 환경을 바꾸어 놓았다. 기술 진보가 늦던 시절에는 특정 기업이 제품 전체를 제조하였으며 제품 가격도 공급 기업이 독점적인 지위를 이용해 마음대로 정하는 원 벤더 솔루션(One Vendor Solution)으로 직접 마케팅의 시대를 선도했다. 제조사가 모든 제품을 만들어 판매하고 서비스를 제공한 것이다.

기술 발전은 비즈니스 영역 각 분야에서 전문가를 만들어 냈다. 이들이 함께 제품을 만드는 멀티 벤더(Multi-vendor Solution) 시대가 열리면서 B2B 비즈니스도 하이브리드 마케팅으로 변모했다. 다양한 제조 업체가 협력하고, 마케팅도 직접 판매와 대리점, 유통점을 통한 간접 판매가 이루어진 것이다. 이제는 디지털 트윈과 버추얼 솔루션(Virtual Solution)의 시대다. 고도로 발전된 ICT 기술로 고객의 경험과 체험을 실시간으로 제품에 반영하기 시작했으며 연결 중심의 토털 솔루션 비즈니스로 비즈니스 영역의 중심축이 이동하고 있다.

4차 산업혁명 이후에는 융복합과 초연결로 모든 것이 연결되면서 B2B 비즈니스에서 기업과 고객, 기업과 기업, 고객과 고객을 모두 연결하는 비즈니스 커넥터 역할이 주목받고 있다. 기존의 초연결은 메가 트렌드와 사회적 트렌드로서 분석됐고 플랫폼과 개인의 연결, 사물인터넷에 집중했다. 하지만 글로벌 ICT 기업의 B2B 비즈니스에서의 초연결은 비즈니스 커넥터 역할을 강조한다. 비즈니스 커넥터는 기존의 초연결 개념을 확장한다. 플랫폼과 사용자의 연결뿐 아니라, 플랫폼과 플랫폼의 연결, 기술과 기술의 연결, 생태계의 연결, 사회의 연결, 비즈니스와 비즈니스를 연결하는 기능을 수행한다. 초연결의 개념을 비즈니스 기회와 가능성이 존재하는 모든 것으로 확장하는 것이다. 리테일 비즈니스에 단지 핀테크(FinTech) 기술만 더하는 것이 아니다. 물류, 생산, 제조, 유통, 고객 분석, 빅데이터 처리 등의 분야에서 모든 것이 연결되어야 한다. 로봇 비즈니스는 전통적인 공장 자동화, 무인 생산 영역에서 물류 로봇, 서비스 로봇, 개인화 로봇 및 이제는 재난구조 로봇, 농업용 로봇, 의료용 로봇 분야로 확대되고 있으며, 로봇 연구는 인간을 대신하는 기능을 넘어 동식물의 움직임을 모사하는 자연모사 기술, 인공지능 및 빅데이터 처리 등으로 확장되고 있다. 따라서 4차 산업혁명 이후의 B2B 비즈니스 초연결은 비즈니스 커넥터를 얼마나 전략적으로 설계하고 활용하는가에 사업의 성패가 달려 있는 것이다.

4차 산업혁명 이후의 B2B 비즈니스는 창조적 파괴를 통하여 기업 및 스타트업의 상황에 맞게 변모하고 수정하고 진화해야 하며, 궁극적으로는 연결 전략(Connect Strategy)를 통하여 비즈니스 커넥터를 생성하고, 이를 통하여 비즈니스를 팽창(Business Expansion)시키는 것이 근본 목적이다. 또 다른 고려 사항은 자가 진화(Self-Evolving)다. 스콧 갤러웨이는 『플랫폼 제국의 미래』에서 극한의 포식자 4인(The Four)을 선정했다. 비즈니스 확장의 대명사 아마존, 고객 가치와 새로운 경험을 신앙의 수준으로 끌어올린 애플, 초연결 시대에 연결을 중재하고 관장하는 페이스북, 세상의 모든 정보를 손안에 움켜쥐고 있는 구글이 그들이다. 사용자는 무의식적으로 이들의 플랫폼과 서비스를 이용하면서 이들 플랫폼의 진화와 자가 증식을 돕고 있다. 플랫폼 소유자 입장에서는 자가 진화와 증식을 자동화한 것이며 지속적인 수익 창출 구조를 만든 것이다. B2B 비즈니스에서 이 '4인'에 대응하는 방법은 적이 아닌 전략적 협력자로 받아들이는 것이다. 분리가 아닌 연결을 유지하며 비즈니스 커넥터의 관점에서 전략적인 연결과 비즈니스의 확장을 수행하는 것이다.

애플의 테크 에반젤리스트

1984년, 슈퍼볼 경기에서 방영된 충격적인 매킨토시 출시 광고와 더불어 애플은 기술 전도사라고 불리는 테크 에반젤리스트(Technology Evangelist)를 신설하여 기술 마케팅 시대를 열었다. 테크 에반젤리스트의 업무는 ICT 신기술을 전파하고 기술과 제공된 가치, 경험에 열렬하게 지지하고 따르는 사람을 모으는 역할이다. 가이 가와사키는 애플의 테크 에반젤리스트로서 새로운 기술 시대가 올 것이라 전파하고 고객에게 새로운 가치를 전달하는 신개념 마케팅 전략을 구사하여 기술 마케팅을 대표하는 레전드가 되었다. IBM이 굳건하게 수성하고 있던 PC 시장에서, 제품은 판매하는 것이 아니라 전도하는 것임을 강조하였고, 고객이 제품에 책정된 가격을 지불하는 것이 아니라 그들이 경험하는 새로운 가치에 대한 만족감의 보상으로 가격으로 지불한다는 사고방식으로 전환하라고 유도했다. 고객의 모든 판단 요소와 경쟁 제품과의 판단 기준이 가격으로 귀결되는 상황은 매우 비통한 일이며 폐기되어야 할 사고방식으로 치부했다. 애플의 역할은 고객이 최고의 디바이스를 사용하여 본질적인 기쁨을 경험하도록, 그동안 경험해보지 못한 경험이라는 가치를 제공하는 것이며, 고객은 그 가치에 기꺼이 비용을 지불한다는 새로운 경제 논리를 만든 것이다.

애플은 에반젤리스트의 역할을 '의미 있는 명분을 퍼트리고 꿈의 전달하는 것'이라고 정의했다. 4차 산업혁명의 시대에 B2B 비즈니스를 수행하는 비즈니스 매니저, 프로젝트를 담당하는 프로젝트 매니저 및 기업의 모든 임직원은 에반젤리스트가 되어야 한다. B2B 비즈니스에서의 비즈니스 매니저와 프로젝트 매니저에게 에반젤리스트가 되라고 강조하는 것은 주위 사람에게 제품과 가치의 경험을 전파하는 측면에서 인플루언스 마케팅(Influence Marketing)과도 유사하다. 제품과 서비스가 삶을 얼마나 향상시킬 수 있는지 세상에 설명하는 제반 활동을 하는 것이니 말이다.

스뮤징과 유효적 추론

B2B 비즈니스의 기본은 연결이며 연결의 첫 번째 행동 양식은 사회적 인맥 형성과 인적 네트워크 구축이다. 이 과정을 스뮤징(Schmoozing)이라고 정의한다. 달시 레자크는『개구리 성공학(The frog and the prince)』에서 인적 네트워킹은 다른 누군가를 위해 자신이 할 수 있는 것을 발견하는 일이라고 했다. 이런 이타적 태도는 사람들이 비즈니스 매니저, 프로젝트 매니저의 말을 신뢰하게 만들며, 이런 신뢰는 폭넓고 지속적인 관계를 형성하는 비결이 된다.

스뮤징의 기본은 접촉과 연결, 전략적 민첩성과 학습 민첩성이다. 초연결의 시대에 비즈니스, 기술 간 융복합, 고객 간 연결은 중단없이 진화되고 있다. 가와사키가 '밖으로 나가라'고 표현한 의미가 이제 접촉과 연결, 민첩성과 학습 능력으로 귀결되고 있다. 이제는 메가 트렌드, 이머징 이슈, 기술 지능과 협력적 공유 경제 시스템에 실시간으로 연결하여 흐름을 읽고 민첩하게 인사이트를 도출해야 한다. 기술 변화와 융복합, 플랫폼의 진화와 신규 비즈니스 모델, 생태계의 융복합, 비즈니스의 초연결과 비즈니스 확장에 이르기까지 연결의 상시성과 지속성을 확보하여 불확실성에 대비하는 것이다. 또한 전통적인 스뮤징 방법으로 대리점, 협력사 및 거래처, 전시회와 컨벤션, 세미나, 학회, 각종 리셉션, 온오프라인 커뮤니티와 기술 표준 단체와의 연결을 유지하고 변화를 감지하여 비즈니스 기회를 창출해야 한다.

B2B 비즈니스를 수행하는 비즈니스 매니저나 프로젝트 매니저가 고객과 대화하면서 업무 관련 이야기만 한다면 금세 지루해질 수밖에 없다. 유능한 비즈니스 매니저와 프로젝트 매니저는 다양한 이야기거리를 만들 만한 열정을 보유해야 한다. 이런 열정이 긍정적인 이유는 사람과의 소통을 지속하는 매개체로 작용하기 때문이다. 글로벌 선도 기업은 비즈니스 매니저와 프로젝트 매니저에게 항상 고객의 구매 센터와 의사결정자, 의사결정 조력자를 파악하며 고객 회사의 조직도를 확보하고 끊임없이 그들의 특성을 파악하라고 지시한다. 의사결정자의 성격 특성, 취향, 스타일, 취미, 가족 관계 등도 파악한다. 고객이 테니스를 좋아한다는 정보를 입수하면 테니스의 역사부터 최근 정현 선수 이야기까지 스토리 텔링을 할 수 있는 준비를 해야 할 것이다. 이러한 민첩한 준비가 열정이다.

가와사키가 강조하는 후속 조취는 연결의 지속성이다. 초기 접촉한 고객에게 24시간 이내에 감사 인사와 추가 정보,

새로운 관심 거리를 포함하여 재연락을 유도하는 정보를 전달하는 것이다. 매출이나 세일즈 의도를 포함하지 않은 정보 전달이 선행되어야 한다. 연결의 지속성은 고객과 접점을 찾는 과정이다. 고객이 기대하는 기술 및 비즈니스의 흐름 변화를 감지하여 선제적으로 제품과 솔루션, 플랫폼을 융복합하여 경쟁사보다 민첩하고 시의 적절하게 정보를 제공하여 연결의 지속성을 바탕으로 커뮤니케이션을 강화하는 것이다. 이 과정에서 구매 센터와 핵심 의사결정자를 용이하게 파악할 수 있다.

애플, 구글, 타이코, 지멘스 등 글로벌 기업에서 B2B 비즈니스를 수행하는 비즈니스 매니저, 프로젝트 매니저는 사전에 치밀하게 작성된 플레이북으로 규정한 행동 강령을 기반으로 업무를 수행한다. 예기치 못한 상황에 직면해서도 이들은 잘 훈련된 운동 선수처럼 시간과 논리를 주어진 상황에서 최적으로 요리하며 고객과 대화하면서 새로운 아이디어를 창출한다. 하지만 4차 산업혁명 이후 다양한 분야에서 증가하는 불확실성은 고객 불확실성도 초래하고 있다. 이는 인과적 추론(Causal Reasoning)에 기인한 플레이북으로는 규정하기 어려운 유효적 추론(Effectual Reasoning)에 기반한 유연성과 상황 복원력(Resilience)을 요구하는 것이다. 인과적 추론은 목표를 설정하고 목표를 달성하는 수단과 방법을 논리적으로 기술하고 실행하는 사고방식이다. 이러한 사고방식하에서는 충분히 예견된 상황이나 시뮬레이션으로 추론 능력을 배양할 수 있다. 하지만 유효적 추론은 불확실한 목표 달성 상황에서 창의적, 창발적으로 미지의 목표를 달성하는 방식이다. 유효적 추론 능력은 기업가 정신이 요구하는 책임의식, 위험에서의 복원력, 창의력과 창발적 사고능력, 비즈니스 마인드를 통해 함양된다. 따라서 4차 산업혁명 시대를 맞아 B2B 비즈니스에 임하는 모든 임직원은 기업가 정신과 유효적 추론 방식으로 새로운 고객 접점을 찾아 기회를 만들어 내야 하는 것이다.

가이 가와사키는 스티브 잡스를 잇는 애플의 2대 테크 에반젤리스트로 기술을 전도했다. 하지만 잡스의 카리스마와 청중을 압도하는 커뮤니케이션 스킬을 그대로 모방할 수는 없었다. 가와사키는 당시를 회상하며 B2B 비즈니스 마케터와 비즈니스 매니저, 프로젝트 매니저는 반드시 대중 연설에 익숙해져야 하며 언제 어디서든 말로 표현할 수 있는 준비된 자세가 필요하다고 강조했다.

또 가와사키는 콘텐츠의 중요성을 강조한다. 아무리 좋은 기회가 마련되더라도 할 말이 없거나 유효적 추론 능력이 결여되었다면 그 자리를 거절하거나 다른 비즈니스 매니저나 프로젝트 매니저에게 기회를 양보해야 한다. 플레이북으로 충분히 시뮬레이션하지 않아 콘텐츠가 준비되지 않은 상황에서 커뮤니케이션했다가는 상품 판매에 혈안이 된 저급 세일즈 맨으로 간주되기 십상이다. 4차 산업혁명 시대의 B2B 기업 고객은 이미 비즈니스의 융복합과 기술 지능에 연결되어 있다. 이들이 원하는 것은 가격 할인이나 상품 설명이 아니라 그들을 위해 맞춤화한 큐레이팅 서비스와 그들이 원하는 정보를 지속적으로 제공해주는 서브스크립션 서비스다.

세븐 일레븐과 애플에서
B2B 비즈니스 원칙을 얻는다

세븐 일레븐의 혁신과 원칙 유지

과거 미국 텍사스 사막에서 가장 인기 있는 핫플레이스는 현대판 오아시스인 얼음 가게였다. 이곳은 작렬하는 태양 열기를 식힐 유일한 장소였다. 1920년대 후반 사우스랜드는 이곳에서 영감을 얻어 식음료와 일상 잡화를 판매하는 최초의 편의점 비즈니스 모델을 만들었다. 일본은 1950년대 이후 사내 벤처를 활성화해 기업가 정신을 꾸준히 교육했다. 일본이 잃어버린 20년이라는 비아냥에도 중견, 중소기업의 요람으로서 거뜬히 재기하여 4차 산업혁명 시대에 로봇 및 제조 분야를 선도하는 것도 이러한 이유가 있기 때문이다. 지난 1973년 스즈키 도시후미는 전도 유망한 회사를 뒤로하고 사우스랜드와 협력하여 사내 벤처로 세븐 일레븐 재팬을 설립했다. 일본 최초의 편의점이었으며 일본 내 비즈니스의 성공을 발판으로 모기업 사우스랜드의 지분을 전량 매입해 완전한 일본 회사가 되었다. 이후 세븐 일레븐은 리테일 분야에서의 성장을 발판으로 유통 분야까지 성장 동력을 이어가며 총매출 8조 원을 달성하여 세계 유통 업계의 큰 손이 되었다. 24시간 영업과 택배 서비스, 신문과 잡지 판매, 현금 인출기와 단품 관리를 위한 POS 시스템, 매일 아침 다양한 메뉴로 제공되는 신선한 도시락과 삼각 김밥은 모두 그의 작품이었다.

사업 초기 사우스랜드에서 제공한 비즈니스 매뉴얼인 플레이북은 일본 비즈니스 실정에 적합하지 않았다. 햄버거와 콜라, 스낵 위주의 상품 구성으로는 일본인의 기호를 충족시킬 수 없었다. 15명으로 시작한 사업에서 사우스랜드와 같은 직영점 관리 방식은 상상도 할 수 없었다. 스즈키 도시후미의 경영은 이때부터 혁신의 연속이었다. 상식을 부정하고 과거의 경험이라는 달콤한 유혹을 뿌리치는 한편, 사우스랜드의 편의점 비즈니스에서 핵심이었던 본사 주도의 유통 센터 운영과 일괄 납품 시스템을 일본식으로 재해석했다. MBA 혁신 사례로도 자주 거론되는 단품 관리 기법과 팀 머천다이징(Team Merchandising) 개념을 정립하여 재고 상품을 신속하게 매대에서 제거하고, 편의점에 특화된 상품을 거래선과 공동 개발했다. 그리고 시대 변화에 맞춰 유연하게 경영하고자 NEC, 노무라 등과 IT 시스템을 개발해 판매 관리와 재고 관리도 혁신했다. 또한 변화에 신속하게 대응하지만 기본을 준수한다는 경영 이념을 고수하며 고객 니즈의 변화에서 눈을 떼지 않았다. 고객의 구매 내역을 분석하여 매출이 부진한 상품을 신속하게 교체하고 새로운 연관, 파생 상품으로 소비 심리를 지속적으로 끌어올린 것이다. PB 상품은 가격이 더 낮아야 한다는 상식도 무너트렸다. 세븐일레븐 프리미엄 브랜드를 런칭하여 품질에 최고의 가치를 부여한 역발상이었다.

　스즈키 도시후미의 경영 철학은 4차 산업혁명 시기에도 공통적으로 요구되는 전략적 민첩상과 감지 능력, 변화에 대한 복원력, 그리고 초심 유지다. 그는 민첩하게 시대의 흐름과 변화를 감지하여 인사이트 도출과 비즈니스 창출로 연결했다. 고객의 가치를 최우선에 둔다는 기업 경영의 초심을 유지했다.

하지만 편의점의 아버지는 불명예스럽게 퇴진했다. 경영권을 세습하다가 초심을 잃고 무리한 경영을 시도하였으며 팀 머천다이징의 본질을 훼손해가며 거래처에 단가를 압박하다가 협력사들이 등을 돌렸기 때문이다. 실리콘밸리에서 기업가 정신을 가르치는 부트캠프에서 항상 강조하는 것이 기본과 원칙 중시다. 기업의 설립 비전과 미션, 고유 가치를 유지하지 못하는 기업은 불확실성의 시대에 결코 생존할 수 없기 때문이다. 구글이 초심을 지키기 위하여 여전히 구글의 10가지 진실과 주주에게 보내는 편지를 공개하는 것도 같은 이유에서다. 기본과 원칙은 기업의 비전과 미션으로 나타나며 이는 기업의 존재 가치에 대한 구체적인 설명이다. 불확실성이 가중되어 가는 4차 산업혁명의 시대가 와도 실리콘밸리의 기업과 일본 기업들이 전면에 재부상하는 이유는 자신들이 수립한 초심을 극단적인 치밀함으로 실천해 나갔기 때문이다.

애플의 B2B 비즈니스 핵심 포인트

켄 시걸은 애플, IBM, 인텔 등 실리콘밸리 기업들의 광고 전략과 마케팅 분야에서 엄청난 성과를 만들어낸 크리에이티브 디렉터 중 한 명이다. 스티브 잡스의 화려한 복귀를 단 한마디로 표현한 "다르게 생각하라(Think Different)" 광고 기획과 아이맥, 아이팟, 아이패드, 아이폰과 같이 아이(i)로 대표되는 애플의 제품 브랜드 네이밍은 여전히 실리콘밸리에서 전설로 회자되고 있다. 켄 시걸은 잡스의 애플 복귀 후 가장 가까운 자리에서 그가 일하는 방식과 애플이 변화하는 모습을 목격한 장본인이며 잡스의 경영 방식을 극단적인 단순화(Simplicity) 추구라고 정의했다. 잡스가 진단한 애플은 이미 대기업 병에 걸린 중증 환자였다. 실리콘밸리를 대표하는 신속하고 민첩한 의사결정 과정은 어디에서도 찾아볼 수 없었다. 제품과 디자인에, 개발에 대한 책임을 지는 조직과 개인도 없었다. 잡스는 '잡스식 종결'에 이어 또 하나의 처방전인 '심플스틱'을 고안했다. 극한의 단순함 추구에 위배된다면 지위 고하를 막론하고 심플 스틱을 가해 애플의 근본 정신을 상기하도록 한 것이다. 켄 시걸은 잡스의 단순화를 조직 단순화, 철학 단순화, 제품 단순화, 커뮤니케이션 단순화, 디자인 단순화라고 규정하였다. 잡스는 조직 내의 얼간이를 배제하고 핵심 인력 위주의 팀을 구성해 드림팀과 레드팀을 재가동함으로써 대기업병, 조직의 확증 편향, 집단 무의식이란 사고방식을 무너트렸다. ANPP를 애플의 일하는 방식으로 정착시켜자의적 판단으로 발생하는 커뮤니케이션 오류를 사전에 예방하였다. 소니의 워크맨 정신을 애플에 이식했으며 오컴의 면도날로 일(Work)은 없고 행위(Do)만 존재하던 조직에 수술을 가하여 회생시킨 것이다.

드로우브릿지(Drawbridge)의 최고 운영책임자인 윈스턴 크로포드는 애플에서의 근무 경험을 바탕으로 B2B 기업이 애플로부터 배울 수 있는 5가지 비즈니스 핵심 포인트를 도출했다. 애플이 최고의 기업 가치를 보유한 글로벌 ICT 기업으로서 업계를 선도하는 이유는 철두철미한 디자인 집착과 엔지니어링 실력, ANPP로 무장한 집요한 관리에 기인한다. 이러한 애플의 성과는 의심할 여지 없이 호평을 받고 있으며 다른 기업이 벤치마킹해야 할 필요충분한 가치가 있다. 하지만 애플의 디자인, 엔지니어링 부서와 똑같이 혁신적이고 영향력 있지만 상대적으로 덜 관심을 받은 부서가 바로 영업과 기업 운영 부서다. 애플같이 소비자 고객을 상대하는 회사는 B2B 조직을 위한 최고의 롤 모델로 인식되지 않는다. 하지만 B2B 기업의 타깃 버티컬이 어떤 종류라 할지라도 궁극적으로 찾고자 애쓰고 노력하는 것은 B2C 기업의 잘 정리된 프로세스와 경쟁력 있는 제품, 솔루션이다. 컴퓨터와 다양한 디바이스, 플랫폼의 콘텐츠, 그리고 새로운 경험과 가치를 판매해야 하는 궁극적 대상은 사람이기 때문이다. 이러한 이유로 실리콘밸리의 기업들은 B2C 기업으로부터 몇 가지 사업의 핵심을 배우고 있다. B2B 사업을 성공적으로 운영하는 데는 좀 더 다양하고 복잡한 요인이 존재할 수 있지만, 다음의 특징은 애플에서 근무한 경험에서 도출었고 B2B 기업에게 비즈니스 영감을 전달할 것이다.

중요한 일에 집중하기, 선택과 제거

애플의 아이폰이 의심의 여지가 없는 스마트폰 브랜드의 대명사가 된 이유는 제품에 초점을 맞추고 완벽함을 위하여 통합적인 고객 가치와 디테일에 관한 편집증적 집착을 포기하지 않았기 때문이다. 디테일이 개인과 기업의 운명을 만드는 것이다. 왕중추 교수는 『디테일의 힘』에서 운명을 가늠해 줄 신(God)은 디테일 속에 있으며 사소한 차이가 모든 운명을 좌우한다고 이야기하며 100에서 1이 부족하다면 그 결과는 99가 아닌 0을 의미하고 99개의 성공도 단 하나의 실수로 무너질 수 있음을 지적했다.

애플은 우선순위를 정하는 방법과 무엇이 최선을 다하며

시장을 이끄는지를 알고 있다. 실리콘밸리 기업들은 많은 것들을 동시에 수행하기보다는 몇 가지 작고 핵심적인 일에 미치도록 몰입할 수 있는 환경을 조성해야 한다고 강조한다. 기업 환경 변화에 따라 자원을 유연하게 할당하고 배치한다 하더라도 한 기업이 모든 것을 할 수는 없기 때문이다. 기업 내부의 조직과 팀이 한두 가지 목표에 전념할 수 있을 때, 기업은 자신을 경쟁자들과 구별된, 유리한 고지를 선점한다.

중요한 일에 집중한다 하더라도 언제나 선택의 문제가 관건이다. 실리콘밸리 기업은 선택과 집중이라는 전통적 업무 방식에서 벗어나 4차 산업혁명의 불확실성 속에서의 업무 방식으로 '선택과 제거' 방식을 취하고 있다. 애플은 애플 웨이(Apple Way)로 규정된 행동 지침을 따르며 도출된 수많은 아이디어들에 대하여 언제든지 No라고 이야기하며 선택이 아닌 제거에 집중하는 역설적 자세를 고수한다. 또한 페어드 미팅(Paired Meeting), 스티브식 종결, 3000:1 법칙을 통하여 선발된 10개의 의견 중 최종 1개의 목업을 선택하는 10:3:1 법칙을 적용하고, 최종 선택된 마지막 한 개의 선택에 ANPP를 적용하여 최고의 노력을 기울이다. 그럼에도 매주 월요일 점검의 날을 갖고 집착적인 몰입과 점검으로 제품과 솔루션을 탄생시키며, 스티브식 종결로 빠른 제거와 방향 전환을 시도한다.

애플은 창의적 아이디어를 무한하게 생성하는 양적인 혁신을 추구하지 않는다. 오히려 단호하게 하지 말아야 할 것을 제거하는 능력을 혁신으로 정의한다. 비즈니스를 수행할 때 선택하고 제거하는 능력은 민첩성을 요구하는 4차 산업혁명 시대의 비즈니스 환경에서 최고의 경영 역량이다. 기존의 선택과 집중 경영 방식은 강요된 선택 활동 탓에 불확실한 결정에 전사적 리소스와 역량을 장기적으로 투입함으로써 위험을 고스란히 떠안아야 했다. 반면 제거와 집중은 선택해야 할 시점이라도 하지 말아야 할 것을 제거하는 과정을 먼저 수행한다. 애플 웨이가 대표적 사례다. 애써 성공 가능성을 찾는 것이 아니라 그 시점에서 가장 높은 실패 확률을 나타내는 대안부터 확실하게 제거하여 실패의 위험을 분산시키는 것이다.

선택과 집중은 특정 비즈니스 영역을 장악하고 있는 선두 업체를 따라잡기 위한 추격자의 전략이었다. 1등 기업의 성공, 실패 사례 분석, 사업 가능성 판단, 사업 분야 선택, 기업 리소스 및 역량과 비용의 중장기적 집중 투자를 통해 사업을 창출했다. 건설, 자동차, 조선, 반도체 같은 대규모 인프라 투자가 요구되는 중공업과 반도체 사업의 활황기에는 이러한 전략이 기업 경영의 핵심이었다. 선두 기업을 벤치마킹하여 해야 할 것에만 집중함으로써 성공을 예측하고 달성할 수 있었다. 하지만 4차 산업혁명 이후 상황이 바뀌었다. 신시아 몽고메리 교수는 '기업의 전략을 파괴하라'는 화두를 앞세워 시장, 고객이 불확실해짐에 따라 기업의 전략도 변해야 함을 지적했다. 현대 경영 활동의 기본이 불확실성을 줄이는 행위로 진화한 것이다. 이제 기업 경영의 모든 순간마다 기존의 사고 방식을 벗어나는 전략적 변곡점을 직면하게 되었다.

4차 산업혁명 시대는 빅뱅 파괴의 시대이며 기술과 비즈니스가 융복합되므로 더 이상 초격차에 의한 절대 우위를 확보하기 어렵다. 타깃 시장의 영속성도 보장받을 수 없다. 시장 불확실성과 고객 불확실성은 지속적으로 진화하고 있기 때문이다. 이에 관한 기업의 전략도 융복합되어 전략 기획 기반의 전통적 경영 방식과 린 스타트업 경영 방식을 혼용하고 있다.

GE와 아마존, 국내의 삼성과 LG 등 글로벌 기업들도 신속한 프로토타입 개발과 검증, 방향 전환을 기반으로 한 린 스타트업과 전통적 경영 방식을 상황에 맞게 적용한다. 실리콘밸리 기업은 모든 임직원들에게 70:20:10의 법칙 준수를 요구한다. 현재 수행하는 핵심 업무에 70퍼센트, 업무와 연계된 확장에 20퍼센트, 완전히 새롭고 자유로운 분야의 연구에 10퍼센트의 리소스를 투자하도록 하며, 현재 수행하는 핵심 업무 이외의 업무 결과에 대해 피드백을 받아 새로운 기술과 비즈니스에 대한 불확실성을 낮추어가는 선택과 제거 활동으로 미래를 준비한다. 기업 경영의 기본 포트폴리오를 유지하면서도 불확실성에 대비하는 다양한 옵션을 시도해 보는 것이다. 전략적 변곡점의 시대에는 제거와 집중으로 전략도 진화해야 한다.

고객 경험과 경험의 연속성

월마트를 설립한 샘 월튼은 언제나 최고의 보스(Boss)는 고객이라고 규정하며 새로운 브랜드, 제품, 솔루션 및 플랫폼을 접하는 순간 고객은 과거의 경험을 총체적으로 합산한 후 그들의 경험 연속성으로 기업의 이미지를 판단한다는 사실을 인지하라고 강조했다. 충성 고객을 유치하고 잠재 고객을 끌어당기는 비법은 고객의 경험을 어떻게 지속적으로 관리하고 연속적으로 유지하는가에 달려 있기 때문이다.

애플이 전하는 두 번째 메시지는 고객 경험과 경험의 연속성이다. 애플은 새로운 고객을 찾기보다 기존 고객이 느끼는 가치와 영감을 고도화하는 편이 더욱 용이하다는 사실을 강조한다. 애플은 고객 경험의 극대화로 고객당 수익을 확대하는 '연결과 확장' 전략을 추구해 왔다. 아이폰을 구입한 고객은 제품 가치를 확인한 후 경험의 연속성을 유지하려고 아이패드, 맥, 애플 TV와 아이튠즈 플랫폼에서 머문다. 애플에 전도된 고객은 이제 경험의 연속성을 애플의 홈킷(HomeKit), 헬스킷(Health Kit), 러시치킷(Research Kit)과 케어킷(Care Kit)으로 확장하려 한다. 애플 시리(Siri)에서 경험한 영감을 애플의 홈킷이 일관된 사용자 인터페이스로 유지시켜 주기 때문이다. 애플의 홈킷은 독립적인 프로토콜을 이용하여 iOS, tvOS, watchOS를 탑재한 기기들을 가정의 다양한 악세서리와 연동하며, 사용자 중심의 일관된 인터페이스로 다양한 제조 업체의 액세서리를 조정하고 제어할 수 있다. 최근에는 레드밴스가 스마트 플러스 램프를 출시하여 iOS, 시리를 이용한 스마트 조명 서비스를 선보이고 있다.

애플이 추구하는 고객 경험은 이제 의료 클리닉 서비스로 확장되고 있다. 임직원 전용의 병원인 AC웰니스를 설립하여 의료 복지 서비스를 추진 중이며, 직접적인 의료 서비스와 건강 상담, 질병 관리, 운동 및 식단 컨트롤 등 토털 클리닉 서비스로의 비즈니스 확장을 계획하고 있다. 애플은 웨어러블 기기인 애플 워치에 심전도와 심박 측정 기능을 탑재하면서 의료 부문에 진입하였고, 의료, 건강 분야의 다양한 업체, 대학, 연구 기관과 협력해 왔다. 의료 서비스를 통해 수집되는 빅데이터는 자사의 기술 개선과 차기 제품 개발에 사용할 것으로 예상된다. 공식적으로는 애플 임직원 전용의 복지 프로그램이라고 언론에 발표하였지만, 이미 팀 쿡이 애플의 차세대 연구개발 타겟은 인류의 건강이라고 공표하였기에 업계에서는 헬스케어와 의료 분야에 진출하기 위한 테스트 베드(Test

Bed) 운영이라고 평가하고 있다. 미국의 전자 의무 기록 정책이 변하여 건강 데이터를 공유할 수 있게 됨에 따라 애플은 고객 경험의 연속성을 의료 분야로 확장하는 신규 사업의 기회라고 판단한 것이다.

미국 질병통제예방센터(CDC)의 보고서에 따르면 연간 6000만 명의 근로자가 건강 문제로 결근하고 있으며, 이는 미국 내의 의료보험 도입 문제와 과잉 진료와 천정부지로 치솟는 의료 시술 및 처방 비용과 함께 매년 2600만 달러의 경제적 손실을 유발하고 있다. 이제 애플은 새로운 수익 창출 수단으로 의료 서비스 자체를 장악한다는 야심찬 계획에 시동을 걸었다. ICT를 접목한 의료 서비스의 핵심은 누가 지배적 플랫폼을 만들고 참여자를 유인하는가의 문제다. 애플은 하드웨어부터 소프트웨어, 서비스와 의료 빅데이터를 아우르는 생태계를 조성하고 여기에 애플이 전도하여 애플 주도의 고객 경험에 익숙해진 든든한 지원자를 합류시켜 경쟁에서 앞서 나가고 있다. 이제는 차세대 아이폰과 무인 주행 애플 카와 더불어 애플이 요람에서 무덤까지 제공하는 헬스케어 서비스를 사용할 준비를 해야 하는 시기가 도래한 것이다.

지난 2009년 제정된 HITECH(Health Information Technology for Economic and Clinical Health) 법안이 효력을 발휘함에 따라 모든 의료 기관은 전자의료기록시스템을 도입하고 MU(Meaningful Use) 표준을 통해 제반 조치를 취해야 한다. MU 표준의 제정으로 환자 포탈을 포함한 전자의료기록시스템 구축을 의무화했지만, 개별 기록은 의료 기관 간에 쉽게 공유되지 않았다. 이전까지는 환자가 5개 병원을 이용했다면 5개 개별 포탈을 이용해야 했다. 하지만 애플의 헬스레코드 기능을 이용하면 소비자가 여러 병원에 산재된 자신의 의료 데이터를 한 번에 통합적으로 살펴볼 수 있다는 장점이 있다. 이제 고객들은 애플의 생태계 안에서 경험의 단절 없이 의료 서비스까지 이용하게 된 것이다. 애플의 전략은 FHIR(Fast Healthcare Interoperability Resource) 인터페이스를 이용하는 것이다. 이는 모든 주요 전자의료기록시스템에 적용될 표준으로서 여러 업체의 생애 치료 기록을 통합하여 모바일 기기에서 볼 수 있도록 하는 정책이다. 애플은 이러한 정책을 차세대 비즈니스의 성장 동력으로 삼고자 사전에 간파했다.

애플은 기존의 폐쇄 정책을 과감히 탈피하여 헬스킷, 리서치킷, 케어킷 등의 프레임워크와 플랫폼을 개방했으며, 미국 내 다양한 병원 관련 기업, 의료 분야 개발자들과 협력하는 정책을 추진하고 있다. 이러한 과정에서 애플이 의도하는 것은 의료 기관과 개인의 의료 정보 간의 초연결이다. 애플은 이미 2013년부터 FDA(미국 식품 의약국)와 의료 기기에 관한 협의를 추진하여 왔으며, 전자의료기록시스템 분야의 업계 2위인 에픽 시스템스(EPIC systems)와 협업하여 에픽이 보유한 전자의료기록시스템을 사용하는 미국 내 대형 병원들이 애플의 헬스킷과 리서치킷을 통해 확보되는 빅데이터를 자유롭게 활용할 수 있도록 개방하였으며, 서너(Cerner), 아테나헬스(Athenahealth), 메디테크(Meditech), 올스크립트(AllScripts) 같은 전자의료기록시스템 선도 업체와 협력하고 확대하고 있다. 존스 홉킨스 메디슨의 웹 포털은 에픽의 마이차트(MyChart) 앱을 사용하고 있으며, 40만 명의 고객을 보유하고 있다. 이 고객들은 애플 헬스레코드 앱을 사용하여 자신의 전자의료기록시스템 데이터에 액세스할 수 있게 되었다. 구글이 전 세계 모든 인터넷 데이터를 장악하겠다는 야심을 보인 것처럼 이제 애플은 사용자 경험과 연속성을 토대로 미국 내 모든 의료 데이터 장악을 눈앞에 두고 있는 것이다.

탁월한 실행 능력

애플 신화를 이끈 애플I, 애플Ⅱ부터 현재의 아이폰, 아이워치에 이르기까지 창립 초기부터 꾸준히 이어온 제품에 대한 관점 중 하나는 완벽한 사용자 상호작용 추구다. 애플 제품이 소프트웨어적인 결함이나 기계적 결함으로 제품 구동 중 버그(Bug)나 오류가 일어나 비정상적인 사용자 경험을 제공하거나, 아이폰의 아이콘이 구식이라면 고객은 아이폰을 더 이상 좋아하지 않을 것이다. 애플은 제품의 내부와 외부 모든 측면에서 우수한 제품을 만들려고 노력해왔다. 애플의 오프라인 매장 역시 최고의 사용자 상호작용을 하고자 제품 출시 이전부터 ANPP에 모든 행동 강령을 만들어 두고 이를 그들의 신조처럼 따르는 것이다.

소니의 워크맨 정신과 소니 스타일에서 리테일 비즈니스 영감을 얻은 애플 스토어는 소매점에 대한 전통적인 개념을 바꾸고 좀 더 효율적이고 즐거운, 새로운 종류의 쇼핑 경험을 만들어 냈다.

제록스 팔로알토 연구소에서 그들이 보여준 GUI에 완벽하게 매료되었고 이는 특허 소송까지 이어졌지만, 탁월한 실행 능력으로 사용자와 상호작용하는 완벽한 상용화 제품을 고객에게 선보인 첫 기업은 바로 애플이었다.

일반적 B2C 기업과는 달리 B2B 기업의 홈페이지에는 제품과 솔루션, 플랫폼, 새로운 기술, 레퍼런스를 소개하는 다양한 백서(White Paper)가 함께 실려 있다. 모든 기업은 일차적으로 자사의 홈페이지를 통해 고객과 상호작용하려 한다. 하지만 글로벌 기업, 실리콘밸리의 유니콘 기업들에게는 미묘한 차별점이 있다. 웹 사이트 랜딩 페이지, 연락처 양식, 초기 영업 제안서 등 모든 측면이 브랜드와 연결돼 완벽하게 하나의 선상에 있으며, 웹페이지의 전반적 스토리라인이 완결성을 추구하고 있다는 것이다. 복잡하고 난해한 설명은 오히려 TMI(Too Much Information) 효과로 고객의 신뢰를 손상시키며 사용자 상호작용을 분리하는 결과를 초래한다. 사용자 상호작용을 추구하는 B2B 기업의 웹 사이트는 기업의 백엔드(Back-End, 고객이 직접 볼 수 없는 영역)가 프론트엔드(Front-End, 고객이 직접 눈으로 확인할 수 있는 겉으로 드러나는 제품, 솔루션, 이미지 등)만큼 강력하고, 아름다우며, 잘 정돈되어 있다. 현대그룹 창업자인 고 정주영 회장은 생전에 "해봤어?", "해보고서 하는 소리야?"라는 화두로 실행과 실행 능력을 강조했다. 히든 챔피언의 저자 헤르만 지몬은 실천의 문제는 무엇을 해야 하는지 모르는 데 있는 것이 아니라, 하지 않는 데 있음을 지적했다. IBM을 이끌었던 루이스 거스너는 기업의 미래 비전을 거창하게 만드는 일보다 중요한 것은 '일이 수행되도록 하는 것', '진행되는 일을 올바르게 하는 것', '올바르게 하는 일을 더 잘되도록 하는 것'이고 이것이 기업 경영의 근원임을 강조했다. 기술과 비즈니스가 초연결됨에 따라 경쟁하는 기업은 비슷한 무기와 전략을 이용하여 싸우므로 결국 중요한 것은 탁월한 실행력이기 때문이다. 실행은 결과를 도출하는 유일한 과정과 방법이고 실행력은 일을 진행시키는 근본 동력이다. 아무리 좋은 생각이더라도 실행되지 않으면 좋은 의도로 남을 뿐이다. 실행만이 생각과 결과 사이를 연결할 수 있다.

실리콘밸리의 탁월한 실행 능력의 근본은 기업의 비전과 미션으로 표현되는 대담한 목표를 수립하고 모든 임직원이 이를 공유하여 그 일을 수행하는 것이다. 실행의 이유를 가슴 설레는 비전으로 승화시킴으로써 임직원 스스로 몰입과 실천할 수 있는 동기를 부여한다. 실리콘밸리의 기업들은 명확한 사업 비전과 미션이 기업을 민첩하게 운영하도록 만들며 전략적 민첩성을 확보하게 함을 간파했다. 기업에 생명력을 불어 넣는 동인은 결국 조직과 사람이다. 조직과 조직을 구성하는 사람이 어떻게 생각하고 행동하고 움직이는가에 따라 민첩성의 성과가 다르게 나타난다. 실리콘밸리는 이를 위하여 소규모 조직 구축과 레드팀 운영 원칙을 철저히 고수한다. '멍청이는 절대 사절'한다는 실리콘밸리의 엘리트주의는 조직의 인적 자원 수준을 최상급으로 유지시켰으며, 임직원들에게 소속감과 자부심을 고취하여 조직 긴장감과 민첩성을 극대화했다. 조직 비대화와 사일로 이펙트는 철저한 소규모 조직 운영으로 극복하고 있으며 목표 달성이라는 압박을 가하여 신속한 실행과 몰입, 성과 창출을 이끌고 있다.

확장할 수 있는 것만 확장하기

해야 할 가치가 있는 일이라면 잘해야 하며, 잘해야 할 가치가 있다면 대규모로 수행해야 할 이유가 있다. 애플이 10억 명의 고객을 확보하겠다는 야심 찬 계획을 수립하는 이유가 바로 여기에 있다. 애플은 가능한 많은 사용자를 만족시키고자 제품을 만든다. 애플은 디지털 기술을 모든 사람이 접근할 수 있도록 만들고 그렇게 함으로써 시장을 개척해 왔다. 람보르기니나 페라리를 판매하는 비즈니스가 아니기에 고객이 많이 선택하도록 제품과 솔루션을 구축해야 하며 관련된 마케팅 전략과 제품 전략도 확장해야 하는 것이다. 이 시점에서의 과제는 규모와 품질 그리고 정밀도의 균형을 이루는 것이다. 제품과 솔루션의 완벽한 품질과 정확성이 중요하지만, 만약 그것들이 광범위한 매력과 성장을 희생시키는 경우에는 문제가 된다. 모든 신제품과 기능은 확장성을 위해 세심하게 검토해야 한다.

지속적이고 항구적으로 기업의 성장을 추구하려면 신규 사업 발굴과 다각화를 통한 성장 가능성을 극한으로 끌어올려야 하지만, 실리콘밸리의 성공 기업은 '알렉산더 문제(The Alexander Problem)'를 이야기한다. 알렉산더 제국은 주변 국가를 초토화하며 영토를 확장했지만 그에 비례해 내실을 안정화하지 못했고 국가 역량으로 녹이지 못했다. 일시적인 호황과 매출 상승에 현혹되어 무리하게 사업을 다각화하고 기업 규모를 급격하게 확장하면 기업 생존의 불확실성이 가중된다. GE의 다우존스 퇴출은 이를 입증하는 대표적 사례이기도 한다. 사업 포트폴리오의 다각화를 추구하더라도 기업의 핵심 역량을 근간으로 삼고 기존 사업, 확장 사업, 미래 신수종 사업으로 포트폴리오를 구축해서 변화의 흐름에 따라 민첩하고 유연하게 전략을 수정하는 확장 전략을 수행해야 하고, 비즈니스 시스템적 사고로서 변화를 감지하고 맥락을 파악해야 한다. 이를 위하여 기술 지능과 비즈니스 인사이트를 확보해야 한다. 의미 있는 상호 연결성을 파악하는 고급 통찰력으로 비즈니스 기회를 창출해야 하는 것이다.

비즈니스 확장의 의미는 산업 전반을 아우르는 융복합, 초연결의 관점에서 개별적인 모든 경영 요소들을 통합하는 비즈니스 시스템적 사고방식으로 맥락을 파악하고 기술, 고객, 플랫폼, 생태계, 사회를 연결하는 비즈니스 커넥터의 역할로써 궁극적으로는 비즈니스를 확장해 기업의 이익을 창출하는 것이다.

비즈니스 확장은 단지 사업 확대를 의미하는 것이 아니다. 전략적 제휴, 인수 합병, 사업 간 통폐합, 확장을 위한 축소 및 산업 버티컬 간 유사 영역 확장, 비유사 영역 확장 등 다양한 방법으로 구현될 수 있다. 비즈니스 확장 역시 가장 중요한 인사이트는 '연결'이다. 무리한 확장이나 비즈니스의 속성을 무시한 확장은 기업 및 스타트업을 부실의 나락으로 떨어트린다. 하지만 비즈니스 시스템적 사고방식으로 연결 전략을 수립하여 초연결을 수행한 기업과 스타트업의 비즈니스 확장은 더욱 견고한 수익 구조를 만들고 경쟁자가 따라올 수 없는 초격차를 만든다.

4차 산업혁명 이후 비즈니스 및 비즈니스 모델은 항상 진화하며 연결되고 확장되는 생명체 같은 성격을 띠고 있다. 기업 내부, 기업 외부 및 심지어 경쟁 기업, 경쟁 사업, 전후방 비즈니스 및 기존의 비즈니스와 무관한 비즈니스까지 확장하고 자가 증식을 통해 진화하고 있다. 이제 비즈니스의 핵심 코어(Core)는 연결 전략(Connect Strategy)이다. 연결 전략으로 비즈니스 모델 및 플랫폼 전략을 수립한다. 또한 연결 전략은 내부 파트의 개인적 전문성, 집단 지성의 시너지를 이용하며, 비즈니스 시뮬레이션을 구동하는 원동력이다. 연결 전략은 메가 트렌드와 사회를 연결하여 주고, 비즈니스 모델과 플랫폼을 연결하며, 경영 기술과 비즈니스 시뮬레이션을 연결한다. 또한 연결 전략은 각 조직 간의 장벽을 허물고 원활한 의사소통이 가능하도록 하는 매개체. 그리고 연결 전략은 내부 파트의 결과물인 플랫폼, 비즈니스 모델, 최소존속제품과 피벗을 혁신하고 조직을 몰입시키며, 기업가 정신을 투영한 비즈니스의 성과를 칭출하여 사회적 영향력을 강화하고, 이를 환경적 트렌드로 이어나가 궁극적으로는 메가 트렌드를 만들고, 공동선에 기여하는 핵심이다. 기본적으로는 플랫폼과 고객을 연결하고, 고객과 고객을 연결시키는 전략이며, 초연결 사회에서의 비즈니스 커넥터를 생성하여 진화시키는 근본 전략이다.

연결 전략은 비즈니스 커넥터에게 생명을 불어 넣어 스스로 개선하고 변화하며 진화하도록 한다. 비즈니스 커넥터의 기본 임무는 모든 것을 연결하는 것이다. 비즈니스 기회 및 수익 창출의 기회가 있는 모든 기회에 연결하는 것이며, 향후 비즈니스 기회가 예상되는 분야를 관심의 대상으로 끌어 들이는 것이다. 비즈니스 커넥터는 플랫폼과 사용자, 공급자의 연결을 넘어 플랫폼과 플랫폼의 연결, 플랫폼과 생태계의 연결, 기술의 연결, 사회를 연결하고, 나아가 비즈니스를 수행하는 다양한 산업 버티컬을 유기적으로 연결하여 비즈니스를 확대한다.

데이터 기반 세일즈팀 구성
애플이 제시하는 마지막 교훈은 최상의 제품과 솔루션은 고객을 유인하기 위한 비싼 정장과 화려한 분위기, 미슐랭 가이드가 소개하는 근사한 식당이 필요하지 않다는 점이다. 이러한 마케팅 방식은 이제 종말을 고하고 있다. 4차 산업혁명 이후 B2B와 B2C 고객은 연결의 힘으로 더 많은 정보를 실시간으로 접하고 스스로 연구하여 제품과 솔루션을 선택할 수 있는 능력을 갖추고 있다. 큐레이팅 서비스를 포함하여 고객은 자신들이 배운 것을 바탕으로 정보를 수집하고 독립적으로 의사결정을 내리는 쪽을 선호한다. 이제 B2B 기업은 제품 개발과 데이터 중심의 판매 방식에 투자함으로써 더 많은 이익을 얻어야 한다. 데이터를 사용하여 잠재 고객을 찾고 그들이 무엇을 찾고 있는지 이해해야 한다. 모든 것을 추적하고 잠재 고객을 발굴하고 영업 파이프 라인을 통해 실시간으로 현명하게 의사결정을 내려야 하는 것이다. 데이터에 대한 강조는 고용과 교육부터 기업 전반까지 이루어져야 한다. 어떠한 상황과 시간에서도 즉각 보고서가 작성돼 각 팀과 구성원이 정확히 어떤 일을 하고 있는지 확인할 수 있어야 한다. 이러한 강조는 투명성을 배양하고 관리자들이 진행 상황, 그리고 효과가 있는 것과 그렇지 않은 것에 대해 솔직히 대화할 수 있게 해준다. 사실 사업이나 판매에서 성공하는 완벽한 비밀은 없다. 이와 같은 교훈은 대규모 소비자 대면 기업에 적용되는 것과 마찬가지로 B2B 기업에도 똑같이 적용된다.

아마존, 끝 없는 비즈니스 확장을 추구한다

아마존의 비즈니스 확장

제프 베조스가 1994년 설립한 아마존이 시가총액 1조 달러를 돌파했다. 애플에 이어 사상 두 번째 기록이며 제프 베조스는 자산 1800억 달러를 보유한 세계 제일의 부자가 되었다. 아마존은 비즈니스 확장(Business Expansion)의 선두 주자다. 수행하는 사업마다 성공을 부르는 미다스의 손(Midas Touch)을 보유한 것처럼 보인다. 아마존은 아마존 웨이(Amazon Way)라 불리는 사업 다각화 능력으로 온라인 서점부터 오프라인 유통, 아마존 고(Amazon Go) 무인 슈퍼마켓, 아마존 대시 버튼, 클라우드와 콘텐츠, 인공 지능, 음성 비서, 물류 로봇에 이르기까지 비즈니스의 전 영역에서 막대한 영향력을 행사하고 있다.

이러한 아마존의 성공 요인은 차별화된 사업화 아이디어, 실패의 중요성, 아이디어를 선별하는 독창성, 규모의 경제를 만드는 힘이다. 아마존은 성공의 이면에 존재하는 실패의 중요성을 명확히 인지하고 있다. 스마트폰인 파이어폰 비즈니스가 비록 성공하지는 못했지만, 덕분에 하드웨어 생산 및 판매 경험, 관련 생태계 및 전후방 비즈니스의 생리를 터득하였고, 이를 기반으로 인공지능 음성인식 비서인 아마존 에코를 성공적으로 런칭했다. 또 하나의 성공 비결은 신속한 비즈니스 확장이다. 초기 사업 모델은 온라인으로 책을 판매하는 것이었지만 온라인 쇼핑의 가능성을 확인한 후 신발과 의류, 전자기기 등으로 물품을 늘려 종합 전자상거래 업체로 사업을 확장했다. 수백만 개의 소기업과 소매업체, 제조사들이 자사의 사이트에서 물건을 판매할 수 있도록 지원하면서 소매 시장을 선점할 수 있었던 것이다. 베조스는 자신의 업무 대부분이 2~3년 후의 비즈니스를 추론하며 중장기 로드맵을 그리는 것이라고 말한다. 그의 전략에 맞춰 아마존의 사업은 온라인 광고, 엔터테인먼트를 넘어 리테일, 헬스케어, 로봇, 스마트홈, 차세대 물류 배송 시스템 등 비즈니스의 모든 영역으로 확대되고 있다. 광고 수입은 이미 80억 달러를 상회할 것으로 전망되며, 1억 명이 넘는 아마존 프라임 회원이 있고, 그들의 소비 패턴 데이터를 분석하는 인공지능 기술을 갖추면 민간 사업이든 정부 서비스든 개선하지 못할 영역은 없다는 자신감으로 인공지능 비즈니스를 전방위로 확대하고 있다. 또한 콘텐츠 분야에 한 해 50억 달러를 투자하고 있으며, 애플의 헬스케어 사업 진출에 대응해 금융사 JP 모건체이스, 버크셔 해서웨이와 협업하여 건강 관리 회사를 세움으로써 차세대 비즈니스를 준비하는 등 광폭 행보를 보이고 있다.

시작은 스타트업부터

제프 베조스가 작은 차고에서 아마존닷컴을 처음 시작한 것은 1995년이다. 1994년 유명 투자회사인 디이쇼(D. E. Shaw & Co)의 부사장으로 재직하던 베조스는 전자상거래 시장이 향후 10년간 매년 2~3배 기록적으로 성장할 것이라는 통계 자료를 접한 후 그 무한한 가능성에 도전하기로 하였다. 일반적인 비즈니스는 연평균 성장률(CAGR)이 10퍼센트를 넘으면 안정적이며, 20퍼센트를 넘으면 매력적인(Charming) 비즈니스라고 한다. 연평균 성장률이 200퍼센트를 넘는다는 전망을 투자 회사에서 전문 투자 컨설팅을 수행하던 제프 베조스가 결코 놓칠 리 없었다.

1994년, 당시 이미 존재하던 상위 20개의 인터넷 쇼핑몰을 검토하며 자신의 아이디어가 사업성이 있는지 검토했다. 지인 300명을 동원하여 클로즈 베타 테스트를 진행하였고, 사업 시작 3일 후 아마존은 야후의 추천 사이트 페이지에 등재되었다. 국내 예스24 인터넷 서점이 1998년 온라인 서점 웹폭스(WebFox)로 시작하여 1998년 인터넷 할인서점 다빈치, 1999년 현재의 예스24로 바꾸어 사업을 진행하였으니 아마존은 국내 인터넷 서점보다 앞선 역사를 갖고 있다. 아마존은 야후의 추천 서비스로 1만 달러 이상의 주문을 접수하였으나, 실제로 고객에게 배송된 책은 1000달러 정도의 분량이었다. 당시 아마존은 재고 및 물류 창고를 운영하지 않았으며, 고객 주문을 받은 직후 유통 업체에 주문하여 책을 입수하면 다시 고객에게 배송하는 전달 방식을 사용했기 때문이다. 이때부터 아마존의 물류 배송 시스템에 대한 고민과 연구가 집요하리만큼 이루어졌으며, 최근에는 아마존의 9세대, 10세대 물류 창고 개념인 항공 수송 센터 연구까지 진행되고 있다.

전문 투자 상담 및 직접 투자 전문가였던 제프 베조스의 경력은 벤처 캐피탈리스트들을 상대로 집중적인 투자 유치 활동을 하면서부터 빛을 발했다. 1995년 98만 달러의 투자자금을 유치하였고, 1996년 클라이너퍼킨스로부터 800만 달러를 투자받는다. 하지만 아마존은 여기서 그치지 않고 고객 확장을 도모한다. 경쟁사인 다른 웹사이트가 책을 구매할 고객을 중계해주면 수수료를 배분해주는 제휴 마케팅을 진행한 것이다. 아마존은 제휴 마케팅 덕분에 전자상거래 업계 중 최초로 회원수 1000만 명을 돌파한다. 제휴 마케팅을 통하여 단기간에 빠르게 회원수를 늘리고 이를 기반으로 규모의 경제 메커니즘을 작동시킨 것이다. 아마존은 1997년 기업공개 직후 시가총액 4억 달러를 돌파하며 IPO 신화를 만들어 냈다. 20년이 지난 현재 아마존의 시가총액은 1500억 달러로 최초 IPO 대비 400배 이상 성장했다.

오픈 마켓으로의 진화

전자상거래 플랫폼이 구축되었고, 방대한 회원수로 규모의 경제를 입증한 만큼, 서적은 하나의 콘텐츠일 뿐이다. 아마존의 비즈니스 확장은 동일 플랫폼에서 콘텐츠의 다양화부터 시작했다. 도서, 음반, DVD는 당시에도 콘텐츠의 3요소라고 불렸다. 동일한 플랫폼, 구매 프로세스, 물류 배송 시스템까지 콘텐츠 확장으로 비즈니스 확장을 추진할 수 있게 된 것이다. 아마존은 13만 장의 음반 데이터 베이스를 구축하며 음반 판매 비즈니스를 추진하였고, 영화 데이터 베이스 서비스로 유명한 IMDB를 인수하여 DVD 판매 사업을 추진한다. 원클릭 주문에 대한 특허도 출원했다. 원클릭 주문 시스템은 고객의 신용카드 정보와 배송지 주소를 미리 설정해두고 고객이 물건을 주문할 때 버튼 하나만 누르면 간편하게 결제가 이루어지는 시스템이다. 이 개념은 이후에 아마존 대시 버튼 등으로 이어진다. 아마존은 이제 인터넷 서점의 한계를 넘어 사용자가 원하는 어떠한 콘텐츠와 서비스라도 제공한다. 콘텐츠 기업, 서비스 기업으로서 플랫폼 기반의 비즈니스 확장 DNA가 기업 경영에 심어진 것이다.

아마존은 경매 사이트인 아마존 옥션을 런칭하여 이종 소매업체의 참여를 촉진하는 전략을 구사했다. 경매 사이트는 제3자 판매를 아마존 플랫폼 내부로 끌어들이기 위해 지숍(zShop)으로 변화를 주었다. 지숍은 판매자들이 아마존닷컴 내에서 자신의 매장을 운영할 수 있도록 하는 오픈 마켓 형태의 플랫폼이었다. 지숍 서비스는 이후 마켓 플레이스 서비스로 진화했다. 상인들의 물건을 아마존이 판매하는 물건과 나란히 비교하여 판매할 수 있도록 한 것이다. 한편, 아마존은 미국의 완구 업체 토이저러스와 제휴 계약을 맺어 아마존 내의 완구 카테고리를 담당하도록 했다. 상품 선별, 재고 운영, 관리는 토이저러스가 수행하며, 아마존은 온라인 기반 전자상거래 웹사이트 운영, 고객 판매 및 배송으로 업무를 구분했다. 이후 토이저러스의 재고를 아마존 물류 센터에 보관하는 거래를 추진하였다. 이 거래는 향후 아마존과 수많은 판매상 간 거래의 기본 모델로 정착되었다. 이후 아마존은 배송 서비스에 주목한다. 배송 시기에 따라 배송비를 차별화했으며, 아마존 프라임 서비스를 통하여 일정 금액의 연회비를 받고 구매한 모든 상품을 빠르게 배송하는 시스템으로 인기를 끌었다.

클라우드 시장을 개척하다

전자상거래 시장에서 성공을 거둔 아마존은 2000년대부터 또다른 비즈니스 확장을 진행하였다. 그중에서도 IT 기술 기업으로의 성장이 두드러진다. 아마존은 방대한 상품 정보를 이용할 수 있도록 데이터베이스와 서버에 대한 API를 외부에 공개하여 다른 웹사이트가 아마존의 제품과 설명 내용, 결제 시스템을 이용할 수 있도록 했다. 생태계를 확장한 것이다. 이 정책으로 AWS의 비즈니스 가능성을 확인할 수 있었다. 사업화 가능성을 판단한 아마존은 2006년 웹 서버를 시간 단위로 외부 기업에 임대해 주는 엘라스틱 컴퓨트 클라우드(EC2, Elastic Compute Cloud), 웹사이트나 개발자의 사진, 문서 등 컴퓨터 파일을 아마존 서버에 저장하게 해주는 심플 스토리지 서비스(S3, Simple Storage Service)를 시작하였다. IT 서비스를 직접 운영하기 어려운 신생 업체를 대상으로 필요한 시기에 IT 인프라를 빌려 쓰고 사용한 만큼 비용을 지불하는, IT 인프라 임대 서비스라는 개념을 사업화하여 클라우드 컴퓨팅 사업 분야에서 현재까지 글로벌 시장 1위 자리를 지키고 있다.

클라우드 컴퓨팅 기술은 물리적으로 구분된 수많은 컴퓨터와 서버, 스토리지 및 주변 장치들을 가상으로 연결하여 IT 자원 활용에 유연성을 부여한 가상화 기술이다. 물리적인 컴퓨터 자원을 데스크탑 가상화, 서버 가상화, 스토리지 및 소프트웨어 가상화를 통하여 IT 인프라가 필요한 기업에게 임대 서비스하며, 필요한 소프트웨어 역시 서비스 개념으로 필요한 시기에 필요한 만큼 사용한 후 다시 회수할 수 있는 IaaS 서비스다. 전자상거래 비즈니스를 수행해온 아마존은 사업 확장 및 취급 품목이 기하급수적으로 증가해 고성능 컴퓨터, 서버 및 저장장치, 고속 네트워크 회선 등 IT 인프라에 관한 지속적인 투자와 확장을 해야 할 필요가 생겼다. 특히 블랙 프라이데이와 추수감사절 시즌, 폭발적인 고객 접속과 이에 따른 후속 처리는 IT 인프라에 투자하지 않고는 해결하기 힘들었다. 하지만 투자에는 신중한 검토가 필요했다. 일단 구축한 IT 인프라는 되돌리기 힘들며 지속적으로 비용이 발생한다. 게다가 늘어나는 비즈니스 요구를 정확히 예측하기 힘들고, 일부 인프라는 사용조차 하지 않은 유휴 시실로 전락할 수 있기 때문이다. 최초로 클라우드의 개념을 정립한 기업은 세일즈포스닷컴이지만, 아마존 역시 20년 넘는 기업의 역사가 바로 클라우드를 위한 역사였으며 10년 이상의 연구 끝에 AWS를 소개했다는 자부심을 갖고 있다. 블랙 프라이데이와 사이버 먼데이에 사용하고 남은 컴퓨팅 자원을 활용하고자 AWS를 고안해냈다는 시중의 소문은 잘못된 것이며, 베조스와 보겔스의 지휘하에 처음부터 철저하게 계획해서 출시한 서비스라고 강조했다.

리테일, 유통 혁명의 리더

월마트는 스피드 경영으로 당시 업계 1위던 K마트와의 경쟁에서 승리했다. K마트의 물류 공급 주기를 분석하여 이들보다 두 배 빠르게 물건을 공급하겠다는 계획을 수립하여 제품 신선도를 높였고 새로운 상품을 신속하게 소개하면서 재고를 감축시켰다. 또한 월마트는 초기에 대도시에서 K마트와의 직접적인 경쟁을 피하고 상대적으로 경쟁자의 관심이 크지 않던 소규모 도시와 지방에서 비즈니스를 시작하여 기반을 닦았다.

현재 미국의 유통시장이 재편되고 있다. 오프라인 유통의 혁명을 가져왔던 월마트와 타깃이 온라인 전자상거래로 시작한 뒤 ICT 첨단 기술로 무장한 아마존을 상대로 미국 유통 시장에서 기업 생존을 걸고 이전투구를 하는 모습이다. 과거 미국 리테일 비즈니스는 암묵적으로 오프라인과 온라인의 경계를 인정하는 듯했지만, 4차 산업혁명 이후 비즈니스의 경계가 무너지고 ICT 기반의 물류, 재고 관리, 유통 기술이 발달함에 따라 아마존이 온라인 유통부터 오프라인까지 그 세력을 넓힌 것이다. 이러한 아마존의 움직임에 워렌 버핏은 오프라인 유통업의 리더였던 월마트는 이제 더 이상 사업성이 없을 것이라고 판단하고 1조 원 규모의 지분을 매도하기도 했다.

아마존에게 오프라인 리테일 마켓은 놓칠 수 없는 매력적인 비즈니스 영역이다. 미국 리테일 매출의 30퍼센트 이상이 여전히 오프라인에서 발생하기 때문이다. 프라이스워터하우스쿠퍼스(PwC)는 '리테일 트렌드 보고서'에서 오프라인 매장의 주된 품목은 식료품이며, 70퍼센트 이상의 고객이 오프라인 매장에서 식료품을 구매한다고 밝혔다. 식료품은 신선 식품이다. 온라인에서 아무리 멋진 사진으로 제품을 선보인다고 하여도 고개은 오프라인 매장에서 직접 눈으로 확인하고 선택하는 경험을 포기하고 싶어 하지 않는다. 이처럼 매력적인 시장을 아마존은 놓치고 싶지 않았다. 아마존의 오프라인 리테일 비즈니스의 첫 시도는 아마존 프레시(Amazon Fresh)였다. 중소형 냉동 탑차를 이용하여 식료품의 신선도를 유지하는 방법으로 아마존 프레시 서비스 가입 고객에게 상품을 배달하는 딜리버리 서비스를 런칭한 것이다. 6년 동안 아마존 본사가 위치한 시애틀에서 시범 사업을 실시하였고, 이후 6개

도시로 사업을 확장하였지만 오프라인 리테일 매장에서 경험하는 소비자는 아마존에 큰 관심을 부여하지 않았다.

오프라인 리테일 비즈니스의 후발주자인 아마존은 신속하게 사업 경험을 습득하고 식료품 비즈니스의 유통망을 확보하고자 유기농 식품 체인점인 홀푸드를 인수하였고 새로운 딜리버리 방식인 픽업 서비스, 커브사이드 서비스(Curbside Service)를 선보였다. 아마존의 홀푸드 인수는 미국 리테일 업계의 지각변동을 예고했다. 아마존 프레시 서비스에서 큰 재미를 보지 못하였기에 아마존의 오프라인 진출이 늦추어질 것으로 예상하던 오프라인 기업이 직격탄을 맞은 것이다. 홀푸드는 이미 400여 개의 매장과 전국적인 체인망 그리고 충성고객을 확보하고 있으며 아마존 리프레시와 직접적인 시너지를 창출할 수 있기 때문이다. 픽업 서비스는 고객이 회사나 가정에서 온라인으로 식료품을 주문한 후에 퇴근길에 주문상품을 인수해가는 O2O(Online to Offline) 서비스이며, 커브사이드 서비스는 맥도날드와 스타벅스의 드라이브 스루(Drive Through) 서비스 방식에서 영감을 얻은 서비스로 차량에서 하차하지 않고 물건을 바로 인수해갈 수 있다. 고객의 편의성과 상품 회전율을 높이고자 하는 의도를 반영한 결과다. 한편 월마트는 이러한 아마존의 움직임에 대항하여 제트닷컴을 33억 달러에 인수하여 반격을 준비하고 있는 상황이다.

아마존 고, 무인 매장의 도전

아마존의 오프라인 리테일 비즈니스로 향하는 야심은 이제

무인 매장, 무인 결제 시스템으로 확대되고 있다. '아마존 고'
브랜드로 시애틀 본사에 무인 결제, 무인 매장을 런칭했다.
아마존은 무인 계산 시스템을 저스트워크아웃(Just Walk Out,
그냥 걸어나가세요)이라고 명하고 새로운 고객 경험으로서 특
허 등록을 끝냈다. 물건을 선택한 후 단지 들고 나오는 것만
으로 쇼핑을 마치게 된다. RFID, 컴퓨터 비전, 다중 센서 처
리, 인공지능, 머신러닝 등 첨단 ICT 기술이 총망라된 점포
다. 고객은 아마존의 앱을 스마트폰에 다운받고 결제에 사용
할 신용카드를 등록한 후에 QR 코드 생성만으로 아마존 고
매장 서비스를 이용할 수 있다. 진열대에 놓인 상품을 선택
하면 카메라와 센서에서 발생된 영상과 사물인터넷 데이터가
수집되어 가상의 장바구니를 만들고, 쇼핑을 마치면 상품의
종류와 개수를 판별하여 자동으로 결제 청구를 하는 것이다.

아마존 고는 온라인과 오프라인 리테일 비즈니스를 통합하
여 장악하려는 아마존의 '오프라인을 위한 온라인 서비스'인
O4O(Online for Offline) 비즈니스 확장 전략이다. 기존 O2O
비즈니스가 온라인과 오프라인의 단순 연결을 추구한 반면,
O4O 비즈니스는 온라인 플랫폼의 경쟁력을 바탕으로 오프라
인 비즈니스를 추구하는 강화 전략이다. 현재 시애틀 본사 매
장을 포함하여 총 8개의 매장을 테스트 베드(Test Bed)로 운영
하는 아마존은 향후 3년 내에 총 3000개 이상의 점포를 개설
하고, 동시 이용자 수를 확대하는 전략을 추진할 것이다. 또
한 아마존은 아마존 고 매장의 모듈화를 추진하고 있다. 기
존 매장 크기의 25퍼센트에 해당하는 소규모 미니 점포(Popup
Store)를 마치 조립식 레고 블록 형태로 모듈화하여 장소 및

매장 크기에 대한 진입 장벽을 허물고자 시험하고 있으며 홀푸드 매장과의 연계를 지속적으로 검토하고 있다.

공유 경제의 총아인 우버 때문에 각 국의 택시 기사와 운송업체가 반발하여 상생의 해법을 찾고 있지만, 아마존의 리테일 혁명은 기존 리테일 비즈니스에 대한 빅뱅 파괴자로서 모든 것을 붕괴시키며 새로운 표준을 만드는 게임 체인저이 전형이다. 고객들은 새로운 리테일 경험에 환호하지만 전통적 리테일 비즈니스에 종사하는 물류, 유통, 판매 관리, 결제 등 노동 시장의 붕괴는 이제 현실이 되었다. 400만 명에 달하는 리테일 종사 노동자는 새로운 해법을 찾지 못하고 있다. 미국을 대표하던 샘스클럽(Sam's Club), 메이시스(Macy's), 시어스(Sears), 갭(Gap)과 바나나리퍼브릭(Banana Republic)은 오프라인 매장을 완전히 철수하겠다고 선언했다. 리테일 비즈니스 영역뿐 아니라 대규모 아웃렛 매장도 경영 위기를 직감하고 있으며 기존 유통 단계를 거치지 않는 고객 대상 직접 판매 방식(Direct to Customer)으로 선회하여 대규모 매스 브랜드에 지루함을 느끼는 젊은 세대를 새롭게 공략하고 있다. 월마트 역시 무인화와 자동 결제라는 리테일 소비자 경험 트렌드를 묵과할 수 없기에 월마트 매장에 보사노바(BossaNova) 로봇을 배치하여 매장 내 제품 안내와 재고 관리에서 새로운 경험을 선사하고 있으며, RFID, 바코드와 스마트폰을 결합한 새로운 결제 시스템을 도입했다. 중국 역시 무인화 결제 트렌드를 신속히 수용하여 ICT 기술을 적용한 신유통을 선보이고 있으며, 300개에 달하는 중국 편의점 브랜드도 팝업 스토어 형식의 무인화 점포 도입을 적극 검토하고 있다.

제품이 아닌 콘텐츠와 재미를 판매하라

아마존 킨들은 제품이 아닌 구독료로 수입을 만들기 위한 서비스 매개체다. 2007년 소개된 전자책 단말기 킨들과 전자책 구독 서비스를 출시한 후 아마존은 미국 전자책 시장 1위를 고수하고 있으며, 2011년부터는 아마존에서 판매된 전자책 수가 종이책을 넘어섰다. 아마존 킨들은 소비자의 책을 읽는 방식마저 송두리째 바꿨다는 평가를 받는다. 경쟁자 반즈앤노블, 애플, 구글 등이 아마존의 공세에 대항하여 다양한 시도를 했지만, 아마존은 월 10달러의 구독료로 100만 권 이상의 책을 무제한으로 구독할 수 있는 월정액 구독 서비스 킨들 언리미티드 서비스를 출시하여 경쟁사의 서비스를 압도했다. 아마존은 최근 엔트리 모델인 킨들 베이식과 프리미엄 모델인 킨들 페이퍼화이트4를 출시했다. 아마존은 킨들 및 시리즈 제품을 제조 원가 수준으로 판매하고 있으며, 매년 다양한 프로모션을 통하여 디바이스의 가격을 낮추고 있다. 판매를 지속할수록 손해를 감수해야 하는 상황이다. 하지만 하드웨어의 비용 손실은 수많은 사용자의 콘텐츠 구독료로 보전되고 있으며, 킨들 언리미티드 월정액 구독 서비스의 이용자 수는 지속적으로 늘고 있다.

아마존은 전자책뿐 아니라 실물 책에 대한 오프라인 구독 서비스 분야에서도 새로운 비즈니스 확장을 추진하고 있다. 그 방편으로 유아를 대상으로 종이 책 구독 서비스인 프라임 북박스 서비스를 출시했다. 12세 이하 어린이와 부모는 전자책보다 실물 도서를 더욱 선호한다는 아마존의 빅데이터 분석에서 착안한 것이다. 끝없는 아마존의 시도는 리테일 분야뿐 아니라 도서 구독 서비스에서도 빅뱅 파괴를 일으키고 있다.

아마존의 오프라인 진출 실험은 멈추기를 모르는 폭주 기관차와 같다. 창고형 서점과 북카페의 인기가 감소하는 상황에서도 빅데이터, 고객 구매 선호도 실시간 분석으로 인공지능을 적용한 신 개념의 서점, 아마존 북스를 런칭하여 새로운 고객 경험을 시험하고 있다. 아마존 고의 컨셉을 오프라인 서적 매장에 적용해 고객 경험을 확대한 것이다. 아마존 북스는 아마존 고와 유사하게 매장에 점원과 계산을 위한 캐시어가 존재하지 않는다. 아마존 북스는 오프라인 매장에서 도서 매출을 추구하지 않는다. 온라인에서 독자의 높은 평점을 얻은 유명 서적들을 공격적으로 진열하여 쇼루밍 효과를 극한으로 이용하는 것이다. 아마존 킨들 제품을 눈으로 확인하고 직접 실물을 동작해보며, 한편으로는 유명 인기 서적들을 살펴보고 실질적 구매는 온라인으로 유도하는 전략이다. 또한 아마존의 의도는 고객에게 신선한 재미를 선사하는 것이다. 도서 출판업계에서는 1만 건의 리뷰를 신규 서적이 흥행하는 여부를 밝혀줄 최소 판단 기준으로 인지한다. 아마존은 리뷰 1만 건 이상의 서적들만 따로 모아 온오프라인에서 집중 홍보하는 전략을 펼치고, 더불어 아마존 북스에서 매주 최신 리뷰를 실물 서적과 함께 소개함으로써 고객에게 업데이트의 재미를 꾸준히 선사하여 고객을 유인하고 있다.

데이터의 힘을 이용한다

아마존의 수많은 시도는 데이터의 규모와 분석 능력이 뒷받침하고 있다. 미국 전역에서 소비되는 도서 두 권 중 한 권은 아마존을 거쳐 유통된다는 통계처럼 아마존은 이미 규모의 경제를 이루었다. 창사 이래 지속적으로 누적해온 서적 판매 데이터와 고객 분석 빅데이터는 아마존의 비즈니스 확장에서 최대 무기다. 아마존은 이러한 기술을 적용하여 매주 아마존 차트를 발표하고 있다. 온오프라인 서적 판매량과 아마존 킨들, 오디오 북, 고객 평가와 고개 후기, 고객의 서적 이용 시간 등을 복잡한 평가 알고리즘을 통하여 융복합한 점수가 기준이다. 킨들을 통해 전체적인 서적 이용 시간과 페이지당 고객의 잔류 시간 등 사용자 경험을 모아 모두 데이터로 이용한다. 고객은 신간 발표 이외에도 아마존 차트의 향방을 매주 확인하면서 새로운 재미를 얻고 있다.

아마존은 지난 2014년 독특한 특허를 취득하였다. 고객이 구매 결정을 내리기 전에 상품을 발송하는 예측 배송 서비스 관련 특허다. 예측 배송은 고객의 구매 정보, 상품 정보 페이지에서의 체류 시간, 제품 평점, 상품 검색 기록, 구매 희망 리스트, 구매 확정과 반품 목록 등 아마존이 축적한 빅데이터를 분석해서 데이터 인사이트를 적용하는 새로운 기술이다. 고객의 모든 디지털 흔적은 아마존 데이터 센터에서 분류, 가공되어 구입이 예상되는 제품을 소비자의 거주지에 근접한 물류 센터로 전달한다. 이후 고객이 주문하면 즉시 배송한다. 고객이 주문한 후 상품의 수취까지 걸리는 시간을 최단으로 단축하고자 하는 아마존의 차세대 물류 시스템 혁명이다.

아마존이 빅데이터를 활용한 최고 성공 사례는 구매 추천 시스템이다. 구매 추천 시스템은 아마존의 전자상거래 서비스에서 첫 적용했던 북매치 서비스에 기반을 두고 있다. 고객에게 스스로 도서에 대한 평점을 부여하는 새로운 재미를 선사하고 아마존은 각 서적별로 데이터를 축적했다. 아마존 웹페이지의 각 항목에 대한 고객 반응, 특정 제품에 대한 고객의 구매 행태와 제품 평가 정보, 신상품 소개에 대한 고객 반응 등 모든 디지털 흔적을 누적하고 분석한 것이다. 아마존은 이 과정에서 데이터에 대한 인사이트와 고객의 패턴을 찾아내 도서 추천 서비스를 시작했다. 유사한 분류의 책을 구매한 독자 집단이 또 다른 서적에서도 구매 유사성을 표출한다는 사실도 확인했다. 아마존은 이들에게 적합한 책을 매칭 알고리즘을 이용하여 추천해 온 것이다.

아마존에 없는 상품은 지구상에 없으며 세상의 모든 것을 판매한다는 아마존에게 구매 추천 시스템은 도서에 한정되지 않았다. 도서, 음반, DVD, 장난감과 전자 제품, 영화 티켓에 이르기까지 아마존이 취급하는 모든 상품 영역에 추천 시스템을 적용했으며, 상품 간의 연관성을 새롭게 규정하고 분석하여 1대1 고객 맞춤 추천 시스템을 개발했다. 이는 현재의 개인화 큐레이팅 서비스의 원조로 알려졌다. 육아 도서를 구매한 고객 집단을 분석하여 임신, 출산, 조기 교육과 관련한 육아 장난감, 기저귀와 이유식을 연계하여 추천한다. 건강에 관련된 상품을 자주 검색하는 고객에게 건강식, 운동 기구와 운동 방법 서적, 건강 식단 맞춤형 프로그램, 영양제와 유기농 식단 프로그램을 소개한다. 아마존은 전체 매출의 40퍼센트 이상을 추천 시스템에서 발생시키고 있다. 일반적인 추천 시스템은 사용자를 기반으로 하는 추천 시스템(User Based Filtering)이다. 이는 방대한 구매 고객 데이터에서 접속 고객과 유사한 고객을 찾아내 유사 고객이 구매한 상품을 접속 고객에 추천하는 방식이다. 하지만 아마존이 특허로 등록한 추천 시스템은 A9라고 명명된 품목 기반 추천 시스템(Item to Item Collaborative Filtering)이다. 사용자 간 유사성을 발견하기보다는 고객이 구매한 상품 간의 유사성을 분석하여 최적의 추천 상품을 제시하는 방법으로 신규 고객이나 활동 정보가 많지 않은 고객에게 적합하다. 현재 넷플릭스, 타깃, 월마트 등에서도 유사한 알고리즘을 사용하고 있다.

로봇과 군집 지능, 인공지능으로 물류 혁명을 이룩한다

아마존의 집요한 비즈니스 확장은 인공지능과 물류 분야에서 혁명을 예고하고 있다. 아마존을 태동시킨 전자상거래 서비스 초창기부터 아마존의 아킬레스건은 재고와 물류 운송이었다. 전통적 물류 시스템은 고객의 주문과 이에 따른 제품 선택, 물류 처리, 배송 시스템을 철저히 구분하여 각각의 비즈니스 영역이 시장을 침투하는 것을 견제하여 왔다. 하지만 아마존에게 이러한 경계는 무의미하다. 업계의 기존 관행을 탈피하여 자체적인 물류 시스템을 개발하고 있으며, 주문 이행 센터(Fulfillment Center, FC) 개념을 수립하여 물류 센터의 역할을 상품 주문 처리, 상품 취득, 포장과 분류, 배송에 이르기까지 전 영역을 통합한 것이다. 이후 아마존은 끊임없이 물류 시스템을 연구하였으며, 특히 물류 시스템에 50억 달러 이상을 투자해 비밀리에 차세대 물류 시스템을 검토하고 새로운 실험을 시도했다. 물류 시스템에 관한 첫 가시적 성과는 물류 로봇 기업인 키바 시스템즈(Kiva Systems)를 인수한 사례다. 이제 아마존의 물류 경쟁력은 업계 최고의 수준을 넘어 새로운 물류 혁명으로 진화하고 있다.

아마존의 시도는 키바 시스템 인수에 그치지 않았다. 지속적인 비즈니스 확장에 따라 수천 대의 물류 로봇을 동시에 제어하려면 군집 지능(Swarm Intelligence) 기술이 필요했다. 스위스의 인공지능 연구소 IDSIA 출신 기업인 앤트옵티마(AntOptima)는 개미의 집단 움직임을 모델링(Ant Colony Optimization)하고 프로그램히여 물류, 생산, 스케줄링, 데이터 마이닝 등의 업무에 적용해서 효율성을 극대화할 수 있는 소프트웨어를 개발했다. 또한, 동물 각 개체가 공동의 목표 달성을 위해 협력하여 모든 집단이 지능을 갖게 되는 군집 지능을 로봇에 적용하기 위한 연구가 브뤼셀 대학의 마르코 도리고 교수팀을 중심으로 활발히 진행되고 있다. 아마존이 키바 시스템에 적용하고자 연구하는 기술이기도 한다. 군집 지능을 프로그래밍하여 상업적 목적에 이용한 사례는 평창 올림픽에서 보여준 인텔의 슈팅스타 드론 프로젝트다. 1281대의 드론이 일사분란하게 움직이며 충돌없이 정상 비행 및 군무를 펼쳤다. 인텔에 따르면 현재 1만 대까지의 드론이 동시에 비행하는 것도 가능하다고 한다. 평창 올림픽에서의 드론은 사전에 모든 경로와 수행할 동작을 프로그래밍한 상태이다. 최근 미국 DARPA(방위 고등연구 계획국)는 드론 기업들과 함께 미군과 해병대의 군사 활동에 투입할 드론과 군집 지능을 검토하기 시작하였다. 250대 이상의 드론이 특정 도시 상공을 정찰하며 군집 지능을 통하여 정찰, 첩보, 테러 진압 등의 임무를 수행하는 것이 목적이다.

아마존의 물류 시스템의 정수는 아마존의 8세대 물류 창고인 듀퐁(DuPont) 시 웨어하우스다. 축구장 50여 개 크기로 구성된 물류 시스템과 인프라로 물류 기술의 완결판을 현실에 선보였다는 평가를 받고 있다. 아마존 물류 창고에는 아마존 로봇이라 불리는 로보스토우와 키바 로봇이 협업하고 있으며 물류 창고는 2층으로 구성되어 있다. 지상층에서는 군집 지능으로 무장한 키바 로봇이 상품을 선택하여 2층에 위치한 로보스토우에게 전달하며, 로보스토우는 키바 로봇으로부터 상품을 전달받아 컨베이어이 벨트로 보낸다. 물류 창고의 컨베이어 벨트는 10킬로미터에 달하며 1000대 이상의 로봇이 2000만 건 이상의 주문 상품을 검색하고 컨베이어 벨트로 전달한다. 초당 50건 이상, 일 평균 300만 건의 주문을 처리하고 있다. 고객이 인터넷 상품을 주문 결제 클릭한 후부터 물류 센터에서 물류 선택 및 포장을 마치고 배송 트럭으로 상품이 선적되기까지 10분을 넘기지 않고 있다. 현재 아마존 로봇의 인간 대체율은 평균 4명이다. 로봇 한 대가 인간 4명의 일을 한다는 것이다. 아마존 물류 창고에서 남은 인력 1000명은 이제 제품의 포장 직전 육안 검사에 투입되었지만, 이 업무마저 지능형 영상 분석, 머신 러닝 기술 때문에 사라질 것으로 예측되고 있다.

드론은 시작일 뿐이다

아마존은 8세대 물류 시스템인 아마존 듀퐁시 웨어하우스의 후속으로 9세대, 10세대 물류 시스템에 관한 연구를 지속적으로 추진하고 있다. 최근 아마존이 출원한 특허에 의해 아마존은 무인 드론과 군집 지능을 이용하여 물품을 싣고 공중에 떠다니는 거대한 열기구형 공중 창고인 항공 수송 센터를 개발하고 있음이 드러났다. 고객의 주문에 따라 가까운 공중 창고에서 드론이 상품을 집까지 배송하는 계획도 있다. 차세대 물류 시스템의 핵심 연구 대상은 항공 물류 센터와 메가드론이다. 아마존은 이미 항공 물류 배송에 드론을 이용하고자 연구해 왔으며 그들의 노력은 특허 등록과 출원으로 나타났다. 제프 베소스는 트위터를 통하여 영국에서 드론 배송 실험이 성공했다고 발표했으며, 프라임 에어 프로젝트로 미국 내 드론 배송에 관한 다양한 시도를 병행하고 있다. 하지만 드론의 기술적 한계인 비행 시간, 배터리와 급속 충전, 배송 제품의 하중, 군집 지능을 이용한 무인 드론 제어 등은 시급히 해결해야 할 기술적인 난제이며, 미국을 위시한 전 세계의 항공 및 물류 운송 법규는 쉽사리 해결되지 않는 문제이기도 하다. 이에 대한 새로운 대안이 항공 물류 센터와 메가드론이다.

아마존이 특허를 출원한 항공 물류 센터는 공중에 다수의 대형 물류 센터를 운영하고 이를 드론 배송의 중앙 집결지로 활용하는 것이다. 아마존의 특허는 마치 SF 영화의 한 장면 같다. 고객의 주문에 따라 항공 물류 센터에 정박하고 있던 드론이 출격하고 고객이 지정한 장소로 물품을 배송하고 다시 베이스 캠프인 항공 물류 센터로 귀환하는 시나리오다. 공중에 머무는 항공 물류 센터는 거대한 우주 모선(Space mothership)이자 수많은 드론의 허브(Hub)이며 배송할 상품을 보관하는 항공 웨어하우스 역할을 수행한다. 초대형 우주선과 우주선 격납고에 안착한 수많은 작은 우주선 같은 개념이다. 하늘에 떠 있는 벌집인 것이다. 아마존의 특허에 따르면 항공 물류 센터는 지상 15킬로미터 상공에 머물며 수백 대의 드론을 동시에 수용할 수 있다. 셔틀 비행선 개념도 도입했다. 셔틀 비행선은 항공물류센터에 지속적으로 연료와 물품을 공급하는 보급병 역할을 수행하며 항공 물류 센터에서 근무할 인력을 운송할 때도 활용될 예정이다.

항공 물류 센터 특허 출원 이후 아마존은 드론을 군집으로 이용하는 메가드론 특허를 출원했다. 인텔이 슈팅스타 드론에 군집 기능을 구현하였지만 물류 배송에 사용하기에는 충분하지 않았다. 현재의 쿼드콥터 드론에 적용된 배터리 기술로는 2시간 이상 비행하기 어려우며, 물품의 하중도 5킬로그램 이내로 제한되어 있다. 드론 비행기와 드론 택시 등이 출시되었지만, 물류 배송과는 콘셉트에서 차이가 있다. 아마존의 해결책은 결국 메가드론의 개발이었다. 메가드론은 드론을 레고 블록으로 치환한 것이다. 레고 블록을 합체하면 더 크고 우수한 성능의 블록이 만들어지듯, 개별적인 드론도 합체하여 더 크고 무거운 물품을 배송할 수 있으며 필요할 때마다 소형 드론으로 분리될 수도 있다. 합체 로봇과도 같은 개념이다. 육상 물류 배송에서 항공 물류 배송에 이르기까지 아마존의 끝없는 물류 혁신에의 도전은 지금도 진행형이다.

집안으로 침투하라

아마존은 가정용 로봇에도 눈길을 돌리고 있다. 아마존이 베스타(Vesta) 프로젝트라는 이름으로 비밀리에 가정용 로봇을 개발하고 있음이 밝혀졌다. 아마존 로봇 개발팀은 이르면

2019~2020년에 가정용 로봇을 출시하기 위한 내부 프로그램을 운영 중임을 공개했다. 이 프로그램을 아마존은 아마존 로봇팀이 아닌 랩 126에 일임했다. 랩 126은 아마존에서 이미 아마존 에코, 파이어 TV, 파이어 폰을 개발해온 하드웨어 개발팀이며 최근 홈페이지를 통하여 로봇 관련 소프트웨어 엔지니어, 로보틱스, 센서 엔지니어 인력을 대대적으로 채용하고 있다. 인공지능 비서 서비스인 알렉사와 아마존 에코의 성공에 힘입어 가정 내에서 이동할 수 있는 스마트 로봇이 출시될 것이라고 예견할 수 있다.

아마존은 아마존 에코의 성공으로 수억 명의 소비자 고객 가정에 자사의 디바이스를 침투시키겠다는 야심찬 계획에 방점을 찍었다. 대화형 인공지능 서비스는 단순한 음악 재생, 날씨 알림을 넘어 아마존닷컴의 상품 주문과 가정용 조명 기기 제어 등 홈 사물인터넷 분야에서도 활용도가 증가하고 있다. 이제 아마존은 스마트 홈 시스템 비즈니스 영역도 넘보고 있다. 택배 서비스의 가장 큰 문제점은 주문 고객이 부재 중일 때의 물품 수령이다. 아마존의 집요한 고객 실험은 이 부분에까지 이루어져 아마존 키 솔루션을 출시했다. 고객이 부재 중일 때 배송 상품을 고객의 집 안까지 안심 배송을 해주는 서비스다. 아마존 키 서비스는 궁극적으로 물류 배송, 홈 시큐리티, 아마존 홈 로봇, 아마존 대시 버튼과 연결되어 고객 부재 시의 제품 수취 문제를 해결해 줄 것으로 기대되고 있다.

아마존의 홈 로봇이 출시되면 어느 ICT 기업도 획득하지 못한 홈 데이터를 실시간으로 입수하게 된다. 인공지능 비서 서비스의 한계를 넘어 이동용 로봇에 다양한 사물인터넷 센서를 결합하여 고객의 모든 디지털 흔적, 일상 생활의 기록을 축적할 수 있다. 기존 아마존 대시 버튼의 미약한 기능도 강화할 수 있다. 스마트 홈 시스템의 중심 허브가 될 가능성도 높아지고 있다. 소셜 미디어, 케이블 TV 인프라 서비스를 제공하지 않는 아마존이기 때문에 이러한 데이터 취득은 경쟁사가 엄두를 낼 수 없는 최고의 자산이 될 것이다. 그것이 아마존이 끊임없이 가정으로 침투하려는 이유가 되고 있다.

인공지능의 선두주자 알렉사

지난 2013년 개봉된 영화 〈그녀(Her)〉에서 주인공 시어도어 트윔블리는 지각 능력이 있는 운영체제 OS1을 설치한다. OS1은 사용자의 다양한 정보를 수집하고 학습하여 사용자에게 개인화된 맞춤형 인공지능 비서인 사만다를 만든다. 이에 주인공은 음성으로 사만다와 소통하고, 일상의 다양한 업무를 사만다에게 도움받는다. 일정 관리를 해주고, 이메일을 정리하며, 고민을 상담해 준다. 영화의 내용이 바로 다음 해에 현실이 되었다. 아마존은 2014년 11월 인공지능 플랫폼 알렉사(Amazon Alexa)를 선보였다. 음악 재생, 쇼핑, 스케줄 관리, 알림 기능, 위키피디아 검색을 이용할 수 있다고 했지만, 얼리 어답터를 제외한 고객의 반응은 열광적이지 않았다. 출시 초기 음성 인식률은 너무도 저조하였고, 당시 효율적으로 사용할 용처가 부족했기 때문에 애물단지였다. 하지만 최근 발표된 가트너의 자료에 의하면 인공지능 비서 스피커의 글로벌 시장은 2021년 35억 달러로 성장할 것으로 예상되고 있다. 현재 인공지능 스피커 시장은 아마존 에코와 구글의 구글홈이 점유율 92퍼센트로 선두를 차지하려는 각축을 벌이고 있다. 아마존 에코와 구글홈은 각각 3100만 대, 1400만 대의 판매량으로 시장을 양분하고 있으며, 이러한 수치는 음성 인식의 핵심 기능인 음성 인식률의 획기적 개선 덕분에 달성한 것으로 평가하고 있다. 인공지능 비시 서비스 출시 이후 머신러닝, 딥러닝과 같은 인공지능 기술이 지속적으로 적용된 것이다. 음성 인식 기술은 단어 인식에서 문장 해석, 맥락 해석 및 전후 문장을 고려한 의미 추론으로 기술이 확장되고 있으며, 클라우드 및 실시간 빅데이터 분석과 기계 학습의 고성능화로 인공지능 비서 서비스 시장은 새로운 미래 먹거리를 창출하고 있는 상황이다.

아마존과 구글은 인공지능 비서 서비스의 생태계 확장에 이전투구하고 있다. 특히 아마존은 개방형 API인 알렉사 스킬스(Alex Skills)와 알렉사 블루프린트(Alex Blueprint)를 발표하여 기업과 단체, 개인이 어떠한 제한 없이 아마존 알렉사의 기능을 추가하고 개선할 수 있도록 함으로써 협력과 연결을 유도하는 생태계 확장 전략을 추진하고 있다. 이같은 아마존의 전략 덕분에 이미 협력 업체가 3만 개가 넘는 솔루션을 제공했으며 현재도 아마존 알렉사 생태계는 무한 진화 중이다.

글로벌 ICT 업체나 국내 업체도 인공지능 비서 단말기를 경쟁적으로 출시하고 있다. 하지만 문제는 생태계 확장 방법과 그 안으로 협력 지원군을 유인할 유인책을 제시하지 못하고 있다는 점이다. 아마존과 구글은 클라우드 플랫폼, 인프라, 소프트웨어와 빅데이터 솔루션을 확보하고 있다. 특히 아마존은 알렉사 서비스를 완벽히 활용하려면 AWS 연계 및 아마존 람다(Amazon Lamda)를 사용하라고 권고하고 있다. 강제 사항은 아니지만, AWS 서비스를 이용하지 않는다면 알렉사의 기능을 전부 이용하는 데 제한이 있다. 이미 기업용 클라우드 시장을 장악하고 있는 아마존이 알렉사의 생태계를 자연스럽게 클라우드 생태계와 융복합하려는 의도를 표출한 것이다. 반면, 개발 업체, 개인의 입장에서는 기존의 클라우드 경험을 그대로 유지할 수 있기에 아마존이 구축한 생태계에서 지속적으로 머물게 되며, 굳이 전환 비용을 지출해가며 다른 생태계로의 이전을 고려하지 않게 되는 것이다.

아마존은 아마존 에코를 출시한 이후, 에코닷, 에코룩, 에코쇼, 에코플러스, 에코스팟, 에코커넥트, 에코버튼 등 에코 제품 시리즈를 선보였다. 이들 제품은 아마존이 스마트 홈을 구축하려는 의도를 현실화하는 첨병이다. 에코룩은 패션 의류 분야에 적용되고, 에코쇼는 감시용 카메라 기능으로 보안성을 강조하였으며, 에코스팟은 알람 기능과 영상 통화를 지원한다. 에코플러스는 스마트 홈에 대비한 허브를 내장한 고성능 제품이다. 아마존은 스마트 홈의 첨병들을 내세워 각자 치열한 경쟁을 통해 자가 생존하도록 실험하고 있다. 에코닷은 이제 대학교 교내 시설에도 침투했다. 세인트루이스 대학교는 학생 기숙사와 아파트의 모든 방에 에코닷을 설치했다. 학교 생활에 특화된 프로그래밍으로 교내 행사, 시설물 위치 안내, 스케줄 관리 등을 수행할 수 있으며, 아마존은 학생의 이용 패턴과 데이터를 확보하여 향후 수강 신청, 전자상거래, 학업 연계 등의 새로운 서비스를 제공할 계획이다. 이제 인공지능 비서 서비스는 자동화된 구독 서비스(Subscription Service)로 진화하고 있다. 지난 CES 전시회에서 아마존은 국내 업체인 코웨이와 함께 알렉사와 연동되는 공기 청정기를 선보였다. 공기 청정기에서 수집된 데이터를 알렉사가 음성으로 전달하여 주며, 알렉사가 허브가 되어 공기 청정기를 실질적으로 통합 제어할 수 있다. 하지만 아마존이 의도하는 비즈니스는 자동화된 구독 서비스다. 공기 청정기나 가정용 정수기 등의 제품은 주기적으로 필터를 관리해야 한다. 국내에서는 이미 렌탈 서비스 비즈니스가 활성화되어 있어 관리형 케어 서비스가 새로운 비즈니스가 아니지만, 미국 등지에서는 지리적 특성과 인건비, 고객의 교체 주기 무관심, 귀찮음 등으로 중요한 비즈니스 기회가 되고 있다. 아마존은 코웨이의 렌탈, 케어 서비스의 노하우를 획득하고, 코웨이는 아마존과 함께 아마존 DRS라는 구독 서비스를 런칭하게 되었다. 필터 등의 소모품 교체 시기에 맞추어 알렉사가 고객에게 제품의 교체 의사를 확인한 후에 아마존 대시 서비스를 이용하여 자동으로 주문하도록 하는 서비스이며 궁극적으로는 제품 판매를 넘어 서비스로의 가전 제품 판매 형태인 AaaS(Appliance as a Service)로 비즈니스 확장을 하려는 의도가 있다.

적과의 동침으로 연결하고 판을 키운다

최근 아마존과 마이크로소프트가 인공지능 비서 부문에서 협력한 사실에 업계는 경악을 금치 못했다. 양사가 인공지능 플랫폼을 완전히 공유하고 협력 개발을 진행한다는 내용이었다. 아마존은 항상 구글과 애플의 움직임이 신경 쓰였고, 마이크로소프트는 아마존과 협력함으로써 절호의 기회를 맞게 된 것이다. 양사의 협력으로 아마존의 알렉사는 마이크로소프트의 윈도우 기반 디바이스에 자유롭게 접속할 수 있으며, 마이크로소프트는 코타나를 활용하여 아마존 에코 스피커를 사용하게 되었다. 양사의 최대 약점은 스마트폰 같은 입력 장치가 없다는 것이다. 아마존 알렉사를 사용하려면 현재 상황에서 아마존 에코를 이용한 접속만이 유일한 선택이다. 현실적으로 스마트폰 제조 업체와의 협력이 어려운 상황에서 아마존은 마이크로소프트의 코타나 솔루션을 선택한 것이다. 두 회사의 합종연횡은 코나타와 알렉사의 이종 결합을 의미하며, 양쪽 디바이스에서 상호 접속과 상호 제어가 가능함을 의미한다. 스마트폰의 고성능화가 인공지능 스피커에 위협이 되고 있는 상황에서 사전 대응하고자 하는 전략적 민첩성과 유연성의 발현이다.

B2B 비즈니스는 컨설팅이다

고객 성향과 행동 분석

B2B 비즈니스는 고객 기업의 구매 센터를 파악하면서 시작된다. 구매 센터 파악은 고객과 협력하기 위한 관문(Gate)를 여는 행위다. 하지만 이 문은 어느 누구에게나 열리지 않는 알리바바의 문과 같다. 그 문을 지키고 있는 B2B 고객의 성향이 다양하고 변화무쌍하기 때문이다. B2B 비즈니스의 고객은 품질, 납기, 서비스, 가격 등의 조건 때문에 기존 공급자를 이용하려는 경향이 있다. 변화를 싫어하고 변화에 대한 책임을 지기 싫어한다. 구매 센터는 위험을 감수하면서까지 새로운 공급자를 선정하려 하지 않는다. 공급자가 공급하는 제품과 솔루션에 대해 실제로 사용하는 고객의 부서가 크게 불편해하지 않는다면, 고객은 절대로 공급자를 바꾸려 하지 않다. 또한 기존 공급자와의 오랜 기간 지속된 관계를 하루 아침에 끊을 수 없다. 전환 비용도 만만치 않은 문제다.

반대로, 공급자의 입장에서는 고객 관계를 지속적으로 유지하면 플라이휠 이펙트가 일어난다. 기존 거래 이력을 발판 삼아 추진력을 얻을 수 있기 때문이다. B2B 비즈니스의 최종 목표는 제품과 솔루션 판매가 아닌 고객의 문제를 해결해 주는 것이다. 그 과정에서 매출이 발생하고 관계가 형성된다. 프로세스로 움직이는 B2B 비즈니스지만, 고객의 성향을 파악하고 구매 센터를 분석하지 않는다면 비즈니스 기회조차 획득할 수 없다.

B2B 기업 고객의 소비자 행동을 파악하기 위한 연구 중에 현재도 자주 사용되는 모델은 엥겔~코렛–블랙웰(Engel, Kollat and Blackwell)의 '고관여 모델(High Involvement model)'이다. 엥겔-코렛–블랙웰의 소비자 행동 모델은 소비자 행동을 설명하기 위한 모델로서 4개 단계로 구성되어 있다. 첫 단계는 '정보 입력' 단계다. 이 단계에서 고객들은 다양한 마케팅 요소와 자신과 연결된 정보 채널을 이용하여 필요한 정보를 획득하며 의사결정 과정 중 '문제 인식' 단계에 영향을 미치게 된다. 고객이 특정 결정을 하지 못한 경우, 또는 예상한 기대치에 부합하지 못한 경우 외부 정보를 탐색한다. 두 번째 단계는 '정보 처리'다. 이 단계는 입력 정보에 대한 노출, 주의 집중, 인식, 정보 수용, 정보 유지의 과정으로 구성되어 있다. 고객은 다양한 정보에 노출되며, 이러한 정보를 저장할 메모리를 할당하고, 입력된 다양한 자극을 해석하며, 다양한 입력 정보를 장기 기억으로 전환하여 보관한다. 세 번째 단계는 '의사결정' 과정이다. 이 단계에서는 문제를 인식하고 대안을 검색하며, 대안을 평가하고 결과를 도출한다. 마지막은 의사결정 과정에 영향을 미치는 '변수를 파악하는' 단계다. 이 단계에서는 의사결정의 모든 단계에 영향을 미치는 개인적, 집단적, 환경적 영향 요인들을 분석한다. 고객의 가치, 동기, 경험과 만족으로 구성될 수 있으며, 사회적 영향은 문화, 준거 집단, 커뮤니티와 영향력 집단 등으로 구성된다.

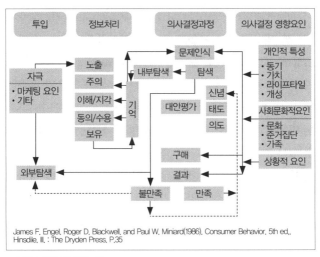

James F. Engel, Roger D. Blackwell, and Paul W. Miniard(1986), Consumer Behavior, 5th ed., Hinsdile, Ill. : The Dryden Press, P.35

소비자 행동의 EMB모델

B2B 구매 센터, 고객사의 조직도 파악

B2B 비즈니스에서 기업 고객은 다양한 영향력을 행사하는 개인과 조직으로 구성되어 있으며 이를 '구매 센터'라고 정의한다. B2B 비즈니스에서는 구매 부서, 품질 부서, 실제로 제품과 솔루션을 사용하는 부서, 프로젝트의 비용을 지불하는 부서 등 구매에서 운영에 이르기까지 전체 활동에 다양한 영향력 행사자와 의사결정자가 관여하기 때문에 최종 의사결정을 얻으려면 구매 센터를 구성하는 구성 요소 간의 이해 관계에 부합되어야 한다. B2B 비즈니스에서 구매 과정에 참여하는 개인과 집단을 통칭하여 구매 센터라고 한다. 글로벌 기업인 GE, 펠코(Pelco), 지멘스, 타이코 등에서는 구매 센터를 7가지 구성 요소로 정의하고 있으며, 이러한 정의는 대부분의 다른 기업에도 유효하게 적용되고 있다.

구매 센터를 구성하는 요소는 제안자(Initiator), 사용자(User), 영향력 행사자(Influencer), 결정자(Decider), 승인자(Approver), 구매자(Buyer), 문지기(Gate Keeper)다. B2B 비즈니스에서 구매 의사결정에 참여하는 부서는 구매, 연구개발, 재무, 영업, 마케팅, 기타 유관 부서 등으로 구분할 수 있다. 하지만 실질적인 구매 의사결정을 할 때 이들은 제안자, 사용자, 검토자, 구매자, 영향력 행사자, 결정자로서 자신의 입장을 대변한다. 제안자는 제품, 서비스를 구매하도록 요청하는 역할을 수행한다. 사용자는 제품과 서비스를 직접 사용하는 개인과 조직이다. 영향력 행사자는 연구개발, 품질 부서 등 제품, 서비스 도입 시 비교 평가를 담당하며, 의사결정 과정에서 영향력을 행사하고 대안을 평가하여 새로운 대안을 제시할 수 있다. 결정자는 최종적으로 의사결정을 하는 조직과 담당자를 의미한다. 승인자는 결정자, 구매자가 최종 행위를 수행할 수 있도록 승인하는 주체다. 구매자는 공급자를 선택하고 구매 조직을 구성하며, 제품 및 솔루션의 구체적인 명세서를 작성한다. 마지막은 문지기다. 공급자가 직접 구매 센터에 접근하지 못하도록 일종의 윈도우 퍼슨(window person), 커뮤니케이션의 창구 역할을 수행한다.

다음 단계는 고객 기업의 조직도(Company Organizational Chart)를 확보하여 구매 센터의 참여 여부와 참여 시의 역할을 파악하는 과정이다. 고객사의 홈페이지 분석, IR 리포트 활용, 직접적 질의 또는 현재 접촉하고 있는 고객사의 담당자를 통하여 정보를 얻어야 한다. 어느 고객사도 처음 접근하는 비즈니스 매니저나 프로젝트 매니저에게 자사의 조직도를 건네지 않다. 비즈니스 매니저와 프로젝트 매니저는 고객사의 가장 말단 담당자부터 신뢰를 쌓고, 커뮤니케이션 채널을 견고하게 수립하며 유지하면서 퍼즐 조각을 맞추어 구매 센터의 각 핵심 인물과 역할, 최고 의사결정자를 파악해야 하는 것이다. 고객사의 구매 센터를 확인한 후 조직도 정보를 파악하는 것은 현재 접촉하거나 커뮤니케이션하고 있는 고객 측의 담당자가 적합한지(Right Person), 구매 의사결정에 어느 정도의 영향력을 주는 사람과 조직인지, 최종 의사결정 및 의사결정에 긍정, 부정적 영향력을 제공하는 개인과 조직은 무엇인지를 알기 위함이다. 또한 최종 의사결정자는 누구인지를 파악하여, 커뮤니케이션이 단절되거나 비즈니스의 중요한 의사결정이 필요한 경우 고객사와 C-레벨(임원급 이상의 최종 의사결정 라인)과 직접 커뮤니케이션을 진행하고자 하는 의도가 있다. 글로벌 기업은 B2B 비즈니스에 MS(Merchandise Specialist), MA(Merchandise Analyst), ITC(IT Consultant) 등을 전면에 내세우지만 이들의 역할과 의사결정에 미치는 영향력, 기업 내 구매 센터와의 관계를 한 번에 파악하는 것은 불가능하다. 지속적인 접촉과 관계 형성, 고객의 문제점 인식과 신뢰 형성을 통하여 구매 센터의 문을 열고자 지속적으로 노력해야 한다.

B2B 비즈니스 고객 분석표

고객의 구매 센터를 분석한 후에는 각 구매 센터를 구성하는 제안자, 검토자, 영향력자, 승인자, 구매자, 사용자 그룹의 세부 특성을 집요하게 파악하여 불확실성에 대비해야 한다. B2B 비즈니스에서는 이를 '구매 센터 분석표(Buying Center

Analysis Charts)'라고 한다. 글로벌 기업의 B2B 비즈니스를 수행하는 비즈니스 매니저, 프로젝트 매니저는 고객사 및 고객을 만난 순간부터 비즈니스의 종결과 새로운 확장 비즈니스에 이르기까지 구매 센터 분석표를 살아 있는 생명체로 취급한다. 구매 센터 분석표에는 구매 센터를 구성하는 제안자, 검토자, 영향력자, 승인자, 구매자, 사용자를 구분해 핵심 인물(Key Person)을 파악하고, 조직도에 위치 정보를 기입한다. 구매 센터를 구성하는 구성 요소들은 구매 센터 내에서도 서로 다양한 니즈와 원츠를 가지고 있으며 상황에 따른 상이한 이해 관계를 맺고 있다. 이들의 이해 관계와 역학 관계를 파악하는 것이 고객 분석표의 첫번째 목표다. 비즈니스 매니저나 프로젝트 매니저는 구매 센터의 각 구성원에 접근하는 방법을 전략적으로 유연하게 차별화해야 한다. 또한 이들을 자사의 아군으로 전환하기 위한 핵심 성공 요소(Critical Success Factors)를 파악하고 자사에 부정적인 요인을 발생시킬 만한 장애 요소를 선별해야 하며 장애 요소마다 극복 방법을 찾아야 한다. 구매 센터 분석표는 고객에 따라서 매번 변경되고 진화될 수 있다. 결국 B2B 비즈니스는 고객의 구매 센터를 얼마나 효율적이고 정확하고 빠르게 파악하고 분석하며 지속적인 연결과 신뢰를 형성하는가에 성공 여부가 달려 있는 것이다.

제품 수명 주기 기반 B2B 비즈니스 고객 분류 5단계

　B2B 비즈니스에서는 제품수명주기(PLC, Product Life Cycle)에 기반한 고객 구분 및 대응 전략을 활용하고 있으며, 마찬

가지로 B2B 고객 기업은 혁신 집단(Innovator), 얼리 어답터(Early Adopter), 초기 다수 수용 집단(Early Majority), 후기 다수 수용 집단(Late Majority), 보수 집단(Leggards)으로 구분한다.

혁신 집단

이노베이터 성격을 띠는 B2B 고객은 신기술 적용, ICT 기술 변화 및 새로운 비즈니스 플랫폼에 관심이 높다. 신기술의 도입과 비즈니스 적용, 제반 인프라 개선과 디지털 트랜스포메이션을 대표적인 혁신으로 생각한다. B2B 비즈니스에서 중요한 관건은 결국 혁신 집단의 고객 옹호(Customer Advocacy)를 얻는 것이며 이들의 성공 사례를 다양하게 연결해 전파함으로써 얼리 어답터 집단을 조기에 유입시키고, 캐즘을 신속하게 극복하는 것이다. 자라, 풀앤베어(Pull&Bear), 버쉬카(Bershk), 마시모두티(Massimo Dutti), 스트라디 바리우스(Stradi Varius), 오이쇼(Oysho), 우테르케(Uterque) 등은 모두 스페인 의류 기업인 인디텍스(Inditex)의 SPA 브랜드다. SPA는 갭이 규정한 개념으로써 전문 소매점(Speciality retailer)과 독자 상표(Private label), 의류(Apparel)라는 의미를 융복합한 것이다. 패션 업계에서 고질적인 문제점으로 인식되어온 의류 생산 단가의 상승 문제와 막대한 글로벌 유통 비용을 효과적으로 절감하기 위하여 생산, 제조와 유통, 소매의 전 과정을 하나로 묶은 비즈니스 모델이다. SPA는 빠르게 변화하는 패션 산업과 불확실한 고객 취향에 신속하게 대응하여 지속적으로 고객의 관심을 유도하기 위한 노력이다. 또한 트렌드 조사, 제품 기획, 제조, 생산, 유통, 재고 관리를 통합하고, 다단계 유통 과정을 과감히 생략하였으며, 신속한 물류 회전으로 중저가의 자사 브랜드를 선보이는 패션 업계의 패스트웍스다.

업계에서는 인디텍스를 다양한 SPA 브랜드를 지닌 의류 회사라고 평가하지만, 인디텍스 임직원들은 자신들의 정체성을 최첨단 ICT 기업으로 규정하려 한다. SPA 비즈니스의 특성상 물류 시스템의 혁신은 기업이 생존하는 데 필요한 필수 사항이었다. 기업 설립 이후부터 지속적으로 물류 시스템을 혁신한 결과로서 주문에서 배송까지 최대 48시간 이내에 완료하는 스피드 물류를 완성한 것이다. 하지만 인디텍스의 물류 시스템 소프트웨어는 모두 마이크로소프트의 도스 운영체제를 기반으로 하고 있었다. 이를 집중 공략한 것은 애플이었다. 애플은 인디텍스의 다양한 SPA 매장, 특히 자라 매장의 각 탈의실에 아이패드를 설치하여 고객이 탈의실에서 의상을 고르고, 갈아입고, 다른 사이즈와 색상을 아이패드로 요구할 수 있도록 하였다. 당시 여러 경쟁 SPA 업체 중에서 최초로 태블릿을 이용하여 고객의 니즈와 원츠를 만족시켰다. 매장에서는 아이팟, 아이폰을 이용하여 고객 관리, 재고 파악, 본사 접속 등의 업무를 수행했다. 또한 자라는 증강현실을 이용하여 고객이 스마트폰의 카메라로 매장을 비추면, 컬렉션 의류를 착용하고 포즈를 취하는 아바타 모델 영상을 보여주고 고객 경험과 체험을 극대화하였다. 또한 인디텍스는 물류에 로봇을 투입하여 업무 자동화를 진행하고 있다. 이렇듯 이노베이터의 성격을 띠는 고객에게 첨단 기술과 솔루션으로 고객의 비즈니스 영역에서 최고 우위를 차지할 수 있도록 가치와 경험을 제공하는 것이 B2B 비즈니스의 전략적 접근 방법이다.

얼리 어답터

현대자동차는 'CES 2018 아시아' 행사에서 중국 최고의 인공지능 카메라 영상인식 기술 스타트업 회사인 딥글린트와 전략적으로 협력한다고 선언하였다. 연이어 바이두, 음악 서비스 제공 업체인 QQ 뮤직과의 파트너십을 공개했다. 바이두와의 협력은 지속적으로 관심이 증대되고 있는 자율 주행차에 대한 중국향 솔루션과 플랫폼을 신속히 확보하기 위한 현대자동차의 다각화 전략의 일환이었다. 현대자동차는 바이두의 아폴로 프로젝트에 합류함으로써 미국 인텔과 엔비디아가 주도하는 자율 주행차 플랫폼의 기술 종속을 탈피하고 중국 현지 기업과 전략적으로 제휴하겠다는 목적이 있었다.

B2B 비즈니스에서 얼리 어답터 고객은 새로운 미래를 창조하려는 혁명가적 사고방식을 갖고 있다. 고객은 새로운 가능성을 이용하여 다른 기업이 넘볼 수 없는 경쟁우위를 확보하려 한다. 근본적인 기술 혁신과 심지어 빅뱅 파괴자가 되어 이노베이터의 단계로 전환하고자 한다. 이러한 성향의 기업 고객은 적절한 예산을 확보하고 있으며, 비즈니스를 진행하려는 의지도 확고하다. 또한 CIO 및 비즈니스 참여 관계자는 얼리 어답터로서 본인들의 실적을 창출하는 데에 매우 적극적이기에 B2B 비즈니스를 수행하는 기업은 이들을 전략적 핵심 공략 대상으로 주목해야 할 것이다.

초기 다수 수용 집단, 후기 다수 수용 집단

초기 다수 수용 집단과 후기 다수 수용 집단의 성향인 기업 고객은 서로 명확하게 구분되기보다 비슷한 업종에서 서로 비즈니스 사례나 유형에 따라 입장을 바꾸기도 하는 등의 태도를 취하고 있다. 국내외 대형 백화점이 이 유형에 속하는 대표적인 B2B 비즈니스 고객이다. 미국의 경우 콜스(Kohl's), 메이시스, 시어스, 제이씨 페니(J.C. Penney) 등의 백화점 업체가 있다. 특히 콜스는 초기 다수 수용 집단의 성격을 강하게 드러낸다. 다른 업체는 콜스의 움직임을 실시간으로 살펴보며, 바로 제품과 솔루션을 실패 없이 도입하고자 하는 후기 다수 수용 집단 고객군으로 분류할 수 있다. 물론 다양한 비즈니스 사례에 따라 이들의 분류도 유동적으로 변한다. 한국의 한 중소기업이 지난 2015년 콜스에 산업용 단말기를 납품하는 계약을 성사시키면서 업계의 주목을 받았다. 장기간의 준비 끝에 콜스의 까다로운 납품 조건을 만족시킨 이 기업은 총 3만 대의 산업용 단말기를 납품했다. 콜스에서 제품을 선택할 당시 이 기업의 제품은 윈도우 운영체제를 활용할 수 있는 유일한 단말기였으며 경쟁사 단말기는 안드로이드 운영체제만 지원했다. 고객사 입장에서는 기업 전산 시스템과의 호환성이나 보안 측면에서 윈도우를 선호했지만, 당시까지는 제품이 없어서 사용하지 못했던 것이다. 이처럼 초기 다수 수용 집단 성향의 사례를 확인한 이후에, 유사 업종의 미국 내 다른 백화점들이나 국내 백화점이 후기 다수 사용 집단의 성향을 보이며 레퍼런스를 체크하고 비즈니스를 검토하여 프로젝트를 수행하는 것이다.

국내 백화점은 신세계 백화점을 필두로 롯데, 현대, AK 플라자 및 많은 업체가 존재한다. 이 중에서도 신세계 백화점은 초기 다수 수용 집단의 성향을 보이고 있다. 이러한 고객은 끊임없이 관련 제품이 나오는 마켓 리더 기업의 제품을 구입하기를 원하며 혁명보다 개선하기를 원한다. 이런 유형의 고객에게는 동종 업계의 해외 선진 업체의 레퍼런스가 가장 좋은 비즈니스 도구다. 신세계 백화점은 백화점 업계 중 가장 먼저 차세대 모바일 POS 시스템을 도입하여 IT 유통 혁신을 이루었다. 사물인터넷에 기반한 새로운 개념의 고객 반응형 백화점 구축 프로젝트의 일환으로 태블릿을 POS 용도로 도입한 것이다. 이외에도 급격한 변화 추세를 보이는 유통 트렌드에 대응하고자 옴니 채널 전략을 추구하여 고객에게 난절 없는 경험을 제공하고 있으며, 빅데이터 분석 기술 도입, CRM 재편 등 인프라 개선에도 박차를 가하고 있다.

후기 다수 수용 집단 성향인 기업 고객은 좀 더 신중한 자세를 취한다. 절대로 먼저 시작하여 다른 업체들에게 본보기가 되거나, 실패 사례가 되기를 원하지 않기 때문이다. 하지만 초기 다수 수용자 집단 성향의 기업과 항상 비교하며 이들 기업의 움직임을 살펴본 후, 위험 요소가 제거되었다고 판단하는 순간 바로 초기 다수 수용자 집단 고객이 진행한 솔루션과 제품을 도입하려고 검토한다. B2B 비즈니스에서 초기 다수 수용자 집단 고객을 공략하면서도 동시에 후기 다수 수용자 집단 고객에게 신경 써야 하는 이유다. 국내 백화점 업계를 사례로 든다면 신세계 백화점 이외의 다른 백화점과 중소형 아웃렛 등을 이러한 고객 유형으로 구분할 수 있다.

보수 집단

보수 집단 성향의 기업 고객은 B2B 비즈니스를 수행하면서 가장 경계해야 할 고객 유형이다. 신기술, 신제품, 새로운 솔루션에 대해 적개심과 거부감을 갖는 유형이다. 특히 첨단 기술이나 혁신, 개선에 대해서는 철저하게 보수적인 입장을 취한다. 이런 고객 유형은 시장의 흐름상 어쩔 수 없는 선택을 해야 하는 상황으로 유도해야 한다.

2018년 초 여신금융협회가 신용카드 가맹점의 IC 신용카드 단말기 전환 사업을 발표하였다. 2018년 7월까지 모든 IC 신용카드의 단말기를 보안 인증을 받은 단말기로 교체해야 하는 사업이었다. 이번 정책은 기존 자성띠를 두른 카드 단말기를 이용하는 카드의 위변조와 개인정보 유출, 복제 등의 금융 범죄를 예방하기 위한 목적이었다. 이러한 제도 때문에 일반 자영업자는 POS 단말기와 카드 단말기를 별도로 구매해야 했다. 하지만 개업 후 3년을 넘기지 못하는 자영업자의 비율이 80퍼센트를 넘기 때문에 단말기 교체는 쉽지 않은 상황이었다. 이러한 고객은 기존 입장이나 기존 제도를 고수한다. 그렇기 때문에 법령이나 제도가 확정되기 전에는 비즈니스를 수행하려 해도 큰 소득이 없는 것이다. 하지만, 법령이나 제도가 확정된 후에는 어쩔 수 없이 선택해야 하는 상황이 되기 때문에 B2B 비즈니스에서는 전체 비즈니스의 16퍼센트 이상을 차지하는 보수 집단 역시 무시할 수 없는 고객 후보군이다.

사용자 사용 환경 조사

미국의 대형 병원 체인에서 간호원들이 평소 업무에 사용하는 휴대폰을 바꾸는 초대형 프로젝트를 실시했다. 간호사의 기존 휴대폰을 산업용 단말기로 바꾸는 프로젝트인데, 단말기에는 간호사 사이의 긴급통화, 환자 정보 접근, 바코드 스캐닝 등 다양한 기능이 있어야 했다. 이 프로젝트를 담당한 비즈니스 매니저와 프로젝트 매니저는 우선 구매 센터를 확인했는데 최초로 자사를 접촉한 고객사의 담당자가 구매 부서였다. 구매 부서의 다양한 요구 사항을 정리하여 개발 본부에 전달하고 비즈니스를 진행했다. 주요 컨택 포인트는 초기의 구매 부서에서 IT 담당 부서로 넘어갔다.

이후 고객사 측의 IT 담당 부서와 함께 프로젝트를 진행하며, 발생한 문제점에 대응해왔으나 좀처럼 프로젝트가 잘 진행되지 못하였다. IT 부서의 요구 사항을 꾸준히 성실하게 대응했음에도 진척이 되지 않는 것이었다. 이 비즈니스를 진행한 회사는 실 사용자 집단이 병원의 간호사들이고, 그들의 목소리가 IT 구매 부서로 접수된다는 것을 알았다. 하지만, 간호사들은 새로운 제품을 모두 테스트하거나 불만을 모두 이야기할 수 없었다. 바쁜 간호사 업무 시간에 추가적으로 단말기를 사용하면서 피드백을 해야 했기 때문이다. 또한 고객사의 IT 부서도 실제 간호사의 피드백을 전부 모으고 이를 다시 프로젝트를 진행하는 회사에 100퍼센트 정확한 정보로 전달해 주지 못하였다. 고객사의 간호사에게도 신규 제품과 솔루션을 피드백해야 할 강제적 의무가 없었다.

프로젝트를 진행하는 회사는 고객사의 IT 부서를 부지런히 컨택하며 정보를 모았지만, 간호사의 실질적인 피드백을 직접 받지 못하는 것이 취약점이었다. 기존에 사용하던 제품보다 사용 중에 통화가 끊기거나 통화 잡음이 크다고 하는 이야기를 듣지 못했고 간호사들이 바쁘다 보니 단말기를 귀와 어깨 사이에 걸쳐서 사용하는 사용 환경을 제대로 이해하지 못했다. 비즈니스 매니저와 프로젝트 매니저가 직접 현장에 상주하면서 매일 실제 사용자의 피드백을 수집하지 못했다. 기능 구현의 문제도 있었다. 이러한 문제점을 제때에 해결하지 못했고, 지속적으로 문제가 발생하기도 했다. 결국 고객 업체는 프로젝트를 진행하던 회사의 독점권을 해지하고 이 프로젝트를 오픈하여 모든 다른 회사와 기업에게 비즈니스 기회를 주었다. 기존에 이 프로젝트를 진행하던 업체는 1년이 넘는 시간 동안 비즈니스의 시작부터 진행, 필드 테스트(Field Test)를 해왔지만, 결국 고객의 요구에 제대로 대응하지 못한 것이다.

구매 센터 내 사용자 인프라 조사, 고객 명확화

B2B 비즈니스에서 비즈니스 매니저나 프로젝트 매니저 들이 간과하는 사실 중 하나는 고객사의 시설, 설비, 장비 등 각종 인프라 환경이 최상의 조건일 것이라는 막연한 환상이다. 그렇기 때문에 특정 제품이나 솔루션을 공급하면서 문제없이 최고의 성능을 낼 것이라는 가정을 하게 된다. 하지만, 고객사의 인프라, 특히 구매 센터에서 사용자 그룹을 형성하는 실질 이용자들의 인프라를 조사(Infra Analysis)하는 것도 B2B 비즈니스에서 중요한 과정이다. B2B 비즈니스에서 IT 정보기술을 이용한 IT 장비와 솔루션 프로젝트가 더욱 증가하고 있다. 앞의 사례에서 고객은 미국의 초대형 기업 계열사였다. 그렇기 때문에 비즈니스 매니저나 프로젝트 매니저는 막연하게 고객의 인프라가 최상일 것이라 예상했다. 고객사에 공급하기로 한 제품은 이미 여러 다른 프로젝트들을 통하여 제품 품질이 검증된 상태였다. 하지만 이 제품을 고객사인 특정 병원에 실제로 공급하여 파일럿 테스트(Pilot Test)를 하는 과정에서 수많은 문제점이 발생한 것이다.

문제의 원인은 고객사의 무선 랜(WLAN) 구축 상황이었다. 이 프로젝트를 진행하는 비즈니스 매니저, 프로젝트 매니저 모두 고객사의 WLAN 구축 인프라를 제대로 조사하지 않은 것이다. 이러한 경우 고객사의 IT 팀과 담당자에게 WLAN, AP에 대한 플로어맵(Floor Map) 등 모든 정보를 제공 받아 이를 자체 검증했어야 했다. 글로벌 기업이 IT B2B 비즈니스를 할 때는 고객의 사용 환경을 조사하면서 특히 고객사의 무선 랜 환경 분석에 혼신을 다한다. 주로 와이 스파이(Wi-SPY) 또는 에어마그넷(AirMagnet)과 같은 기업용 전문 와이파이 분석 프로그램을 이용하여 고객사의 환경에 문제가 될 만한 소지와 무선 랜 접속 환경이 취약한 지역이 있는지, 신호 감도는 일정 수준 이상인지, 개별 AP 등은 모두 정상 작동하는지, 무선 랜 서비스가 되지 않는 음영 지역은 없는지, 특정 시간에 과도한 트래픽이 발생하지는 않는지 등을 모두 조사한다. 이 결과를 토대로 고객사의 IT 부서와 협의하여 인프라 개선 가능성을 사전에 점검해야 한다.

　　초기에 구매 센터 내의 실 사용자 파악과 실 사용자의 제품 사용 분석(Use case Analysis) 및 생생한 피드백 입수에 실패한 것이고, 제품의 신뢰성 및 품질에 대해 IT 부서를 만족시키지 못하였으며, 현지에 비즈니스 매니저, 프로젝트 매니저 등이 상주하지 않음으로써 긴밀한 커뮤니케이션 채널도 수립하지 못한 것이다. 의사결정자만 집중 공략하다가 실 사용자인 간호사 그룹을 대표하는 담당자를 만나지 못한 것도 실패의 큰 원인이었다. 과거의 B2B 비즈니스에서는 구매 센터를 파악하고 핵심 공략 대상이 구매 부서인지, IT 부서인지, 실제 사용자 그룹인지 등을 파악하여 핵심 공략 대상을 타깃으로 비즈니스를 수행해 왔다. 하지만 현재의 B2B 비즈니스에서는 구매 센터의 모든 해당 부서가 공략 대상이 되어야 하며, 구매 센터를 넘어 고객 기업의 고객도 공략 대상으로 삼아야 한다. 고객 기업이 제품과 솔루션, 인프라를 도입함으로써 고객의 고객에게 어떠한 가치와 혜택을 제공할 수 있는지 역시 함께 제안해야 한다는 뜻이다.

기브 앤 테이크

애덤 그랜트는 『기브 앤 테이크(Give and Take)』에서 타인을 위한 배려, 양보와 헌신의 행위가 성공을 이끄는 요인임을 사례와 통계 데이터로 제시하여 큰 반향을 불러 일으켰다. B2B 비즈니스에서도 동일한 논리가 적용된다. B2B 비즈니스를 수행하면서 비즈니스 매니저와 프로젝트 매니저에게는 항상 주는 역할을 하라고 강조한다. 애플의 전직 에반젤리스트 가이 가와사키 역시 고객을 만나면 고객을 어떻게 도울 수 있을지 항상 자문해보라고 했다. B2B 고객은 자신에게 접근하는 수많은 업체의 비즈니스 매니저, 프로젝트 매니저들을 만나면서 그들이 도움을 주는 기버(Giver)인지, 정보만 집요하게 요구하는 테이커(Taker)인지를 구분한다. 비즈니스 매니저나 프로젝트 매니저가 테이커 역할만 하는 것으로 판단되면 더 이상 진실된 커뮤니케이션이 이루어지지 않는다. 고객은 이제 다른 업체를 찾는다는 말이다. 많은 비즈니스 매니저나 프로젝트 매니저가 이러한 부분에 어려움을 호소한다. 고객을 만나며 기버가 되라고 하지만, 실질적으로 비즈니스 매니저와 프로젝트 매니저도 필요한 것을 얻어야 비즈니스가 성사되기 때문이다. 또한 비즈니스의 상황에 따라서 고객의 구매 센터 각 조직에 주어야 하는 정보가 있고 건네지 말아야 할 정보가 있다. 반드시 얻어내야 하는 정보도 고객 구매 센터의 조직 및 담당자에 따라 달라진다. 그래서 글로벌 기업은 B2B 비즈니스를 수행할 때 반드시 고객 구매 센터와 고객의 고객에 어떻게 대응할지 기브 앤 테이크 차트(Give and Take Chart)를 만들어 명시할 것을 강제하고 있다.

기브 앤 테이크 차트는 고객의 구매 의사결정에 영향을 주는 고객 센터의 각 담당자와 고객의 고객에게 어떤 가치를 제공할지 규정해 놓은 것이다. B2B 비즈니스에서는 이러한 기브 앤 테이크 전략을 효율적으로 사용해야만 경쟁사를 이기고 고객의 마음을 잡을 수 있다. 동일한 제품과 솔루션이라도 고객 구매 센터의 IT 담당자, 구매 책임자, 실질적인 사용자 가 및 CIO, CFO 등의 생각이 모두 다르기 때문에 이들이 원하는 원츠와 니즈에 맞춘 맞춤 전략이 필요하다. IT 담당자에게는 기존의 인프라와의 호환성, 향후의 지속적인 성능 업그레이드, 유지 보수의 편리성을 강조해야 하고, 구매 책임자에게는 안정적인 공급망 관리와 납기, 구매 가격 등에 혜택이 있다고 제시해야 한다. 실제 사용자에게는 신규 제품과 솔루션이 사용하기 쉬우며 교육을 해준다고 약속해야 한다. CIO, CFO 등에게는 이러한 제품과 솔루션이 고객 기업과 고객 기업의 고객에게 어떠한 가치를 제공하는지를 명시해주어야 하는 것이다. 고객 구매 센터에서 아무리 작은 역할을 담당하는 부서라도 그들의 니즈와 원츠를 만족시키지 못한다면, B2B 비즈니스에서는 반대 세력으로 탈바꿈하기 때문이다. 결국은 밀고 당기기다. 초반에 모든 것을 제공한다면 이후에는 더 이상 제공할 것이 없기 때문에 고객과 경쟁사에 모든 작전을 노출하는 꼴이된다. 유능한 B2B 비즈니스 매니저와 프로젝트 매니저는 기브 앤 테이크 차트를 만들어 놓고, 모든 항목에 우선순위를 부여한다. 우선순위에 따라, 비즈니스 상황에 따라 기브와 테이크 요소를 적절하게 조절하는 것이다.

B2B 비즈니스는 컨설팅이다

한 기업이 축구 경기장이나 야구장 같은 대형 스포츠 시설, 공항 같은 국가 인프라 시설의 통합 보안시스템 구축 프로젝트에 참여하였다. 최근 빌딩관리시스템(BMS, Building Management System)에도 사물인터넷과 센서, 네트워크 카메라, 인공지능, 클라우드, 빅데이터가 결합되어 실시간 통합 보안이 추진되고 있다. 해당 과제 역시 네트워크 기능을 지원하기 때문에 고객이 의뢰한 스타디움의 와이파이 환경을 직접 조사하였다. 이에 너무 낙후한 AP를 교체하라고 제안하였고, 시스코에 연락해 공동으로 인프라를 교체하자는 고객 제안을 진행했다. 이에 따른 고객의 추가 비용 부담을 함께 점검하며, 오히려 감시용 카메라의 마진을 줄여 프로젝트를 진행하였다. 직접 스타디움 근처에 워룸(War Room, 현장에서 상주하며 프로젝트를 진행하는 팀, 그룹)을 운영하며, 카메라의 화각, 감시 거리, 최적의 카메라 설치 대수 등을 계산하여 고객의 전체 예산 범위 내에서 카메라 설치와 무선 인프라 교체 비용을 감당할 수 있도록 한 것이다. 실제로 이 프로젝트는 고객사의 경기장 내의 무선 인프라 환경이 개선되지 않는다면 성공하기 어려웠다. 설치하려는 감시용 카메라 및 각종 사물인터넷 센서, 클라우드로의 데이터 전송, 빅데이터 분석 등 모두 무선 네트워크로 연결되어야 했기 때문이다.

이후에 알려진 사실이지만, 이 업체는 프로젝트를 진행하면서 고객사와 커뮤니케이션하다가 스타디움 내의 식음료 매장 중에 결제 단말기가 필요한 곳이 있다는 것을 인지하여 고객사를 대신하여 결제 단말기 제조 업체를 프로젝트에 끌어 늘이는 컨설팅까지 수행하였다. 자신의 매출에는 영향이 없지만, 고객의 문제점을 듣고 컨설턴트 역할을 수행함으로써 고객과의 신뢰를 강화했다. 고객에게 이 업체는 자신들의 비즈니스 분야뿐만 아니라, 다양한 버티컬 솔루션 업체들과 긴밀하게 연결되어 있다는 강한 신뢰감을 준 것이다. 현재의 B2B 비즈니스는 고객의 문제점 해결 수준을 넘어 컨설턴트의 역할을 요구한다. 자사의 전문 분야가 아니더라도, 고객의 입장에서 제품과 솔루션, 해당 업체를 찾는 과정을 같이 해 나가야 한다. 고객이 원하는 수준 이상을 제공함으로써(Give), 궁극적으로는 자사가 원하는 프로젝트의 성공 그리고 프로젝트 성공 이후 확장 영업, 파생 상품 및 솔루션의 제공을 목표로 하는(Take) 고도의 B2B 비즈니스 전략이며 4차 산업혁명 시대의 초연결과 융복합 비즈니스인 것이다.

B2B 비즈니스에서 자주 언급하는 법칙 중 하나가 마이클 레빈의 '깨진 유리창 법칙(Broken Window Theory)'이다. 고객이 겪은 한 번의 불쾌한 경험, 제품과 솔루션에 대한 작은 불만족, 말만 앞세우는 공급사의 비즈니스 매니저와 프로젝트 매니저, 이러한 사소한 실수가 결국은 B2B 비즈니스에서 고객의 앞날을 좌지우지 한다. 마이클 레빈이 언급한 콜라 전쟁은 지금도 많은 MBA 과정에서 사례로 이용되고 있다. 업

계 선두를 달리던 코카콜라는 후발 주자인 펩시 콜라와 차별화하고 새로운 고객 가치 경험을 추구하고자 주력 상품을 신제품인 뉴 코크로 대체하는 프로젝트를 추진했다. 하지만 뉴 코크 런칭은 그동안 코카콜라의 충성 고객 집단이던 코크 피플에게는 너무나 낯선 경험이었으며, 이들에게는 그동안 지속된 경험의 단절을 의미하는 것이었다. 코카콜라 특유의 탄산이 줄어들었으며 너무도 달짝지근한 맛에 고객들은 경악했다. 100년간 이어져온 맛을 버리는 경험을 수용할 수 없었던 것이다. 50만 건이 넘는 고객 탄원이 모였고 결국 코카콜라는 코크 클래식이라는 브랜드로 기존 코카콜라를 계속 생산하기로 했다. 고객 경험을 깨트린, 깨진 유리창 법칙의 전형이었다. B2B 비즈니스에도 고객제일주의 경영 원칙이 내재되어 있다. 고객은 기업의 생존권을 쥐고 있는 유일한 보스다. 코카 콜라의 뉴 코크 사례는 고객의 기대를 사전에 예측, 검증하지 못한 상황에서의 자의적 판단에 기인한 것이다. B2B 비즈니스에서도 꾸준한 고객 검증과 이에 따른 기업의 신속한 방향 전환과 전략 수정이 가능해야 한다. 즉, 전략적 유연성과 민첩성을 요구하고 있다. 더 이상 영원한 충성 고객은 존재하지 않는다는 사실을 주지해야 한다. 기브 앤 테이크 차트의 최종 목표는 고객사와 공급사가 서로 윈-윈하는 것이고 그 과정은 협상의 반복이다. 미국의 대통령들을 코칭해온 짐 토머스는 협상의 키워드로 '양보'를 강조하지만 최종 수단은 기브 앤 테이크이며, 최종 목적지는 양사가 서로 윈윈하는 합의점에 도달하는 것이다.

B2B 비즈니스를 진행할 때는 다양한 고객 반응을 접하게 된다. 고객사가 내부적으로 새로운 제품과 솔루션을 검토하

여 미래를 대비하고자 하는 계획을 수립하는 단계에서 다양한 제품, 솔루션 업체를 수배하는 과정일 수 있다. 고객사에 현재 긴급한 문제가 발생하여 이를 해결하려고 업체를 찾는 것일 수도 있다. 일부 고객사는 이미 제품, 솔루션 공급 업체를 선정해 두고 구색을 맞추려고 다른 고객사를 참여시켜 들러리를 만들기도 한다. 1차 공급자를 선정한 후에 일종의 보험 용도로 2자 공급자를 후보군에 넣어두는 것이나. 공급사의 제안에 전혀 무관심한 고객사도 많다. 이러한 B2B 고객 유형은 초기 접촉부터 명백하게 드러나지 않는다. 결국 비즈니스 매니저와 프로젝트 매니저가 끊임없이 고객과 커뮤니케이션하면서 조각 정보를 모으고, 이를 꿰 맞추어 나가면서 판단해야 한다.

B2B 비즈니스 연결 전략,
인바운드 전략, 인플루언서

외부 환경 분석

기업이 B2B 비즈니스를 수행할 때는 기업 내부적으로 기술력, 인력 수준, 자금력, 경영 관리 능력 등을 판단하고, 정치, 경제, 사회, 문화적 요인 등 외부적인 요소를 검토하여 어떤 비즈니스 영역으로 진출할지 여부를 결정한다. 기업을 둘러싼 내외부의 환경을 파악하여 위험을 최소화하고, 시장의 기회 요인을 확인하여 전략적으로 최적의 선택을 해야만 사업에 성공할 수 있기 때문이다. 특히 외부 환경 분석은 기업을 둘러싼 모든 외적 요인을 분석하여 변화를 예측하고, 새로운 기회와 위험 요소를 발견하며, 핵심 성공 요인을 파악함으로써 궁극적으로 경쟁에서 이기고자 하는 과정이다. 외부 환경 분석은 거시 환경 분석, 산업 환경 분석, 경쟁사, 고객 분석의 순서로 진행되며 기회와 위협 요인의 원인과 예측되는 결과를 파악한다.

트렌드는 변한다. 제품의 원가도 시기에 따라 달라진다. 고객도 항상 같은 마음을 가지고 있지 않다. 이러한 복합적인 요인이 전략 수립의 전체 과정에 영향을 미치게 된다.

거시 환경 분석은 장기적인 관점에서 사건의 추세 및 변화 가능성을 예측하고 영향을 평가하는 분석 방법이다. 정치적 환경, 경제적 환경, 사회 문화적 환경, 기술적 환경 등이 거시 환경 분석에 포함된다. 거시 환경 분석의 목적은 미래의 환경 변화를 예측하여 기회, 위협 요인을 사전에 발견하는 것이다. 중장기적 미래 환경을 예측하지 않고는 기회와 위협을 파악하는 것이 불가능하기 때문이다. 또다른 이유는 미래에 사업에서 성공하는 데 필요한 핵심 요소를 찾아 투자하기 위함이다. 특정 기업이 전문학적인 액수로 특성 사업에 투자하는 행위 역시 핵심 성공 요소를 찾는 과정이다. 거시 환경을 분석하는 대표적인 방법은 PEST 분석 프레임워크다. PEST 분석으로 거시적 산업 환경의 영향 요소를 도출할 때는 MECE 방식에 의거하여 누락이나 중복이 없어야 하며 이렇게 분석된 정보는 전략적 의사결정의 중요한 도구로 이용한다.

거시 환경 분석 중 '정치적 환경'은 바로 법적 규제와 관련된 환경을 의미하며, 법률이나 정부 정책, 이익 단체에 영향을 받는다. 특정 산업에 대한 정부의 규제나 지침, 소비자 보호법, 국가 간의 반덤핑 제재 등이 정치적 환경으로서 기업에 영향을 주는 요인이다. 공유 경제 개념을 만들어 새로운 빅뱅 파괴자를 자처하는 에어비앤비와 LA 호텔 업계의 치열한 로비 전쟁이 대표적 사례다. LA 시 당국의 숙박업 법률 개정에 즈음하여 전통적인 숙박업 비즈니스 영역을 수성하려는 호텔 업계와 규제 철폐를 주장하는 에어비앤비가 생존을 위한 이전투구 양상을 보였다. 에어비앤비 본사가 위치한 샌프란시스코는 에어비앤비의 손을 들어 주었고, 뉴욕은 호텔 업계의 기존 비즈니스 영역을 인정했다. 국내에서는 이미 우버의 사업 철수가 있었고, 카카오 카풀 서비스는 택시 업계와의 극심한 갈등을 겪었다.

거시 환경 분석 중 '경제적 환경'은 글로벌화로 여러 경제적 지표가 끊임없이 변화하고 영향을 주고 받는 것이다. 경제적 환경 요인을 검토할 때는 장기 경제 전망, 국제 경제 동향, 시장 경제 추이를 살펴본다. 장기 경제 전망으로는 경제 성장률, 이자율, 물가 상승률이 있다. 국제 경제 동향으로는 환율, 교역 규모, 원유 가격 동향 등이 있으며, 시장 경제 추이에는 주식이나 선물 시장이 포함된다.

사회 문화적 환경은 고객의 라이프 스타일, 유행, 트렌드와 같은 빠른 변화를 이야기한다. 빨리, 정확히 라이프 스타일의 변화를 읽어내고 미래를 예측하는 것이 성공의 관건이라고 할 수 있다. 사회 문화적 환경 중에서는 특히 인구 통계적 환경이 중요하다. 이는 시장 규모를 결정하고 시장의 수명을 판단하는 기초 자료가 된다. 연령, 성별, 주거지 등의 기본 자료부터 선호 차량, 라이프 스타일, 주거래 은행 같은 구체적인 자료까지 포함된다. 새로운 기술과 기기의 등장은 고객의 생활, 삶의 패턴에 큰 영향을 준다. 기술적 환경은 현재의 인간 생활에 가장 큰 영향을 미치는 요소로서 신제품 개발이나 혁신, 관련 특허 등과 관련이 있다. 기업에게는 새로운 시장 진입의 기회가 되고 고객에게는 새로운 선택의 기회가 주어지는 것이다. PEST 분석 이후에는 반드시 각 요인별로 기회와 위협 요소를 분석하여 기업에 필요한 외부 거시 환경을 완성한다.

B2B 비즈니스의 연결 전략

불확실성이 증가하는 초연결 사회에서 B2B 기업의 비즈니스 생존 전략은 연결(Connectivity)이다. 인간과 인간, 기기와 사물이 네트워크를 매개체로 유기적 소통이 가능하게 되었으며, 새로운 가치와 혁신의 창출이 가능해지는 사회가 이미 우리의 현실이 되었기 때문이다. 연결 전략을 비즈니스에 적용한 페이스북의 창업자 마크 저커버그는 고등학교 재학 시절 음악을 추천해주는 프로그램인 시냅스를 윈앰프의 플러그인으로 연결하여 일약 스타로 떠올랐다. 하버드 대학에 진학한 후에는 하버드가 다른 대학들과는 달리 학생들의 신상 정보를 제공하지 않는 것에 반기를 들고 대학의 전산망을 해킹하여 학생들의 정보를 획득하였고, 이를 기반으로 페이스북의 전신인 페이스매쉬를 만들어 학생들이 등록한 사진을 보고 친구를 선택할 수 있도록 했다. 이러한 디렉토리 서비스 제공으로 학생이 급격히 유입되는 것을 확인한 저커버그는 2004년 공식적으로 페이스북 서비스를 오픈하였고, 2005년 실리콘밸리에 입성하여 성공 가도를 달렸다. 페이스북 이전에도 마이스페이스, 프렌드스터 등 소셜 네트워크 서비스가 있었지만, 페이스북의 성공은 뉴스피드(News Feed)로 알려진 '연결'에 있었다. 뉴스피드를 통하여 친구들의 소식을 자동으로 연결하여 주는 것이다. 일일이 친구들이 만든 페이지를 방문하여 확인할 필요가 없다. 페이스북은 사람들의 연결 및 소통 요구의 심리를 비즈니스로 연결한 것이다.

1997년 150만명의 관객을 동원한 영화 〈접속〉은 사랑의 열병을 앓고 있는 주인공들이 PC 통신에 접속하여 연결돼 서로의 아픔을 치료하고 동질감을 갖게 되는 과정을 이야기했었다. 작게는 두 주인공의 연결과 이들을 연결시켜준 PC통신이지만, 영화 자체를 비즈니스 측면에서 본다면 관객들을 그 당시 PC통신 문화에 연결함으로써 공감을 일으켜 마치 페이스북의 좋아요 버튼을 누르듯이 만든 것이다. 1990년대 인기를 끌던 PC 통신 서비스 하이텔, 천리안, 나우누리, 유니텔은 물론 대한민국을 동창회 열풍으로 이끈 아이러브스쿨부터 인터넷 포털 커뮤니티 서비스인 카페, 블로그, 메신저 서비스 카카오톡, 라인, 파워 블로거, 기업과 고객을 연결하는 프로슈머와 포커스 그룹, 콘텐츠를 생성하여 새로운 가치를 전달하는 파워 유튜버와 이에 연결된 팔로어에 이르기까지 비즈니스를 구성하는 플랫폼의 형태는 다르지만, 비즈니스의 핵심은 연결이었다.

유튜브 스타들은 게임, 패션, 화장, 인생 조언 등 소셜 네트워크 틈새시장에서 수백만 명의 팔로워를 거느리고 수십억 건의 리뷰를 만들어 낸다. 국내만 해도 초통령 허팝, 대도서관, 뮤직 유튜버 Raon Lee, 먹방계의 신사 밴쯔, 양띵, 도티TV, 영국 남자, Pony Makeup, JFlaMusic, JwcFree 등 다수의 유튜브 스타들이 활동하고 있다. 로레알은 온라인 메이크업 강사로 최고의 인기를 구사하는 미셸 판과 파트너십을 체결하고 그녀의 이름을 브랜딩한 제품을 출시해 트렌드를 선도하는 기업 이미지를 확보하였다. C세대는 페이스북, 트위터 등 소셜 미디어를 통해 브랜드와 소통하기를 원하기 때문에 자신의 의견이 상품과 마케팅 전반에 적극 반영되기를 바라고 있다. 초연결 사회의 비즈니스는 이처럼 C세대의 소비 패턴과 디지털 흔적에 따라 빅데이터 분석을 해서 소비자의 행동과 소비 특성의 이해, 소비자를 유도할 수 있는 스토리 구성, 인터넷 공간과 미디어 활용 방안 수립, 플랫폼을 기반으로 하는 생태계 구축, 신속한 서비스 체계 확립 등을 해야만 성공적으로 이루어질 수 있다.

B2B 비즈니스의 인바운드 전략

B2B 비즈니스의 핵심 전략은 고객 연결성의 확보와 고객 유지다. 고객 연결성을 확보하려고 글로벌 ICT 기업과 실리콘밸리 기업은 비즈니스 인바운드 전략(Inbound Strategy)를 편친다. 오늘날 고객은 놀랄 만큼 현명하다. 인터넷 검색과 커뮤니티, 파워 블로거와 프로슈머를 통한 정보 획득 덕분에 상품과 솔루션에 대한 지식으로 무장하고 있다. 이제 고객 연결성은 과거의 전통적 마케팅 방식과 디지털 마케팅을 뛰어넘어 가치 있는 콘텐츠를 제공하고 고객 경험을 생산해야만 확보 가능하다. 비즈니스 커넥터의 소켓을 아웃바운드에서 인바운드로 돌려 놓아야 한다. 인바운드는 고객이 적극적으로 기업의 제품과 솔루션, 플랫폼에 참여하는 전략이다.

4차 산업혁명 이후, 전통적 제조업, 글로벌 ICT 기업 및 유니콘 기업의 인바운드 전략의 핵심은 경쟁력 있는 콘텐츠와 플랫폼, 그리고 연결 전략이다.

기업에서 빅데이터 솔루션과 인프라를 구축하고자 한다면, 가장 먼저 글로벌 플레이어의 시장 점유율을 확인하여 최상위권에 포진한 기업인 IBM, SAP, 오라클, HPE, 팔란티어,

스플런크, 액센츄어, 델 EMC, 테라데이터, 마이크로소프트 등의 업체를 최우선으로 검토할 것이다. 이들의 콘텐츠는 그만큼 경쟁력이 있고, 검증이 되었으며, 이미 고객에게 신뢰를 주고 있기 때문이다.

일본의 로봇 기업 화낙(FANUC)은 금속 절삭, 로봇 분야의 글로벌 선두 업체다. 애플과 삼성은 스마트폰의 금형, 절삭 가공에 화낙의 자동화 기기를 이용하고 있다. 1972년 이나바 세이우에몬이 설립하여 CNC 시스템과 응용 제품을 제조하고 있으며, 현재 매출액 4천억 엔, 영업이익이 1천억 엔을 넘는 초대형 로봇 제조 기업이기도 한다. 테슬라의 엘론 머스크도 직접 화낙을 방문하여 제조업용 로봇과 관련 플랫폼을 확인하고, 도입 후의 확장성까지 검토하였다.

블루버드는 1995년 설립된 산업용 PDA 단말기 제조 업체다. 단순한 산업용 PDA가 아닌 고성능이 요구되는 하이엔드 모바일 제품에 집중하고 있으며, 시장 점유율은 미국 제브라 테크놀로지, 허니웰에 이은 3위를 기록하고 있다. 글로벌 3대 SPA로 꼽히는 자라, H&M, 유니클로에 제품을 납품하고 있다. 특히 자라와는 사물인터넷 솔루션에 대한 기술적 협력도 진행하는 중이다. 유니클로는 일본 이외의 국가에서는 전부 블루버드 제품을 사용 중이며, 독일 항공사인 루프트한자와 스위스 연방 철도청도 모두 블루버드의 고객사다. 글로벌 대표 물류 회사인 DHL, 오스트리아 우정국 등도 블루버드 제품을 사용 중이다.

경쟁력 있는 콘텐츠의 제공은 인바운드 전략을 스스로 진화시키고 확장한다. 경쟁력 있는 하드웨어와 소프트웨어, 업계 최고의 MDM(Mobile Device Management) 소프트웨어와의 호환성(Interoperability)를 제공하여 인정을 받게 되자 SPA 업계 2위, 3위 업체인 H&M, 유니클로가 인바운드 전략에 의하여 스스로 블루버드를 찾아왔다. 이러한 전략은 조나 버거(Jonah Berger) 교수가 『컨테이저스(Contagious)』에서 강조한 전략적 입소문의 효과, 바이럴 마케팅, 입소문 전략의 전형이다. 비즈니스 인바운드 전략은 넥스트 비즈니스 확장을 유발할 수 있디. 블루미드는 자라와 성공석으로 프로젝트를 추진한 이후 사물인터넷 솔루션을 협업하여 되어 비즈니스 확장이 가능해졌으며, 이는 연쇄적으로 다른 SPA 업체인 H&M, 유니크로 및 유사 버티컬에 속한 기업에게도 전략적 입소문의 효과를 유발하는 연쇄 효과(Chain Reaction)을 불러일으켰다.

아마존은 생활 용품이 필요할 때마다 단지 대시 버튼(Amazon Dash Button)을 누름으로써 주문, 결제, 배송까지 이루어지는 원클릭 주문 시스템으로 소비자와 연결했다. 현재 500여 품목이 넘는 생필품이 대시 버튼에 연결되어 있다. 이제까지의 복잡한 결제 방식을 벗어나 최초 설정(Set It), 주문(Press It), 상품 획득(Get It)의 3단계 간편 결제를 구현했으며, 이후 제품이 필요하면 대시 버튼을 클릭하면 된다. 원클릭 방식으로 연결의 단계를 단축해 편리한 연결성을 고객에게 제공한 것이다. 여기에는 반복 구매가 필요한 생필품을 대상으로 소비자의 구매, 사용 패턴 데이터를 충분히 축적하려는 아마존의 의도가 녹아 있다. 이렇게 획득된 데이터로 아마존은 고객의 구매 제품의 품목과 주기를 예측, 추론할 수 있으며, 이를 기반으로 고객에게 최적의 상품을 추천할 수 있게 되었고, 데이터를 기반으로 하는 개인별 맞춤 서비스를 제공할 수 있었다.

B2B 비즈니스 인바운드 전략의 연결 최적화는 간편 결제 시스템에서도 확인할 수 있다. 여러 카드를 지갑 속에 두둑히 준비해 두었다가 결제 때마다 꺼내 봐야 했던 기존 과정을, 사전에 신용카드를 등록하고, 앱으로 결제가 가능하도록 함으로써 연결의 단계를 줄인 것이다. 모바일 간편 결제는 고객에게 경험하게 해주고 유지시킴으로써 다른 결제 수단을 이용하지 못하도록 하는 락인 전략이다. 사용 경험의 단절을 원치 않는 고객은 지속적으로 특정 모바일 결제 시스템을 이용하게 되며, 기업은 이를 통하여 고객의 구매 패턴, 품목, 위치 정보 등의 방대한 빅데이터를 계속 확보한다. 삼성페이는 그 자체로서는 삼성전자의 주된 수익원이 아니지만, 결제 수수료가 없기 때문에 카드사, 은행사와 비즈니스 연결이 용이하다. 그래서 플랫폼의 콘텐츠가 더욱 진화하고, 이를 통한 비즈니스 확장(Business Expansion)을 이룰 수 있게 되었다.

인바운드 전략은 연결의 양과 질(Quantity & Quality), 최적화(Optimization)를 고려해야 한다. 세상의 모든 지식을 어떻게 보여줄지 고민하는 구글과 잘 정돈된 콘텐츠를 어떻게 더 잘 정리하여 보여줄 것인가를 고민하는 네이버의 검색은 비교 기준 및 평가 기준이 서로 다르기 때문에 단순 비교할 수 없다. 구글은 검색 결과의 수량과 품질로 승부하지만, 네이버는 축적된 데이터 안에서 최적화된 결과로 승부하는 것이다. 양사가 추구하는 고객 연결 최적화의 목적이 다른 것이다. 최근 네이버는 사용자의 검색 의도와 맥락에 따르는 개인 맞춤형 검색 서비스를 추진하고 있다. 개인 최적화 맞춤형 검색은 사용자가 동일한 검색어를 입력한다 하더라도 고객의 과거 콘텐츠 소비 패턴을 반영하여 다른 검색 결과를 보여준다. 평소 여행 정보를 자주 검색하는 사용자에게는 여행 관련 정보를 다른 콘텐츠보다 상단에 우선적으로 보여주는 방식이다. 네이버는 맞춤형 검색에 적용할 콘텐츠의 범위를 확대해나갈 계획이다. 개인별 최적화를 연결 전략의 최우선 가치로 설정한 것이나.

연결의 양과 질, 최적화를 동시에 추구하는 최적 매칭(Best Matching)을 비즈니스 모델로 삼고 승부하는 기업도 있다. 트렌드헌터(TrendHunter)는 클라우드 소싱 방법으로 전 세계의 다양한 트렌드와 아이디어를 모아 필터링해서 고객이 원하는 인사이트를 제공하는 서비스로 인기를 끌고 있다. 18만 명의 전문 헌터들과 30만 건의 이상의 아이디어를 최적화하여 고객에게 맞춤 서비스로 연결하는 비즈니스다. 이러한 비즈니스 모델의 특징은 연결되는 정보의 양과 질을 우선시하며, 고객의 요구에 맞는 인사이트를 발굴하기 위한 최적화 과정이 항상 새롭게 진화한다. 정보를 모으는 전문 헌터의 능력이 고도화되어야 하며, 30만 건 이상의 다양한 아이디어를 5~10개의 최종적인 파괴적 아이디어(Distruptive Ideas)로 발전시키는 전문가 집단의 능력 역시 사업의 성패를 결정하는 요소다.

인플루언서 연결 전략

블로그와 카페, SNS와 페이스북, 유튜브가 활성화되면서 전통적 미디어는 점차 영향력을 상실하고 있다. 셀럽이나 엔터테이너 등 유명인의 소비자 대상 구매 유도력도 날이 갈수록 효용성을 잃고 있다. 초연결의 시대에서 이제 모든 고객은 촘촘히 연결된 채널에서 유입되는 정보를 비교, 판단하며 큐레이팅 서비스와 서브스크립션 서비스를 통하여 판단의 기준을 만들어가고 있다. 초연결의 세상에서 이들에게 가장 영향력을 행사하는 주체는 인플루언서(Influencer)다. 이들은 소셜 미디어와 유튜브 채널에서 막대한 구독 수와 팔로워를 보유하고 있으며, 콘텐츠와 트렌드를 직접 창출해가는 크리에이터로서 수익을 창출하고 있다. 이제 기업들은 인플루언서에 관심을 갖기 시작했다. B2B 비즈니스에서도 전문 컨설턴트와 이노베이터, 얼리 어답터, 업계 전문가를 활용하여 인플루언서 마케팅을 수행하고 있다. 인플루언서는 연결된 구독자들과 팔로워들에게 큐레이팅 서비스를 제공하고 고객들에게 경험을 전달하여 준다. 기업의 입장에서는 효과가 입증된 비즈니스 매개자다.

인플루언서의 영향력을 극명하게 보여준 사례는 에미레이트 항공이 유튜브 인플루언서인 케이시 네이스탯에게 1등석 티켓을 제공한 일이었다. 단지 1등석 티켓을 제공함으로써 에미레이트 항공은 상상 이상의 홍보 효과를 얻었다. 케이시 네이스탯은 특유의 유머로 1등석 체험 경험을 동영상으로 만들어 유튜브에 올렸다. 1등석 좌석의 안락함, 편안한 기내식 식사와 친절한 스튜어디스, 무료로 제공되는 각종 어메니티(amenity) 서비스를 꼼꼼하게 경험하여 소개하였다. 결과는 상상을 초월했다. 네이스탯의 영상은 짧은 시간에 5000만 뷰를 넘어섰고, 수많은 언론과 인플루언서들이 자신들과 연결된 팔로워에게 이 소식을 연쇄반응처럼 전달한 것이다. 1등석 티켓 한 장 값으로 수십억 원의 홍보 효과를 창출한 셈이다. 모든 것을 실험하고 검증한다는 아마존 역시 인플루언서의 영향력을 감지하고 있었으며, 최근 아마존 인플루언서 프로그램을 오픈했다. 아마존은 막연한 인플루언서 영향력을 직접 데이터로 입증하고자 의도하였다. 인플루언서를 통하여 아마존의 추천 상품 링크로 연결된 구독자의 실질 구매력을 평가하기 시작한 것이며 인플루언서 역시 수익 창출 능력을 절대 수치로 평가받게 된 것이다. 국내 백화점 업계에도 인플루언서의 중요성을 인지하고 있다.

B2B 마켓 센싱
– 연결, 감지, 분석, 실행

전시회는 살아 있는 생명체다

시장, 산업, 버티컬 마켓을 분석할 때는 경쟁사의 움직임을 예의 주시해야 한다. B2B 비즈니스에 새롭게 진출하여 경쟁사 파악이 어렵다면 시장 정보를 제공하는 전문 업체에 의뢰하거나, 전시회, 컨퍼런스, 산업별 매거진 등에서 경쟁 상대를 찾을 수 있다. 고가의 시장 분석 리포트를 구매하기 어려운 중견, 중소기업이라면 가장 손쉬운 방법은 해외 전시회의 홈페이지에서 전시 참여자(Exhibitor)의 목록을 검색하는 것이다. 미국의 유통 시장의 흐름, 경쟁사, 제품과 솔루션을 알고 싶다면 미국 뉴욕 제이콥 K. 재비츠 컨벤션 센터에서 개최되는 NRF 리테일즈 빅쇼에 참석하거나 NRF 전시회 홈페이지에서 빠르게 정보를 획득해야 한다. NRF 리테일즈 빅쇼는 100개 국가, 600여 개 기업, 4만 명의 관람객이 참석하는 미국 최대의 리테일, 유통 산업 전시회이기 때문이다. 스마트폰이나 모바일 기기, 모바일 솔루션, IT 기술 및 솔루션에 관여된 B2B 비즈니스를 한다면 당연히 MWC(Mobile World Congress) 전시회를 분석해야 한다. MWC는 세계 최대 규모의 모바일 전시회로 매년 스페인 바르셀로나에서 개최된다. 또한 유사한 전시회로 CES 전시회, IFA 전시회 등이 있다. 영상 보안이나 시큐리티 산업에 종사한다면 영국의 IFSEC, 미국의 ISC

West 전시회를 적극 활용해야 한다.

해외 전시회에 부스를 가지고 참가하거나 혹은 부스 없이 전시회를 참관할 수도 있다. 전시회에 참가하지 못하는 경우에는 전시회 홈페이지나 혹은 전시회 기간에 배포되는 언론의 보도자료를 반드시 확인해야 한다. 전시회 홈페이지에서 전시 참가자 리스트를 확보할 수 있고, 모든 참가 회사의 컨택 포인트를 알 수 있다. 기술 및 제품, 솔루션, 플랫폼이 어떠한 트렌드로 이동하는지를 파악할 수 있으며, 산업의 메가 트렌드와 기업이 제시하는 새로운 화두를 확인할 수 있다. 전시회에는 경쟁사의 제품 및 솔루션뿐 아니라, 생태계에 관여되는 다양한 기업을 확인할 수 있다. MWC 전시회라면 완성품 스마트폰 업체뿐 아니라, 애플리케이션 프로세스 업체, 기구 금형 업체, 후가공 업체, LCD, 터치, 센서 관련 업체 등 수많은 전후방 산업에 종사하는 업체와 솔루션 업체, 각종 버티컬 마켓의 리더도 참관한다. 대형 전시회에서는 전시회가 진행되는 동안 매일 전시회 소식을 신문으로 제공하거나 책자로 제공한다. 전시회의 모든 정보가 담겨 있기 때문에 전시회가 끝나면 이러한 정보를 이용하여 회사의 비즈니스가 어떠한 생태계에서 수행되는지를 파악할 수 있다. 키노트 스피커(Keynote Speaker)들의 업계 동향, 기술 동향에 대한 분석 정보를 얻을 수 있으며, 경쟁사의 마케터들도 만날 수 있다. 이들은 단순한 경쟁 관계가 아니라, 동종 업계의 동료가 될 수 있다. 이들 역시 언제라도 다른 회사에 스카우트되어 활동할 수 있기 때문이다. 경쟁사의 최신의 제품과 솔루션도 직접 눈으로 보고 문의해 볼 수도 있다.

해외 전시회를 참관하면서도 비용 문제로 개발자나 상품

기획자를 출장 보내지 않는 회사들이 있다. 그런 회사의 전시회 참관 활동을 살펴보면 전시회 기간 내내 경쟁사의 제품이나 솔루션도 살펴보지 않고, 생태계를 구성하는 업체의 솔루션과 제품에 전혀 관심을 두지 않는다. 공급망 관리에 필수적인 핵심 부품 업체의 전시도 같이 진행되었음에도 영업적 관심사가 아니라면 눈길을 주지 않는 것이다. 개발자나 상품 기획자, 프로젝트 매니저가 전시회에 참관하지 않는 것은 기업 입장에서 심각한 기회 손실이다. 글로벌 기업과는 달리 국내 일부 기업은 아직도 B2B 비즈니스를 비즈니스 매니저의 커뮤니케이션 스킬, 영업 스킬로만 인지하는 것이 심각한 문제다. B2B 비즈니스를 하려면 회사의 모든 임직원이 에반젤리스트가 되어 일사 분란하게 움직여야 한다. 비즈니스 매니저가 기술과 메가 트렌드, 생태계를 이해하지 못하고, 프로젝트 매니저가 고객과 버티컬 마켓, 산업 간 융복합에 둔감하며, 상품 기획자가 기술과 솔루션을 모르는 상태에서는 B2B 비즈니스를 수행하기 어렵다.

경쟁사 분석, 다크데이터도 이용한다

전시회에서 정보를 획득했다면 다음 단계는 경쟁사 분석이다. 경쟁사의 모든 것을 분석해야 한다. 가장 기본적인 접근 방식은 경쟁사 회사의 홈페이지 분석이다. 회사의 CEO, 조직도, 기업 가치, 기업의 기본 정보, IR 자료 및 연간 보고서(Annual Report), 언론 기사, 제품 라인업, 단종 제품 목록, 비즈니스 영역과 특화된 버티컬 마켓, 비즈니스 고객의 성공 스토리는 어떠한 정보를 담고 있는지, 어떤 고객이 대표 고객인지, 지역별 파트너는 어떻게 형성되었는지, 어떤 시장을 강점으로 생각하고 있는지 분석하는 것이다. 경쟁사의 기업 히스토리를 분석하여 어떠한 제품과 기술로 회사가 성장하였는지, 어떠한 인수합병 등으로 사업을 확장하였는지 파악할 수있다. 경쟁사의 제품을 출시 연도별로 모두 정리하여 제품로드맵을 거꾸로 산출해 낼 수도 있다. 경쟁사의 비즈니스 성공스토리에서 주요 타겟 버티컬과 고객 정보를 확인할 수 있나. 지역별 파트너, SI, 컨설팅 업체의 정보를 확인할 수 있다. 또한 최근 경쟁사의 리셀러, 영업 파트너, 기술 파트너 등으로협력하다가 이탈한 사업자의 정보를 확인한다. 이들과 인터뷰하면서 이들을 자사의 아군으로 만들 수 있다. 심지어는 경쟁사의 영업 전략이나 제품, 가격 정보, 고객 정보를 흘려 주기도 한다. 기존 경쟁사와의 관계에서 서운했던 점을 이야기하며 거꾸로 협력을 제안하기도 한다. 추가적으로는 경쟁사의 공급망 관리 구조와 생태계를 분석한다. 어떠한 부품을 사용하는지, 조립과 제조, 양산은 어디서 하는지, 어떠한 솔루션 파트너와 함께 일하는지를 분석하여 당사와 협력할 수 있는 대상자를 선별하는 것이다.

글로벌 ICT 기업은 기본적인 웹크롤링을 넘어 자체적인 데이터 사이언티스트들이 ICBM+AI 기술을 결합해 경쟁사 분석을 자동화하거나 인포침스(Inforchimps), 엑시움(Acxiom)과같은 데이터 브로커 서비스를 사용하여 경쟁 기업과 관련 고객, 비즈니스 내역 등 모든 디지털 흔적 데이터를 빅데이터분석으로 빠르게 확보한다. 최근에는 빅데이터의 범위를 넘어 다크데이터(Dark Data)를 연구함으로써 비즈니스 기회를찾는 시도가 증가하고 있다. 다크데이터는 생성되는 데이터의 양이 워낙 방대하고 발생 빈도가 예측하기 어려워 기존 빅데이터 분석으로 접근하기가 쉽지 않은 데이터다. 이런 데이터는 효용 가치를 찾지 못하여 단순히 저장만 되어 있거나 존재 여부조차 판단하기 어렵기도 하다. 글로벌 기업들과 실리콘밸리 ICT 기업들은 이제 다크데이터에 관심을 두고 있다. 빅데이터로 규정된 데이터는 10퍼센트에 불과하다. 이제까지 나머지 모든 데이터는 다크데이터로 분류되어 활용하지 못했지만, 블록체인과 엣지 컴퓨팅(Edge Computing)에 기반한 융복합 컴퓨팅 연산 기술, 지능형 다중 분산 검색 기술을 활용하여 다크데이터 추출과 분석, 가공에 박차를 가하고 있는 것이다.

이 분야의 선두 주자는 팔란티어와 엑시움이지만, 이제 애플의 진출을 경계하고 있다. 애플은 과거부터 래티스 데이터(Lattice Data)에 눈독을 들여오다 최근 인수를 발표하고 비정형 빅데이터와 다크데이터 분석에 진출하겠다고 선포하였다. 애플은 래티스를 인수하면서 두 마리의 토끼를 한 번에 잡았다. 래티스의 CTO인 마이크 카파렐라는 빅데이터 구축의 기본 프레임인 하둡의 아버지이며, 래티스는 스탠포드의 비정형 빅데이터 분석 사업인 딥다이브 프로젝트(Project Deepdive)를 위탁 연구하여 상용화한 기업이기 때문이다. 딥다이브는 범죄 기록의 근거, 증거 데이터 추적 및 유전체 검사, 신약 연구개발 분야에서 호평을 받고 있다. 애플이 발 빠르게 다크데이터의 확보와 분석, 사업화 기회를 선점할 것으로 예상되고 있는 가운데, IBM, 후지쯔, SAP의 움직임도 주목할 만하다. IBM은 이제 인공지능 왓슨을 스포츠 경기 자동 중계와 분석 서비스를 제공하고 있다. 관중의 함성 소리, 플레이어의 움직임과 동선 분석, 경기 하이라이트를 자동 편집하여 영상과 기사를 제공하고 있으며, 후지쯔는 체조 경기에서 선수의 움직임을 점수로 평가하는 인공지능 심판의 역할을 수행하고 있다. SAP는 축구 경기에서 선수의 움직임과 동선을 분석하여 전략과 전술을 제공하는 서비스를 제공하고 있다.

경쟁사 제품 분석

B2B 비즈니스를 수행하는 기업의 입장에서는 경쟁사의 제품을 분석하는 일도 중요한 경영의 일부다. 경쟁사의 제품 분석 과정에는 연구개발 부서 및 상품 기획, 제품 기획 부서가 함께하지만, 글로벌 기업은 가장 먼저 디자인 부서, 공급망 관리 부서, 고객 지원 부서를 투입하여 제품의 디자인 콘셉트부터 고객이 제품과 솔루션을 접하는 순간의 경험과 영감을 분석한다. 이후 상품 기획과 개발 부서, 마케팅 부서가 합류하여 경쟁 제품을 분석한다. 상품 기획 부서는 경쟁사의 제품 라인업과 솔루션, 생태계 등을 분석하여 자사의 라인업과 비교한다. 강점과 라인업 보강을 계획해야 하며, 부족한 라인업과 솔루션에 대한 향후 계획을 수립한다. 개발 부서는 경쟁사 및 선진 기업의 제품과 솔루션을 TDR 한다. 가령 모바일 디바이스 관련 제조 업체라면 삼성전자나 애플의 새로운 제품이 출시될 때 TDR 작업을 수행하는 것이다.

개발 부서는 신규 제품을 분해해 부품 설계와 배열 등이 어떠한 방식으로 이루어졌는지 모두 분석한다. 디스플레이는 어떤 종류를 사용했는지, 베젤의 크기는 어떻게 조절되었는지, 해상도 밝기, 색 재현성, DDI(Display Driver IC), 각종 칩셋과 안테나의 영향에 따른 배치 방법, 강화 유리의 종류와 재질, LED 상태 표시등, 홍채 인식용 LED, 근접센서, 조도 센서, 전면 카메라와 홍채 인식 카메라, 애플리케이션 프로세서(AP), LPDDR4 내장 메모리와 UFS 플래시 메모리의 종류와 크기, 히트 파이프의 설계 등을 철저하게 분석하고 자사의 제품에 적용하는 것이다.

후면 카메라의 저조도 성능, 심박 센서, 지문 센서의 종류와 성능, 안테나 배치 방법, 메탈 프레임과 베젤리스 디자인 구현, 마그네틱 보안 전송, NFC신호 처리를 위한 안테나 모듈과 무선 충전 코일 구현, 배터리 타입과 종류, 배터리 충격 방지를 위하여 추가된 부품 등도 모두 분석한다. 개발 부서는 분석한 내용을 구매 부서에 전달하고, 구매 부서는 부품에 대한 공급망 관리 풀(Pool)을 만들고 지속적으로 업데이트해야 한다. 구매 부서는 MWC 전시회나 CES, IFA 전시회, 전자 전시회 및 중국 소싱 페어 등에서 부품 공급 업체를 수배하고, 지속적으로 부품 공급 업체의 제품 라인업, 제품 로드맵을 연구해야 한다. 이러한 활동이 생태계를 강화한다.

과거 삼성전자는 매년 수원 사업장에서 선진 제품 비교 전시회를 진행했다. 선진사의 제품을 모두 TDR을 통하여 전부 분해하고 하나의 부품이라도 꼼꼼하게 비교하여 강점과 약점을 분석하였다. 자사의 메모리와 시스템 LSI, 이미지 센서 부품과 TV, 냉장고 등의 가전 제품, 통신 장비, 스마트 홈 관련 제품도 함께 비교 전시를 해왔다. 당시 경쟁사 제품군에 애플의 스마트폰, 태블릿 PC, 인텔의 시스템 반도체, 소니의 TV와 음향기기, 파나소닉의 PDP, HTC의 스마트폰 등이 포함되었다. 이러한 활동을 통하여 철저하게 자사와 경쟁사의 제품과 솔루션, 부품 변동과 단가를 분석하고, 약점과 부족한 실력을 파악하고 대비하는 것이다. 비교 전시회를 통하여 그룹 회장, 사장단은 결과를 교류하고 경영 전략을 점검했다. 이 자리에서 삼성전자의 반도체 수율이 하이닉스에 뒤쳐졌다는 사실이 드러나 경영진을 질타하고 반도체 사업의 조직을 개편히기도 했다. 현재의 삼성이 글로벌 ICT 기업으로 자리잡기까지 그 바탕에 이건희 회장의 비교 전시 경영학이 깔려 있었다고 손꼽는 이도 많다.

마케팅 부서도 경쟁사를 분석한다. 경쟁사의 마케팅 전략, 제품 홍보 전략, 광고 방법, 바이럴 마케팅, 실시간 빅데이터 분석 기법, 에반젤리스트와 인플루언서 운영 방법, 제품 카탈로그, 브로셔, 홈페이지 구성, 고객 행사 및 응대 방법, 기술 로드쇼, 파트너 관리 등 모든 것에 대한 비교표를 만들고 약점을 보완하고 강점을 더욱 강하게 만드는 마케팅로드맵을 만들어 실행하는 것이다. 경쟁사의 강점 버티컬 마켓, 경쟁사의 파트너 리스트 확보, 마켓 센싱 방법, 프로모션 전략, 비즈니스 생태계 전략, 비즈니스 연결과 확장 전략 등을 모두 분석한다. 마치 경쟁사의 직원이 된 것처럼 모든 내용을 꿰뚫을 정도로 연구하는 것이다.

끊임없이 연결하여 공부하라

글로벌 ICT 기업의 프로젝트 매니저, 비즈니스 매니저, 컨설턴트 등은 자사 및 경쟁사의 제품과 솔루션, 기술 발달의 흐름과 신기술 수용, 기술 간 융복합과 이종 비즈니스 교배를 통한 새로운 비즈니스 창출을 위해 끊임없이 학습한다. 4차 산업혁명 이후의 기업 경영에 전략적 민첩성과 유연하고 신속한 학습 능력을 요구하기 때문이다. 하지만 국내 유명 기업의 일부 비즈니스 매니저와 프로젝트 매니저는 제품, 기술, 산업, 경쟁사, 경쟁 구도, 시장의 메가 트렌드를 신속하게 학습하지 못하여 비즈니스 기회를 상실하는 사례가 발생하고 있다. 고객이 미팅을 진행하다가 일부 비즈니스 매니저 및 프로젝트 매니저의 수준과 실력을 파악하고는 연락을 끊거나 담당 비즈니스 매니저나 프로젝트 매니저의 교체를 요구하기도 한다. 심지어 고객사가 고용한 IT 컨설턴트에게 무시를 당하고, 귀중한 시간을 빼앗았다고 불편함을 드러내기도 한다. 이런 상황까지 이르면 그 업계에서 B2B 비즈니스는 완전히 실패한 것이고, 다양한 부정적 이야기들이 소리 소문없이 다른 고객사들에게 흘러 들어가는 것이다.

현업에서 비즈니스 매니저나 프로젝트 매니저에게 이러한 학습을 요구하면 현재 하는 일도 바쁘고 힘든데 일을 더 시킨다며 불평한다. B2B 비즈니스에서는 경쟁사도 자사의 비즈니스 매니저나 프로젝트 매니저의 모든 것을 분석한다. 기술력, 정보력, 트렌드를 읽는 힘, 고객 컨설팅 능력 등을 파악하고 약점을 집요하게 공격한다. 일부 기업은 경쟁사를 공격하는 매뉴얼까지 준비하여 교육시키고 있다. 고객사는 경쟁사로부터 우리 회사의 단점도 가감 없이 모두 들을 수 있다. 실력 없는 비즈니스 매니저나 프로젝트 매니저를 고객사는 절대로 신뢰하지 않는다. 고객사는 이들에게 자신과 자신의 고객의 미래를 함부로 맡기려 하지 않는 것이다. 비즈니스 매니저와 프로젝트 매니저는 주기적으로 회사 내부 부서의 분석 정보를 입수하여 체화해야 한다. 개발 부서의 경쟁사 분석 자료, 마케팅 부서의 경쟁사 마케팅 분석 자료, 고객 분석 자료, 구매 부서의 부품 공급망 분석 자료 등을 입수하여 이해해서 언제나 고객에게 설명하고 컨설팅할 수 있어야 한다. 자사의 제품에 대한 강점과 약점을 명확히 알고 기술과 솔루션 에반젤리스트가 되어야 한다. B2B 비즈니스를 수행한다는 것은 고객에서 컨설팅을 제공하는 것과 같다. 그래서 비즈니스 매니저와 프로젝트 매니저는 항상 준비된 컨설턴트가 되어야 한다. 자사의 제품과 솔루션뿐 아니라 경쟁사 제품, 솔루션의 장·단점을 비교 분석할 수 있어야 한다. 심지어 자사의 솔루션, 제품에 부족한 점이 있거나 고객의 요구 사항을 충족시키지 못하는 경우 경쟁사의 제품을 소개해주기도 하는 것이다.

가이 가와사키의 리얼리티 체크

4차 산업혁명으로 도래한 초연결의 시대는 매일 수많은 정보를 양산하고 있다. 기업의 경영 활동 역시 방대한 분석 자료와 대응 자료를 생산하고 있다. 기업의 IT 인프라에 대한 디지털 트랜스포메이션은 정보의 흐름을 더욱 신속하게 연결하고 있다. 글로벌 ICT 기업의 비즈니스 매니저와 프로젝트 매니저는 절대 자료를 방치하지 않는다. 자신만의 데이터 베이스를 만들어 이를 지속적으로 진화시키고 융복한다. 자신의 데이터 베이스를 지속적으로 자가 진화시키는 것이다. 개발 부서, 영업 부서, 마케팅 부서, 상품 기획 및 구매 부서 등에서 다양한 정보를 입수하고 그때마다 이러한 정보를 체계적으로 분류하고 정리하여 실전 비즈니스의 무기로 활용한다. 고객의 미팅이 다음 날인데 항상 본사에 프레젠테이션 자료를 만들어 달라고 요청할 수 없다. 언제 어느 순간이라도 고객은 컨설팅을 원할 수 있기 때문이다.

B2B 비즈니스에서는 연결을 통한 지속적인 학습 이외에도 기본적인 프레젠테이션 스킬을 갖춰야 한다. 애플의 대표적 에반젤리스트였던 가이 가와사키는 애플에서의 경험을 바탕으로 리얼리티 체크라는 지침을 만들어 공개했다. 리얼리티 체크는 10, 20, 30의 숫자로 대표되는 핵심적이고 간결한 프레젠테이션 지침이다. 첫 번째 10은 10장의 슬라이드다. 가와사키는 애플에서의 오랜 경험을 통하여 10장 이상의 프레젠테이션 슬라이드는 효용성이 떨어지며 특히 벤처 캐피털리스트에게 10장 이상의 과도한 자료를 제시하면 집중력을 분산시키는 악영향을 초래한다고 경고하고 있다. 우수한 프레젠테이션 자료에 연락처를 기재하지 않는 실수도 치명적인 문제점이라고 지적한다. 고객은 힘들게 컨택하는 수고를 하고 싶어 하지 않기 때문이다. 가와사키가 제시하는 20의 원칙은 프레젠테이션 시간이다. 여유가 있다 하더라도 핵심을 이야기할 수 있는 시간은 20분 이내다. 남은 시간은 고객의 고민과 문제점을 들어주는 시간이 되어야 한다. 고객의 질문을 유도하여 그들과 공감하고 연결되어야만 비즈니스의 기회가 창출되기 때문이다. 프레젠테이션의 목적은 투자자가 기업의 가능성과 수요를 생각해 보게끔 만드는 것이다. 가장 중요한 것은 자사가 제공할 수 있는 제품과 솔루션, 고객 가치를 명확하게 전달하여 고객과 투자가, 고객 기업의 IT 컨설턴트가 그 가능성과 효용성을 생각할 수 있도록 자극하고 영감을 제시하는 것이다.

당신이 절대로 해서는 안되는 말, 가이 가와사키

당신은 이렇게 말한다	투자자는 이렇게 이해한다
나는 총명하며 야심에 찬 사람이다	그것 참 다행이네. 왜냐하면 난 보통 멍청하고 게으른 사람에게 투자하거든. 당신은 왜 내 시간을 낭비하고 있지?
나는 이상적인 사람이다	당신에겐 수익모델이 없군. 어떻게 출시해야 할지도 모르고 있군. 당신은 왜 내 시간을 낭비하고 있지?
나는 당신의 회사에 대해서는 잘 알지 못한다. 어쨌든 연락은 하게 되었다.	당신은 아주 게으른 바보로군. 당신은 왜 내 시간을 낭비하고 있지?
나는 문제를 해결할 새로운 방법을 구상하는 것을 좋아한다.	여기가 고등학교 과학 박람회장 인줄 아나? 당신은 왜 내 시간을 낭비하고 있지?
내게는 아주 훌륭한 아이디어가 많이 있다. 그런데 어떤 것을 시도해야 할지 잘 모르겠다. 당신에게 몇 가지 말해도 되겠나?	나는 당신의 '간절하게 성공시키고 싶은 아이디어'가 무엇인지 알고 싶다. 당신의 그 나태한 마음에서 떠오른 아이디어 말고. 당신은 왜 내 시간을 낭비하고 있지?
나는 항상 기업가가 되고 싶었다.	나는 항상 프로 골퍼가 되고 싶었지. 당신이 기업가가 되고 싶어했던 말든 무슨 상관이지? 당신은 왜 내 시간을 낭비하고 있지?
보안에 대한 수요가 늘어나고 있다는 것을 당신도 알고 있을 거라 확신한다. 뭘 2.0 오픈 소스이다.	내가 알고 있다는걸 확신한다면 왜 그 얘기를 하고 있는 거야? 당신은 왜 내 시간을 낭비하고 있지?
상호 비밀유지계약서에 사인한다면, 내 아이디어를 말해주겠다.	벤처 캐피털리스트들이 그 계약서에 사인하지 않는다는 사실을 어떻게 모를 수가 있지? 당신은 왜 내 시간을 낭비하고 있지?
당신에게 마지막으로 연락 했던 때가…	내 스케줄을 잡은 비서를 당장 해고 해야겠군. 당신은 왜 내 시간을 낭비하고 있지?
내 목표는 세계적인 기업을 만드는 것이다.	세계적인 기업을 논하기 전에, 출시하고 나서 초기 제품을 하나라도 파는 건 어떨까? 당신은 왜 내 시간을 낭비하고 있지?

마지막으로 가와사키가 제시한 숫자는 30이다. 보통 한정된 프레젠테이션 지면에 너무도 많은 정보를 제시하려 하다가 시간이 부족하다고 불평한다. 이들은 제한된 프레젠테이션 슬라이드에 너무 작은 폰트의 글자로 도배한다. 기업 프레젠테이션에서 심지어 폰트 사이즈 8~10을 이용하는 경우도 다반사다. 그리고 그렇게 적힌 문장을 읽어 내려간다. 하지만 고객이나 투자사는 이 말을 귀담아 듣지 않는다. 이미 그들은 더 빠른 속도로 프레젠테이션 내용을 읽기 때문이다. 결국 새로운 고객 경험과 영감을 전달해야 할 귀중한 자리가 속독과 독해력의 자리가 되어 비즈니스 기회를 상실하는 것이다.

마켓 센싱

B2B 비즈니스의 핵심 활동은 마켓 센싱(Market Sensing)으로 시작한다. 마켓 센싱은 기술 및 외부 환경을 분석하고, 시장을 분석하며, 고객 분석, 자사 및 경쟁사를 분석하여 비즈니스를 전략적으로 수행할 수 있는 토대를 마련하고, 경쟁우위를 확보한 제품과 솔루션 및 고객 가치 차별화를 통하여 비즈니스를 성공으로 이끄는 것이다.

4차 산업혁명 이후 마켓 센싱 분야에도 빅데이터와 인공지능 같은 ICT 기술이 접목돼 신속하고 효율적으로 데이터 기반 센싱과 분석, 인사이트 도출의 과정을 수행하고 있다. 아마존과 온오프라인 유통 비즈니스 분야에서 생존을 건 치열한 경쟁을 진행 중인 월마트는 소비자의 심리와 행동 양식을 파악하기 위하여 빅데이터와 인공지능 실시간 분석을 마켓 센싱에 적용하였다. 자사가 운영 중인 월마트닷컴의 검색

엔진 폴라리스와 수많은 소셜미디어, 자사 고객의 각종 디지털 흔적 데이터를 수집하여 기업의 데이터 센터로 유입시키고 있다. 월마트는 이렇게 축적한 빅데이터를 이용하여 소비자의 이동 및 구매 패턴을 분석하여 재고를 줄이며, 인플루언서들의 실시간 코멘트, 상품 추천, 바이럴 마케팅 추이를 분석하여 소비자가 원하는 제품을 신속하게 공급함으로써 고객 경험과 고객 만족을 극대화하는 전략을 수행하고 있다. 월마트 프로젝트의 궁극적 지향점은 소셜 게놈(Social Genome)의 완성이다. 소셜 미디어와 유튜브, 페이스북에 기반한 동영상 플랫폼에서의 고객 활동과 심리, 행동 패턴까지 분석하고 재해석하여 자사의 상품 판매에 연계시키고 있다. 심지어 허리케인이 발생하기 직전 고객에게 기상 상황을 전달하고, 위기 상황에 필요한 긴급 생필품을 추천한다. 그리고 오프라인 매장의 상품 진열까지 신속하게 변경하는 등 마켓 센싱의 실시간화를 추구하여 이를 비즈니스의 기회로 이용하는 것이다.

고객의 데이터를 추출해서 비즈니스 인사이트 발굴하는 면에서 아마존을 능가할 업체는 없을 것이다. 아마존은 고객의 구매 이력과 상품에 기반한 빅데이터를 분석하고 추론해 구매가 예상되는 상품을 추천하는 빅데이터·인공지능 기반 추천 시스템을 가동하고 있다. 이를 고객 개개인에 최적화된 맞춤형 상품 검색, 개인화 서비스 개발, 효과 검증에 이르기까지 새로운 고객 경험을 발견하는 레버리지로 활용하고 있다. 아마존 매출 중에 빅데이터 기반 추천 시스템에서 발생하는 비중이 지속적으로 증가하고 있으며, 매년 기업 이윤의 10퍼센트를 추천 시스템 성능 향상에 투자하고 있다. 넷플릭스는 수많은 데이터 사이언티스트들을 합류시켜 고객이 대여해온

B2B 비즈니스 마켓 센싱(Market Sensing)

기술 및 외부 환경 분석	거시 경제 환경	국내외 경제 환경이 어떻게 변하고 있는가?
	외부 환경 (STEEP)	변화 주도 사회 환경적 트렌드가 무엇이며 이러한 변화가 얼마나 빠르게 진행되고 있는가?
		영향이 증가하거나 추가적인 사업 기회를 제공할 수 있는 새로운 트렌드는 무엇인가?
	기술 트렌드	현재와 향후 핵심 기술은 무엇인가?
		기술 로드맵의 작성
시장 분석	시장 규모와 시장 구조	이 시장의 기본 구조와 특성은 무엇인가?
		시장 매력도 분석
		주요 경쟁사/잠재적 진입자/대체품은 무엇인가?
	시장 수요 예측	단기 및 중장기 수요 예측
	가치 사슬의 특성	원료, 부품, 완제품, 유통, 최종 소비자 사이의 가치 사슬 구조
고객 분석	고객사 별 특성	고객별 특성과 당사와의 관계
		고객사는 서로 어떤 차별적인 전략을 갖고 있는가?
	고객 세분화	고객 세분화의 방법과 세분화된 시장의 특성은?
	고객 구매 과정과 구매 센터	고객의 구매 과정과 구매 의사결정 구조의 특성
		고객 구매센터 분석
	최종 소비자 분석	소비자들은 어떤 기준으로 상품을 구매하며 어디에서 정보를 얻고 어떤 채널을 선호하는가?
		당사의 제품은 소비자의 어떤 필요와 욕구를 충족시키는가?
자사 및 경쟁사 분석	SWOT 분석	당사 및 경쟁사의 내부적 역량, 조직, 기술에서 강점과 약점은 무엇인가?
	자사 및 경쟁사의 마케팅 전략	당사와 경쟁사의 상품 라인업 및 마케팅 믹스 전략은 어떠하며 향후의 변화 방향은?
	자사 및 경쟁사의 전략적 포지셔닝	당사와 경쟁사는 시장에서 어떻게 포지셔닝 되어 있으며, 고객들의 평가는 어떠한가?
		향후 변화 방향과 리포지셔닝의 필요성

영화 정보와 평점(별점), 영화 후기 데이터를 분석하여 영화를 추천하는 시네매치 알고리즘과 넷플릭스 양자이론을 탄생시켰다. 전 세계 가입자 5000만 명의 대여 이력과 관계를 분석하고 영화의 상세 내용과 영화를 구성하는 각 개별 요소의 특징을 빅데이터 분석 과정으로 융복합한 새로운 추천 시스템이다. 이제 고객은 아무거나 선택한다는 고민에서 벗어나 개인화된 최적의 큐레이팅 서비스를 제공받게 됨으로써 넷플릭스 플랫폼에 지속적으로 상주하게 되는 것이다.

최근 구글이 안드로이드 이용자의 위치 정보를 무단 수집하고 저장해 논란이 되고 있다. 이용자가 위치 기록의 기능 설정을 동의하지 않더라도 정보를 취득하고 저장해온 것이다. AP 통신이 해당 내용을 심층 취재해 보도하자, 구글은 일부 위치 데이터는 검색, 지도 등 다른 구글 서비스에 이뤄진 활동의 일부로 저장될 수 있다고 약관을 슬쩍 변경했는데 과오를 인정한 셈이다. 더글라스 슈미트 교수의 '구글 데이터 컬렉션'에 따르면 구글은 크롬을 구동하는 안드로이드폰을 통하여 하루 340번이나 무단으로 사용자의 위치 정보를 수집해 온 것으로 밝혀졌다. 이렇게 수집되는 정보만 있으면 하루가 지나기 전에 고객의 위치와 관심사를 파악할 수 있다. 구글의 행태는 궁극적인 고객 데이터를 획득하기 위한 마켓 센싱의 일환이다. 구글은 사용자로부터 발생하는 다양한 빅데이터의 가치를 극대화하여 이를 광고 서비스에 활용하고 있는 것이다.

메가 트렌드 기반 기술 및 외부 환경 분석

앞서도 말했지만 기술 및 외부 환경을 분석할 때는 거시 경제 환경, 외부 환경, 기술 트렌드의 변화를 분석한다. 글로벌 기업은 이러한 환경을 메가 트렌드라고 통칭하며, 매년 정치, 경제 환경 및 산업의 메가 트렌드를 분석해서 사업의 방향을 수립하고, 기존 전략을 수정, 보안하며 경영 목표를 수립한다. 가트너는 ICT 분야의 오피니언 리더로서 매년 10대 기술을 선정해 전략 기술 트렌드를 발표해왔다. 선정된 10대 기술은 기술의 태동기를 벗어나 기술, 산업, 경제 및 사회에 급격한 영향을 미치거나 향후 수년 내에 메가 트렌드와 빅뱅 파괴를 선도할 것으로 예측되는 첨단 기술이다. 매년 가트너의 발표에 맞춰 전 세계 글로벌 기업과 실리콘밸리의 기업은 신속하게 전략을 재점검하고 유연하게 전략을 수정 · 선회 · 강화한다.

가트너가 발표한 2018 ICT 기술 트렌드는 '지능형 디지털 메시(Intelligent Digital Mesh)를 향한 다양한 진보'로 요약된다. 가트너는 총 10개의 기술을 지능(Intelligent), 디지털(Digital), 메시(Mesh)로 구분했다.

지능 분야에는 인공지능 강화 시스템, 지능형 앱과 앱 분석, 지능형 사물을 소개하고 포괄적 관련 기술로서 빅데이터와 딥 러닝, 머신 러닝과 증강 분석, 자율 주행차와 지능형 드롯, 지능형 로봇이 있다. 디지털 분야에는 디지털 트윈, 클라우드에서 에지로의 전환, 대화형 플랫폼, 몰입 경험이 있다. 디지털 트윈 환경에서 센서 데이터에 대한 고성능 시뮬레이션과 차세대의 제조 혁신, 에지 컴퓨팅에 기반한 분산형 컴퓨팅 기술과 스마트 엣지 데이터 센터를 강조하였고, 대화형 플랫폼을 통한 인공지능 스피커, 대화형 음성 인식과 스마트 홈의 확산을 유망 분야로 선정했으며, 몰입 경험 분야에서는 혼합 현실 헤드 마운트 기기 등을 제시했다. 메시 카테고리에는 블록체인의 이종 산업 침투 확대와 이벤트 기반의 모듈 및 아키텍처, 디지털 환경에서의 보안 환경 구축을 위한 신뢰성 평가 접근법이 있다.

이후 가트너가 발표한 2019 ICT 전략 기술 트렌드 역시 지능, 디지털, 메시 기조를 그대로 유지하고 세부적인 기술 내용의 변화를 발표했다. 이번 발표에서 지능 분야는 자율 사물, 증강 분석, 인공지능 주도 개발을 선택하였고, 디지털 분야는 디지털 트윈, 자율권을 가진 엣지, 몰입 경험, 메시 분야에서는 블록체인, 스마트 공간이 선택되었다. 지능, 디지털, 메시 분야 이외에는 디지털 윤리와 개인 정보 보호, 양자 컴퓨팅을 제시하여 추가적인 관심을 유도하였다. 특히 이번 발표에서 주목되는 부분은 인공지능 주도의 개발이다. 인공지능이 이제는 가상의 개발자가 되어 서로 협업하고 개발을 수행하는 것이다. 이미 글로벌 ICT 업체들은 학계와 협력하여 발빠르게 관련 논문과 특허 등록을 추진하고 있으며, 마이크로소프트는 캠브리지 대학과 협업하여 개발한 자동화 코딩 기술인 딥코더(DeepCoder)를 발표해서 주목을 받고 있다.

시장 분석과 적합도 검증

메가 트렌드와 이머징 이슈, 기술 트렌드를 확인하였다면 실질적으로 비즈니스를 수행할 타깃 사업과 그에 관련된 기술 변화에 연결해 기술 및 외부 환경을 분석한다. 4차 사업혁명 이후 기업들은 자사의 IT 인프라 및 마케팅, 전략 수립, 프로젝트 추진, 신사업 분야에 ICT 기술을 활용하고 있다. 기업의 디지털 트랜스포메이션을 넘어 새로운 가치를 창출하고자 하는 것이다. ICT 기반 B2B 비즈니스는 고객 기업의 IT 인프라 환경과 일하는 방식, 기업의 전략 전반에 영향을 미치므로 이에 따른 파급 효과를 명확하게 제시해야 한다. 고객 기업의 정보화 전략 수립 컨설팅(ISP, Information Strategy Planning)과 정보 시스템 마스터플랜 컨설팅(Information System Mater Plan)을 함께 제공하여 전반적인 미래의 청사진을 그릴 수 있어야 한다. B2B 비즈니스는 고객의 일하는 방식과 기본 프로세스에도 영향을 줘서 변화하라고 요구하는 것이기 때문에 고객 기업의 BPR(Business Process Reengineering, 기업의 업무 재설계)과 PI(Process Innovation, 프로세스 혁신) 컨설팅 역할을 수반하며, 궁극적으로는 기업 아키텍처(Enterprise Architecture)와 정보 시스템 아키텍처(Information Architecture) 컨설팅의 영역까지 포함해 기업 고객의 IT 거버넌스에 지속적으로 관여하는 사업 파트너가 되어야 하는 것이다.

아무리 뛰어난 기술력과 제품, 솔루션을 보유하였다 하더라도, 그것을 판매할 시장과 구매할 고객이 존재하지 않는다면 비즈니스를 원활하게 수행하기 어렵다. 현재 영위하는 사업이 과거에는 높은 성장 추세를 보였지만 향후 지속적으로 성장율이 감소하는 사양 산업인지, 혹은 높은 성장율이 예상되는 성장 산업에 속해 있는지를 파악해야 한다. 사양 산업과 성장 산업을 구분하는 명확한 기준은 없다. 유엔 통계처(UNSD)의 국제 표준 산업 분류(ISIC)가 있으며, 국내에서는 UNSD의 ISIC를 기반으로 통계청에서 10차 개정을 통하여 '한국 표준 산업 분류'를 발표하였다. 이렇게 분류된 산업이 사양 산업인지, 성장 산업인지는 실제 각 산업의 세부 사항을 직접 분석하는 시장 분석(Market Analysis) 과정을 수행해야 알 수 있다. 해외 글로벌 기업 및 국내 대기업은 시장 분석

구분	2017	2018	2019	2020	2021
BPaaS 서비스형 비즈니스 프로세스	42.6	46.4	50.1	54.1	58.4
PaaS 서비스형 플랫폼	11.9	15	18.6	22.7	27.3
SaaS 서비스형 소프트웨어	60.2	73.6	87.2	101.9	117.1
클라우드 관리 및 보안 서비스	8.7	10.5	12.3	14.1	16.1
IaaS 서비스형 인프라	30	40.8	52.9	67.4	83.5
총계	153.5	186.4	221.1	260.2	302.5

의 기본 데이터를 시장 분석 전문 기관으로부터 매년 구입한다. 가트너, IHS, IBM, IDG, 닐슨, 인피니온(Infineon), 딜로이트, KPMG, 일본의 야노 경제 연구소, 프로스트 앤 설리반(Frost & Sullivan), IBIS 월드 등 다양한 업체가 다양한 산업과 시장 정보를 분석하여 제공하는 서비스를 하고 있다. 이러한 데이터를 기업 내의 마케팅 부서와 상품 기획 등 전략 부서에서 재해석하여 사업을 진행할 시장을 분석하는 것이다.

클라우드 비즈니스 시장을 분석한다면 IDG, 가트너의 오픈 리포트를 이용하여 빠르게 시장을 파악할 수 있다. 시장 분석의 시작은 전체 시장 규모와 시장을 구분하는 기준을 아는 것이다. 가트너는 전체 퍼블릭 클라우드 시장 규모를 2018년 1864억 달러로 추산하며, 2021년에는 3025억 달러가 될 것으로 예상하고 있다. 또한 클라우드 산업을 서비스형 비즈니스(BPaaS), 서비스형 플랫폼(PaaS), 서비스형 소프트웨어(PaaS), 클라우드 관리 및 보안, 서비스형 인프라(IaaS) 등 다섯 가지로 구분하였으며, 기업의 경영 전략과 병행하여 비즈니스 성과를 창출할 수 있도록 설계된 SaaS의 수요가 지속적으로 증가할 것이며 IT 인프라 운영 부담을 서비스형 퍼블릭 클라우드로 전환하려는 IaaS의 성장이 두드러질 것이라고 손꼽았다.

B2B 비즈니스 마켓 센싱 과정에서 전문 시장 조사 기관의 데이터를 이용하지 않는다면 시장을 객관적으로 분석하기 어렵다. 비즈니스 초기에는 사업을 시작하는 데 필요한 진입 비용으로 인식하고 시장 조사 리포트를 구매하여 시장의 크기, 성장률, 시장의 구조 분석, 경쟁사 및 제품 정보를 일목요연하게 파악하는 것이 좋다. 하지만 시장 조사 기관의 데이터 수집 방식은 아직도 각 해당 기업에 매출 자료를 요청한 다음 회신을 받아 처리하는 설문지 조사 방식이다. 그런데 많은 기업체가 매출이나 제품 출하 수량을 임의로 수정하여 과도하게 부풀리는 경향이 있다. 시장조사 기관은 검증하지 않고 그 데이터를 이용한다. 심지어 글로벌 선도 업체에도 이러한 관행이 존재하기 때문에 고가의 시장 조사 자료는 늘 신뢰성을 의심받고 있다. 이 문제를 해결하고자 각 기업체는 매년 자체적인 적합도 검사(Feasibility Test)를 실시한다. 작년 기준으로 1년 후의 시장 데이터를 그 다음해의 실질 데이터와 비교 분석하여 오차를 찾아내고 보완하여 상용 데이터의 적확도를 누적해서 평가하는 방식이다. 기업 자체적으로 시장 조사 리포트의 신뢰도를 80퍼센트, 90퍼센트 등으로 재평가하는 것이다. 또한 미국 마케팅 협회인 AMA에서는 매년 시장 조사 업체를 조사하여 상위 50개의 순위를 발표하기 때문에 업체의 공신력을 평가하는 지표로 이용되고 있다.

경쟁사 분석

시장 분석을 마친 후에는 각 시장에서의 주요 플레이어, 경쟁사를 분석한다. 글로벌 기업은 언제나 경쟁 기업에 대한 관심의 끈을 놓지 않는다. 항상 이들에게 실시간으로 연결되어 경쟁사의 움직임을 감지하고 분석, 전략 수정, 방향 전환의 과정을 민첩하고 유연하게 진행한다.

4차 산업혁명의 또 다른 수혜 비즈니스인 로봇 비즈니스를 살펴보자. 로봇 시장의 다양한 비즈니스 영역을 다음과 같이 산업 버티컬과 로봇의 용도, 팔, 다리와 바퀴, 머리로 구분하여 상세화할 수 있다. 이처럼 시장을 세분화하면 각 세분화된 시장의 주요 플레이어, 경쟁사의 구분과 관련 기술 동향, 고객 파악이 더욱 용이해진다.

로봇 비즈니스를 준비하는 기업과 스타트업이라면 기술을 검토·분석·확보하는 과정을 마친 후에 비즈니스 모델과 플랫폼 개발 전략을 수립하면서 시장 동향을 분석한다. 이 과

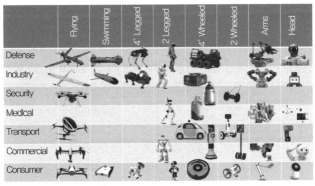

8 types of robots classified by means of mobility

정에서 다양한 매체를 통하여 시장 분석 자료를 접하게 된다. 글로벌 로봇 비즈니스의 경우 주로 IFR(International Federation of Robotics)에서 제공하는 자료 및 매사추세츠 로보틱스 클러스터, 실리콘밸리 로보틱스 클러스터, 글로벌 시장 동향 분석 기관의 자료를 이용한다. 이러한 통계 자료를 이용할 경우에는 현재 발표된 데이터 및 최소 2~3년의 과거 데이터를 함께 입수하여 통계적인 수치가 유의미한 것인지, 오류는 없었는지, 새롭게 변화되는 부분은 어떤 항목인지 파악하여 비즈니스의 인사이트를 발굴해야 한다. 또한 기술 변화의 정도가 빠르고 시장의 성장세가 급격한 로봇 비즈니스의 경우에는 지속적인 시장 동향 및 기술 동향, 업계의 움직임을 파악하여 메가 트렌드와 일반 트렌드, 패즈를 구별해서 비즈니스 모델을 발굴하는 것이 중요하다.

글로벌 로봇 시장은 제조업용 로봇 시장과 전문 서비스, 개인 서비스용 로봇 시장으로 구분하는 것이 일반적이다. 제조업 로봇은 일본 기업들이 절대적인 위치를 차지하고 있으며, 글로벌 10대 기업에 7개의 기업을 순위에 올리고 있다. 특히 화낙, 야스카와(Yaskawa), 가와사키(Kawasaki)는 글로벌 상위 5

글로벌 10대 제조업용 로봇기업 순위(누적 판매량 기준), IFR World Robotics

순위	기업명	총 판매량	순위	기업명	총 판매량
1	Fanuc(일)	400,000	6	Denso(일)	95,000
2	Yaskawa(일)	300,000	7	KUKA(독)	80,000
3	ABB(스위스)	300,000	8	Mitsubishi(일)	70,000
4	Kawasaki(일)	110,000	9	Epson(일)	55,000
5	Nachi(일)	100,000	10	Staeubli(스위스)	45,000

개 회사로 분류되어 세계 제조업용 로봇 시장을 선도하고 있다. 일본의 제조업용 로봇 기업은 생산 로봇의 70퍼센트를 수출하고 있으며 주요 수출 대상국은 중국, 미국, 한국, 독일, 대만이다.

제조업용 로봇의 기술 동향을 살펴보면 스마트 팩토리, 인간과 로봇의 협업, 기계학습을 손꼽을 수 있다. 스마트 팩토리는 ICT 기술을 기반으로 제조 공정의 모든 단계를 자동화, 지능화, 디지털 트윈화를 구축한 차세대 공장이다. 공장 내 설비 및 기계 장치에 사물인터넷 센서와 엣지 컴퓨팅 기술을 접목하여 실시간으로 발생되는 빅데이터를 분석하고, 능동적 의사 결정으로 자동화 관리, 고장 진단, 문제 사전 예측 및 시뮬레이션 가상화를 수행할 수 있다. 독일은 인더스트리 4.0 정책의 일환으로서 스마트 팩토리 생산 체제로 이행하겠다는 전략을 2013년부터 추진해 왔으며, 지멘스, 아디다스, 보쉬 등이 이미 스마트 팩토리를 구축하였다.

실제로 스마트 팩토리 시장을 장악하고 있는 기업들은 독일 지멘스, 미국 로크웰 오토메이션(Rockwell Automation), 일본 미쯔비시가 대표적이다.

일반적으로 시장 조사 업체는 매출을 기준으로 업계를 선정한다. 무형의 요소인 제품, 솔루션, 플랫폼과 생태계, 솔루션의 확장과 연결, 고객 지원과 서비스 능력 등을 수치화하여 평가할 수 없기 때문이다. 그러나 결국 경쟁사 분석은 고객이 현재 처해 있는 문제점을 어떻게 해결해줄 것인가를 기준으로 삼아야 한다. TCO 관점, IT 운영 자산의 원활한 트랜스포메이션, 레거시 시스템과의 운영 호환성과 오픈 소스와의 상호 연동 여부, 지속적인 신규 기술 접목 가능성, 기술 지원 여

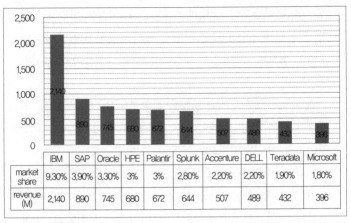

	IBM	SAP	Oracle	HPE	Palantir	Splunk	Accenture	DELL	Teradata	Microsoft
market share	9.30%	3.90%	3.30%	3%	3%	2.80%	2.20%	2.20%	1.90%	1.80%
revenue (M)	2,140	890	745	680	672	644	507	489	432	396

Top 10 글로벌 빅데이터 기업 순위, Statista, IDC, Gartner 자료 수정

부와 교육, 현장 대응 등 상황에 따라 평가 기준이 달라진다. 또한 4차 산업혁명과 과학기술 발달로 ICBM+AI 기술은 서로 융복합하고 있다. 이제는 빅데이터를 도입하려고 클라우드를 검토하며, 지능형 마케팅과 소셜 마케팅도 함께 고려한다. 기업의 부설 연구소에서 '서비스로서의 연구개발'까지 검토한다. 빅데이터의 데이터나 클라우드의 보안을 위하여 추가적인 솔루션을 검토해야 한다. 그리고 기업의 전산 인프라인 ERP, MES와의 호환성과 확장성을 함께 검토해야 한다.

글로벌 기업의 B2B 사업 담당자들은 유연한 스코어카드(Score card)를 지참한다. 고객의 특성과 상황에 따라 민첩하게 스코어 카드에 등재된 각 평가 항목의 가중치를 변경하여 최적의 업체, 제품, 솔루션을 고객에게 제시한다. 이들은 자사의 제품과 솔루션이 미흡하다면 경쟁사 제품과 솔루션까지도 일시적으로 합종연횡해서 비즈니스를 창출하며, 통합 컨설팅과 비즈니스 확장을 도모한다. 전략적 제휴로 고객을 초기에 접촉하는 단계부터 연합 전략을 펼치는 경우도 있다. 또한 이들은 현재 속한 비즈니스 영역 이외에도 인접한 산업의 시장과 플레이어, 플랫폼과 솔루션을 검토한다. 초연결로 모든 산업, 기술의 경계가 융복합하기 때문이다. 빅데이터는 소셜 데이터를 이용하는 마케팅 분야를 벗어나 기업의 연구개발, 경영 예측 및 의료, 자율 주행차 개발 분야로 진입하고 있으며, 사물인터넷은 이제 IIoT(산업용 사물인터넷)와 엣지 컴퓨팅으로 새로운 기회를 창출하고 있기에 B2B 비즈니스에 종사하는 모든 임직원은 자사의 비즈니스 영역뿐만 아니라 인접 산업, 이종 산업에 연결하여 변화의 흐름을 감지, 분석해 인사이트 도출까지 이끌어 내야 한다.

고객 분석

고객 분석 파트에서는 고객사별 특성과 당사의 관계를 파악한다. 고객사는 어떠한 차별적인 전략을 가지고 있는지를 파악하는 과정이며, 고객의 세분화된 특성을 파악해 고객을 대하는 세분화된 방법을 찾아내는 단계다. 고객사의 구매 센터를 파악하고 의사결정의 과정, 구조를 파악하며 고객의 소비 행태를 분석한다. 고객은 어떤 기준으로 상품을 구매하고, 어느 경로를 통하여 정보를 얻고 어떠한 유통 채널을 선호하는지를 밝혀내야 한다. 또한 당사의 제품과 솔루션으로 고객에서 어떠한 가치를 제공할 수 있는지를 파악해 전략을 수립하고 실행한다. 고객을 분석하는 빠르고 안전한 방법은 버티컬 마켓(Vertical Market)으로 구분하는 것이다. 버티컬 마켓은 B2B 비즈니스 공급 업체가 특정 산업, 무역, 직업 또는 전문

적인 필요를 가진 다른 고객 그룹에게 특정한 상품과 서비스를 제공하는 시장이다. 유사한 사업 종류를 묶어서 그룹화하고, 그 안에서 고객을 찾는 것이다. 소매업이나 일상 소비재(FMCG: Fast Moving Consumer Goods) 업계를 하나의 버티컬 마켓으로 그룹화하거나, 물류, 대중 교통, 정부 고객, 헬스케어 등으로 구분하는 방식이다. 동일한 버티컬에 속하는 고객 집단은 대부분 유사한 비즈니스 니즈와 원츠를 갖기 때문이다. 이렇게 구분된 버티컬 내의 주요 업체가 누구인지 파악하는 것이 B2B 비즈니스의 고객 분석이다.

예를 들어 위 그림은 산업용 단말기를 만드는 한 국내 업체의 버티컬별 주요 고객의 목록이다. 리테일, 일상 소비재 버티컬에 속하는 주요 고객은 트라이얼(Trial), 다이소, 콜스(Kohl's), 디즈니, 세븐 일레븐, P&G, 테스코(Tesco), 펩시코(Pepsico)다.

리테일 버티컬을 핵심 비즈니스 영역으로 선정하였다면

선정된 버티컬에서의 핵심 플레이어를 확인해야 한다. 리테일 산업에서의 글로벌 리딩 기업 순위는 월마트, 코스코(Cosco Wholesales), 크로거(Kroger Company), 테스코, 까르푸(Carrefour SA), 아마존, 메크로 그룹(Metro Group AG), 홈데포(The Home Depot), 타깃으로 구성되어 있다. 고객 리스트에 테스코 등 글로벌 리딩 기업이 등재되어 있다는 것은 그만큼 B2B 비즈니스에서 버티컬의 주요 고객을 올바르게 공략하고 있다는 뜻이다. 하지만 10위권 중에서 아직 공략하지 못한 기업이 있다. 이러한 플레이어들은 결국 경쟁사의 고객이 된다. 결국 사업의 성패는 경쟁사로 넘어간 주요 플레이어들을 빼앗아 오는 것이고, 기존 고객을 유지하며 신규 고객을 확보하는 것이다. 일상 소비재 분야 역시 유사하다. 일상 소비재 버티컬에는 네슬레, 존슨앤존슨, P&G, 펩시코, 유니레버(Unilever), AB인베브(AB InBev), 코카콜라, JBS, 필립 모리스, 로레알 등의 기업이 포진하고 있다. 앞서 사례로 든 업체의 경우 펩시코를 주요 고객으로 확보하고 있다. 하지만 여전히 글로벌 선도 기업을 고객으로 확보하지 못한 상태다. 이러한 고객이 현재 어느 경쟁 업체의 제품과 솔루션을 사용하는지를 확인하고, 이들을 자사의 고객으로 끌어 오는 것이 사업의 성패를 좌우한다.

기술 경쟁력

오픈 소스와 특허에 연결하라

경쟁사와 비교할 때 가장 빠르고 정확한 방법은 핵심 경쟁 요소, 즉 스펙 비교를 하는 것이다. 스펙이 뒤지는 제품은 고객들에게 낙후된 제품으로 인식되며, 기업의 기술력의 부족, 개선 의지 부족으로 인지되기 쉽다. 또한 B2B 비즈니스에서는 고객의 RFP(Request for Proposal) 등에서 특정 심사 기준을 부여해 경쟁사의 진입 시도 자체를 무산시켜 버릴 수 있다. 제품이라면 경쟁사와의 경쟁력 비교 후 개발 계획을 수립하고 제품이 출시되면 그 시점에서 다시 한 번 경쟁사들의 제품과 비교해야 한다. 자사가 부족한 경쟁 요소를 보완하는 동안 경쟁사 역시 다양한 방법으로 새로운 경쟁 요소를 만들거나, 기존 경쟁 요소를 지속적으로 강화하기 때문이다.

ICT 기술은 점차 규모가 방대해지고 있으며, 기술의 경계가 모호해지고, 융복합을 추구하고 있다. 인공지능, 빅데이터, 사물인터넷, 로봇, 센서 기술 등이 융합하고 있으며, 개방성과 집단 지성을 이용하는 오픈 소스는 최고의 전성기를 맞이했다. 오픈 소스 재단(Foundation)이 광범위하게 증가하고 오픈 소스가 활발하게 상용화되고 있음을 확인할 수 있다. 오픈 소스 프로젝트에 합류하는 소프트웨어 및 하드웨어 기업, 실리콘밸리와 글로벌 ICT 기업이 지속적으로 증가하고 있기 때문이다. ICT 글로벌 기업이 비영리 재단을 설립하여 오픈 소스 프로젝트를 공동 추진하는 전략을 취하고 있으며, 이에 따라 더 많은 개발자가 유입되고 있다. 이제는 오픈 소스가 업계의 표준이 되어가고 있는 실정이다. 클라우드를 비롯하여 빅데이터의 핵심 기술도 모두 오픈 소스로 구축할 수 있다. 빅데이터의 핵심 기술인 하둡은 비정형 데이터를 저장하고 분석하는 빅데이터 플랫폼이다. 데이터를 분산 처리하는 맵리듀스(MapReduce) 역시 오픈 소스다. 이제 글로벌 ICT 기업들도 자사의 솔루션을 오픈 소스 기반으로 새롭게 확장하여 연결한다. 이로써 확장의 극대화와 신속한 기술 수용을 추구하고 있다. 이제 각 기업과 스타트업은 오픈 소스 커뮤니티와 얼라이언스(Alliance)에 연결하여 정보와 기술을 취득하고, 이러한 커뮤니티로부터 나올 사실상의 표준화(De facto Standard) 움직임을 파악하여 뒤쳐지지 않도록 해야 한다.

자신만의 플랫폼과 생태계로 폐쇄 정책을 고수하던 애플도 오픈 소스 대열에 합류했다. 애플은 프로그래밍 개발 언어인 스위프트와 의료 분야의 연구를 지원하는 헬스케어 리서치킷을 오픈 소스로 공개했다. 애플의 생태계를 오픈 소스로 확장한 것이다. 오픈 소스 운동에서 공공의 적으로 인식되던 마이크로소프트는 깃허브를 인수하여 수많은 노하우와 기술, 자산을 한 번에 흡수하였으며, 자사의 프로그래밍 개발 환경인 닷넷, 리눅스 개발 환경인 닷넷 코어를 오픈 소스로 전환했다. 클라우드 비즈니스를 장악하고 있는 아마존의 AWS도 레드햇의 RHEL 코드를 이용하여 개발되었다. 이제는 독립적이고 독창적인 개발 제품과 서비스가 중요하지 않다. 오픈 소스를 이용하여 누가 더 빠르게 기술 변화의 흐름을 읽고 신속하고 민첩하게 제품과 솔루션을 결합하여 고객의 문제점을 해결하는가에 비즈니스의 성패가 달린 것이다.

또한 기술 경쟁력을 확보하려면 특허에 연결되어 있어야 한다. 특허와 연결하면 각 글로벌 기업 및 기술의 동향과 이에 연계된 비즈니스의 움직임을 예측할 수 있으며, 글로벌 특허 괴물들의 공세가 어떻게 흐르는지 파악할 수 있다. 특허는 글로벌 기업이나 스타트업에게는 사업 보호 및 경쟁사를 견제하는 역할을 하며, 미래 신기술 관련 특허를 미리 확보하면 기술과 비즈니스를 선점할 수 있다. 경쟁사 혹은 글로벌 기업의 특허 출원 내역을 파악하여 이들의 기술 동향과 신사업 진출 준비 내역을 추론하는 무기로 활용할 수도 있다.

플랫폼 연결

최근 글로벌 ICT 기업 및 유니콘, 데카콘 기업은 이미 플랫폼을 소유하고 생태계를 구축하였으며, 플랫폼의 진화를 넘어 비즈니스의 확장으로 시야를 넓히려는 움직임을 보이고 있다. 글로벌 경쟁 기업과도 서로 합종연횡을 하여 다른 경쟁자를 연합 전선에서 배제하는 카르텔을 형성하기도 한다. 인공지능 비서 서비스의 최강자인 아마존이 마이크로소프트와 인공지능 플랫폼과 관련 기술을 협업하기로 공표하였고, 이에 대한 반격으로 월마트와 일본의 라쿠텐이 연합하여 아마존의 앞 마당인 전자책과 오디오북 비즈니스에 공격을 가하기 시작했다. IIoT 플랫폼과 패스트웍스로 4차 산업혁명의 선구자로 인지되던 GE는 인하우스 제품 개발 전략을 수정하여 클라우드 분야에서 아마존, 마이크로소프트와의 전략적 제휴를 선언했다. 글로벌 통신사, 통신기기 제조 기업들도 플랫폼 연결 움직임에 합류하고 있다. 이들은 오픈소스 인공지능 프로젝트인 아큐모스를 개발하는 LF 딥러닝 재단에 합류하여 5G 등 차세대 이동통신 환경에 공동으로 대응하고 있다.

LG전자는 인공지능 브랜드인 스마트싱큐로 자체 인공지능 스피커 제품 라인업을 확보하고 있지만, 아마존 에코, 구글 어시스턴트 제품과 연동하는 오픈 플랫폼, 오픈 커넥티비티, 오픈 파트너십 등의 전략을 공개했다. 구글은 자사 제품인 구글 지도를 이용하겠다는 입장을 선회하여 카카오와의 협력을 선포하고 안드로이드 오토를 출시했다.

최근 ICT 기술 발전은 그 어떤 기업이라도 독자적이고 독립적인 솔루션과 플랫폼, 고객 가치를 제공해서 시장을 장악하기 어렵게 만들었다. 구글의 동영상 플랫폼 유튜브에 대항하는 페이스북의 동영상 플랫폼 워치가 출시되었고, 네이버와 카카오도 동영상 플랫폼 강화에 나섰다. 인공지능 분야에서도 아마존의 선두 자리는 구글과 애플에 의하여 언제든지 바뀔 가능성이 있다. 사물인터넷, 빅데이터, 로봇 비즈니스 분야에서도 다수의 기업이 시장의 파이를 나누고 있다. 새롭고 진화된 기술에 대한 수용 및 서비스 창출 속도가 빨라지고 있으며, 이제는 삼성의 반도체마저 초격차의 간격이 좁혀지고 있다. 그 원인은 바로 대부분의 기업이 개방형 전략을 취하여 빠르게 기술 격차를 좁히고, 시장의 파이를 나누어 선두 기업의 견고한 위치를 흔들고 있기 때문이다.

기업과 스타트업이 과도한 인프라 구축 비용 등 때문에 독자적인 플랫폼을 준비하기 어렵거나 비즈니스 타이밍을 고려해 신속하게 서비스를 출시하려 한다면, 이미 만들어진 견고한 플랫폼에 연결하고 생태계에 합류하여 비즈니스를 수행하는 전략을 취해야 한다. 주목할 만한 사례가 페이스북의 비즈니스 인큐베이팅 프로그램인 플랫폼 밋업(Meetup)이다. 페이스북은 이 행사를 통하여 자사의 플랫폼을 기반으로 비즈니스를 수행하려는 기업을 모아 플랫폼 기술을 공유하고 글로벌 워크샵을 진행해 비즈니스 성공, 실패 사례를 공유하고 있다. 특히 페이스북의 FB스타트(FBStart) 프로그램은 실리콘밸리 ICT 기업의 모범 사례로서 각종 MBA 프로그램과 스타트업 교육 프로그램에서 인용되고 있다. FB스타트는 스타트업이 겪는 어려움을 직접 해결해주는 문제 해결식 인큐베이팅 프로그램이다. 개발 장비와 인프라를 무료로 지원하고, 페이스북의 전문가들이 직접 기술 컨설팅과 코칭을 해주며 글로벌 커뮤니티를 형성하여 준다. 페이스북의 개발자 지원 프로그램인 디벨로퍼 서클즈(Developer Circles) 역시 글로벌 ICT 기업이 벤치마킹하고 있다. 단순 오픈소스 커뮤니티의 차원을 벗어나 개발자 포럼, 개발자를 위한 무료 교육을 해주며 초급 개발자부터 전문가에 이르기까지 자연스럽게 페이스북의 생태계로 유입시키고 있다.

오마에 겐이치는 21세기의 부는 플랫폼에서 나온다고 주장하며 플랫폼의 중요성을 강조하였고, 안드레이 학주와 히라노 아쓰시 칼의 『플랫폼 전략』이 소개된 이후 이미 많은 시간이 지났다. 플랫폼의 중요성을 깨달은 국내 대기업과 인터넷 기업, 스타트업을 준비하는 창업가들은 제2, 제3의 구글, 페이스북, 트위터 등을 꿈꾸며 플랫폼을 구축하려 노력해 왔지만 선발 기업의 플랫폼과 생태계는 견고하기 그지 없다. 이제 플랫폼에 대한 인식이 바뀌어 가고 있다. 독자적이고 독립적인 플랫폼 개발이라는 과거의 인식을 탈피하여 플랫폼과 생태계도 장악하지 않고 협력하는 공유 경제의 대상으로 간주해야 한다. 비즈니스 기회 창출에 합류하고, 전략적 민첩성과 학습 능력으로 기술 수용 능력과 활용성을 배양하며, 린 스타트업 방식으로 새로운 플랫폼을 점검하고 고객을 검증해 대안을 확인하고 진화시켜야 한다.

원가 절감 및 차별화

자사 및 경쟁사 분석에서 흔히 간과하는 부분이 원가 절감과 차별화다. 스마트폰 업계가 폴더블 스마트폰으로 새로운 경험과 가치를 제시하더라도 가격이 고객이 수용 가능한 심리적 지지선을 상회한다면 비즈니스의 성공을 예견하기 어렵다. 고객에게 새로운 가치와 경험을 제공하면 고객은 언제나 그에 상응하는 대가를 지불한다는 정책을 고수해온 애플도 아이폰 XS와 XR의 고가 정책 탓에 예상 판매량을 훨씬 밑도는 실적을 받아야 했다. 경쟁 주자는 즉시 원가 절감과 차별화를 무기로 반격하여 이탈 고객을 움켜쥔다. 비즈니스를 하면서 경쟁사와의 가격 경쟁은 피할 수 없다. 기업의 이익률을 줄여 비즈니스를 수행하기도 하지만, 근본적으로는 제품 및 솔루션의 원가를 극한까지 절감하는 방법을 찾아야 한다. 자사와 경쟁사의 제품을 모두 TDR 하여 비교 분석하고, 부품 하나까지도 세심하게 원가를 관리할 필요가 있다. 2018년 기준으로 삼성전자의 휴대폰 연간 판매량은 4억 대 수준이다. 갤럭시 S10 모델을 만들면서 한 부품의 원가를 1원 줄일 수 있다면 산술적으로 연간 4억 원의 절감 효과를 얻는다.

원가 분석을 진행하면서 사용하는 방법은 ERRC(Eliminate, Raise, Reduce, Creation) 기법이다. 제거할 것, 향상시킬 것, 절감할 것, 새롭게 추가하거나 만들어야 할 것을 구분하여 원가 절감을 진행한다. 기구 금형 설계 및 구조 변경을 통한 원가 절감, 회로 설계, 기능 제거를 통한 절감, 핵심 부품의 자사화를 통한 원가 절감, 대량 구매 등을 통한 원가 절감을 진행할 수 있다. 원가 절감 이외에도 무엇을 어떻게 차별화해서 고객에게 새로운 경험과 가치를 전달할 것인가의 문제는 언제나 비즈니스의 핵심 과제다. 핵심 부품을 자체 개발하여 대체함으로써 원가를 절감할 수 있으며, 모듈화 설계를 통하여 다양한 라인업을 손쉽게 전개하는 방법도 있다. 연구개발 분야에서는 표준화, 공용화 설계로 쉽게 파생 모델을 만들고 국제 표준 규격이나 프로토콜을 지원해서 호환성을 높이며, 오픈 소스를 이용한 신속한 제품 개발 등을 수행할 수 있다. 경쟁사들이 따라오지 못하는 기능, 성능, 사용자 편의성, 인터페이스, 디자인의 차별화, 고객에게 제공되는 가치의 차별화를 이루어야 하는 것이다.

플레이북,
B2B 비즈니스 작전 계획서

B2B 비즈니스를 위한 플레이북

일반적인 B2B 비즈니스는 프로세스 기반의 절차적 접근 방식으로 진행되기 때문에 애플, IBM, GE 등 글로벌 기업들은 이를 B2B 비즈니스 프레임워크(Business Framework)로 규정하고 끊임없이 비즈니스 프로세스 개선(Business Process Reengineering)과 프로세스 혁신(Process Innovation)을 추구한다. 그리고 이를 실질적인 행동 지침서인 플레이북으로 만들어 실전 비즈니스에 활용하고 있다. 기업 인프라와 자산의 디지털 트랜스포메이션 기조에 따라 플레이북 역시 디지털화되고 있으며, 빅데이터, 인공지능 기술과 연동하여 지속적으로 진화하고 있다. IBM, 가트너, BCG(Boston Consulting Group) 등 전략 컨설팅 업체는 기업을 상대로 B2B 비즈니스를 위한 플레이북 제작 서비스를 제공하고 있으며, 인공지능 서비스 컨설팅 업체들도 빅데이터 분석과 인공지능을 결합해 B2B 비즈니스 플레이북을 제작하는 사업을 새로운 비즈니스 창출 기회로 인지하고 추진하고 있다.

플레이북은 B2B 비즈니스에 필요한 모든 요소를 포함한다. 엑센츄어는 "일관된 비즈니스를 위한 프로세스 워크플로우와 표준 운영 절차, 기업의 문화적 가치가 내재된 비즈니스 행동 지침과 규약"이라고 플레이북을 정의했다. 하지만 불확실성이 가중되는 4차 산업혁명 시대에 맞게 글로벌 기업들은 플레이북을 진화시키고 있다. 정형 프로세스와 비정형 프로세스, 표준화된 운영 절차 및 비즈니스 환경, 고객 상황 및 경쟁 상황에 따라 변화하는 비표준 운영 절차를 실시간으로 반영하여 인공지능과 빅데이터 분석까지 가능한 전사적 지식 자원 시스템으로 확대하는 추세다. 플레이북에는 비즈니스 접근 방식, 사전에 결정된 행동 유형과 응답 방식, 고객 유형에 따른 접근 방법 등을 정의하는 다양한 전략이 포함되어 있기 때문에 B2B 비즈니스를 플레이북 기반으로 수행하면 비즈니스 매니저, 프로젝트 매니저, IT 컨설턴트의 개인별 능력에 상관없이 표준화된 절차를 따라 고객의 다양한 문제에 정형화된 방식으로 접근할 수 있다는 장점이 있다. 일부 기업은 플레이북 없이도 나름대로의 비즈니스를 수행하고 있다. 하지만 이러한 기업의 속내를 살펴보면 제품 개발, 구매, 생산, 마케팅, 영업 부서의 각 역량이 유기적인 전략체로 작동하지 않으며, 커뮤니케이션 오류와 비즈니스의 경중에 대한 오해로, 오히려 비즈니스 진행 중에 사일로 이펙트 등의 부작용이 발생하기도 한다. 외형적으로 일정 매출 이상을 달성한다고 하여도, 실제로 지속 성장에는 큰 장애가 되는 것이며 기업 내 임직원은 비전과 목표가 없으므로 주먹구구식으로 업무를 진행하다가 번아웃(Burnout)을 겪게 된다.

B2B 비즈니스 플레이북 제작 실전 사례

플레이북은 대형 컨설팅 업체에 의뢰해 제작할 수 있지만,

회사의 사정에 따라 자체적으로 제작해서 지속적으로 진화시키는 방법을 적용할 수도 있다. 글로벌 기업이나 로컬 기업의 성공 사례, 실패 사례를 모아 플레이북에 체크리스트로 반영하면 그 자체로 의미 있는 플레이북이 완성되는 것이다. 플레이북 없이 기업을 경영하기보다는, 미약하지만 베타 버전, 알파 버전, 0.1버전을 만들어 시작하고 지속적으로 학습 경험을 누적시켜 살아 있는 생명체로 만드는 과정이 있는 편이 좋다. 실리콘밸리의 스타트업 기업들 역시 플레이북을 제작한다. 이들은 해커톤, 구글 스프린트, 린스타트업 기법을 적용하여 단기간에 전력 질주의 방식으로 초안을 만들고 경영 활동을 수행하면서 지속적으로 생명을 불어넣는다. 플레이북의 소유가 목적이 아니라 비즈니스 활동이 진정한 목적이기 때문이다.

기업의 플레이북은 일반적으로 정해진 제작 순서에 따라 작성할 수 있다. 플레이북의 제작 순서는 '전략적 플레이북의 개발'→'플레이북 활용 방안 수립'→'플레이북 기반 운영 체계 수립'→'실행 로드맵 개발'로 요약된다. '전략적 플레이북의 개발'은 B2B 시장의 다양한 변화 요소를 분석하고 내부 정보를 체계화하는 과정의 일환으로 지역별, 산업별, 솔루션의 관점에서 시장, 경쟁사, 생태계의 체계를 수립한다. 두 번째 단계는 '플레이북의 활용 방안 수립' 과정이다. 이 단계에서는 타깃 시장과 핵심 어카운트를 선정하고, 목표 지향적으로 전사의 행동 규범을 규정하여 문서화하는 단계이다. 세 번째 단계인 '플레이북 기반 운영 체계 수립' 과정에서는 플레이북을 수행하는 데 필요한 역량을 분석하여 조직, 인력, 프로세스의 개선 방안을 정의하고 운영 계획을 수립한다. 마지막 단계

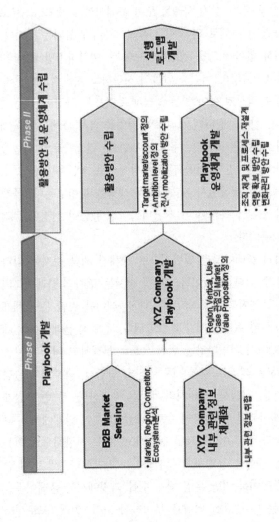

B2B 비즈니스를 위한 플레이북 개발 및 활용, 운영 체계 수립 단계

인 '실행 로드맵 개발' 과정에서는 플레이북을 활용하는 상세한 실행 과제를 도출해서 과제별 우선순위를 선정하고 실행을 단계적으로 분류, 분리하여 추진 로드맵을 작성하는 단계다. 가상의 기업인 XYZ 컴퍼니의 플레이북 제작 과정을 다음의 그림으로 나타냈다. 이 기업은 플레이북 제작을 위한 접근 방식을 플레이북 개발과 활용 방안, 운영체계 수립으로 구분했나.

B2B 마켓 센싱

첫 단계는 마켓 센싱이다. 이전에 살펴본 다양한 마켓 센싱의 여러 요소 중에서 XYZ 컴퍼니는 시장 분석, 경쟁사 분석, 생태계 분석을 진행하였고, 생태계 중 판매 채널에 대한 분석을 대표적인 결과물로 도출하기로 했다. XYZ 컴퍼니가 이미 비즈니스를 수행할 시장의 규모를 파악하고 있었으며, 글로벌 경쟁사의 시장 분류법에 따라 자사도 동일하게 시장을 세분화했고, 주요 경쟁사의 정보를 입수했기 때문이다. XYZ 컴퍼니가 선정한 경쟁 업체는 업계를 리드하는 데이터로직(Datalogic), 인터멕(Intermec) 두 업체다. 인터멕은 프리미엄 제품군과 솔루션 판매로 업계를 선도하고 있었으며, 데이터로직은 저가 제품으로 탄탄한 시장 점유율을 확보하고 있었다. XYZ 컴퍼니는 마켓 센싱을 통하여 이들 두 업체의 B2B 채널 분석을 시도했다.

마켓 센싱의 결과로 획득한 정보는 채널에 따라 접근 방식이 다르다는 사실이었다. 데이터로직은 직접 판매 채널(Direct sales channel) 비중이 10퍼센트인 반면, 세일즈 파트너를 통한 간접 판매 채널(Indirect sales channel)의 활용도는 90퍼센트에

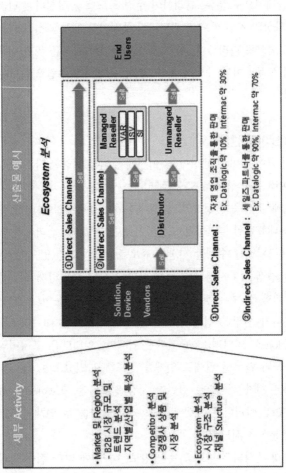

세부 Activity

- Market 및 Region 분석
  - B2B 시장 규모 및 트렌드 분석
  - 지역별/산업별 특성 분석

- Competitor 분석
  - 경쟁사 상품 및 시장 분석

- Ecosystem 분석
  - 시장 구조 분석
  - 채널 Structure 분석

산출물예시

Ecosystem 분석

①Direct Sales Channel

②Indirect Sales Channel

End Users

Managed Reseller
VAR
ISV
SI

Unmanaged Reseller

Distributor

Solution, Device Vendors

Sell

①Direct Sales Channel : 자체 영업 조직을 통한 판매
Ex. Datalogic 약 10%, Intermac 약 30%

②Indirect Sales Channel : 세일즈 파트너를 통한 판매
Ex. Datalogic 약 90%, Intermac 약 70%

플레이북 – 마켓 센싱

이르렀다. 인터멕은 직접 판매 채널의 비중은 30퍼센트, 간접 판매 채널의 이용은 70퍼센트의 비율이었다. GTM(Go to Market)을 통하여 실질 조사를 해봤더니 인터멕은 글로벌 판매 거점과 지역별 디스트리뷰터, 리셀러에 대한 체계적인 구조를 갖추었지만, 데이터로직은 특정 지역을 세외하고는 자체적인 영업 조직을 찾아볼 수 없었다. 비즈니스가 고도화되면서 ICT 컨설팅과 SI, 소프트웨어 호환 및 최적화 요구가 높아짐에 따라 인터멕의 판매 채널은 점차 자체 영업 조직을 통한 직접 판매가 증대되고 있다는 사실을 밝혀낸 것이다. 이에 XYZ 컴퍼니는 컨설팅 기반의 솔루션 통합 공급 비즈니스는 직접 수행하고, 그 이외의 물량, 가격 기반 판매는 디스트리뷰터, 리셀러를 대표 비즈니스 매니저로 선정하여 판매 이원화 전략을 추구하기로 했다.

판매 채널 분석

XYZ 컴퍼니가 다음으로 수행한 과정은 인터멕의 판매 채널(Sales Channel) 분석이다. 글로벌 판매 역량을 보유한 인터멕의 미주, 남미, 유럽, 아시아, 아프리카, 중동 등 판매 영역을 검토하고, 직접 판매와 간접 판매에 대한 핵심 어카운트 정보, 디스트리뷰터와 리셀러 정보를 파악하려 했다. XYZ 컴퍼니는 이러한 정보를 데이터 마이닝(Data Mining)하고자 일부는 전문 컨설팅 회사의 데이터를 구매하였고, 일부 정보는 해외 전시회, 비즈니스 영역을 다루는 리포트, 경쟁 기업의 IR 자료와 연간 리포트를 보고 전직 비즈니스 매니저와 경쟁 기업에서 이탈한 디스트리뷰터, 리셀러를 접촉하여 획득하였다.

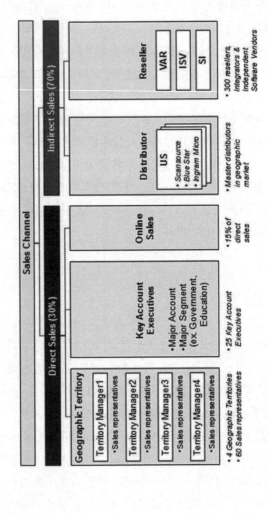

플레이북 – 판매 채널 분석

직접 채널 경로와 구성 요소를 파악해 보려고 각 대륙별 판매 법인과 세일즈 오피스 정보를 확보하였으나 대륙별 핵심 어카운트 정보를 단기간에 파악하기에는 역부족이었다. XYZ 컴퍼니는 이 부분을 전문 컨설팅 기업에서 구매하였다. 여기서 인터멕의 지역별 산업 버티컬과 각 버티컬에 해당하는 핵심 어카운트 정보를 입수하였고, 인터멕이 집중하는 산업 버티컬 영역을 간파했다. 간접 채널 경로는 상대적으로 데이터 마이닝이 수월했다. 스캔소스(Scansource), 블루스타(Blue Star), 잉그램 마이크로(Ingram Micro) 같은 대형 디스트리뷰터는 특정 제조 업체의 제품을 단독으로 취급하지 않는 멀티 벤더 전략을 취하기 때문이다. 또한 인터멕에서 이탈한 전직 디스트리뷰터와 리셀러에게 금전적으로 환산할 수 없는 비즈니스 노하우와 고객 정보를 획득할 수 있다. 글로벌 전시회는 대부분 인터멕이 직접 참여하지만, 중요도가 상대적으로 떨어지는 로컬 전시회, 컨퍼런스, 칵테일 미팅 등에는 규모에 따라 디스트리뷰터, 리셀러가 참여한다. XYZ 컴퍼니는 자사에 합류하고자 하는 예비 디스트리뷰터, 리셀러를 통하여 이러한 정보를 취득한 것이다.

제품군별 경쟁사, 자사 비교

  XYZ 컴퍼니는 또다른 비즈니스 영역으로 접근하기 위하여 마켓 센싱을 수행하였고 핵심 경쟁 기업으로 모토로리 솔루션즈(Motorola Solutions)와 하니웰(Honeywell)을 선정하였다. 두 회사는 이미 20년 이상 비즈니스 영역에서 업계의 리더였고, 이들이 만든 제품과 솔루션은 업계의 사실상의 표준이 되었다. 산업용 무전기와 휴대용 전화기로 출발한 모토로라 솔

ProductCategory		Motorola Sol.	Honeywell	XYZ Company
Mobile Computer	Handheld / PDA / Tablet	O	O	O
	Vehicle-mounted / Forklift / Kiosk	O	O	
	Wearable	O	O	O
Bar Code Scanning	Handheld Scanner	O	O	
	Stationary Scanner	O	O	
	Scanning Engines (OEM)	O	O	
Bar Code Printing	Desktop Printer		O	
	Industrial Printer		O	
	Mobile / Kiosk Printer		O	O
	Printing Engines (OEM)		O	
RFID	RFID Tag / Printer	O	O	
	RFID Antenna / Reader	O	O	O
	RFID Modules (OEM)	O	O	
Wireless Infra	Remote Access	O	O	
	Location Tracking	O	O	
Software	Device / Infra Management	O	O	
	Vertical Industry Application	△	△	

플레이북 – 제품 군별 경쟁사, 자사 비교 테이블

루션즈는 조사 당시 바코드 프린터를 제외한 영역에서 모든 제품군을 보유하고 있었으며, 하니웰은 이미 모든 제품군에서 다양한 제품을 확보하여 비즈니스를 수행 중이었다.

업계의 후발 주자인 XYZ 컴퍼니가 취한 전략은 선택과 집중이 아니라 '선택과 제거' 전략이었다. 경쟁 기업과 제품, 솔루션 라인업을 비교한 후에 경쟁력이 떨어지거나 솔루션 확보가 어려운 영역부터 과감히 제거했다. 기술 불확실성과 고객, 시장 불확실성이 가중되는 상황에서 무리하게 선택했다가 위험을 떠안기보다 제거함으로써 현재 상황에서의 최고 위험 요소부터 순차적으로 배제한 것이다. 반복적인 제거 과정을 통하여 최종적으로 비즈니스를 수행할 제품군으로 산업용 컴퓨터(Handheld), 산업용 모바일 기기, 태블릿과 스캐너, 모바일 프린터, RFID 리더기를 선정했다.

시장 및 지역별 생태계 분석

XYZ 컴퍼니는 플레이북 제작의 다음 단계로서 조사된 모든 정보를 취합하는 정보 체계화 과정을 수행하였다. 이 단계에서의 핵심 활동은 생태계 분석, 핵심 경쟁사의 마켓과 채널 분석, 자사의 사업 분석이다. 현재의 비즈니스 생태계를 분석할 때는 산업, 시장, 기술, 채널 구조, 부품 조달, 전후방 산업 조사 등 생태계를 구성하는 전반적인 요소의 현황을 조사한다. 앞 단계에서 이미 많은 조사가 이루어졌다면 이 부분에서 주안점을 두어야 할 사항은 핵심 기술이 어떤 흐름으로 변화하는지와 기술 확보 방법이며, 제조 기업이라면 핵심 부품 조달과 생산, 제조에 관한 현황을 분석하고 대안 도출을 함께 해야 한다. 영업 측면에서는 경쟁사의 지역별 · 버티컬별 세

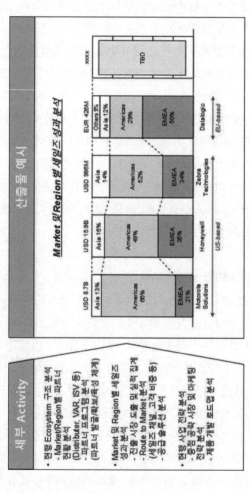

플레이북 – 시장 및 지역별 생태계 분석

일즈 채널, 핵심 어카운트와 고객 정보를 모두 비교 평가하여 제품로드맵, 기술로드맵과 GTM(Go to Market) 전략 등을 수립할 수 있다.

XYZ 컴퍼니는 핵심 경쟁자로 모토로라, 하니웰, 제브라, 데이터로직을 선정하고 이들의 지역별 매출 구조를 파악했다. 대부분의 매출을 창출하는 지역은 미주 시장이지만, 단품 비즈니스를 수행하는 데이터로직은 유럽과 중동 지역에서 특히 강세를 보이고 있다는 사실을 확인했다. 또한 비즈니스 생태계의 구조를 분석하여 마켓, 지역별 파트너의 현황을 파악하고 파트너 발굴, 유지, 육성 프로그램을 수립해야 함을 알았다. 경쟁사와 지역별 매출 구조를 분석하여 현재 진출한 지역 및 시장 그리고 향후 진출 예상되는 지역에 접근할 전략을 수립했다. 내부적으로는 개발, 영업, 마케팅, PMO(Project Management Organization), 생산, 제조, 구매, 공급망 운영관리 등의 현재 역량을 종합 점검하고, 기존 제품과 솔루션을 재점검했으며 신규 제품, 솔루션에 대한 로드맵을 구축했다.

플레이북 프레임 확정, 타깃 버티컬, 사용 사례 확정

필요한 데이터를 수집하고 분석한 후에는 상세한 행동 계획을 수립해야 한다. 이번 단계는 플레이북의 프레임워크를 확정하는 것을 목표로 산업 버티컬을 상세하게 구분하고 산업별 사용 사례(Usecase)를 체계화하는 과정이다. 사용 사례에 따라서 제품, 솔루션, 경쟁 환경 및 고객 요구 사항이 변화되기 때문이다. 또한 이 단계에서는 각 지역, 산업 버티컬에 대한 우선 순위를 설정하고 사업의 전략 방향을 규정한다.

XYZ 컴퍼니는 진입하고자 하는 시장이 지역별로 다른 특

세부 Activity

- Plabook Framework 확정
  - Vertical Industry 세분화
  - Region 정의
  - 산업별 Use Case 체계화
- Usecase 별 컨텐츠 개발
  - 경쟁 동향 및 전망
  - Ecosystem 구조 매핑
  - 솔루션 및 주요 ISV 현황
  - 주요 Distributor 및 Reseller
  - 핵심 고객사 현황
- 사업 전략 방향성 정의
  - Region, Vertical Industry, Usecase 관점의 Value Proposition 정의

산출물 예시

BLUEBIRD Playbook

EMEA / America / Asia

Industry \ Usecase	Retail	Manufacturing	Transportation & Logistics	Health care	Professional Service	Telecom & Media	...	Public Service
Field Operation	Fleet Mgmt & Delivery, Field Sales, Field Service	Fleet Mgmt & Delivery, Field Sales, Field Service	Fleet Mgmt & Delivery Management		Fleet Mgmt & Delivery, Field Sales, Field Service	Fleet Mgmt & Delivery, Field Sales, Field Service		Command & Control, Dispatch & Workflow
Customer Service	Customer Facing, Self-Service		Passenger Service	Point-of-Case Nurse Call Collection & Tracking		Retail		Citizen Engagement, First Private
Inventory Management	Warehouse Management, Merchandise Management	Warehouse Management Guide & Traceability	Asset ... Mgmt					
Security	Staff Communication & Mgmt	Safety & Environment, Plant Communication	Physical Security & Personal Access, Staff Management on & Mgmt	Physical Security & Personal Access				Physical Security & Personal Access
Communication								Connected service ticket
Infrastructure Management	NW Infra Management, Device Mgmt.	NW Infra Management, Device Mgmt.	NW Infra Management, Device Mgmt.	NW Infra Management, Device Mgmt.				NW Infra Management, Device Mgmt.

- Competitions
- Solution Ecosystem
  - Distributers
  - System Integrators
  - Value Added Resellers
- ISVs
  - vPack / DEMATIC PTY LTD
  - SyVox / GENESTA
  - CM3 / CheckMobile GmbH
  - Collectissimo / appformatics.com
- Major Accounts

플레이북 – 플레이북 프레임워크 확정, 타겟 버티컬, 사용 사례 확정

성이 있기에 EMEA(Europe, the Middle East and Africa, 유럽과 중동, 아프리카), 미국, 아시아를 우선 공략 지역으로 선정하고 플레이북에 여기에 맞는 3개의 시트(Sheet)를 준비했다. 산업은 기존 경쟁 기업이 분류한 기준과 시장 조사 기관이 선정한 내역을 혼용하여 리테일, 제조, 교통 및 물류, 의료, 전문 서비스, 공공 서비스, 통신 및 미디어로 구분했으며, 사용 사례는 현장 작업, 고객 서비스, 재고 관리, 보안, 커뮤니케이션 관리, 인프라 관리로 규정했다. 플레이북을 처음 작성하는 경우 산업 버티컬과 사용 사례 분류는 유사 산업에 이미 진출한 글로벌 경쟁 기업이나 공신력이 있는 전문 조사 기관이 발표한 구분법을 차용한다. B2B 기업 고객에게 이미 익숙한 분류 방식을 사용하면 커뮤니케이션 오류, 버티컬, 사용 사례를 잘못 인식할 위험을 미연에 방지할 수 있다.

관심 지역(미주 지역)에 관한 산업 버티컬, 사용 사례가 모두 분류되었기에 다음 활동은 구분된 산업 버티컬에서 비즈니스 우선 순위와 그에 따른 사용 사례를 선정하는 일이다. 이를 위해 플레이북에서 산업 버티컬과 사용 사례의 교차점을 찾는다.

XYZ 컴퍼니는 미주 지역 제조업 분야의 기업 고객을 대상으로 고객 문제점과 요구 사항을 분석하여 자사의 제품과 솔루션이 기업 고객의 다양한 사용 사례 중 품목 관리 분야에 적합함을 알았다. XYZ 컴퍼니는 산업용 단말기와 모바일 디바이스, RFID 리더기를 제조, 공급하는 업체였기 때문에 이 과정에서도 선택과 제거 방식으로 공략 분야를 최종 선택했다. 물류 창고 관리, 물류 검사, 물류 추적 분야를 비즈니스 영역

Industry / Usecase	Retail	Manufacturing	Transportation & Logistics	Health care	Professional Service	Telecom & Media	...	Public Service
							America	Asia
						EMEA		
Field Operation	• Fleet Mgmt. & Delivery • Field Sales • Field Service	• Fleet Mgmt. & Delivery • Field Sales • Field Service	• Fleet Mgmt. & Delivery • Yard Management		• Fleet Mgmt. & Delivery • Field Sales • Field Service	• Fleet Mgmt. & Delivery • Field Sales • Field Service	...	• Command & Control • Dispatch & Workflow
Customer Service	• Point-of-Sale • Customer Facing • Self-service		• Passenger Service • Retail	• Point-of-care • Nurse Call • Collection & Tracking		• Retail	...	• Citizen Engagement • Fire House
Inventory Management	• Warehouse Management • Merchandise Management	• Warehouse Management • Quality & Traceability	• Warehouse Management • Inventory Mgmt.					
...				...				...
Security		• Safety & Environmental	• Physical Security & Personal Access					• Physical Security & Personal Access
Communication Management	• Staff Communication & Mgmt.	• Plant Communications	• Staff Communication & Mgmt.					• Connected service worker
Infrastructure Management	• NW Infra Management • Device Mgmt.	• NW Infra Management • Device Mgmt.	• NW Infra Management • Device Mgmt.					• NW Infra Management • Device Mgmt.

Callout:
- Competitors
- Solution Ecosystem
  – Distributers
  – System Integrators
  – Value Added Resellers
  – ISVs
    - vPack / DEMATIC PTY LTD
    - SyVox / GENESTA
    - CM3 / CheckMobile GmbH
    - Collect ssimo / appformatics.com
- Major Accounts

플레이북 – 플레이북 프레임워크 확정, 타겟 버티컬, 사용사례 확정으로 선정한 것이다. 이 시점에서 비즈니스 영역과 사업 아이템의 범위를 한정했으므로 경쟁사, 경쟁 구조, 제품과 솔루션의 생태계, 핵심 어카운트, SI, 설치업자(Installer) 등의 관련 정보를 모두 재점검하여 정보 누락, 오류 여부를 판단한다.

B2B 비즈니스는 언제나 고객의 불확실성에 대비해야 한다. XYZ 컴퍼니는 미주 지역에서 유능한 SI, 설치 업자를 확보했지만, 고객 기업이 과거의 사례를 이유로 선호하지 않아 일부 비즈니스의 기회를 상실하는 경우도 있었으며, ISV(Independent Software Vendor)도 특정 고객 기업의 레거시 시스템에 대한 하위 호환성을 확보하지 못하여 전체 프로젝트의 많은 부분을 경쟁사의 ISV에게 넘겨주게 되었다. 특정 기업에 적합한 솔루션 공급 업체가 다른 고객 기업에게는 적합하지 않을 수 있다. B2B 비즈니스를 수행하는 기업이 고객 기업의 불확실한 요구 사항에 대응하려면 평소에 솔루션 생태계를 구축하여 다양한 업체를 레고 블록처럼 상황에 따라 선택, 배제할 수 있도록 해야 하며, 이들이 자사의 솔루션 생태계를 이탈하여 경쟁사의 생태계에 합류하지 못하도록 지속적인 연결과 혜택을 제공하는 기븐 앤 테이크 전략을 수행해야 한다. 필요에 따라서는 경쟁사의 솔루션 생태계에서 원하는 업체나 솔루션을 차용할 필요도 있다. 이제 B2B 비즈니스에서는 영원한 적도, 영원한 동지두 존재하지 않는다. 최저의 솔루션과 협력 업체를 적기에 선발하고 조합하여 완성된 레고 블록을 고객 기업의 레고 블록에 연결하는 것이 비즈니스를 성공으로 이끄는 원동력이다.

타깃 시장, 핵심 어카운트 정의와 행동 계획 수립

이제 각 지역별(국가별) 시장과 버티컬, 사용 사례와 비즈니스 영역, 경쟁사, 디스트리뷰터, ISV 등의 정보가 총망라되었다. 다음 단계는 비즈니스 전략 수립이다. 지역과 산업별로 시장의 매력도를 분석하고, 우선 순위를 설정하여 최우선으로 공략해야 할 타깃 시장과 어카운트를 선정하고 비즈니스 목표를 수립하며, 기업의 비즈니스 시스템 각 구성 요소(마케팅, 연구개발, 비즈니스 매니저, 프로젝트 매니저 등)들이 상세한 행동 계획을 수립해야 한다.

XYZ 컴퍼니는 타깃 시장을 규정하면서 '높은 이윤이 창출되는 정도(Time to monetize)'와 '시장의 잠재력(Market Potential)'을 전략 수립의 핵심 요소로 선택하였으며, 전체 시장을 승부 시장, 선도 시장, 육성 시장의 3단계로 구분했다. XYZ 컴퍼니는 진검 승부를 걸어야 하는 시장으로는 북미 리테일 시장, 중동 리테일 시장, 중국 시장을 선정하였다. 승부 시장에서의 행동 계획은 월마트, 크로거, 코스트코, 홈데포 등 미주 리테일 업계의 빅4를 자사의 핵심 어카운트로 확보하는 것이고, 여기서 매출을 5000만 달러까지 달성하겠다는 목표를 수립했다. 세부 행동 계획으로 신규 POS 장비와 실시간 위치 인식 시스템으로 승부한다는 전략을 수립했다. 수립된 목표에 대하여 전사 차원의 전략과 전술을 수립해야 하며 회사의 경영전략과도 연결되어야 한다. 추가적으로 XYZ 컴퍼니는 북미 지역의 파트너 강화 프로그램을 설계하고, 경쟁사와의 제품, 솔루션을 비교하여 포트폴리오를 구축하기 위한 로드맵과 산업에 특화된 솔루션 개발 계획을 수립하였다.

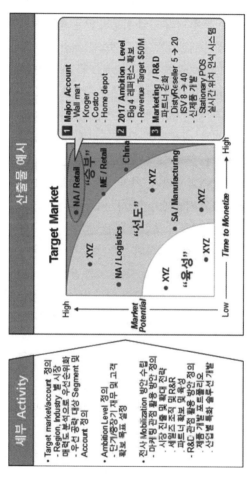

세부 Activity

- Target market/account 정의
  - Region, Industry 별 시장
  - 매력도 분석으로 우선순위화
  - 우선 공략 대상 Segment 및
    Account 정의

- Ambition Level 정의
  - 단기/중장기 재무 및 고객
    확보 목표 설정

- 전사 Mobilization 방안 수립
  - 마케팅 관점 활용 방안 정의
  - 시장 진출 및 확대 전략
  - 세일즈 조직 및 R&R
  - 파트너 확보 및 육성
  - R&D 관점 활용 방안 정의
  - 제품 개발 포트폴리오
  - 산업별 특화 솔루션 개발

플레이 북 – 행동 계획 수립

Target Market

"중부" · NA / Retail

· ME / Retail · China

· XYZ

"선도"

· NA / Logistics SA / Manufacturing · XYZ

"육성"

· XYZ

· XYZ · XYZ

Market Potential High → Low

Low — *Time to Monetize* → High

산출물 예시

1 **Major Account**
- Wall mat
- Kroger
- Costco
- Home depot

2 **2017 Ambition Level**
- Big 4 레퍼런스 확보
- Revenue Target $50M

3 **Marketing / R&D**
- 파트너 강화
  - Disty/Reseller 5 → 20
  - ISV 8 → 40
- 신제품 개발
  - Stationary POS
  - 실시간 위치 인식 시스템

운영 프로세스 설계

운영 프로세스 설계 과정에 접어들면 플레이북을 전사적으로 통합 관리할 조직을 구성하고 이 조직에 권한과 책임을 부여한다. 플레이북에 따라 기업 활동의 많은 업무가 변화한다. 따라서 과거에 수립한 각종 프로세스를 점검하고 회사의 부서들 사이의 R&R(Role & Responsibilities)를 재정립했다. XYZ 컴퍼니는 전략 기획 부서가 이 업무를 수행하고 있으며, 기업 내의 다른 유관 부서가 플레이북 기반으로 B2B 비즈니스를 수행할 수 있도록 해커톤, 구글 스프린트 형태의 교육 프로그램을 운영했다. 특히 교육 프로그램에서는 레드팀과 블루팀으로 가상의 XYZ 컴퍼니, 기업 고객을 나눠 B2B 비즈니스의 다양한 상황을 시뮬레이션했다. 여기서 나온 결과를 가지고 플레이북에서 다루지 못한 부분을 체크리스트로 보완하였다. XYZ 컴퍼니는 플레이북의 운영 프로세스 설계와 검증에 해커톤과 오픈 커뮤니케이션, 구글 스프린트를 이용한 협업과 신속한 의사결정, 린 스타트업 업무 방식을 활용한 신속한 프로토타입 설계와 검증, 방향 전환 기법을 적용하였다. 운영 프로세스를 세분화(Small Tasks)하여 신속하게 시행하고 문제점을 피드백하며 학습과 경험의 자산화를 이루었다.

XYZ 컴퍼니는 이제 운영 프로세스를 클라우드로 전환하고 있다. 기존 IT 인프라는 퍼블릭 클라우드를 활용하고 고객 기업의 기밀 내역과 XYZ 컴퍼니 내부의 데이터는 프라이빗 클라우드를 이용한다. 즉, 하이브리드 클라우드로의 디지털 트랜스포메이션이다. 또한 특정 퍼블릭 클라우드 업체로 락인되는 효과를 방지하고자 멀티 벤더 클라우드 솔루션을 검토하고 있다. 하지만 XYZ 컴퍼니는 이 모든 부분을

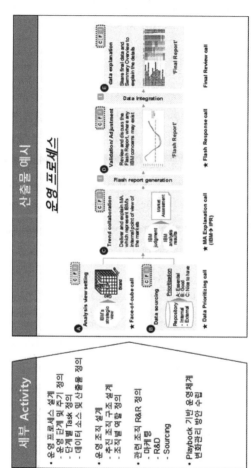

산출물 예시

운영 프로세스

세부 Activity

- 운영 프로세스 설계
  - 운영 단계 및 주기 정의
  - 단계별 Task 정의
  - 데이터 소스 및 산출물 정의

- 운영 조직 설계
  - 추진 조직 구조 설계
  - 조직별 역할 정의

- 관련 조직 R&R 정의
  - 마케팅
  - R&D
  - Sourcing

- Playbook 기반 운영체계 변화관리 방안 수립

플레이북 – 운영 프로세스 설계

MSP(Managed Service Provider, 관리 서비스를 제공하는 회사)와 협업하고 있다. 클라우드의 도입 전략부터 서비스, 운영 관리, 사후 보수와 확장까지 전 영역을 전문 기업이 대행하기 때문에 XYZ 컴퍼니는 온전히 자신의 비즈니스에 집중할 수 있다.

실행 로드맵

플레이북 작성의 최종 단계는 각 부서별 상세 실행 계획을 수립하고 실질적으로 실행한 후 피드백을 받아 플레이북을 수정·보완·진화시키는 것이다. XYZ 컴퍼니는 북미 리테일 분야를 비즈니스 핵심 도메인으로 선정하고 빅4 어카운트를 확보하는 것을 목표로 정했다. 추가 매출을 5000만 달러까지 끌어올리겠다는 계획을 전사적으로 공유한 뒤 각 유관 부서가 세부 활동 내역을 수립했다.

한국 기업으로서 북미 및 해외 시장의 핵심 어카운트를 확보하는 데 필요하다고 생각한 부분이 서비스 프로그램이다. 글로벌 기업은 해외의 주요 거점에 물류 센터와 서비스 센터를 구축하여 24/7(24 시간, 7일) 프로그램을 운영하며 고객이 구매한 서비스 프로그램의 등급에 따라 직접적으로 현지에서 대응한다. 하지만 XYZ 컴퍼니는 현 시점의 역량으로는 불가능한 부분이었기에 해결책으로 서비스 팩(Service Pack)과 공인 서비스 파트너 프로그램(Certified Service Partner Program)을 런칭했다. 서비스 팩 개발을 위하여 글로벌 B2B 기업들의 표준 서비스 팩과 서비스 레벨 규정(Service Level Agreement)을 벤치마킹하였으며, 미주 지역을 특정 권역별로 구분하여 서비스와 현지 기술 지원, 사후 처리를 담당할 업체를 발굴하였다.

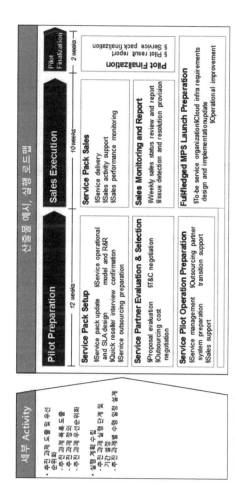

산출물 예시, 실행 로드맵

세부 Activity

- 추진 과제 도출 및 우선 순위화
  - 추진 과제 후보 도출
  - 추진 과제 정의 및 우선순위화

- 실행 계획 수립
  - 추진 과제 실행 단계 및 기간 설정
  - 추진 과제별 수행 일정 설계

플레이북 – 실행 로드맵

Pilot Preparation

12 weeks

Service Pack Setup
§Service pack update and SLA design
§Quick reseller interview
§Service outsourcing preparation
§Service operational model and R&R confirmation

Service Partner Evaluation & Selection
§Proposal evaluation
§Outsourcing cost negotiation
§T&C negotiation

Service Pilot Operation Preparation
§Service management system preparation
§Sales support
§Outsourcing partner translation support

Sales Execution

10 weeks

Service Pack Sales
§Service delivery
§Sales activity support
§Sales performance monitoring

Sales Monitoring and Report
§Weekly sales status review and report
§Issue detection and resolution provision

Fullfledged MPS Launch Preparation
§To-be service organization design and implementation
§Cloud infra requirements update
§Operational improvement

Pilot Finalization

2 weeks

Pilot Finalization
§Pilot result report
§Service pack finalization

XYZ 컴퍼니가 가장 어려움을 겪은 부분은 프로비저닝(Provisioning, 사용자의 요구에 맞게 시스템 자원을 할당, 배치, 배포해 두었다가 필요 시 시스템을 즉시 사용할 수 있는 상태로 미리 준비해 두는 것)이었다. 고객 기업은 디스플레이 밝기, 시간, 제공 언어, 잠금 상태, 와이파이 세팅, 특정 앱을 보이지않게 하고, 업무에 필요한 기능만을 사용할 수 있도록 제한하는 등 수많은 세팅 작업을 요구한다. 보통 이를 맞춰주다가 많은 시간과 비용을 소요하고 실수 및 오류가 발생한다. 이 때문에 기업의 업무 효율성이 낮아지고 향후 장비 관리가 더욱 어려워진다. XYZ 컴퍼니는 단말기 제조 전문 회사지만, 프로비저닝과 같은 관리 툴을 만들어 본 경험이 없었다. 이에 투 트랙(Two track) 전략을 추구했다. 긴급한 고객의 요구에는 최소한의 기능을 구현한 프로토타입을 SDK(Software Development Kit) 형태로 배포해 대응하는 한편, 또다른 전략으로 오픈 소스인 WSO2를 프로비저닝, 사물인터넷, 기업용 모바일 관리 소프트웨어에 적용하여 상품화한 것이다. 신속한 프로토타입 개발로 고객의 피드백을 확보하여 오픈 소스 WSO2에 지속적으로 반영한 덕분에 개별 고객 기업에 최적화된 솔루션을 제공할 수 있었다.

마케팅, 영업 전략 수립

시장 세부 전략

플레이북의 실행 로드맵 작성 과정에서 XYZ 컴퍼니의 영업, 마케팅 및 전략 기획 부서는 목표 시장을 지역별로 구분하고, 단기, 중기, 장기적인 시장 확대 전략과 시장 공략 세부 전략을 수립했다. 글로벌 비즈니스로 매출의 90퍼센트 이상을 창출해온 XYZ 컴퍼니는 목표 시장을 대륙별로 구분하고 시장의 특성을 경쟁 시장, 신규 시장으로 특화했다. 아직 중국 시장 진출에는 걸림돌이 있어서 신규 시장으로 분류했고, BRIC 지역은 새롭게 시장을 창출해야 하는 상황이지만 이미 글로벌 경쟁사의 치열한 전쟁터가 되었기에 경쟁 시장으로 분류했다. XYZ 컴퍼니가 사업을 수행하려는 비즈니스 영역에서 모토로라와 하니웰이 오랜 기간 업계를 선도해 왔기에 미국과 서유럽 시장의 경우 선도 기업을 빠르게 추격하는 추격자로서 헬스케어와 정부 사업 분야의 니치 시장을 우선 공략하는 전략을 취하고, 리테일과 교통 분야에서는 품질 및 가격 우위 전략으로 시장을 확대하려 한다. 신규 시장으로 분류한 중국 시장에서는 글로벌 경쟁사 수준의 품질력과 서비스를 제공하면서 글로벌 기업 대비 원가 우위에 서는 전략으로 대응하기로 했다.

지역별로 수립된 전략 방향은 기업의 경영 계획과 연동하여 단기, 중기, 장기로 나눠 세부 전략을 수립한다. XYZ 컴퍼니는 단기 계획으로 법인 설립을 통한 브랜드 인지도 강화를 선택하였다. IT 솔루션 컨설팅 기반 시스템 통합 요구가 지속적으로 증대하여 현지 판매 채널과 SI 업체만으로는 원할한 커뮤니케이션과 고객 대응에 한계가 있있기 때문이다. 중기 전략은 현지 법인에 독립 경영과 책임 경영 권한을 부여하고, 전사적으로는 ICT 인프라를 디지털 트랜스포메이션함으로써 클라우드 기반의 ERP, CRM, PLM, MES, VoC 시스템을 구축하여 본사, 글로벌 현지 법인과 연구소의 실시간 의사결정 능력을 강화한다는 의도다. XYZ 컴퍼니는 지난 2014년부터 시장 세부 전략을 수립하여 현재 중기 전략을 재점검하고 장기 전략의 초입으로 진입하고 있으며, 목표 시장 점유율 달성과 중국 매출 달성 비율을 핵심 수치로 규정해서 전 임직원에게 미션을 부여하였다.

매출 달성

B2B 비즈니스 역시 궁극적인 목표는 매출과 순이익 달성이다. XYZ 컴퍼니는 연간 매출 목표를 8000억 원으로 설정하였으나, 상반기 비즈니스의 결과 실적 매출은 3189억 원으로 집계되었다. 비즈니스 매니저와 프로젝트 매니저가 확보한 하반기 매출 전망 4066억 원을 합산하여 연 매출 7255억 원을 예상했다.

이에 경영 계획에서 정한 최종 매출 8000억 원을 달성하기 위하여 확장 계획(Stretch Plan)의 일환으로 확대 판매 계획을 수립했으며 올해 플레이북에 반영하였다. 하반기 매출 달성을 위하여 네트워크 장비 제품을 판매할 채널을 구축하고 확장 판매 전략으로 정부, 사회 인프라 서비스 등의 대형 프로젝트 수주를 목표로 한다. 추가적으로 컨슈머 채널 진입 강화를 행동 계획으로 설정했다. 지역별로 미주 부분은 중남미 은행권 프로젝트를 수주하고 컨슈머 유통 채널을 추가로 개척하여 매출을 올리고자 하며, 한국은 신제품 확판 등을 통하여 할당된 추가 매출을 이루고자 의도하고 있다.

B2B 비즈니스 시뮬레이션,
비즈니스 0단계

비즈니스 0단계

전문 컨설팅 업체와 기업들은 4차 산업혁명 이후 가중되는 불확실성에 대비하고자 여러 방법을 끊임없이 연구해 왔다. 린 스타트업과 패스트웍스, 해커톤과 구글의 스프린트로 기업의 민첩성과 실행력을 강화했고 경험과 고객 검증을 통한 전략 수정과 피드백을 강조했다. B2B 비즈니스 영역에서도 차기 사업과 신규 사업에 어떻게 진출할지 선행 검토하고자 실제 B2B 비즈니스에 착수하기 이전에 시뮬레이션을 수행한다. 이러한 시뮬레이션을 B2B 비즈니스 선행 시뮬레이션, B2B 비즈니스 0단계(Zero Stage, Pre Business Stage)라고 표현한다. B2C 비즈니스와는 달리 B2B 비즈니스는 사전 준비와 검토 과정에 방대한 시간과 리소스가 투입된다. 따라서 잘못된 사업 진출과 비즈니스의 실패는 기업의 생존을 위협해 한순간에 나락으로 떨어뜨린다. 그러므로 특정 B2B 비즈니스에 착수하기 전에 신속한 검증과 유연한 연결 전략으로 선택과 제거 과정을 수행해 불확실성과 리스크를 제거하는, B2B 비즈니스에 맞춘 린 스타트업 방식은 이제 B2B 기업의 필수 선택 사항이 된 것이다.

고객이 생각하지 못한 F(Feature), A(Advantage), B(Benefit) 제공 → 가치창출

B2B 비즈니스 시뮬레이션 모델 , 비즈니스 0 단계

연결 – 내부 연결

비즈니스 0단계는 연결(Connect), 감지(Sense), 분석(Analysis), 비즈니스 가상화(Business Virtualization)로 구성된다. 연결은 기업의 내부 연결과 외부 연결로 구분한다. 연결은 기업의 내부 연결로 시작하며 핵심 목적은 실리콘밸리를 유지해 온 협업 문화를 기업의 DNA로 이식하는 것이다. 실리콘밸리 기업은 그들의 모태 정신인 차고 문화(Garage Culture)의 가치를 존중한다. 커뮤니케이션 단절이 초래하는 재앙과 협업을 통한 시너지 창출 효과를 익히 알고 있기 때문이다. 커뮤니케이션 단절은 기업의 비전과 미션 달성에 암초로 작용하며 조직 노화를 초래하여 결국 기업의 생존을 위협하기 때문에 기업이 성장할수록 더욱 협업 문화를 만들려고 편집증적으로 집착한다. 인텔은 큐비클(Cubicles) 문화를 선도하여 문 없는 사무실로 소통과 협업을 유도한다. GE는 타운 미팅이란 끝장

토론으로 소통과 합의를 위한 문화를 만들었다. P&G는 이노베이션 체육관(Innovation Gym) 프로그램으로 조직 간 사일로 이펙트를 제거하고 있으며, IBM은 오픈 이노베이션 잼(Open Innovation Jam) 프로그램으로 전 세계 수십만 명의 IBM 직원과 고객, 협력사가 온라인에서 브레인스토밍을 진행함으로써 신규 사업 아이디어를 도출해왔다. 구글은 찰리카페에서 매주 금요일 TGIF 미팅을 진행하며 모든 임직원이 경영전략까지도 함께 공유하고 토론한다. 여기서 무엇이든 물어보고 답할 수 있다.

4차 산업혁명이 초래한 과학기술 발달과 ICBM+AI, 로봇 분야의 기술 때문에 유능한 엔지니어 한두 명으로는 사업을 유지할 수 없게 되었다. 집단 지성의 힘을 이용하여 협업하고 분업하여 집단 창의성으로 발전시켜 새로운 가치를 창출하기 위해 기업 내 연결의 중요성이 지속적으로 강조되어 왔다. B2B 비즈니스 0단계도 연결, 그중에 기업의 내부 연결이 시작점이다.

연결 – 외부 연결

연결의 두 번째 단계는 외부 연결이다. 과거 외부 연결의 주체는 마케팅 부서나 연구개발 부서의 선행 연구개발 엔지니어들이었다. 하지만 4차 산업혁명 이후 외부 연결의 주체는 기업의 전 임직원으로 확대되었다. 초연결이 시대에는 고객의 요구가 실시간으로 연결되어 전파되고 있으며, 기술이 진화한 덕분에 생산, 제조, 물류, 마케팅, 전략 분야까지 인공지능과 빅데이터와 오픈 소스가 활용되고 있다. IT 인프라는 이미 디지털 트랜스포메이션이 진행되고 있고, 생산, 제조 분야의 디지털 트윈 개념이 연구개발, 마케팅, 경영 시뮬레이션으로 진화하고 있다. 온디맨드 경제의 확대로 고객의 디지털 흔적은 실시간으로 분석되어 활용되고 있다. 공유 경제가 부상하는 바람에 굳건하게 자리를 지켜온 글로벌 기업의 입지도 흔들리고 있다. IT 부서에만 요구하던 디지털 아키텍처(Digital Architecture) 역량을 기업의 전 임직원에게 요구하고 있다. 기업의 경영전략 활동에도 린 스타트업을 도입함으로써 민첩성과 유연성을 가미한 전략의 일상화를 추구하고 있다. 이제 기업의 전 임직원은 연결의 주체가 되어 메가 트렌드, 협력적 공유 경제 시스템, 이머징 이슈, 트렌드와 패즈, 기술 지능, 플랫폼, 오픈소스와 특허, 솔루션 융복합, 비즈니스 생태계, 산업 컨소시엄, 비즈니스 랜드스케이프, 사회 및 정치변화, 신 인류인 C 세대, 인플루언서에 상시적으로 연결함으로써 의도적 기회와 창발적 기회를 모두 감지해야 한다. 임직원 모두 기업가 정신과 성장형 마인드셋을 갖추고 변화 흐름에 주체적으로 연결하여 흐름을 감지하는 활동을 수행해야 하는 시기가 된 것이다.

감지

연결의 목적은 '변화의 감지'다. 전 임직원이 정보원이 되어 해당 분야의 변화와 추이를 판별하는 것이다. 빅데이터 솔루션을 활용하면 편리하고 자동화할 수 있겠지만, 비용 문제와 전문화된 데이터 사이언티스트를 확보해야 한다는 어려움이 있다. 감지 이후의 분석(Analysis) 과정만 전적으로 수행할 수도 없다. 더 큰 문제는 빅데이터로 규정되지 않는 다크데이터 수집과 분석이다. 현재의 빅데이터 솔루션으로도 분석이 불가능해서 별도의 솔루션을 이용해야 하기 때문이다. 감지 단계에서는 기업의 전 임직원이 자신의 현재 전문 분야와 관심 분야를 구분하여 데이터 마이닝을 수행한다. 연구개발 엔지니어는 ICBM+AI, 로봇, 산업용 사물인터넷과 연관 기술의 변화를 감지하고, 마케터는 옴니 채널과 O2O 마케팅, 빅데이터와 인공지능을 활용한 마케팅 기술과 새로운 비즈니스 플랫폼, 개인화 맞춤형 마케팅 기업, 고객 이동경로(Customer Journey) 분석 솔루션 등 활용 사례의 변화를 감지한다. IT 부서는 디지털 트랜스포메이션, IT 인프라, 퍼블릭 클라우드와 프라이빗 클라우드, MSP(Managed Service Provider), 데이터 브로커(Data Broker), ERP의 변화 흐름을 감지한다. 구매 부서는 공급망 고도화, IT 기반 실시간 통합 구매 서비스 플랫폼, 핵심 부품의 생태계 등을 분석하며, 생산, 제조 부서에서는 스마트 팩토리, 통합 자동화 물류 시스템, 산업용 로봇 및 산업용 사물인터넷 및 엣지 컴퓨팅 비즈니스의 흐름을 감지한다. 기획 부서는 디지털 아키텍처 역량과 정보화 전략 수립, IT 정보시스템의 마스터플랜 및 산업·기술 간 융복합 흐름과 비즈니스 플랫폼의 초연결, 빅뱅 파괴자의 출현 등을 감지해야 한다.

분석, 비즈니스 가상화

비즈니스 0단계의 마지막 과정은 분석과 비즈니스 가상화다. 분석 과정은 각 임직원이 자신이 담당하는 분야에 연결, 감지하여 수집한 데이터를 평가하고 인사이트를 발굴하는 단계이지만, 집단 지성 및 창의적·창발적 집단 창의성 효과를 확보하기 위하여 해커톤, 구글 스프린트를 활용하여 분석된 데이터를 검증하는 전력 질주 프로젝트를 수행할 수 있다. 마지막 단계는 비즈니스 가상화다. 이 단계에서는 레드팀과 블루팀으로 인력을 구분한다. 레드팀은 B2B 비즈니스를 수행하는 기업의 역할을 수행하며, 블루팀은 고객사의 역할을 담당한다. 이 과정에 C-레벨(기업 임원급 의사결정자)이 필수로 참여해야 한다. 레드팀은 분석된 데이터를 기반으로 B2B 비즈니스를 수행하는 데 필요한 사업 포트폴리오, 비즈니스 도메인, 제품과 솔루션 및 플랫폼을 기획한다. 블루팀은 레드팀을 위한 과제 RFP(Request for Proposal, 제안요청서)을 작성하고 레드팀의 제안을 평가하여 스코어카드에 기재한다. C-레벨은 레드팀과 블루팀의 활동 내역과 블루팀이 작성한 최종 스코어카드의 점수를 가지고 가상화된 비즈니스의 성공과 실패 여부를 평가한다.

세스 고딘은 "세상의 아이디어는 넘쳐나지만, 정작 중요한 것은 아이디어를 실현하는 능력"이라고 했다. 기업 내에서 모인 아이디어는 비즈니스 가상화를 위해 현실 세계에서 구체화된다. 비즈니스 가상화에 최적의 도구는 구글의 스프린트다. 월요일부터 금요일까지 5일 동안 임직원을 차출하여 비즈니스를 가상화하고자 전력 질주 방식으로 비즈니스를 시뮬레이션하는 것이다. 월요일에는 사전에 모인 데이터를 분석하고 고객이 제시한 RFP를 분석하여 비즈니스 타깃을 선정한다. 화요일에는 제품과 솔루션을 스케치하며, 수요일에는 최적의 솔루션을 선택한다. 목요일에는 블루팀과 C-레벨에 검증을 받기 위한 RFP, 사업 제안서, 제품 및 플랫폼의 프로토타입을 구성한다. 금요일에는 실질적인 비즈니스 프레젠테이션을 진행하고, 프로토타입으로 개발된 제품과 솔루션을 시

스프린트 프로젝트 진행과정, UXBoot

연하여 참여한 블루팀과 C-레벨에게 피드백 받는다. 스프린트를 마치는 시점에서는 현재 비즈니스의 고객인 블루팀과 C-레벨을 인터뷰하여 상세 피드백을 듣고 리뷰를 진행한다.

비즈니스 0단계를 경험해보지 못한 기업은 대부분 5일간의 구글 스프린트로는 만족할 만한 성과를 내기 어렵다. 하지만 이 과정에서 임직원은 전략적 민첩성과 유연한 커뮤니케이션 능력, 창의적이고 창발적인 집단 지성과 협업의 중요성을 인지하게 된다. 이제 또 한 번의 구글 스프린트 프로젝트를 진행한다. 이제는 블루팀과 레드팀의 역할을 서로 바꾸어 블루팀이 B2B 추진 기업이 되고, 레드팀이 고객 기업이 되어 프로젝트를 수행한다. 이전 과정의 피드백을 반영하여 좀 더 개선되고 진화된 비즈니스 가상화 결과를 도출할 수 있다.

70:20:10 법칙

비즈니스 0단계를 수행하는 마지막 원칙은 실리콘밸리의 70:20:10이다. 연결과 감지, 분석 과정은 일상적인 업무 활동의 연장선상에 있기 때문이다. 실리콘밸리 기업의 임직원들은 업무 리소스의 70퍼센트를 현업에 할당하며, 현재 업무의 확장에 20퍼센트의 리소스, 자유로운 연구 분야에 10퍼센트의 리소스를 할당하고 있다. 국내 기업의 상황을 고려하면 현실적으로 쉽지 않은 리소스 운영 방식이지만, 지속되는 불확실성에 대비하여 리스크를 줄이는 방법은 사전 준비와 변화의 흐름에 단절없이 연결하고 감지하여 아이디어를 창출하는 것이다. 또한 CEO 및 최고 의사결정자의 확고한 스폰서십이 투영되어야 한다. 대부분의 기업에서 비즈니스 0단계는 일회성 보여주기식 이벤트로 진행되다가 소멸하기 때문이다. 국내 일부 기업과 해외 기업은 임직원 합의로 리소스 반영 비율을 결정하고, 임직원의 고과 평가에 반영하는 등 강제성을 띠고 있으며, 연 2~3회 이상의 비즈니스 가상화 프로젝트를 진행해야만 승격 자격을 부여하기도 한다.

B2B 비즈니스 0단계의 정의

B2B 비즈니스 0단계는 실제로 사업에 착수하기 이전 상황, 즉 사전 검토 단계에서의 가상 비즈니스로 규정하며, 비즈니스 선행 단계(Pre Business Stage)나 비즈니스 제로 스테이지(Zero Stage)라고 표현하기도 한다. 신규 B2B 비즈니스를 착수하기에 앞서 기업의 모든 비즈니스 시스템이 가상의 경영 활동을 수행하는 것이다. 이는 현실의 세계를 디지털 세계로 옮

겨온 디지털 트윈의 개념과도 같다. 단지 실제 비즈니스를 착수하기 이전, 현실 세계에서의 단계라는 것만 다를 뿐이다. 이 단계에서는 기업의 비즈니스 시스템을 구성하는 개발, 마케팅, 기획, 구매, 품질 등 모든 부서가 신규 사업을 위한 선행 검토와 경영 시뮬레이션을 추진한다. B2B 비즈니스는 상대적으로 진입 장벽이 높으며, 시장, 고객, 경쟁사, 기술 및 솔루션 등을 검토하는 과정은 엄청난 시간과 비용을 요구한다. 너무 늦게 사업을 검토하다가 경쟁에서 후발 주자가 되거나 이미 진출한 경쟁사가 구축한 진입 장벽을 넘지못하고 사업을 포기하는 경우도 부지기수이다. 민첩한 계획과 실행을 했음에도 빅뱅 파괴자의 등장에는 속수무책일 수밖에 없다. 하지만, 고객이 기대하는 제품과 솔루션, 플랫폼과 고객 경험을 지속적으로 검토하고 준비해온 기업에게는 비즈니스 기회 창출의 원동력이 될 것이다.

비즈니스 0단계는 미래에도 비즈니스와 기업을 생존하게 하는 혁신에 투자하는 활동이다. 스티브 잡스가 애플에 복귀한 후 가장 먼저 진행한 일은 움직임(Motion)이었다. 기업이 일정 수준 이상의 경영 활동을 수행하면 점차 대기업병에 감염되어 조직 간 소통이 단절되고 사일로 이펙트가 만연하여 썩은 사과를 양산하고 정체되어 버린다. 잡스는 '움직임을 생각하라(Think Motion)'는 화두로 동사형 조직으로 변모하라고 요구하였고, 알맞은 시기에 최적의 제품과 솔루션을 출시할 수 있도록 치밀한 선행 연구와 비즈니스 시뮬레이션을 강조했다. 비즈니스 0단계는 B2B 기업이 성장하면서 겪는 성장통을 치유하는 자극제이며 기업의 각 비즈니스 시스템을 끊임없이 유기적으로 숨쉬게 한다. 비즈니스 0단계는 기업의 비즈니스 상황과 메가 트렌드, 이머징 이슈 등 다양한 기업 주변 환경을 냉정하게 생각하라는(Think Brutal)는 잡스의 화두를 기반으로 하고 있으며, 성공에 대한 믿음과 현실의 냉혹한 불확실성 사이에서 이중적 태도를 취하는 스톡데일 패러독스, 즉 합리적 낙관주의를 따르는 것이다.

비즈니스 활동은 언제나 긍정적인 결과를 수반하지 않다. 최고의 상황과 최악의 상황을 고려하여 대비해야 한다. 4차 산업혁명의 시대에서 영원한 비즈니스 이데아는 존재하지 않으며 불확실성은 더욱 가중되고 있기에 경쟁 기업보다 먼저 기술, 사회, 비즈니스, 고객 및 버티컬에 연결해 변화를 감지하고 분석하여 비즈니스 인사이트를 발굴해서 실제 비즈니스에 반영해야 한다.

실리콘밸리 기업은 성장과 위기의 순간이 와도 초심을 잃지 않으려 노력한다. 이들의 근간에는 차고 문화와 스타트업 마인드가 내재하고 있다. 구글은 10가지 원칙과 주주에게 보내는 편지로 초심을 유지하려 노력한다. 비록 다우지수에서 퇴출되었지만 GE는 모든 조직을 스타트업으로 변모시켜 재기를 꿈꾸고 있다. 실리콘밸리의 유니콘, 데카콘 기업도 시작은 차고였다. B2B 기업이 비즈니스 0단계를 수행하려면 작고 단순하게 생각해야 한다. 최소의 조직으로 드림팀, 레드팀을 구축하는 것이다. 얼간이를 조직에 포함시키는 순간 조직 전체가 썩은 사과로 변질된다. 민첩하게 검토하고 시뮬레이션하여 경험과 피드백, 실험 데이터를 누적해야 한다. 비즈니스 0단계에서는 최소로 생각해야(Think Minimal) 한다. 모든 변수를 가정하고 안건으로 상정하여 빅데이터 분석을 무한히 수행하는 여정이 아니다. 선택 장애를 일으키는 요소는 과감히 제거해야 한다. 잡스는 수많은 라인업을 단 4개로 축소했다. 그리고 제거의 효과를 입증했다.

개발 0단계

개발 0단계는 비즈니스 0단계의 하위 개념으로서, 통상적인 연구개발 부서의 선행 연구 개념을 탈피하여 실질적인 연구(Research)와 개발(Development)를 병행하도록 요구한다. 개발 0단계를 수행하는 기업은 전문가 제도(Expert System)를 운영함으로써 연구원의 기술 레벨을 표준화하여 개별 수준을 측정하고, 각 기술 분야의 등급 평가에 따른 최고 전문가를 선정한다. 해당 기술 분야의 전문가로 선정된 연구원은 지속적으로 기술에 연결해 기술 발달 및 변화를 감지하고, 오픈 소스 커뮤니티 및 개발자 포럼 검토, 상용화 솔루션 기술 검토, 플랫폼 구현 여부 판단, 대체 기술 검토, 경쟁사 기술 수용도 감지를 지속적으로 수행해야 하며 이에 관한 분석과 자사의 대응 전략에 대한 인사이트를 도출해야 한다. 또한, 플랫폼 설계, 설계 표준화, 기술 표준화를 대비한다.

국내의 어느 중견기업은 4차 산업혁명을 이끄는 ICBM+AI, 로봇 기술 분야에 각각 인력을 선정하고, 주간 업무 시간 중 일부를 강제로 할당하여 꾸준히 기술에 연결하게 했다. 이들은 각 기술에 대하여 랜드스케이프, 가드니 기술 수용주기 곡선을 분석하고, 오픈 소스 커뮤니티와 개발자 포럼에서 활동하였으며, 글로벌 리딩 기업의 솔루션과 플랫폼을 비교 분석했다. 사물인터넷 분야에서는 사물인터넷 센서 노드, 센서 허브, 게이트웨이와 클라우드 커넥터, 관리 소프트웨어를 연구해 사업화까지 추진되었으며, 로봇 분야는 ROS(Robot OS), 오픈 하드웨어를 이용하여 로봇 구동에 관한 제반 기술을 습득하였다. 클라우드 분야에서는 오픈 소스 기반의 오픈스택(OpenStack)을 연구하여 사업화 여부를 검토하고 있다. 비즈니스 0단계의 일환으로 개발 0단계를 수행하였지만 기술 및 기술 변화에 꾸준히 연결한 덕분에 신사업 추진을 위한 제반 환경과 역량을 갖추게 된 것이다.

삼성테크윈(현, 한화테크윈)은 아날로그 카메라 분야에서 전문적인 경쟁력과 사업 능력을 갖추었지만, 미래 성장 동력과 신사업 진출을 검토하고자 로봇 분야의 선행 연구를 진행했다. 자사의 핵심 역량을 바탕으로 비즈니스의 확장을 검토한 결과 로봇 분야에서 적합성을 찾은 것이다. 카메라는 로봇의 눈에 해당하며, 지능형 영상 분석은 로봇의 두뇌 역할을 한다. 인공 관절 사업은 로봇의 구동 메카, 로봇 관절을 제어하는 액츄에이터 등으로 확장되었다. 음성 인식, 음성 합성에 대한 연구는 각각 로봇의 귀와 입의 역할을 수행한다. 4차 산업혁명의 시대에 로봇은 이미 제조업을 위한 협동 로봇과 서비스 로봇의 형태로 활용되고 있지만, 이러한 연구개발이 사전에 진행되지 않았더라면 코닥, 파나소닉, 소니의 카메라 비즈니스처럼 역사의 뒤안길로 사라졌을 것이다. 테크윈은 1990년대 후반부터 감시용 카메라 사업을 추진하면서도 과감히 개발 0단계에 투자하여 로봇 연구개발로 미래를 대비했다. 카메라 전문 기업이었지만, 개발 0단계를 수행함으로써 사내 네트워크 전문가, 통신 프로그램 전문가를 육성했으며, 이들의 노력은 카메라 단품 개발에 한정되었던 비즈니스를 네트워크 기반의 통합 솔루션 사업으로 변모시켰다. 이후 지속적인 개발 0단계를 수행하여 연구개발의 성과를 리테일, 교통, 도시 방범(City Surveillance), 은행(Banking), 모바일 솔루션, 주정차 시스템, POS 및 리테일 기기 연동, 국제 표준화인 MPEG, H.264, ONVIF(Open Network Video Interface Forum), 지능형 비디오 분석(Intelligent Video Analytics), 리테일 매장 분석 소프트웨어까지 확장하였다. 집요하게 개발 0단계를 추진한 덕분에 기술과 솔루션을 축적하고 비즈니스에 적합한 시장이 창출되거나 시장이 성숙할 때를 감지하여 민첩하고 유연하게 신규 사업 진출 요구에 대응할 수 있었다.

기획 0단계

B2B 비즈니스에서 융복합 기획력이 핵심 경쟁력으로 대두되고 있다. 기업의 규모에 따라서 기획 부서는 전략 기획, 사업 기획, 상품 기획, 마케팅 기획, 연구 기획, 구매 기획 등으로 세분화되지만, B2B 비즈니스에서는 이들에게 사업 전반을 융복합하고 이종 산업을 초연결하는 비즈니스 인사이트를 요구한다. 또한 기획자는 자신뿐 아니라 기업의 임직원 모두 기업가 정신과 성장형 마인드셋을 갖추고 전략적 민첩성과 학습 민첩성 그리고 수많은 실패 환경에서 역경을 극복하고 성장하는 복원력을 갖출 수 있도록 해주는 프로그램을 구축하라는 요청을 받고 있다.

고대 그리스 크레타 섬의 괴물 미노타우루스가 매번 통행세로 사람의 목숨을 요구하자 테세우스는 미노타우루스를 퇴치하고 아테나이로 귀향한다. 테세우스의 업적을 기리고자 그의 배를 영구 보존하기로 했지만, 시간이 흐름에 따라 손상되는 부분을 매번 새로운 나무판자로 보수해야 했고, 결국 새로 붙인 널판지가 배를 완전히 뒤덮게 되었다. '배의 모든 부분이 교체되었더라도 그 배는 여전히 테세우스의 배인가?'라는 질문이 테세우스의 역설이며 성장하는 모든 사물의 핵심 질문이다. 하버드대학의 신시아 몽고메리 교수는 기업가가 폭풍우 속에서 목표를 향해 배를 운항하는 동시에 배의 파손 부분을 지속적으로 교체해야 함을 인지하는 것은 매우 어렵고도 중차대한 일임을 지적하였다. 노키아의 전 CEO 페카는 언제든 기업의 전략을 새롭게 유연하게 변경하는 능력이 진정한 생존 능력이라고 말한다. 4차 산업혁명과 과학기술의 발전으로 기업 경영이 더욱 어려워진 불확실성의 시기임에도 내부 혁신과 목표를 향한 여정을 동시에 수행해야 한다. 민첩하게 폭풍우와 풍랑도 헤쳐 나가야 한다. 생존을 위해 무엇보다 중요한 것은 실제 변화가 일어나는 순간 위기를 감지하고 민첩하게 대응하여 변모할 수 있는 민첩성과 유연성이다. 하버드 경영대학의 란제이 굴라티 교수는 리질리언스를 갖춘 기업은 외부환경이 어렵게 변화하더라도 좋은 성장을 만들어 지속적으로 성장할 수 있음을 강조했다. 리질리언스는 외부 자극으로 변형이 발생했더라도 원래의 상태로 돌아가려는 복원력, 회복력이다(회복 탄력성이라고도 말한다). 노먼 가메지는 정신 질환이 있는 부모와 함께 자란 자녀가 부모의 질병에 영향 받지 않고 올바르게 성장한 핵심 원인으로 자녀들의 리질리언스를 손꼽았다. 자메스 카시오는 변화는 회피하지 못하니, 이를 수용하고 불확실한 상황을 극복할 수 있는 힘에 집중하라고 이야기한다. 기업 경영에서는 이미 오래 전부터 리질리언스를 강조해 왔는데, 기업과 조직을 넘어 이제 개인에게까지 그 의미를 확대하고 있다. 전략적 민첩성, 학습 민첩성, 감정 민첩성과 함께 4차 산업혁명 시대를 맞아 유연하고 기민하게 행동하는 데 필요한 힘은 바로 리질리언스다.

생태계(ECO System)는 아서 탠슬리가 제시한 개념으로서, 유기체가 서로 상호 작용하는 지역적 공동체와 이를 둘러싼 환경 요인이라고 정의한다. 생물학적 관점에서 유기체는 주변 환경과 영향을 주고받으며 생존을 위하여 경쟁, 협조, 공유하여 진화 단계를 거쳐왔다. 비즈니스 세계에서도 생태계의 개념이 적용되어 왔다. 제임스 무어는 비즈니스 구성 요인의 역동성과 상호 연결성이 지속적으로 증가함을 강조했으며, 로버트 프랭크는 『경쟁의 종말(The Darwin Economy)』에서 생물학적 생태계를 비즈니스에 접목한 비즈니스 생태계를 정립했다. 다양한 유기체가 서로 상호 보완적인 관계를 형성하며 생태계를 진화시키듯이, 비즈니스 세계에서도 연결, 공존, 상호 협력과 경쟁으로 진화함을 강조한 것이다. 비즈니스를 수행하는 기업이 궁극적으로 추구해야 할 방향은 비즈니스 생태계로의 합류와 신규 생태계 구축, 생태계 주도권 확보와 지배력 확대, 생태계 간 연결과 협업을 위한 플랫폼 구축과 양면 전략이다. 글로벌 기업과 실리콘밸리 기업은 비즈니스 0단계, 기획 0단계 개념을 적용하여 지속적으로 가설을 수립하고 검증하면서 자가 진화를 해왔다. 자연계에서 생태계가 진화, 발전, 퇴화 단계를 순환하듯이 비즈니스 영역의 생태계도 유동성을 고려해야 한다. 기술이 발달함에 따라 새로운 기술로 진화할 수 있고, 기존 기술이 새롭게 융복합할 수 있으며, 파괴적 기술 때문에 기존 기술이 퇴화되거나 소멸될 수 있다. 이에 따라 기술에 관련된 비즈니스도 진화의 여정을 걷는 것이다. 따라서 비즈니스를 수행하는 기업과 스타트업은 비즈니스 0단계, 기획 0단계로 비즈니스 생태계에 연결돼 있어야 한다. 이로써 생태계의 현재 상태와 움직임을 끊임없이 관찰하여 현재 수행하고 있는 비즈니스에 미칠 영향을 파악할 수 있다.

아마존은 인터넷 서점 사업을 시작으로 첨단 ICT 기술을 선도하고 고객에게 지속적인 화두를 제시하는 기업으로 진화하였으며, 아마존 웨이로 명명된 비즈니스 확장 능력은 구글과 함께 4차 산업혁명 시대 빅브라더의 지배력이 무엇인지 단적으로 보여주고 있다. 인공지능 솔루션 알렉사가 탑재된 아마존 에코는 업계에서 사실상의 표준으로 통하고 있으며, 아마존 스킬즈를 통하여 비즈니스 생태계를 끊임없이 확장하고 있다. 오프라인 매장에서는 아마존 고, 아마존 북스를 선보여 무인 매장이라는 경험을 선사했다. 하지만 아마존의 진정한 힘은 비즈니스 0단계 수행 능력과 이를 뒷받침하는 집요한 기획 0단계 추진 능력, 그리고 고객 검증에서 나온다. 소비자들은 아마존이 제시하는 새로운 리테일, 물류, ICT 서비스에 열광하지만, 그 내면을 살펴보면 랩 126이나 비밀 프로젝트를 주도하는 아마존 1492 팀 사례처럼, 아마존의 기획자와 엔지니어들은 기획 0단계에서 치열한 성공과 실패를 반복하며 피드백을 검토하고 기술과 솔루션을 선택하거나 폐기하는 일련의 과정을 수행하고 있다. 아마존 에코의 성공 이면에는 수많은 프로토타입을 실험한 아마존의 집요함이 있었다. 2014년 첫 출시한 아마존 대시는 바코드 스캐너, 와이파이 통신모듈, 초소형 마이크와 오디오 입력 모듈, 배터리로 구성돼 있는데, 제품의 바코드를 스캔하거나 음성 주문으로 쉽고 편하게 쇼

알렉사가 탑재된 아마존 대시 완드, Amazon

핑을 도와주는 쇼핑 리모컨이다. 이후 2015년에는 음성과 바코드를 제외한 원클릭 주문 도구인 아마존 대시 버튼을 출시했다. 2017년 아마존 대시를 개량하고 알렉사와 연동시킨 아마존 대시 완드를 출시하였으며, 연이어 에코룩, 에코쇼, 에코플러스, 에코스팟, 에코커텍트, 에코버튼을 선보였다. 하지만 이노베이터와 얼리 어답터를 제외한 다수의 고객에게 큰 반향을 일으키지 못했다. 그럼에도 아마존은 지속적으로 제품과 솔루션의 확장 계획을 소개하고 있다.

관련 업계에서는 아마존의 행보를 글로벌 기업의 문어발식 경영 확장이라고 지적하기도 한다. 하지만 아마존의 전략은 고객 검증을 통한 데이터 기반의 선택과 제거다. 다양한 가능성과 불확실성 사이에서 선택에 집중하는 것이 아니라, 신속하게 기획하고 다양한 프로토타입을 출시하여 고객의 반응을 살핀 후에 사업성이 낮은 제품과 솔루션을 신속하게 폐기하는 전략을 취하고 있다. 아마존 에코를 출시한 이후 수많은 에코 후속 제품을 출시한 이유도 다양한 고객 경험을 검증하고 고객 활동 데이터를 취득하여 비즈니스의 방향을 수립하고자 하는 비즈니스 가상화였다. 아마존 에코는 이동성을 갖추지 못하였기에 물류 로봇에서 축적한 기술을 가정용 로봇으로 확장하려고 연구 중이다. 연간 1000만 대 이상의 판매를 올리는 아마존 에코도 차세대 비즈니스를 위한 중간 거점이며, 집요한 비즈니스 0 단계의 산물인 것이다.

솔루션 0 단계

솔루션 0단계는 개발 0단계와 유사한 접근 방식으로 진행할 수 있다. 자사가 확보하지 못한 솔루션이나 신규 사업에 필요한 솔루션을 검토하고, 솔루션을 확보한 기업의 움직임과 동향을 파악하여 관련 정보의 흐름에 연결하는 활동이다.

예를 들어, 인공지능 솔루션을 검토한다면, 현재 기술 수준, 오픈 소스와 커뮤니티, 선도 기업, 플랫폼과 인터페이스, 상용화 및 사업화 현황, 이용 고객, 사업 영역과 버티컬 분석 등을 진행할 수 있다. 로봇 솔루션을 검토한다면 로봇 구동을 위한 소프트웨어, 하드웨어, ROS의 기술 내역, 상용화 업체의 기술, 인공지능과의 기술 연계, 제조업 로봇과 서비스 로봇 비교, 핵심 부품 공급 기업 리스트 확보 등을 검토한다.

국내 대기업의 한 계열사 사업팀은 다양한 디바이스를 제조하는 B2B 비즈니스를 수행하였지만, 수 년간 3000억 원의 매출 수준으로 사업이 정체되었고 성장의 모멘텀을 찾지 못하였다. 이들은 비즈니스 생태계를 분석하는 과정에서 단품 제조보다는 제품을 통합(Integration)하여 관리하는 통합 관리 소프트웨어 제조사가 더 많은 수익을 창출하고 있으며, 자사의 제품 이외에도 경쟁사의 제품까지 수용한다는 사실을 알았다. 이에 사업팀은 기존 사업을 진행하면서도 솔루션 0단계로서 VMS(Video Management Software)를 개발했고, 결국 단품 제조 기업에서 솔루션 기업으로 진화한 덕분에 사업팀의 매출을 7000억 원까지 성장시켰다.

오랜 기간 산업용 단말기를 제조해온 한 국내 기업은 고객사에 제품을 납품하다가 큰 곤란을 겪었다. 고객사에서 특정 소프트웨어와의 호환성을 요구해서 모바일 디바이스 관리 소프트웨어(MDM, Mobile Management Software) 업체와 커뮤니케이션했지만, 해당 업체의 비즈니스 스케줄을 조정하기 어려워 결국 비즈니스 기회를 상실하게 된 것이다. 이후 이 기업은 지속적으로 솔루션 0단계를 추진하여 고객사 업무 환경에 적합하게 제품을 손쉽게 설정할 수 있는 프러비저닝 소프트웨어 솔루션과 산업용 단말기가 주로 사용되는 환경에서 요구되는 멀티미디어 화상통신(VoIP, Voice over IP) 솔루션, MDM 소프트웨어 솔루션을 확보했다. 이로써 필요한 제품과 솔루션을 적기에 최적화하여 제공하는 토털 솔루션 프러바이더로 인정받게 되었다.

솔루션 0 단계의 활동에는 인더스트리얼 컨소시엄(산업 협회)에서의 활동을 포함해야 한다. 글로벌 기업과 실리콘밸리 기업은 이미 엔지니어, 기획자, 마케터를 컨소시엄의 주요 구성원으로 포진시키고 컨소시엄에서 영향력을 확대하고 있다.

인더스트리얼 컨소시엄은 동종 업계에서 비즈니스를 추진하는 기업, 개발자, 전후방 산업 종사자들이 서로 연합하여 일종의 표준 규격을 만들고, 기술 개발 및 산업 개발을 위한 정책을 수립하며, 각 국가 및 산업에 영향력을 행사한다. 현재의 비즈니스 상황은 독립적으로 한두 개의 기업이 모든 것을 소유하기 어려운 실정이다. 서로 협력하고 연합하여 집단 지성과 표준화, 산업계의 영향력을 만들고 생태계를 생성하고 확대하여 비즈니스 전체의 파이를 키운다. 따라서 특정 산업이나 비즈니스에 진출하려는 기업과 스타트업은 반드시 해당 비즈니스에 컨소시엄이 구축되어 있는지 확인해야 한다. 초연결 시대에는 특히 인더스트리얼 컨소시엄과 기업, 스타트업의 상호 연결이 중요하다. 컨소시엄의 정보를 제때에 빠르게 입수하지 못한다면 이미 비즈니스에서 기회를 상실한 것이다.

산업용 로봇 비즈니스에 진출한다면 RIC(ROS-Industrial Consortium) 컨소시엄에서 대부분의 솔루션을 확보할 수 있다. RIC는 로봇 운영체제 소프트웨어를 산업용으로 변환한 ROS-인더스트리얼(ROS-I, ROS-Industrial) 소프트웨어를 통합 관리하고 진화시키는 오픈 소스 생태계 참여자들의 네트워크다. 각 참가자는 자사의 목적에 맞는 완전한 혜택을 누리기 위해 RIC에 부분적으로 기여하면서 컨소시엄과 상호 관계를 맺고 있다. 최근 출시된 네이버 로봇, LG전자 로봇, 이마트 로봇, 일라이, 펫치 로봇(Fetch Robot) 등을 살펴보면 형태나 기능이 거의 유사함을 발견할 수 있다. 이는 로봇을 구성하는 기본적인 하드웨어와 소프트웨어의 근원(Root)이 유사한 오픈 소스, 오픈 하드웨어이기 때문이다. 로봇은 운영체제, 하드웨어,

	— 3D Depth Camera
	— Google TensorFlow Robot Operating System (ROS) Torch Theano Caffe CUDA + cuDNN Tegra K1 Wifi + Bluetooth
	— Mobile Base

터틀봇 2, TurtleBot

기구(Mechanics)와 다양한 소프트웨어의 융복합이며 센서 제어 기술로 구성되어 있다. 로봇 구동을 위한 운영체제는 ROS 오픈 소스를 주로 이용하며, ROS에서 지원하는 RDK(Robot Development Kit)를 이용하면 기본적인 로봇을 구성할 수 있다. ROS를 이용하면 로봇 구동을 위한 소프트웨어 및 지도 생성, 네비게이션, 장애물 회피, 최적 경로 주행 등 로봇 제어에 필요한 최신 기술을 오픈 소스로 활용할 수 있으며, RDK를 이용하면 직접 구동 검증 및 하드웨어 설계까지 할 수 있다. 하나의 기업이 모든 것을 독자적으로 수행하기는 쉽지 않기 때문에 이러한 오픈 소스와 커뮤니티를 활용하여 집단 지성의 힘을 이용하고, 수많은 개발자가 이를 상용으로 이용한 기업의 결과를 점검하고 검증하는 것이다.

솔루션 0단계는 비즈니스를 준비하면서 생태계를 분석하고, 전후방 산업에 대한 연결을 시뮬레이션하는 과정이다. 이 과정에서 기업은 자신의 솔루션을 상대 기업의 솔루션, 플랫폼에 연결해서 생태계를 더욱 확장시켜야 하며, 솔루션 통합 과정을 충실히 수행했다는 입증으로 인증서(Certificates)를 발급받는다.

스마트폰은 대부분 일반 소비자가 사용한다고 생각하지만 B2B 분야에서도 활용도가 높은 통신 장비다. ERT(eResearch Technology, Inc.)는 전 세계적으로 가장 큰 바이오 의약 회사이자 다양한 전 세계 의료 기관에 임상 서비스를 제공하는 글로벌 기업이다. 이 기업도 임상 실험 도구로 스마트폰을 이용한다. ERT와 같은 글로벌 기업이 약 5만 대의 스마트폰을 구입하여 자사의 소프트웨어와 다양한 실험에 관계된 앱을 설치할 때는 수동으로 하나하나 설치하지 않는다. MDM 소프트웨어와 프리비저닝 기능을 활용하여 동시에 모든 스마트폰에 앱을 설치할 수 있다. 하지만 전 세계적으로 MDM 소프트웨어는 정말 다양하다. 에어왓치, 모바일아이언, SAP, 시스코, IBM, SOTI 등 글로벌하게 사용되는 MDM 소프트웨어만 하더라도 수십 종이 된다. 가령 삼성의 갤럭시 스마트폰을 ERT에 납품하고자 할 때, ERT가 요구하는 MDM이 시트릭스(CITRIX)라고 한다면 삼성 스마트폰은 시트릭스 MDM 소프트웨어와의 호환성을 사전에 테스트하여 인증받아야만 납품할 수 있다. 고객사인 ERT에 다른 MDM을 사용하라고 강요할 수 없기 때문이다. 그래서 대부분의 스마트폰 제조사는 제품 출시 이전에 다양한 MDM 제조사와 사전에 통합 작업을 수행한다. 이러한 작업을 솔루션 통합이라고 하며, 가장 기본적인 플랫폼 연결 전략이고, 솔루션 0단계에서 반드시 검토해야 할 사항이다.

마케팅 0 단계

비즈니스 0단계의 최종 목적은 비즈니스 가상화다. 하지만 기업의 규모나 제한된 리소스 때문에 실질적인 비즈니스 가상화를 수행할 수 없다면 마케팅 0단계와 비즈니스 가상화를 통합하여 운영할 수 있다. 마케팅 0단계는 개발 0단계나 기획 0단계에서 추진된 사업 계획과 프로토타입을 자사의 핵심 고객, 디스트리뷰터, 채널 등에 소개하여 고객의 피드백을 받는 활동이다. 개발과 기획 부서의 0단계 진행과 병행해서 마케팅 부서는 가상의 마케팅 머티리얼(Marketing materials)을 제작하고, 인플루언서, 바이럴 마케팅과 같은 최적의 마케팅 기법을 연구하며, C 세대 같은 새로운 고객 집단을 분석하고, 핵심 고객으로부터 얻을 가상의 매출을 시뮬레이션할 수 있다. 기업 내부적으로 비즈니스 가상화를 수행하였다면 마케팅 부서는 그 결과를 활용하여 핵심 고객에게 가상의 마케팅을 할 수 있다. 비즈니스 가상화에서 레드팀은 이제 마케팅 부서가 되는 것이며, 블루팀은 고객 기업이 되어 가상의 B2B 비즈니스를 수행하는 것이다. 이때는 고객의 요청에 따라서 가상의 POC(Proof of concept, 개념 검증)를 함께 수행할 수 있다.

마케팅 0단계에서는 새롭게 부상하는 광고 방식도 검토해야 한다. 4차 산업혁명 이후 마케팅 부서 역시 디지털 트랜스포메이션의 기조를 따르고 있다. 디지털 마케팅에 익숙하더라도 이제는 프로그래매틱 광고의 효용을 검토해야 한다. 프로그래매틱 광고는 인공지능과 빅데이터를 이용하여 광고 플랫폼이 자동적으로 고객을 분석하고 고객에게 최적화된 맞춤형 광고를 띄워주는 새로운 기법이다. 디지털 마케팅은 기업의 서비스에 적합한 광고 플랫폼을 선택하고 다양한 마케팅 채널에서 수집한 데이터를 기초로 단계별 분석을 통해 전환율(ROAS, Return On AD Spend) 등을 최적화하는 방식이었지만, 프로그래매틱 구매는 광고주와 매체 사이에 개입 없이 광고 플랫폼에서 자동으로 광고 지면을 구매하고 판매하는 방식이다. 프로그래매틱 구매는 고객 데이터뿐 아니라 다양한 관련 데이터를 고려하기에 기존의 검색 광고와 차이가 있다. 구글 검색 광고는 구글이 보유한 데이터만을 활용하지만, 프로그래매틱 구매는 불특정 다수가 보유한 빅데이터를 활용하여 맞춤 광고를 하는 것이 특징이다.

일반 사용자가 뉴스 사이트에 접속한다면 사이트의 첫 페이지가 화면에 출력되기 직전까지는 광고가 결정되지 않았고 아직 판매되지 않은 상태를 의미한다. 물론 첫 페이지의 화면 구성, 메인 기사 등은 이미 정해져 있고, 광고의 위치도 정해져 있지만, 어떤 광고주의 광고를 내보낼지는 결정되지 않은 상태이다. 이 순간에 고객에게 어떠한 광고를 내보낼지를 결정하는 실시간 광고 입찰 경쟁이 발생하는 것이다. 초연결의 시대에 마케팅 채널과 광고 매체는 기하급수적으로 증가하고 있지만, 매체에 접속하는 고객의 사이트 체류 시간은 한정되어 있다. 이 시간을 효과적으로 활용하려면 광고 매체의 광고 공간의 구매, 판매가 자동으로 진행되는 프로그래매틱 구매 기법에 합류해야 한다. 그래야 광고 노출의 기회를 획득할 수 있다. 이런 시장의 증가는 기존의 광고 시장에서 광고주와 광고 대행사, 미디어랩사, 매체사, 채널사 등 여러 가지 주체의 관계를 바꾸고 있으며, 광고 방식도 새롭게 디지털화된 시대에 맞춰 바뀌고 있다. 이제 프로그래매틱 광고는 필수 고려 사항이 되었다.

구매 0 단계

구매 0단계는 기업의 구매 부서가 선행 연구하는 과정이다. 핵심 부품을 선정하고, 핵심 부품의 기술 동향, 업체 동향, 제품 동향을 지속적으로 검토하고 연구하는 것을 의미한다. 또한 구매처를 다양하게 확대하여 핵심 부품의 특정 업체 쏠림 현상을 방지하고, 갑작스러운 부품 공급 중단, 단종 이슈, 가격 상승 등에 대비하는 활동이다. 여기에 부품을 공급하는 업체와 지속적인 단가 인하 정책을 협의하는 활동이 병행되어야 한다. 일반적으로 기업에서 특정 부품만 이용하면 부품 공급 업체의 가격 인상에 대응하기 힘들어지며, 대안이 없다면 공급 업체에 락인되어 이를 그대로 원가에 반영해야 하기 때문이다. 구매 0단계를 가장 효율적으로 수행하는 기업은 애플이다. 애플은 ANPP에 입각하여 EPM(Engineering Program Manager), GSM(Global Supply Manager) 프로그램을 운영한다. 이들은 EPM/GSM 마피아로 불리며 애플의 차세대 제품에 필요한 부품 개발, 공급 업체 수배, 생산 및 제품 평가 지도, 공급망 효율화를 진두지휘한다. SPA 업계를 선도하는 인디텍스의 자라는 EPM/GSM의 순환 싸이클을 2주로 단축시켜 최고의 회전율과 공급 능력으로 고객에게 새로운 경험과 제품을 선보이고 있다. 중국의 리앤펑은 자체 제조, 생산 시설을 보유하고 있지 않지만, 고객 관계 관리와 공급망 관리 플랫폼만으로 전 세계의 기업을 언설하고, 이들의 다양한 차이점을 중재하며, 새로운 룰을 만들어 비즈니스를 대행함으로써 세계 최대의 물류 회사 반열에 합류하였다.

구매 0단계 활동은 제품 부품에 한정되지 않는다. 부품, 모듈, 반제품과 완제품에 이르기까지 범위에 제한을 두지 않는다. 기업의 경영 환경에 따라서 소프트웨어도 구매하거나 아웃소싱 개발을 진행할 수 있다. IT 자원과 인프라도 클라우드 솔루션으로 임대할 수 있다. 엔지니어링 아웃소싱은 이제 보편화된 비즈니스 방식이다. 구매 0단계에서는 이제 다른 기업의 두뇌 역량까지 임대하여 사용할 수 있다는 발상의 전환을 해야 한다. 빅데이터를 이용한 연구개발과 소프트웨어부터 하드웨어, 기구 금형 및 디자인 분야까지 연구개발, 구매, 생산, 제조를 대행해 주는 서비스가 등장하였다.

제조 0단계

4차 산업혁명은 제조 분야에서도 새로운 디지털 트랜스포메이션을 요구하며 인텔리전트 팩토리, 스마트 팩토리에 대한 기대를 높였다. 생산, 제조 공정을 무인화하고 인공지능, 빅데이터를 결합한 사전 예방, 자동 점검으로 문제가 발생하기 전에 데이터 가시성을 확보하여 대응할 수 있게 되었다.

스마트 팩토리의 대표 사례는 지멘스의 암베르크 공장이다. 매일 공정에서 발생하는 5000만 건의 데이터를 분석하여 최적의 공정 관리, 작업 관리에 반영했고, 불량율을 10PPM(Parts per Million)으로 낮추었으며, 전체 에너지 소비량을 30퍼센트 절감하였다. 직원의 평균 근로 시간도 주당 35시간 이내로 단축하였다. 이 공장에서는 1200만 개의 제품이 생산되는데 1초에 1개의 제품을 제조·생산하는 효율을 내고 있다. 아디다스의 스피드 팩토리(Speedfactory) 공장도 ICT 기술과 제조 기술이 융복합된 스마트 팩토리의 모범 사례다. 과거에는 신발의 기획, 디자인부터 최종 생산까지 총 18개월이 걸렸지만 초고속 3D 프린터와 생산 로봇을 도입한 스피드 팩토리는 고객의 제품 주문에서 최종 배송까지의 시간을 24시간 이내로 단축하였다.

하지만 모든 기업의 생산, 제조 설비와 운영 프로세스를 폐기하고 스마트 팩토리로 전환하기에는 현실적인 제약이 존재한다. 실시간 데이터를 발생시키려면 사물인터넷 센서와 생산 장비가 연동되어야 하며, 엣지 컴퓨팅, 포그 컴퓨팅 기술, 보안 기술이 있어야 한다. 또한 빅데이터를 분석하기 위한 인공지능, 빅데이터 시스템 그리고 3D 프린팅과 제조업용 로봇 기술 및 기존 레거시 시스템 연동 등 기업이 스마트 팩토리로 전환하려면 돌파해야 할 진입 장벽과 전환 비용은 상상을 초월한다. 포스코는 "심플하게, 최소한으로 생각하라"는 실리콘 밸리의 가치관을 실천했다. 상용 솔루션을 검토했지만, 레거시 시스템과의 연동은 현실적으로 제한이 많았으며, 상용 솔루션의 주기적인 점검과 장애 복구 서비스는 오히려 업무 흐름을 단절시킬 수 있었다. 이러한 경우 모든 것을 자체적으로

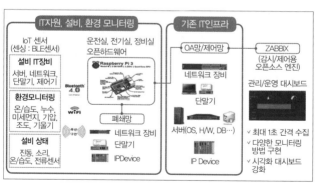

포스코 무인 전산실 모니터링 시스템 구성도, 포스코

개발하거나 외부 개발사와 협력 개발을 추진할 수 있지만, 포스코는 오픈 소스에서 해답을 찾았다. 오픈 소스 모니터링 소프트웨어인 자빅스와 통합 대시보드 소프트웨어 그라파나, 오픈 하드웨어 플랫폼 라즈베리파이를 활용하여 신속하게 기업의 요구에 맞는 무인 전산실 모니터링 시스템을 개발한 것이다.

비즈니스 0단계에서 기업들은 프로토타입 제작을 어려워한다. 비즈니스 가상화를 위하여 구글 스프린트를 적용할 때도 실제 홈페이지나 앱을 작성하거나 디자인 목업을 만들거나, 소프트웨어를 코딩하거나 하드웨어를 제작하려 한다. 하지만 비즈니스 0단계에 얻어야 할 가치는 신속한 프로토타입 제작과 고객 검증을 통한 비즈니스 시뮬레이션에 있다. 비즈니스 0단계는 결과를 피드백하여 경험을 축적하고 개선된 프로토타입으로 다음 단계의 스프린트를 수행하는 반복 과정이다. 이 과정에서 필요한 도구는 프로토타이핑 개발 도구다. 실리콘밸리 기업이 주로 활용하는 스케치, 프린서플, 플린토 프로그램과 어도비XD, 포토샵, 일러스트레이터, 인디자인, 파이어웍스 등의 디자이너 툴 사용에 문제가 없도록 학습해야만 기업 내부의 비즈니스 0단계 실행 및 글로벌 협업 과정에서 기대하는 효과를 창출할 수 있다.

넥스트 비즈니스 시스템
(Next Business System)

프로젝트 관리 오피스의 진화

PMI의 리포트에 따르면 프로젝트 실패로 글로벌 기업은 평균 1500억 원의 손실을 입으며, 프로젝트의 관리 성숙도에 따라 손실 비용이 최대 15배의 차이를 보였다. PMBOK (Project Management Body of Knowledge, 프로젝트 관리 지식 체계)에 따르면 프로젝트 매니저에게는 통합 관리, 범위 관리, 일정 관리, 원가 관리, 품질 관리, 인적 자원 관리, 의사 소통 관리, 위험 관리, 구매 조달 관리, 이해 관계자 관리 등의 스킬이 요구된다. 개별 프로젝트 매니저의 능력만으로는 프로젝트 진행과 관리를 보장할 수 없다. 실질적으로 프로젝트의 성공과 실패의 배경에는 프로젝트를 기업 내외부에서 총괄 지휘하는 프로젝트 관리 오피스(PMO, Project Management Office)의 능력이 관건이 된다. PMO의 존재 여부가 프로젝트의 성공을 보장하는 것은 아니지만, PMO를 구축함으로써 전사적 관점에서 포트폴리오에서 프로젝트에 이르기까지 통합적으로 관리할 수 있으며, 리소스 할당과 배분, 커뮤니케이션 조정과 통제, 통합된 프로젝트 방법론 적용, 일관된 스폰서십 확보, 기업 내 외부 컨설팅, 경험과 자산 축적 등을 효율적으로 수행할 수 있다.

글로벌 기업이나 실리콘밸리 기업과 협업하다 보면 PMO

의 구성과 역할에서 차이점을 발견할 수 있다. 국내 대다수 기업은 PMO의 역할을 단순한 프로젝트 관리로 한정하고 있기에 글로벌 기업들과 비즈니스를 진행할 때 혼선이 발생하는 것이다. 글로벌 기업과 실리콘밸리 기업은 표면적으로 구분하지 않더라도 PMO의 규모와 성격에 따라서 'PMO', '프로그램 PMO', '엔터프라이즈 PMO'로 구분하고 있다. 따라서 B2B 비즈니스와 멀티 프로젝트를 진행할 때는 상대 기업을 대표하여 선정된 PMO의 특징과 성격을 구분할 필요가 있다.

PMO는 개별적인 프로젝트를 관리하기 위한 조직이다. A 프로젝트와 B 프로젝트로 구분되는 멀티 프로젝트를 진행한다면, 이에 해당하는 상대 기업의 개별 PMO를 먼저 파악해야 한다. 프로그램 PMO는 다수의 프로젝트를 통합 관리하며 PMO를 관리, 통제, 조정하는 역할을 한다. 멀티 프로젝트 진행할 때는 개별 PMO를 파악한 후에 프로그램 PMO를 확인해야 한다. A 프로젝트와 B 프로젝트 사이에 조정이 필요한 경우, 상대 기업의 PMO 누구도 명확한 의사결정을 내릴 수 없기 때문이다. 마치 B2B 비즈니스에서 고객의 구매 센터를 파악하고 핵심 의사결정자와 의사결정에 관여하는 이익 집단을 파악하는 과정을 수행하는 것과 같다. 4차 산업혁명 이후 기업 대상의 B2B 프로젝트는 점차 그 규모가 증대하고 있으며, 고객 기업의 사업, 인프라, 비즈니스 모델과 플랫폼, 마케팅 기법, 고객 기업의 고객에까지 방대한 영향을 끼치고 있다. 이제 멀티 프로젝트를 진행하면서 고객 기업의 엔터프라이즈 PMO와 함께 협의하는 기회가 늘고 있으므로 기업의 프로젝트 매니저, PMO의 역량이 강조되고 있는 상황이다.

글로벌 기업과 실리콘밸리 기업들은 프로젝트 매니저,

PMO의 개념을 전통적 프로젝트 관리(Project Management)부터 비즈니스 관리(Business Management), 비즈니스 개발(Business Development, Business Design), 비즈니스 초연결(Business Hyper Connect), 비즈니스 확장(Business Expansion)으로 진화시켜 왔다. 개별적인 과제 진행을 담당하던 프로젝트 매니저에게 프로그램, 포트폴리오 관리 역량을 부여하며 비스니스적인 관점과 비즈니스 인사이트, 기업가 정신을 갖추도록 꾸준히 요구해온 것이다. 이러한 노력으로 프로젝트 매니저 중 일부는 BPM(Business PM)의 역할을 수행하며 전사적 전략 비즈니스 관리를 수행하는 EPMO(Enterprise PMO)의 핵심 인력으로 성장한다. 또한 EPMO에 소속된 프로젝트 매니저의 일부는 신규 사업을 개발하기 위한 BD(Business Development, Business Designer)로서 사업 개발, 신규 사업 창출 분야에서 주도적 역할을 맡고 기업의 전략 기획, 사업 개발 부서의 리더로서 업무 영역과 역량을 넓혀간다. 4차 산업혁명 이후 접어든 초연결 사회에서 기업은 새로운 비즈니스 기회를 창출하라는 요구를 강력하게 받고 있다. 기업의 경영활동을 구성하는 비즈니스 시스템도 변화와 진화하라는 요구를 받고 있는 것이다.

넥스트 비즈니스 시스템

4차 산업혁명 이후 기업의 비즈니스 시스템은 다양하게 변화하며 진화를 거듭하여 왔다. 전통적 방식의 비즈니스 시스템 및 실리콘밸리의 유니콘, 데카콘 기업의 린 스타트업 경영방식, GE의 패스트 워크, 아디다스의 스피드 팩토리, 삼성

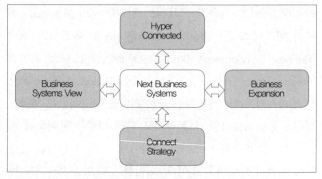

넥스트 비즈니스 시스템의 구성 3요소와 연결 전략

전자의 C랩의 사례를 통하여, 많은 기업과 스타트업들은 이 제 더 이상 전통적 경영 방식이 유효하지 않음을 알았다. 이 제는 비즈니스 시스템을 새롭게 해석하고 초연결과 비즈니스의 확장을 통합되고 융복합된 유기적인 시각으로 바라보아야한다. 이를 위하여 4차 산업혁명 이후의 비즈니스에 대응하는 넥스트 비즈니스 시스템(Next Business System)을 고려하기시작했다. 넥스트 비즈니스 시스템은 비즈니스 시스템즈 뷰(Business Systems View), 초연결(Hyper Connected), 비즈니스 확장(Business Expansion)으로 구성되어 있으며, 각 구성 요소의내부와 외부를 관통하는 인사이트는 '연결'이다.

비즈니스 시스템즈 뷰

비즈니스 시스템즈 뷰는 4차 산업혁명 이후 기업이나 스타트업이 수행해야 할 비즈니스의 내부 전략과 외부 전략에 대한 프로세스와 이미지다. 비즈니스 시스템즈 뷰는 내부 요소(Internal Part)와 외부 요소(External Part)로 구성되며, 연결을 통해 순환 구조를 형성한다.

비즈니스 시스템즈 뷰의 내부 요소는 메가 트렌드 분석과 시장 분석에서 인사이트를 얻고, 이를 비즈니스 모델을 구축하고 플랫폼 전략을 구축하기 위한 입력 요소로서 전달한다. 비즈니스 모델과 플랫폼 전략을 수립하기 위해 조직 내부의 전문성, 집단 지성, 연결 전략를 융복합시켜 비즈니스를 시뮬레이션한다. 비즈니스 시뮬레이션 과정에 다양한 경영 기술을 적용하고 그 과정에서 최소존속제품을 출시하며 고객과 시장 검증을 통하여 제품의 방향이나 기능을 바꾸는 피벗을 해서 비즈니스 모델과 플랫폼 전략, 연결 전략을 수정하고 진화시키는 것이다. 비즈니스 시스템즈 뷰의 외부 요소는 내부 요소에서 생성된 연결 전략과 비즈니스 모델, 최소존속제품 및 피벗의 결과물을 모두 반영하며, 혁신과 몰입, 기업가 정

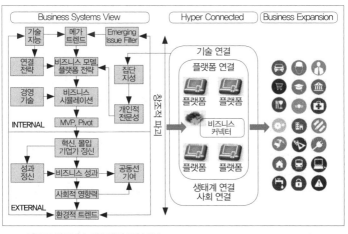

넥스트 비즈니스 시스템의 구성 요소

신으로 비즈니스의 성과를 도출하고, 기업의 궁극적 목적인 긍정적인 사회적 영향력을 창출하여 공동선에 기여하고, 환경적 트렌드를 만들며 이를 비즈니스의 메가 트렌드에 투영시키는 것이다. 이러한 메가 트렌드는 또한 순환 구조 속에서 비즈니스 시스템즈 뷰의 내부 요소로 들어는 프로세스다.

'초연결 사회'는 아나벨 퀴안 하세(Anabel Quan Hasse)가 처음 정의한 개념으로서 인간, 기계 장치, 무생물 객체까지 모든 사물이 네트워크와 초연결 플랫폼으로 연결되어 새로운 경험과 다차원적 사고의 확장으로 새로운 가치를 생성하는 사회다. 하지만 기존에는 초연결을 메가 트렌드와 사회적 트렌드로서 분석하고 플랫폼과 개인의 연결, 사물인터넷에 집중했다. 이와 달리, 넥스트 비즈니스 시스템에서의 초연결은 비즈니스 커넥터의 역할을 강조한다.

비즈니스 커넥터는 기존의 초연결 개념을 확장한다. 플랫폼과 사용자의 연결뿐 아니라, 플랫폼과 플랫폼의 연결, 기술과 기술의 연결, 생태계의 연결, 사회의 연결 및 비즈니스와 비즈니스를 연결한다. 초연결의 개념을 비즈니스의 기회와 가능성이 존재하는 모든 것으로 확장한 것이다. 리테일 비즈니스에는 단지 핀테크 기술만 필요한 것이 아니다. 물류, 생산, 제조, 유통, 고객 분석, 빅데이터 처리 등의 분야에서 모든 것이 연결되고 있다. 로봇 비즈니스는 전통적인 공장 자동화, 무인 생산 영역에서 물류 로봇, 서비스 로봇, 개인화 로봇은 물론 이제는 재난 구조 로봇, 농업용 로봇, 의료용 로봇 분야로 확대되고 있으며, 로봇 연구는 인간을 대신하는 기능을 넘어 동식물의 움직임을 모사하는 자연모사 기술, 인공지능 및 빅데이터 처리 등으로 확장되고 있다. 4차 산업혁명 이후의 초연결은 비즈니스 커넥터를 얼마나 전략적으로 설계하고 활용하여 연결하는가에 사업의 성패가 달려 있는 것이다.

넥스트 비즈니스 시스템에서는 비즈니스의 연결과 확장을 고려해야 한다. 아무리 우수한 비즈니스 모델을 수립하여도 그 분야에 이미 선도적 기업과 스타트업이 존재한다면 유사 혹은 다른 비즈니스 모델로의 변화가 필요하다. 기존의 비즈니스 모델과 플랫폼을 견고히 하려 할 때도 비즈니스 확장이 필요한다. 비즈니스 확장은 단지 사업의 확대를 의미하는 것이 아니다. 전략적 제휴, 인수합병, 사업 간 통폐합, 확장을 위한 축소 및 산업 버티컬 간 유사 영역 확장, 비유사 영역 확장 등 다양한 방법으로 구현될 수 있다. 비즈니스 확장에서도 가장 중요한 인사이트는 '연결'이다. 무리한 확장 및 비즈니스의 속성을 모르는 확장은 기업 및 스타트업을 부실의 나락으로 떨어트린다. 하지만 비즈니스 시스템 뷰로 연결 전략을 수립하여 초연결을 수행한 기업과 스타트업의 비즈니스 확장은 더욱 견고한 수익 구조와 경쟁자가 따라올 수 없는 초격차를 만든다.

연결 전략

넥스트 비즈니스 시스템의 핵심은 연결 전략이다. 넥스트 비즈니스 시스템의 연결 전략은 비즈니스 시스템 뷰의 내부 파트에 존재하고 있으며, 연결 전략을 통하여 비즈니스 모델 및 플랫폼 전략을 수립하도록 되어 있다. 또한 연결 전략은 내부 파트의 개인적 전문성, 집단 지성의 시너지를 이용하며, 비즈니스 시뮬레이션을 구동하는 원동력이다. 내부 파트에서의 연결 전략은 메가 트렌드와 사회를 연결해 주고, 비즈니스 모델과 플랫폼을 연결하며, 경영 기술과 비즈니스 시뮬레이션을 연결한다. 이를 통하여 최소존속제품과 피벗이 가능하도록 한다. 또한 내부 파트의 연결 전략은 기업 및 스타트업의 내부 조직에서 각 조직 간의 장벽을 허물고, 원활한 의사소통이 가능하도록 하는 매개체다. 비즈니스 시스템 뷰의 외부 파트에서 연결 전략은 내부 파트의 결과물인 플랫폼, 비즈니스 모델, 최소존속제품과 피벗을 혁신하고 조직을 몰입하게 하며, 기업가 정신을 투영함으로써 비즈니스의 성과를 창출하여 사회적 영향력을 강화하고, 이를 환경적 트렌드로 이어나가 궁극적으로는 메가 트렌드를 만들고, 공동선에 기여하는 핵심이다. 기본적으로는 플랫폼과 고객을 연결하고, 고객과 고객을 연결시키는 전략이며, 초연결 사회의 근간인 비즈니스 커넥터를 생성하여 진화시키는 근본 전략이다. 연결 전략은 비즈니스 커넥터에게 생명을 불어넣어 스스로 개선하고 변화하며 진화되도록 한다. 비즈니스 커넥터의 기본 임무는 모든 것을 연결하는 것이다. 모든 비즈니스 기회와 수익 창출 기회에 연결하는 것이며, 향후 비즈니스의 기회가 되리라 예상되는 분야를 관심의 대상으로 끌어들이는 것이다. 비즈니스 커넥터는 플랫폼과 사용자, 공급자의 연결을 넘어 플랫폼과 플랫폼의 연결, 플랫폼과 생태계의 연결, 기술의 연결, 사회를 연결시키고, 나아가 다양한 산업 버티컬을 유기적으로 연결하여 비즈니스를 확대한다.

각 기업과 스타트업은 현재 처한 상황에 따라서 넥스트 비즈니스 시스템 및 하위 요소인 비즈니스 시스템즈 뷰, 초연결, 비즈니스 확장을 수정·보완해 진화시켜야 한다. 비즈니스 시스템 뷰는 조셉 슘페터가 제시한 창조적 파괴(Creative Destruction)의 대상으로서 지속적인 혁신이 필요하다. 슘페터의 창조적 파괴, 혁신과 기업가 정신을 비즈니스 시스템 뷰에 적용하여 고착화되고 정형화된 프로세스를 탈피하며, 수정과 개선 그리고 연결을 기반으로 하는 자가 진화 능력을 보유해야 함을 나타낸 것이다.

전통적 프로세스에 따라 기업 활동을 해온 글로벌 기업이 일순간에 실리콘밸리의 유니콘, 데카콘 기업처럼 모든 프로세스를 바꿀 수는 없다. 반대로 성장통을 겪고 있는 실리콘밸리의 기업이 전통적 글로벌 기업의 조직 문화를 일순간에 기업의 핵심 가치로 이식하는 행위는 창조적 파괴가 아닌 파괴적 창조(Destructive Creation)를 초래할 수 있다. 넥스트 비즈니스 시스템은 새로운 비즈니스 프레임워크다. 창조적 파괴로 기업 및 스타트업의 상황에 맞게 수정하고 진화시켜야 한다. 연결 전략으로는 비즈니스 커넥터를 생성하고, 이를 통하여 비즈니스를 팽창시키는 것이 근본 목적이다.

비즈니스 커넥터

넥스트 비즈니스 시스템의 특징은 초연결이다. 비즈니스 기회를 발굴하거나 비즈니스 기회를 획득하려는 모든 협력과 협업이 초연결을 의미하며, 이는 단순히 플랫폼을 구축하여 다면 시장에서 공급자와 소비자를 연결하는 전통적인 개념을 탈피한다. 플랫폼과 플랫폼의 연결, 기술의 연결, 생태계의 연결, 사회의 연결 및 플랫폼의 자가 증식을 통하여 비즈니스 모델이 지속적으로 진화하고 성장한다. 그럼으로써 비

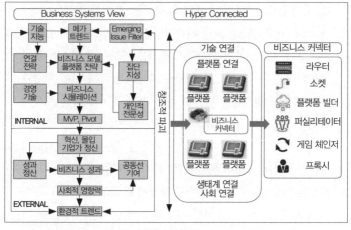

넥스트 비즈니스 시스템과 비즈니스 커넥터 속성

즈니스를 확장 및 팽창시킨다. 이러한 초연결부터 비즈니스 확장까지 전체의 과정을 담당하는 핵심이 비즈니스 커넥터이다. 비즈니스 커넥터는 단순히 연결하는 역할에 그치지 않고, 비즈니스 모델의 특성을 만들고 진화시키는 역할을 한다. 4차 산업혁명 이후 비즈니스는 물론 비즈니스 모델은 무한히 진화하며 연결되고 확장되는 생명체 같은 성격을 띠고 있으며, 기업 내부와 외부, 경쟁 기업, 경쟁 사업, 전후방 비즈니스 및 기존 비즈니스와 무관한 이종 산업의 영역으로 확장하고 있으며, 자가 증식을 통해 진화하고 있다. 비즈니스 커넥터는 비즈니스 모델이 생성되고, 유지되며, 증식할 수 있도록 하는 핵심 코어다. 그들은 라우터(Router), 소켓(Socket), 플랫폼 빌더(Platform Builder), 퍼실리테이터(Facilitator), 게임 체인저(Game Changer), 프록시(Proxy) 속성을 보유하며, 이러한 속성을 필요에 따라 조합하고 융복합하여 비즈니스 모델의 특성을 만든다.

이러한 속성은 기업이 비즈니스 모델을 수립하거나 비즈니스를 확장하는 과정에서 선택, 제거하거나, 융복합해서 혼합 속성으로 변화시킬 수 있으며 자가 증식, 진화를 통하여 기존에 없던 새로운 속성이 창발적으로 생성돼 반영될 수도 있다.

소켓 속성

급변하는 초연결 사회에서 기업과 비즈니스의 생존 전략은 연결이다. 인간, 기계, 사물이 네트워크와 초연결 플랫폼으로 연결되어 산업 구조와 비즈니스를 변화시키고, 새로운 고객 경험과 가치를 제공하고 있다. 비즈니스 커넥터의 첫 번째 속성은 소켓이며 비즈니스 커넥터의 다른 모든 속성의 근원이다. 가정에서 전기를 사용한다면 전원 케이블을 전원 소켓에 연결해야 한다. 무선 인터넷도 공유기나 AP에 연결해야 사용할 수 있다. 스마트폰이나 컴퓨터를 사용하려면 전원과 연결해야 하고, 네트워크에 연결되어야 원하는 인터넷 서비스를 이용할 수 있다. 기업과 스타트업이 비즈니스 모델과 플랫폼의 특징을 결정하는 첫 번째 속성이 바로 소켓이며, 비즈니스 커넥터의 소켓 특성은 연결이다. 기업과 고객, 고객과 고객, 공급자와 고객, 플랫폼 내부와 고객·공급자, 플랫폼과 플랫폼, 기술, 생태계, 사회, 비즈니스와 비즈니스를 연결한다.

오마에 겐이치가 21세기의 부는 플랫폼에서 나온다고 주장하며 플랫폼의 중요성을 강조하였고, 안드레이 학주와 히라노 아쓰시 칼의 『플랫폼 전략』이 소개된 이후 이미 많은 시간이 지났다. 하지만 글로벌 기업과 실리콘밸리 기업의 주된 실패 요인은 고객, 시장, 기술, 사회와 연결되지 못한 채 자신만의 세계를 구축하다가 고객과 시장의 외면을 받는 것이다. 이제 기업들은 연결 전략으로 기업의 내외부를 연결하고, 모든 임직원과 기업의 정체성을 비즈니스 커넥터로 진화시키고 있다. 기업이 처한 경영 환경과 불확실한 고객 요구, 빅뱅 파괴 기업의 도전에 민첩하고 유연하게 대응하고 경쟁에서 이기기 위한 생존 전략이다.

비즈니스 커넥터 소켓 특성은 어떠한 상황에서도 민첩하고 유연하게 기업을 새로운 객체와 연결한다. 가장 먼저 기업의 내부와 연결해야 한다. 기업과 조직에서 소통 부족과 커뮤니케이션의 단절 때문에 보이지 않는 장벽을 형성하면 혁신에 실패하고, 사일로 이펙트가 생기나 4차 산업혁명 이후의 급격한 변화에 대처하지 못한다. 소통과 협업을 가로막는 썩은 사과를 신속하게 제거해야 한다. 기업과 조직에서 임직원들로 하여금 일하고 싶도록 동기를 유발하는 첫 번째 조건은 소통과 협업이기 때문이다. 기업의 모든 임직원이 회사의 비전과 미션, 이념과 지향, 앞으로 해야 할 일, 과제, 산적한 현안 등을 공유하는 것은 기업과 조직이 비즈니스 성과를 창출하는 데 결정적인 힘이 되며, 이는 연결 전략의 근본적인 동력으로 작용한다. 칠리카페에서 매주 진행되는 구글의 TGIF 미팅이 글로벌 선진사의 자기 과시만은 아니다. 구글의 10가지 진실과 주주에게 보내는 편지는 초심을 유지한다는 구글의 정신을 기업 내외부에 지속적으로 연결시키고 있다. 연결과 소통을 위한 방법론으로서 엘론 머스크의 '마스터 플랜 제2장(Master Plan, Part Deux)'이 주목받고 있다. 단순하고 명료한 표현으로 정리된 테슬라의 10년의 사업 계획은 커뮤니케이션의 마스터클래스로 평가받는다. 미친듯이 단순하고 극단적인 절제를 바탕으로 소통하는 실리콘밸리 연결 전략의 전형이다.

비즈니스 커넥터의 소켓 속성은 기업의 모든 임직원을 메가 트렌드에 연결하며, 일상적이고 상시적으로 비즈니스 0단계와 비즈니스 가상화를 수행할 수 있는 동력이다. 소켓 속성은 이머징 이슈, 패즈, 기술 지능에 연결하여 기업의 민첩성을 강화한다. 비즈니스 커넥터의 소켓 속성은 궁극적으로 집단 지성과 개인적 전문성을 강화하려는 전략적 가치와 활동이며 그 기반은 실리콘밸리의 70:20:10 법칙에서 출발한다. 임직원들의 업무 시간 70퍼센트는 현업의 핵심 업무 수행에 집중하도록 하며, 20퍼센트는 핵심 역량의 확대에 투자, 그리고 10퍼센트는 '다르게 생각하기', '생각할 수 없던 것을 생각하기'로 대표되는 자유로운 연구를 하도록 하는 것이다. 또한 10퍼센트를 투자한 자유 연구는 기업 내부의 집단 지성으로 공유된다. 이러한 자유 연구의 결과를 검토하여 비즈니스 모델에 융합하거나 빠른 폐기, 연구 지속 등으로 순환되도록 한다.

라우터 속성

네트워크 장비이 하나인 리우디는 원격시의 컴퓨터를 서로 연결하는 기능이 있다. 정보가 발생하고 나서 원하는 목적지로 전달되는 과정을 라우팅이라 하며, 수많은 경로에서 최적 경로를 탐색하고 안내하는 게이트웨이 속성도 있다.

디지털 스카이 서베이 프로젝트(Digital Sky Survey Project)는

뉴멕시코에 천체 망원경을 설치했다. 망원경이 설치되어 운영된 2주 동안 천체 망원경이 수집한 데이터는 과거 인류가 모아온 데이터의 양보다 많았다. 지금은 소셜 네트워크에서도 방대한 양의 데이터가 발생하고 있다. 매일 35억 개의 페이스북 좋아요(Like)와 댓글이 생성되며, 트위터는 4억 개의 트윗을 전파하고 있다. 유튜브에서는 매 초당 1시간 분량의 동영상이 새롭게 올라온다. 구글의 1일 데이터 처리량은 24페타바이트로서 DVD 영화 17만 편의 분량이며 그중 2400만 기가바이트의 정보를 축적하고 이용하고 있으며, 2025년에 전 세계 데이터 생산량은 163제타바이트 정도가 될 것으로 예측된다. 비즈니스 커넥터 라우터 속성은 소켓 속성의 연결을 기반으로 방대한 양의 데이터를 분류하고 정리하여 기업과 고객에게 최적의 정보를 전달한다. 테세우스 배가 목표를 상실하지 않고 순항하도록 네비게이터로서의 역할을 수행한다. 정보의 홍수 속에서 최적의 정보를 선별하고 인사이트를 발굴하며, 비즈니스 모델 및 플랫폼에서 최적의 서비스를 선택하여 맞춤화된 서비스를 제공하는 역할이다.

플랫폼 빌더 속성

페이스북, 구글, 애플, 알리바바, 에어비앤비, 우버 등 글로벌 기업 및 유니콘, 데카콘 기업들에게는 공통점이 있다. 이들은 모두 비즈니스 커넥터의 플랫폼 빌더 속성을 활용하여 비즈니스를 수행하고 있다. 사업자가 제품, 솔루션, 서비스를 직접 제공하던 전통적 비즈니스 방식을 탈피하여, 플랫폼 비즈니스 모델은 기업이 제공한 플랫폼 안에서 생산자와 소비자가 연결됨으로써 각각 제품, 솔루션, 서비스를 교환하고 새로운 가치를 창출하도록 하는 것이다. 사업자는 플랫폼과 비즈니스 모델을 창출하고 생산자와 소비자를 플랫폼 내부로 유인하며, 지속적인 가치를 제공함으로써 이들의 이탈을 방지해 수익을 창출한다.

이제 ICT 기업뿐 아니라 유통, 제조, 물류 및 산업 전반에서 기업들은 플랫폼의 중요성을 인지했다. 제2의 구글, 페이스북, 트위터 등을 꿈꾸며 비즈니스 동인을 플랫폼 빌더로 정하는 기업이 증가하고 있다. 플랫폼 비즈니스의 특징은 공급자와 수요자가 느슨한 구조로 양방향성 연결을 추구하는 양면 시장의 속성이 있으며, 이들이 가치를 생성할수록 오히려 플랫폼에 종속되는 락인 효과가 생겨 플랫폼의 자가 진화를 도모할 수 있다는 점이다. 1984년 미국 슈퍼볼 경기의 최종 승자는 결승전에 올라온 어느 팀도 아닌 애플이었다. 조지 오웰의 1984에서 영감을 얻어 IBM을 빅브라더로 묘사하고 애플의 매킨토시는 과거의 구태를 무너트리는 새로운 혁신의 아이콘으로 규정한 것이다. 애플은 슈퍼볼이라는 플랫폼을 이용한 단 한 번의 광고로 최고의 홍보 효과를 창출했다.

플랫폼 빌더는 플랫폼을 만들어 소비자와 공급자를 연결해 주며, 연결에 대한 이용 수수료와 새롭게 창출된 가치를 통하여 비즈니스 수익을 얻는다. 또한 플랫폼이 필요한 기업에 플랫폼을 연결하며, 플랫폼과 플랫폼의 연결을 통하여 새로운 가치를 확장시키고 있다. 플랫폼 선택에서 고민하는 기업들에게 다양한 플랫폼의 소개하거나 플랫폼 도입 후 관리의 어려움을 겪는 기업들에게는 플랫폼 관리 서비스를 제공하기도 한다. 아마존, 마이크로소프트, 구글이 장악하고 있는 인프라 스트럭처 클라우드 비즈니스에서 이들의 플랫폼을 구축해주며 멀티 클라우드를 관리해주는 MSP(Managed Service Provider)가 각광을 받고 있다. 이들은 플랫폼 빌더의 치열한 경쟁 환경에서 새로운 가치를 창출하기 위하여 관리형 서비스 비즈니스 모델을 선택한 것이다.

플랫폼 빌더 속성으로 비즈니스 모델과 플랫폼을 구축하고자 한다면, 표준화 전쟁에 참전하여 승리하거나, 표준화 정책을 이용하거나, 사실상 표준화(De facto standard)를 준수해야 한다. 그 외에는 압도적인 시장 지배력으로 표준화 전쟁조차 흡수해버리는 전략을 구사할 수도 있다. 최초의 전화 발명가는 알렉산더 그레이엄 벨로 회자되고 있지만 사실은 다르다. 알렉산더 그레이엄 벨과 엘리샤 그레이는 같은 날 단지 두 시간 차이로 각각 전화에 관한 특허를 등록했다. 우여곡절이 끝에 특허권은 벨에게로 돌아갔지만, 최초의 전화 발명가는 이들이 아닌 안토니오 무치였다. 가장 빨리 발명했음에도 특허 등록 과정에서 설계도를 분실한 것이다. 오랜 시간 후 미국 의회는 안토니오 무치의 공적을 인정하여 최초 전화기 발명가의 타이틀을 반환했지만, 부와 명성을 획득한 사람은 벨이었다. 비즈니스를 수행할 당시 특허권은 벨에게 귀속되어 있었으며, 고객들이 특허권을 소유한 벨을 최고의 제품과 솔루션 제공자로 알고 있었기 때문이다. 특허권은 경쟁자의 사업 진출을 어렵게 하거나 불가능하게 할 수 있는 강력한 무기다. 플랫폼 빌더의 속성으로 비즈니스 모델을 구축한다면 반드시 고려해야 할 항목이다. 벨은 자신의 특허를 이용해 1876년부터 다른 발명가나 사업가가 미국에서 전화 사업을 하기 어렵도록 권리를 꾸준히 행사했다. 특허는 기술 표준을 생성하며, 기술 표준은 안정적 플랫폼으로 진화할 수 있다. 따라서 기술 경쟁에서 승리하려면 표준을 장악해야 한다. 표준을 장악한 기업은 비즈니스의 절대 강자로 부상하지만, 장악에 실패한 기업은 비즈니스에서 자취를 감출 정도로 표준의 보상과 대가는 분명하다. 표준을 둘러싼 경쟁은 표준 전쟁이라 불리며 치열해져 가고 있다. 플랫폼 전쟁의 대표 사례는 이미 모듈 5에서 소개한 VCR 업계 사례에서 찾아볼 수 있다.

기업이 플랫폼 빌더의 속성으로 비즈니스를 수행하고자 할 때 또 하나의 점검 포인트가 있다. 자사의 비즈니스 전략을 빠른 추격자와 혁신가 중 어떤 방향으로 추진할 것인가의 문제다. 하지만 정답은 없다. 글로벌 선두 기업의 플랫폼 장악이 더욱 심해지고 있고, 표준화 및 특허 역시 다양하게 여러 방향으로 전개되기 때문이다. 기업의 입장에서는 어려운 이야기이지만, 궁극적으로는 병행자(Parallel Mover) 전략으로 움직여야 한다. 기술 개발과 소규모 생산을 하다가 관련 시장이 커지는 것을 보고 빠르게 투자하여 과실을 얻는 수순을 밟아나가야 하는 것이다. 선택과 집중이 아니라 선택한 후 불필요한 부분을 제거하는 '선택과 제거' 전략을 추진하여 위험성을 감쇠시켜야 한다.

예를 들어 공유 경제의 새로운 패러다임과 자율 주행차에 대한 기대감은 완성차 제조 기업을 곤경에 빠트리고 있다. 차세대 자동차 전략인 전기차, 하이브리드, 수소 연료 전지차에 대한 연구와 투자 비중을 가늠하기 어려운 상황이다. 이러한 상황에서 현대자동차가 취한 전략이 병행자 전략이다. 친환경차의 표준이 어느 방향으로 움직일지 아직 파악하기 어렵기 때문에 현대차는 각 표준안에 모두 참여하여 기술과 표준의 흐름에 연결한 상태에서 특정 표준이 힘을 얻어 사실상의 표준이나 시장 장악력이 높아지면 민첩하게 제품으로 출시할 수 있도록 준비하며, 경쟁력이 떨어지는 표준안에 대한 연구를 줄여가는 선택과 제거 전략을 선택했다.

퍼실리테이터

비즈니스 모델과 플랫폼을 수립하는 전략도 비즈니스 커넥터 퍼실리테이터의 속성을 요구한다. 기업과 스타트업이 플랫폼을 구성한다면 룰과 규칙을 제정해야 한다. 플랫폼에 합류시킬 대상은 누구인지 판단해야 하며, 유입 대상은 어떠한 니즈와 원츠를 해결하려고 플랫폼에 유입되는지, 목적과 이유를 찾아내야 한다. 또한 플랫폼에 유입하는 대상에게 적용할 플랫폼의 운영 규칙과 커뮤니케이션 규칙을 확정하여 공표하고, 플랫폼의 비즈니스 모델의 개선과 수익 창출 흐름을 명확히 규정해야 한다. 따라서 비즈니스 커넥터 퍼실리테이터는 플랫폼의 규칙(Rule)과 정책(Policy)를 만들고 플랫폼을 구성하는 모든 구성 요소를 통제하고 중재하는 역할이다.

1965년은 IT 역사에서 의미 있는 혁신이 추진된 해이다. MIT, AT&T, GE가 협력하여 현대적 운영체제의 기본이 되는 멀티 태스킹, 멀티 유저를 지원하는 운영체제를 개발하는 멀틱스(Multics) 프로젝트를 시작했기 때문이다. 당시 연구원이었던 켄 톰슨과 데니스 리치가 후속 프로젝트를 진행하여 유닉스(UNIX) 운영체제를 탄생시켰다. 당시는 C언어가 개발되기 이전이었고 초기 유닉스는 PDP-7에서만 어셈블리 언어로 작성되어 구동되었기에 기계 종속적이며 호환성이 부족한 운영체제였다. 이후 데니스 리치가 C언어를 개발함으로써 컴퓨터 프로그래밍은 새로운 혁신의 문을 열게 되었다. 가장 먼저 어셈블리로 작성된 유닉스 코드를 C언어로 재구성하여 PDP-7 컴퓨터의 락인 문제를 해결하였으며, 다른 기종으로 이식할 수 있게 돼 메인프레임 컴퓨터 발전과 운영체제, 인공지능 연구에 지대한 공헌을 했다. C언어로 이식된 유닉스는 대학과 연구소, 각 기업에 무료로 배포되었고, 이때부터 사실상 오픈 소스, 오픈 개발자 커뮤니티가 형성된 것이다. 하지만 MIT 인공지능 연구소에서는 연구 성과를 상업화하느라 운영체제 개발을 중단했다. 그러자 당시 이 프로젝트에 참여하였던 리차드 스톨만이 GNU 프로젝트와 자유 소프트웨어 재단을 설립하여 명맥을 유지하며 오픈 소스 운동을 확산시켰다. 그때까지 구현되지 않았던 GNU의 핵심인 커널은 리차드 스톨만이 리누스 토발즈가 개발한 리눅스 커널을 채용함으로써 해결되었다. 이것이 오늘날의 리눅스가 되었으며, 안드로이드 운영체제의 핵심 코어가 되었다.

일반적으로 유닉스, 리눅스 및 안드로이드와 오픈 소스는 누구나 사용할 수 있으며, 소스 코드 및 개발 과정에도 참여할 수 있다. 최근에는 애플도 애플의 헬스킷, 리서치킷 등에 일부 오픈 소스 정책을 수용하고 있다. 이러한 오픈 소스에도 규칙과 정책이 있으며 이를 총괄적으로 책임지는 역할을 메인테이너(Maintainer)가 수행한다. 메인테이너들은 플랫폼의 목적에 맞게 소스 코드를 수정하거나 유지하며, 다양한 개발자의 소스 수정과 개선판을 검증함으로써 승인 과정의 최종 관문 역할을 한다. 메인테이너들의 면면을 살펴보면 대부분은 기업에 소속되어 있다. 이들은 그 분야에서 전문적인 기술을 가지고 대표성을 띠고 있으며 이들의 승인이 없다면 개발에 기여한 코드가 반영될 수 없기에 한편으로는 막강한 권력을 갖고 있다. 이들이 오픈 소스의 핵심 기능, 성능, 정체성에 지대한 영향을 미치는 것이다. 이들은 룰과 정책을 만드는 메이커(Maker)이지만 절대로 자신만의 이익을 위하여 활동하지 않기 때문에 오픈 커뮤니티, 개발자 커뮤니티 등에서 권위를 인정받고 있는 것이다. 최근 글로벌 기업 및 일부 스타트업은 주요 오픈 소스의 메인테이너, 핵심 컨트리뷰터를 자사로 합류시키고 있다. 이들을 영입하여 핵심 오픈 소스 플랫폼과 기술을 신속하게 내재화하고, 나아가서는 플랫폼을 장악하고 기술 표준화를 주도하겠다는 의도다.

메인테이너가 되는 가장 빠른 방법은 오픈 소스의 주도권을 잡는 것이다. 마이크로소프트, 구글, IBM, 아마존 등 글로벌 기업은 오픈 소스의 주도권을 선점하기 위해 치열하게 전쟁을 벌이고 있다. 클라우드와 블록체인, 사물인터넷, 인공지능과 빅데이터로 대표되는 차세대 IT 플랫폼은 초연결 기반의 오픈 생태계를 만드는 핵심 요소다. 애플과 더불어 자사의 운영체제, 애플리케이션을 공개하지 않던 마이크로소프트도 오픈소스 운동에 합류하였다. 마이크로소프트가 오픈소스 커뮤니티 깃허브를 인수했다는 소식은 관련 업계에 커다란 충격을 안겨주었다. 뒤늦게 오픈 소스에 합류했지만 깃허브를 인수함으로써 신속하게 개발자와 누적된 기술력을 확보하고 오픈 소스로 구성된 현재의 ICBM+AI 솔루션의 주도권을 한번에 획득하겠다는 목적과 가까워졌다. 마이크로소프트는 깃허브를 통해 오픈 소스 개발 트렌드와 생태계를 주도하려 하며, 오픈 소스 생태계의 메인테이너가 되고자 한다. 구글과 페이스북, IBM, 레드햇 등 경쟁 IT 기업들도 공개 소프트웨어를 활용한 다양한 신기술 프로젝트를 추진하고 있다. 구글은 안드로이드를 포함하여 머신러닝 기술인 텐서플로우, 자연어 처리를 위한 신경망 프레임워크 신택스넷 등의 소스코드를 공개했으며, 이미 수많은 오픈 프로젝트를 진행하고 있다. IBM은 클라우드 인프라 플랫폼 오픈스택과 머신러닝 시스템 ML, 블록체인 솔루션인 하이퍼렛저의 소스코드를 오픈했다. 오픈 소스 기업 레드햇은 리눅스 플랫폼(RHEL)을 통해 오픈 소스 생태계를 산업 전반으로 넓히고 있다. 이들의 행보는 그간의 독점적 지위를 폐기하고, 오픈과 협업으로 수많은 개발 지원군을 자신의 진영으로 끌어들임으로써 생태계를 확대하며, 자사 솔루션을 신속하게 출시하고 검증해 고객을 확대하려는 것이다.

메인테이너의 사례를 들어보자.

CCTV 업계에서는 CCTV 카메라, DVR, NVR, IP 카메라, PTZ(Pan Tilt Zoom) 카메라 및 RFID, 센서를 이용하여 영상 보안, 출입 통제, 침입 감지 등 3개 축의 비즈니스를 수행한다. 아날로그 시기에는 주로 동축케이블에 연결된 모니터로 영상을 확인하고, 전화선이나 RS-232, RS-485 통신 방식으로 센서를 연결하여 출입 통제, 침입 감지를 수행하였다. 이 당시 플랫폼 메인테이너는 카메라 렌즈와 센서, ISP(Image Signal Processor)를 만드는 파나소닉과 소니였다. 이들이 하드웨어 디바이스를 만들면 전 세계의 모든 제조 업체가 따라야 하는 관계였다. 하지만 디지털로 전환되면서 아날로그 CCTV의 제품을 디지털로 연결해 연결을 관장하는 CMS(Centralized

Management Software) 업체가 메인테이너가 되었다. 아날로그로 연결되던 모든 디바이스들을 네트워크로 연결하게 됨으로써 통합 관제센터에서 이를 원격으로 감시하는 소프트웨어 업체가 룰과 정책을 만들게 된 것이다. 모든 디바이스가 연결되어야 했기 때문에 CMS 소프트웨어 업체는 우월한 지위로 업계를 장악하기 시작했다.

이처럼 비즈니스 커넥터 퍼실리테이터는 메인테이너의 속성을 가지며 우월한 지위로 룰과 정책을 만들고 플랫폼을 주도하여 수익을 창출한다. 이러한 퍼실리테이터의 전횡에 대응하려면 플랫폼을 이탈하여 새로운 플랫폼과 생태계를 만들거나 표준화 단체, 기업 연합 등의 형태로 플랫폼 및 생태계의 질서를 혼란시켜 새로운 생태계로 구성원이 이동하도록 해야 한다.

앞서 예로 든 보안 업계에서는 하드웨어 디바이스 제조 업체가 연합하여 ONVIF(Open Video Network Interface Forum) 표준을 만들었다. 글로벌 제조 업체인 액시스, 보쉬, 파나소닉, 소니가 먼저 연합했다. CMS 소프트웨어 제조 업체가 퍼실리테이터로서 우월적 지위에 있는 상태에서 벗어나 신세계, 새로운 질서를 만들고자 한 것이다. 이들 기업은 연합체를 만들어 자체적으로 표준화된 인터페이스를 만들어 공개하였고, 이 표준은 현재 영상 보안, 침입 감지, 출입 통제 분야에서 사실상의 표준이 되었다. 이들은 빌딩 관리 시스템과 지능형 빌딩 시스템 생태계로 그 세력을 확장하였다. 또한 오픈 플랫폼을 기반으로 비디오 영상 분석, 인공지능, 사물인터넷에 연결하는 룰과 정책을 만들면서 기존 메인테이너였던 CMS 업체의 주도권을 디바이스 제조 업체가 완전히 되찾아 오게 되었다. 보안과 CMS 업계의 인접 산업이며 상위 산업(Upper Industry)인 지능형빌딩시스템(IBS)의 대표 업체인 시스코, 하니웰, 존슨콘트롤즈(Johnson Controls), 슈나이더(Schneider Eletric), 지멘스, 유나이티드 테크놀로지스(United Technologies) 등의 업체는 최종 승자인 ONVIF의 움직임을 지켜보다가 필요한 시기에 자연스럽게 합류하여 자신들을 연결했다.

프록시

프록시의 사전적 의미는 네트워크에서 상대 컴퓨터의 자원을 찾는 클라이언트의 요청을 중계하는 컴퓨터나 프로그램이다. 복잡한 네트워크에서 서비스의 복잡도를 줄여주는 역할을 한다. 비즈니스 커넥터에서 프록시 속성은 해당 분야의 전문가로서 고객의 다양한 요구 사항을 모으고 정리하여 업무를 처리하여 주고 대행료, 수수료를 받는 비즈니스 모델이다. 기업이 우수한 비즈니스 모델과 플랫폼을 구축하려는 계획을 수립하고 나서 비즈니스를 추진할 때 문제가 되는 것이 IT 인프라 및 관련 서비스다. 고객과 직접 대면하는 홈페이지 구축, 전자 결제 시스템 도입, 일정 관리, 업무 관리, 회계, 인사 서비스 등 고려해야 할 것이 실제 비즈니스 점검 요소만큼 많다. 이런 상황에서 기업은 이러한 모든 내용을 파악해 그 분야의 전문가가 될 수 없다. 오히려 이런 일에 집중하다 보면 정작 중요한 비즈니스를 수행하지 못하게 되고 인프라를 구축하는 연구와 검토를 하다가 사업의 중요한 기회를 상실하게 된다. 프록시의 속성이 바로 여기에서 출발한다. 고객은 비즈니스의 본질에 집중하도록 하고, 그 이외의 비전문적인 분야의 일을 전문성을 가진 프록시가 대행하여 주는 것이다.

ICT 비즈니스뿐 아니라 모든 산업군에서 빅데이터는 기업 경영 및 비즈니스의 필수 도구가 되고 있다. 하지만 모든 기업이 빅데이터의 전문가가 될 필요는 없으며 현실적으로 그럴 수도 없다. 기업은 각자 업의 특성을 갖고 있으며, 빅데이터는 기업 활동과 비즈니스의 도구와 자원일 뿐이다. 이러한 기업에 절실하게 필요한 것은 빅데이터를 수집, 분석, 가공해 잘 정리한 인사이트다. 기업은 이를 바탕으로 의사를 결정한다. 모든 임무를 기업 내부에서 진행할 수도 있지만, 보통 전문성 부족, 자원 한계, 시간 부족 등으로 어려움을 겪는다. 프록시 속성은 바로 이러한 고객의 어려움을 해결해주는 비즈니스 모델이다. 기업이 필요로 하는 내용을 선별하고, 추가 의견을 제공한다. 고객 기업은 어떠한 빅데이터, 다크 데이터가 발생하는지에 관심을 갖기보다 누군가가 이를 빠르게 분석하여 기업과 기업의 고객이 처한 문제를 해결하는 수단과 방법을 제공하기를 원하기 때문이다. 프록시는 대리인, 대행자의 의미다. 연구개발은 물론 인력 채용, 마케팅, 회계, 법률, 무역 거래, 해외 진출 및 인적 관리 등 많은 분야에서 이미 프록시 속성의 업무 대행 기업이 활약하고 있다. 이러한 대행 기업이 빅데이터를 분석해 데이터에 대한 객관성과 신뢰도를 높임으로써 고객 기업에게 직접적이고 현실적인 인사이트를 제공하며, 고객 기업의 문제를 대신 해결해주는 것이다.

멀티 프로젝트와 프로젝트 매니저의 역량 진화

프로젝트의 정의

2차 세계대전 당시 연합군은 독일군의 에니그마 암호를 풀기 위해 울트라 프로젝트(Project Ultra)를 진행했다. 울트라 프로젝트를 이끈 앨런 튜링은 암호해독 기계(Bombe)를 고안하여 독일군의 비밀 교신 내용을 해독하였고, 2차 대전에서 승리하는 데 결정적으로 기여한 사람이 되었다. 이후 앨런 튜링은 '연산기계와 지능'이란 제목으로 발표한 논문에서 상대가 누군지 모른 채 질문한 후 답변을 받았을 때 답변자의 정체를 인간, 컴퓨터로 구분할 수 없다면 답변자인 컴퓨터가 지능을 가진 것으로 평가될 수 있다는 튜링 테스트(Turing test)를 제안했다. 이 개념을 현실화한 튜링 머신(Turing Machine)은 폰 노이만에게 영감을 제공하여 컴퓨터 설계의 구조적 표준이 되었고, ICT 업계에서는 이를 인공지능 역사의 시원으로 평가하고 있다. 튜링 머신이 현대적 컴퓨터와 슈퍼 컴퓨터, 양자 컴퓨터에 이르기까지 이론적 배경을 제시한 것이다. 앨런 튜링의 울트라 프로젝트가 성공하지 못하였거나 지연되었다면 4차 산업혁명의 중추적 동력인 인공지능 기술 및 다양한 활용 분야도 나타나지 못했거나 연기되었을 것이다.

애플은 사업화를 수행하기 이전에 레드팀을 구성하여 비밀 프로젝트를 진행하기로도 명성이 높다. 애플이 비밀리에

캘리포니아에서 자율주행 테스트를 진행한 사실이 언론에 노출되었다. 타이탄(Titan)으로 명명된 이 프로젝트는 전기 자동차의 무인 자율주행에 관한 연구로 밝혀졌으며, 애플은 공식 보도를 통하여 자율주행 소프트웨어 연구를 위한 프로젝트를 진행했음을 인정하였다. 테크튜브TV(TechTubeTV) 보도에 따르면, 스티브 잡스와 함께 애플 신화를 이끌던 하드웨어 설계 전문가인 밥 맨스필드를 타이탄 프로젝트와 애플 워치 프로젝트의 총괄 책임자로 임명함으로써 자율주행 인공지능 소프트웨어와 애플의 헬스케어 사업에 관한 야심찬 계획을 공표한 것이다.

기업의 프로젝트는 조직 목표를 달성하기 위한, 조직과 개인의 구체적인 계획과 실천 과정이며, 차별화된 제품과 서비스, 기대하는 결과를 도출하기 위하여 합의된 기간 내에 진행하는 노력이다. 투입된 비용, 자원, 시간과 도출된 결과를 평가하여 프로젝트의 성공 유무를 판단한다.

기업의 비즈니스 시스템에서 전사 조직은 사업과 제품에 대한 통합 전략을 수립하고 다양한 신사업과 비즈니스를 창출한다. 기업의 경영 활동은 비즈니스 시스템이 움직이도록 하는 것이며 그 원동력은 기업의 경영전략이다. LG전자는 매년 사업보고회를 개최한다. 계열사별로 3~4년 뒤의 핵심 사업 분야와 계열사 간 시너지 창출 방안을 점검하는 전략 회의로서 매년 6월과 11월에 정례적으로 진행된다. 기업의 중장기 성장 전략이 완성되면 LG 전자를 비롯한 주요 계열사가 사업 성과와 차기 연도의 경영전략 및 실행 방안을 공표한다. 삼성전자는 매년 6월, 12월에 글로벌 전략회의를 개최하여 국내외 비즈니스 현황 및 기업의 비전과 미션을 재점검하며, 각 사업 부문별로 새로운 먹거리 창출과 신규 사업에 대한 로드맵을 수립한다. 이와 같은 기업의 경영전략을 추진하는 효율적 수단이 프로젝트이며, 경영전략 관점에서 기업이 진행하는 모든 프로젝트를 유기적으로 총괄 관리해야 한다는 중요성이 지속적으로 강조되고 있다. 페이스북이 밝힌 10년 로드맵은 연결성, 인공지능, 가상·증강 현실 분야의 3개 포트폴리오로 구성되어 있다. 연결성 부문은 인공위성, 고고도 위성 및 통신 인프라 구축 프로그램으로 구성되어 있으며, 각 프로그램은 수많은 개별 프로젝트를 포함한다. 글로벌 기업과 실리콘밸리 유니콘, 데카콘 기업은 프로젝트 포트폴리오를 총괄 관리하는 전문 인력을 확보하려고 인재 전쟁을 치르고 있다. 4차 산업혁명 이후 불확실성이 증대되는 상황에서 전략적 민첩성과 유연성으로 테세우스의 배를 이끌고 험난한 파고를 넘어 항해를 지속해야 하기 때문이다.

프로젝트 매니저

프로젝트를 책임지고 진행하는 담당자를 프로젝트 매니저라고 하며, 성공적인 결과를 내기 위해 프로젝트 전반을 관리하고 진행할 책임이 주어진다. 프로젝트의 목적과 규모에 따라서 프로젝트 매니저의 역할은 변할 수 있지만, 기업이 요구하는 핵심 역량은 시스템적 관점의 통합 관리 능력과 협업 능력, 전략적 민첩성, 실패에 대한 빠른 복원력이다. 프로젝트 매니저는 프로젝트를 성공적으로 완수하는 데 필요한 모든 전략과 전술, 불확실한 상황 변화를 통제하고 계획된 목표를 달성하는 지휘자이자 조정자다. 즉, 오케스트라의 마에스트로와 같다. 글로벌 ICT 기업 및 실리콘밸리의 유니콘 기업들은 전문 프로젝트 매니저 직군과 직무를 고도화하고 있다. 4차 산업혁명과 과학기술의 발달, 초연결로 인하여 비즈니스 협업의 기회가 늘어나고, 이종 산업 간 플랫폼과 비즈니스 모델이 융복합해 고객별 요구 사항이 점점 더 불확실해짐에 따라 기업의 내외부 프로젝트, 포트폴리오를 책임지는 프로젝트 매니저의 역할이 지속적으로 중요해지고 있기 때문이다.

국내 기업들도 국내 프로젝트 매니저, 해외 프로젝트 매니저, 산업 버티컬 구분에 따른 시스템 통합 전문 프로젝트 매니저 및 컨설턴트 등의 직군을 생성하고 있으며, 단순 프로젝트 관리 차원에서 커뮤니케이션 스킬, 기술, 비즈니스, 업계 동향 파악 및 컨설팅에 이르기까지 역할과 업무 영역이 확대되고 있다. 과거 국내 기업은 영업 기획, 개발 기획 부서가 각각 영업 프로젝트와 개발 프로젝트의 일정, 예산, 리소스를 관리하거나, 각 부서의 PL(Project Leader), 그룹장, 팀장이 프로젝트를 관리하도록 했다. 국내 일부 중견, 중소기업 역시 여전히 이러한 행태를 보이고 있다. 최근 기업의 인식 변화와 프로젝트의 전문성 증대로 개발자, 상품 기획자 및 비즈니스 매니저에게도 프로젝트 매니저의 역할을 강조하고 있으며, 직군 전환, 직군 경험 등을 통하여 실질적인 프로젝트 매니저 업무를 수행토록 하고 있다. 그리고 특화된 CDP(Career Development Program)를 정립하여 프로젝트 매니저 업무 수행 우수자 중에서 예비 사업부장 후보인 BL(Business Leader), 사업 개발과 추진을 맡는 BD(Business Designer)로 업무 영역을 넓힐 기회를 제공한다. 최근 각 기업들은 해커톤과 린스타트업의 개념을 적용한 프로젝트 진행 방식을 도입하고 있으며, 구글의 스프린트도 일부 기업이 프로젝트 진행에 접목하고 있다. 따라서 프로젝트 매니저에게도 전통적 과제 책임자 범위를 넘어 협업, 연결, 융복합, 전략적 민첩성, 실행 역량, 학습 능력, 창의력을 요구하는 복합형 조정자로서의 자질을 요구하게 된 것이다.

프로젝트 매니저 역량 진화

미국 프로젝트 관리협회인 PMI는 프로젝트 매니저의 역량을 통합 관리 능력, 프로젝트 범위 통제 능력, 시간 및 원가 관리, 품질 및 공정 관리, 프로젝트 자원 할당과 회수 능력, 인적 자원 관리와 커뮤니케이션 스킬, 위험 관리 능력 등으로 규정해왔으나, 실리콘밸리의 기업은 좀 더 특별한 역할을 강조하고 있다. 실리콘밸리의 화려한 성공 이면에는 2000:1이라는 최악의 성공 확률이 자리잡고 있기 때문이다. 벤처 캐피털의 투자 심사를 통과한 2000개의 스타트업 중 세네 개의 기업만 원금을 회수할 정도이며, 최종 한두 개의 기업만 죽음의 계곡을 지나 세상에 자신들의 존재를 알린다.

실리콘밸리에서 기업의 주된 실패 원인은 시장과 고객의 요구에 부합되지 않거나, 운영 자금 부족, 최악의 팀 구성과 무능력, 형편없는 제품과 솔루션, 출시 시기 조율 실패 등이었다. 개별적인 실패 요인을 종합하면 제품−시장 적합성(PMF, Product Market Fit)에 대한 이해 부족이었다. 실리콘밸리 스타트업은 설립 초기에 주로 창업가와 팀을 구성한 구성원이 프로젝트 포트폴리오 총괄 관리 관점에서 프로젝트 매니저 업무를 직접 수행한다. 이들은 자신이 보유한 기술을 바탕으로 린 스타트업 방식으로 기술, 고객, 시장을 검증하며 빠르게 피벗해서 성공한 여타의 실리콘밸리 기업처럼 스타트업을 운영하지만 죽음의 계곡을 넘지 못하였다. 시장과 고객이 원하고, 문제점을 해결할 수 있으며, 고객이 진정으로 경험하고자 하는 제품과 솔루션을 제공할 수 있는 제품–시장 적합성에 맞추는 능력이 부족했기 때문이다. 또한 실리콘밸리의 성공 기업이 보유한 공통 성공 인자는 창업가와 팀 멤버가 기업 내부와 외부의 고객, 마켓, 기술, 변화와의 연결을 관장하는 중개자(비즈니스 커넥터)로서의 역량을 보유했거나 이러한 역량이 부재하다면 내부 역량 강화, 외부 영입 등으로 자가 진화했다는 사실이다. 비즈니스 커텍터는 기술을 이해하고 산업 전반을 아우르는 사고를 갖고, 비즈니스를 꿰뚫어보는 통찰력을 보여주며 지속적으로 발생하는 연결을 감지하며, 어떠한 중개를 할 것인가와 어떠한 중개를 관장하여 비즈니스를 수행할 것인가를 고민한다. 실리콘밸리의 기업은 이제 이러한 역량을 프로젝트 매니저에게 이식하고자 한다.

한때 구로, 판교에 야간 조업을 위한 오징어잡이 배가 뜬다고 하여 크게 논란이 된 적이 있었다. 업무량이 과도한 IT 회사들이 늦은 새벽까지 야근을 이어간 것을 빗댄 표현이다. IT 업계에서 제품 출시 전에 업무 강도를 극한으로 끌어올려 마무리 개발을 하는 것을 크런치(Crunch) 모드에 진입했다고 이야기한다. 이 기간에는 개발자 상당수가 귀가도 못하고 사무실에서 업무 강도를 높여 일을 하며 쪽잠을 자는 경우가 허다한다. 여러 경영 학회의 연구 결과를 살펴보면 이러한 초과 근무를 연속적으로 하는 것은 근로자의 건강, 인간 관계, 소속감, 사기, 의사결정 능력을 떨어뜨려 생산성을 저해한다고 한다. 그럼에도 불구하고 IT 업계는 유독 크런치 모드를 많이 이용해 왔다. 사실 IT 업계만의 문제는 아니다. 프로젝트를 진행하다 보면 제품과 솔루션을 고객에게 최종 납품하기 전에 파일럿 테스트(Pilot Test), 혹은 필드 테스트(Field Test)를 진행하여 최종 검증을 받아야 한다. 특히 해외 프로젝트는 대규모 개발 인력과 참여 인력이 단체로 현지로 출장을 가서 파일럿 테스트가 끝날 때까지 현장에서 대응 업무를 수행한다. 일부 기업은 워룸이라 불리는 군대의 작전 상황실을 현지에 꾸며 놓고, 현지에서 발생하는 문제점과 고객의 요구 사항에 즉시 대응하는 전략으로 프로젝트를 진행한다. IT 업계의 크런치 모드와 유사한 형태의 업무 방식이다. 크런치 모드든 워룸이든 프로젝트를 진행할 때 필요한 부분이기도 한다. 특히 파일럿 테스트를 회사 단독으로 진행하는 것이 아니고 여러 업체가 모여서 평가받는다면 현지에서의 대응은 강력한 장점이 될 수 있다. 영업 측면에서는 적극적으로 고객에게 응대하는 모습으로 비칠 수 있다. 하지만 프로젝트를 진행할 때마다 반복적으로 이렇게 일한다면 반드시 프로젝트 매니저는 프로젝트를 점검해 보아야 한다. 단순 관리를 넘어서야 한다는 말이다.

업계에서 유능한 프로젝트 매니저를 컨설턴트라고 칭하며, 그의 업무를 '컨설팅한다'라고 표현한다. 고객이 발행한 RFP(Request for Proposal, 제안요청서)에 대응하는 것만으로는 컨설팅한다고 할 수 없다. 고객이 왜 RFP를 발행했는지, 어떤 사업을 하는지, 이 프로젝트에서 무엇을 얻고자 하는지, 이

프로젝트를 완료하면 고객은 어떠한 사업을 수행하게 되는지 등을 고민해보고, 고객에게 새로운 해결책과 선택 대안을 제공하는 것이 바로 컨설팅이다.

국토 면적이 우리 나라의 1.5배가 조금 넘는 베트남의 유력 통신사에서 베트남 전역에 걸쳐 있는 3000개가 넘는 기지국을 관리하는 프로젝트를 오픈하여 세계의 유수한 기업들이 도전했다. 국내에서도 많은 기업이 제안에 참여했다. 최종적으로 몇 개의 업체가 후보로 선정이 되었지만, 이후 프로젝트 진행이 계속 정체되었다. 베트남의 통신사는 기지국에 대한 종합적인 관리와 토털 솔루션을 원했는데, 입찰에 참여한 대부분의 기업은 주로 기지국 제어 소프트웨어에만 초점을 맞춘 것이다. 베트남 통신사는 이러한 기업에게 프로젝트를 맡길 수 없었고, 프로젝트는 표류했다. 고객사인 베트남의 통신사 역시 구체적인 프로젝트 목적과 구현에 대한 명확한 계획이 없었다. 제안사들이 여러 가지 가능성을 준비해 오기를 바랄 뿐이었다.

국내 한 기업이 이 프로젝트에 참여하였고, 베트남 통신사의 기지국을 왜 관리해야 하는지, 어떠한 효과를 얻고자 하는지 조사했다. 결국 여러 번의 인터뷰와 현지 답사 끝에, 통신사의 일반 기지국 중에서도 실내 기지국을 꾸미고, 그에 맞는 통합 관리 시스템을 원하는 것이라는 니즈를 파악했다. 이때 이 프로젝트를 담당한 프로젝트 매니저는 이 프로젝트에 전형적인 통신 프로젝트가 아닌 '빌딩 관리 시스템'의 일환으로 접근해야 함을 컨설팅했다. 실내 기지국을 구축하려면 설치 장소는 건물 내부가 되어야 하고, 통신사의 통신 장비가 설치되며, 장비 보호 차원에서 일정 온도를 유지하기 위한 냉,

온방 기기, 화재에 대비하기 위한 하론 소화기(산소 차단 소화기), 실내 기지국의 출입을 통제하는 출입 통제 시스템, 기지국에 설치된 장비의 상태를 센터로 보내주는 기지국 감시 장치, 정전을 대비한 UPS 등이 필요하다는 것을 종합적으로 파악한 것이다. 결국 건물 관리 시스템과 보안, 출입 통제 시스템과 장비 관리 시스템(DMS, Device Management System) 등을 모두 통합하여 제안을 했다. 실내 기지국의 유형을 몇 개로 구분하고, 시스템 도입 후의 확장성, 유지 보수 비용을 감안하여 개방형 플랫폼(Open Platform) 구조와 다른 솔루션과의 상호 연동(Interoperability)까지 고려한 설계 제안이었다. 결국 이 업체가 베트남 통신사의 기지국을 통합 관리하는 대형 프로젝트를 수주했다. 통상적인 외주 개발로 접근한 다른 업체와는 달리 토털 솔루션을 컨설팅하는 방법으로 접근한 덕분이다.

컨설턴트적인 사고방식으로 프로젝트를 제안할 때는 기본적으로 사례 연구(Business Case Study)를 파악해야 한다. 자신이 속한 산업, 그리고 인접한 산업과 관련한 다양한 사례 연구를 읽어보고 데이터를 모으는 것이다. 그리고 인접 산업의 범위를 점차 넓혀가면서 제품과 솔루션을 정리하고 확장하는 것이다. 이러한 과정을 비즈니스 생태계 연구(Business ECO System Study)라고 하며, 다양한 비즈니스 생태계를 빠르고 정확하게 파악하는 것은 프로젝트 매니저의 주요한 업무이기도 한다.

실리콘밸리 기업은 비즈니스 커넥터 역할을 강화하기 위하여 프로젝트 매니저에게 산업, 기술, 기업의 전략과 조직, 비즈니스와 프로젝트 포트폴리오를 총체적인 관점에서 볼 수 있는 비즈니스 시스템적 사고방식을 요구하고 있다. 단순한 일정 관리와 고객 기업의 요구 사항이나 경영진의 일정, 비용, 납기 압박을 전달하는 데에서 벗어나 비즈니스 관점에서 총괄적인 맥락을 파악하고 전달하며, 프로젝트를 자신의 비즈니스로 승화시키도록 비즈니스 인사이트와 고급 통찰력을 갖추라고 요구하는 것이다. 이러한 실리콘밸리의 지속적인 노력은 프로젝트 매니저를 비즈니스 PM으로 격상시키고 있으며, 궁극적으로는 비즈니스 디자이너나 비즈니스 디벨로퍼까지 격상시키고자 하는 전략이다.

비즈니스 시스템즈 뷰

4차 산업혁명에 능동적으로 대응하고 비즈니스를 리딩하기 위해서 기업과 조직, 스타트업의 모든 임직원은 비즈니스 시스템즈 뷰를 갖추어야 한다. 비즈니스 시스템즈 뷰는 피터 드러커의 『매니지먼트』, 피터 센게의 『제5경영』(국내 제목 『학습하는 조직』으로 개정판이 나와 있다)에서 제시된 시스템 사고에서 그 근본 원리를 찾을 수 있다. 피터 드러커의 『매니지먼트』는 과제와 책임, 목적, 기술, 전략 등 현대적 관점의 경영에 관한 모든 것을 다룬 경영학의 고전이다. 하지만 비즈니스의 다양한 주제들을 단편적, 개별적으로 분석하는 것은 4차 산업혁명의 불확실성 환경에서 효용에 한계가 있다. 시스템 뷰를 통한 통합적인 관점에서 개별 요소를 연결하는 프로세스와 총체적 맥락을 읽는 역량이 요구된다. 피터 센게는 문제의 개별 요소 치유에만 급급하여 총체적 맥락과 본질을 파악하지 못하는 서구적 사고방식의 문제점을 지적하며, 문제의 근본 해결을 위한 다섯 가지 원리로서 시스템 사고(System Thinking) , 개인적 숙련(Personal Mastery), 정신 모델(Mental Models), 공유 비전(Building Shared Vision), 팀 학습(Team Learning)을 제시하였다. 이를 통하여 시스템 원형에 내재된 레버리지(Leverage, 지렛대)를 찾아 효과적으로 대응해야 함을 강조한 것이다.

클라우스 슈밥은 그의 두 번째 저서 『제4차 산업혁명 The Next』에서 기술에 대한 전반적인 이해와 새로운 사고가 필요함을 강조하고, 시스템적 관점과 융복합, 통합적 사고를 갖추라고 요구하고 있다. 결국 핵심은 비즈니스 전반을 아우르는 융복합, 통합적 관점과 각각의 개별적 경영 요소를 연결함으로써 비즈니스 기업과 조직, 개인의 시스템즈 뷰를 완성하는 것이다. 실리콘밸리가 특히 프로젝트 매니저에게 비즈니스 시스템적 사고방식을 요구하는 것도 이와 같은 이유에서다. 또한 초연결의 시대에서 비즈니스 시스템즈 뷰는 기술, 고객, 플랫폼, 생태계, 사회를 연결하는 비즈니스 커넥터의 역할을 수행할 수 있도록 하며, 궁극적으로는 비즈니스 확장으로 기업의 이익을 창출하는 동력이 된다.

4차 산업혁명 시대의 대표적 현상은 초연결이다. 비즈니스 기회를 발굴하거나 비즈니스 기회를 얻기 위한 모든 협력과 협업이 초연결이며, 이는 단순히 플랫폼을 구축해서 공급자와 소비자를 연결하는 전통적인 개념을 넘어 플랫폼과 플랫폼의 연결, 기술의 연결, 생태계의 연결, 사회의 연결 및 플랫폼의 자가 증식을 통하여 비즈니스 모델이 지속적으로 진화하고 성장하며, 비즈니스를 확장 및 팽창하는 데까지 이른다. 이러한 전체의 과정을 담당하는 역할이 실리콘밸리가 프로젝트 매니저에게 요구하는 비즈니스 커넥터다.

프로젝트는 과연 성공하는가?

IT 프로젝트를 전문적으로 진행하는 글로벌 컨설팅 기업은 자사가 수행한 프로젝트에 대하여 관련 기업의 인터뷰 자료, 고객 요구(Challenge)와 성공담(Success Story)을 화려하게 장식하며 홍보하지만, "수많은 프로젝트는 과연 성공했는가?"라는 질문과 이에 관한 답변은 언제나 논쟁거리다. 특히 4차 산업혁명 이후 인공지능, 빅데이터 솔루션, 스마트 팩토리와 산업용 사물인터넷, IT 인프라와 클라우드를 비롯한 각종 디지털 트랜스포메이션이 필요하다는 것은 알지만, 실제 기업의 이행률은 ICT 솔루션 공급 업체의 예상보다 저조한 수준이다. 글로벌 기업의 CIO들이 과연 투자한 만큼의 효과를 창출하는지 여부와 보안 문제 등에 깊은 의구심을 갖고 있기 때문이다. 또한 2018년 AWS의 서울 리전(Region, 구역) DNS 오류는 AWS를 이용하는 수많은 국내 기업이 외국 기업과 솔루션에 대한 락인을 걱정하게 했고, 클라우드 솔루션의 이중화, 멀티 리전 이용, 하이브리드 클라우드 검토라는 새로운 숙제와 추가적 비용을 안겨주었다.

IT 프로젝트의 성공과 실패를 추적해온 스탠디스 그룹(Standish Group)은 매년 전 세계 IT 프로젝트 수행 결과인 카오스 리포트(Chaos Summary)를 발표하고 있다. 이들은 프로젝트의 기준을 성공, 도전, 실패로 구분하여 프로젝트가 계획된 기간, 예산, 요구 사양을 완전히 충족하면 성공으로 판단하고, 프로젝트가 지연되거나 일부 요구 사항의 이행 지연 및 부분적으로 충족된 경우를 도전, 프로젝트가 실패하거나 고객사의 최종 승인을 얻지 못한 경우 실패로 판단한다. 이에 따르면 IT 프로젝트의 35퍼센트 정도만이 성공하며 40퍼센트는 도전, 25퍼센트는 실패로 집계된다. 여전히 수많은 ICT 기반 프로젝트가 고객이 요청한 납기에 못 맞추거나 예산을 초과하고 있으며, 고객의 요구 사항에 필요충분한 대응을 하지 못하고 있다는 것이다. 수많은 프로젝트 관리 기술, 방법, 도구가 해마다 새롭게 발전하고 있지만, 많은 프로젝트 매니저가 맥락을 읽는 능력과 비즈니스 시스템적 관점에서의 역량이 부족하기 때문이다. 또한 학문으로 배운 과거의 관리 기법과 현업에서 실무 경험으로 획득한 역량만으로는 불확실성이 증대하는 시대의 고객 요구 사항에 효과적으로 대응할 수 없다는 것이다. 프로젝트 매니지먼트는 프로젝트를 발주한 고객의 요구 사항을 충족시키고 주어진 기간과 자원을 효율적으로 이용하여 목표를 달성하는 것이다. 이미 프로젝트 매니지먼트 방법론이나 다양한 소프트웨어 도구들이 있다. 하지만 이러한 도구들이 프로젝트의 성공을 보장하는 것은 아니다. 시스템적 관점의 비즈니스 접근법을 사용하지 않고 프로젝트의 맥락을 읽지 못한다면, 획일적인 방법론을 적용하다가 결국 프로젝트를 실패로 이끈다.

한때 품질 혁신 전략의 대명사로 불리던 GE의 6시그마(Six Sigma)가 획일적 방법론의 대표적인 사례다. 6시그마는 1990년대 GE 회장 잭 웰치가 매년 10억 달러 이상을 투자하며 GE를 글로벌 선도 기업으로 변모시킨 품질 혁신 기법이다. 6시그마는 1987년 모토로라가 품질 혁신과 개선에 통계 기법을 적용하면서 탄생했다. 당시 미국 내 기업뿐 아니라 삼성,

LG 같은 글로벌 기업이 경쟁적으로 도입했다. 삼성에서는 전사적으로 6시그마를 강조하여 전 직원을 대상으로 6시그마 라이센스인 그린벨트, 블랙벨트(BB, Black Belt), 마스터 블랙벨트(MBB, Master Black Belt)를 취득하도록 했다. 승진, 승격에 필요한 가산점을 부여하기도 했다. 특히 품질 관리 부서에 속한 직원들은 블랙벨트 자격을 취득하려 합숙까지 하며 시험을 준비했다. 하지만 2010년초 6시그마 조직을 완전히 해체하고 적용을 전면 중단했다. 정적 프로세스를 강조하는 6시그마 프레임에 갖혀 조직 내의 창의적, 창발적 사고와 유연성이 동맥경화를 일으킨 것이다. 창조적, 창의적 기업으로 거듭나고자 결국 획일적 방법론인 6시그마를 퇴출시켜야 했다.

프로젝트 매니지먼트 역시 비슷하다. 일부 회사에서는 PMP(Project Management Professional)이라 불리는 프로젝트 관리에 관한 자격을 취득하라고 권고한다. 회사 내의 모든 프로젝트를 PMBOK에서 정의한 규정대로 진행하라고 강요하는 셈이다. 공통적이고 기본적인 프로세스를 따르는 것은 좋지만, 이것을 가지고 IT 프로젝트 성공률 30퍼센트를 설명할 수는 없을 것이다. 핵심은 프로젝트를 맡고 있는 프로젝트 매니저의 능력과 프로젝트 관리 조직인 PMO, 그리고 프로젝트의 스폰서와 같은 경영진의 적극적인 관심과 지원이다. 프로젝트를 진행할 때는 전사적인 지원이 필요하고 매 순간 의사결정이 필요하다. 프로젝트 매니저에게 모든 권한을 부여한다 하더라도 실제로 현업에서는 부서 간의 R&R을 이유로 제대로 이루어지지 않는 경우가 많다. 실질적으로 프로젝트 매니저에게 책임과 권한을 부여한다 하더라도 의사결정권이 있는 경영층의 지원이 부족하다면 프로젝트의 민첩성과 유연성을 담보할 수 없다. 프로젝트를 프로젝트 매니저에게만 맡기고, PMO 및 최고 경영자가 올바른 리더십을 발휘하지 못한다면 그 프로젝트는 생명력을 잃고 결국 실패하고 마는 것이다.

멀티 프로젝트 실패의 원인

최근 기업의 전통적 비즈니스에 대한 패러다임이 린 스타트업과 같은 신속한 프로토타입 개발과 출시를 통하여 고객을 검증하고, 다양한 제품, 기술, 솔루션을 연결하는 R&CBD로 전환하기 시작했다. 이러한 패러다임 급변기에 중요한 것은 전략적 민첩성과 유연성에 기인한 멀티 프로젝트 진행이다. 하지만 현업에서는 프로젝트가 시작되는 순간부터 많은 제약 조건이 있으며 시작부터 난관에 봉착하는 경우가 많다. 아직도 최저가 입찰이 존재하고 일정과 납기만 고려한다. 합리적 견적, 일정 산출, 이종 기술을 연결한 연구개발 및 프로젝트의 동시 진행은 글로벌 선진 기업의 사례로 치부하기 마련이다. 가트너가 글로벌 기업을 대상으로 한 프로젝트 분석에 의하면, 전사 차원의 프로세스 통합과 시스템 연계, 민첩성과 기업 역량을 고려하여 프로젝트를 적절하게 조절한 수행 범위가 있어야만 멀티 프로젝트에 성공할 수 있다. 그럼에도 대기업조차 프로젝트 관리자에게 모든 환경을 개척하라고 지시만 한다. 이것은 무책임한 기업 활동이라고 할 수 있다. 프로젝트에서 기술적인 이슈가 발생되거나, 납기 지연, 비용초과, 품질 문제 등 고객이 기대하는 수준을 만족시키지 못하면 이는 기업의 전체 경영 활동 및 생존에 악영향을 미친다. 그러므로 최고 경영자 수준에서 전략을 수립하고 세부 방안을 만들어 지속적으로 프로젝트를 관리해 나가는 것이 중요하며, 조직 차원에서 관리하려는 노력이 더욱 필요한 것이다.

가트너는 글로벌 기업이 프로젝트에 실패하는 주된 요인으로 프로젝트의 가시성 부족(Fog), 경험 없는 프로젝트 관리자(Novice in the cockpit), 프로젝트 교착 상태(Quicksand), 준비 부족으로 인한 성급함(Premature haste), 독단적인 추진 방식(Cowboy culture), 취약한 조직 기반(Homelessness) 등을 손꼽았다.

프로젝트 가시성 부족

첫 번째 원인은 프로젝트의 가시성 부족이다. 프로젝트 정보 부족, 주요 목표 설정 불확실, 타당성 검토 부족, 무리한 도전 과제, 위험 요인에 대한 분석 부족 등을 충분히 검토하지 않고 주먹구구식으로 진행해 마치 안개 속을 걷는 것 같은 상황을 말한다. 프로젝트를 진행하면서 프로젝트 범위가 통제되지 않는다면 고객 요구 사항이 증가되는 스코프 크립(Scope Creep) 상황에 직면한다.

경험 없는 프로젝트 관리자

두 번째 원인은 경험 없는 프로젝트 관리자의 문제다. 프로젝트의 진행은 관현악단의 연주와 같다. 교향악단을 일사분란하게 지휘하면서도 각 개별 연주자의 역량을 고려하고 이들을 연결하며 고객인 청중과 교감해야 하기 때문이다. 격랑 속에서 테세우스의 배를 항해하라고 경험 없는 4등 항해사에게 일임하는 것은 배를 좌초시키는 행위다. 프로젝트 참여 인력, 고객과 비즈니스를 꿰뚫어 볼 수 있는 고급 통찰력과 비즈니스 인사이트를 갖춘 관리자와 이를 지원하는 전문 조직, 그리고 스폰서십이 프로젝트를 목적지로 이끈다.

프로젝트 교착 상태

다음 원인은 프로젝트의 교착 상태다. 발을 디디면 푹 빠져 버리는 노래 지옥과 같다. 프로젝트 초기부터 프로젝트의 범위와 결과, 역할 및 책임을 치밀하게 분석하지 않고 고객 합의가 부족해서 교착 상태에 빠지는 것이다. 고객의 요구 사항이 명확하지 않다면 이해 관계자, 구매 센터, 의사결정자 그룹의 의견 불일치 등이 그 원인일 수 있다.

프로젝트 준비 부족

다음 원인은 프로젝트 준비 부족이다. 이것은 성급한 프로젝트 착수에 대한 지적이다. 충분한 내부 검토 없이 경영진이나 회사가 서둘러 프로젝트를 진행해서 문제가 발생하는 것이다. 프로젝트 진행 초기에 불명확했던 요인을 프로젝트 진행 중에 자의적으로 해석하거나 실제 구현하다가 문제가 발생하는 것이며, 결국 이런 부분은 재작업, 설계 변경 등의 문제를 유발한다.

독단적 기업 문화

독단적 기업 문화도 프로젝트를 나락으로 떨어트리는 원인이다. CEO, CTO 등 임원급 의사결정자나 프로젝트를 총괄하는 담당자의 독선·독단적 업무 행태는 프로젝트 구성 멤버의 커뮤니케이션에 문제를 일으킬 뿐 아니라 조직, 외부 협력 기업 및 고객 기업에 이르기까지 사일로이펙트를 유발해 단절을 초래하며, 프로젝트의 구성원의 업무 비효율성, 사기 저하, 성과 저하가 일어난다.

취약한 조직 기반

마지막 실패 요인은 조직 기반의 취약성이다. 프로젝트 관리자와 이들을 관리할 상위 조직 및 최고 의사결정자의 스폰서십이 미약하거나, 프로젝트 구성원이 드림팀, 레드팀이 아니라면 프로젝트는 결코 성공할 수 없다.

포트폴리오, 프로그램, 프로젝트의 진화

국내 일부 기업의 프로젝트 관리자뿐 아니라 기업의 주요 의사결정자들도 멀티 프로젝트의 개념을 오해해 왔다. 멀티 프로젝트를 단지 여러 개의 프로젝트를 동시에 진행하는 것으로 간주하고, 프로젝트의 수량과 진행 난이도를 무시한 상태에서 납기 준수와 성과만 종용하다가 결국 전반적인 프로젝트의 성과를 저해한 것이다. 과거에는 프로젝트의 개념을 프로젝트의 수량 단위로 분류했다. 글로벌 기업들은 PMI 규정에 따라 단일 프로젝트, 멀티 프로젝트, 프로그램, 포트폴리오로 구분했다. 이에 따라 멀티 프로젝트를 전략 개념이 부과되지 않은 상태에서 기업 내부의 사업팀과 개발팀이 전술적으로 수행하는 업무 행태로 치부했기 때문에, 비즈니스 시스템적 사고방식과 비즈니스 인사이트가 요구되는 복합 과제는 프로그램, 포트폴리오로 따로 구분한 것이다. 따라서 프로젝트, 멀티 프로젝트를 진행하는 구성원 모두에게 고객에게 제공해야 할 경험과 가치가 무엇인지 온전히 전달되지 못했다. 단순히 고객 요구 사항을 적기에 저렴하게 공급한다는 명제를 수행하는 업무로 인식한 것이다.

기업은 비전과 미션을 달성하기 위하여 경영전략을 수립한다. 이 전략에 따라 사업의 규모와 범위, 영역을 결정하고 이를 사업 포트폴리오로 정의한다. 구글의 대표적인 사업 포트폴리오는 검색 서비스, 유튜브, 구글 앱스, 안드로이드 운영체제, 구글 맵스 등이다. 프로젝트 매니저 관점에서의 포트폴리오도 결국 사업 포트폴리오와 동일한 것으로 판단할 수 있다. 프로젝트와 프로그램 간에도 차이점이 있다. 프로그램은 관련된 여러 프로젝트들의 집합이다. 하지만 개별적인 프로젝트를 관리해서는 해결이 안 되는 리소스 문제, 부서 간 갈등 관리, 우선 순위에 따른 일정 조율, 위험 관리 등을 통합하고 정규화하고자 각 프로젝트들을 상호 연관성으로 묶어 통제하는 것이다. 구글은 다양한 사업 포트폴리오를 가지고 있다. 그 중에서 무료 서비스를 하나로 묶으면 이를 프로그램이라고 할 수 있다. 프로그램 안에는 구글 서치, 구글 뉴스, 구글 포토, 구글 파이낸스, 구글 메일, 구글 사이트, 구글 보이스, 구글 토크 등이 포함된다. 이러한 무료 서비스는 구글의 통합된 정책에 따라서 진행되어야 하지만, 각각의 구글 서치와 구글 뉴스, 구글 토크 등은 서로 다른 프로젝트인 것이다.

포트폴리오, 프로그램, 멀티 프로젝트와 개별 프로젝트를 통합적으로 생각하려는 기업이 증가하고 있다. 4차 산업혁명 이후 산업 구조가 개편되고 사업 및 기술 간 융복합이 급격히 추진되는 상황에서 기획, 연구개발, 제조, 마케팅, 판매, 서비스로 순차적 흐름을 보여왔던 기업의 가치사슬(Value chain)은 무너지고 있다. 초연결은 기업이 디지털 트랜스포메이션으로 향하도록 유도했고, 초연결 플랫폼을 기반으로 기업의 기획, 연구개발, 제조, 마케팅, 판매, 서비스가 모두 방사형 네트워크 구조로 연결되어 새로운 가치사슬을 형성하고 있다. 인공지능, 빅데이터 분석, 클라우드와 사물인터넷, 프로그래매틱 마케팅이 초연결 플랫폼을 형성하여 소비자의 요구와 불만사항, 경쟁 기업의 모든 정보를 실시간으로 반영하고 있다. 이에 따라 4차 산업혁명 시대의 기업은 전략적 민첩성과 비즈니스 시스템적 관점, 고객 지향의 관점을 갖추고 기업 내외부의 프로젝트를 관리하라는 요구를 받고 있다. 특히 프로젝트를 수행하는 프로젝트 매니저, PMO들은 단일 프로젝트도 자사와 고객의 비즈니스 관점에서 생각해야 한다. 그러려면 기업가 정신과 비즈니스 마인드, 디지털 아키텍처 역량, 포트폴리오 관점의 사고방식 전환이 필요하다. 최근의 프로젝트는 비예측, 상시성, 불확실성이라는 속성이 있으며, 프로젝트 매니저와 PMO에게 민첩하고 유연하게 대응할 수 있는 능력과 시스템, 사고방식을 요구한다.

디지털 트랜스포메이션과 비즈니스 0단계, 비즈니스 가상화로 기업의 실시간 의사결정 능력은 더욱 고도화되어, 프로젝트 기획도 연간 경영 계획에 기반한 고정 형태에서 탈피하여 일상적이고 상시적인 기획으로 진화되고 있다. 린 스타트업, 스프린트와 해커톤으로 민첩하게 기획하여 프로토타입을 만들고 고객을 검증하여 프로젝트 가설을 학습하고 피벗으로 프로젝트를 진화시킬 수 있는 환경이 마련된 것이다.

프로젝트 관리 도구

글로벌 기업과 실리콘밸리 기업들은 보편적으로 프로토타이핑 개발 도구를 이용하며, 이 도구들은 클라우드 기반의 SaaS(Software as a service)로 진화하고 있다. 4차 산업혁명 이후 기업 내외부의 멀티 프로젝트를 진행할 때도 협업의 중요성을 지속적으로 상조하고 있다. 따라서 이를 지원하는 협업 소프트웨어, 협업 도구가 각광을 받고 있다. 멀티 프로젝트의 규모가 커지고 협업하는 참여자의 수가 늘어나면서 프로젝트를 더 잘 관리해야 할 필요가 생겼다. 기억력이나 메모, 이메일 커뮤니케이션, 공유 폴더 방식으로 해결하려는 시도는 구시대의 유물이다. 효율적으로 프로젝트를 통제하려면 공유와 협업, 투명한 진척 관리와 신속한 커뮤니케이션 그리고 의사 결정이 필요하며, 이를 위한 최고의 선택은 프로젝트 관리 도구다.

글로벌 기업과의 멀티 프로젝트를 진행할 때는 고객 기업의 프로젝트 관리 도구를 충분히 파악해야 한다. 고객 기업이 사용하고 있는 프로젝트 관리 도구를 이용하거나 데이터와 파일 변환이 가능한 호환성이 좋은 도구를 이용해야만 신속하고 민첩하게 협업 및 커뮤니케이션을 진행할 수 있다. 글로벌 기업은 프로젝트 협의 시 고객 기업에게 과거의 프로젝트 진행 내역을 특별한 파일 포맷으로 요청하기도 한다. 실질적인 수행 능력과 협업 툴 이용 능력, 프로젝트의 이력 관리, 이슈 트래킹, 성공이나 실패 요인의 관리 능력, 사후 지원 능력을 파악하려는 목적이다.

프로젝트 관리 도구는 온라인상에서 협업과 소통, 관리를 할 수 있는 실시간 협업 도구로서 프로젝트의 모든 내역을 포함한다. 프로젝트에 참여한 모든 인력들이 신속하고 정확하게 정보를 공유하는 허브이고, 프로젝트 매니저와 PMO에게는 엑셀이나 파워포인트 등의 수작업 노동에서 탈피하여 더 많은 시간을 프로젝트와 비즈니스 인사이트 도출에 기여할 수 있도록 업무 처리를 자동화해주는 도구다. 프로젝트에 참여하는 모든 인력이 자신에게 부과된 과업(Task)을 명확히 인지하고 진척 관리를 수행할 수 있으며, 업무의 선후 관계 및 영향도를 파악하여 협업을 촉진할 수 있다. 멀티 프로젝트와 글로벌 프로젝트를 진행할 때 가장 어려운 점은 누가 어떤 일을 담당하고, 그 일을 누가 승인하는지 명확히 파악하기 어렵다는 것이다. 프로젝트 관리 도구를 이용하면 특정 과업에 대한 담당자, 책임자, 승인자, 최종 의사결정자를 명확히 파악할 수 있으며, 특정 업무에 부과되는 리소스를 투명하고 신속하게 투입하고 해제할 수 있다. 최근의 프로젝트 관리 도구는 드롭박스, 구글 드라이브, 마이크로소프트의 원드라이브 같은 클라우드 기반의 스토리지와 연계되어 있으므로 프로젝트에 이용되는 각종 데이터, 자산을 공유할 수 있다. 〈PC매거진(PC Magazine)〉은 매년 최고의 프로젝트 관리 소프트웨어를 평가해 공개하는데, 2018년 최고의 프로젝트 관리 도구로 선정된 소프트웨어들은 조호프로젝트(Zoho Project), 리퀴드플래너(Liquid Planner), 라이크(Wrike), 팀웍프로젝트(Teamwork Project), 워크프론트(Workfront), 클레어젠(Clarizen), 셀로식스(Celoxis), 팀가넷(TeamGantt), 프루프허브(ProofHub), 마이크로소프트 프로젝트(Microsoft Project)였다.

The Best Project Management Software of 2018 by PC Magazine

Microsoft Project

〈PC매거진〉 선정 2018년 최고의 프로젝트 관리 도구, PC Magazine

프로젝트 관리 도구 이외에도 협업을 위한 도구 역시 각광받고 있다. 이제는 글로벌 멀티 프로젝트뿐 아니라 기업의 내부 프로젝트를 추진할 때도 협업 도구를 많이 이용하고 있다. 전통적인 협업 도구는 이메일과 메신저, 스카이프와 같은 커뮤니케이션 도구다. 비즈니스 인사이더는 인공지능과 빅데이터 분석 기법이 발달해 가까운 시기에 챗봇이 새로운 협업 수단이 될 것이라고 예견했다. 가장 강력한 협업 툴로서 슬랙(Slack)과 컨플루언스(Confluence), 지라(Jira), 트렐로(Trello) 등이 있다. 협업 도구를 이용하는 것이 강제는 아니다. 하지만 4차 산업혁명 이후 기업 내부의 협업뿐 아니라, 기업 외부의 협업이 늘어나고 있어 이로 인한 초연결의 중요성이 더욱 부각되고 있다는 것을 기억하자.

글로벌 기업이나 외부 기업과의 협업 과정에서 이슈 트래킹 시스템(ITS, Issue Tracking System)을 요구하는 경우도 지속적으로 증가하고 있다. 규모가 작거나 프로젝트에 투입된 인력이 적다면 ITS를 굳이 사용할 필요가 없지만, 투입되는 인력이 많다면 고려해 볼 만하고, 신속한 커뮤니케이션과 이슈 사항의 정확한 기록과 관리는 현재의 프로젝트뿐 아니라 기업의 자산이 되므로 향후에도 기업의 지식 재산 시스템에 활용할 수 있다. 또한 고객 변심, 요구 사항 변경 등의 증거 자료로 활용할 수 있어 분쟁 시 유리하다. 글로벌 ICT 기업이 선호하는 ITS로는 레드마인(Redmine), 지라(Jira), 맨티스(Mantis), 트랙(Trac), 요나(Yona)가 있다. 업계에서 사용되는 솔루션들이 수많은 사용자와 레퍼런스를 확보하여 사실상의 표준(De facto standard)이 되는 상황에서 협업 툴에 연결하지 않은 기업은 도태될 수밖에 없다. ICT 기술 발달의 이면에는 익숙함을 버리고 새로운 도구와 인프라를 수용해야 하는 어려움이 존재한다. 불확실성이 급증하는 현재의 기업 환경에서 전략적 민첩성이 요구되는 바와 마찬가지로 ICT 환경에서의 다양한 변화도 민첩하게 검토하고 '선택과 제거' 접근 방식으로 기업과 조직에 적합한 솔루션과 도구를 수용해야 할 시기다.

현대인들은 불확실성이 지속되고 모든 것이 연결되어 융복합하고 진화하는 초(超)의 시대를 살아가고 있다. 비즈니스를 수행하는 개인, 조직, 기업도 격랑의 파고에 맞서 테세우스의 배를 이끌고 생존을 위해 항해해 나아가고 있다. 비즈니스를 수행하면서 누구나 성공과 번영을 원하지만 초의 시대를 선도하는 개인과 기업의 핵심 역량은 비즈니스의 본질을 파악하는 능력이다. 이는 비즈니스를 큰 틀에서 바라보는 관점과 디테일을 보는 미세 시각, 메가 트렌드와 이를 수행하는 글로벌 기업과 실리콘밸리의 유니콘, 데카콘 기업들의 움직임을 통합적인 관점에서 분석하고 적용하는 것이다. 또한 전통적인 글로벌 기업의 성공, 실패에서부터 작금의 유니콘 기업들의 핵심을 찾아 이를 비즈니스에 투영시키는 것이다.

필자는 이를 위해 기업가 정신과 성장형 마인드셋, 실리콘밸리의 핵심 가치와 핵심 인재를 정의하고 운영하는 방법, 실질적 업무 방식과 기획 원리, 초연결에 기반한 연구개발과 넥스트 비즈니스 시스템, 비즈니스 커넥터의 원리와 적용에 이르기까지 글로벌 기업들과 유니콘, 데카콘 기업들의 실제 사례와 원리를 제시했다. 기업가 정신과 성장형 마인드셋의 핵심 요소인 귀납적 학습법, 전략적 민첩성과 학습 민첩성, 신뢰 기반의 커뮤니케이션, 회복 탄력성, 실패의 인정과 자원에 대한 인식, 연결에 기반한 감지, 분석, 적용, 확장과 초연결을 통한 진화의 개념들은 기업의 비즈니스뿐만 아니라 개인에게도 시대가 요구하는 인간 고유의 문제 인식 역량, 대안 도출 능력, 기계와의 협력적 소통 역량을 갖추도록 하며 변화의 흐름에서 맥락을 파악하고 가치와 기회를 발굴하여 새로운 기회를 창출하는 호모 컨버전스 역량을 확보하는 초석이 될 것이다. 변화의 흐름과 예측 불가한 상황에 직면하더라도 다양한 맥락을 연결하고 행간을 읽어내는 맥락 지능을 갖추기 위해 과거의 경험을 활용하는 후견지명적 사고, 미래를 준비하는 현실적 계획과 실천을 위한 선견지명적 사고방식, 무수한 점(dot)을 연결하여 선(line)과 면, 입체를 만드는 통찰적 사고방식을 종합적으로 확보한 것이다. 이후 단계는 점진적 실행과 점검, 학습을 통한 민첩하고 유연한 성장으로 새로운 연결에 기반한 초연결과 확장을 추구하고 실행하는 것이다.

모쪼록 본 도서가 4차 산업혁명의 시대, 초의 시대를 살아가는 모든 현대인이 맥락과 인사이트를 얻는 계기가 되기를 희망한다.